谏壁街道召开廉政警示大会，观看警示教育片

谏壁街道关工委“五老”工作小组定期检查谏壁辖区网吧

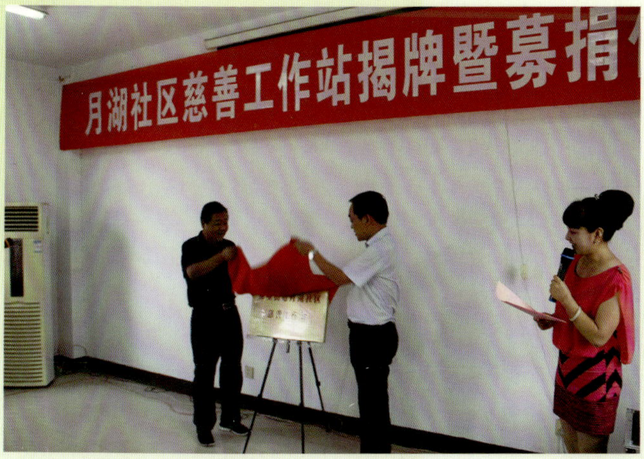


月湖社区慈善工作站揭牌暨募捐仪式

谏壁街道人社中心举办辖区企业春季专场招聘会

谏壁街道举办“军民融合，情满谏壁”广场文化活动

谏壁街道团工委和龙源环保公司团支部联合组织“‘晴’彩游南山，环保乐骑行”活动

# 《京口年鉴》曾荣获

- 首届中国地方志年鉴特等奖
- 第三届全国年鉴编纂出版质量评比综合二等奖
- 第三届全国年鉴编纂出版质量评比条目二等奖
- 第三届全国年鉴编纂出版质量评比装帧设计二等奖
- 第四届全国年鉴编纂出版质量评比综合二等奖
- 第四届全国年鉴编纂出版质量评比框架设计一等奖
- 第四届全国年鉴编纂出版质量评比条目编写一等奖
- 第四届全国年鉴编纂出版质量评比装帧设计二等奖
- 第五届全国年鉴编校质量评比二等奖
- 第六届全国年鉴编校质量评比二等奖

# 京口年鉴

（2015）

主　审

喬玉乾　黄万荣

京口区人民政府 主办　京口区史志档案办公室 编

方志出版社

**图书在版编目（CIP）数据**

京口年鉴．2015 / 京口区史志档案办公室编．— 北京：方志出版社，2015.12
ISBN 978-7-5144-1838-5

Ⅰ．①京… Ⅱ．①京… Ⅲ．①区（城市）— 镇江市 — 2015 — 年鉴 Ⅳ．① Z525.33

中国版本图书馆 CIP 数据核字（2015）第 302574 号

**京口年鉴（2015）**

| | |
|---|---|
| **编　　者：** | 京口区史志档案办公室 |
| **责任编辑：** | 罗　滔 |
| **出 版 人：** | 翼祥德 |
| **出 版 者：** | 方 志 出 版 社 |
| | 地址　北京市朝阳区潘家园东里 9 号（国家方志馆 4 层） |
| | 邮编　100021 |
| | 网址　http : / / www.fzph.org |
| **发　　行：** | 方志出版社发行中心 |
| | 电话（010）67110500 |
| **经　　销：** | 各地新华书店 |
| **印　　刷：** | 南京开心印商务印刷有限公司 |
| **开　　本：** | 787×1092　　1/16 |
| **印　　张：** | 23 |
| **字　　数：** | 692 千字 |
| **版　　次：** | 2015 年 12 月第 1 版　　2015 年 12 月第 1 次印刷 |
| **印　　数：** | 001~800 册 |

ISBN 978-7-5144-1838-5　　定价：200.00 元

# 镇江市京口区地方志编纂委员会

（2014年10月起）



# 《京口年鉴》编辑部

# 《京口年鉴》撰稿单位审稿人员名单

（按姓氏笔画排序）

| | | | | | | | |
|---|---|---|---|---|---|---|---|
| 马荣虎 | 方红卫 | 仇　洋 | 王志斌 | 王壮保 | 王荣兵 | 包迎辉 | 乔引玉 |
| 刘　平 | 刘远遥 | 吕小康 | 庄福寿 | 戎国平 | 朱文仲 | 朱家巍 | 何广林 |
| 吴秋平 | 吴红霞 | 宋小燕 | 张　健 | 张子敏 | 张永生 | 张立明 | 张和松 |
| 李莉珺 | 杨志强 | 杨国平 | 汪忠春 | 邵晓清 | 陈　俊 | 陈　峰 | 陈　莹 |
| 陈　琳 | 陈卫东 | 陈军越 | 周奇恒 | 周祥华 | 郑苏真 | 姜厚荣 | 赵反修 |
| 赵晓文 | 郦锡梅 | 徐　艺 | 殷文平 | 顾成权 | 顾明华 | 高晓明 | 夏卫军 |
| 袁在森 | 曹　蕾 | 梅永生 | 黄少青 | 程　鹏 | 谢根龙 | 韩铜民 | 满子琴 |
| 廖伟根 | 谭雪峰 | 阚爱萍 | 薛　莲 | | | | |

省委书记罗志军到京口区调研群众路线教育实践活动

副省长史和平调研京口区中国中小企业信息产业园

# 编辑说明

《京口年鉴》是京口区人民政府主办、京口区史志档案办公室主编的综合性地方年鉴，创刊于1993年。年鉴翔实、连续记载京口区经济、社会、文化、生态等方面基本面貌、发展状况和各行各业取得的新进展、新成就、新经验，为认识京口、研究京口、发展京口提供全面实用、信息密集、准确权威的基本资料。

《京口年鉴（2015）》为第14卷，记述时限为2014年1月1日至2014年12月31日。本年鉴对框架结构进行适当调整，主要体现在：将“特载”“专记：‘363’行动”“大事记”类目提到“概况”等类目前面，突出了在全区党建精神文明和经济社会事业发展中起重要作用的“363行动”。将“人物·荣誉”类目放在后面与“附录”在一起。将“社会生活”类目里的“居民医疗保险”“最低生活保障”分目调整到“人力资源和社会保障”类目里。将“京口区人民政府”类目里“法制工作”分目改为“法治政府建设”调整到“法治·人民武装”类目。将“中共京口区委员会”类目里“纪检监察”分目上升为“中共京口区纪律检查委员会”类目。将“广播·电视·网络”类目降为分目与“文化”分目合并成一个“文化”类目。将“体育.旅游”由分目上升为类目。将“民营经济”与“开放型经济”合并成一个类目。将“民主党派”与“工商联”合并成一个类目，将“社会团体”独立成一个类目。另外，在“农业·水利”类目中增加了“农业产业园”分目。在“2014国民经济和社会事业发展情况”分目中增加了“生态文明建设实效明显”条目。在“中共京口区委员会”类目增加了“群众路线教育实践活动高质量开展”“坚定推进生态文明建设”条目。史志档案分目中增加了“史志编研工作”条目。在“区总工会”分目中增加了“和谐企业创建全面推进”条目。在“共青团京口区委员会”分目中增加了“服务重点青少年群体”条目。在“司法行政”分目中增加了“‘法润江苏’春风行动特点鲜明”条目。在“工商行政管理”分目中增加了“机构合并改革扎实推进”条目。在“义务教育”分目中增加了“镇江市京口区特殊教育中心”条目。

全书分类目、分目和条目三个层次，共设33个类目，125个分目，764个条目。部分分目下设次分目，其标题前后加“●”表示。条目为记述体，其标题用黑体字加“【】”表示。文中“▲”表示“同日”。全书所用稿件由区各部门（单位）专人撰写，经领导审阅后定稿。正文中数据根据统计资料核对，统计资料没有的，以撰稿单位提供的为准。

全书编纂、出版工作得到各级领导和方志出版社的大力支持。值此出版发行之际，谨一并深表感谢！全书在版面设计、编排等方面均有待进一步改进、提高，粗疏、错漏之处，敬请各界人士批评指正。

# 京口区地图

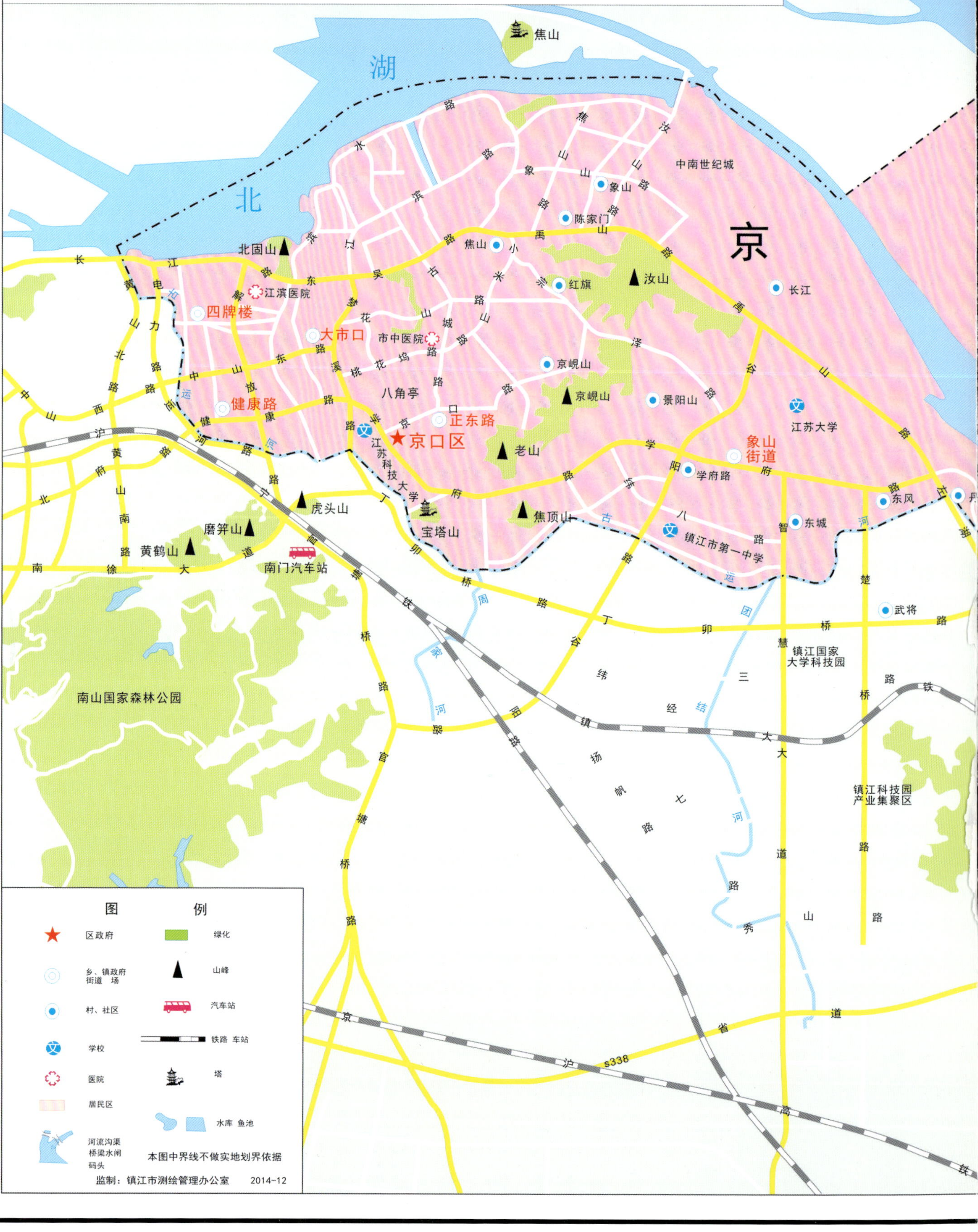

焦山
北
湖
京
中南世纪城
象山
陈家门
焦山
北固山
江滨医院
四牌楼
大市口
市中医院
红旗
汝山
长江
京岘山
京岘山
景阳山
八角亭
健康路
正东路
京口区
老山
江苏大学
象山街道
学府路
江苏科技大学
虎头山
宝塔山
焦顶山
东风
东城
镇江市第一中学
磨笄山
黄鹤山
南门汽车站
武将
镇江国家大学科技园
南山国家森林公园
镇江科技园产业集聚区
s338
图例
区政府
绿化
乡、镇政府 街道 场
山峰
村、社区
汽车站
学校
铁路 车站
医院
塔
居民区
水库 鱼池
河流沟渠 桥梁水闸 码头
本图中界线不做实地划界依据
监制：镇江市测绘管理办公室 2014-12

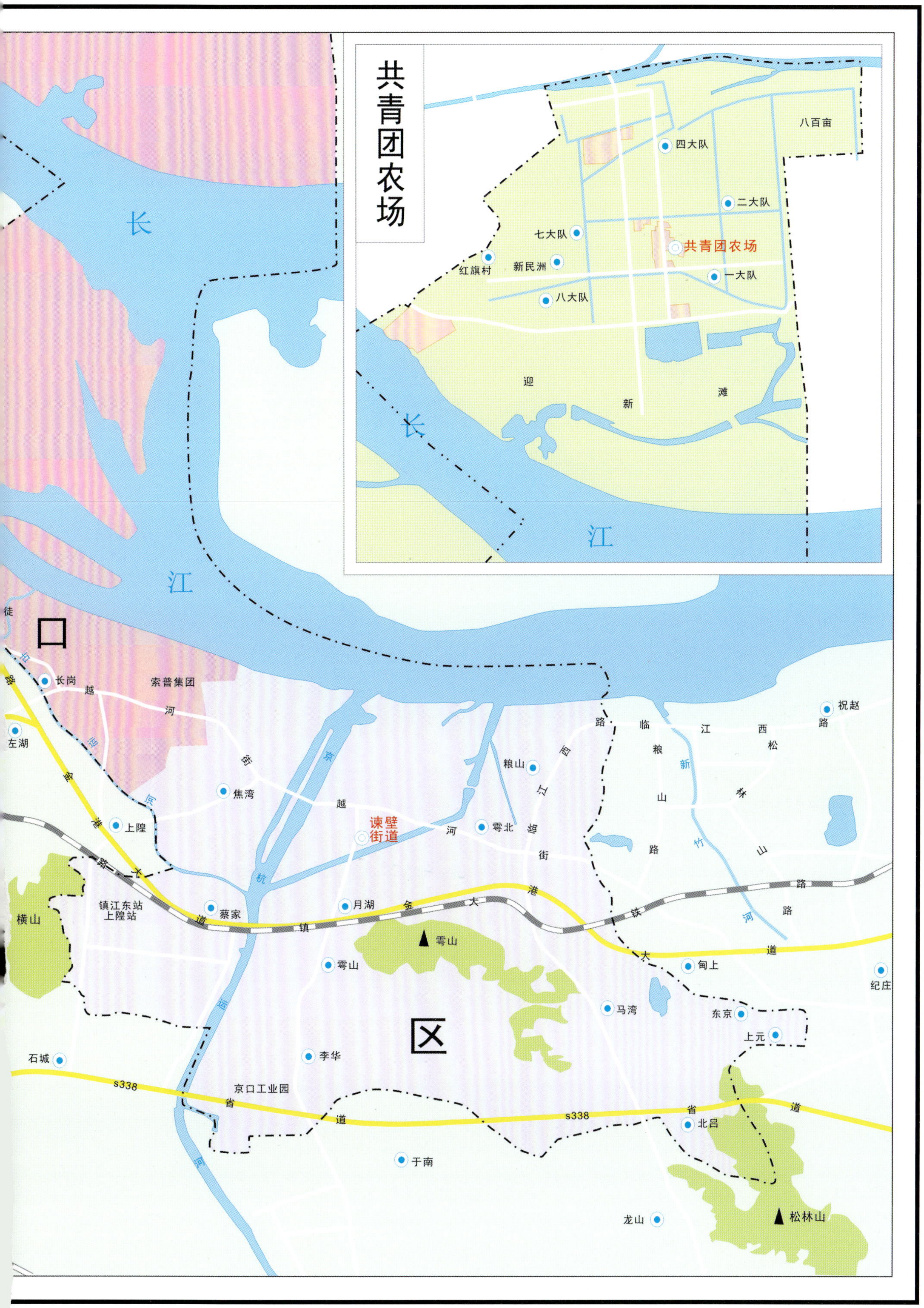

共青团农场
八百亩
四大队
二大队
七大队
共青团农场
红旗村
新民洲
一大队
八大队
迎新滩
长江
长江
口
区
长岗
索普集团
越河街
左湖
金港大道
焦湾
上隍
谏壁街道
粮山
雩北
临江西路
临江西路
粮山路
松林山路
新竹河
祝赵
京杭运河
镇江东站
上隍站
横山
蔡家
月湖
镇大铁路
雩山
雩山
甸上
纪庄
马湾
东京
上元
石城
李华
京口工业园
s338
省道
s338
北吕
于南
龙山
松林山

副省长张雷检查甘露商城节前消防安全工作

市长朱晓明到京口区调度推进重点项目

市委副书记李茂川调研京口区教育实践活动

市人大常委会党组书记、常务副主任张庆生到象山街道调研指导人大工作

市政协主席李国忠视察中山路小学“诗词进校园”活动

市委常委、常务副市长张洪水到京口区进行群众路线教育实践活动基层调研

市委常委、纪委书记孙健检查四牌楼街道文明城市创建工作

市委常委，秘书长李雪峰到京口区调研

市委常委、宣传部长曹当凌调研全区宣传文化工作

副市长胡宗元检查谏壁地区文明城市创建工作

市人大常委会副主任王萍到京口区调研

党的群众路线教育实践活动动员大会

中共京口区委七届七次全体（扩大）会议

中共京口区委七届八次全体（扩大）会议

镇江市京口区第八届人民代表大会第三次会议

政协镇江市京口区第八届委员会第三次会议

京口区政府全体组成人员会议

“实绩论英雄、实干兴京口”新春第一会

京口区生态文明建设推进大会和转型升级暨民营经济发展大会

2014年镇江市京口区项目集中签约仪式

中国中小企业“一园一基地”启动

京口区参加 2014 中国电商峰会

京口区参加智慧城市建设与产业发展高峰论坛

京口区举行领军人才新春联谊会

新民洲港区一期开港运营

绿基会理事长胡德平考察新民洲

京口区市场监督管理局挂牌

校、政、企三方共谋京口区校地联合发展工作

京口科技企业与江苏大学进行交流对接

京口区与哈尔滨工程大学开展战略合作

京口区与镇江供电公司开展战略合作洽谈

京口又一城市商业综合体——包家湾项目开工

区四套班子领导赴丹阳革命纪念馆接受现场教育

京口区群众路线教育实践活动接受人民网专访

赵亚夫同志先进事迹报告会在京口区举行

“八一”慰问部队

“镇江养正学堂”揭牌仪式在京口区举行

央媒到镇采访“最美社区医生”杨凌

“真·实”主题活动问政问效现场评议会

中央、省级媒体集中采访京口区“两网”融合工作

“网格+网络”治理服务现场推进会

四级人大代表集中开展选民接待活动

四牌楼街道阳光花园社区获“全国社区侨务工作示范单位”

“文明进万家”活动暨“梦溪读书节”启动仪式

全省小学书法教学观摩活动在京口举行

“京口先锋”志愿服务进社区集中行动

京口区成立首家社区慈善工作站

“清洁家园 美化环境 迎接国庆”集中行动

纪念“五四”运动95周年大会

镇江市首家关心下一代周报小记者活动基地挂牌

镇江市暨京口区老年人体育节开幕

区慈善总会设立慈善定点超市

院长张子敏在区八届人大三次会议上作法院工作报告

市中院院长茅仲华、区委书记裔玉乾到法院调研指导工作

# 镇江市京口区人民法院

省高院司法行装处领导到法院考察审判法庭建设情况

副院长汪忠春（中）接待案件信访当事人

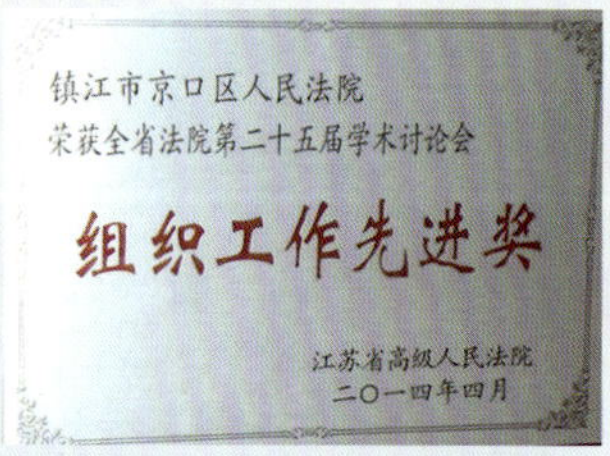


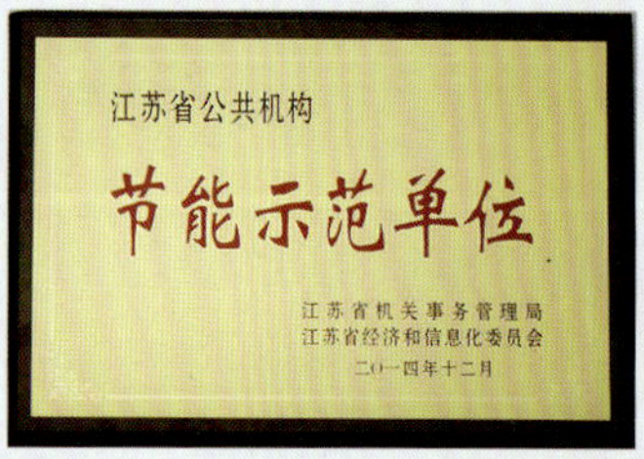

市中院和区法院联合召开加强环境资源审判工作新闻发布会

全院法官签名，迎接首个“国家宪法日”

上门反馈政协提案办理情况

院领导到街道社区党政机关征求人大代表意见建议

邀请人大代表、政协委员旁听庭审

走进社区开展普法活动

未成年人心理工作室、家事调解工作室揭牌

# 京口区教育局

桃花坞小学”朱砂启智，开笔启蒙“上好开学第一课

红旗小学校友、国际象棋国际特级大师李若凡回校与小棋手开展车轮大战

京口中学手球队连续几届参加省运会并争金夺银

中山路小学校安工程之后的校园一角

江滨幼儿园开展绿色健康课程——亲子体能游戏

谏壁小学绿色银行的小职员们正在工作中

恒顺实小学子游历镇江香醋馆

江科大附小”八少年雷锋班“活跃在镇江街头

两年一次的“少先队鼓号检阅”活动让孩子们终生难忘

京口实小京剧班学生与京剧大师尚长荣同台演出

江苏省纪念少先队建队65周年暨镇江少先队鼓号队风采展示活动

局领导到江苏海龙核科技股份有限公司调研

区财政局开展党的群众路线教育实践活动

# 京口区财政局

邀请人大代表政协委员对该局依法行政进行民主评议

局领导到江苏省交通工程集团有限公司调研

局领导进结对社区了解基层需求

窗口单位接收服务对象评价监督

对2014年农村小型公益设施项目验收

对财政专项资金开展绩效评价

区财政部门会同民政部门考核低保工作

召开新《预算法》培训会

区财政局邀请康复医院眼科专家进结对社区义诊

开展“服务群众我先行”党员志愿行动，为居民清除杂草杂物

支持京口国际文化艺术中心建设

# 京口区住房

市住建局领导视察区物业规范提升项目

市住建局、消防、公安、质监部门对京口区住宅小区物业管理进行联合检查

京口区住建局开展信息报道培训工作

京口住建局开展“六月安全月”检查活动

京口区机关工委调研住建局

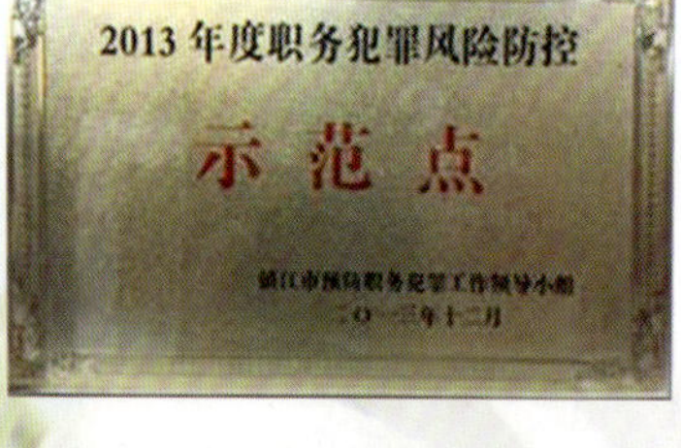


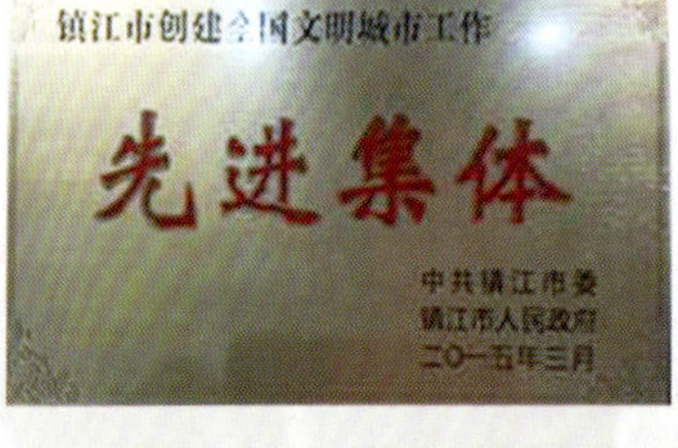

# 和城乡建设局

端午节住建局领导为困难居民送温暖

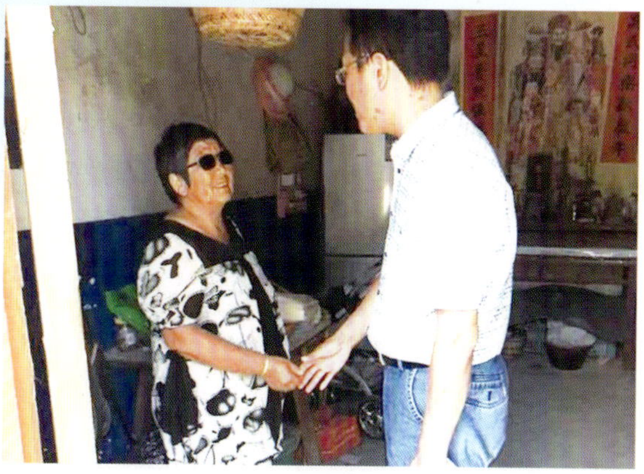

京口区住建局开展中秋慰问活动

业务培训会议

京口区住建局参加市职工演唱比赛取得佳绩

京口区住建局参加区运动会斩获佳绩

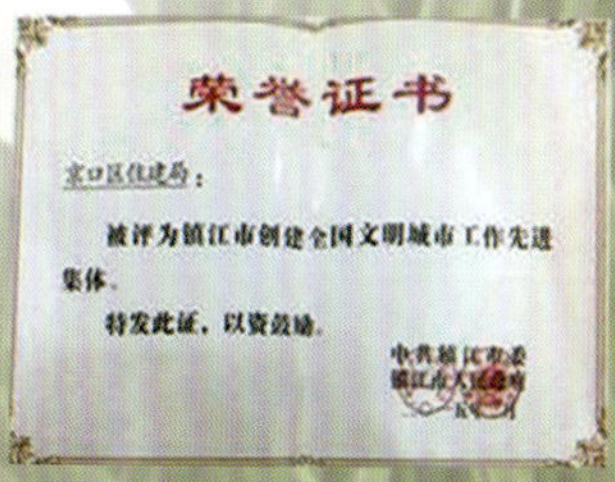

# 京口区城市管理局

市长朱晓明慰问京口环卫职工

京口区城管系统作风建设主题教育活动动员大会

环卫保洁市场化

拆除违章建筑

设立便民服务疏导点

# 京口区人力资源和社会保障局

社会保障平台标准化建设接受市级领导检查

推进“大众创业，万众创新”，在街道开展创业培训

劳动仲裁流动调解工作队深入街道、社区开展调解工作

开展技能竞赛，培养高技能人才

党员志愿者进社区，开展文明城市创建工作

深入开展“校地融合”工作，举办大学生创业竞赛

# 京口区卫生和计划生育委员会

卫生监督协管服务模式打造全省示范

实现血吸虫病传播阻断目标

2014年，京口区卫计委在区委、区政府的正确领导下，在上级业务主管部门的指导下，认真贯彻执行党的十八大精神，深入学习习近平总书记系列讲话精神，以党的群众路线教育实践活动为动力，凝心聚力，攻坚克难，全面深化医药卫生体制改革，扎实做好计划生育工作，圆满完成各项工作任务。全区出生人口性别比105.2，出生政策符合率达100%，新生儿缺陷发生率3.604‰，人口和家庭公共服务机构覆盖率达95%，孕前优生健康检查覆盖率100%，流动人口管理服务率达97%，计生政策兑现率100%。杨凌医生被誉为“最美社区医生”，先后被授予“镇江十佳医德标兵”、“镇江好人”、“江苏好人”等荣誉称号，并入选由中央文明办主办的“中国好人榜”候选人。同时，被评为2014年“感动镇江”十大人物。区计生指导站获全国妇幼健康服务先进集体，圆满完成国家文明城市省检和国检任务，人民健康水平持续提高，全面深化卫生计生改革实现良好开局，京口卫生社会影响力进一步扩大。

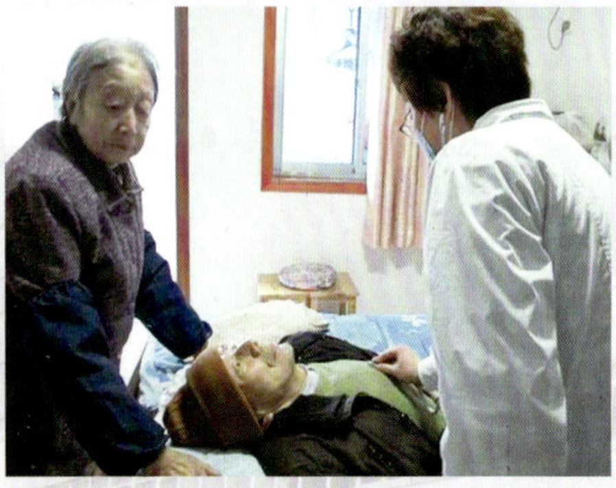

责任医生进网格、健康服务到家庭

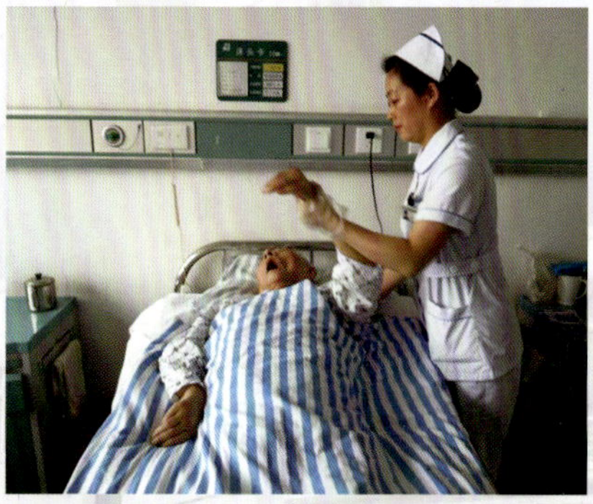

加强康复护理深入推进优质护理工作

食品安全知识进校园

改扩建后的健康路社区卫生服务中心

新落成的谏壁社区卫生服务中心医技楼

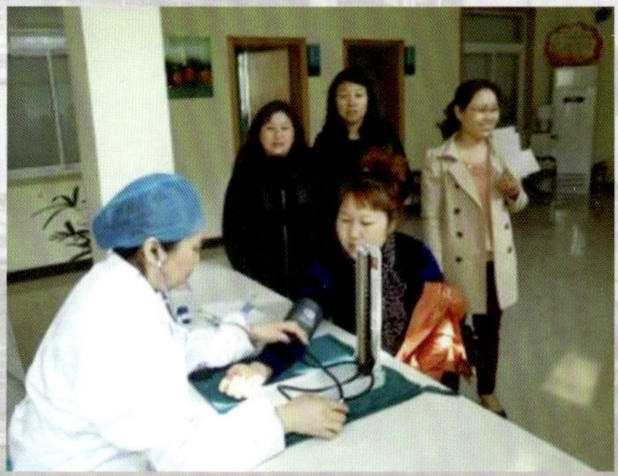

启动生殖道感染综合防治工程

# 镇江市京口区环境保护局

2014年生态文明建设动员部署会

谏壁中心小学创建省级绿色学校

2014年，京口区环保局围绕“服务科学发展、改善环境质量、保证环境安全”的指导思想，以优化环境、发展经济为目标，坚持一手抓执法和监管，一手抓服务，扎实推进污染减排、生态建设和各项专项整治工作，环保各项工作取得新的进展，全区环境质量得到有效改善。2014年全区PM2.5浓度累计年均值62.1微克/立方米，比上年下降12.5%，PM2.5浓度指标全市最低，全年全区空气质量优良天数245天，空气质量达到或优于二级标准天数比例达67.1%，在全市7个辖市区中位列第一。

在京口污水处理厂采样

谏壁电厂脱硫改造

环保执法人员做现场监察记录

虹桥港（胜利港）生态修复工程生态浮岛

认真开展好党的群众性路线教育实践活动

组织共产党员到茅山接受革命传统教育

# 京口区文化体育(旅游)局

2014年，京口区文化体育（旅游）局以党的十八大和十八届三中、四中全会精神为指导，以区委、区政府的决策部署和市级主管部门工作布局为引领，以区人大、政协视察监督为推力，以建设“文化京口”、“美丽京口”、“幸福京口”为己任，以“创新创业、第一唯一”为主题，以事业惠民生、产业促转型为工作主线，以“工作创新提升年”为主抓手，以党的群众路线教育实践活动为动力，以项目化推进为工作方法，着力实施“八项工程”，积极推进公共文化体育服务体系建设和旅游业发展，为建设苏南现代化示范区、打造京口高度作出了新贡献。

走访慰问结对社区困难群众

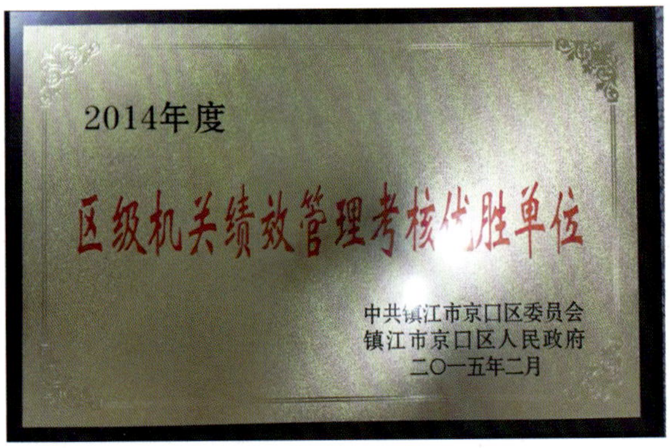

组织开展“中国梦 我的梦”理论大众化文艺作品征集评选活动

# 《京口年鉴》主要机构（单位）简称全称对照表

| 简　称 | 全　称 |
|---|---|
| 区　委 | 中国共产党镇江市京口区委员会 |
| 区人大常委会 | 镇江市京口区人民代表大会常务委员会 |
| 区政府 | 镇江市京口区人民政府 |
| 区政协 | 中国人民政治协商会议镇江市京口区委员会 |
| 纪　委 | 中国共产党镇江市京口区纪律检查委员会 |
| 区委办 | 中国共产党镇江市京口区委员会办公室 |
| 人大办 | 镇江市京口区人民代表大会常务委员会办公室 |
| 政府办 | 镇江市京口区人民政府办公室 |
| 政协办 | 政协镇江市京口区委员会办公室 |
| 统战部 | 中共镇江市京口区委统一战线工作部 |
| 政法委 | 中共镇江市京口区委政法委员会 |
| 法　院 | 镇江市京口区人民法院 |
| 检察院 | 镇江市京口区人民检察院 |
| 机关工委 | 中共镇江市京口区委区级机关工作委员会 |
| 法制办 | 镇江市京口区政府法制办公室 |
| 史志办 | 镇江市京口区史志档案办公室 |
| 团区委 | 中国共产主义青年团镇江市京口区委员会 |
| 妇　联 | 镇江市京口区妇女联合会 |
| 文明办 | 镇江市京口区精神文明建设指导委员会办公室 |
| 广播电视台 | 镇江市京口区广播电视台 |
| 关工委 | 镇江市京口区关心下一代工作委员会 |
| 农　委 | 镇江市京口区农业委员会 |
| 发改和经信委 | 镇江市京口区发展改革和经济信息化委员会 |
| 城管局 | 镇江市京口区城市管理局 |
| 交通局 | 镇江市京口区交通运输局 |

| | |
|---|---|
| 科技局 | 镇江市京口区科学技术局 |
| 科　协 | 镇江市京口区科学技术协会 |
| 文体局 | 镇江市京口区文化体育局 |
| 卫生和人口计生局 | 镇江市京口区卫生和人口计划生育局 |
| 人社局 | 镇江市京口区人力资源和社会保障局 |
| 住建局 | 镇江市京口区住房和城乡建设局 |
| 安监局 | 镇江市京口区安全生产监督管理局 |
| 民宗局 | 镇江市京口区民族宗教事务局 |
| 环保局 | 镇江市京口区环境保护局 |
| 国资办 | 镇江市京口区国有资产管理办公室 |
| 台　办 | 中共镇江市京口区委台湾工作办公室 |
| | 镇江市京口区人民政府台湾事务办公室 |
| 侨　办 | 镇江市京口区人民政府侨务办公室 |
| 侨　联 | 镇江市京口区归侨侨眷联合会 |
| 工商联 | 镇江市京口区工商业联合会 |
| 机关事务服务中心 | 镇江市京口区区级机关事务服务中心 |
| 残　联 | 镇江市京口区残疾人联合会 |
| 文　联 | 镇江市京口文学艺术界联合会 |
| 公安京口分局 | 镇江市公安局京口分局 |
| 工商京口分局 | 镇江工商行政管理局京口分局 |
| 国土京口分局 | 镇江市国土资源局京口分局 |
| 规划京口分局 | 镇江市规划局京口分局 |
| 国税三分局 | 镇江市国家税务局第三税务分局 |
| 地税二分局 | 镇江市地方税务局第二税务分局 |
| 供销社 | 镇江市京口区供销合作总社 |
| 环卫所 | 镇江市京口区环境卫生管理所 |
| 京口中学 | 镇江市京口中学 |
| 十　中 | 镇江市第十中学 |
| 中山路小学 | 镇江市中山路中心小学 |
| 市实小 | 镇江市实验小学 |

# 目 录
# CONTENTS

## 特 载
## FEATURES



## 专 记
## SPECIAL ARTICLES



## 大 事 记
## CHRONICLES OF IMPORTANTS EVENTS



## 概 况
## OVERVIEW OF JINGKOU

## 京口区组织机构及领导人名录 ORGANIZATION STRUCTURE AND LEADERS



## 聚焦京口 FOCUSING JINGKOU



## 专 文 SPECIAL ARTICLES



## 中共京口区委员会 JINGKOU COMMITTEE OF THE COMMUNIST PARTY OF CHINA

## 中共京口区纪律检查委员会
## THE CPC JINGKOU COMMISION FOR DISCIPLINE INSPECTION

## 京口区人民代表大会 THE PEOPLE'S CONGRESS OF JINGKOU



## 京口区人民政府 THE PEOPLE'S GOVERNMENT OF JINGKOU



## 政协京口区委员会 JINGKOU COMMITTEE OF THE PEOPLE'S POLITICAL CONSULTATIVE CONFERENCE

## 民主党派·工商联
## DEMOCRATIC PARTIES AND SOCIAL ORGANIZATIONS



## 社会团体
## COMMUNITY



## 法治·人民武装
## RULE BY LAW · PEOPLE'S ARMED FORCES

## 城乡建设
## CONSTRUCTION OF URBAN AND RURAL

## 城市管理·环境保护
## URBAN MANAGEMENT AND ENVIRONMENTAL PROTECTION



## 综合管理
## GENERAL MANAGEMENT

## 工业经济 INDUSTRY ECONOMY



## 商贸流通 FLOW OF COMMERCE

## 民营经济 · 开放型经济
## PRIVATE ECONOMY · OPEN ECONOMY



## 农业 · 水利
## AGRICULTURE · WATER CONSERVANCY



## 财政 · 税务
## FINANCE · TAXATION

## 科　技
## SCIENCE AND TECHNOLOGY



## 教　育
## EDUCATION



## 文　化
## CULTURE

## 体育·旅游
## SPORTS·TOURISM



## 人力资源和社会保障
## HUMAN RESOURCES AND SOCIAL SECURITY



## 社会生活
## SOCIETY

## 街道·场圃·工业园
## NEIGHBOURHOOD FARMS · INDUSTRY ZONE

## 人物·荣誉
## CHARACTERS · HONOR



## 附　录
## APPENDIXES

## 彩色画页
## COLORED PAGES



## 索　引
## INDEX

## 工作报告

# 深化改革创新 突出项目建设 全力以赴确保超额完成全年目标任务

2014年8月2日在区委七届七次全体（扩大）会议上的报告

区委书记 裔玉乾

同志们：

这次会议的主要任务是：贯彻省委十二届七次全会、市委六届八次全会精神，总结上半年，分析当前形势，部署下半年，动员全区上下团结奋进、创新作为，确保全面超额完成全年目标任务，加快推进京口苏南现代化示范区建设。

下面，我代表区委常委会，向全会作工作报告。

**一、坚持稳中奋进，现代化建设迈出新步伐**

今年以来，面对复杂多变的宏观形势和经济下行压力加大的严峻考验，积极开展党的群众路线教育实践活动，加强作风建设，提振精气神，牢牢把握“稳中奋进、改革创新”主基调，始终贯彻“全面改革创新、突出高效投入、强化提质增效”工作核心要求，迎难而上，奋发作为，有力有序有效推进“363”行动[①]，实现经济社会平稳较快发展。上半年，完成GDP200亿元、增长10.7%；固定资产投资159.1亿元、增长24.3%，产业类固定资产投资97亿元、增长28.5%；公共财政预算收入10.1亿元、增长8.9%；产业类实际利用外资9418万美元、完成市计划62.8%；社会消费品零售总额119.1亿元、增长13%；城镇、农村居民人均可支配收入分别达18176元、10206元，同比增长9.3%、11.3%。主要抓了以下五项工作。

1. 突出高效投入，项目建设进展顺利。实施区领导挂钩项目责任制，扎实推进66个亿元以上产业项目建设，22个在建亿元以上项目完成投资36.8亿元、占年计划55.5%。新兴产业完成投资40.15亿元，增长38.3%。苏宁广场塔楼突破百米，新民洲公共码头一期开港、二期试桩，飞驰冷藏车搬迁技改扩产、中储粮二期技改扩能、凤凰文化广场、北固湾商业综合体等重点项目加速推进。新签约亿元以上产业项目17个。总投资20亿元的新民洲粮油现货贸易区项目签约，总投资1.5亿元的新民洲生态景观农业项目开工建设，总投资5亿美元的爱励二期项目即将签约。

2. 坚持创新驱动，转型升级步伐加快。狠抓产业“三集”发展[②]，上半年现代服务业集聚区应税营业收入达132.3亿元，先进制造业特色园区应税销售收入达38.7亿元，现代农业产业园区总产值30.8亿元。服务业增加值占GDP比重达69.1%。京口航空航天产业园创成省级生态工业园区。创新开展“金凤凰”活动，新增国家“千人计划”[③]3人、市“331计划”[④]17人，新增高技能人才398人。36个科技项目获国家、省、市立项，争取上级资金2700万元，提前超额完成全年任务。鼎盛重工通过省级船舶企业技术中心认定。深化校地联合发展，40个校地合作项目申报省、市科技项目。

3. *加大建管力度，城乡面貌明显改善*。加快旧城区和城中村改造，大力推进54个城建项目，上半年完成投资25.2亿元，征收拆迁2.8万平方米，拆除违建5.3万平方米。完成梦溪园“空斗墙”改造。建成华诚新村一区二期等安置房20.4万平方米，回迁安置36.8万平方米。深入实施“街长制”，持续开展“美丽京口”区长督查月活动，“大城管”考核全市第一。积极推进长江路等4条道路街景整治，学府路创成省级城市管理示范路，香江花城社区创成省级城市管理示范社区。深入开展“文明进万家”活动，扎实推进全国文明城市创建工作，有效解决了一批老小区环境卫生、排水设施、楼道小广告等方面的突出问题。推进“一湖九河”环境整治工作，实施虹桥港、玉带河整治工程。启动谏壁片区生态环境综合整治工作，加快实施金港产业园周边和镇澄路搬迁改造工程，深入推进谏壁工业企业治污工作，立案查处环境违法行为19起，完成谏壁宕口整治2家，关停轧石企业7家、砖瓦窑厂2家，谏壁区域环境得到明显改善。

4. *着力改善民生，社会大局和谐稳定*。积极实施创业富民计划，开展大学生创业就业规划大赛等活动，新增城镇就业7451人，扶持创业867人。创成全国义务教育发展基本均衡区，通过省学前教育改革发展示范区现场评估，建设红旗小学新校区等校安工程1.3万平方米，八叉巷小学入选国家乒乓球后备人才基地。优化基本公共卫生布局。统筹推进养老、助残、人口、慈善等社会事业，发放各类社会救助、补助和抚恤金1671万元。深入推进“文化建设工程”，“魅力京口”广场文化活动获评“省级服务项目奖”，城市“10分钟体育健身圈”建设全市领先。实施政社互动，规范社区准入，推动费随事转，减轻基层负担。积极打造“阳光信访”，着力推进“五大专项行动”⑤，有效化解了一批信访积案。省级民主法治示范社区（村）创建工作保持全市领先。

5. *加强党的建设，教育实践活动成效初显*。一是扎实开展教育实践活动。坚持真学真用、即知即改，围绕反“四风”⑥，突出问题导向，解决648个群众反映强烈的突出问题。启动全区窗口行业规范化服务竞赛等活动，完成公车改革，在精文简会、改进文风会风、厉行节约等方面取得初步成效。“两网融合”社会治理服务⑦和“金凤凰”活动两大特色工作成效明显。二是加强组织建设。出台领导班子和领导干部综合分析研判意见，开展超职数配备干部和党政领导干部在企业兼职（任职）清理工作。坚持“实绩论英雄、实干兴京口”导向，选优配强34名街道、部门领导班子和领导干部。组织11名干部赴国家环保部、上海黄浦区等单位、地区挂职锻炼，举办首期领导干部经济管理能力提升研修班。加强基层服务型党组织建设，深化党员先锋志愿服务活动，整顿3个软弱涣散基层党组织。三是加强党风廉政建设。推进新一轮惩防体系建设，全面开展“清风行动”⑧，立案查处违法违纪案件14起。四是加强宣传工作。强化正面宣传，加强精神文明建设。《京口手机报》正式运营。获评全省冬训工作示范区。区人大积极围绕全区中心工作组织调研和督查，区政协开展“委员助推生态文明建设年”主题活动，服务大局、推动发展的成效进一步彰显。

上半年，全区上下在挑战中奋勇前进，在困难中稳步前行，取得令人鼓舞的发展成果，积累了在了复杂形势中驾驭全局、推动经济社会又好又快发展的基本经验。

1. *始终坚持高点定位，以打造“京口高度”激发内生动力*。全区上下自觉拔高工作标杆，坚持以高眼光、高标准、高效率、高水平，推动各项工作高质量、高效益发展。产业类固定资产投资、产业类实际利用外资序时进度全市第一，提前超额完成国家“千人计划”、市“331计划”全年任务，以全市第一名好成绩创成“省双拥模范示范区”。全市首家通过国家知识产权强县工程试点区验收。这些“第一、唯一”，极大地鼓舞全区上下加快发展、奋勇争先的信心决心，汇聚起加速推进京口现代化建设的强大力量。

2. *始终坚持务实为民，以正确导向引领科学发展*。坚持“五个硬”⑨导向，科学制定重点项目建设、财政收入、招商引资、外资、招商引税等专项考核办法，不断提高全区上下抓经济、谋发展的责任意识和主动意识。坚持产业发展的“两必须、两强化”⑩导向，牢固树立“转型发展、提质增效”理念，更好地把握产业发展方向，全力以赴抓项目建设，增加财政收入和居民收入，努力追求实实在在、没有水分的增长，让发展成果更多更好地惠及人民群众。

3. *始终坚持解放思想，以改革创新破解发展难题*。制定全面深化改革实施意见，明确今年改革重点任务，探索街道运行体制改革。出台企业上市扶持政策，制订“企业上市三年计划”，建成上海股权托管交易中心挂牌企业孵化基地，推动海龙核材、恒伟物流、鼎胜铝业、飞驰冷藏车等企业上市，积极破解企业融资难、融资贵问题。深入开展“真·实”活动⑪，解决了中储粮资产划拨、新民洲公共码头、爱励铝业二期等项目推进中的突出问题，有效促进企业发展。

4. *始终坚持狠抓落实，以过硬作风保障京口发展*。坚持以“五个必须”⑫的举措狠抓落实，全区重点项目、重点任务顺利推进。始终发扬钉钉子精神，迎难而上，一抓到底，及时调整原镇江无线产业园、华夏创意产业园项目的发展方向。成功引进中国中小企业信息产业园，江苏网商自贸区暨镇江京口网商产业园入驻企业突破百家。积极打造中国中小企业（镇江京口）总部基地，制定出台总部经济扶持政策，自5月份以来，招商引资成效明显，引进企业132家，新增税收2100多万元。

这些成绩和经验的取得，是镇江市委、市政府正确领导的结果，是镇江市各部门、驻地各单位全力支持的结果，是区四套班子团结带领全区人民共同奋斗的结果。在此，我代表区委，向所有关心支持京口发展的各级领导、各界人士，向积极投身我区建设的全体京口人，表示衷心的感谢并致以崇高的敬意！

在充分肯定成绩的同时，我们也清醒地认识到，发展中还面临着一些问题和不足：在经济发展上，要素制约依然突出，实体经济发展困难较多；重大产业项目推进不快，尤其是“321项目”[13]招引不力、储备不够；新的增长点不强不多，财政收入结构不合理，税源支撑乏力；产业结构不优，企业转型升级步伐不快；在城市建设上，城市功能品质有待进一步提升，城乡建设、管理能力有待进一步加强；在改革创新上，部分干部存在等待观望、畏难情绪，对重点任务、难点问题主动改革、主动创新的力度不大；在信访维稳上，征收拆迁、环境保护等领域的不稳定因素依然较多，维稳压力加大。在干部队伍建设上，少数干部工作责任心不够强，工作作风不够实，抓经济工作的思路不够宽、办法不够多，存在懒政庸政现象。我们要高度重视存在的问题，采取有力措施切实加以解决。

**二、准确把握形势，进一步增强发展的紧迫感、责任感和使命感**

综合研判下半年形势，挑战与机遇并存、困难和优势同在。一方面，进一步坚定信心，乘势而上，在抢抓机遇中加快发展。从国际形势来看，随着欧美“再工业化”[14]战略的深入实施，全球经济缓慢复苏，为京口发展提供更加广阔的前景。从国内形势来看，中央一系列“微刺激”政策和改革措施，特别是简政放权、财税金融、有序放宽市场准入等措施，为下一轮发展增添了内生动力。从区域发展来看，长江经济带上升为国家战略，新型城镇化的实施，上海自贸区的“溢出效应”[15]等，为京口区产业发展、对外开放、城乡建设带来新的机遇。从京口自身发展来看，京口的区位、产业基础和配套、科教人才以及新民洲岸线腹地等比较优势，为下一轮发展提供了良好条件。机不可失、时不可待。全区上下要审时度势、乘势而上，努力把新的机遇和优势转化为加快发展的强大动力，进一步加快京口发展步伐。另一方面，进一步认清形势，危中求机，在攻坚克难中奋勇争先。我们既要看到经济运行稳中有进的总体趋势，又要看到经济运行中的不确定、不稳定因素。面对“三期叠加”[16]阶段，以及经济下行压力加大的形势，要主动应对，趋利避害，创新作为，采取扎实有效的办法，积极消化不利因素、破解发展难题，继续保持经济发展稳中有进的良好态势。做好下半年工作，要突出把握好“四个坚持”的工作要求。

1. 坚持全年目标任务不动摇。紧紧围绕年初改革发展稳定的总目标，狠抓28项重点改革任务的落实，狠抓主要经济指标、重点项目建设和生态文明建设等重点任务，确保全面超额完成今年各项目标任务。全力维护社会安全稳定，扎实有效推进“五大专项行动”，确保京口区“五个坚决不发生”[17]。

2. 坚持加快转型升级不动摇。当前，传统经济发展模式已经不适应当今和未来经济发展，转型升级成为企业发展的必然趋势。要积极引导企业主动转型升级，加大科技创新和人才培养引进力度，及时掌握新产业、新技术、新业态主动权，进一步研发新产品、打造新品牌，不断提高转型升级水平。

3. 坚持“改革创新、稳中奋进”主基调不动摇。我们要牢牢把握稳中奋进的要求，既立足于稳，更要着力于进，认真研究对接中央、省、市一系列改革举措，切实以改革创新激发京口发展活力、破解发展难题，不断推动京口各项事业快步前进。

4. 坚持加强党的建设，保障干部活力促进发展不动摇。坚持不懈地加强基层党组织和党员队伍建设，努力使京口基层党组织、党员和干部队伍始终保持生机与活力，为京口现代化建设提供坚强有力组织保障和人才支撑。

**三、狠抓重点工作，创新作为，确保超额完成全年目标任务**

全力以赴抓好全年各项目标任务的落实，努力交出让京口人民满意的优秀答卷。

**（一）更大力度抓好项目建设，加快产业转型升级。**

1. 提高项目招引建设成效。狠抓在手项目建设，提高开工率和竣工率。突出抓好66个亿元以上项目，特别是13个市重点产业项目建设，确保项目按序时顺利推进。实现冷藏车搬迁技改扩产项目10月竣工投产，中储粮二期技改扩能项目、苏宁广场年内部分竣工，财富广场商业基本完成回迁，大市口地下商贸区中山路段主体竣工。中国中小企业信息产业园年内产业科技大厦主体封顶，1000余家企业入驻江苏网商自贸区暨镇江京口网商产业园。狠抓新项目招引，提高签约率。结合京口产业定位和“三集”规划，研究对接国际国内500强企业以及辖区现有企业总部的发展规划，强化“321”项目招引。加大技师学院、汝山南路、色织总厂等地块的项目包装和招引力度，加快推进爱励二期、长江游戏谷、新奥新能源、油品仓储物流、30万吨葵花籽油精炼等项目签约落户。大力发展总部经济，加强总部销售、中介服务、规划设计、物流、建筑安装等行业的招商引资，加快推进易乐并购工作。

2. 提升产业转型升级水平。科学制定实施京口产业和空间规划，进一步优化产业结构，构建京口主城区的现代产业体系。全力改造提升制造业。更大力度扶持中储粮、爱励铝业、鼎胜铝业、鼎盛重工等骨干企业做强做大。鼓励引导鸿泰钢铁、宝华半挂等企业加快技术改造，实现高科技、高附加值、高端化发展。加快推动镇江飞驰汽车集团原地块“退二进三”，积极实施“腾鸟换凤”，年内开工建设小微企业园，为转型发展拓展空间。全力提升现代服务业。繁荣发展城市经济，加快旅游、物流和文化创意产业等重点服务业发展；加快工业研发设计、软件信息、电子商务、网络文化、健康养生等新兴服务业发展；加快推进商贸商务、中介服务、金融服务和家庭服务等传统服务业转型升级。支持象山加速打造电商和网络动漫产业集聚地。全力打造现代都市农业。突出“高产、优质、高效、生态”要求，大力发展精品农业，扩大“瑞京”“胡老三”“田柔子”等农产品品牌的影响力。加强夏朵天堂江南庄园等亿元以上农业项目的招引，加快新民洲生态景观农业项目建设。推动中储粮、恒伟物流等涉农企业做强做大，进一步增强龙头企业的示范带动效应。

3. 全力抓好产业“三集”发展。狠抓产业“三集”发展目标任务的落实，推动“321”项目全覆盖。高质量完成大市口中央商贸商务集聚区、金融商务集聚区规划编制工作，高水平推进园区基础设施建设，力争快出成效。积极推动园区市场化运行机制，提高园区运营管理水平。加快京口航空航天产业园争创国家级产业园区的步伐。

**（二）更大力度深化经济体制改革，增添发展活力。**

1. 深化企业改革。加快企业上市步伐，加强与江苏股权交易中心、上海股权托管交易中心等金融机构合作，确保海龙核材年内实现新三板上市，推动恒伟物流E板[18]挂牌。加快推进江苏北固产业投资公司等企业的现代企业制度建设。抢抓大力发展混合所有制经济的机遇，积极引导民营企业通过购股、参股、合资合作等形式参与国企改革。加快推进中国林业集团对新民洲港务公司股权收购工作。

2. 创新科技人才工作体制机制。发挥企业创新主体责任，大力培育发展科技创新型企业，新增高新技术企业8家以上，力争新建1个省级孵化器。创新开展“金凤凰”活动，加快人才项目产业化进程，提升人才层次和转型升级水平。下半年新增省“双创计划”[19]3人，高技能人才392人。构建政产学研金一体的协同创新机制，深化校地联合发展和军民融合式发展，加强与国内外高校、部队深度合作。整合科技、人才专项资金，以产业引导基金形式支持企业创新发展。加快大学生创业科技园等载体建设，充分利用江苏网商自贸区暨镇江京口网商产业园平台，促进大学生创业就业，培育京口发展新的增长点。

3. 提升开放型经济发展水平。加强开放载体建设，年内开工建设海峡两岸（镇江）文创基地。创新探索融资租赁、商业保理等新型利用外资方式，优化外资利用结构，全年引进产业类外资2亿美元，其他类外资1.178亿美元、台资4100万美元。深入研究外经外贸转型发展新举措，转变外贸增长方式，培育新的外贸增长点，确保完成全年进出口总额10.46亿美元。

**（三）更大力度改善生态环境，建设山水花园城市。抢抓镇江推进省级生态文明建设综合改革试点的机遇，打好生态文明建设攻坚战。**

1. 严格把好产业发展生态关。坚持“两必须、两强化”产业发展导向，大力发展高科技、高附加值、高端产业，从源头上把好生态关。建立生态补偿机制，实施碳评、能评、环评等“多评融合”的评估机制，对项目准入、生产制造、达标排放实行全程监控。建立生态文明建设信息定期公布和突发事件披露制度，实行环保重大事故一票否决制、环境损害领导责任终身追究制度。实施碳排放的总量和强度双控考核，考核结果纳入今年目标管理考核体系。

2. 刚性落实节能减排指标。加快发展循环经济，推进京口航空航天产业园区循环化改造。加快实施低碳工程，年内完成谏壁电厂脱硫脱硝改造项目和索普能源管理中心项目，对解放路、中山东路实施道路LED光源改造，确保二氧化碳排放总量上升率、单位GDP二氧化碳排放下降率和主要污染物排放下降率完成市任务。

3. 大力整治生态环境突出问题。全力以赴推进谏壁地区生态环境综合整治，有序推进索普、新区化工园区周边居民搬迁，坚决关停拆除谏壁区域内轧石企业、砖瓦窑厂、翻水河支流码头。严格执行“河段长制”，尽快开工建设虹桥港活水通道，长效整治玉带河等重点河流。加快建设京岘山等山体公园，解决松林山、鸿泰钢铁等企业石矿粉尘、噪声污染问题，加强秸秆禁烧和综合利用。加大环境执法力度，严厉查处不法排污企业。

**（四）更大力度建设现代化主城区，提高城市品质。抢抓新型城镇化机遇，加快建成高品质的现代化主城区。**

1. 城市建设要塑亮点、造精品。树立精品意识，以国际化的眼光和思维做好城建项目规划设计，提高城市景观建设的层次和水平。大力推进旧城区和城中村改造，加快54个重点城建项目建设。完成金融商务集聚区、汝山南路两侧等地块征收拆迁60万平方米。全年拆除违法建设10万平方米以上。建设凌家湾一期、孟家湾、华诚新村一区二期等安置房30万平方米以上。进一步提升新民洲、谏壁街道“三新”建设[20]水平。

2. 城市管理要上水平、重长效。建立“智慧城管”平台，深入实施“街长制”，扎实开展“美丽京口”区长督查月活动。实施学府路东段广告整治，推进中山东路等道路街景整治，确保健康路创成省级城市管理示范路，焦顶山社区创成省级城市管理示范社区，继续保持“大城管”考核全市领先。全力抓好全国文明城市创建工作，深入细致开展“文明进万家”活动，高质量完成今年小区环境整治任务，不断提升居民文明素养。

3. 城市功能要更完善、更配套。不断优化路网体系，加快镇澄路、焦山路、恒运路、经七路等11条道路建设，加大农村道路提档升级改造力度，年内建成谏李线、谏东线、谏零线，镇澄路西段年内竣工通车。

**（五）更大力度保障和改善民生，提升居民幸福指数。**

1. 大力实施富民增收计划。积极开展创业就业技能培训，下半年新增就业4600人以上，扶持创业340人以上。落实工资集体协商制度，建立完善职工工资正常增长机制，使城乡居民收入与经济发展同步增长，让广大群众分享改革发展成果。

2. 推动基本公共服务优质均衡。加快教育现代化建设，完成第十中学等校安工程建设，争创省义务教育优质均衡改革发展示范区。全面推行城乡一体的养老保险和医疗保险制度，推进基层医疗卫生机构标准化建设。加快构建现代公共文化服务体系，实施文化工作创新工程，加大“京口名人”、名校、历史名迹的培育力度，提高京口知名度和影响力。确保区文化艺术中心年内正式开馆。加快区级老年人日间照料中心和区级残疾人综合服务中心建设，统筹推进人口、慈善、残疾人等各项社会事业发展。

3. 深化社会治理创新。持续提升“两网融合”社会治理服务水平，全力打造“群众更满意、全国更知名”的品牌。探索培育一批“名居、名主任（书记）、名网格长”，提升京口和谐社区建设示范名区的影响力。创新有效预防和化解社会矛盾的体制机制，建成“区、街道（园区）、村（社区）、网格”四级调处网络和区社会管理服务中心。创新思路和办法，扎实解决信访难题，有效化解信访积案。建立执法办案质量终身负责制，进一步提高执法、信访工作规范化水平，维护社会和谐稳定。

**四、全面加强党的建设，加快提高党员、干部科学发展的能力和水平**

以开展党的群众路线教育实践活动为契机，全面加强基层党组织建设，不断提高党的建设科学化水平，为京口现代化建设提供坚强有力的思想、组织、纪律和作风保障。

1. 切实加强思想政治建设。加强学习型党组织建设，建立健全考学机制，促进党员、干部特别是领导干部带头善于学习、善于实践、善于总结、善于提升。要牢固树立强烈的发展意识、为民意识和责任意识，高标准、高效率抓好京口现代化建设各项任务。要进一步解放思想，拓宽思路，敢想敢干，敢为人先，突破常规，勇闯新路，以国际视野和战略思维，超前谋划好“十三五”经济社会发展规划，以创新的思路、扎实的举措有效破解发展难题。大力支持人大、政协、统战、人武和各群团组织围绕全区中心工作，发挥优势，广泛凝聚各方力量，集中全民智慧，共同推动京口现代化建设。

2. 切实加强作风建设。要坚持高标准严要求，以“五个很”[21]抓好党的群众路线教育实践活动。聚焦“四风”问题抓整改。以钉钉子精神抓好“四风”问题的整改，特别要加强对全区各级干部和党员政治纪律、组织纪律、工作纪律的监督检查，动真碰硬，严肃查处“懒散庸”等不良现象。要建立健全长期管用的作风建设制度，强化制度执行刚性约束，推动作风建设常态化、长效化。深入基层群众抓服务。加强基层服务型党组织建设，完善社区（村）干部激励机制，进一步推动人力、财力向基层倾斜。深入开展“真·实”活动，建立党员联系服务群众的长效机制，实实在在为企业、基层（群众）服务。集中精力抓落实。当前，改革发展稳定任务十分繁重，全区各级干部和党员要集中精力，发扬特别能吃苦、特别能战斗的奉献精神，进一步强化不达目的誓不罢休的钉劲、狠劲和韧劲，以“五个必须”（必须进一步解放思想、提振精气神、创新巧干；必须进一步抢抓机遇、只争朝夕、紧张快干；必须进一步强化责任、敢于担当、埋头苦干；必须进一步严明纪律、督查考核、真抓实干；必须进一步强化协作、团结拼搏、合力同干）的工作举措抓好全年目标任务的落实。

3. 切实加强干部队伍建设。一是抓用人导向。始终坚持“凭实绩论英雄、以德才论人才”的导向，选好用好各年龄段的优秀干部，特别要旗帜鲜明地选拔重用善抓项目、会抓发展的优秀干部，以及在基层一线和条件艰苦、任务繁重岗位上的优秀干部。二是抓机制建设。全面实施领导班子和领导干部综合分析研判工作，客观公正地考核评价干部，加强干部转岗交流。加强大学生村干部考核、管理、培养和使用工作。三是抓能力提升。在全区干部和党员队伍中，大力开展“经济能手”竞赛活动，全力提升全区党员、干部善学经济、善懂经济、善抓经济的能力和水平。

4. 切实加强党风廉政建设。以落实党委主体责任、纪委监督责任为抓手，推进新一轮惩防体系建设，制定“一把手”权力清单、领导干部重大事项报告核实、建设工程招投标监管办法等制度，强化权力运行的监督制约。深入推进“阳光服务”五项制度，持续开展“清风行动”，抓好中央“八项规定”的落实。加大执法办案力度，严肃惩治违纪违法行为，不断提升人民群众对党风廉政建设的满意度。

同志们，做好下半年工作，事关全局，影响深远。让我们以更加饱满的工作激情，更加务实的工作作风，更加创新的工作举措，团结拼搏，奋力作为，全面超额完成今年各项目标任务，为加快京口苏南现代化示范区建设做出新的更大的贡献！

**【注释】**

（1）“363”行动。即，扎实开展“3大活动”：认真开展党的群众路线教育实践活动、创新开展“金凤凰”活动、深入开展“真·实”活动；突出抓好“6项重点”：全面深化改革创新；加速产业转型升级；加强生态文明建设；建设现代化主城区；不断增进民生福祉；全面加强党的建设。奋力实现“3个发展”：领先发展；特色发展；优化发展。

（2）产业“三集”发展。即，产业集中集聚集约发展。

（3）国家“千人计划”。即，全称为“海外高层次人才引进计划”，是国家最高层面的人才引进计划，主要是围绕国家发展战略目标，从2008年开始，用5到10年，在国家重点创新项目、重点学科和重点实验室、中央企业和国有商业金融机构、以高新技术产业开发区为主的各类园区等，引进并有重点地支持一批能够突破关键技术、发展高新产业、带动新兴学科的战略科学家和领军人才回国（来华）创新创业。

（4）市“331计划”。即，镇江市在“十二五”期间，按照产业发展规划，重点围绕新能源、新材料、电子信息、航空制造、海洋工程五大战略性新兴产业以及生物医药、低碳环保、现代服务业等新兴产业，力争引进培育30名国家层面的创新创业领军人才、300个创新创业领军人才团队和1000名海外创新创业领军人才。

（5）五大专项行动。即，社会治安综合整治、矛盾纠纷排查化解、安全生产检查整改、环境保护、网上舆论引导五个专项行动。

（6）“四风”。即，形式主义、官僚主义、享乐主义和奢靡之风。

（7）“两网融合”社会治理服务。即，通过融合现实世界中的网格化治理服务与虚拟世界中的网络化治理服务，提升服务质效的治理服务模式。

（8）清风行动。即，在全区开展以整治“会所中的歪风”、不遵守作息时间问题、公务用车管理使用问题、公务接待问题、国内公务学习考察问题等5个专项整治为主要内容的行动。

（9）“五个硬”。即，科学发展是硬道理、改善民生是硬任务、科技人才是硬支撑、求真务实是硬作风、解决问题是硬本领。

（10）“两必须、两强化”。即，必须生态环保优先、必须资源节约高效，强化地方财税贡献、强化居民就业收入。

（11）“真·实”活动。即，推动全区党员干部“真心诚意与群众交朋友、实实在在为基层（群众）服务，真心诚意与企业家（创业者）交朋友、实实在在为企业服务”的活动。

（12）“五个必须”。即，必须进一步解放思想、提振精气神、创新巧干；必须进一步抢抓机遇、只争朝夕、紧张快干；必须进一步强化责任、敢于担当、埋头苦干；必须进一步严明纪律、督查考核、真抓实干；必须进一步强化协作、团结拼搏、合力同干。

（13）“321项目”。即，总投资30亿元以上的先进制造业项目、总投资20亿元以上的现代服务业项目和总投资1亿元以上的现代农业项目。

（14）再工业化。即，西方学者基于工业在各产业中的地位不断降低、工业品在国际市场上的竞争力相对下降、大量工业性投资移师海外而国内投资相对不足的状况提出的一种“回归”战略，即重回实体经济，使工业投资在国内集中，避免出现产业结构空洞化。

（15）溢出效应。即，一个组织在进行某项活动时，不仅会产生活动所预期的效果，而且会对组织之外的人或社会产生影响。如个别地区经济发展对其他地区发展产生了积极影响。

（16）“三期”叠加。即，增长速度换挡期、结构调整阵痛期、前期刺激政策消化期的叠加。

（17）五个“坚决不发生”。即，坚决不发生影响政治安全的敏感事件；坚决不发生暴力恐怖事件和恶性刑事案件；坚决不发生进京去省的群体性事件及个人极端事件，杜绝上访人员在京在宁缠访滞留；坚决不发生群死群伤和有恶劣影响的安全生产事件；坚决不发生环境、网络等方面的公共安全事件。

（18）E板。即，非上市公众股份有限公司股份转让系统。

（19）省“双创计划”。即，江苏省为加快创新型省份建设，围绕优先发展新兴产业，促进重大科技成果转化，打造高新技术产品群和企业群而实施的创新创业高层次人才引进计划。

（20）“三新”。即，新市镇、新园区、新农村。

（21）“五个很”。即，很认真、很投入、很细致、很实在、很到位。

# 强化转型升级 推进特色发展
# 奋力开创京口经济社会发展新局面

2015年1月5日在中共京口区委七届八次全体（扩大）会议上的讲话

区委书记 裔玉乾

同志们：

2014年12月13日，习近平总书记亲临镇江视察指导工作，这是镇江发展历史上具有里程碑意义的一件大事，将对京口的发展带来深远的影响和重大的机遇。这次大会，就是要以习总书记重要讲话精神为引领，深入贯彻落实中共中央十八大、十八届三中、四中全会精神和中央经济工作会议、省委十二届八次、九次全会、市委六届九次全会精神，总结2014年、部署2015年，动员全区上下稳中奋进、改革创新，奋力开创京口经济社会发展新局面。

下面，我代表区委常委会，向全会作工作报告。

## 一、深入贯彻落实习总书记重要讲话精神，凝聚京口改革发展的强大合力

习总书记视察江苏，亲临镇江，对江苏和镇江的发展提出了一系列新要求新期望，这为我们做好今年工作，谋划“十三五”乃至更长时期的发展指明了方向，具有十分重大的指导意义。我们要深刻领会习总书记重要讲话的新思想、新观点，以讲话精神统一思想和行动、凝聚智慧和力量，全面推动京口各项事业迈上新台阶。

**（一）要牢牢把握“镇江很有前途”的殷切希望，进一步提升标杆、奋发作为。**习总书记视察镇江时，赞美镇江的山山水水，评价镇江低碳城市建设“卓有成效，走在了全国前列”，寄语“镇江很有前途”，使我们深受鼓舞、倍感振奋。作为镇江市的主城区，我们要进一步坚定加快科学发展、特色发展的信心和决心，始终坚持“六个高”①的要求，高点定位，创新作为，努力打造京口各项工作的新高度。

**（二）要牢牢把握“建设新江苏”的最新定位，进一步积极进取、真抓实干。**习总书记科学判断江苏所处的发展阶段和历史方位，明确提出了“建设经济强、百姓富、环境美、社会文明程度高的新江苏”，首次提出了全面建成小康社会、全面深化改革、全面推进依法治国、全面从严治党“四个全面”的工作布局，系统提出了推动经济发展、现代农业、文化建设、民生建设、全面从严治党“五个迈上新台阶”的重点任务。这些新目标、新任务、新要求，既是我们奋斗前行的指导方向，更是京口人民的职责使命。围绕实现这一美好蓝图，我们要进一步增强发展意识、责任意识、使命意识，坚持“五个硬”②的工作导向，坚定走“转型升级、特色发展”之路，主攻产业发展、项目建设、生态文明建设、民生改善等方面存在的薄弱环节，一年接着一年干，久久为功，奋力开创京口经济社会发展新局面。

**（三）要牢牢把握“为全国发展探路”的谆谆嘱托，进一步勇于担当、创新实践。**习总书记在讲话中强调，为全国发展探路是中央对江苏的一贯要求，并提出了“下一步发展路子如何走”这样一个重大的时代命题，勉励我们在扎实做好全面建成小康社会各项工作的基础上，积极探索开启率先基本实现现代化建设新征程这篇大文章。我们要以强烈的担当意识，肩负起现代化建设的时代命题和重大使命，以新的作为、新的创造，积极探索现代化建设新实践，特别要在“两网融合”治理服务③、“四式服务”④、校地联合发展、军地融合发展、科技人才、党的建设等方面探索创新，努力为全市、全省乃至全国发展创造经验、多做贡献。

学习贯彻习总书记重要讲话精神，是当前和今后一个时期全区最重要的政治任务，各级党组织要精心组织学习贯彻和宣传宣讲活动，组织广大党员、干部原原本本地学、融会贯通地学、联系实际地学，确保讲话精神内化于心、外化于行，更好地武装头脑、指导实践、推动发展。

## 二、回顾总结2014年工作，在复杂形势下稳中奋进，各项工作取得了令人鼓舞的新成绩

2014年，是京口区面临大事、要事相对集中的一年，也是全区上下创新克难、团结拼搏、奋发作为、成效显著的一年。面对宏观形势复杂多变、经济下行压力持续加大的局面，面对全面深化改革、党的群众路线教育实践活动、迎接南京青奥会的召开、全国文明城市创建等艰巨繁重的任务，全区上下牢牢把握“稳中奋进、改革创新”主基调，始终贯彻“全面改革创新、突出高效投入、强化提质增效”核心工作要求，大力开展“363”行动⑤，积极有效应对“新常态”，保持了经济社会发展稳中有进的良好态势。预计全年完成地区生产总值420亿元，增长11%；公共财政预算收入19亿元，增长13%；社会消费品零售总额243亿元，增长12%；城镇居民人均可支配收入、农村居民人均可支配收入为36547元、19794元，分别增长9%、11%。

**（一）突出高效投入，项目建设加速推进。**预计全年完成固定资产投资315亿元、增长22%，其中产业类固定资产投资190亿元、增长22%。完成产业类实际利用外资1.3亿美元，序时进度全市领先。66个亿元以上产业项目进展顺利，预计完成投资86亿元。新民洲公共码头一期开港运营，新民洲公共码头二期、包家湾商业综合体、东锦生态农业等项目开工建设，财富广场竣工，苏宁广场、凤凰文化广场、大市口地下商业开发、北固湾商业综合体等重点项目加速推进。开展项目集中签约活动，总投资30

亿元的正邦商业广场、总投资20亿元的新奥新能源、总投资10亿元的长江游戏谷一期等40个亿元以上项目签约落户，爱励铝业与宝钢集团共同投资5亿美元的高档汽车用铝合金板项目签订框架协议。

**（二）促进转型升级，发展质态不断优化。产业“三集”发展[⑥]成效明显。**开展“三集”园区市场化运作试点，进一步优化提升专业化招商队伍。创新克难，调整优化了原镇江无线产业园、华夏创意产业园两个项目建设，全面完成“三集”园区年度目标任务。京口工业园（航空航天产业园）创成省级生态工业园区，谏壁粮油产业园创成省级农产品加工集中区。京口高创中心创成省级大学生创业示范园和省级文化科技产业园。新兴产业加速集聚。中国中小企业信息产业园加快建设，江苏网商自贸区暨镇江京口网商产业园入驻企业达800余家。以百度营销中心、腾讯积分商城江苏运营中心、顺丰嘿客镇江总部为代表的电子商务产业加速集聚。以名通科技、易乐科技等为代表的网络文化产业爆发式增长。企业转型升级步伐进一步加快。中储粮二期技改扩能项目加快推进。飞驰冷藏车搬迁技改扩产项目主体竣工。鼎胜铝业通过技术创新，推动产品升级，实现了效益的大幅增长，预计全年税收增长36%以上。惠通集团积极推动产品创新、管理创新，企业核心竞争力不断提升。皇冠假日酒店、宴春酒楼等企业及时调整经营策略，营业收入保持稳步增长。恒伟物流公司研发运用物联网、云计算技术，实现了冷链物流的自动化、智能化。

**（三）强化创新驱动，科技人才效益不断放大。**扎实开展“金凤凰”活动，加大人才引进力度，新增国家“千人计划”[⑦]3人，省“双创计划”[⑧]5人，市“331计划”[⑨]17人，高技能人才750人，人才工作保持全市前列。深化校地联合发展，依托高校资源，推动30个项目获国家、省级立项，为企业争取扶持资金3600多万元，创历史新高。建成哈尔滨工程大学技术转移中心等3个创新平台。鼎盛重工通过省级船舶企业技术中心认定。爱励创新中心开工建设。高新技术产业产值占规模以上工业产值比重45.2%，全社会R&D经费支出占GDP比重2.67%。新增国家级高新技术企业9家。通过省知识产权战略示范区验收，创成国家知识产权强县工程示范县（区）。宝塔山社区创成国家级科普示范社区。

**（四）实施综合治理，生态文明建设成效明显。**实施“一湖九河”[⑩]水环境和山体整治工程，有效治理虹桥港、玉带河，京岘山公园二期对外开放，全面完成生态文明建设重点项目年度任务。加快谏壁地区生态环境综合整治，完成索普周边居民搬迁2.7万平方米，关停轧石企业7家，基本完成废弃矿山、宕口整治任务。推进大气污染防治工作，谏壁电厂、索普集团完成脱硝除尘、污染气体减排等技术改造，全年PM2.5浓度指标全市最低，空气质量优良天数全市第一。深入推进“文明进万家”活动，整治出新12个老小区，面积达18万平方米。顺利完成全国文明城市创建测评迎检任务。长效化实施城市管理“街长制”[⑪]，圆满完成人力三轮车退出营运市场工作，“大城管”考核保持全市领先。学府路创成省级市容示范路。香江花城小区创成省级示范小区。

**（五）持续改善民生，保持社会大局和谐稳定。**加快推进城市建设。完成征收拆迁11.7万平方米，建成安置房17万平方米，回迁安置52万平方米。完成梦溪园、中营街片区“空斗墙”改造。镇澄路西段、学府路三期竣工通车，大西路东段即将通车，焦山路中段启动建设。建成中建大观、江山名洲菜场。创业富民取得新进展。扶持创业1100人，新增城镇就业14500人。与江苏大学共同打造的“一园两基地”[⑫]正式挂牌，设立大学生创业基金200万元。公共服务水平不断提升。完成红旗小学等校安工程2.7万平方米。“苏馨家园”正东路街道残疾人综合服务中心投入使用。全区为老服务设施和体系进一步建立健全。公共文化体育服务体系建设走在全市前列，新建7家市图书馆分馆，京口区文化艺术中心建成试运行。顺利通过省“学前教育改革发展示范区”现场评估验收。正东路街道创成“苏南教育现代化示范街道”。健康路社区卫生服务中心创成国家级“群众满意的社区卫生服务机构”。江一社区获评“全国和谐社区建设示范社区”、“全国防灾减灾示范社区”。深入推进依法治区。取消、暂停行政审批事项22项，执法质量终身负责制工作全省领先。获评省级“六五”普法中期先进区。加强社会治理。“两网融合”治理服务水平得到新的提升。区社会管理服务中心投入使用。扎实推进“五大专项行动”[⑬]，成功侦破“3·30”专案和“8·11”暴力袭警案，顺利完成甘露商城火灾隐患整改任务，一批信访积案得到有效化解，信访稳定工作走在全市前列，群众幸福感和社会和谐度不断提升。

**（六）加强作风建设，群众路线教育实践活动高质量开展。**一是加强学习教育。开展“为了谁、依靠谁、我是谁”大讨论和“真学真用真改”交流研讨活动，举办赵亚夫和“京口先锋”先进事迹报告会，培树杨凌等先进典型，引导党员、干部进一步坚定理想信念、提高宗旨意识。举办“苏州大学经济管理能力提升研修班”，选派13人到国家部委、省级机关、上海市黄浦区进行挂职锻炼，选派18人驻点服务重大项目、重点企业，提高干部抓经济、促发展的能力和水平。开展“京口高度”系列宣传活动，提升京口的影响力和美誉度。获评全省冬训先进示范区。二是加强作风建设。紧扣“四风”问题，坚持即知即改，扎实推进十大专项整治任务，清单式推进中央、省委巡视组反馈意见整改工作，整改率达80.2%，建立健全长效制度19项。全区“三公经费”下降50%以上，公共事务进社区事项减少50%，群众普遍感到党风、政风和社会风气为之一新。“真·实”活动成效明显，为群众兴办各类实事1100余件，有效解决了中储粮资产划拨、新民洲公共码头开港、爱励铝业二期、鼎胜铝业等项目推进中的难点问题

150余项。三是加强基层基础。开展志愿服务“三十佳”评选活动，“四式服务”入选全国党的群众路线工作法100个优秀案例，整治3家软弱涣散基层党组织。开展乡科级领导班子和领导干部综合研判工作。消化超职数配备干部84名，化解率达92.3%。完成清理领导干部在企业兼职任务。面向全省公开选拔北固产业集团领导班子，公开选拔3名正科职干部、5名大学生村干部和4名基层一线年轻同志担任副科职岗位，调整交流科级干部80名，进一步弘扬“实绩论英雄、实干兴京口”的用人导向。四是加强正风肃纪。严格落实“两个责任”，全面开展“清风行动”，查处违纪违法案件20件，营造风清气正的良好氛围。人大深入开展“依法行政、公正司法”专项评议活动，政协创新推进“生态文明建设主题年”活动，围绕中心、服务大局的成效进一步彰显。创成“省级双拥模范示范区”。统战、人武工作和工会、共青团、妇联、文联、科协、工商联、侨联等群团工作实现新发展。

这些成绩的取得，是镇江市委、市政府正确领导的结果，是社会各界鼎力支持的结果，是区四套班子团结带领全区人民共同奋斗的结果。在此，我代表区委，向所有关心支持京口发展的各级领导、各界人士和全区人民，表示衷心的感谢并致以崇高的敬意！

在充分肯定成绩的同时，我们也清醒地认识到，发展中还面临着一些问题和不足：在经济发展上，实体经济运行困难，新的增长点不多；在手项目推进速度不快，招商引资氛围不浓、力度不够，好项目、大项目仍然缺乏；财政收入结构不合理，税源支撑乏力；产业结构不优，企业转型升级步伐不快，创新驱动作用有待进一步增强，发展的质量和效益有待进一步提高。在民生改善上，城市功能品质有待进一步提升，生态文明建设任务艰巨，公共服务的均衡度和满意度仍需不断提高。在信访稳定上，征收拆迁、涉法涉诉等领域的不稳定因素依然较多。在干部队伍建设上，少数干部工作责任心不够强，抓工作的精力不够集中；少数干部的思维、能力、作风不适应经济社会发展新常态的要求，等等。这些问题，要在今后工作中切实加以解决。

**三、科学把握新常态，主动作为，推动经济社会发展各项事业迈上新台阶**

科学认识当前形势，准确研判未来走势，是做好全年各项工作的基本前提。我们要辩证看待形势。从国际来看，全球经济将小幅回暖，但不确定、不稳定因素仍然较多。从国内来看，我国发展仍处于大有作为的重要战略机遇期、经济总体向好的基本面没有改变。但经济下行的压力依然较大，保持经济平稳发展需要更多的努力。总的来讲，新常态是我国今年乃至今后一个时期经济社会发展的显著特征。做好我区今年的经济社会发展工作，必须认识新常态、适应新常态、引领新常态，做到观念适应、认识到位、方法对路、工作得力。

我们要正确认识、积极适应经济发展新常态。速度变化、结构优化、动力转换是我国经济发展新常态的三大特征。一是增长速度由高速增长转向中高速增长。增长速度的换挡，不能简单地理解为数量和速度的变化，而是要推动增长方式由规模速度型粗放增长转向质量效益型集约增长。我们要坚持以生态文明建设引领经济社会发展，坚持“两必须、两强化”[14]的产业发展导向，主动作为、转型发展，努力追求有质量有效益的增长。二是经济结构从增量扩能为主转向调整存量、做优增量并举的深度调整。简单地来讲，就是要推动经济结构加快调整、优化升级，由中低端向中高端迈进。我们要继续做好“加法”，大力发展战略新兴产业、现代服务业、先进制造业、现代农业，抓好新业态新模式的培育，加快构建现代产业体系。同时，也要做好“减法”，坚决淘汰落后产能，积极推进工业企业“退二进三”，实现“腾鸟换凤”。三是增长动力从要素驱动、投资驱动转向创新驱动。当前，经济发展动力将更多依靠人才和技术进步、依靠创新驱动。我们要发挥高校多、高技术成果多、高科技人才多的优势，抓住人才、企业、机制三个关键，把创新成果变成实实在在的产业和产品，为经济发展注入强劲动力。总体来说，新常态是进步的常态、趋好的常态，意味着各方面会有充满希望的新变化。全区各层各级、各行各业都要以积极向上的姿态把握新常态，不断调整理念思路、发展方式、工作方法，努力掌握新常态下推动经济社会发展的主动权。

我们要积极引领经济发展新常态。习总书记强调，经济社会发展新常态下，要坚持发展、主动作为。我们要坚定信心，抢抓机遇。当前，正处于全面深化改革的红利释放期，也是国家“一带一路”[15]、扩大自贸区、新型城镇化等战略的推进期，这些都给我们带来了前所未有的机遇。全区上下要审时度势，乘势而上，努力把新的机遇转化为促进京口发展的现实力量。我们要树立强烈的发展意识、创新意识，奋力攻坚克难。对宏观环境变化带来的工作压力不能有畏难情绪，对部分指标增长的回落不能听之任之，对改革发展稳定中的困难不能无所作为。我们要切实增强责任感和使命感，主动作为，采取更加创新有效的办法，积极消化不利因素、破解发展难题，全力以赴做好改革发展稳定各项工作，推动新常态下各方面工作取得新的成效。

2015年是全面深化改革的关键之年，是全面推进依法治国的开局之年，也是全面完成“十二五”规划的收官之年。结合京口区实际，今年工作的指导思想是：以中共中央十八大、十八届三中、四中全会精神为指导，以学习贯彻习总书记视察江苏（镇江）时的重要讲话精神为动力，认真落实中央、省委、市委各项决策和部署，坚持“稳中奋进、改革创新”的主基调，坚持以提高经济发展质量和效益为中心，主动适应经济发展新常态，把转方式调结构放到更加重要位置，突出生态文明引领、科技人才驱动、企业转型升级，持续改善民生，全面从严治党，强化依法治区，加快建设经济强、百姓富、环境美、社会文明程度高的“新京口”。

在政治、经济、社会、生态文明新常态这个大背景下，谋划和推动我区今年工作，必须正确处理好“四个关系”。

一是正确处理好“稳”和“进”的关系。要充分认识到，发展不充分仍然是我区最大的实际。因此，坚持稳中奋进，要把“稳”作为“进”的基础，以“进”为目标和动力，在实现稳定增长的基础上，推动我区经济社会更好更快发展。“稳”，主要是经济发展保持健康稳定增长、安全生产形势稳定、物价就业基本稳定、社会保持和谐稳定。今年力争实现地区生产总值增长10%以上、公共财政预算收入增长10%以上、固定资产投资增长18%以上。城乡居民可支配收入与经济增长同步。“进”，主要是进一步加快转型升级步伐、进一步提升创新能力、进一步提高质量效益、进一步增强发展活力。新兴产业、服务业投资增速继续明显高于工业投资增速，高新技术产业产值占规模工业产值比重46%以上，R&D投入占GDP比重2.68%以上。

二是正确处理好质量效益和规模速度的关系。我们讲坚持质量和效益优先，并不意味着只要质量和效益，而忽视规模和速度。对我区来讲，总量和规模相对较小，发展速度再不快，将会越来越落后。京口只有在追求有质量和效益的前提下，加大经济发展力度，加快经济发展速度，不断壮大总量和规模，才能有效提高综合竞争力。

三是正确处理好市场配置资源与行政有效引导推动的关系。我们讲市场在资源配置中起决定性作用，但绝不能被动地被市场牵引，绝不是政府撒手不管经济活动，而是要在依靠市场的力量、运用市场的手段推动经济发展的同时，用更高水平的符合市场经济规律的思维和办法服务经济。我们必须更加注重发挥党委、政府的主观能动性和创造性，强化行政的有效引导、有效服务、有效推动作用，进一步调动和引导社会各行各业、各界人士凝心聚力，共同推动经济社会更好地发展。

四是正确处理好从严治党、依法治区与经济社会发展的关系。从严治党、依法治区是经济社会发展的重要保证，决不能把从严治党、依法治区与经济社会发展割裂开来，变成“两张皮”，而是要清醒地认识到抓好党建是为了更好地促进经济社会发展，依法治区是为了更好地保障经济社会发展，经济社会发展水平是从严治党、依法治区成效的重要体现。我们要按照从严治党、依法治区的要求，通过强化从严管理党员、干部来抓好经济社会发展，坚决消除“为官不为”“消极观望”“束手束脚”等不良倾向，增强党员、干部党性修养，提高党员、干部依法行政的能力和水平，倡导党员、干部发扬拼搏奉献精神，集中精力抓好改革发展稳定的各项工作。

围绕上述总体要求和发展目标，做好全年工作，要突出重点，狠抓关键，在“六个更大力度”上下功夫。

**（一）更大力度推进经济转型升级。**习总书记指出，“必须把经济发展抓好，关键是转方式调结构”。我们要毫不动摇地狠抓转方式调结构这一关键，以开展企业争当“转型升级先锋”活动为抓手，不断提高企业转型升级水平。

*1. 进一步强化转方式调结构，大力提升经济发展水平。*按照“调高调优调强”的思路，加大产业结构调整力度。调高，重点是推动产业发展向高端迈进。调优，重点是优化“三次产业”结构比例、优化“三次产业”内部结构、优化财税收入结构。调强，重点是增强企业的核心竞争力。一是要大力发展现代服务业，实现服务业增加值占GDP比重达70%以上。进一步加快发展互联网经济、电子商务、网络文化、文化创意、现代物流、健康养生等业态，大力扶持名通科技、易乐科技等网络文化企业和百度营销中心、腾讯积分商城江苏运营中心、顺丰嘿客镇江总部等电子商务企业做强做大，努力培育新的增长点。着力引进单位面积产出高、地方财税贡献大的产业，大力发展总部型经济，加强中国中小企业（镇江京口）总部基地建设，努力培育一批产业“主题楼”、纳税“亿元楼”，实实在在增加京口可用财力。二是要着力提升先进制造业。围绕发展壮大新材料、航空航天、高端装备制造等主导产业，进一步扶持爱励铝业、鼎胜铝业、鼎盛重工、惠通集团等企业做优做强，鼓励引导鸿泰钢铁、宝华半挂等企业加快技术改造，实现高科技、高附加值、高端化发展。三是要进一步强化现代都市农业。积极推动农业向高集约度、高附加值发展，促进农业生产经营专业化、标准化、规模化、集约化，培育农产品优势品牌，扩大“瑞京”“胡老三”“田柔子”等农产品品牌影响力。四是要大力实施创新驱动战略。创新开展“金凤凰”活动，加大人才引培力度，为企业转型发展集聚一大批高新技术人才、管理、金融和实用型高技能人才。全年引进高层次创新创业领军人才25名以上。切实增强企业自主创新能力，促进企业加大技术改造、技术成果转化、科研开发力度，提高企业核心竞争力。深化校地联合发展和军地融合发展，加快鼎盛重工镇江海工装备研究院技术创新和成果转化步伐，用好哈尔滨工程大学—镇江技术转移中心，争取建成上海大学技术转移工作站。全力支持爱励创新中心创建省级外资企业研发机构。新认定国家级高新技术企业8家。

*2. 进一步强化质量效益，提高“三集”园区发展水平。*对接镇江市主体功能区规划，进一步完善调整区产业发展规划，强化规划的引领作用。加快推进中国中小企业信息产业园市场化运作试点，开工建设标准厂房14万平方米以上，确保“三集”园区应税销售（营业）收入、入库税收收入增长12%以上，现代农业产业园区总产值增长10%以上。

**（二）更大力度推进项目建设。**经济发展的快与慢、好与差，关键在项目建设。好项目、大项目多，发展就好就快，反之又慢又落后。所以，全区上下必须牢固树立“项目为王”意识，紧紧抓住好项目、大项目这一经济发展的牛鼻子，举全区之力，集中精力，千方百计抓项目建设，抓高效投入。

1. 要加快在手项目建设。狠抓43个亿元以上在建、签约项目，不断提高项目建设开工率、竣工率。开工建设长江游戏谷一期、爱励铝业二期等项目，加快新民洲公共码头二期、东锦生态农业项目建设。中国中小企业信息产业园科技大厦竣工，产业研发区基本建成，江苏网商自贸区暨镇江网商产业园入园企业达2000家以上。财富广场、苏宁广场裙楼、商业城营业，包家湾商业综合体快出形象。确保鼎胜PS板基及钎焊箔技改项目、立达纤维搬迁技改扩产项目竣工投产。

2. 要加大招商引资力度。加强专业化招商队伍建设，健全完善招商引资运行机制，提升招商引资实效。研究对接国际国内500强企业和各园区的发展规划，有针对性地做好项目包装，积极开展招商活动，强化国资、民资、外资招引，着力引进一批投资规模大、科技含量高、产业带动力强的好项目，不断增强发展后劲。

3. 要提高服务项目的水平。落实领导挂钩项目制度，深入开展“真·实”活动，推动党员、干部深入企业和项目一线，帮助企业协调解决实际问题。同时，加快企业上市步伐，积极推动三艾广告、海龙核材、恒伟物流、锐天信息等企业尽快上市，实现更好发展。

**（三）更大力度推进生态文明建设。**习总书记视察镇江时希望我们“保护好生态环境、提高生态文明水平，为全国做出更大的贡献”。我们要以实施生态文明建设提升工程为抓手，以解决突出问题为着力点，努力在加强污染综合防治和环境综合整治上取得实效，进一步展现京口现代化山水花园城区的新面貌。

1. 加快落实生态文明建设38项重点任务。积极推进京口工业园（航空航天产业园）创建市级循环化生态园区。加快推进花山、焦顶山、老山等山体和松林山矿的整治，完成虹桥港清水通道建设和宗泽沟生态修复，长效整治玉带河等重点河流，开展扬尘、工业废气、油烟等大气污染专项整治，加强秸秆的综合利用，加大环境执法力度，严厉查处不法排污企业，让群众实实在在感受到环境质量的提升。

2. 全力以赴推进谏壁地区生态环境综合整治。积极稳妥推进索普、新区化工园区周边居民搬迁，深入推进谏壁电厂、索普集团等企业治污工作，长效整治街区和村庄环境，确保谏壁区域环境持续改善。

3. 加强低碳文明建设。完成索普等5家重点碳排放企业碳资产管理系统建设，新增绿色建筑15万平方米，节能改造既有建筑10万平方米，积极推进低碳企业、低碳机关、生态文明示范学校、绿色社区创建工作，建成6个生态文明主题广场。

4. 建立健全工作机制。完善政绩考核制度，大幅增加生态文明建设考核权重。对项目准入、生产制造、达标排放实行全程监控，把好生态入口关。建立生态补偿机制，实行环保重大事故一票否决制、环境损害领导责任终身追究制度。加大生态文明建设经费投入，拓宽社会化投入渠道，引导更多资金投向生态建设。

**（四）更大力度推进城市建设管理。**着力提高城市建设和管理水平，推动城市基础设施和城市功能日益完善，城市品位不断提升。

1. 加大旧城区和城中村改造力度。大力推进铁瓮城、索普周边等片区改造，力争全年完成征收拆迁30万平方米以上。建设孟家湾、华诚新村、凌家湾安置房31万平方米以上。完成薛家湾、谏壁粮山组、飞驰冷藏车等项目回迁安置工作。

2. 完善和提升城市功能。完善路网体系，加快推进焦山路、汝山路、万古一人路东延、纬八路东段等道路建设，镇澄路中段竣工通车。建成玻璃纤维厂地块绿地广场。完成年度县乡道路环境整治、农村道路提档升级任务。启动连淮扬镇铁路拆迁工作，开工建设镇瑞道口平改坡工程。实施新民洲污水管网建设，完成新民洲天然气工程。

3. 提高城市管理水平。对接镇江市行政执法体制改革，推动城区街道和街巷环卫保洁市场化。探索城市公共环境常态化、长效化管理机制，深入开展“文明进万家”活动，大力整治各类户外广告、店牌字招，实施中山东路、解放路南段街景整治和景观提升工程。健康路、双井路、焦顶山社区力争创成省级示范路和省级示范社区。

**（五）更大力度推进民生改善。**要紧紧围绕“七个更”[16]，扎实做好保障和改善民生工作，着力解决收入不高、保障不优、服务不均、效率不高等问题，努力让人民生活得更加美好。

1. 大力推进民生幸福工程。围绕收入倍增目标，重点抓好农民、企业职工、中低收入者和困难家庭四个群体的增收，多渠道增加居民财产性收入和经营性收入。实现被征地农民“即征即保”，确保覆盖率达100%。深入开展全民争当“创新创业标兵”活动，扶持创业1200人以上，发放创业贷款4000万元以上。加快校地合作创新创业园、大学生科技创业园等载体建设，积极争创省级创业示范载体。

2. 推动基本公共服务优质均衡。优化教育布局，启动瓯龙小学建设，完成学府路小学等校安工程1.8万平方米以上。积极开展全国学前教育体制改革试点工作。加快中南世纪城社区卫生服务中心和优山美地、江山名洲社区卫生服务站建设，实施网上健康体验馆项目升级工程。创成省级妇幼卫生先进区。进一步提升政社互动成效。改造民政服务大厅，建成区残疾人综合服务中心。

3. 切实加强文化建设。深化未成年人思想道德教育，开展“立德修身”主题教育实践活动，大力培育和践行社会主义核心价值观。实施文化体育惠民工程，新建4个标准化示范文化广场、10个社区（村）综合性文化服务中心示范点，实现人均拥有公共文化体育设施面积2.9平方米。区文化馆创成国家一级馆，谏壁街道创成省公共文化服务体系建设示范街道。

**（六）更大力度推进“法治京口”建设。**

1. 坚持依法行政，切实提高依法治区水平。积极推行政府部门“五项清单”[17]制度，规范行政审批行为、简化办事程序。完善政府法律顾问制度，落实人大讨论重大决策事项制度，将决策过程置于法治框架。落实党委（组）中心组集体学法、法治讲座等制度，常态化开展执法队伍的文明执法、职业道德教育，切实提高党员、干部运用法治思维和法治方式推动工作的能力和水平。

2. 促进司法公正，不断提高司法公信力。在全市率先全面推行审判权运行机制改革试点，实行执法质量终身负责制和错案责任倒查问责制，加强对刑事、民事和行政三大诉讼活动的法律监督，促进政法部门公正司法。加快提升网上检察为民服务中心功能，启用司法诉讼服务“APP 手机信息客户端”，提高司法为民实效。

3. 强化法治惠民，大力推动全民守法。建成运营区公共法律服务中心，实施区社区矫正教育管理中心提档升级工程，实现街道（园区）省级规范化调解组织全覆盖。加大“六五”普法宣传力度，努力在全社会形成尊崇法治、践行法治的良好氛围。

4. 加强社会治理创新，维护社会和谐稳定。提升“两网融合”治理服务水平，不断提高联系服务群众的实效。充分发挥区社会管理服务中心作用，健全矛盾纠纷三级调处化解机制，及时就地有效排查化解社会矛盾。积极打造“阳光信访”品牌，提高信访工作科学化、法治化水平。强化网络舆情引导和监管，切实提高管网用网水平。保持安全生产监管高压态势，坚决遏制重特大安全事故发生。

**四、全面从严治党，强化正风肃纪，提升干部抓党建工作和推动经济社会发展的能力和水平**

牢固树立“抓好党建是最大的政绩”理念，认真落实“全面从严治党”各项要求，不断提高党建工作科学化水平，为京口改革发展稳定提供坚强有力的作风保证和组织保障。

**（一）狠抓思想提升，进一步提振党员、干部精气神。**要切实加强学习型党组织建设，组织广大党员、干部深入学习中国特色社会主义理论体系和宪法法律，原原本本学习习总书记系列重要讲话，特别是视察江苏（镇江）时的重要讲话精神，提高党员、干部的党性修养，增强建设京口的责任感和使命感。要加大宣传引导力度，开展“京口高度”系列宣传活动，进一步加强京口网站、京口手机报等宣传阵地建设，加大典型人物、典型事例的培育和宣传力度，用奋进的实践、争先的典型、发展的成果振奋精神、鼓舞斗志，凝聚干事创业的正能量。要进一步解放思想，努力营造鼓励创造、大胆创新的氛围，推动党员干部突破常规、勇闯新路，以创造性的实践为全国发展探路。

**（二）狠抓举措落实，进一步弘扬踏石留印、抓铁有痕的工作作风。**“1+6”活动[18]是全年推动经济社会发展、推进生态文明建设、加强党建工作的总抓手，各项活动紧密联系、相互融合。要强化要素保障，集中人力、物力、财力和精力向“1+6”活动倾斜。要强化有效落实。进一步细化活动方案，提高方案的可操作性。要以“五个必须”[19]的举措扎扎实实地抓好“1+6”活动的落实。要强化领导带头，领导干部要带头抓好“1+6 活动”，带头深入一线、干在一线，一级做给一级看，一级带着一级干，确保活动取得实实在在的成效。

**（三）狠抓基层基础，进一步提升基层党组织和党员、干部推动发展、促进和谐的能力。**干部有责任、班子有力量、组织有作为，京口的发展就一定有希望，事业就一定会成功。要严格落实“一把手”管党责任，完善社区（村）干部激励机制，推动人才、财力、物力向基层倾斜。要发挥好党员、干部的先锋模范作用，深化“四式服务”，不断提高服务型党组织建设水平，打通密切联系群众“最后一千米”。要狠抓干部队伍建设，始终坚持“凭实绩论英雄、以德才论人才”用人导向，全面实施领导班子和领导干部综合分析研判工作，加强干部交流轮岗，探索职级与职务并行制度，选好用好各年龄段的优秀干部。注重选拔既懂党务、又懂经济社会发展的复合型领导人才，特别是要旗帜鲜明地选拔重用善抓项目、会抓发展的优秀干部，以及在基层一线和条件艰苦、任务繁重岗位上的优秀干部，让想干事的人有机会、能干事的人有平台、干成事的人有地位。全面完成超职数配备干部化解任务。

大力支持人大、政协开展工作，统筹抓好统战、人武工作和工会、共青团、妇联、文联、科协、工商联、侨联等群团工作，广泛凝聚各方力量，集中全民智慧，共同推动京口各项工作迈上新台阶。

**（四）狠抓反腐倡廉，进一步营造勤政廉政、风清气正的良好环境。**严格按照习总书记提出的“四个不”[20]的刚性要求，切实加强党风廉政建设。一是要狠抓“两个责任”的落实，建立各级基层党组织和纪检监察组织定期报告“两个责任”落实情况制度。二是要持之以恒推进作风建设，继续抓好中央、省委巡视组反馈意见整改落实工作，强化制度执行，严厉查处违反作风规定的行为，防止“四风”问题反弹，不断巩固和拓展党的群众路线教育实践活动成果。三是要加大执纪问责力度，对领导干部执行政治纪律、组织纪律、财经纪律、工作纪律情况进行监督检查，对各单位部门履职情况进行跟踪问效，促进各层各级工作效能提升。四是要保持惩治腐败高压态势，对违纪违规行为“零容忍”，发现一起，查处一起，确保以优良的党风政风带动民风，为京口经济社会发展提供坚强保证。

同志们，习总书记近期视察镇江，将镇江发展推到一个新的历史起点。作为镇江主城区，落实好习总书记“镇江很有前途”的殷切期望，责任重大、使命光荣。让我们以习总书记重要讲话精神为强大动力，团结带领全区上下，进一步坚定信心，顽强拼搏，创新实干，奋发进取，为加快建设经济强、百姓富、环境美、社会文明程度高的“新京口”而努力奋斗！

**【注释】**

（1）“六个高”：以高眼光、高标准、高效率、高水平工作，实现高质量和高效益发展。

（2）“五个硬”：科学发展

是硬道理、改善民生是硬任务、科技人才是硬支撑、求真务实是硬作风、解决问题是硬本领。

（3）“两网融合”治理服务：在社区中，通过融合现实世界中的网格化服务与虚拟世界中的网络化服务，提升服务质效、水平的治理服务模式。

（4）“四式”服务：“一站式、结对式、菜单式、志愿式”服务模式。

（5）“363”行动：扎实开展“3大活动”：认真开展党的群众路线教育实践活动、创新开展“金凤凰”活动、深入开展“真 · 实”活动；突出抓好“6项重点”：全面深化改革创新；加速产业转型升级；加强生态文明建设；建设现代化主城区；不断增进民生福祉；全面加强党的建设。奋力实现“3个发展”：领先发展、特色发展、优化发展。

（6）产业“三集”发展：指镇江市委、市政府提出的产业集中集聚集约发展。

（7）国家“千人计划”：全称为“海外高层次人才引进计划”，是国家最高层面的人才引进计划，主要是围绕国家发展战略目标，从2008年开始，用5到10年，在国家重点创新项目、重点学科和重点实验室、中央企业和国有商业金融机构、以高新技术产业开发区为主的各类园区等，引进并有重点地支持一批能够突破关键技术、发展高新产业、带动新兴学科的战略科学家和领军人才回国（来华）创新创业。

（8）省“双创计划”：指江苏省为加快创新型省份建设，围绕优先发展新兴产业，促进重大科技成果转化，打造高新技术产品群和企业群而实施的高层次人才引进计划。

（9）市“331”计划：“十二五”期间，按照产业发展规划，全市重点围绕新能源、新材料、电子信息、航空制造、海洋工程五大战略性新兴产业以及生物医药、低碳环保、现代服务业等新兴产业，力争引进培育30名国家层面的创新创业领军人才、300个创新创业领军人才团队和1000名海外创新创业领军人才。

（10）“一湖九河”：指市政府开展整治的市区（含大港片区）的一湖九河及其支流：金山湖、古运河、运粮河、虹桥港、光明河、玉带河、周家河、丁卯团结河、大港河、丁岗团结河。

（11）街长制：对辖区内每条主次干道，明确牵头街道或部门领导干部任街长，领衔组建一支由执法队员、协管员、志愿者组成的日常管理队伍，对占道经营、店面外溢、乱停乱放等实施管理。

（12）“一园两基地”：“一园”即校地合作创新创业园；“两基地”即大学生创业就业示范基地和创新研发与科技成果转化示范基地。

（13）五大专项行动：即社会治安综合整治、矛盾纠纷排查化解、安全生产检查整改、环境保护、网上舆论引导五个专项行动。

（14）“两必须、两强化”：必须生态环保优先、必须资源节约高效，强化地方财税贡献、强化居民就业收入。

（15）“一带一路”：丝绸之路经济带和“21世纪海上丝绸之路”的简称。

（16）“七个更”：让人民群众有更好的教育、更稳定的工作、更满意的收入、更可靠的社会保障、更高水平的医疗卫生服务、更舒适的居住条件、更优美的环境。

（17）五项清单：行政审批事项目录清单、政府行政权力清单、产业发展目录清单、行政事业性收费目录清单、政府部门专项资金管理清单。

（18）“1+6”活动动：“1”，即生态文明建设提升工程；“6”，即“六大活动”：在经济发展上，开展干部争当“经济工作能手”活动、企业争当“转型升级先锋”活动、全民争当“创新创业标兵”活动；在科技人才上，开展“金凤凰”活动；在党的建设上，开展“真 · 实”活动和“文明进万家”活动。

（19）“五个必须”：必须进一步解放思想、提振精气神、创新巧干；必须进一步抢抓机遇、只争朝夕、紧张快干；必须进一步强化责任、敢于担当、埋头苦干；必须进一步严明纪律、督查考核、真抓实干；必须进一步强化协作、团结拼搏、合力同干。

（20）“四个不”：零容忍的态度不变，猛药去疴的决心不减，刮骨疗毒的勇气不泄，严厉惩处的尺度不松。

# 政府工作报告

2015年1月14日在京口区第八届人民代表大会第四次会议上

区长 黄万荣

各位代表：

现在，我代表京口区人民政府向大会报告工作，请予审议，并请各位政协委员和其他列席人员提出意见。

## 2014年主要工作

刚刚过去一年，在市委、市政府和区委正确领导下，在区人大、区政协关心支持下，我们紧紧团结和带领全区广大干部群众，认真贯彻落实中共中央十八大、十八届三中、四中全会精神，坚持“稳中奋进、改革创新”工作基调，创新作为、克难奋进，较好完成区八届人大三次会议确定各项目标任务，经济社会保持健康平稳有序发展良好态势。

——经济运行稳中向好。预计完成地区生产总值420亿元，增长11%。积极应对经济下行压力，扩大有效投入，加快转型升级，完成固定资产投资315亿元，增长22%，其中产业类固定资产投资190亿元，增长22%；实际利用外资1.3亿美元。综合实力稳步增长，完成公共财政预算收入19亿元，增长13%；预计城镇居民人均可支配收入、农民人均纯收入完成36547元、19794元，分别增长9%、11%。

——产业“三集”①发展取得实效。按照“四有”②要求，出台《京口区加快产业“三集”发展工作制度》和《产业“三集”发展考核办法》，组织水平进一步提高。创新克难，调整优化原镇江无线产业园、华夏创意产业园两个项目建设，全面完成“三集”园区年度目标任务。中国中小企业信息产业园在全市率先开展市场化运作试点。谏壁粮油产业园被授予省级农产品加工集中区称号。高性能铝材料产业园爱励创新中心开工建设，新民洲临港产业园鼎盛重工通过省级船舶企业技术中心认定，京口现代农业产业园生态健康产业展示中心建成启用。组建多个专业招商部，专业化招商进入实质化运作。项目建设有序推进。财富广场竣工交付，飞驰冷藏车项目竣工在即，新民洲码头二期、包家湾商业综合体开工建设，苏宁广场、中储粮二期、大市口地下商贸区、凤凰文化广场等在建项目加快推进。

——改革创新增添活力。积极推进行政审批制度改革，加快制定和公布“五张清单”③，优化发展环境。圆满完成政府机关公务用车改革工作。全面实施社区事务准入制度，切实减轻基层负担。新增省级高创中心1家、高新技术企业8家，60个科技项目获市以上立项，为企业争取扶持资金3600多万元。高新技术产业产值占规模以上工业产值比重45.2%，全社会R&D经费支出占GDP比重2.67%。通过省知识产权战略示范区验收，以全国总分第一的成绩创成国家知识产权强区工程示范区。京口高创中心创成省级大学生创业示范园和省级文化科技产业园。宝塔山社区创成国家级科普示范社区。实施“金凤凰”计划④，新增国家“千人计划”3人，省“双创计划”5人次，市“331计划”17人。深化校地联合发展，共建江苏大学创新创业园、哈尔滨工程大学技术转移中心等创新平台3个，2个项目获省重大科技成果转化项目立项。

——城乡环境持续优化。生态环境不断改善。建立河道长效管理机制，推进虹桥港、玉带河水环境治理，完成河道清淤2.7万立方米。区域内优良天数达到245天，合格率67.1%。扎实开展谏壁地区环境综合整治，完成居民搬迁4万平方米，完成3家企业污染治理，关闭7家非法轧石企业，关停拆除3家砖瓦窑厂，加快推进废弃矿山治理国家示范工程。完成设施农业面积120公顷，秸秆综合利用率达93.78%。京岘山公园二期对外开放。京口工业园区创成省级生态工业园。城乡改造有序推进。继续实施旧城区和城中村改造，完成大西路东段、焦山路等地段征收拆迁11.7万平方米，完成梦溪园、中营街片区“空斗墙”改造。启动梦溪路71号、原纸浆厂宿舍危房解危工作。京岘家园、景阳山庄安置房竣工交付，华诚新村安置房主体竣工。全年完成回迁安置52万平方米。镇澄路西段、苗家湾路北延段、学府路三期竣工通车，焦山路中段启动建设。实施谏壁街道、京口工业园区范围农村道路提档升级6.2千米。完成国省道干线两侧绿化39万平方米。城管水平逐步提升。开展“美丽京口”区长月度督查，推进市容环境长效管理“街长制”，“大城管”考核保持全市领先。学府路和香江花城小区分别创成省级市容示范路和示范小区。南门大街创成市级环保一条街。京口路88号建成全市首个标准化疏导点。拆除中山东路35号、桃花坞9区等违法建设12.2万平方米。综合整治花山支路，完成花山湾九区、白莲巷北片区等老小区改造19万平方米。圆满完成人力三轮车退出营运市场工作。

——民生改善成效明显。新增城镇就业14500人，扶持创业1100人。不断扩大养老保险覆盖面，建立社会保险费欠缴预警机制。顺利通过省学前教育改革发展示范区现场评估验收。完成红旗小学、江滨实小等校安工程2.7万平方米，八叉巷小学荣获全省小学中唯一的“全国乒乓球后备人才基地”称号。正东路街道等15家单位创成“全市教育现代化先进单位”。成立全市首家社区卫生协会。完成四牌楼、谏壁社区卫生服务中心综合区建设，健康路社区卫生服务中心获得国家级“群众满意的社区卫生服务机构”称号。建成中建大观、江山名洲菜市场。全省首家“六位一体”残疾人综合服务中心正东路街道“苏馨家园”投入使用。建成区老年人日间照料中心，全市首个示范助餐服务点正式营业。社区青少年电子阅览室实现全覆盖。京口区文化艺术中心建成试运行，新建23个文化广场，“魅力京口”广场文体活动获评“省级服务项目奖”。区法律援助中心创成“江苏省法律援助机构示范窗口”。荣获省“六五”普法中期先进区称号。江一社区被评为“全国和谐社区建设示范社区”、“全国综合减灾示范社区”。阳光世纪花园社区获评“全国社区侨务工作示范单位”。荣获“第十届省双拥模范区”称号。市级双拥示范街道考核实现辖市区唯一“满堂红”。区人武部被省军区表彰为征兵工作先进单位。顺利完成全国文明城市创建测评迎检任务。建立京口区价格诚信信息数据库。建成永辉、京口大润发两家大型超市惠民平价区。完成甘露商城火灾隐患整改。顺应信访制度改革，大力开展矛盾纠纷排查化解专项行动，妥善化解一批信访积案，信访考核位居全市前列，保持了社会基本面和谐稳定。

——自身建设逐步加强。扎实开展党的群众路线教育实践活动，查摆整改各类问题375项。自觉接受区人大及其常委会的法律监督、工作监督，主动接受区政协民主监督，全年共承办人大代表议案、建议116件，政协委员提案165件，满意和基本满意率达100%。在全市率先实施政社分开和政社互动。落实政府信息公开制度。成立京口区政府法律顾问团，坚持区政府组成人员集中学法和区政府常务会议会前学法制度。严格执行中央、省市区委各项规定，扎实推进各类专项整治，全面落实党风廉政建设责任制。深入开展“三解三促”和“真·实”活动[⑤]，积极为辖区单位做好服务。民族宗教、外事侨台、妇女儿童、广播电视、机关事务等各方面工作均取得新进展。

各位代表，面对“三期叠加”[⑥]的复杂宏观环境，2014年我们取得的成绩十分不易，催人奋进，这是全区上下共同努力的结果，离不开市委、市政府和区委的正确领导，凝聚着全体人大代表、政协委员和社会各界人士的智慧与汗水。在此，我代表区人民政府，向所有关心、支持和参与京口发展的全体人大代表、政协委员、驻区各单位和广大干部群众表示衷心感谢和崇高敬意！

在总结成绩的同时，我们也清醒地看到，经济社会发展中还存在一些问题与不足。主要是：企业生产经营困难增多，经济下行压力较大；项目建设后劲不足，经济持续增长缺乏强有力支撑；人民群众对环境问题反映仍然强烈，生态文明建设任务艰巨；持续改善民生与群众期盼仍有差距；工作作风、行政效能还要进一步改进和提升。这些问题，我们都将在今后工作中认真解决。

## 2015年主要工作

2015年，是强化依法治国的开局之年，是完成“十二五”规划的收官之年，也是全面深化改革的攻坚之年。从宏观环境看，世界经济仍处于国际金融危机后的深度调整期，我国经济发展基本面总体向好，但结构调整正向纵深推进，经济社会转型发展过程中存在诸多不确定因素。与此同时，改革创新、依法治国等重大战略的实施，我国经济的巨大韧性、潜力和回旋余地，给我们带来了加快转型、优化发展的众多机遇。我们将坚持一张蓝图抓到底，准确研判和把握“新常态”，在复杂局面中积极抢抓机遇、主动应对挑战，全力推动经济社会发展再上新台阶。

今年政府工作的总体要求：全面贯彻落实中共中央十八大、十八届三中、四中全会精神，以习近平总书记视察镇江为强大动力，突出生态为先、项目为重、民生为大，深化改革创新，加速转型升级，美化城乡环境，坚持依法行政，大力提升社会文明程度，促进经济和社会健康发展、和谐稳定，努力建设“经济强、百姓富、环境美、社会文明程度高的‘新京口’”。

今年经济社会发展的主要预期目标是：地区生产总值增长9%，固定资产投资增长16%，公共财政预算收入增长8%；城乡居民收入增长与经济增长同步；完成各项节能减排任务。

**一、以生态文明建设为统领，深入推进环境整治，大力改善区域环境质量**

牢固树立生态优先理念，全面营造生态文明建设的良好氛围，使尊重自然、顺应自然、保护自然的理念真正入脑入心。坚持绿色发展、循环发展、低碳发展，促进经济发展与生态文明建设相辅相成，相得益彰。

坚持规划引领，优化空间布局。全面执行主体功能区制度，实施生态红线区域保护规划。认真落实全市确定的象山街道、健康路街道、大市口街道、正东路街道和四牌楼街道为优化开发区域，谏壁街道、京口工业园区和新民洲临港产业园区为重点开发区域的定位，坚决守住生态安全的“生命线”、促进可持续发展的“警戒线”，坚持不懈地引导各地合理布局生产空间、生活空间和生态空间。

加快东部地区环境综合整治。持续推进重点污染企业治理，完成谏壁电厂10号、11号机组脱硫提效改造和索普集团热电锅炉脱硫脱硝技术改造、醋酸污水处理装置厌氧罐尾气改造等治理任务，确保能耗指标、污染物排放指标明显下降。稳妥有序推进索普化工园区周边和新区化工园区周边居民搬迁。合力推进丹徒化肥厂、雩山水泥厂、天龙化工等企业关停搬迁。协助完成谏壁节制闸建设，实施古运河下段整治，修复运河周边护坡生态。深化村庄环境整治成效，促进镇区环境持续改善。

扎实推进青山碧水蓝天提升工程。实施教顶山保护和地质环境整治，完成松林山废弃矿山地质环境治理。完成虹桥港清水通道建设和宗泽沟生态修复，与周边水系实现互通互连，形成动态水网。严格落实河道长效管理“河段长制”，切实巩固虹桥港、玉带河整治成效。加强大气环境治理，开展机动车尾气、扬尘、工业废气、油烟专项整治，防治大气污染。推广秸秆综合利用技术，实现秸秆“零焚烧”。坚持源头严防、过程严管、后果严惩，治标治本，多管齐下，朝着青山碧水蓝天的目标扎实前进。

加强低碳文明建设。深入推进低碳机关、低碳企业、绿色建筑、绿色示范学校和绿色社区建设，开展“万家企业节能低碳”行动，完成5家重点碳排放企业碳资产管理系统建设。新增绿色建筑15万平方米，完成既有建筑节能改造10万平方米。大力开展“生态文明进万家”“生态文明育新风”活动，建设6个生态文明主题广场。加快低碳试点学校标准化建设，建成2个生态文明教育基地和1个生态文明示范学校。建立完善社区环境管理体系和公民参与机制，建成1个市级绿色社区。

**二、以项目建设为抓手，加快产业转型升级，努力提升城市经济发展水平**

积极应对复杂的宏观经济形势，采取更加务实有效措施，大力培育新的经济增长点，强化经济运行组织协调，促进经济稳中有进、质效提升。

加快发展服务经济。充分发挥主城区优势，在巩固提升传统商贸服务业发展水平的基础上，加快现代服务业发展步伐，优先发展现代商贸商务业、软件和科技服务业，重点培育文化创意、数字动漫、现代物流、健康养老等新型业态，培植产业集群，壮大服务经济发展规模。加快百度营销中心、腾讯积分商城江苏运营中心、顺丰嘿客镇江总部等项目建设，抢抓电商产业港落户契机，争创省级电子商务示范基地。力争服务业增加值占GDP比重达到70%。

全力突破项目建设。项目是经济发展的“根”，必须始终紧扣这一主线，加大力度，奋发作为，千方百计实现项目建设新突破。一是突出新材料产业抓项目集聚。围绕高性能铝材料加工、核材料等新材料产业，以产业链为依托，在加快鼎胜铝业、爱励铝业、海龙核材等骨干企业发展基础上，提升招商产业化、专业化、精细化水平，坚持外资、国资、民资“三资齐上”，着力招引一批产业链上下游企业、关联企业和同行企业，坚持走新型集约发展的道路，形成特色鲜明的主导产业。二是集中精力主攻重大项目。以总投资3.5亿美元的爱励高档汽车用铝合金板等项目为抓手，努力突破一批重大项目，集中力量招引和推进基地型、总部型、龙头型产业项目。千方百计加快推进在手优质项目，确保项目快落户，形成重大项目带动效应。三是切实提升项目开工率、竣工率。严格落实重大项目建设“六项制度”⑦，一着不让抓好项目开工建设和竣工投产。苏宁广场10月底前部分营业，中储粮二期技改扩能三季度投产，飞驰冷藏车项目3月份试生产，新民洲公共码头二期、大市口地下商贸区年底前竣工，凤凰文化广场主体封顶，爱励二期、正邦商业广场年内开工建设。四是注重项目建设梯队并进。在加快推进重大产业项目建设的同时，始终坚持“两必须、两强化”⑧，加大对低投入、高产出、无污染“短平快”项目的引进力度，形成项目建设梯队并进、百舸争流的生动局面。

加快产业“三集”发展。一是推进市场化运作。坚持“市场化运作、多元化投入、企业化经营、专业化招商、标准化管理、个性化服务”的原则，加快推进中国中小企业信息产业园市场化运作试点，创新园区组织体系、管理体系、运营体系、招商体系、融资体系，进一步释放活力，提升园区开发建设水平，打造一流园区。二是加快标准化厂房和孵化器建设。上半年新开工建设8万平方米标准化厂房，续建6万平方米，全年竣工交付12.5万平方米。对入驻企业严格把关，吸纳无污染、投资强度高、成长性好的中小企业落户。加快中国中小企业信息产业园产业大厦建设，年内竣工2万平方米以上，何家门产业地块建成1.4万平方米。三是提升专业化招商水平。按照“七个专门”⑨和“六个专业化”⑩的要求，充实配强招商队伍，实现招商人员专司招商，招商专业。全年开展各类主题招引活动100场次以上，力争完成产业类实际利用外资1亿美元。

促进实体经济健康发展。鼓励支持中储粮、鸿泰钢铁等龙头企业通过技术改造、品牌建设、质量提升等多种方式加快转型，向产业链的中高端迈进，努力实现“凤凰涅槃”。积极引导企业进入资本市场，建立和完善现代企业制度，实现海龙核材、名通科技等企业顺利上市。积极引导房地产业健康有序发展。加强经济运行监测分析，帮助企业解决发展难题，保障各类要素供给，推动企业奋力爬坡。

**三、进一步深化改革，提升创新创业水平，增强内生活力**

坚持以改革增动力、促活力，把既定的各项改革方案落到实处。充分发挥市场在资源配置中的决定性作用，政府在营造良好改革创新环境中的主导作用，大胆探索，开拓奋进。

加快改革步伐。全面落实行政审批制度改革暨“两集中、两到位”⑪工作，切实减少审批事项、环节和时限。改善政府投资管理方式，严格落实《进一步加强政府投资项目建设管理的意见》，促进项目管理科学规范有序，提升资金使用效益。实施全面规范、公开透明的“全口径”预算制度，推进预决算公开。鼓励支持民营经济发展，创造更加宽松的发展环境。培育多元化投资主体，引导更多民间资本进入新型城镇化、社会事业、基础设施等领域。

提升创新能力。鼓励企业围绕传统产业升级和突破关键核心技术，加大研发投入，全社会R&D经费支出占GDP比重达到2.68%，高新技术产业产值占规模工业产值比重达到46%，新认定高新技术企业8家。充分利用“校地合作创新创业园”，建立“创新研发与科技成果转化示范基地”，落地转化一批科研成果，努力把创新活动落实到创造新的增长点上，把创新成果变成实实在在的产业和产品。加强知识产权创造、运用、保护和服务，提升“京口智造”水平。全力支持爱励创新中心建设，力争建成省级外资企业研发机构。

加速人才集聚。抢抓“人才管理改革试验区”建设契机，深入实施“金凤凰”计划，围绕主导产业发展需求，既加强领军型、复合型人才的培育和引进，又重视培养和使用技能型、实用型人才，大幅提升人才质量，用好用活各类人才，加快释放人才红利。支持高层次人才创办科技型企业，全面激发人才的示范带动效应，以人才引领创新，创新带动创业，加快提升高创中心、归国博士园等载体承载能力，开展形式多样的创业活动，为创业者落实场地、资金和项目，努力形成万众创新、大众创业的热潮。

**四、扎实推进城市建设，不断提高城市管理水平**

坚持以完善城市功能为目标，精细化管理、市场化运作、法制化保障为手段，科学有序推进城市建设和管理，不断改善城市形象，提升城市美誉度。

完善城市基础设施。推进焦山路、汝山路、万古一人路东延、纬八路东段、金阳大道三期等道路建设。镇澄路中段开工建设。加快实施旧城区改造，力争全年完成征收拆迁30万平方米。华诚新村一区二期安置房5月份竣工交付，二区一期安置房力争9月底前竣工交付。凌家湾安置房一期主体封顶，二期正式开工，开工建设孟家湾安置房。完成薛家湾、谏壁粮山组、飞驰冷藏车等项目回迁安置16万平方米。实施新民洲污水管网建设，建成新民洲天然气工程。加快城市生态景观建设，大力实施城市绿化工程，完成玻璃纤维厂街头绿地建设。启动连淮扬镇铁路征地拆迁。完成雩龙公路北段路灯改造工程，实施镇瑞铁路道口安全改造。完成年度县乡道路环境整治、农村道路提档升级任务。

提升城管水平，美化市容环境。实施环卫市场化保洁全覆盖，对城区道路和城区街道背街小巷全面推行环卫保洁市场化，建立道路清扫、绿化保洁和“牛皮癣”清除的“三位一体”作业模式，提升环卫机械化作业水平。完成23个城市环境综合整治项目，整治各类户外广告、店牌字招，拆除乱搭乱建，实施中山东路、解放路南段街景整治和景观提升，健康路、双井路、焦顶山社区力争创成省级示范路和省级示范社区。落实城市管理行政执法“重心下移”，建立“一级政府、两级管理、三级网络”的城市管理体制。依法持续开展拆违专项行动，始终保持防违治违高压态势。

**五、统筹发展各项社会事业，持续改善民生，保持社会和谐稳定**

围绕“七个更”[12]的目标，坚持以人为本，继续加大民生投入，办好一批实事，让人民群众普遍得益受惠。

协调发展各项社会事业。教育是民生之基。大力促进教育公平，合理配置教育资源。启动瓯龙小学建设，力争完成校安工程“三年计划”任务。健康路街道、四牌楼街道和谏壁街道创成“镇江市教育现代化先进街道”。推进国家学前教育体制改革试点和《3—6岁儿童学习与发展指南》省级实验区工作。建设中南世纪城社区卫生服务中心和优山美地、如意江南社区卫生服务站，实现每千人拥有医生数3.84人。加快“一中心一特色”建设，实施网上健康体验馆项目升级工程。深入实施文化体育惠民工程，新建4个标准化示范文化广场、10个社区（村）综合性文化服务中心示范点，力争创成省公共体育服务体系建设示范区。谏壁街道创成省公共文化服务体系建设示范街道，区文化馆创成国家一级馆。

提升社会保障水平。社会保障是民生的安全阀。继续加大扩面征缴工作力度，确保更多的城乡居民参加城镇职工基本养老、医疗和失业保险。推进被征地农民转城保工作，实现被征地农民“即征即保”，确保新安置劳动年龄段被征地农民全部参加城保。争创“平台标准化、服务优质化”的省级创业示范载体，打造象山街道标准化就业服务示范平台。关注困难群众，多做雪中送炭的工作，建立向“平均线”以下群体倾斜的收入增长机制，努力实现社会普惠均衡。完成区级残疾人综合服务中心主体工程。加快残疾人文体活动基地建设，成立京口区残疾人艺术团。落实社会救助“一门受理、协同办理”机制，积极构建大救助格局。

优化社会治理。进一步深化社区事务准入制度，完善“政社互动”[13]机制，打造一批AAA级以上服务性社会组织。巩固文明城市创建成果，拓展群众性精神文明创建活动。深入开展“两网”提升工程，打通联系服务群众“最后一千米”。发挥区社会管理服务中心作用，健全矛盾纠纷调处化解机制，妥善解决人民群众关心的公共安全、权益保障、公平正义等问题。畅通信访渠道，及时回应群众合理诉求。保持安全生产监管高压态势，强化隐患排查治理和安全预防控制，杜绝重特大安全事故。支持工青妇等人民团体充分履行职能，加强人民武装、双拥、侨台、民族宗教、史志档案等工作，持续提升各项社会服务水平。

**建设人民满意政府**

巩固党的群众路线教育实践活动成效，坚持问题导向，确保整改事项严格落实到位，广泛接受社会各界和人民群众监督。

坚持依法行政。强化法治观念，把依法行政贯穿于政府决策、执行、监督全过程和政府管理各个环节，严格按法定权限、程序办事履职。更加注重用法治思维和法治方式解决突出问题，推进政府工作。认真执行区人大及其常委会的各项决定和决议，落实《讨论决定重大事项的规定》和《关于加强全口径预算决算审查监督的暂行办法》，主动听取人民政协的意见和建议，切实办理好人大建议、议案和政协提案。

强化为民服务。牢固确立执政为民理念，把人民群众满意不满意作为衡量和检验政府工作成效的最终标杆，大兴为民服务之风，全力为群众排忧解难，为群众服务，对群众负责。深入基层听取民情民意，始终与人民同甘共苦，心心相印。一件事情接着一件事情办，一年接着一年干，认真办好各项民生实事，用实际行动赢得人民群众的尊重，让人民群众发自内心地认可我们的工作。

提升工作效能。进一步激发全体机关工作人员干事创业的热情，强化敢于担当的意识，锤炼雷厉风行的品格，增强攻坚克难的锐气，始终保持清醒的头脑、坚强的定力和旺盛的斗志，高效推进各项工作。适应新的形势和使命，不断提高能力和水平。多读书、读好书，从基层和实践中汲取智慧和营养，善于运用新知识、新思维破解难题。加大治庸治懒治散力度，坚决防止和克服为官不为的倾向，弘扬正气，提高执行力。

严守廉洁本色。始终如一加强廉政建设，完善惩治和预防腐败体系，始终保持惩治腐败的高压态势。恪守廉洁从政的各项规定，从严自我约束。强化公共资金、国有资产、国有资源使用和处置管理，更加注重对民生资金、实事项目和“三公”经费的跟踪监督，深化经济责任审计。加强地方政府性债务管理，严格举债程序，防控债务风险。

各位代表，新常态下做好今年政府工作，任务艰巨，责任重大。让我们在区委的正确领导下，紧紧依靠和团结全区人民，坚定信心，振奋精神，埋头苦干，开拓奋进，为建设“经济强、百姓富、环境美、社会文明程度高的‘新京口’”而努力奋斗！

【注释】

（1）“三集”：企业向园区集中、产业向高端集聚、资源要集约利用。

（2）“四有”：有项目落户、有投入产出、有形象进度、有贡献份额。

（3）“五张清单”：行政审批事项目录清单、政府行政权力清单、产业发展目录清单、政府部门专项资金管理清单和行政事业性收费目录清单。

（4）“金凤凰”计划：京口区创新创业领军人才集聚计划。

（5）“真·实”活动：推动全区党员干部“真心诚意与群众交朋友、实实在在为基层（群众）服务，真心诚意与企业家（创业者）交朋友、实实在在为企业服务”。

（6）“三期”叠加：增长速度换挡期、结构调整阵痛期、前期刺激政策消化期。

（7）重大项目建设“六项制度”：日报告、周调度、月推进制度；动态管理制度；督查制度；考核通报制度；谈话提醒和问责制度；区人大、政协协同推进制度。

（8）“两必须、两强化”：必须生态环保优先、必须资源节约高效，强化地方财税贡献、强化居民就业收入。

（9）“七个专门”：专门机构、专门人员、专门经费、专门任务、专门考核、专门奖惩、专门机制。

（10）“六个专业化”：加强专业化学习、开展专业化研究、实施专业化操作、强化专业化宣传、搭建专业化平台、做好专业化积累。

（11）“两集中、两到位”：为深化行政审批制度改革，建立规范高效的审批运行机制，提高行政服务效能，推进一个行政机关的审批事项向一个处室集中、行政审批处室向行政审批服务中心集中，保障进驻行政审批服务中心的审批事项到位、审批权限到位。

（12）“七个更”：让人民群众有更好的教育、更稳定的工作、更满意的收入、更可靠的社会保障、更高水平的医疗卫生服务、更舒适的居住条件、更优美的环境。

（13）“政社互动”：政府及其部门与基层群众自治组织、社会组织，通过衔接互动，理顺社会管理职能、结构、方式，依托村、社区平台开展工作。

## 京口区委党的群众路线教育实践活动

根据市委统一部署，京口区党的群众路线教育实践活动从2014年2月17日启动以来，在联系点领导市委常委、市政府常务副市长张洪水悉心指导和市委第五督导组严督实导下，区委把开展教育实践活动作为重大政治任务抓紧抓好，严格按照“照镜子、正衣冠、洗洗澡、治治病”总要求，围绕“为民务实清廉”主题，突出“四查四治四扎根”，坚持“示范、标杆、旗帜”要求，高起点谋划，高质量推进，全面完成学习教育、听取意见，查摆问题、开展批评，整改落实、建章立制三个环节任务，取得实实在在成效。

**教育实践活动的初步成效。**历时8个月的教育实践活动，全区各级党组织和广大党员干部积极响应、踊跃参与，广大人民群众高度关注、热情支持。整个活动坚持聚焦“四风”（形式主义、官僚主义、享乐主义和奢靡之风）锲而不舍，坚持领导带头层层示范，坚持问题导向真抓实改，坚持敞开大门群众参与，坚持分类指导从严督导，达到预期目标，取得阶段性成果。

各级党员干部党性观念和宗旨意识明显增强。坚持把强化学习教育、提高思想认识作为开展好教育实践活动的基础，把坚定理想信念作为加强作风建设的重要前提，以“五个一”（即组织一场专题讲座、开展一次典型学习、组织一次主题党课、开展一次警示教育、组织一次主题讨论）学习教育活动为主线，以“真学真用真改”交流研讨活动为抓手，区委常委会带头领学督学，推动各级党组织、广大党员干部广泛学、深入学，打牢党员干部思想根基。突出重点学。深入开展“为了谁、依靠谁、我是谁”大讨论、“学亚夫精神，争当‘四个表率’”等活动，组织《细节决定成败》《致加西亚的信》《创意思维》精读研读活动，抓实马克思主义群众观点和党的群众路线教育。典型引领学。组织全区领导干部祭扫镇江烈士陵园、集中观看《大无大有——身边人眼中的周恩来》专题片；四套班子领导赴丹阳总前委旧址参加现场教育。选树身边先进典型，讲好基层“故事”。先后选树王永平、卜美琴、黎振定为“京口先锋”先进人物，举办“京口先锋”、赵亚夫先进事迹报告会，制作宣传片进行宣传，使广大党员践行党的群众路线学有榜样、赶有标杆。灵活多样学。各单位开展灵活多样的学习活动，做到“接地气”、有实效。组建大学生村干部宣讲团入户送学；开展大讨论活动；普通党员上台讲理论等，充分调动基层党员的学习热情，增强学习效果。

群众反映强烈的“四风”问题得到有效解决。以贯彻落实中央八项规定精神为切入点，对“四风”问题进行大排查、大扫除。按照市政府常务副市长张洪水参加京口区委常委会专题民主生活会时提出的“四个全力”要求，扎实抓好边查边改、整改落实工作。突出重点抓整改。重点围绕经济发展、作风建设和基层基础三个方面，细化整改措施，加大整改力度，确保整改实效。专项整治抓整改。坚持上下对接，把中央“7+4”专项整治、省委“八大专项治理行动”、市委第一批“五项专项整治”和新一轮“十大专项整治行动”与京口实际紧密结合起来，部署开展十大专项整治工作，每项整治明确一名以上区领导牵头。敞开大门抓整改。坚持以群众满意作为出发点和落脚点，将群众参与活动贯穿整改工作全过程。对全区整改落实任务实行销号式管理，通过实地检查、入户走访等强化过程性监督，对已解决的销号备案，解决不彻底、成效不明显、群众不满意的不予销号，督促整改到位。

批评和自我批评优良传统得到弘扬。学习借鉴兰考县委常委班子专题民主生活会经验做法，坚持问题导向、“辣味”标准，大力弘扬整风精神，以批评和自我批评为利器，深刻检查剖析“四风”问题，开好高质量民主生活会和专题组织生活会。深入谈心交心。真诚听取群众意见。以简报形式下发习近平总书记列举的“四风”问题25种表现以及中央活动办梳理的37条问题，做到谈话时认真比对、逐条查摆。区委主要领导带头与四套班子成员、16名街道（园区）党政正职谈心谈话，主动上门与老同志谈、接受群众约谈，带头剖析自己，带头承担责任。9名区委常委带头谈心谈话181人次。各参学单位领导班子成员严格落实“四必谈”要求，普遍开展2轮以上谈心谈话，力求谈深谈透，触动思想灵魂。深刻对照检查。区委书记主持常委会集体研究起草班子对照检查材料，并广泛征求区委委员和基层单位意见建议，前后进行7轮修改。区委常委、党员副区长还深入联系点调研指导，听取专项述职，督查联系点“一把手”责任落实情况。区活动办层层审核把关58个单位领导班子、65个社区（村）党组织班子及439名乡科级以上党员干部和78名社区（村）党员正职个人对照检查材料，并对各单位党员中层干部的对照检查材料按照20%比例进行抽查，对不符合要求的及时下发“修改清单”，材料普遍修改6稿以上。确保会议质量。区委常委会专题民主生活会上，区委常委班子查摆问题15条，常委个人查摆问题111条，提出批评意见91条。市政府常务副市长张洪水认为，会议质量高、富有成效，给全区各级领导班子和党员干部带好头。区委常委、党员副区长全程指导联系点专题民主生活会，区委督导组全覆盖督导，区活动办派员列席相关单位专题民主生活会，有效地防止“辣味”不足、偏离主题等情况发生。严格执行党员领导干部双重组织生活会制度，各级党员领导干部均以普通党员身份参加所在支部专题组织生活会，13名县处级领导、209名乡科级领导干部直接联系指导基层专题组织生活会召开。创新“五步工作法”，高质量开好专题组织生活会做法在《中国组织人事报》上刊登。全区1.2万名党员普遍受到一次严格党性锻炼，经历一次深刻的思想洗礼，促进党内生活严格规范，促进党性原则基础上的团结，切实提高领导班子发现和解决自身问题能力。

制度执行力和约束力得到进一步增强。着眼于从制度层面解决“四风”问题、巩固活动成果，按照“改革创新、务实管用、简洁精准、突出质量”要求，从活动一开始就着手建立和完善规章制度。在制度承接上，落实中央和省市委已出台的相关制度，落实好区委十项规定和区委常委会带头反对“四风”五项举措等规定要求。结合全区实际，制定和完善配套制度，制定实施细则，明确具体规定，确保各项制度在京口落地生根。在制度建设上，认真对接落实市委确定的61项制度建设任务，制定全区50项制度建设计划。重点是着眼于增强决策效能，制定区委书记办公会议和区四套班子例会、“三重一大”事项决策、重大决策网络舆情风险评估等制度；着眼于密切联系服务基层群众，深化“真·实”活动，建立党员、干部常态化联系服务基层、企业长效机制；持续提升“两网融合”社会治理服务水平，扎实推进“文明进万家”活动。同时，结合京口实际，制定关于进一步加强基层基础建设、打通联系服务群众“最后一千米”意见。着眼于严格党内生活，制定民主生活会长效化、区委中心组和“京口讲坛”学习等制度；着眼于加强干部监督，制定党政正职接受评议等制度。在制度执行上，通过各种渠道将各项制度向社会公开，让群众监督制度执行。强化制度执行刚性，对顶风违纪严肃查处，真正让制度成为“带电高压线”，成为规范党员干部行为的硬约束。

党群干群关系更加紧密。围绕打通联系服务群众“最后一千米”，区委推动人往基层走、钱往基层投、政策往基层倾斜，切实解决群众难题，为群众真办事、办实事，让群众感受到变化，得到实惠。推动党员干部往下扎根。下发《关于在全区机关广泛开展“真·实”主题活动的实施意见》《关于进一步提升“两网”治理服务水平的实施意见》，推动全区各级党员干部广泛开展“京口先锋”党员志愿服务，到“两网”中常态化“走转连”，全区1.14万名党员认领服务岗位1.73万个，人均认领1.51个，组建“星光义工”“党员110雷锋班”等服务团队，有效提升“两网”治理服务成效，更加畅通联系服务群众的“最后一千米”。及时总结提炼党员群众公认的好做法。在深入调研基础上，形成一批理论成果和经验做法，《京口区区域化服务型党建工作初探》《推行“四式”服务，打通联系服务群众“最后一千米”》分别入围第三届全国基层党建创新案例和全国党的群众路线工作法100例评选活动，《践行群众路线，建强基层组织》等17篇理论文章在人民网·中央群众路线网刊登。全区《推进“两网融合”，提升服务群众水平》《开展“真·实”活动，密切党群干群关系》等5个典型做法入选全市50个联系服务群众典型案例，卜美琴、冯祥龙等5人入选全市50个党员服务群众先进事迹。持续加大对外宣传扩大影响。在人民网·中央群众路线网开通“京口党建云平台”和“群众路线基层行—走进京口”专栏，并在北京接受人民网专访，相关稿件在省级以上纸质媒体上录用25篇、省简报2篇、市简报7篇，全方位宣传教育实践活动中涌现出的先进典型、实践成果、制度成果，努力营造良好舆论氛围。

经济发展呈现稳中有进良好态势。1—8月份，全区固定资产投资、产业类固定资产投资和产业类实际利用外资，分别完成市计划的66.5%、114.7%和68.5%，分列全市增速第三、增速第四、序时第一。13个市重点项目完成投资45.1亿元，占年计划的69.4%，超序时2.7个百分点。1个“321”项目开工建设，签约21个项目，总投资54.93亿元，其中“321”项目1个；6个“321”在谈项目进展顺利。

**教育实践活动的有效做法。**抓好“一把手”，坚持以上率下抓推进。坚持把“一把手”带头、以上率下作为改进作风关键举措，全区各级“一把手”树起标杆，率先垂范，一级做给一级看，一级带动一级干，形成上下齐动良好局面。带头领责。活动伊始，区委常委会就面向社会公开作出“六个带头”承诺，出台反对“四风”五项举措。与各参学单位党组织“一把手”签订责任书，切实把政治责任传递到位。全区各级“一把手”立即响应，全面落实逐级约谈、专项述职、失职问责、评议考核制度。带头领学。区委书记为全区“一把手”上党课，亲自研究部署“真学真用真改”交流研讨活动，并采用“随堂测试”方式检验学习质量。活动中，区委书记深入20多个社区进行调研，撰写《深化提升“两网”治理服务，打通联系服务群众“最后一千米”》调研文章，为全区“两网”提升明确工作路径。在区委常委会以上率下的引导下，各级“一把手”纷纷走上讲台授党课，深入基层指导学、专题研讨深入学，并将学习教育贯穿活动全过程。带头批评。专题民主生活会上，区委常委动真格，有辣味，自我批评不“绕弯子”，主动认领班子检查列举的问题；相互批评坦诚相见。会后，区委常委会多次研究班子整改方案，明确26项整改措施。区委书记带头制定个人整改清单，常委平均制定27项整改措施，为全区开好专题民主生活会作表率、放样子。带头整改。区委常委率先垂范，带头整改落实，分别认领区委常委会整改任务，确保每一项整改任务都明确时间节点、具体目标、推进措施、责任单位和责任人；带头抓好联系单位整改落实、建章立制工作，专题听取联系点单位整改工作汇报，严格审查“两方案一计划”，确保整改责任和举措落到实处。

实施“六大行动”，坚持分类指导抓落实。坚持从实际出发，突出分类指导，针对不同层级、不同领域、不同对象提出不同要求。开展“以身作则我先行”行动。在乡科级以上领导机关、领导班子和领导干部中，紧紧聚焦反对“四风”，重点解决政绩观不正确，搞“形象工程”“政绩工程”“注水数据”，不敢担当、不愿负责，不思进取、无所作为，拍脑袋决策等问题。以“真·实”活动为载体，建立党员联系服务群众长效机制，实实在在为企业、基层（群众）服务。开展“和谐共建我先行”行动。在街道、社区党组织和党员中，围绕和谐社区建设，重点解决基层党组织服务能力不强、社区党员先锋模范作用发挥不明显等问题。放大“两网”联系服务群众优势，普遍建立民情日记簿、发放连心卡，广泛开展社区无职党员设岗定责、基层干部依岗拓责活动，建立健全经常性直接联系服务群众制度，完善服务保障体系，提升区域化服务型党建联建共建水平。开展“强村富民我先行”行动。在园区、村党组织和党员中，围绕农业现代化建设，重点解决落实惠民政策缩水走样、疏远群众、优亲厚友、侵占集体资产、侵害群众利益等问题。健全“四个一”民情沟通联系服务群众机制，通过各级党员沉下去干、结对子帮、走进去做，使农民增收入得实惠。开展“服务群众我先行”行动。在机关、行业系统党组织和党员中，围绕切实改进工作作风，重点解决庸懒散拖、推诿扯皮、效率低下、照章念经等“中梗阻”问题。紧密联系行业实际，深入抓好理想信念、党性党风党纪和职业道德教育。组织发动2000多名机关在职党员到社区报到，认领5大类38项志愿服务岗位，推动机关、行业系统单位党组织、党员干部常态长效走进基层，服务群众。开展“诚信服务我先行”行动。在服务行业（窗口单位）党组织和党员中，围绕诚信服务和提质增效，重点解决执法不公和不规范、吃拿卡要、轻服务重收费等问题。对照“诚信公不公、态度好不好、效能高不高”，开展以“优质规范、高效文明”为主题的窗口行业规范化服务劳动竞赛活动，覆盖全区所有窗口单位和服务行业，23家单位全部公开和简化办事程序，规范服务标准，管理和服务效能得到进一步提高。开展“推动发展我先行”行动。在“两新”党组织和党员中，围绕服务企业转型升级、建设活力和谐企业，重点解决政治核心和政治引领作用发挥不好、“三会一课”流于形式、党员意识淡薄等问题。广泛开展“党组织形象展示年”和“双挂双亮双服务”活动，持续开展“双强六好”创建、AAAAA级评估管理工作。在社会组织中大力实施“公信力工程”，推动“两新”党组织和党员展形象、比业绩、争贡献。

深化“两网”治理服务，着力打通联系服务群众“最后一千米”。认真落实省委罗书记“把这块金字招牌擦得更亮”工作要求，力争做到“群众更满意、全国更知名”。完善支撑体系，搭建“两网”融合平台。充分利用信息化手段，与镇江移动公司对接推进“两网”智能管理系统平台建设，构建区、街道、社区（村）三级信息化服务平台。改版升级“网上居（村）委会”，鼓励社区建立网上开放平台，建成党群QQ群300多个、支部微博41个、社区微信公共平台23个，实现网上网下党群零距离互动。完善组织体系，夯实“两网”工作基础。调优网格设置，将原有491个城市网格向农村“扩容”，新建农村网格86个，实现网格化管理城乡全覆盖。同步新建趣缘、业缘、地缘党小组127个，形成党组织在网格全覆盖。组建社区层面自治服务、街道层面基础服务和区级层面专业服务三大服务团队，不断增强“两网”服务承载功能。完善工作体系，优化“两网”运行机制。建立以区委书记为组长的领导小组，聘请南京大学两位教授为指导顾问，健全完善民情民意收集机制、惠民服务机制和街道、社区、网格三级矛盾纠纷调处机制，进一步规范工作流程。加大人员、经费、设备等投入力度。出台考核细则，从组织体系、建设标准、服务成效和社会效果四方面，强化对“两网”治理服务工作考核奖惩。丰富活动载体，提升“两网”服务水平。开展以“文明进万家”“真·实”活动为主要内容的“两网”党建助推工程，推动学习教育、征求意见、即知即改、评议评判进“两网”。活动以来，全区乡科级以上干部、区党代表、机关在职党员到社区（村）报到认岗领责，组建各类服务团队184个，在走进“两网”听民声、解民忧、疏民怨、办实事上取得实实在在效果。

坚持问题导向，以解决问题实际成效取信于民。围绕“聚焦作风、聚力发展、聚合民心”抓整改落实，列出作风建设、改革发展、服务民生三类问题清单，下决心出重拳、下狠劲，坚决打好问题整改的攻坚战。聚焦作风抓整改。把正风肃纪作为推动整改落实的重要保障，由区纪委牵头实施“清风行动”，强化考核和问责。2015年累计查处各类问题11项，涉及单位17家，约谈领导干部7人，起到及时提醒、教育为主、形成震慑作用。坚决整治“会所中的歪风”，培训中心腐败，坚决整治“裸官”“走读”“吃空饷”“收红包”及购物卡、参加天价培训、党政领导干部在企业兼职等问题。2015年以来，会议、文件、评比达标表彰活动同比下降21%；各类领导小组和议事协调机构数量减少65.1%；调整清理办公用房面积3561平方米；同比压缩“三公”经费1795万元，下降49.2%，减少因公临时出国（境）3批次、16人；查处损害群众利益问题4起、12人；公开和简化办事程序单位23个，减少收费、罚款项目数15项；清理企业兼职党员干部26人。聚力发展解难题。针对投入不足，发展后劲不足问题，狠抓项目建设和招商引资，实施区领导挂钩项目责任制，协调解决企业生产经营中的突出问题150余件，有效化解一批信访积案。中储粮资产划拨、新民洲公共码头、爱励铝业二期等一批项目建设中的突出问题得到顺利解决。针对人才层次不够，绩效不高问题，深入开展“金凤凰”活动，新增国家“千人计划”3人、省“双创计划”5人次、市“331计划”17人、高技能人才560人，提前超额完成全年目标。36个科技项目获国家、省、市立项，争取上级资金2700万元，提前超额完成全年任务。针对财政实力不足问题，狠抓招商引税，成功引进中国中小企业信息产业园，江苏网商自贸区暨镇江京口网商产业园入驻企业突破百家。积极打造中国中小企业（镇江京口）总部基地，制定出台总部经济扶持政策，自5月份以来，招商引资成效明显，引进企业142家。聚合民心强服务。以群众需求为导向，积极做好问题整改工作。针对居民反映的小区环境脏乱差问题，深入开展“文明进万家”活动，全区已投入整治费用519万元，有效解决一批老小区环境卫生、排水设施、楼道小广告等方面存在的突出问题。针对群众提出环境污染问题，全区启动谏壁片区生态环境综合整治工作，立案查处环境违法行为19起，完成谏壁宕口整治2家，关停轧石企业7家、砖瓦窑厂2家，谏壁区域环境得到明显改善。大力实施富民增收计划，推动教育、医疗等基本公共服务优质均衡。

**教育实践活动的主要经验。**必须突出知行合一，做到教育和实践两手抓、两手硬。活动伊始，区委按照“知行合一”要求，注重教育和实践并重，扎实开展“五个一”学习活动，深入推进“双争双先—京口先锋在行动”活动，以“六大行动”激发内生动力，既解决认识提高问题，又解决行动自觉问题，通过使群众观点、群众路线落地稳、扎根深，落实到每个党员干部思想和行动上，贯彻到为群众谋福祉、让群众得实惠实践上。

必须坚持开门搞活动，注重发挥群众的积极性。活动中，区委积极探索群众有效参与方式，查找问题直接听取群众意见，整改落实直接吸收群众参与，活动成效直接交给群众评判。在发动群众参与中，既注意引导，又讲究方法。全区广泛开展“真·实”活动、“文明进万家”活动，用群众乐于接受、易接受的方法开展工作、化解矛盾，走出机关、走进群众，推动党员干部真心诚意与群众交朋友、实实在在为基层（群众）服务，真心诚意与企业家（创业者）交朋友、实实在在为企业服务，把党正确主张变成群众自觉行动。

必须抓好基层打好基础，有效提升服务群众能力和水平。活动伊始，全区就把开展教育实践活动和加强基层服务型党组织建设有机结合起来，印发基层服务型党组织建设意见，制定“双强六有”社区党组织考核细则，推动56家区级机关结对65家社区（村），发动党员到基层“走转连”，整顿转化3个软弱涣散基层党组织。在全市率先制定《进一步加强社区（村）公共事务准入制实施意见》，在社区事务性工作上做“减法”、服务性工作上做“加法”，减掉50余项工作事项，有效夯实基层基础，进一步提高基层党组织服务群众的能力和水平。

必须发扬认真精神，把从严从实要求体现到党内生活和干事创业的方方面面。在全区教育实践活动动员大会上，区委坚持严标准、严要求、严纪律，提出“三个确保”工作目标，即确保活动圆满成功，规定动作一丝不苟、扎实到位，自选动作大出亮点、全国有名；确保社会稳定、安全生产平安无事；确保2015年各项重要任务超额完成。同时，要求用“五个很”“四个高”抓好教育实践活动，即把很认真、很投入、很细致、很实在、很到位的态度贯穿活动每个环节，以高眼光、高标准、高效率和高水平的工作，推动教育实践活动高质量和高效益，全力打造“京口高度”。活动中，区委制定下发《督导工作手册》，派出7个督导组，明确区委常委兼任联系点督导组第一组长，召开6次督导会议，组织开展21次专项督查，严格落实督查指导责任，有效传导压力。全区各级领导干部把“三严三实”作为改进作风重要取向，把抓常抓细抓长要求贯穿于作风建设始终，推动全区教育实践活动取得阶段性成果。（夏　鹏）

# 创新开展“金凤凰”活动

2014年，全区上下牢牢把握“稳中奋进、改革创新”主基调，创新开展“金凤凰”活动，着力构建科学、合理、实用的人才梯队，强化创新驱动，增强发展活力，为加快推进京口区经济转型升级提供人才保障和科技支撑。

全年新增国家“千人计划”3个，省“双创计划”个人2个，团队1个（团队成员3名），占比全市20.8%，是全市唯一超额完成年度目标任务的辖市区，省“博士计划”2个，市“331计划”17个，人才综合指标完成情况位列全市第一。新增高新技术企业8家，高新技术产品60个；新认定省级科技孵化器1家，省级以上企业研发机构2家，万人发明专利拥有量44.8件（1—11月），位列全市第一；高层次人才占人才资源总量比例达5.88%，每万名劳动力中高技能人数632人。

**科学谋划推进，构筑人才集聚高地。**领军人才“量质”实现新突破。根据“三集”发展需求，赴成都、哈尔滨、武汉等地招才引智，组织企业参加“大连海创周”“海外江苏之友镇江行”“欧美精英创业家协会赴镇对接洽谈会”等活动，赴上海开展“科技领军人才项目考察及交流对接活动”，举办“京口——千人计划人才对接洽谈会”，与海内外高层次人才洽谈合作事宜。探索“核心领军人才＋创新（创业）团队”的人才引进模式，突破核心技术，提升产业水平。同时借力招商聚才、强化以才引才、创新政策助才，不断提升引才质量和效率。2014年，引进海内外创新创业领军人才26人，涵盖电子信息类、环保（新能源）类、装备制造类等专业顶尖人才，符合该区产业发展方向，且具有一定的发展前景，人才引进数量和质量均取得新突破。

**高技能人才引培工作稳步推进。**开展“服务进千企活动”，统计辖区内657家重点企事业单位，46083名从业人员及691个岗位需求，全面掌握和了解全区高技能人才需求现状。组织企业参与各类招聘活动53场，参加苏南人才市场招聘会25场，提供岗位8233个，为企业和求职人员搭建交流平台。与润州人社局联合开展“第四届京口润州百家企业公益招聘会”，推出涉航企业、电子信息类企业的主题招聘，打造京口区“品牌”招聘会。组织技能竞赛7场，引导高技能人才脱颖而出。开展各个工种企业评价活动3场，帮助企业通过以师带徒、课题培训、观摩交流等形式，帮助企业培育高技能人才，培养引进高技能人才793人。

**基础人才队伍建设效果初显。**以省、市专业技术人才培育工程为抓手，加强对教育、文化、卫生人才的管理培育，目前该区已有9名人才分别纳入省“333工程”、市“169工程”管理培育对象。区委组织部通过举办苏州大学经济管理能力提升研修班，开展“上挂下派”活动，上挂12人，下派18人，进一步提高党政人才抓好科技人才、促进转型创新的能力水平。加大企业经营管理人才开发力度，培育一支高素质经营管理者队伍，海龙核材戴金华、鼎胜铝业董则防等3名人才成功申报镇江市有突出贡献中青年专家，名通信息秦谦获评“江苏服务业专业人才特别贡献奖”。举办以专业合作社、种植大户、农机大户为重点的培训7期，社工人才培训班3场，计培训农村实用人才282名，社工人才140余名。通过挂职锻炼、技能培训、学习考察等形式，提高各类人才能力水平和综合素质。

**强化创新驱动，促进企业跨越发展。**启动“金凤凰”人才计划，助推企业产业化进程。围绕企业发展需求，以“金凤凰”人才计划为抓手，加大对已落户人才项目发展要素保障，帮助企业实现快速成长。2014年，该区36家人才企业累计申请专利115项，授权专利15项，研发新产品数41个。其中23家人才企业累计实现销售7.4亿元，10家企业年销售额超过1000万元，崔立峰的科捷锂电池、周晓冬的佳得信息、李文锋的安扬设备、陈钢的灵芯软件位列全市人才企业（创业类）销售前二十名，海龙核材引进康慨项目、中煤电子引进范玉顺项目位列全市人才企业（创新类）销售前二十名。对经济效益好、发展潜力大的人才企业，通过“金凤凰”人才计划评选，再次给予产业化资助，经企业申报、主管部门审核、集中评审等程序，确定6名人才为首批“金凤凰”人才计划资助对象，分别给予国家“千人计划”特别资助、贷款贴息和税收返还等政策扶持，全力扶持企业做大做强，培植一批“创业明星”“上市企业”。

**推动校地联合式发展，政产学研合作成效明显。**通过开展“科技镇长团”“科技创新团”“教授博士柔性进企业”活动，与哈尔滨工程大学、南京航空航天大学、江苏大学、江苏科技大学建立全天候、宽领域的合作关系，在人才引进培养、校地合作联盟、创新平台共建、科技项目合作和科技成果转化方面达成多项合作协议，政产学研合作初显成效。截至当前，联合引进并入选市第七批“331计划”人才3名，申报市第八批“331计划”人才20名，推进中储粮、江苏惠通等企业与高校合作共建企业研究生工作站2个、研究生实践基地2个，推动江苏大学与中储粮镇江粮油有限公司签订全面合作协议1项、鼎盛重工与江苏大学合作申报成功省重大成果转化项目1项、索普集团与南京工业大学合作申报成功市工业支撑项目2项，协助企业申请专利114项。促成该区与哈尔滨工程大学、江苏大学签订校地合作协议3项，与江苏大学联合组建“镇江无线通信技术研究院”。

**实施企业培育提升工程，不断提高企业综合竞争力。**解决企业“融资难”。针对企业发展资金紧缺的情况，在争取财政资金支持的同时，引导、鼓励金融机构加大信贷融资支持。2014年该区帮助企业争取上级科技人才资金4618万元，科技贷款3500多万元。帮助企业“育人才”。先后组织企业人才参加德国高研班、清华大学专题培训班、无锡创新创业研修班等各类高层次人才培训研修，参加“世界名校大讲堂”“企业家创新大讲堂”等高端讲座，通过定期组织开展学习培训、考察交流活动，提升企业家驾驭市场能力和现代经营管理水平。提升企业“创新力”。健全知识产权管理制度，完善联席会议制度，发挥三级知识产权组织网络的作用，出台《京口区专利资助专项资金使用管理办法》《京口区专利实施项目管理办法》等文件，完善知识产权政策保障，提升企业科技创新能力。2014年有4家企业获得省知识产权管理标准化示范先进单位，3家企业获得省知识产权战略推进计划项目立项。

**促进转型升级，发展质态不断优化。**新兴产业加速集聚。中国中小企业信息产业园加快建设，江苏网商自贸区暨镇江京口网商产业园入驻企业达800余家。以百度营销中心、腾讯积分商城江苏运营中心、顺丰嘿客镇江总部为代表的电子商务产业加速集聚。以名通科技、易乐科技等为代表的网络文化产业爆发式增长。并引领镇江网游产业进入全国前列；百度营销中心、腾讯积分商城江苏运营中心、顺丰嘿客镇江总部等电子商务产业加速集聚；江苏现代造船、信诚监理等专业技术服务企业规模迅速壮大，引领相关行业快速发展。

**传统优势企业结构进一步优化。**中储粮二期技改扩能项目加快推进。飞驰冷藏车搬迁技改扩产项目主体竣工。鼎胜铝业通过技术创新，推动产品升级，实现效益的大幅增长，2014年税收增长36%以上。惠通集团积极推动产品创新、管理创新，企业核心竞争力不断提升。恒伟物流公司研发运用物联网、云计算技术，实现冷链物流的自动化、智能化。全年推动4家企业自动开展清洁生产，淘汰高污染生产线2条和落后生产装置5套。索普集团、谏壁电厂脱硫脱硝工程阶段性完成，7家轧石企业、3家砖瓦窑厂关停拆除，3家企业完成污染治理。4个项目被市列为重点节能及循环经济项目，列入市重点项目数为近年来最多。

**现代服务业项目推进顺利。**新民洲公共码头一期开港运营，新民洲公共码头二期、包家湾商业综合体、东锦生态农业等项目开工建设，财富广场竣工，苏宁广场、凤凰文化广场、大市口地下商业开发、北固湾商业综合体等重点项目加速推进。加速发展现代服务业，进一步巩固和扩大服务业主体地位。预计全年实现服务业增加值292亿元，占GDP比重达69.5%，占比保持全市领先。（吴　成）

# 深入开展“真·实”活动

2014年，京口区委、区政府在全区机关广泛开展“真·实”主题活动，以此推动机关部门、党员干部真心诚意与群众交朋友、实实在在为基层（群众）服务，真心诚意与企业家（创业者）交朋友、实实在在为企业服务，扎实推进服务型机关党组织建设。一年来，“真·实”主题活动取得成效，得到方方面面的肯定。

**确立结对原则，排定服务对象**“真·实”主题活动突出一个“真”字，着眼一个“实”字，强调联系服务基层首先要端正思想态度，做到“真心诚意”；关键要明确工作基调，做到“实实在在”，从而推动作风转变向下扎根。为确保有效地落实“真”“实”宗旨，活动采取传统的结对方式，搭建分类服务活动载体。

2014年年初，在区委、区政府出台的“真·实”活动实施意见中，明确机关部门、党员干部与企业、社区、居民分类结对要求。原则上，机关各部门分别结对1家企业、1个社区，每个党员干部结对1户居民；街道、园区机关各结对3家企业，每个党员干部结对1个社区、1户居民，确保机关、党员干部结对社区无盲点、服务社区全覆盖。据此，全区排定56个部门、422名副科级以上干部与65个社区（村）、122家骨干企业、422户居民进行结对。全区各级机关都按照统一部署，积极与结对对象展开对接，及时研究制定、组织实施本单位更加具体的结对服务活动方案。

**细化结对目标，指明服务方向**为更好地提升活动的实效性和可操作性，京口区委、区政府在“真·实”活动实施意见中，明确提出结对服务“二、四、六”的工作目标要求，其中与居民结对，要入户到人，突出宣传科学知识、倡导文明新风，问需问困、帮困解难，重点做到“两个一”：即每月上门1次以上，年内为居民解决工作生活中的实际问题1个以上，使居民得到更多的实惠；与企业结对，重点做好“四个一”：即明确1名机关干部联系企业，每月走访企业、与企业负责人交流至少1次，为企业提质增效策划“金点子”至少1个，年内为企业协调解决生产经营中的实际问题至少1个，促进经济转型升级；与社区结对，坚持以块为主、条块结合的原则，重点做好“六个一”：即落实1名党员干部蹲点社区、联系网格，帮助社区研究制定1个提升“两网”治理工作计划，帮助社区完善1处网格工作基础设施，为社区寻求1家以上新的“两网”共建单位，明确1名党员志愿者兼职社区“网上居委会”版主，着力培育1个“两网”治理亮点，促进京口“两网”建设品牌打造。区级机关部门、党员干部都紧扣这“二、四、六”的工作目标要求，想办法、出实招、办实事，找差距、争第一、创唯一。

**抓实结对措施，推动服务深化**结对服务是“真·实”活动的一条主线，注重实效是“真·实”活动的根本要求，督查推进是“真·实”活动的重要手段。突出抓好“六个强化”。

强化结对服务。京口区“真·实”办统筹全局，及时建立信息资料库，施行数字化动态管理；4月、5月份，先后召开8场结对服务专题座谈交流会，分片宣传、发动、指导、检查、推进活动开展；6月、7月份，分别向结对社区、企业和区级机关部门发放相关调查问卷，并及时回收、汇总、梳理、分析、研判，从而进一步掌握机关各部门开展活动的真实情况，并向机关各部门逐一提出深化服务方面的意见，推动机关各部门整改措施逐条落实，扎实推进“一对一”“点对点”结对服务工作不断持续深化。

强化会商会办。8月份，区“真·实”办搭建会商会办平台，启动会商会办机制，一些需要通过其他相关职能部门，甚至需要多个职能部门联合协调才能够解决的问题得到有效解决。会商会办的难点问题主要涉及城市管理、建设规划、拆迁征收、环境保护、项目用电、发展场地等方面，通过会商协调解决12件，通过会商给予答复解决4件，进行会办交办解决5件。

强化检查督查。区“真·实”办对机关各部门的整改方案、深化服务落实情况和会办交办问题办理情况进行督查，确保把对基层的服务做到位。从8月下旬开始，对区级机关部门和街道机关，就深化结对服务情况、“真·实”活动笔记本使用情况、有关会办交办问题办理情况等展开随机抽查、专题检查、专项督查，并开展“真·实”活动服务企业情况问卷抽样调查，一系列检查督查措施促进“真·实”活动向纵深推进。

强化文明创建。按照京口区委、区政府全国文明创建工作要求，区“真·实”办顺势而为、乘势而上，积极延伸和拓展“真·实”活动的工作内涵，及时引导和推动区级机关党员干部深入到结对社区，广泛开展志愿服务活动。及时制定信息发布、活动反馈、检查督查、通报问责、长效管理等五项工作制度，务实推进志愿服务活动。对照区创建督查的具体工作要求，突出对区级机关部门为结对社区在人力、物力、财力投入上的情况进行督查，突出对区级机关在职党员志愿服务集中行动情况进行督查，突出对区级机关部门深入结对社区参与创建活动工作成效进行督查，确保做到无盲点、全覆盖。在这次文明城市创建中，区级机关给予结对社区资金支持超100万元，有近千名区级机关在职党员志愿者2万余人次，深入到基层一线，踊跃投身创建活动，有力地助推文明城市创建工作。

强化问政问效。通过开展问政问效问服务等活动，着力提升执法监管部门、窗口单位的服务效能。10月份，组织区执法监管部门、窗口单位积极主动邀请企业、社区代表走进本单位，加强沟通，增进感情，更好地了解相关工作流程和执法、服务依据，同时也进一步促进机关工作作风的转变。11月份，举办区“真·实”主题活动问政问效现场评议会。邀请企业代表、机关行风监督员代表、区级机关作风建设监督员代表、区人大代表和政协委员组成的48名问政人员参加此次会议，对区环保局、区安监局、京口工商分局等3家单位进行现场集中问政和评议；邀请区政府组成部门、市垂直管理部门等28家单位分管领导进行现场观摩。问政问效活动的开展，进一步激发全体机关人员创新实干的主动性和积极性，有力地推动机关效能建设。

强化考评激励。为进一步调动全区机关、党员干部参与活动的积极性，围绕“二、四、六”工作目标要求，结合机关各部门完成情况，组织开展结对服务年中“一对一评议”和年末“整改评议”，有关评议结果作为社会民主评议机关和基层党组织党建工作科学化的重要组成部分，纳入到年度绩效管理考评体系，与年终奖惩挂钩、与评先评优挂钩。

**注重结对保障，务求服务实效** 为切实保障活动有序有效有力推进，区委、区政府专门成立区“真·实”活动领导小组工作机构，由区委副书记担任组长，区委常委、组织部部长和区政府分管领导担任副组长；区级机关工委、区发改和经信委、区委组织部、区纪委、区委督查室、区政府督查室等部门作为成员单位，分工负责、各司其职，形成工作合力；领导小组下设办公室，办公室设在区级机关工委，负责牵头抓总和日常事务工作。

自“真·实”活动启动后，京口区委、区政府主要领导带头示范、率先垂范，区挂钩领导积极走访结对对象、解决实际问题，区委、区政府分管领导多次深入基层开展专题调研，有针对性地推动活动开展。其中9名区委常委领导就先后走访服务企业500余次，协调解决实际问题200余件；走访联系居民200余次，帮助解决实际问题100余件。在区领导的带动引领下，全区机关党员干部的“真·实”意识不断增强，活动的自觉性、主动性、积极性、实效性也得到进一步提升。2014年，仅区级机关部门、党员干部已为结对企业、社区、居民办实事1500余件，直接投入超300万元，受到基层一致好评，赢得社会普遍赞誉。2014年度区级机关社会评议满意率达96.19%，与2013年度相比提升近10个百分点。

“真·实”活动的开展，促使机关部门、党员干部真正深入基层、走进一线，与群众、企业家(创业者)交朋友，感受他们的诉求和困难，开始更加积极地换位思考，提高服务意识、增强服务效率，加强党性锻炼、增强群众观念，解决一些实际问题、促进社会和谐稳定，实现机关工作重心下移和机关作风进一步转变，密切党群干群关系，推动服务型机关党组织建设，为机关党组织工作注入新的活力、增添不竭动力，为党的群众路线教育实践活动丰富内涵。 (陈 涛)

# 创新社会治理

2014年，京口区社会综合治理工作，全面贯彻落实党的十八届三中、四中全会和省、市政法工作会议精神，围绕“苏南现代化建设示范区和平安中国建设示范区”总体目标，以公众安全感建设为主线，以社会治理创新为抓手，以党的群众路线教育实践活动为载体，深入推进社会矛盾化解、社会治安防控、社会服务管理等重点工作，综治和平安建设取得新成效，有力维护辖区社会大局和谐稳定。

**一、突出源头治理，全力维护社会稳定**

坚持用稳定“第一责任”来保障发展“第一要务”，着力解决影响社会稳定的源头性、根本性、基础性问题，圆满完成青奥会、国家公祭日等重大活动、重要时期的安保维稳任务。

健全社会稳定风险评估体系。按照“属地管理”和“谁主管、谁负责”的工作原则，进一步规范稳评责任主体和工作程序，对涉及群众利益的重大决策、重要事项严格实施稳评工作。2014年，报备稳评项目33个，实际完成36个。组织联评36次，化解矛盾纠纷15起。

完善大调解机制建设。建立矛盾纠纷多元解决机制，深化“五+X”对接机制建设，推进矛盾纠纷调处专业化。在全区6个街道设立“诉调对接”工作联络站，23家企业设立“法官企业工作站”。1—11月份，区、街道调处中心受理矛盾纠纷836件，调解成功822件，成功率98.44%。加强调解员队伍建设，对人民调解员和网格长代表进行全面培训，有效提高全区调解队伍实际工作能力，发挥基层调委会“第一道防线”作用。

全力化解信访案件和群体性事件。围绕“事要解决”根本要求。对于初信初访案件，实行首问负责制，化解率在90%以上。对于老案积案，分门别类、一案一策，开展“信访积案化解专项整治”活动，化解信访积案10余件。严格信访责任，落实领导包案制度，区领导接待研判处理信访问题286批1419人次，包案处理信访案件90件。建立应急处置工作机制，成功化解抱团上访等各类群体性事件21批410余人次。（化解百盛商城停业改造员工安置纠纷、招商市场消防改造、经营权变更引发承租户纠纷、市政工程公司因工资待遇问题引发职工堵路等一批涉众型矛盾。）

畅通群众诉求渠道。深入开展党的群众路线教育实践活动、“真·实”活动和大接访工作，实现领导干部参与全覆盖、重点地区领导包案全覆盖。区委政法委建立领导干部驻点调研制度，每个委领导挂钩一个街道、一个企业、一个帮扶对象，真实了解基层干部的工作状态和群众的实际需求。

**二、突出打防结合，营造安全社会环境**

紧扣社会治安动态性特点，抓重点、攻难点，全区治安环境持续向好。

严厉打击违法犯罪。坚持以命案侦破为龙头，始终保持对刑事犯罪的高压态势和凌厉攻势。2014年以来，全区立刑事案件3479起，同比下降5.9%，破获722起，抓获作案成员968名，破案率位居全市前列。发生侵财性案件3312起，同比下降4.9%，破案575起。

加大突出问题整治力度。以重点人员、流动人口落脚点、涉危涉爆单位、娱乐服务场所为重点，坚持重点整治与强势挤压相结合，集中开展清查治理。特别是对可供暴恐等犯罪嫌疑人落脚藏身的中小旅馆、留宿洗浴场所、网吧等，开展高频度检查，坚持每日逐家检查一次，严格落实实人、实名、实时登记传输制度，通过信息系统“人证比对”后抓获网上逃犯6人。

开展现代化一体化技防建设。加快完善“满天星”工程，多方筹集资金，对老旧损坏的监控一律更换高清探头。目前，维护、新建监控1300余个，社会面覆盖率达80%。开展单位内部防范网络建设达标活动，切实加强重点保护单位和中小学的“三防”建设，目前辖区部分机关单位和中、小学校、幼儿园已全部加装视频监控，并与公安联网。开展安全小区达标建设，对辖区内技防设施不达标的小区下达整改通知书。

开展危化品消防安全监管工程。加强基层消防达标建设，全区66个社区网格已完成达标建设60个，达标率90.91%。开展检查单位817家，发现实体性火灾隐患827处，督促整改隐患820处。截至目前，全区处置各类火灾事故和应急抢险救援任务396起，无人员伤亡，保护直接经济财产8000余万元。

加强重点人群管控。坚持将涉疆涉恐人员、国保、信访、肇事肇祸精神病人等“九类人员”，全面纳入管控视线分类掌控，滚动排查。特别是在青奥会期间，所有重点人员均实行一日两报和主要领导签字负责制，确保动态情况及时掌握。开展“青春牵手五色花——关爱重点青少年群体专享行动”，结对帮扶100多名重点青少年。依托现有青少年法制教育基地、青少年服务站，建成2家“青春加油站”。

开展网络舆情引导。完善网络舆情引导机制，加强网安队伍建设，不断充实专业力量，提升网络监控能力。实行专人24小时监控，收集、掌握、分析影响社会稳定、网络安全的各种敏感信息和动态信息。加强网络舆情的正面引导，2014年完成导控任务230余次。

**三、突出基层基础，提升平安建设保障水平**

构建社会管理三级平台。加快区社会管理服务中心建设。京口区社会管理服务中心位于京岘家园18号楼南侧一至三层，总面积约1800平方米，投资近300万元。区综治办、区司法局整建制入驻，其他13家综治委成员单位派员进驻。目前，区社会管理服务中心已完成整体装修工程。中心将启动“一三六”社会治理信息化全覆盖工程，即依托一个社会管理服务中心，建立“综治信息系统”“涉法涉诉协同办公”“平安和法治信息发布”三大数据平台，实现省、市、区、街道、社区、网格工作机构和人员的“六级联动”以及“人、地、事、物、组织、效能”六类数据深度运用，形成互联互通、共享共用、及时准确、实战高效的数据化管理和服务系统，切实提升社会治理服务现代化、信息化水平。加强街道社会管理工作服务中心建设，整合综治办、派出所、司法所、人民法庭、民政、劳动保障、信访、调处中心等基层政法综治和维稳工作力量，实行集中办公，完善工作机制，推进中心规范化建设。建立健全“一委一居一站一办两网”的社区管理体制，进一步调整完善“小区域、大综治”的组织设置和管理体制。全面推进“十位一体”综治办规范化建设，着重对社区综治办和警务站规范化等薄弱环节进行强化完善，明确各社区综治专职社工和工作职责。加强社会组织培育建设。进一步提高社会组织管理服务法制化、规范化水平，2013年以来，有149家社会组织参加年检，合格率达100%。2014年新登记发展51家，其中社团34家、民办非企业17家。进一步开展综治组织、综治工作、综治机制进非公有制经济组织、社会组织的“两新三进”活动，引导各类社会组织共同参与社会管理。

加快全区综治信息平台建设。根据市综治委、市委政法委关于推进全市综治信息化建设的总体要求，加快建设本区综治信息平台建设。加强人员业务培训，综治办牵头，组织综治委各成员单位和街道、社区负责人、综治专干120多人进行操作系统的培训。申请区财政援款40万元为综治成员单位、街道、社区购置127台电脑终端和93部手机终端。投入10万元用于社区（村）综治信息平台移动终端使用费。目前，全区完成街道与社区的电信专用宽带的安装，并进行调试、接入，下一步将根据上级部署及时完成数据导入工作。

深化基层平安创建。健全“一家为主、多家参与、条抓块包、齐创共建”的工作格局。大力推进“平安单位”“平安家庭”“平安校园”“平安企业”等系列平安创建活动，把所有机关、团体、企事业单位、家庭纳入创建范围，引导社会力量参与平安建设，建立起“责任共担、平安共创、和谐共享”的社会化创建模式。

加强基层社会治安防范。进一步强化专业巡防力度，立足反恐维稳实战需求，构建特巡警大队管线，派出所管点，机关巡逻辅助的网格化巡防机制。深化志愿者义务巡防。扎实开展“万名红袖标、联合保青奥”活动，动员发动全区66个社区（村）、660个网格、1188名网格长，若干积极分子，全面开展社会面巡防工作。建立治安群防信息点。在四牌楼街道试点，选聘治安群防信息员，构建治安群防信息点，初步形成点面结合、上下联动的社会治安防控新模式。

**四、突出创新实践，打造社会治理特色品牌**

把社会治理创新重点工作以项目化进行推广，以规范化提升层次，打造京口特色品牌，推进各项工作的全面提升。

开展“两网”全面提升工程。2014年，京口区以开展党的群众路线教育活动为契机，以打通服务群众“最后一千米”为目标，全面实施“两网”治理服务提升工程。优化调整社区网格。在原有网格基础上进一步调整完善，重点调整划分好拆迁安置小区、城乡接合部等特殊区域的社区网格。目前，全区66个村（社区），划分660个网格，实现网格化治理服务全覆盖。促进“两网”提升融合。利用信息化手段，整合各类信息资源，构建全面覆盖、动态跟踪、联通共享、功能齐全的区、街道、社区三级社会治理服务信息平台。目前，四牌楼街道与中国移动联合开发“两网”社区智能化综合信息管理系统已经在江一社区开始试运行。采取“街道—社区—网格”三级治理的运作方式，街道“公共信息服务中心”统筹协调各部门、各社区网络相关工作，对网络化治理服务载体进行统一管理；社区设立条口专管人员，负责网络化工作的日常管理与维护；网格长利用网格智能终端对网格内各类信息及时采集、更新、上传，对网格服务需求及时反馈。丰富“两网”活动载体。结合全区“三大活动”助推“两网”治理服务水平。开展党的群众路线教育实践活动。推动学习教育进“两网”、征求意见进“两网”、即知即改进“两网”“先锋行动”进“两网”、评议评判进“两网”，在听民声、解民忧、疏民怨、办实事上下功夫，提高群众满意度。开展“文明进万家”活动。实施环境整治行动，改善小区整体环境，确保整洁、有序，明显改善城区环境。实施“文明提升”行动，推动志愿者和机关党员干部引导文明新风尚，提升居民文明素质，提高社会文明程度。开展“真·实”主题活动。以“机关社区情意长、结对共建织‘两网’”为主题，深化志愿者服务、党代表工作室“三问三访”活动，推动机关部门结对社区、部门领导挂钩网格、机关党员兼职版主。

丰富综治宣传载体。2014年以来，该区以全面提升公共安全感与群众满意度为目的，积极拓展综治安全与法治教育宣传方式。开设综治宣传短信平台，与电信部门合作，构建综治宣传教育短信平台，定期发布综治工作动态、治安情况、综治宣传等信息，提高全区居民的安全感。建立综治QQ群，在全区建立综治信息QQ群，及时收集各单位、部门、个人在综治平安工作中遇到的困难和问题、对全区综治平安工作特别是区综治办工作的意见和建议。构建网上宣传阵地，在梦溪论坛注册名为京口综治平安的ID，定期在梦溪论坛百姓话题中发布平安课堂、警方安全小提示等内容，提高区综治办在网络的知晓率，提升普通居民的防范意识。设立大型宣传牌，在区社会管理服务中心周边，设立两块大型综治宣传牌，根据需要将对综治宣传牌进行及时更新。（陈定秋）

## 加速产业转型升级

坚持“两必须、两强化”产业发展导向，大力发展高科技、高附加值、高端化的生态产业，加快转方式、调结构，着力构建以现代服务业为主导，以先进制造业为支撑，以都市农业为补充的产业体系。

**特色园区加快建设** 强化“三集”载体建设，高标准规划、建设高性能铝材料产业园、新民洲临港产业园、中国中小企业信息产业园、粮油加工特色产业园、现代农业产业园区和大市口中央商贸商务集聚区、金融集聚区等七大特色产业园区。

**服务经济占主导** 服务业发展总体呈现比重稳定提升、投资增长较快、部分新兴业态发展迅速的特点。以苏宁广场、八佰伴为代表的高端商贸服务业优势明显，以易乐、名通为代表的网络文化产业呈现爆发式增长，以百度营销中心、腾讯积分商城江苏运营中心、顺丰嘿客镇江总部为代表的电子商务产业加速集聚，以宝华物流、恒伟物流为代表的现代物流业发展迅速。此外，积极发展生态养老产业，规划建设新民洲健康生态产业园。

**工业经济转型发展** 2014 年，已有规模以上工业企业 55 家，基本形成航空航天、粮油加工、装备制造、电力生产、金属压延、绿色化工等六大产业板块。在发展先进制造业的同时，注重加快推动传统产业技术改造，有力推动传统骨干企业转型升级、做强做大。

**农业经济提档升级** 现有耕地主要集中在新民洲和谏壁街道，必须合理利用好现有耕地，发展好现代农业。新民洲现代农业产业园创成省级农业园区，建成瑞京农科园等农业科技基地，打造“田柔子”有机大米、瑞京蔬菜等一批农产品品牌。

（蒋玉萍）

## 加强生态文明建设

2014 年，全区上下高度重视生态文明建设，区委常委（扩大）会议、政府常务会多次研究部署生态文明建设工作。区政府及时召集议案办理小组、区生态办成员单位认真学习研究省委《关于深入推进生态文明建设工程，率先建成全国生态文明建设示范区的意见》、市委《生态文明建设综合改革实施意见》《生态文明建设重点任务实施方案》以及 2014 年 11 月份通过的《镇江市生态文明建设规划》等文件精神。

**科学制订规划，找准生态京口建设目标定位**

京口区结合自身实际，对《京口区生态文明建设推进计划（2013—2015 年）》进行修改完善，制定出台京口区《关于推进生态文明建设的实施意见》，提出以推进生态文明建设先行示范区和综合改革试点市为契机，切实削减不良存量，扩大生态增量，克服生态环境“先天不足”等问题，努力把京口区建成产业和城市科学共融、经济和生态和谐共生、创业和居住幸福共享的现代化山水花园城区。

**坚持项目带动，扎实推进生态京口建设**

2014 年全区重点实施低碳、天蓝、地绿、水净、生态修复“五大工程”。

（一）低碳工程。加大节能减排力度。完成谏壁电厂总投资 2.46 亿元 8#—12# 机组脱硝、8#—14# 机组静电除尘改造工程；完成总投资 1600 万元的中储粮（镇江）有限公司食用油精炼 2 号生产线废气处理装置改造工程；建成总投资 3000 多万元的索普集团甲醇厂硫回收装置技改项目，开工建设总投资 7000 多万元的索普集团能源管理中心；完成江城金属、镇特合金等 4 家企业自愿性清洁生产审核。加快淘汰落后产能。淘汰镇江双环汽车配件有限公司年产 20 万只型钢车轮生产线 1 条，年产 30 万只车轮挡圈生产线 1 条；淘汰京口综合福利厂年产 40 万平方米玻璃生产线 3 条。

（二）天蓝工程。严控城市扬尘污染。加大施工工地扬尘管控力度，倡导绿色、文明施工，认真落实施工工地“四到位”（即工地围挡到位、场内主要道路和出入口硬化到位、冲洗设施配套到位、保洁人员落实到位）。加强道路渣土扬尘管控，严格落实渣土车出场必须冲洗和清扫的规定，做到“净车出场”。有效管控工业企业和裸地扬尘无组织排放，全面落实各项控尘举措。加强机动车污染防治。全面完成老旧机动车淘汰任务及机动车减排任务。推广公共自行车系统建设，新建 30 余座公共自行车站点，购置 900 余辆公共自行车，基本形成公交、公共自行车一体的绿色出行、绿色交通网。加大夏秋两季秸秆禁烧力度。坚持源头利用，严明考核奖惩，成立区、街道（园区）、村（社区）、组秸秆禁烧四级组织网络。成立区级巡查组，分片对全区进行巡查，督促各街道（园区）做好秸秆收集、转运、堆放和利用等工作。全年全区未发生一起大面积秸秆焚烧现象，基本实现秸秆“零焚烧”，有效杜绝因焚烧秸秆对大气环境的影响。抓好应急预警与环境监管工作。制定应急预警方案，在重污染天气时〔空气环境综合指数（AQI）连续 24 小时在 300 以上时〕，全面启动应急措施。强化环境执法与监管，高频次进行巡查巡测，在全区范围内形成大气环境执法的高压态势。特别是“南京青奥”和“国家公祭日”等重要时段，采取严格的防控措施，全力保障空气质量。2014 年 PM2.5 浓度指标全市最低，空气质量优良天数全市第一。

（三）地绿工程。推进黄丝湾、贾家、北吕村庄绿化工作。推进京岘山山体整治，完成黄丝湾、大王山采石宕口地质环境治理。投入近千万元新建占地约13.33公顷的索普集团绿地公园。实施化工园区绿化隔离带以及京杭运河、古运河、虹桥港景观绿化带建设。完成338省道、雩龙公路沿线绿化等工作。全年新增绿化面积达33.33公顷。

（四）水净工程。控源截污。加大对河道沿线污水管网排查力度，未进行截污纳管的及时封堵，管网破损的及时修复，加大对河道沿线企事业单位环境监管力度，确保污水不下河。清淤疏浚。投入200余万元，完成聆江桥至沧浪桥段清淤1.3万立方米，虹桥港闸至宗泽桥段4000余方以及玉带河全线近1万立方米。引水活水。实施虹桥港闸维修改造，引进金山湖水，对虹桥港进行补水。积极协调市水利和市给排水部门，利用中水对玉带河进行回灌，目前中水回用已达到5000吨/天。景观提升。投资40余万元，完成虹桥港180米左岸硬质护坡生态改造，种植常绿植被3200平方米，草皮2300平方米，垂挂植物44株。完成九中桥至党校门口段清杂、绿化等工作。长效管理。严格落实河道水环境长效管理“河段长制”，建立市场化运作的长效管护机制，落实专业化管护队伍，强化管理考核，实行定期督查、定期通报。在虹桥港、玉带河重点区域安装10个实时监控探头，监控岸坡垃圾清运及保洁情况，防止垃圾入河。根据市环境监测站监测结果显示，虹桥港及玉带河氨氮均值、溶解氧均值等监测指标均达到整治考核要求，已基本消除河道黑臭现象。

（五）生态修复工程。按照市委、市政府的统一部署，大力推进谏壁片区生态环境综合整治。企业污染治理。完成谏壁电厂、索普集团等3家企业污染治理，关闭辖区7家非法轧石企业，关停拆除3家砖瓦窑厂。同时，对谏壁片区混凝土企业、小码头实施专项整治。基础设施建设。总投资约2亿元的镇澄路西段拓宽改造工程竣工通车。全面实施谏壁节制闸及沿线改造、周边水系治理。启动实施谏壁街区供水、燃气保障提升工程。街区综合整治。谏壁街道投入百万元，进一步加强垃圾收集转运、道路改造、街区美化、亮化等建设改造工作，全面推行环卫保洁市场化，加强道路交通秩序整治，加大农村环境综合整治力度，建立健全长效管理机制，街区面貌显著提升。周边居民搬迁。按照环保相关规范要求，积极组织实施谏壁片区居民搬迁工作，全年完成居民搬迁4万平方米。同步实施11万平方米的华诚新村二区一期安置房建设。经过一年的努力，谏壁片区生态环境已明显改善、空气异味进一步消除、道路扬尘得以有效治理、群众关于生态环境信访数量明显下降。

**强化监督管理，健全生态文明保障体系。**

在组织保障方面。成立京口区生态文明建设领导小组，实行政府主要领导亲自抓、负总责，分管领导具体抓、全方位协调，相关部门、街道（园区）积极主动配合的领导工作机制。同时，专门设立区生态办公室，负责统筹协调推进全区生态文明建设的各项工作。

在经费保障方面。切实保障生态文明建设专项资金投入，充分发挥区级财政资金的引导和撬动作用。通过市场化运作，鼓励引导企业和社会共同参与，多元化投入环境治理和生态建设项目。同时，积极做好项目包装，向上争取专项资金支持。2014年全区生态文明建设31个重点项目累计投入资金约9亿元。

在制度保障方面。对新、改、扩建项目严格执行“三同时”报批制度，保障增产不增污，努力实现增产减污。落实排污许可制度，杜绝无证排污以及超标、超总量排污。实施定期检查与不定期抽查相结合，加大监测频次和执法力度，对存在的突出环境问题实施专项整治。同时，建立企业信用评价“黑名单”制度，不断提高辖区企业环境保护责任意识。进一步完善生态文明建设考核奖惩制，将考核结果纳入区委、区政府对各单位年度考核中。

**营造良好氛围，增强全社会生态文明意识**

开展生态文明宣教活动。充分利用宣传栏、标语、横幅、文艺节目、网站等载体大力开展生态文明宣传，引导形成全社会共建生态文明的良好氛围。2014年悬挂横幅400余条，开展生态文明建设宣传活动10余场，印发生态文明建设知识宣传资料3万余份，进一步提高全民环保意识。

倡导绿色生活方式。积极推广绿色消费模式，提倡使用清洁能源，提倡节约用水和水资源二次使用，提倡绿色出行、绿色办公。开展绿色学校、绿色医院、绿色企业、绿色社区和绿色家庭创建活动，进一步夯实生态文明建设基础，在辖区内初步形成绿色消费、节能办公和低碳出行的生态生活新风尚，形成低消耗、低排放的低碳生活方式。

（陆光金）

**1 月份**

1 日

▲ 省人才工作领导小组下发《关于确定 2011—2012 年度全省人才工作先进县(市、区)的通知》，京口区被评为全省人才工作先进区。该区是镇江市唯一获此殊荣的辖区，这标志着京口人才工作又迈上新台阶。

7 日

▲ 中国人民政治协商会议镇江市京口区第八届委员会第三次会议在区政府十楼会议室隆重开幕。区委书记裔玉乾代表中共京口区委致辞。区政协主席孙国平在会上作区政协常务委员会工作报告。区政协副主席朱裕根作提案工作情况报告。会议由区政协副主席蒋嵩峰主持。区四套班子领导参加开幕式。

8 日

▲ 京口区第八届人民代表大会第三次会议在镇江市影剧院隆重开幕。来自全区各行各业、各条战线的人大代表肩负全区人民的重托，汇聚一堂，共绘建设苏南现代化示范区、实现转型升级新跨越的宏伟蓝图。本次大会应出席代表 228 名，实到 209 名，符合法定人数。区四套班子领导出席会议。出席政协区八届三次会议的全体政协委员列席会议。区长黄万荣向大会作《政府工作报告》。会议还听取区人大常委会关于扎实推进生态京口建设议案的说明；表决通过大会《选举办法》。

9 日

▲ 中国人民政治协商会议京口区第八届委员会第三次会议圆满完成各项议程，胜利闭幕。大会听取区政协第八届委员会第三次会议关于提案审查情况的报告，并通过大会决议。会议拥护裔玉乾书记代表中共京口区委所作的重要讲话。同意孙国平主席代表区八届政协常委会所作的工作报告和朱裕根副主席代表区八届政协常委会所作的提案工作报告。赞同区长黄万荣所作的《政府工作报告》和其他报告。区政协主席孙国平作重要讲话。区四套班子领导出席闭幕式。闭幕大会由区八届政协主席孙国平主持。

10 日

▲ 京口区第八届人民代表大会第三次会议在圆满完成各项议程后，于 1 月 10 日上午在区政府十楼会议厅胜利闭幕。大会闭幕前举行第三次全体会议。区四套班子领导出席会议。会议选举裔玉乾为京口区人大常委会主任，杜承华为京口区人大常委会副主任，马荣虎、肖波、徐开宏为京口区人大常委会委员。裔玉乾在会上作重要讲话。大会审议通过《关于京口区人民政府工作报告的决议》等 7 项决议。

16 日

▲ 为引进高科技尖端人才到京口区创新创业，打造高科技产业板块快速发展，该区邀请澳门大学中华医药研究院博士生导师、李銘源教授和暨南大学张再军博士，到该区考察创业投资环境。副区长李国昊、张爱国陪同考察。

18 日

▲ 京口区举办 2014 年第一期"京口讲坛"，邀请省委宣讲团成员、省委党校副校长桑学成教授，为全区干部专题解读十八届三中全会精神。区委常委、宣传部部长何广林主持报告会。区四套班子领导出席报告会。

21 日

▲ "江苏好青年"评选活动中，京口区 2 名青年成功入选。他们是原镇江船艇学院船艇教练大队四级军士长申建平，用嘴唇敲击键盘撰写网络小说的脑瘫患者、号称"镇江的海伦·凯勒"的王千金。京口团区委举行"我的中国梦·奋斗的青春最美丽"分享会传递正能量。区委常委、组织部部长郦锡梅，副区长解军英出席会议。

22 日

▲ 京口区召开"京口人物"选树活动座谈会，重点表彰建区三十周年"京口人物"，全面总结活动情况，大力宣传获奖者先进事迹。区委常委、宣传部部长何广林出席会议并讲话。

27 日

▲ 京口区镇江培蕾基质科技发展有限公司荣获江苏省农业科技型企业，这也是该区首家获此殊荣的科技型企业。

**2 月份**

8 日

▲ "实绩论英雄、实干兴京口"新春第一会在镇江影剧院隆重举行。区委书记、区人大常委会主任裔玉乾在会上作重要讲话。区长黄万荣发表新春致辞。区委副书记

施正中主持会议。区委常委、常务副区长马国进宣读表彰决定。区领导裔玉乾、黄万荣、施正中、孙国平、倪兆顺、马国进、宋平生、郦锡梅、周奇恒、何广林、陈卫东在主席台就座，并为先进单位和个人代表颁奖。会上，中储粮镇江基地、谏壁街道、区发改和经信委、京口工业园区、四牌楼街道主要负责人分别作表态发言。

9日

▲ 中共镇江市京口区第七届纪律检查委员会第四次全体会议召开。会议传达习近平总书记在中纪委三次全会上的讲话精神，学习王岐山工作报告主要精神。区委常委、区纪委书记周奇恒代表区纪委常委会作题为《聚焦中心任务，明确职责定位，持续深入推进党风廉政建设和反腐败工作》的工作报告，回顾总结2013年党风廉政建设和反腐败工作，分析当前反腐倡廉形势，研究部署2014年工作任务。区委书记裔玉乾在全会上作重要讲话。区四套班子领导，区级机关各部门等单位主要负责人参加会议。

13日

▲ 京口区召开2014年生态文明建设动员部署会。会议学习中央、省、市关于生态文明建设的新认识新要求，通报分析2013年市区环境污染情况，研究部署2014年工作任务。区人大常委会副主任徐军、区政府副区长朱定明、区政协副主席朱裕根出席会议。

14日—15日

▲ 台湾高雄市燕巢社区合作农场理事主席何正诚博士一行到京口区考察投资环境。区委副书记施正中、副区长陈德福接待到访考察团一行。

▲ 京口区召开政法工作会议，全面总结2013年政法工作，分析当前形势和任务，研究部署2014年工作，为京口改革发展稳定创造良好的环境。区委书记裔玉乾出席会议并讲话。区委常委、政法委书记宋平生作工作报告。区领导郑苏真、马云明、宋武平参加会议。

21日

▲ 京口区召开城市管理工作会议，总结2013年城市长效管理和防违治违工作，贯彻落实全市城市管理工作会议精神，部署2014年城市长效管理和防违治违工作目标任务。区长黄万荣出席会议并作重要讲话。区领导杜承华、宋武平出席会议。副区长马云明主持会议，并代表区政府与城市长效管理被考评单位和各街道（园区）签订2014年工作目标责任书。

26日

▲ 区人大召开八届人大常委会第十五次会议。区人大常委会党组书记、常务副主任倪兆顺主持会议，副主任徐军、郑苏真、杜承华出席会议，常务副区长马国进列席会议。会议通过人事任免事项。审议通过区人大常委会2014年工作要点；审议通过区人大常委会关于专题询问的实施办法、关于专项工作报告审议票决的实施办法，关于代表建议、批评和意见办理的实施办法和关于人大代表履职积分实施办法。

27日

▲ 区委书记裔玉乾、金海岸集团董事长黄飞等嘉宾共同按下仪式启动球，新民洲港区码头靠泊货轮南海9188号拉响汽笛，宣告镇江港在长江北岸建成的首个港区——新民洲港区公共码头一期正式开港开业，二期工程试桩。区领导黄万荣、施正中、孙国平、倪兆顺、徐军、陈德福出席开港仪式。

## 3月份

3日

▲ 京口区召开全区重大项目推进会。区委书记裔玉乾出席会议并作重要讲话。区长黄万荣在会上提出五点要求。区领导施正中、马国进、宋平生、郦锡梅、周奇恒、何广林、陈卫东、陈德福、马云明、朱定明、解军英、林黎明参加会议。

▲ 区委书记裔玉乾为推进网商虚拟产业园项目，参加在北京举办的外资通过中国主流电商平台进入中国市场为主题的2014中国电商峰会，并在峰会上作演讲，向参会的亚马逊、中外运敦豪，法国乔达等国内外知名电商企业推介京口，有力地推进网商虚拟产业园的落户进程。副区长陈德福陪同参会。

3日—5日

▲ 区委书记裔玉乾带队赴北京、广州、深圳开展小分队招商活动，参加2014年中国电商峰会，并先后走访中国浩远集团、广州要玩娱乐网络技术有限公司等，并取得初步进展，其中网商虚拟产业园项目将于近期签订正式协议。副区长陈德福参加走访。

6日

▲ 京口区召开宣传思想工作暨创建全国文明城市工作推进会，深入贯彻落实全国、省、市宣传思想工作会议和市创建全国文明城市工作推进会精神，总结2013年宣传思想和文明城市创建工作，研究部署下一阶段工作。区委书记裔玉乾出席会议并作重要讲话。会议由区委副书记施正中主持。区委常委、宣传部部长何广林作《转变作风提升成效 奋力开创宣传思想文化工作新局面》的讲话。区领导黄万荣、孙国平、倪兆顺、杜承华、马云明参加会议。

▲ 区委书记裔玉乾以“坚定理想信念、改进工作作风、打造‘京口高度’”为主题，给全区党的群众路线教育实践活动参学单位的“一把手”们上一堂生动的党课。裔玉乾要求在践行“12345”干部素质要求的基础上做到四个带头。党课结束后，裔玉乾与全区“一把手”进行集中约谈，提出四点要求。

11日

▲ 京口区召开关心下一代工作会议。会议传达学习江苏省2014年关心下一代工作会议精神，回顾总结2013年工作，并对2014年工作进行部署。区委常委、宣传部部长何广林参加会议并讲话。区领导林黎明、郑苏真、朱裕根出席会议。

16日

▲ 区长黄万荣带队赴哈尔滨工程大学与该校副校长杨德森签署《哈尔滨工程大学与镇江市京口区人民政府合作协议》。双方将在工业、信息、机电、航空、材料和船舶海工等领域开展全面合作，全力推动在科技创新平台建设、高新技术转化、高层次人才引进、学历和非学历教育等方面取得成效。区领导郦锡梅、陈德福、张爱国、李国昊，

区人社、科技、京口工业园主要领导以及区相关企业负责人，哈工程分管组织、人才、招生工作领导以及有关学院负责人参加签字仪式。

24日

▲ 江苏大学材料学院书记杨福庚、院长乔冠军一行，到京口工业园考察爱励铝业、海龙核材等航空航天类及高新技术企业。江苏大学拟在京口工业园成立航空航天材料研究院，与企业进行产学研合作，构建“校地企”战略合作联盟平台，促进校地企共同发展、共同进步。副区长、区科技镇长团团长张爱国，副区长、区科技创新团团长李国昊陪同考察。

30日

▲ 区委书记裔玉乾主持召开全区一季度经济分析暨重大项目推进会。区委、区人大、区政府、区政协领导黄万荣、施正中、孙国平、倪兆顺、马国进、宋平生、郦锡梅、周奇恒、何广林、陈卫东、陈德福、马云明、朱定明、解军英、林黎明，区直相关部门和街道负责人参加会议。

▲ 由团市委、市红十字会等单位联合举办的镇江青年骨髓捐献志愿行动在大市口城市客厅广场举行。京口团区委、区志愿者协会积极响应和支持，发动号召百名志愿者实施血样捐献，成为中国造血干细胞资料库的一员。

31日

▲ 经省文化厅研究评定，京口区康盛剧社吕国泰被授予“江苏省特色文化标兵”称号。

## 4月份

2日

▲ 副区长解军英代表区政府跟中国移动通信集团镇江分公司签订“两网”信息平台建设战略合作协议。区领导裔玉乾、黄万荣、施正中、宋平生、何广林出席签约仪式。

▲ 由京口高创中心组织的动漫游戏企业江大行活动正式启动。本次活动京口高创中心将组织江苏易乐、江苏名通、江大艺术等7家动漫游戏企业，在江苏大学计算机与通信学院、艺术学院开展动漫游戏产业专场培训、动漫游戏企业专场招聘会、产学研对接会等系列活动。

4日

▲ 为推动校地融合发展，利用高校人才资源，结合企业产业特色，进一步推动校企在科研技术、研发平台、综合效益等方面全面发展。江苏大学专家教授团与中储粮镇江基地对接活动在中储粮镇江基地行政办公楼会议室举行。副区长李国昊参加交流活动。

7日

▲ 京口区委出台《关于进一步提升“两网”治理服务水平的实施意见》，全力提升“两网”治理服务水平和实效，努力打造全国知名的社会治理品牌。

8日

▲ 人民日报、新华社、光明日报、经济日报、新华日报等中央、省级媒体到京口区四牌楼街道江一社区现场采访该区“两网”融合工作。众媒体对该区在现实社会推行网格化管理，在虚拟社会开展网络化服务的社区党建“两网”服务治理模式表示充分肯定。

▲ 京口区两家企业获评江苏省首批重点文化科技企业，它们分别是镇江锐天信息科技有限公司和江苏名通信息科技有限公司。

10日

▲ 区委书记裔玉乾会见台湾中华两岸连锁经营协会理事长王国安一行，双方就推进镇江两岸文化创意产业示范基地项目进行交流洽谈。区领导黄万荣、陈德福参加会见。

13日—16日

▲ 区委书记裔玉乾率区招商中心、发改和经信委等部门负责人，赴北京、深圳开展小分队招商活动。区委常委、常务副区长马国进参加招商活动。

16日

▲ 区委常委、宣传部部长何广林、副区长解军英率区民政局、健康路街道相关负责人，赴苏州姑苏区沧浪、双塔街道，就“三社联动”模式开发、社会组织建设、服务型党建创新、社会工作人才培育等工作进行考察。

18日

▲ 为深入贯彻落实《党政领导干部选拔任用工作条例》要求，进一步体现“实绩论英雄、实干兴京口”的要求，京口区从区机关、事业单位副科级以下优秀年轻干部中挑选20名到街道（园区）进行挂职锻炼，并于5月份全部上岗任职。

24日

▲ 京口区举行“网格＋网络”治理服务现场推进会。四牌楼街道展示的“网格＋网络”融合提升工程最新成果，令百余名与会者大开眼界。区委常委、政法委书记宋平生就在全区深入推进“网格＋网络”治理服务模式进行全面部署。区委书记裔玉乾作重要讲话。会议由区委副书记、区长黄万荣主持。区领导施正中、孙国平、马国进、郦锡梅、周奇恒、何广林、陈卫东，以及区“两网”治理服务提升工作领导小组成员，各街道负责同志参加会议。

25日

▲ 京口区海龙核材、正恺电子等6家科技企业与江苏大学围绕科技和人才开展对接交流会。会上，校企双方根据各自产学研的特点进行点对点交流。副区长陈德福出席交流会。

29日

▲ 为庆祝“五一”国际劳动节，大力弘扬“工人伟大、劳动光荣”的社会正能量，由区总工会主办的中建大观天下杯“劳动美”摄影大赛作品巡回展正式启动。区委常委、组织部长郦锡梅出席启动仪式。

6日

▲ 京口区与镇江供电公司就战略合作事宜进行洽谈。会上，区长黄万荣与镇江供电公司总经理许志龙签订《共同推进京口区电网规划建设备忘录》。区委书记裔玉乾、副区长马云明、朱定明等见证签约仪式。

## 5月份

7日

▲ 京口区召开“真学真用真改”交流研讨会，围绕“真学了多少，真用了多少，真改了多少”开展交流研讨，区委书记裔玉乾主持会议，区四套班子领导、市委第五督导组组长顾开宁、区58家参学单位党政“一把手”，区教育实践活动领导小组及办公室全体成员参加会议，工商、国土、规划、税务等单位主要领导应邀出席。区四套

班子主要领导结合自身工作，带头交流学习心得。区招商中心、团区委等11家单位的“一把手”随后就“真学真用真改”作交流。

8日—9日

▲ 副区长陈德福带领区人才办、科技局、人社局等相关部门负责人，赴上海开展科技领军人才项目考察交流活动。推动该区航空航天产业发展，促进科技创新和产业转型升级。

12日

▲ 京口区召开重大项目问题交办会，对1—4月份全区在项目推进中出现的问题进行集中交办。区委书记裔玉乾出席会议并作重要讲话。区领导黄万荣、施正中、孙国平、倪兆顺、马国进、宋平生、郦锡梅、周奇恒、陈卫东、陈德福、马云明、朱定明、林黎明参加会议。

20日

▲ 京口区召开“双过半”推进会。会上，区发改和经信委、财政局、商务局和各街道、园区汇报主要经济指标“双过半”预测情况，以及冲刺“双过半”的工作举措。区长黄万荣出席会议并作重要讲话。区领导马国进、陈德福、朱定明、张旭彬出席会议。

21日

▲ 区长黄万荣率区环保、水利、住建等部门负责人，督查推进京口区“一湖九河”水环境治理工作。黄万荣一行察看虹桥港及玉带河全线后，黄万荣主持召开专题会议，要求相关单位咬定目标、细化措施，尽快改善虹桥港、玉带河水质。

28日

▲ 区委召开常委会议暨党的群众路线教育实践活动领导小组会议，听取区群教办关于全区学习教育、听取意见环节工作情况汇报，研究安排查摆问题、开展批评环节工作。区委书记裔玉乾主持会议。

▲ 京口区召开全区“三个机制”衔接工作任务部署会议，贯彻落实省、市关于“三个机制”衔接工作的重要指示要求，对全区当前和下一阶段工作任务进行全面部署。会上，区长黄万荣要求全区各相关单位科学分析形势，充分认识抓好“三个机制”衔接工作的重要意义。区领导马国进、何广林、陈卫东、张旭彬出席会议。

30日

▲ 为做好2014年秸秆禁烧和转化利用工作，京口区目前已采取干部挂钩包干、缴纳风险抵押金等多项措施，全力以赴，打好秸秆禁烧与转换利用攻坚战，努力实现秸秆综合利用率96%、秸秆还田率85%以上、禁烧率100%的工作目标。

▲ 京口区与上海股权托管交易中心、上海瑞领股权投资基金公司就战略合作事宜开展接洽活动。当天，三方签订协议明确战略合作伙伴关系。这标志着京口区企业迈向多层次资本市场融资的时代正式开启。区委常委、常务副区长马国进代表区政府与上海股权托管交易中心、上海瑞领公司签署战略合作协议。副区长朱定明参加接洽活动。

## 6月份

9日

▲ 台湾明木国际商务交流有限公司总经理洪明木、副总经理赵林辉一行专程到京口区洽谈台商国际中心、医疗保健和月子会所项目。区长黄万荣、副区长陈德福以及市台办相关负责人与其进行交流会谈并推介相关地块，洪明木表示将安排投资团队到镇考察项目地点。

▲ 为深入开展2014年“6·9”国际档案日活动，宣传档案法律法规、档案工作及当前开展的党的群众路线主题教育，传播档案文化，展示档案工作者职业风采，日前镇江市档案局举办“6·9”国际档案日档案法制知识竞赛。京口区代表队经过三轮的激烈角逐，荣获竞赛一等奖。

12日

▲ 江苏省2014年各类科技项目立项结果完成公示，京口区5项省创新资金、1项省农业支撑、1项省社会发展、1项省科技基础设施、1项省自然科学基金项目获得立项，立项数创历年新高，实现该区在省社会发展项目上零的突破。

13日

▲ 福建炎煌影视公司董事长倪政国一行专程到京口区交流洽谈“台湾城”综合体文化商业广场项目，并实地考察技师学院和孟家湾地块。副区长陈德福、张旭彬以及市台办相关负责人陪同考察。

17日

▲ 京口区召开重点项目、重点指标“双过半”第二次推进会。区委书记裔玉乾出席会议并作重要讲话。区长黄万荣在会上提出四点要求。区领导施正中、孙国平、倪兆顺、马国进、宋平生、郦锡梅、周奇恒、何广林、陈卫东、陈德福、马云明、朱定明、解军英、林黎明、张爱国、李国昊、张旭彬参加会议。

18日

▲ “最美社区医生”杨凌的感人事迹经20多家网媒网站转载或点评，包括光明网、新华网江苏频道、中共江苏省委新闻网、中国江苏网、新华报业网等中央和省级网络平台，市政府新闻办官方微博“镇江发布”、名城镇江网等本地网站。杨凌被社会各界誉为“雷锋式的好医生”。

▲ 嘉春文化艺术创意有限公司董事长、前嘉义县政府顾问王振轩一行3人，专程到京口区考察文创产业。区委副书记施正中及市台办相关负责人就文创产业发展方向与其进行交流。

20日

▲ 经过镇江四建数百名能工巧匠60个昼夜奋战，江苏省内目前最大的粮仓群——中储粮镇江（谏壁）基地三期一次性储粮18万吨的36只连体粮仓顺利滑升到顶，该粮仓群占地近1万平方米，相当于16层楼房高，浇筑砼近5万立方米，绑扎钢筋6000余吨，刷新江苏省大型粮仓群滑升速度新纪录。

24日

▲ 省经信委公布第四批江苏省特色产业集群名单，京口高性能铝材料产业园与镇江新区航空航天产业园联合申报的航空航天特色产业集群获批，这是省内第一个航空航天产业集群。

▲ 京口区公车改革车辆拍卖工作圆满完成，计拍卖车辆168辆，所有车辆全部拍卖成功，无一流拍。整个拍卖工作分两批进行。第一批涉改车辆拍卖工作于2月22日完成，参拍车辆144辆，拍卖成交价

11627000 元。第二批涉改车辆拍卖工作于 6 月 21 日完成，参拍车辆 24 辆，拍卖成交价 1310200 元。

26 日

▲ 区人大召开八届人大常委会第十七次会议。区委书记、区人大常委会主任裔玉乾出席会议并作重要讲话。区人大常委会党组书记、常务副主任倪兆顺，区人大常委会副主任徐军、郑苏真、杜承华出席会议。副区长马国进、解军英、林黎明列席会议。

▲ 京口区爱励铝业、鼎胜铝业和索普集团三家企业成功成为 2014 年度江苏省首批电力直接交易扩大试点用户。预测每度电将会为企业节约 0.02 元，每年将减少几十万元甚至百万元的费用支出，直接降低企业经营成本，为企业创造良好经济效益。

▲ 京口区宏鑫绿洲新能源（镇江）有限公司和江苏元中直流微电网有限公司京口分公司的光伏发电项目得到省发改委批复，列入 2014 年江苏省光伏并网发电计划，这两个光伏发电项目的启动建设，将使京口区实现光伏发电“零”突破，有利于改善该区能源结构，促进节能减排和经济发展。

27 日

▲ 区委书记裔玉乾走访调研谏壁街道重点企业。裔玉乾一行先后实地走访镇江玛威司达建筑材料有限公司、镇江船舶辅机厂、镇江镇特合金材料有限公司、镇江闽乐建材有限公司和镇江标力紧固件有限公司等五家企业。区委常委、纪委书记周奇恒参加走访调研。

▲ 区委常委、组织部部长郦锡梅，四牌楼街道江一社区书记张凤霞，应邀赴人民网访谈室，就京口区正在开展党的群众路线教育实践活动相关话题与网友在线交流。张凤霞从创新开展“网格 + 网络”治理服务工作和组建三支队伍保障“两网”日常运行等角度，就京口区“两网”治理工作接受专访。

27 日—7 月 3 日

▲ 区长黄万荣率领区台办、京口现代农业产业园区管委会等部门负责人，赴台湾开展经贸交流活动。

## 7 月份

14 日

▲ 由京口区史志档案办和解放路小学共同撰稿的《民国敏成小学档案》被江苏省档案局编纂、江苏省人民出版社出版的《江苏省明清以来档案精品选（镇江篇）》收录。

18 日

▲ 继先后获得国侨办“侨法宣传角”“全国社区侨务工作先进单位”等荣誉后，四牌楼街道阳光世纪花园社区再获国侨办授予的 2013 年度“全国社区侨务工作示范单位”殊荣。副区长陈德福参加授牌仪式。

25 日

▲ 区委书记裔玉乾主持召开专题会议，传达市委书记杨省世在全市“五大专项行动”会议上的讲话精神，并就本区如何做好青奥会期间的社会稳定工作提出具体要求。区领导宋平生、何广林、朱定明参加会议。

29 日

▲ 京口区召开“五大专项行动”推进会，学习贯彻落实市委常委（扩大）会议精神，动员全区上下进一步统一思想，细化措施，落实责任，确保实现“五个坚决不发生”目标，为南京青奥会顺利召开营造良好的社会环境。会上，区长黄万荣传达全市“五大专项行动”部署会精神。区委书记裔玉乾要求全区上下集中精力，突出重点，统筹科学安排，确保青奥会期间社会环境的稳定。会议由区长黄万荣主持，区四套班子领导参加会议。

31 日

▲ 京口区召开谏壁片区生态环境综合整治推进会。区长黄万荣，副区长陈德福出席会议。副区长朱定明主持会议。

▲ 高雄港都会秘书长施明豪率南台湾理事长联合会主要会干一行 6 人，到京口区就两岸农业、文化创意、教育、医疗卫生等产业进行对接，寻求合作商机。区委书记裔玉乾、区长黄万荣、副区长陈德福还与客商就京口与南台湾理事长联合会产业合作发展方向进行交流。

▲ 京口区在国际饭店召开企业家转型升级座谈会，区委书记裔玉乾认真倾听企业家心声，了解企业在生产经营过程中存在的问题，研究解决办法。他还鼓励企业迎接挑战，进一步做大做强。副区长朱定明主持会议。区领导施正中、孙国平、倪兆顺、郦锡梅、陈德福参加座谈会。

## 8 月份

2 日

▲ 中国共产党镇江市京口区第七届委员会第七次全体（扩大）会议在镇江影剧院隆重举行。全会认真贯彻省委十二届七次全会、市委六届八次全会精神，总结上半年，分析当前形势，部署下半年，动员全区上下团结奋进、创新作为，确保全面超额完成全年目标任务，加快推进京口苏南现代化示范区建设。区委书记裔玉乾代表区委常委会作工作报告。区委副书记、区长黄万荣作会议总结并部署当前工作。

10 日

▲ 区政府、区政协日前召开 2014 年上半年工作情况通报交流会。区长黄万荣主持会议，区委常委夏卫军向区政协领导班子通报 2014 年上半年全区经济社会发展情况和下半年工作计划安排；区政协主席孙国平通报 2014 年上半年区政协工作情况。区政府副区长、区政协副主席以及秘书长出席通报交流会。

12 日

▲ 江苏智慧城市建设与产业发展高峰论坛在镇江举行。京口区领导黄万荣、夏卫军出席活动。

13 日

▲ 台湾中华两岸连锁经营协会理事长王国安、台湾孔夫纸创意智库有限公司总经理曹仲标等一行 6 人，到京口区推进镇江两岸文化创意产业示范基地项目。市长朱晓明、副市长曹丽虹，区委书记裔玉乾、区长黄万荣会见客商。

▲ 顺丰嘿客（O2O 便利店）项目正式签约落户京口。该项目是电子商务总部经济项目，总投资 1.2 亿元，计划 3 年内在镇江地区布局 300 家左右嘿客便利店。

14 日

▲ 京口区八届人大常委会召

开第十八次会议。会议听取和审议区政府关于2014年度上半年国民经济和社会发展计划及财政预算执行情况的报告；听取和审议区政府《关于扎实推进生态京口建设的议案》办理情况的报告，并进行专题询问和票决。会议还以无记名投票方式表决通过有关人事任免事项。区委书记、区人大常委会主任裔玉乾，区人大党组书记、常务副主任倪兆顺，区人大常委会副主任徐军、郑苏真、杜承华出席会议。区长黄万荣，区法院院长张子敏、区检察院检察长方红卫列席会议。

15日

▲ 京口区举行“时代楷模”赵亚夫先进事迹报告会。区委书记裔玉乾号召京口广大党员干部以赵亚夫为榜样，为加快建设京口苏南现代化示范区凝聚更加强大的精神力量。

18日

▲ 国家知识产权局公布全国14个“国家知识产权强县工程示范县（区）名单”，京口区名列其中，评分位居第一。示范县的获批，对该区进一步提高地区知识产权创造、运用、保护和管理能力，促进科技与经济协调快速发展，提升自主创新能力和核心竞争力，具有很大的激励作用。分管该项工作的副区长陈德福，就知识产权强区工程话题做客人民网，接受专访。

20日

▲ 区委书记裔玉乾率区环保、农委、住建等部门负责人，赴虹桥港、玉带河等地，调研推进“一湖九河”水环境综合治理工作。副区长朱定明参加调研。

23日

▲ 京口区机关、企事业单位五百多名党员开展“共建美丽家园，党员进社区”集中行动，以自身的志愿劳动投身文明城市创建。

28日

▲ 位于学府路北侧地块的包家湾项目开工。区领导黄万荣、马云明出席开工仪式。

▲ 由省委宣传部、省文明办联合推出的“江苏好人榜”近日揭晓，京口区花山湾社区卫生服务站站长杨凌入选。杨凌，被社区居民誉为“最美社区医生”“雷锋式的好医生”，中共京口区委发出“向杨凌同志学习”的决定。

▲ 应京口区台办邀请，常欣科技顾问公司中国事业总裁周俊融到京口考察，就与工业园区共同设立创投公司事宜进行沟通交流。

28日

▲ 京口区召开经济工作推进会。区委书记裔玉乾主持会议。在听取相关单位汇报后，区委书记裔玉乾、区长黄万荣对下半年工作提出具体要求。

## 9月份

5日

▲ 京口区召开深化创建全国文明城市工作推进会，贯彻落实市委市政府会议精神，动员各地各部门迅速行动起来，打好创建迎检“攻坚战”。区委书记裔玉乾出席会议并讲话，区长黄万荣作工作部署。区委副书记施正中主持会议。区领导孙国平、倪兆顺、宋平生、郦锡梅、周奇恒、何广林、陈卫东、兰素英出席会议。

24日

▲ 江苏省法制宣传教育工作领导小组下发《关于表彰全省“六五”普法中期先进集体和先进个人的通知》，京口区荣获全省“六五”普法中期先进县（市、区）。

## 10月份

11日—15日

▲ 京口区委常委、组织部部长郦锡梅率区台办和正东路街道负责人，赴台湾参加“2014两岸城市文创经济合作发展论坛”，并开展经贸考察交流活动。

17日

▲ 市、区两级人力资源和社会保障部门，针对三轮车退市人员，在润州广场举办大型专场招聘会。市长朱晓明、区长黄万荣亲临招聘会现场察看。招聘会上，京口区有20家企业提供519个就业岗位，当天有413人前来咨询求职，其中191人达成意向。

▲ 全市2014年度第一批公共租赁住房实物配租大会举行。在抽签分配现场，有70户困难家庭和低收入家庭拿到公租房房源号。

20日

▲ 京口区举办中德合作“超导加速器”项目洽谈与研讨会。区委书记裔玉乾出席会议，并与德国专家陶石一行围绕中德合作“超导加速器”项目进行亲切会谈。会议由区委常委、组织部部长郦锡梅主持，副区长陈德福参加会议。

23日—24日

▲ 台湾健康农业发展协会理事长黄昭铭一行5人，专程到京口区考察洽谈美食名品展、精致农业项目，并就高中及大学生的职业规划与该区进行交流。区领导裔玉乾、施正中、陈德福会见客商。

24日

▲ 全市2014年度第一批第二场公共租赁住房实物配租大会在区政府十楼会议室举行。符合条件的264户家庭完成选房，其中174户家庭来自京口区。

27日

▲ 夏朵天堂庄园项目签约仪式在区政府六楼小会议室举行。夏朵天堂庄园项目由木莲酒业江苏有限公司投资建设，项目总投资1.2亿元，拟将在新民洲打造集果品种植、酿造、窖藏、销售及生态休闲、旅游观光为一体的体验式旅游度假庄园。区领导施正中、陈德福出席签约仪式。

29日

▲ 京口区2014年项目集中签约仪式在国际饭店举行。会上，LNG水上加注及仓储物流（新奥新能源）项目、长江游戏谷项目、苏宁商业广场等20个项目参加集中签约，投资总额达232.3亿元。区领导裔玉乾、黄万荣、施正中、孙国平、倪兆顺、宋平生、郦锡梅、夏卫军、周奇恒、何广林、陈卫东、郑苏真、陈德福、朱定明、解军英、张爱国，以及中国林业集团、上海滋华投资有限公司、华夏麒麟集团等近70家重点企业负责人参加活动。

30日

▲ 南京擎安投资有限公司总经理蔡一铭、业务总监吴丰吉、南京市台协建邺区秘书长赵林辉一行3人，专程到京口区洽谈医疗抗衰老项目并实地考察中国中小企业信息产业园。区长黄万荣会见客商。

▲ 区八届人大常委会召开第十九次会议。区人大党组书记、常务副主任倪兆顺主持会议。区领导黄万荣、夏卫军、郑苏真、杜承华、朱定明、解军英参加会议，区法院院长张子敏、区检察院检察长方红卫列席会议。

31 日

▲ 京口区举办提升对台经贸合作水平专题讲座，特邀省台办副巡视员、省台商服务中心主任屠新作题为“深化经济合作，厚植共同利益”的专题讲座。区领导黄万荣、施正中、陈德福、朱定明、解军英，区各有关部门、各街道、园区主要领导、分管领导及相关经济部门人员听取讲座。

**11 月份**

5 日

▲ 省委书记罗志军主持召开省委中心组学习会电视电话会议，深入学习党的十八届四中全会《决定》和习近平总书记重要讲话精神。会上，国务院发展研究中心副主任、党组成员张来明应邀为全省领导干部作辅导报告。区委常委、区人大、区政府、区政协党员领导在京口分会场收听收看。

11 日

▲ “最美社区医生”、京口区健康路社区卫生服务中心花山湾卫生服务站站长杨凌，获得江苏省“群众满意的社区医生”称号，并成功入选由中央宣传部、中央文明办主办的“我推荐、我评议身边好人活动”候选人名单

12 日

▲ 继 2013 年荣获“全国示范社区卫生服务中心”后，健康路社区卫生服务中心近日获得国家级“群众满意的社区卫生服务中心”称号。此次评选由中国社区卫生协会牵头，国家卫生计生委基层卫生司、宣传司、机关党委参与，经层层遴选，江苏省仅 4 家基层卫生机构上榜，该中心是镇江市唯一获此殊荣的单位。

▲ 总投资 1.2 亿元的恋上咖啡连锁总部项目（其他连锁项目分布在镇江各辖市区），近日落户正东路街道。该项目以特色餐饮、休闲娱乐为主营方向，着力打造高品质的文化娱乐休闲场所。

19 日

▲ 市双拥办主任赵权升、区领导施正中、陈卫东一行慰问蔡雨杰父母，感谢他们为部队培养优秀人才，为家乡人民争光。蔡雨杰在军区组织的专业标兵考评活动中，打破两项全军纪录，荣立一等功。市双拥办主任赵权升为蔡雨杰父母送上鲜花和慰问金；区委副书记施正中为在家探亲的蔡雨杰送上立功奖励金和一等功奖状；区委常委、人武部部长陈卫东为蔡雨杰家挂上“光荣人家”铜牌。

20 日

▲ 全国人社系统 100 余人赴象山街道，考察社会保险标准化建设工作。该街道人力资源和社会保障服务中心为镇江市社会保险标准化建设示范点。

21 日—23 日

▲ 第十二届江苏名特优农产品交易会在上海国际农展中心举行，京口区镇江禾润世家食品有限公司、镇江东景生态农业开发有限公司等企业参加销售活动，亚麻籽、杏仁、小麦胚芽、红枣、木耳等南北干货及“新民洲”草鸡蛋、大麦茶备受上海市民欢迎，现场销售 3 万多元。副区长解军英参加活动。

26 日

▲ 镇江市下发《关于在市区开展助餐服务试点工作的通知》后，京口区民政局在全市率先行动起来，在江滨新村小区成立示范型助餐服务点，为有助餐服务需求的 60 周岁以上老年人和 16 至 60 周岁的残疾人提供助餐服务。这是本市开展老年人和残疾人助餐服务工作的一项全新尝试，这在全省也属首创。

▲ 为深入开展全民健身运动，检阅全民健身排舞项目推广成果，推进全区文化运动事业发展，“创全国文明城市，展全民健身风采”京口区第三届健身排舞大赛在梦溪广场举行。区委常委、组织部部长郦锡梅，区委常委、宣传部部长何广林以及市总工会相关领导参加活动，并为先进个人颁奖。

29 日

▲ 京口区开展“清洁家园、美化环境、迎接国检”集中行动，进一步深化全国文明城市创建工作。裔玉乾、黄万荣等区四套班子领导率全区各部门、街道、园区的机关干部以及社区工作人员，对主次干道、背街小巷的环境卫生、乱停乱放、沿街小广告进行集中整治。

30 日

▲ 民建镇江市京口区基层委员会成立大会召开。会上，通过提名投票选举产生各支部主委及副主委人选。民建市委主委强南山出席会议并讲话。区政协副主席、区委统战部部长姜厚荣，民建镇江市驻会副主委孙中良出席会议。

**12 月份**

2 日

▲ 镇江市有突出贡献中青年专家座谈会在苏南人力资源市场召开。京口区镇江鼎胜铝业股份有限公司董则防、江苏名通信息科技有限公司秦谦、海龙核材科技（江苏）有限公司戴金华 3 人喜获“2013 年度镇江市有突出贡献的中青年专家”称号。

3 日

▲ 区纪委根据中央、省委巡视组反馈意见整改工作要求，按照市纪委统一部署，在全区范围内开展党政机关干部收受购物卡问题专项整治工作。

5 日

▲ 江苏大学、京口区政府与江苏华夏汇丰通信产业园发展有限公司三方签署《“校地合作创新创业园建设”战略合作协议》，江苏大学党委书记范明、副校长程晓农、京口区委书记裔玉乾、副区长陈德福参加签约仪式。

13 日—14 日

▲ 京口区开展“清洁家园 美化环境 迎接国检”12 月份第一次集体行动。区委书记裔玉乾、区委副书记、区长黄万荣等四套班子领导率全区各部门、街道、园区的机关干部以及社区工作人员 2000 余人，深入全区主干道、广场、社区、背街小巷、农贸市场，对环境卫生、乱停乱放、沿街小广告进行集中整治，进一步提升辖区环境卫生面貌。

17 日

▲ 全省 2014—2015 年度基层党员干部冬训工作部署会，在无锡江阴召开，正东路街道作为全省唯一街道代表在大会上进行经验交流。该街道通过镇江市遴选申报和专题会议评审等环节，并上报省委宣传部部务会议审核，已顺利成为全省党员冬训工作“首批”示范街道。

19 日

▲ 京口区切实做好“一湖九河”整治工作。目前，辖区内虹桥港、玉带河各项监测指标均达整治考核要求，基本消除河道黑臭现象。

21 日

▲ 京口区召开迎接全国文明城市国家测评工作动员部署会。区委书记裔玉乾出席会议并作重要讲话。区委常委、宣传部部长何广林出席会议并作迎检工作具体部署。会议由区长黄万荣主持；区委常委，人大、政协主要领导在主席台就座；全区各有关方面负责人 260 余人参加会议。

▲ 京口区召开全区领导干部务虚会，客观总结 2014 年，深入分析研判形势，科学谋划 2015 年工作。区委书记裔玉乾出席会议并作重要讲话。区长黄万荣详细阐述新常态下经济的四个特征。区委常委、人大和政协主要领导、政府各副区长分别作交流发言。

24 日

▲ 京口区召开全国文明城市创建指挥部工作会议。区委常委、宣传部部长何广林主持会议并讲话。会上，副区长马云明、林黎明分别就迎检工作提出具体要求。区文明办传达全市创建指挥部工作会议精神。全区各街道（园区）、相关部门分管领导及督察组、创建办全体人员参加会议。

26 日

▲ 区委书记裔玉乾赴象山街道督查党风廉政建设责任制落实情况。在听取相关工作汇报后，裔玉乾对象山街道充分发挥党建引领、强化廉政风险防控、推进党风廉政建设工作予以充分肯定。他就如何把党风廉政建设和反腐败工作向纵深推进，提出五个“进一步”要求。

▲ 区八届人大常委会召开第二十次会议。会议审议区政府关于 2014 年国民经济、社会发展计划和财政预算调整的报告；审议通过《区检察院关于深化人民监督员制度改革试点工作的报告》《镇江市京口区人大常委会关于加强全口径预算决算审查监督的暂行办法》；讨论区八届人大四次会议筹备工作意见；讨论通过代表资格审查情况报告；讨论区八届人大四次会议主席团和秘书长、主席团常务主席、副秘书长、计划和财政预算审查委员会、列席人员建议名单；讨论《选举办法》（草案）；讨论区人大常委会工作报告（讨论稿）；审阅区政府关于 2013 年财政同级审计发现问题整改情况的书面报告、区政府关于《江苏省爱国卫生条例》贯彻落实审议意见整改情况书面报告等。会议还通过人事任免事项。区人大党组书记、常务副主任倪兆顺主持会议。区领导黄万荣、夏卫军、徐军、郑苏真、杜承华参加会议，区法院院长张子敏、区检察院检察长方红卫列席会议。

▲ 京口高创中心文化科技产业园被省科学技术厅、中共省委宣传部、省文化厅、省广播电影电视局和省新闻出版局联合认定为“江苏省文化科技产业园”。全省 14 家获得此殊荣，镇江仅此 1 家。

31 日

▲ 京口区迎新年健步走活动在北固湾广场拉开帷幕。此次健步走活动从北固湾广场出发，具体路线为：北固湾广场—滨水路—焦山老大门，全程约 3 千米。区级机关、企事业单位、学校、部队、体育社团 10 家单位 12 个方阵 600 余名健身爱好者，展示京口全民健身风采。

## 地情概况

**【位置】** 京口区是江苏省镇江市市辖区之一，位于江苏省西南部，长江与京杭大运河十字交汇处，东接镇江新区，南和丹徒区为邻，西与润州区隔古运河相望，北接扬州市邗江区。（马 戈）

**【面积】** 全区总面积124.686平方千米，其中谏壁街道33.418平方千米、象山街道22.582平方千米、国有共青团农场24.773平方千米、正东路街道4.920平方千米、大市口街道2.318平方千米、四牌楼街道4.097平方千米、健康路街道4.5平方千米、长江水域30.686平方千米。

（马 戈）

**【地貌】** 京口区地处宁镇山脉东段，属宁镇扬丘陵地区和长江冲积平原区，地势为中部高，东、西及沿江地带地势平坦，岗坡丘陵穿插其间。中部有焦山、北固山、象山、汝山、京岘山、老山、鼎石山和焦顶山，由北自南排列；东部有雩山，东西向排列。区内除新民洲为江中沙洲外，其他基本上形成以丘陵岗坡地为主的地形特征。沿江低地近代由长江泥沙淤积而成。（马 戈）

**【资源】** 京口区内多低山丘陵，并以黄棕土壤为主，岗地以黄土为主，平原以潜育型水稻为主。全区耕地面积1178公顷，其中粮田993公顷、常年菜田面积185公顷。设施农业面积150公顷，林地1690公顷，优质果品基地18公顷，养殖水面100公顷。

辖区内水资源比较丰富，长江、运河流经境内。现有长江岸线17.5千米，有国家二级长江堤防14.2千米。全区水域面积2986.5公顷，其中长江水面1200公顷。除涝方面，有排涝站16座，装机2245千瓦，总流量37.1立方米/秒；灌溉方面，有灌溉站8座，总装机容量300千瓦，总流量3立方米/秒。

境内有长江鱼类13目25科90多种，其中刀鱼、鲥鱼、鳗鱼、鮰鱼、河豚是我国名贵品种；白鳍豚、中华鲟等更为我国珍贵稀有动物，列为国家一级保护动物。人工饲养的水产品有青鱼、草鱼、鲢鱼、鲤鱼、鲫鱼等及虾、蟹、鳝、鳖等。区内有鸟类32科122种。共青团农场常年有18种鸟类定居，其他野生动物有21科。

区内植物资源丰富，有各类树种80余科，500余种。自然植被以落叶阔叶树为主，其中有麻栎、枪树、黄连木、山槐、枫杨等。药用植物有700余种。引进树种有黑松、杉木、泡桐等。

区内矿产资源种类不全、经济价值不大。谏壁街道的雩山有零星含铁石英砂岩出露，青龙山有白云石、石灰石，象山街道袁家村有石灰石。黏土主要分布在沿江一带。（丁志国）

**【人口】** 2014年末，常住人口总户数124809户，其中：正东路街办14080户，35978人；健康路街办31180户，83704人；大市口街办23284户，58531人；四牌楼街办21551户，55081人；象山街办20743户，49109人；谏壁街办13971户，32884人；工业园区1890户，4558人；共青团农场545户，1199人。（杨万华）

**【建置沿革、区划】** 京口是镇江的古称之一，最早见于《尔雅》“绝高为之京”，古人把高平之地称为京，北固山下的江称口，谓之京口。汉称京口里，至东吴孙权筑铁瓮城，置京口镇，使京口一度成为东吴政治中心。晋时置晋陵郡，郡治由丹徒镇移治京口，从此京口始为郡（州）、府治所在地。晋永嘉之乱，大批士族南渡，为此侨置兖、徐二州于京口。南朝宋置南徐州，隋置润州，宋升润州为镇江府，镇江名称一直沿用至今。民国18年（1929）春，江苏省会由南京迁镇江，治所也一直在京口。1949年，镇江解放后，市、县分设，市区及近郊归镇江市管辖，乡镇归丹徒县管辖。1983年，实行市管县体制，市区设立城区和郊区。同年12月将城区更名为京口区，郊区更名为润州区。1992年10月，镇江市行政区划调整，古运河以东的大市口、四牌楼、健康路、正东路4个街道，象山、汝山、丹徒、谏壁4个乡镇和甘露茶叶试验场，为京口区管辖范围。2011年7月22日，京口区人民政府根据省政府《关于撤销镇江市京口区象山镇谏壁镇分别设立街道办事处的批复》（苏政复〔2011〕43号）和市政府《关于同意撤销京口区象山镇谏壁镇分别设立街道的批复》（镇政复〔2011〕17号）精神，撤销象山镇和谏壁镇，分别设立象山街道办事处和谏壁街道办事处。2011年年底，京口区辖大市口、四牌楼、健康路、正东路、象山和谏壁6个街道办事处以及京口工业园区、共青团农场、京露茶场。全区有65个社区、10个行政村。

（史志办）

【民族】 2014年，京口区居民以汉族为主，少数民族有33个族别，人口7700人，占总人口的2.4%。超过1000人以上的少数民族有回族、蒙古族，其中回族人口最多，有5494人，占少数民族总人口71.4%；蒙古族1127人，占少数民族总人口的14.6%。其他少数民族有壮族、朝鲜族、维吾尔族、苗族、土家族、布依族 、侗族等，人数均在100人以下。

（汤高余）

【方言】 京口话属于镇江语系，而镇江话是属北方方言的次江淮方言，位于北方方言与吴语两大方言交汇处。古代的镇江话属吴语，由于东晋、十六国期间少数民族入侵，北方人口大量流入镇江、扬州一带，因而语言发生变化。镇江市虽属北方方言范畴，但构成复杂，其中既有吴语的遗痕，又有旗腔（类似京腔）的影响。与普通话相比，镇江话没有全浊声和舌尖后声母，鼻化原音介于前鼻音韵母之间，in、ing、en、eng、n、l不分，有入声调。词汇中保留丰富的吴语词。

（方　志）

【交通】 京口区作为镇江主城区之一，区内交通十分便捷。城市道路：东西向主干道有中山东路、长江路、正东路、东吴路、学府路、京口路、桃花坞路、大西路（东段）、滨江旅游副线、江滨大道、禹山北路、宗泽路等；南北向干道有解放路、电力路（北段）、梦溪路、古城路、石马湾路、小米山路、谷阳北路、谷阳路（北段）、经十二路（北段）、左湖路等。

主要公路：镇澄线、金润大道、金港大道、谏辛公路、雩龙公路、新民大道。

公交：截至2014年年底，辖区内公交枢纽站有：江大枢纽站、焦山枢纽站、大东枢纽站。公交首末站有：我家山水站、工业园区站、九中站、新民洲站、长岗站、江大北站、市委党校站、老焦山公园大门站、梦溪嘉苑站、宝塔山公园站、谏壁站。公交线路有：1、2、3、4、5、6、8、9、10、11、12、14、15、16、18、19、20、21、22、23、24、25、28、28、39、101、102、104、105、106、115、116、118、123、130、133、135路；大运量公交有D1、D3、D4、D5；空调专线有K8、K201、K202、K218、K219路；专线车有龙山线、驸马庄线。夜班车有31、32、33、34、35、39路和丹徒新区夜班专线。其中旅游线路有2、8、104、115、133路到金山公园；4、104、133路到焦山公园；4、8、12、14、116、133、135路到北固山公园；12、101路到宝塔山公园；15、18、106到南山风景区；另外还有镇江到扬州平山堂旅游专线。直达城铁镇江站线路有2、3、4、5、10、15、19、22、23、24、31、32、33、101、105、118、123、133、K8、K201、K218、K219、D1、D4、D5路等；直达高铁镇江南站的线路有202、39路等；20千米以上的线路有9路（第二人民医院—谏壁）、21路（迎江桥—上党）、22路（1）我家山水—韦岗温泉（2）我家山水—小衣庄（3）我家山水—东昌、23路（1）梦溪嘉苑—高资中学（2）梦溪嘉苑—下蜀、24路（1）火车站—大港港区（2）火车站—国亨化学、25路（大东枢纽站—彩虹城）、28路（江滨公园—鼎胜铝业）、29路（江滨公园—东方村）及丹徒新区夜班专线（火车站—端丹花苑）。

（王　勖）

【风景名胜】 京口依山傍水，风景秀丽多姿，其真山真水具有独特的山水风貌，以“天下第一江山”闻名于世。著名的镇江三山，有两山在区域内，焦山“山裹寺”，以雄秀见长；北固山“寺冠山”，以险峻称雄。焦山定慧寺为全国重点寺庙。区内“珍珠项链”——长江路上有春江潮广场、江滨公园。古运河风光带上有河滨公园、珍珠广场、宝塔山公园。市区还有大市口广场、梦溪广场、京口广场、健康广场、花山湾广场、古城公园等旅游景区、景点及健身广场。

作为国家历史文化名城，京口不仅有着众多自然风光，还有着深厚历史底蕴。焦山碑林为全国重点文物保护单位。碑林中现存有重要摩崖石刻80处，藏碑400余方。尤以“大字之祖”瘗鹤铭以及苏轼、米芾、黄庭坚、陆游等书法大家的墨迹碑刻和摩崖石刻为最，堪与西安碑林媲美。五柳堂、张云鹏故居、三国铁瓮城和东晋花山湾古城墙遗址、宋代铁塔等7处为江苏省文物保护单位。2011年，“京江新二十四景”中位于京口区内的有十一处，分别是北水柳浪、摩崖夕照、寒汀芦荻、海门江雪、晋城春望、灯火临流、春江夜月、北固远帆、甘露流芳、鼎石访梅、湾头壁立。

（方　志）

【雨情】 2014年汛期雨量614毫米，雨日55天，最大日雨量60毫米，发生于7月28日；最大连续降雨量90.5毫米，连续降雨5天，发生于7月24日至7月28日。6月25日入梅，7月18日出梅，历时23天，梅雨期雨日9天，雨量158.5毫米。

【水情】 2014年汛期（5—9月），长江未超警戒水位（▽7.0米）；最高水位为吴淞▽7.06米，出现在7月27日；最低水位为▽3.72米，出现在5月7日；长江（大通站）最大流量56400立方米/秒，出现在7月26日，长江最小流量为26300立方米/秒，出现在5月9日。

（丁志国）

## 2014国民经济和社会事业发展情况

【概况】 全区上下按照“稳中奋进、改革创新”总要求，着力深化改革、调整结构、提质增效，经济运行总体平稳，主要经济指标达到预期，民生指标协同推进。全年完成地区生产总值404.6亿元，增长10.8%；公共财政预算收入19亿元，增长13.1%；固定资产投资314.9亿元，增长22.3%，圆满完成各项目标任务。（王幼林）

【项目建设稳步推进】 全年66个区重点产业项目完成投资86.4亿元，占年计划的100.4%。其中13个市重点项目当年完成投资65.4亿元，占年计划100.6%。飞驰冷藏车搬迁技改厂房主体竣工，中储粮二期技改扩能18万吨立筒仓竣工、5000吨压榨生产线建设顺利，苏宁广场、凤凰文化广场、北固湾商业综合体、老市政府改造、爱励创新中心、招商市场升级改造等项目加速推进。“321”重大产业项目取得突破，正邦商业广场、长江游戏谷、新奥新能源、夏朵庄园等项目顺利签约。中储粮12万吨立筒仓、6万吨立筒仓、新民洲东锦生态农业等项目开工建设。亿元以上“三新”项目59个，总投资179.5亿元。项目建设保持梯次发展和滚动推进良好局面。（王幼林）

【工业经济稳中向好】 全区完成规模工业增加值73.2亿元，增长4.2%；工业应税销售收入319亿元；工业投资87.8亿元，增长15.1%。规模工业利润25.8亿元，增长36.8%；规模工业企业支撑明显，鼎铝、电厂、索普、中储粮等七大重点规模企业实现应税销售248亿元，占全区工业比重达77.7%。爱励铝业、飞驰商务、索普集团产销增长明显，全年应税销售分别同比增长162%、95%、33%。海龙核材完成上市前所有申报工作。（王幼林）

【服务业较快发展】 全区实现服务业增加值280.7亿元，占GDP比重达69.5%，占比继续保持全市第一。新增规模服务业企业29家，其中重点服务业企业14家。全年完成社会消费品零售总额235.3亿元，增长12.4%。进出口总额8.66亿美元。服务外包执行额2.47亿美元，增长20%。软件与信息业营业收入71.5亿元，增长32.9%。物流业营业收入60亿元，增长20%。旅游业总收入85亿元，增长6.2%。以名通科技、易乐科技等为代表网络文化产业爆发式增长。以百度营销中心、腾讯积分商城江苏运营中心等为代表电子商务产业加速集聚。以现代造船、信诚监理等为代表专业技术服务产业规模迅速壮大，引领相关行业快速发展。现代服务业和传统服务业融合发展格局初步形成。（王幼林）

【特色农业高效发展】 全区实现农业增加值2亿元，吸引工商资本投农4亿元，16家合作社入围省级合作社名录，2家企业入选省级农业龙头企业，5家入选市级农业龙头企业。京口现代农业产业园建成千亩高标准农田，谏壁粮油加工特色园创成省级农产品加工集中区，京口瑞京农科园创成省节水教育基地。水利设施不断夯实，完成河道疏浚、“一湖九河”整治等水环境阶段性整治任务。（王幼林）

【招商引资成效明显】 全区实际利用产业类外资1.13亿美元，协议注册外资1.42亿美元。组织“请进来”洽谈593批次、“走出去”招商145批次，累计签约亿元以上项目41个，涉及总投资219.3亿元，其中30亿元以上项目2个、20亿元项目4个，外资项目4个。储备亿元以上项目信息31个，涉及总投资211.4亿元，华创产业园、国林产业园等项目有序推进。（王幼林）

【科技人才驱动发展】 全区有60个科技项目获得国家、省、市立项，其中2个项目获省重大科技成果转化项目立项，为企业争取扶持资金3600余万元、科技贷款3500余万元。新增省级高创中心1家、高新技术企业8家，新认定省民营科技企业32家、科技型中小企业7家。高新技术产业产值占规模工业产值比重达45.2%，较上年提高3个百分点。通过省知识产权战略示范区验收，创成国家知识产权强县工程示范县（区）。全社会研发经费支出占GDP的比重达2.67%，列全市第二。万人发明专利拥有量45件，列全市第一。积极开展“金凤凰”引才计划和“科技镇长团”“教授博士柔性进企业”活动，人才招引、培育成果丰硕。新引进国家“千人计划”3人、省“双创计划”5人（团队）、市“331计划”17人、高技能人才793人，人才工作保持全市前列。（王幼林）

【生态文明建设实效明显】 低碳、天蓝、地绿、水净、生态修复等重点工程扎实推进，索普集团、谏壁电厂脱硫脱硝工程阶段性完成，关停拆除7家轧石企业、3家砖瓦窑厂，3家企业完成污染治理，京岘山公园、虹桥港、玉带河等山体河道治理有序推进，绿化面积增加，谏壁地区生态环境综合整治取得明显改观，京口工业园创成省级生态工业园区。生态环境类各主要指标全面完成，空气质量达到二级标准天数比例为67.1%，地表水好于Ⅲ类水质比例为75%，秸秆综合利用率达93.8%，单位GDP能耗下降率、主要污染物排放强度指标均完成市下达计划。（王幼林）

【社会事业协调发展】 城镇居民人均可支配收入35870元，增长9.1%。农民人均纯收入19945元，增长10.8%。扶持创业1584人，新增城镇就业12291人，创业、就业培训7434人。城乡基本养老保险、城乡基本医疗保险、失业保险覆盖率分别为97.4%、97.6%、97.7%。新增养老床位639张，发放各类慰问、救助、补助金3500余万元。改造、加固校舍2.7万平方米，15家单位创成市教育现代化先进学校（单位）。建立完善居民电子健康档案35万份，基本实现全科医生网上巡诊服务。文体惠民工程成效明显，区文化艺术中心建成运行，完成23个文化广场达标建设，创成省级公共文化服务体系示范区，人均拥有公共文化体育设施面积2.9平方米。“两网融合”治理服务全面推开，全国文明城市创建扎实推进，“文明进万家”活动深入开展，“平安京口”、“法治京口”建设卓有成效，青奥安保、交通维护、安全生产、普法宣传等工作扎实有效，人民满意度全面提升。（王幼林）

## 2014年社会主义精神文明建设情况

**【概况】** 2014年，京口区精神文明建设工作认真贯彻全区宣传思想工作会议精神和市文明委工作要求，以创建全国文明城市为抓手，大力倡导和弘扬社会主义核心价值理念，明确职责、找准定位、讲求方法、全力投入，不断增进精神文明建设实效。完善各项工作制度，出台《京口区创建全国文明城市公共环境整治重点问题与责任分解表》，明确每项创建任务责任单位和责任人。开展“文明进万家”活动，对全区住宅小区环境进行综合整治。会同区总工会汇编《劳模风采》，选树最美社区医生杨凌，20余年贴心照顾脑瘫妻子的李永生，自愿捐献遗体，挽救他人生命的花季少女尹傲兰，积极打造社区两网治理服务模式的街道党工委书记王永平等一批模范人物。开展有影响的各类志愿服务活动20余场次，新增注册志愿者23000余人，进一步夯实志愿服务活动基础。成功举办未成年人礼仪养成教育暨镇江市养正学堂启动仪式，开展“美丽中国”圆梦宣讲活动、“好书伴我成长”圆梦读书活动、梦溪读书节、圆梦征文竞赛活动及圆梦实践等活动。（李　鲁）

**【全力推进文明城市创建工作】** 根据《全国文明城市测评体系》《全国未成年人思想道德建设工作测评体系》《镇江市创建全国文明城市公共环境整治重点问题与责任分解表（京口区）》的要求，制定出台《京口区创建全国文明城市公共环境整治重点问题与责任分解表》、京口区各责任单位工作任务书等。成立综合组、宣传组、台账档案组、公共环境秩序组、未成年人思想道德建设组等5个工作组，明确责任分工，抽调精干力量，和区纪委牵头督查组分工协作，全力推进文明城市创建工作。建立健全工作组例会制、责任单位每周例会制、督查组日报制、每周情况通报制等各项工作制度。做好台账资料指导、收集、整理工作，突出工作重点，强化重点区域整治，广泛宣传发动，提高创建工作的知晓率、支持率和参与率。迎检期间，发放宣传海报16000张，制作社会主义核心价值观宣传牌1300余块、创建宣传环保袋1000只，图说“我们的价值观”展牌30块，组织各街道、社区制作各类宣传展牌800余块、标语300余条。开展“文明进万家、共创文明城”等广场宣传活动3场，发放文明城市创建倡议书2000余份，并组织发动万余人次参加文明引导员和志愿者队伍，努力形成全民共创文明城良好氛围。（李　鲁）

**【开展群众性精神文明创建】** 深化道德模范选树。紧扣社会主义核心价值体系建设，加强社会公德、职业道德、家庭美德、个人品德宣传教育，加强典型选树，示范引路。会同区总工会汇编《劳模风采》，通过《镇江日报》、京口讲坛、道德讲堂等载体，对劳模的先进事迹进行宣传。加强诚信建设。制定《诚信建设制度化实施意见》，召开全区放心消费环境建设推进会，大力倡导政务诚信、商务诚信、社会诚信和司法公正。推进文明养成。培育勤劳节俭风尚。认真贯彻落实中央节俭养德电视电话会议精神，以文明餐桌为抓手，发放珍惜粮食、文明用餐倡议书，积极宣传践行节约粮食理念。培育遵德守礼风尚。开展道德讲堂精品工程，在每个街道建立精品道德讲堂，进一步扩大道德讲堂影响力。全面推行善心立德榜，利用社区宣传栏等载体，积极宣传身边好人好事。（李　鲁）

**【开展志愿服务活动】** 推进志愿服务制度化建设。通过社会面征集，确定京口区志愿者队伍的名称、口号、标志和吉祥物。点面结合推进社区志愿服务制度化建设。5月中旬，江一社区作为全省志愿服务制度化推进会观摩点，得到上级肯定。打造全市最大社区学雷锋志愿者服务站——桃花坞志愿者服务站。加强志愿服务队伍建设。广泛发动党员、公务员、辖区单位、社区群众、在校学生等社会资源，新增注册志愿者23000余人，全区有各类注册志愿者48000余人，进一步夯实志愿服务基础。积极开展志愿服务活动。开展“我奉献、我快乐”志愿服务广场活动，“关注空巢家庭——志愿牵手服务行”等有影响的各类活动20余场次，有效践行志愿服务理念，弘扬志愿服务精神。（李　鲁）

**【深化未成年人思想道德建设】** 开展“美丽中国”圆梦宣讲活动、“好书伴我成长”圆梦读书活动、梦溪读书节、圆梦征文竞赛以及圆梦实践等系列主题活动。开展“八礼四仪”四进活动。组织基本文明礼仪规范进社区、进家庭、进校园、进课堂教育实践活动。4月下旬在市实小成功举办未成年人礼仪养成教育暨镇江市养正学堂启动仪式，得到省文明办领导充分肯定。全区其他学校也举行形式多样的教育活动，培养青少年人文精神和人文情怀，规范和养成良好文明习惯。打响“阳光少年、快乐成长”活动品牌。抓紧抓好青少年节假日活动，打造“我们的节日”“七彩的夏日”“缤纷的冬日”活动品牌，开展“革命火炬代代传”“文明礼仪处处讲”“小手牵大手、文明美德共相伴”“我做追梦人”“科学幻想大比拼”“少儿才艺大展示”“我当小小八大员”等系列活动。（李　鲁）

**【开展“文明进万家”活动】** 3月，区委、区政府下发《关于开展“文明进万家”活动的实施意见》，计划用三年时间，对全区住宅小区进行综合整治，广泛开展群众性精神文明建设活动。选择66个小区作为“文明进万家”整治项目，其中新建小区26个、老旧小区40个，总楼栋数1265栋、总面积426.11万平方米。全区各街道、园区及相关单位都高度重视，把“文明进万家”活动作为践行党的群众路线教育实践活动，推进全国文明城市创建工作，切实改善群众居住环境重要抓手，认真制定整治方案，明确责任分工和整治重点，分解落实工作任务，共计投入2074.1万元，并投入大量人力和物力，对整治小区进行综合整治，取得较好整治效果。

小区环境进一步改善。通过开展活动，66个小区增加、改造停车位1853个，修剪、补植绿化35.6万平方米，小区墙面出新20.8万平方米，增设监控摄像头245个，清理积存垃圾3496.5吨，清理各类小广告10.2万余处，同时还对一些小区道路进行拓宽修复，疏通化粪池、下水道，新建、维修值班室、小区宣传栏，翻新改造垃圾厢房等公共设施，拆除一批违章建筑。小区内车辆乱停乱放、杂物乱堆乱放、墙面乱贴乱画、绿化带杂草丛生、毁绿种菜、污水流淌等不文明现象基本消除。

物管水平进一步提升。各小区进一步明确物管标准，物管人员强化清扫保洁、停车管理，绿化管护和治安巡查，增设标牌标识，并对小区落水管、消防设施、楼梯防盗门、楼梯扶手、小区值班室等基础公共设施进行维修改造。东吴新村等一批长期失管小区引进物业公司，桃花坞二区教工宿舍等小区还采取居民自治方式，进一步加强小区管理和维护。

文明氛围进一步浓厚。加强宣传发动，开展道德讲堂、文明礼仪培训等各类宣传活动，发放文明进万家倡议书、宣传册、道德文明扇、邻里守望卡等宣传资料。加强文明引导，结合网格化治理，在小区每个网格配备1名公共文明引导员。

加强阵地建设，在小区设立“遵德守礼”提示牌、“善心立德榜”、文明进万家宣传栏等宣传阵地。加强活动开展，组织居民清扫门前卫生，参加文明引导和志愿服务活动。各小区文明提升效果明显。

（李　鲁）

◆ 资料链接 ◆

## 朝阳洞

朝阳洞又名日照岩、观音洞。在金山东北山腰间，洞上是一片悬崖，上有“日照岩”三个字。当金山还在江心的时候，每当旭日东升，从朝阳洞向南一带石壁上，金碧辉煌，水天皆赤，可称奇景。所以朝阳原是观日出的最佳之处。至今留在岩上的“朝阳洞”三个石刻大字，是明代滕谧所书。

# 京口区组织机构及领导人名录

责任编校：段广凤

## 中共镇江市京口区委员会

书　记
　　裔玉乾
副书记
　　黄万荣
　　施正中
常　委
　　余国根（援疆）（~2014-01）
　　马国进（~2014-07）
　　夏卫军（2014-07~）
　　宋平生
　　郦锡梅（女）
　　周奇恒
　　何广林
　　陈卫东

### 区委办公室
### （区委机要保密局）

主　任
　　顾明华
副主任
　　乔引玉
　　王　勇
　　赵　飞

区委机要保密局局长
　　李　瞰
副局长
　　孙荣军

### 组　织　部
### （区委企业工委、区党员电化教育中心）

部　长
　　郦锡梅（女）
副部长
　　盛　杰
　　吴大明
　　刘　平
　　陈国兴（2014-12~）
企业工委书记
　　吴大明
企业工委副书记
　　高翠兰（女）（2014-02~）
企业工委纪工委书记
　　李国军（2014-12~）
党员电教中心主任
　　李国军（~2014-12）

### 区人才办公室、区高层次人才引进服务中心

主　任
　　赵　飞（2014-12~）
副主任
　　吴　成

### 区级机关工委

书　记
　　丁永忠（2014-02~）
副书记
　　陈军越（女）
　　陈　涛
纪工委书记
　　陈　涛

### 老干部局
### （关心下一代工作委员会）

局　长
　　张　健
副局长
　　王胜云

### 宣　传　部
### （精神文明建设指导委员会办公室）

部　长
　　何广林
副部长
　　李　军
　　王壮保（~2014-02）
　　梅永生
　　包迎辉（2014-02~）
文明办主任
　　王壮保（~2014-02）
　　包迎辉（2014-02~）
文明办副主任
　　刘亚洁（女）

### 新闻中心、区人民广播电台

台　长
　　史哲峰（~2014-02）

### 统战部
### （区委台湾工作办公室）

部　长
　　姜厚荣
副部长

张永生（~2014–05）
金德荣
常加华
台办主任
吴红霞（女）
台办副主任
李　斌

### 侨　联

侨联主席
王晓方
副主席
潘　昶

### 政　法　委

书　记
宋平生
副书记
汪忠春（~2014–05）
张经阁
吴惠平（~2014–02）
钱小兵（2014–05~）

### 社会治安综合治理委员会办公室

主　任
汪忠春（~2014–05）
钱小兵（2014–05~）
副主任
戴长喜

### 依法治区领导小组办公室

主　任
宋平生
副主任
汪忠春（~2014–05）
芮建芬（女）

### 国家安全领导小组办公室

主　任
张经阁

### 信访局

局　长
王志斌
副局长
李燕敏（女）
陆家新（~2014–12）
纪检组长
胡德林（2014–12~）

### 党　校

校　长
施正中
副校长
邵晓清
徐　波

### 行政学校

校长
夏卫军（2014–08~）
副校长
邵晓清

### 史志档案办公室（档案馆）

主　任
满子琴（女）
副主任
金　华（~2014–09）
仲智华（~2014–05）
耿纪明（2014–09~）

## 京口区人大常委会

主　任
郭　建（~2014–01）
裔玉乾（2014–01~）
副主任
倪兆顺
徐　军
郑苏真（女）
杜承华（2014–01~）
党组书记
倪兆顺
党组副书记
徐　军

### 人大办公室

主　任
谢红星
副主任
华　怡（女）（~2014–02）
张晨阳
刘　勉（女）（2014–02~）

### 内务司法工作委员会

主　任
徐开宏
副主任
王嘉梅（女）

### 财经工作委员会

主　任
李　勇

### 教育科学文化卫生工作委员会

主　任
肖　波
副主任
孙文吉

### 人事代表工作联络委员会

主　任
赵国华
副主任
徐彩华

### 环境资源城乡建设工作委员会

主　任
刘天安
副主任
周建华

## 京口区人民政府

区　长
黄万荣
副区长
马国进（~2014–07）
夏卫军（2014–07~）
陈德福
马云明
朱定明
解军英（女）
林黎明

### 政府办公室（法制办公室、研究室、外事办公室、侨务办公室）

主　任
杨国平（~2014–02）
顾洪涛（2014–02~）
副主任
乔引玉
李成根

郭先武（~2014-12）
蒋伟文
许琛雨（女）
王志斌
陈　坚
杨　旻

党组书记
杨国平（~2014-02）
顾洪涛（2014-02~）

法制办主任
顾洪涛（2014-12~）

副主任
陈　坚（~2014-12）

外事办主任
许琛雨（女）

侨办主任
李成根

侨办副主任
陈志慧（女）（~2014-12）

纪检组长
陈志慧（女）

## 区政府接待办公室

主　任
乔引玉

## 机关事务服务中心

主　任
乔引玉

## 发展改革和经济信息化委员会

主　任
崔小立

副主任
许华耕
赵　骥（~2014-12）
王玉萍（女）
潘子成（~2014-04）
经　晶（女）（2014-12~）

党组书记
崔小立

纪检组长
经　晶（女）（~2014-12）

## 教　育　局

局　长
廖伟根

副局长
于咏梅（女）
刘正才
张　伟
步　蓉（女）

党委书记
廖伟根

党委副书记
张建强

纪委书记
张建强（~2014-12）
范冬云（女）（2014-12~）

## 政府教育督导室

副主任
殷晓蕾（女）
金　林（女）

党委委员、组织人事科科长
陈　薇（女）（~2014-09）

第九中学校长（京口中学）
于德青

书　记
左云鹏

中山路小学校长
黄　涛（女）

书　记
李　烽（女）

市实验小学校长
施　勤（女）

书　记
袁　萃

## 科学技术局

局　长
薛　莲（女）

副局长
贡　强
许红兵（2014-09~）

党组书记
孙长康（~2014-02）
赵反修（2014-12~）

## 知识产权局

局　长
薛　莲（女）

副局长
许红兵（~2014-09）

## 民　政　局
## （民族宗教事务局）

局　长
谢根龙

副局长
谢铭柏
戚秀平（~2014-12）
陈　淮
颜丽娟（女）
赵有保（2014-12~）

党组书记
谢根龙

纪检组长
周　震

## 民族宗教事务局

局　长
戚秀平

## 双　拥　办

主　任
韦志明

## 司　法　局

局　长
陈　琳

副局长
李　震
李　卉
曹　刚（2014-12~）

党组书记
王　忠

党组副书记
张建栋（~2014-02）

纪检组长
殷　红（2014-12~）

## 财　政　局

局　长
谭雪峰

副局长
赵正军
刘长波
徐兰芳（女）
宋　扬

党组书记
谭雪峰

纪检组长

范冬云（女）（~2014-12）
刘　倩（2014-12~）
国资办主任
宋　扬
机关财务结算中心主任
沈　研（女）

## 人力资源和社会保障局

局　长
刘　平
副局长
张亚南（女）
赵　军（女）
王正辉
党组书记
刘　平
副书记
傅　岗
纪检组长
傅　岗

## 机构编制委员会办公室

主　任
刘　平
副主任
孙沛晖（女）

## 社会保险管理中心

主　任
王正辉

## 住房和城乡建设局

局　长
黄少青
副局长
朱海平
张玉金
冯忠洁（女）
黄　培（2014-02~2014-09）
党委书记
黄少青
副书记
蒋　松
纪委书记
商伟民
村镇办主任
魏贤锋

## 城市管理局

局　长
杜承华（~2014-02）
王壮保（2014-02~）
副局长
张枝荣
吴生银
杨兆生（~2014-09）
张保忠
郭建成（2014-10~）
党委书记
杜承华（~2014-02）
王壮保（2014-02~）
党委副书记
金凡舒（女）
纪委书记
金凡舒（女）
环卫所所长
张保忠

## 交通运输局

局　长
周祥华
副局长
王　华
刁华伟
党组书记
周祥华
党组副书记
纪检组长
田壮民

## 农业委员会（水利局）

主　任
仇　洋（~2014-08）
戎国平（2014-09~）
副主任
潘建康（~2014-09）
岳传荣
左巧民（女）（~2014-09）
马志良（2014-09~）
刘卫红（女）（2014-09~）
党组书记
柏　经
纪检组长
李　尧

## 水　利　局

局　长
潘建康（~2014-09）
戎国平（2014-09~）

## 商　务　局

局　长
虞　军
副局长
杨　帆（~2014-02）
李卫红（女）
丰　富
党组书记
虞　军
纪检组长
徐　劲（女）（2014-12~）

## 招商中心（招商服务中心）

主　任
宋小燕（女）
副主任
王大伟
郭晓雯（女）（~2014-02）
顾红云（女）（2014-09~）
书　记
王大伟

## 文　体　局

局　长
赵晓文
副局长
成　华（女）
陈晓君（2014-12~）

## 旅　游　局

局　长
赵晓文
副局长
成　华（女）（~2014-09）

## 卫生和计划生育委员会

主　任
张立明
副主任
殷文琪（女）
王德标
周云鸿

钱俊华（2014–12~）
党委书记
张立明
副书记
徐　翔
纪委书记
徐　翔

## 京口健康街道社区卫生服务中心

主　任
朱琛平
党支书记
钱俊华（~2014–12）
朱琛平（2014–12~）

## 计生协会、红十字会

会　长
林黎明
副会长
高桂蓉（女）

## 审　计　局

局　长
顾成权
副局长
谭志江
王珺晨（女）
党组书记
顾成权
纪检组长
董荣骏

## 安全生产监督管理局

局　长
赵反修（~2014–12）
程　鹏（2014–12~）
副局长
赵永明
盛　华（~2014–12）
党组书记
赵反修（~2014–12）
程　鹏（2014–12~）
纪检组长
彭中南

## 统　计　局

局　长
张和松
副局长
黄吉祥（~2014–02）
杭军花（女）
施　晶
党组书记
陈　峰（2014–12~）

## 物　价　局

局　长
杨志强
副局长
陈　清（女）
庄真林（~2014–09）
吴时斌（2014–10~）
党组书记
杨志强
纪检组长
吴志辉

## 环　保　局

局　长
朱文仲
副局长
刘　玲（女）
钟志敏
陈　铮
党组书记
朱文仲
副书记
钟志敏
纪检组长
江　隽（女）（~2014–02）
孔晓颖（女）（2014–02~）

## 京口区市场监督管理局

原工商直属分局局长
魏晓曦
原工商直属分局副局长
曲铎凡
丁桂林
张　竞
原工商直属分局纪检书记
蔡重武

## 国有资产管理中心

主　任
袁在森
副主任
纪嘉洲
高敏修
党工委书记
江克成
党工委副书记
袁在森（~2014–08）
纪工委书记
曹　钢
财务总监
曹　钢（~2014–12）

## 商业贸易总公司

总经理
袁在森

## 工业发展总公司

总经理
袁在森

## 物资集团

总经理
袁在森（~2014–06）

## 供销合作总社

主　任
庄福寿
副主任
纪成忠
陶　群
施家文
党组书记
庄福寿

## 京露茶场

场　长
庄福寿（~2014–05）
副场长
陶　群（~2014–05）

## 江苏北固产业投资有限公司

总经理
谢秀英（女）
副总经理
黄　培(2014–09~）
曹　刚（~2014–06）
丁晓云（女）（2014–09~2014–12）
龙元圣（2014–09~）

财务总监
刘长波（~2014–06）
党组书记
包迎辉（~2014–02）
党组副书记
刘　倩（~2014–06）
谢秀英（女）（~2014–06）
纪检组长
刘　倩（~2014–06）
丁晓云（女）（2014–12~）

## 政协京口区委员会

主　席
孙国平
副主席
谢志荣
姜厚荣
蒋嵩峰
宋武平
朱裕根
党组书记
孙国平
副书记
蒋嵩峰
秘书长
曾　强

### 政协办公室

主　任
郭　健
副主任
曹明军（2014–12~）

### 提案委员会

主　任
冷　斌

### 学习和法制委员会

主　任
姚家驹（~2014–02）
陈　林（2014–06~）

### 经济和科技委员会

主　任
姜春虎

### 社会管理和社会事业委员会

主　任
倪　坚

### 文史资料委员会

副主任
曹明军（~2014–12）

### 街道园区联络委员会（兼）

大市口街道主任
朱　静（女）
四牌楼街道主任
张　萌（女）
正东路街道主任
马伟民
工业园区主任
吴立宪
港口产业园区主任
吴长安

## 京口区纪律检查委员会（监察局）

书　记
周奇恒
副书记
陈洪生
监察局局长
陈洪生
纪委常委
刘　松
陈　俊
王　芳（女）
办公室主任
杨　凯
干部教育室主任
孔晓颖（女）（~2014–02）
朱丽雯（女）（2014–02~）
基层工作一室主任
刘　松
基层工作二室主任
史俊生
监察局副局长
杨少华（女）
纪检监察室主任
陈　俊
党风廉政建设室主任
王　芳（女）
信访室主任
范荣庆
案件审理室主任
刘　凯（~2014–12）
执法监察室主任
杨团伟（~2014–09）

## 京口区人民法院

院　长
张子敏
副院长
陈　林（~2014–05）
汪忠春（2014–05~）
刘红斌（女）（~2014–09）
钱小兵（~2014–05）
喻　石（2014–05~）
华　军
邱　凯（2014–12~）
党组书记
张子敏
副书记
汪忠春（2014–05~）
纪检组长
李　焱（女）
政治处主任
宦宇新
执行局局长
仲亚励

## 京口区人民检察院

检察长
方红卫
副检察长
蒯玉梅（女）
张艳春（女）（~2014–05）
束玉兴
陈　东
贾永平（2014–05~）
党组书记
方红卫
纪检组长
董　春
政治处主任
靳　明

### 反贪污贿赂局

局　长

　　贾永平

### 反渎职侵权局

局　长

　　束玉兴

## 京口区人民武装部

部　长

　　陈卫东

政　委

　　杨祖华

## 社会团体

### 京口区总工会

主　席

　　吴秋平

副主席

　　殷　明

　　徐　劲（女）（~2014-12）

### 共青团京口区委

书　记

　　曹　蕾（女）

副书记

　　孔　鑫

　　袁　珊

### 京口区妇女联合会

主　席

　　朱家巍（女）

副主席

　　栾群文（女）

　　赵晓云（女）（~2014-12）

### 区　文　联

主　席

　　阚爱萍（女）（~2014-02）

　　梅永生（2014-02~）

副主席

　　陶宝强

### 工　商　联

会　长

　　朱裕根

　　副会长

　　张永生（~2014-05）

党组书记

　　张永生（~2014-05）

### 科　协

主　席

　　丁永忠（~2014-02）

　　吴惠平（2014-02~）

副主席

　　殷云仙（2014-02~）

### 残疾人联合会

理事长

　　马荣虎

副理事长

　　杨立军

　　蒋文煜

## 市垂直部门

### 公安京口分局

局　长

　　陈　俊

政　委

　　王琦梦（~2014-01）

　　吴明成（2014-01~）

副局长

　　闵锁银

　　张许镇

　　陈廷桥

　　杨建明

　　蒋锡宇

书　记

　　陈　俊

纪委书记

　　辛伟荣

政治处主任

　　吴晨牧

### 维护稳定工作领导小组办公室

主　任

　　吴晨牧

### 国土京口分局

局　长

　　殷文平

副局长

　　张明军

　　康　云

　　祝　迪

　　虞明航

　　沈　坚

党工委书记

　　殷文平

纪工委书记

　　吴　瑕

### 地税五分局

局　长

　　王　兵

副局长

　　张乃新

　　杨宁夫

　　孙　斌

### 国税三分局

局　长

　　韩铜民

副局长

　　郑海庆

### 规划京口分局

局　长

　　梅　亮（女）

副局长

　　杨龙山

　　韩建军

（区委组织部干部科）

## 领导关注

1月10日，市委副书记李茂川、市人大常委会副主任总工会主席陈苏、市慈善总会会长周大平，到京口区正东路街道走访慰问重点困难对象并送去慰问金和食用油、大米。区领导裔玉乾、黄万荣、施正中、解军英参加慰问活动。

1月15日，谏壁片区和西南片区生态环境综合整治工作正式启动。市委书记杨省世出席会议并讲话，市长朱晓明主持。市领导李小平、李雪峰、李卫平出席会议。

1月16日，市委书记杨省世参加市七届人大三次会议京口代表团审议。杨省世认真听取各位代表的发言，并不时就代表们谈到的有关问题深入交流。杨省世充分肯定京口近年来的发展有目共睹，大项目建设、社会管理创新等都是突出亮点。市领导王萍、胡宗元参加分组审议。

1月22日，市委常委、常务副市长张洪水一行在区长黄万荣陪同下，专程走访慰问正东路街道因病致贫群众周萍，现场送上慰问金和米油等物品。

2月10日，省委书记罗志军就组织开展好教育实践活动到镇江市调研。在京口江一社区，罗志军详细了解社区“两网”（网络、网格）管理服务模式，并饶有兴致地观看社区组织和文化建设的宣传短片。走进社区图书馆，十多位居民有的围坐读书看报，有的专心上网浏览，各类丰富的图书按类别摆放，罗志军与居民们亲切交流，并祝他们新春愉快、身体健康。市领导李茂川、李雪峰、夏新平，区领导裔玉乾、黄万荣、宋平生、何广林陪同调研。

2月17日，京口区召开党的群众路线教育实践活动动员大会，贯彻落实中央、省委和市委关于教育实践活动的会议精神，对全区教育实践活动进行动员部署。市委常委、常务副市长张洪水出席会议并作重要讲话。区委书记、区委党的群众路线教育实践活动领导小组组长裔玉乾主持会议，并对全区教育实践活动进行动员部署。市委第五督导组组长顾开宁在会上讲话。区领导黄万荣、施正中、马国进、宋平生、郦锡梅、周奇恒、何广林、陈卫东出席会议。

2月19日，京口区召开公安工作会议。回顾总结2013年公安工作，分析当前面临的形势，部署2014年重点工作。市政协副主席、市委政法委副书记、市公安局局长夏新平出席会议并作重要讲话。区委书记裔玉乾在会上对公安工作作进一步强调。区领导黄万荣、孙国平、倪兆顺、宋平生、马云明出席会议。

2月28日，新华日报社总编辑、党委副书记，新华报业传媒集团董事长周跃敏到镇调研党的群众路线教育实践活动开展情况。市委常委、宣传部部长曹当凌，区长黄万荣，区委常委、宣传部部长何广林陪同调研。

3月2日，市人大常委会副主任王萍一行12人就京口区贯彻落实《江苏省保护和促进台湾同胞投资条例》实施情况进行调研。王萍一行了解本区台胞投资的基本情况、台资企业的运转状况、贯彻实施《条例》过程中存在的问题，并对进一步贯彻实施《条例》提出建议和要求。区人大常委会副主任郑苏真、副区长陈德福陪同调研。

3月3日，省委组织部人才处调研组到京口区调研第六批科技镇长团工作开展情况。区委常委、组织部部长郦锡梅等陪同调研。

3月5日，市委常委、常务副市长张洪水等到京口区象山街道长江社区，进行群众路线教育实践活动基层调研和座谈。该区基层干部、企业代表以及退休党员代表参加群众路线联系点座谈会。区领导黄万荣、郦锡梅陪同调研。

3月6日，省委宣传部理论处处长李扬、市委宣传部副部长包建国等到京口区督查党员冬训工作。区委常委、宣传部部长何广林陪同调研。

3月18日，京口区召开进一步深化提升“两网”治理服务工作会议。“两网”治理服务将再出新举措，将这块服务招牌擦得更亮。市委副书记、政法委书记李茂川出席座谈调研。区领导裔玉乾、黄万荣、施正中、宋平生、郦锡梅、马云明参加会议。

3月19日，先行探索、推广并

取得经验的“两网”模式升级在即。市委副书记李茂川率队专题调研京口区“网络+网格”的社会治理模式。

3月24日，区委中心组召开学习会，集中学习习近平总书记“三严三实”重要讲话和在兰考调研时的重要讲话，并围绕“为了谁、依靠谁、我是谁”展开主题讨论。区委书记裔玉乾要求全区党员干部，一要在认识上把握“三个谁”的内涵。区长黄万荣认为，准确把握“我是谁”就是要始终摆正同人民群众的关系，不断强化公仆意识。市委第五督导组组长顾开宁出席学习会。会上，全区15家党（工）委书记向裔玉乾书记递交《京口区党的群众路线教育实践活动“一把手”责任书》。

3月29日，镇江市组织开展人大代表统一接待选民活动，京口区范围内122名全国、省、市、区人大代表深入14个选民接待点，集中接待选民，与选民“零距离”交流，倾听选民心声。省人大代表、区委书记、区人大常委会主任裔玉乾来到谏壁街道选民接待点，与基层群众面对面交流，听取他们的意见建议。市人大代表、区长黄万荣等在正东路街道与选民们面对面交流。市人大代表、市政协主席李国忠等到位于京口区健康路街道接待选民。市领导胡宗元、卢章平、李壮云均以人大代表的身份，在各自选区接待选民。

3月30日，市委书记、市人大常委会主任杨省世率相关辖市区和市有关部门主要负责同志，现场推进谏壁片区生态环境综合整治，要求抓住重点难点，讲究方式方法，强化统筹协调，以强烈的责任意识和勇于担当、顽强拼搏的精气神扎实推进，确保尽快见效。市委常委、秘书长李雪峰参加现场推进活动。副市长、谏壁片区生态环境综合整治指挥部指挥长雷志强就有关工作作具体部署。

4月1日，市委常委、常务副市长张洪水到京口区调研党的群众路线教育实践活动开展情况。区委书记裔玉乾作情况汇报。市委第五督导组组长顾开宁肯定该区群众路线教育实践活动的工作成绩，希望该区各级各部门进一步提高群众路线教育实践活动的认识，明确“一把手”责任，立体的、全方位地开展群众路线教育实践活动。区领导黄万荣、施正中、宋平生、郦锡梅、周奇恒、何广林等参加会议。

4月2日，省环保厅刘建琳总工程师一行8人对京口工业园创建省级生态工业园进行验收。副区长朱定明参加考评。

4月3日，江苏科技大学党委书记王建平一行到京口区，就校地融合发展进行对接。对接会上，双方就科技合作、人才合作等方面进行磋商，并达成共识。区委书记裔玉乾代表区委区政府感谢江科大对京口经济发展做出的支持。区领导施正中、马国进、郦锡梅、周奇恒、陈德福参加会议。

4月8日，2013年度区教育工作市级督导评估和考核情况通报会在区政府召开。会议通报京口区2013年度教育工作市级督导评估和考核情况。区长黄万荣从教育发展规划、区域布局调整、学前教育改革、教育财政投入、师资培训发展等方面介绍2014年全区推进教育现代化一系列举措。副市长曹丽虹到会并讲话。副区长林黎明参加会议。

4月13日，以全国人大常委、环境与资源保护委员会主任委员陆浩为组长的中央督导组到京口区考察群众路线教育实践活动开展情况，并现场考察江一社区“两网”建设情况。市长朱晓明，市委常委、组织部部长蒋建明，区委书记裔玉乾，区委常委、组织部部长郦锡梅等陪同考察。

4月14日，省委书记罗志军一行在市委书记杨省世、市长朱晓明、区委书记裔玉乾陪同下，到京口区健康路社区卫生服务中心考察调研社区医院医改工作。

4月16日，市住建局局长谢继步带领住建局各条口分管副局长到京口区进行项目协调。区领导裔玉乾、黄万荣、马国进、马云明出席协调会。

4月17日，省联席办副主任、省信访局副局长史国君一行实地调研京口区信访稳定工作。调研组对该区“两网”治理、四牌楼街道“三级矛调”等基层经验做法给予高度评价。副市长胡宗元陪同调研。

4月23日，省文化厅社文处束有春处长一行5人到京口区检查区图书馆和区文化馆建设情况。束有春对该区“两馆”建设情况予以充分肯定，并对下一步工作提出具体建议和意见。区委常委、宣传部部长何广林陪同检查。

是日，市委副书记李茂川率市群教办相关负责同志到京口区专题调研教育实践活动开展情况。市委调研组现场考察区人社局、四牌楼街道江一社区、象山街道蓝舶科技公司和长江社区等基层单位，随机听取基层干部群众的意见和建议。区委副书记施正中、区委常委、组织部部长郦锡梅陪同调研。

4月18日—23日，市长朱晓明带领市有关部门主要负责同志，赴京口区专题推进项目建设。她强调，要咬定目标不放松，把重大产业项目和产业“三集”园区建设作为重要抓手，浓厚氛围，强化责任，完善机制，确保全面完成全年目标任务。区领导裔玉乾、黄万荣、马国进、陈德福、马云明、朱定明、解军英、张旭彬参加推进会。

4月24日，“镇江市未成年人文明礼仪养成教育”系列活动启动仪式暨“镇江养正学堂”揭牌仪式在镇江市实验小学举行。启动仪式上，省委宣传部副部长、省文明办主任杨志纯和市委常委、宣传部部长曹当凌为“镇江养正学堂”揭牌；市人大副主任王萍，副市长曹丽虹，市政协副主席赵庆荣，区委书记裔玉乾，区长黄万荣等市、区领导为“八礼四仪”客座教授颁发聘书。省文明办综合处处长王建，省文明办未成年人处处长拾峰，省教育厅基教处处长马斌，区委常委、宣传部部长何广林，各辖市区文明办、教育局分管领导以及镇江市市级文明礼仪示范学校分管领导160余人参加当天活动。

4月28日，市委书记杨省世会见中国中小企业协会会长李子彬、常务副会长张竞强一行，双方就建立中小企业载体平台、促进镇江市产业结构调整交换意见。李子彬分析目前中小企业的发展现状，对该市建立中小企业产业园区等做法表示肯定。副市长王常生，区领导裔玉乾、马国进参加会见。

是日，省台办副巡视员屠新一行5人，到京口区考察新民洲港口产业园。会见中，区委书记裔玉乾希望省台办领导能对新民洲港口产业园的高端装备、健康生态养老、现代农业给予高度关注。屠新副巡视员对新民洲港口产业园的发展给予充分肯定，并对港口产业园对台招引工作提出具体建议和意见。区委副书记施正中、副区长陈德福陪同会见。

4月29日，中国中小企业信息产业园和中国中小企业（京口）总部基地分别在京口区大禹山创意新社区和新民洲港口产业园正式启动。中国中小企业协会会长李子彬、副会长张竞强，省经信委副主任周毅彪，市长朱晓明、副市长王常生，区领导裔玉乾、黄万荣、施正中、孙国平、倪兆顺等出席启动仪式。华夏麒麟国际投资控股集团总裁胡陇琳等企业高层参加启动仪式。

是日，市人大党组书记、常务副主任张庆生带领执法检查组，就京口区贯彻实施《江苏省学前教育条例》情况进行执法检查。市人大常委会副主任王萍、凌苏参加执法检查。区领导裔玉乾、倪兆顺、郑苏真、林黎明陪同检查。

5月13日，省民政厅副厅长章大李一行到四牌楼街道江一社区调研防灾减灾工作。副市长胡宗元，区领导裔玉乾、黄万荣、解军英陪同调研。

是日，市委常委、组织部部长蒋建明一行赴四牌楼街道江一社区开展“三解三促”活动。蒋建明一行听取社区负责人的情况汇报，详细了解社区基本情况和特色工作，并与社区网格长代表和网格志愿者进行深入交流。区领导裔玉乾、郦锡梅陪同调研。

是日，全省双拥工作会议在镇江碧榆园召开，全省各辖市相关负责人参加会议。下午，省双拥办副主任、民政厅厅长凌航带队察看京口区正东路街道京口路社区双拥陈列室、百米双拥宣传长廊和四牌楼街道双拥广场。市委常委、军分区司令员曹寅，区领导施正中、解军英陪同察看。

5月14日，市政协主席李国忠一行到中山路小学，视察该校“诗词进校园”活动开展情况。市政协副主席赵庆荣、秘书长蒋勃参加视察活动，区领导孙国平、朱裕根陪同视察。

是日，全省志愿服务制度化建设推进会在本市召开。上午，与会代表到京口区四牌楼街道江一社区实地考察志愿服务活动情况。省政府副秘书长肖泉，省委宣传部副部长、文明办主任杨志纯，市委常委、宣传部部长曹当凌，区委书记裔玉乾，区委常委、宣传部部长何广林陪同考察。

5月15日，市长朱晓明到桃花山庄幼儿园，实地考察调研京口学前教育。

是日，市政协副主席赵庆荣率调研组，到京口区江滨实小调研“巩固和发展中小学体育教育”工作。

5月26日，省诗词协会会长凌启鸿率队，到京口区检查验收“省诗词之乡”创建工作。检查组一行在对该区创建工作进行深入复查后，充分肯定该区“省诗词之乡”创建工作。区政协主席孙国平，副主席朱裕根陪同检查。

5月29日，市委常委、秘书长李雪峰，副市长曹丽虹在区领导裔玉乾、黄万荣、朱定明陪同下，到京口区现场推进重点产业项目。

6月16日，市委常委、组织部部长蒋建明到江一社区结对困难户唐小马家中走访慰问。蒋建明关切地询问唐小马病情以及治疗情况，并嘱咐其安心养病。一同前往的爱心社会团体——“精英总裁俱乐部”代表向唐小马捐献3万元慰问金。区委常委、组织部部长郦锡梅陪同慰问。

6月22日，市人大常委会副主任王萍到京口区，视察古城公园法治文化广场和梦溪名人文化广场。市文广新局局长周文娟，副区长林黎明陪同视察。

6月23日，市发改委调研组到京口区专题调研“双过半”和项目建设情况。区领导裔玉乾、黄万荣、马国进、朱定明陪同调研。

6月25日，根据中央有关精神和省、市委统一部署，经市活动办批准同意，区委常委会召开专题民主生活会。市委常委、常务副市长张洪水全程参加指导。省委督导组副组长、省法制办副主任徐卫，省委督导组成员、省纪委副处级纪检员杨洪武，市委教育实践活动办公室副主任、市纪委副书记高庆国，市委第五督导组组长顾开宁及全体成员出席会议。会上，裔玉乾代表区委常委班子进行对照检查，并做自我剖析。黄万荣、施正中、马国进、郦锡梅、周奇恒、何广林、陈卫东等常委同志逐一作对照检查，并接受班子其他成员的批评。

7月9日，全国政协原常委、中国生物多样性保护与绿色发展基金会（简称“绿基会”）理事长胡德平一行到镇考察新民洲，特别关注在建的生态健康产业园。市委副书记李茂川，区领导裔玉乾、黄万荣、施正中、陈德福陪同考察。

7月11日，区委常委会、区政府党组召开会议，通报专题民主生活会情况。区委书记裔玉乾主持并通报区委常委会专题民主生活会情况，市委第五督导组组长顾开宁到会讲话，区长、区政府党组书记黄万荣通报市政府党组专题民主生活会情况并通报区政府党组召开专题民主生活会基本情况，通报区政府党组民主生活会前准备工作，党组成员自我批评和相互批评的各类问题，针对查摆出的“四风”问题制定的整改措施。参会人员对区委常委会、区政府党组领导班子和党员领导干部对照检查、开展批评和自我批评情况进行民主评议。

是日，区征兵宣传活动在梦溪广场开展。副市长胡宗元到活动现场，鼓励现场适龄青年到部队去锻炼自己。市委常委、军分区司令员曹寅，军分区政委宋建新，区领导陈卫东、解军英参加当天活动。

7月13日，团市委书记贾敬远一行赴健康路街道气象里社区调研社会组织孵化基地工作。

7月15日，市人大常委会副主任王萍带队调研京口区《中华人民共和国食品安全法》实施情况。汇报会上，副区长林黎明从京口区食品生产经营单位的概况，应对食品安全问题的主要工作与做法，实施中存在的主要问题等三个方面进行全面汇报。区领导黄万荣、倪兆顺、郑苏真参加本次活动。

7月22日，市委常委、宣传部部长曹当凌一行到京口区调研宣传文化工作。区领导裔玉乾、何广林陪同调研。

7月24日，市人大常委会副主任、市乒协执行主席陈苏一行，对京口区东吴广场、江一社区、田家门社区以及合山公园的体育设施特别是室外乒乓球运动场所进行视察。他对该区完善的设施建设和浓厚的体育氛围给予肯定，并就下一步如何提升提出具体要求和建议。区领导宋平生、何广林、林黎明陪同视察。

8月7日，省民政厅基层政权和社区建设处副处长张成标一行，到京口区调研“政社互动”工作。副区长解军英陪同调研。

8月18日，北京大学团委书记阮草带领北大团委社会实践团30余人，到四牌楼街道阳光世纪花园社区考察团建工作。团市委书记贾敬远，区委常委、组织部部长郦锡梅陪同考察。

9月2日，市人大常委会副主任陈苏、鄂金书一行到京口区调研食品安全工作。区领导倪兆顺、郑苏真陪同调研。

9月10日，副省长史和平赴京口区大禹山创意新社区调研中国中小企业信息产业园开发建设情况。大禹山创意新社区负责人现场汇报信息产业园一期项目开发现状、网商产业园建设和产业项目招引落户情况。市、区领导杨省世、李小平、王常生、裔玉乾陪同调研。

9月11日，由市纪委、市规划、市农委、市公安局等相关部门组成市督查组，对京口区国省干线公路环境整治和绿化工作进行现场督查。副区长陈德福陪同督查。

9月12日，市委常委、常务副市长张洪水率市住建、城管、工商、公安等部门，赴京口督查文明城市创建工作。区领导裔玉乾、郦锡梅、马云明陪同督查。

是日，市委常委、常务副市长张洪水赴京口专题调研教育实践活动。就下一阶段工作，张洪水要求京口区进一步抓好五个方面工作。

是日，副市长胡宗元率市公安、住建、城管、水利、工商等负责同志及市文明办督查一组检查谏壁地区文明城市创建工作。胡宗元一行实地查看丹凤菜市场、龙嘴小区等重点区域。区长黄万荣、副区长解军英陪同检查。

是日，市委常委、纪委书记孙健一行在京口区领导裔玉乾、黄万荣、马云明以及区文明办、城管局、住建局、工商京口分局相关负责同志陪同下到四牌楼街道，冒雨走访该区域背街小巷、农贸市场，督查市容环境整治、市场秩序管理等方面的文明城市创建工作。

9月15日，省委书记罗志军到京口工业园调研爱励铝业经济运行情况。省委副秘书长康旭平、省发改委主任陈震宁、省经信委主任徐一平、省统计局局长夏心旻随同调研，市委书记杨省世、区委书记裔玉乾陪同调研。

9月20日，市长朱晓明率队检查甘露商城安全防范工作情况。副区长解军英陪同检查。

9月23日，副市长雷志强带队调研京口区当前经济运行情况。区委书记裔玉乾主持会议，区长黄万荣就全区当前经济运行情况进行汇报。区领导夏卫军、陈德福、马云明参加座谈会。

是日，市委常委、秘书长李雪峰率市委督查室、市城管局负责同志，赴京口区象山街道督查推进文明城市创建工作。区领导裔玉乾、何广林陪同督查。

9月27日，市委常委、市纪委书记孙健到京口区四牌楼街道督查推进文明城市创建工作。

9月29日，市委常委、常务副市长张洪水率有关单位负责人对京口区部分街巷的环境综合整治工作进行检查。并就如何做好下一步工作为创建全国文明城市提出要求。区委常委、常务副区长夏卫军陪同检查。

是日，副市长曹丽虹率市国资委、市城管局和市工商等部门负责人，赴健康路街道督查文明城市创建工作。区委常委、宣传部部长何广林陪同检查。

9月30日，副省长张雷率队检查甘露商城节前消防安全工作。省政府副秘书长王志忠，副市长王常生，区委书记裔玉乾陪同检查。

10月16日，市委常委、秘书长李雪峰率领市委督查室和市监察局、城管局、住建局负责同志，赴象山街道督查推进文明城市创建工作。区委书记裔玉乾，区委常委、宣传部部长何广林陪同督查。

10月22日，市委常委、常务副市长张洪水率有关单位负责人赴京口区正东路街道，对该地域内部分居民区的文明创建工作进行检查并就做好下一步创建工作提出要求。区委常委、组织部部长郦锡梅陪同检查。

市人大常委会党组书记、常务副主任张庆生一行赴象山街道调研指导人大工作。区人大党组书记、常务副主任倪兆顺，区人大常委会副主任徐军陪同调研。

10月23日，省知识产权局纪检组长丁荣余一行，到京口区调研知识产权工作。副区长陈德福等陪同调研。

是日，市人大常委会副主任凌苏率队调研京口街道人大工作。区人大党组书记、常务副主任倪兆顺，区人大常委会副主任杜承华陪同调研。

10月24日，团省委副书记蒋敏一行到京口区考察青少年权益工作。区领导郦锡梅、何广林陪同考察。

11月3日，副市长曹丽虹到京口区考察江滨实验小学特色教育工作。曹丽虹一行实地查看江滨实小校安改造后的校容校貌，了解学生在校一日常规活动，特别就学校特色教育发展作具体指导。

11月4日，市统计局局长马国进率有关人员到京口区健康路街道气象里社区督导人口变动调查工作。区委常委、常务副区长夏卫军陪同督导。

是日，市双拥工作领导小组对京口区六个街道创建市级双拥模范街道开展检查验收。区领导黄万荣、施正中、陈卫东、解军英陪同检查。

11月6日，市委常委、秘书长李雪峰率市有关单位负责人赴象山街道，检查文明城市创建工作并就做好“省检”工作提出具体要求。

是日，市司法局局长殷敏率队一行6人，到京口区调研法律服务中心建设。副区长解军英陪同调研。

11月18日，中国国际电子商务中心研究院副院长李鸣涛一行，赴京口区调研考察电子商务产业。副区长陈德福陪同考察。

11月20日，全国人社系统100余人赴象山街道，考察社会保险标准化建设工作。该街道人力资源和社会保障服务中心为镇江市社会保险标准化建设示范点。

12月2日，市委副书记、政法委书记李茂川，赴京口区调研政法工作。李茂川一行先后到京口区委政法委、社会管理服务中心、检察院、公安京口分局、四牌楼街道等处，详细了解各单位有关工作的开展情况。区领导裔玉乾、宋平生陪同调研。

12月5日，市政府副秘书长、办公室主任殷国兴带领市巡视工作反馈意见第四督查组成员，赴象山街道开展中央、省委巡视组反馈意见整改落实情况专项督查。区委常委、纪委书记周奇恒陪同督查。

12月19日，省人大常委会委员、省人大内司委主任委员刘成林率队，赴京口区开展《江苏省人民调解条例》立法调研。市领导陈苏，区领导郑苏真、解军英陪同调研。

是日，市委常委、市纪委书记孙健到京口区四牌楼街道督查文明城市创建。区委常委、纪委书记周奇恒陪同督查。

12月23日，副市长倪兴余率队到京口区大市口街道督查推进文明城市创建工作。

12月24日，市委常委、秘书长李雪峰率市有关单位负责人赴象山街道，督查全国文明城市创建工作，并就做好“国检”工作提出具体要求。区委书记裔玉乾陪同督查。

12月25日，市委常委、组织部部长蒋建明率队赴京口检查考核区党政领导班子党风廉政建设责任制落实情况。区委书记裔玉乾主持会议并详细汇报该区党风廉政建设责任制落实情况。区领导黄万荣、施正中、宋平生、郦锡梅、夏卫军、周奇恒、何广林、陈卫东、霍彦萍参加会议。

## 媒体聚焦

1月1日

**▲《镇江日报》“看京口”报道《京口获评省“人才工作先进区”》**内容摘要：省人才工作领导小组下发《关于确定2011—2012年度全省人才工作先进县（市、区）的通知》，京口区被评为全省人才工作先进区。据悉，该区是镇江市唯一获此殊荣的辖区，这标志着京口人才工作又迈上新台阶。

近年来，京口区大力培树“科技第一动力，人才第一资源”的理念，创新思路，着力实施“人才发展试验区”建设；高效服务，打造发挥人才优势的软环境，使高层次人才加速向京口集聚，实现人才工作快速赶超、进档升位。截至目前，累计入选各级人才项目95人次，引进培育领军人才68人，其中国家“千人计划”人才10名（包括柔性引进2名），省“双创计划”人才19名，市“331计划”人才47名，人才工作在全市处于领先地位。

持续加大投入，突出政策引导。京口区按照不低于本级公共财政收入的3%设立人才发展专项资金，人才投入从两年前的数百万元迅速提高到2011年的3480万元、2012年的4260万元，区人才办工作经费按争取上级资助资金的10%拨付。在全市率先出台“金凤凰计划”，对人才（团队）创办企业三年内年销售额达2000万元以上的，最高给予200万元资助；对符合高新技术产业要求的人才企业，人才个人及企业所得税，地方留成部分五年内全额奖励返还，以政策创新这是京口区传播正能量，提升软实力，激发干群干事创业热情的一个缩影。

强化舆论宣传引导。搭建“京口讲坛”学习平台，2013年累计举办讲座30余场，受众达上万人次。开设新闻报道专栏，全面宣传京口新思路、新举措、新亮点、新成果，同时，让机关各部门和基层单位在同一阵地上亮风采、比业绩，在全区营造比学赶超的良好氛围。注重网络舆情引导，制定互联网突发舆情应急预案，成功化解孟家湾城中村拆迁、谏壁黑校车事件、农民工集体讨薪事件等负面舆情60余件。

加大文化惠民力度。加强公共文化服务体系建设，区图书馆被评为国家一级馆，建成“15分钟公共图书圈”。全力推动京口国际文化艺术中心建设，规划面积5000平方米的艺术中心，预计2014年一季度建成投入使用。推进“特色文化广场”建设，目前已建成3个中心型、3个基本型文化广场及21个娱乐型文化广场。全年举办“魅力京口”广场文化系列活动18场，康盛剧社策划排演的荒诞京剧《八仙过江》获央视戏曲频道《一鸣惊人》栏目总决赛第五名，戏剧《疏通“官”道》获“第八届全国戏剧文化奖小型剧本金奖”。在第六届江苏省少儿艺术节中，分获书画艺术类和表演艺术类2金、1银、2铜。

文化产业做出特色。加大重点企业扶持力度，该区名通公司游戏动漫产业的云计算服务平台开发与产业化项目获得省级文化产业引导资金补助70万元，江苏易乐公司董事长冯军被评为省青年文化经营人才。推进重点文化产业项目，投资2.5亿美元的海峡两岸文创园项目落户京口，台湾荣树集团总投资2亿美元的“台湾风情美街”项目，正在协调项目规划编制事宜。预计2013年京口文化产业完成营业收入70亿元，增加值23亿元，GDP占比6.2%。

开展各类主题活动。积极开展文明城市创建，文明城市测评得分全市第一。加强公民思想道德建设，该区刘伟琴当选市第五届“大爱之星”。深化小志愿者服务活动，在全区中小学和社区设立“小橘灯”志愿者分站。重点实施百名外来务工人员子女圆梦行动、百名贫困学子助学活动和百名优秀学子看京口话发展活动“三百行动”。精心组织开展纪念建区30周年教育实践活动，进一步增强干部群众对京口的认同感、归属感、光荣感和自豪感。

1月20日

▲ **《镇江日报》报道《京口启动“百日整治”行动》**内容摘要：连日来，京口交巡警大队等部门每天出动60多人次，对行人闯红灯、车辆乱停乱放和逆向行驶、动力三轮车违规进入控制区等问题进行综合整治，截至目前，查处、纠正各类问题500余起，暂扣电动三轮车150多辆。京口区日前启动的城区道路交通综合环境“百日整治”行动开始发力。

据了解，京口“百日整治”以构建民生交通、幸福出行为主线，以条包块管、综合治理为抓手，以期进一步加强城市道路交通秩序管理，切实改善人居环境质量。活动要求治乱点、保畅通、促变样，确保城区道路交通秩序1个月初见形象、2个月显见成效、3个月巩固强化，基本实现道路交通“行停有序、疏禁规范”的目标，提升元旦、春节期间文明城市形象。整治期间突出四个重点：整治重点违法，规范行车秩序。严查行人非机动车闯红灯、行人跨越隔离设施过马路、机动车违法停车和不按规定避让行人等交通陋习；酒后驾驶、机动车闯红灯等危险驾驶行为。整治重点路段，规范停车秩序。在充分利用道路空闲资源的同时，清理乱划私设停车泊位，积极推动停车场（泊位）纳入市场化经营管理。

1月26日

▲ **《镇江日报》“看京口”报道《京口菜市场建设服务千家万户》**内容摘要：总投资1800万元、建筑面积3200平方米的江山名洲邻里之家顺利竣工交付，这个以菜市场功能为主体、兼顾其他社区服务功能的邻里之家，即将为江山名洲及周边香江花城、中南世纪城等小区提供配套服务，累计2万多居民从中受益。近年来，京口区围绕菜市场的建设和管理，从大处着手、小处抓起，通过新建一批、改造一批以及加强监管等措施，想方设法解决老百姓买菜难问题，千方百计提高居民的幸福指数。

一批新市场建成营运，市场布局更趋合理。先后新建成中营、东风、象山花园、米山雅居菜市场、江山名洲邻里之家，建设总面积近10000平方米，政府政策性投入约8000万元。全区菜市场布局更加合理，居民密集区域2千米半径范围内保证有一个菜市场。公有化菜市场也由两年前的两个发展到现在的半数以上。

老市场加快升级改造，消费环境得到改善。滨东、南门、丹凤、花山湾等老菜市场得到升级改造，总面积达18100平方米，政府政策性补贴近1000万元。京口全区范围内再也见不到大棚式农贸市场，经营户和消费者再也不用受日晒雨淋之苦。与此同时，京口区不断加大市场监管力度，确保食品安全放心。

1月30日

▲ **《镇江日报》“看京口”报道《京口纪委引导过年刮“清风”》**内容摘要：为加强“两节”期间党风廉政建设，贯彻执行好中央和省市纪委反对“四风”、廉洁过“两节”的系列部署，近日，京口区纪委积极引导各街道（园区）、各部门过年刮“清风”。

京口区纪委提醒各街道（园区）、各部门切实加强对中共中央、国务院《党政机关厉行节约反对浪费条例》、财政部《中央和国家机关差旅费管理办法》，以及京口区《关于规范和改进公务接待工作的规定（试行）》《关于商务接待工作的规定（试行）》等文件的学习，熟悉文件内容，领会精神实质，在商务、公务接待工作中，做到文明规范、务实节俭、高效透明。

在安排商务、公务活动时，应做到“四要四不得”：要严格控制用餐标准和陪餐人数，菜品应以当地家常菜为主，不得使用私人会所、高消费餐饮场所。要严格住宿标准，不得超标准安排接待住房。出行活动要安排集中乘车，合理使用车型，严格控制随行车辆。要从严控制出差人数和天数，严格控制差旅费支出规模；不得以招商引资为名变相安排公务接待。不得组织旅游和安排与商务、公务活动无关的参观。不得组织到营业性娱乐、健身场所活动。公务活动不得以任何名义赠送礼金、有价证券、纪念品和土特产品等，商务接待赠送礼品应当尽量选择具有地方特色的纪念品，力求节约。

区纪委将联合区委督查室、区政府办督查科，加强对全区商务接待、公务接待相关规定执行情况的监督检查，一旦发现违纪违规行为，将依据有关规定从快从严处理。

区纪委还要求各单位财务人员在工作中既要廉洁自律、严格把关，又要当好宣传员，主动向身边领导、同事尤其是单位主要领导宣传财务规定，善意提醒、告知，从源头上捂实财政“钱袋子”，拧紧消费“水龙头”。区纪委将联合区财政、审计等部门，加强对全区“三公”经费支出及财务报销审批制度执行情况的监督检查，一旦发现违纪违规行为，将依据有关规定从快从严处理。

2月11日

▲ **《镇江日报》报道《罗志军来镇调研群众路线教育实践活动时要求多为群众办实事办好事》**内容摘要：在本市党的群众路线教育实践活动即将全面展开之际，10日上午，省委书记罗志军就组织开展好教育实践活动到镇江市调研。调研中，罗志军充分肯定近年来镇江在密切联系群众、改善保障民生方面取得的成绩，要求深刻学习领会中央有关会议和习近平总书记重要讲话精神，更加自觉地践行群众路线，在教育实践活动中多为群众办实事办好事，增进百姓福祉。

调研中，一行人去江滨新村第一社区调研。这个社区是全国文化先进社区、和谐社区建设示范社区。近年来，社区创新推行“网格＋网络”的管理服务模式，成效明显，也深受居民欢迎。罗志军详细了解社区“1+2+2+X”的“两网”管理服务模式，并饶有兴致地观看社区组织和文化建设的宣传短片。走进社区图书馆，十多位居民有的围坐读书看报，有的专心上网浏览，各类丰富的图书按类别摆放，罗志军与居民们亲切交流，并祝他们新春愉快、身体健康。

随机拐进社区的创业示范街，在南京工作的姚领娣正利用假期为母亲看店，罗志军上前了解经营情况，叮嘱小姚要“常回家看看”。临行前，罗志军叮嘱一定要以群众路线教育实践活动为契机，把“江一社区”这块金字招牌擦得更亮。

2月14日

▲ **《镇江日报》“看京口”报道《京口生态文明建设亮点频现》**内容摘要：2013年，京口环保局根据市、区相关会议精神以及《镇江市苏南现代化示范区建设行动纲要》的相关要求，结合京口实际，进一步确定生态文明建设的具体目标，明确各单位和街道、园区的责任，切实把各项指标和任务分解落实到位，京口生态文明建设涌现不少亮点。

为进一步推进生态文明建设，京口环保部门切实强化对违法企业的处罚力度，对违反环保相关法律法规的行为，坚决依法处理。大力实施重点企业污染治理，关闭化工企业1家。同时，开展重点污染源监察，对京口、谏壁两个污水处理厂，每家每月不少于2次监督监察，确保能够达标排放、污泥规范化处置；对国控污染源企业，同样每月不少于2次监督监察，确保各项污染治理设施运行正常，进一步规范化管理危险废物。

继续深化东部地区大气环境综合整治。根据市环保局2011年委托省环境科学研究院研究并编制的《镇江市东部地区环境空气质量调查与异味污染控制措施研究报告》，京口区环保局2012年开展“镇江市东部地区大气污染源综合整治两年行动”。

全面进行水环境综合整治。2013年9月以来，根据制定的《京口区水环境综合整治工作方案》，对辖区内的11条骨干河流水系进行综合整治，重点对虹桥港和玉带河制定“一河一策”，在污染源摸底调查、提升截污纳管能力、完善雨污分流改造、实施清淤工程以及加强日常管护方面提出具体要求和完成时限。

此外，京口加强对固废的监督管理，完成固体废物转移申请442起，全面规范区域内产废单位的环境行为。及时处置协调并化解两起跨界倾倒固废污染事件。加大对建筑工地施工的管理，有计划地对辖区噪声敏感区域内的施工工地采取巡查、突查等方式进行现场监督执法检查，严禁未经许可的夜间施工，从源头上控制施工噪声扰民。加大生态建设和修复力度，去年新增设施农业面积34公顷，秸秆综合利用率达96.8%。京岘山主题公园一期基本建成，宗泽纪念公园示范区建成开放。

2月20日

▲ **《镇江日报》报道《朱晓明督查谏壁片区生态环境整治，强调一定要让群众满意》**内容摘要：谏壁片区生态环境综合整治，既是推进生态文明建设的重点工程，也是改善人居环境的民心工程。18日下午，市长朱晓明带领相关地区和部门主要负责同志，进行现场推进。她强调，一定要站在苏南现代化示范区建设的高度，深刻认识这项工作的重要性，突出难点重点、排实工程项目、有序高效推进，坚决打赢这场硬仗，确保让周边群众看到希望、感到高兴，让全市人民看到亮点、看到成效。

朱晓明一行顶风冒雪，现场查看镇澄路、谏壁节制闸改造工程、谏辛公路中压燃气施工现场和华诚新村二区二期安置房备选地块。每到一处，她都详细了解工程的规划设计、施工组织等情况以及存在的问题，并逐一现场指导和调度。

在随后的调度推进会上，谏壁片区生态环境综合整治指挥部各成员单位及其办公室分别汇报工作进展情况、存在的问题以及下一步工作打算。朱晓明在讲话中强调指出，谏壁片区生态环境综合整治是我市生态文明综合改革试点的标志性项目，目前整治工作全面展开，动作快、基础实，一定要下定决心，强力推进，着力在四个方面狠抓落实：一是主攻重点难点。创新思路、办法和渠道，统筹考虑土地、资金等要素保障，切实抓好规划布局、道路改造提升、企业治污和淘汰落后产能、居民搬迁和安置房建设，加大向上争取力度，确保各项工作按时按质落实到位。二是完善工作机制。紧紧围绕年度计划任务，市整治领导小组每月调度推进，整治指挥部每半月督查推进，指挥部办公室每周落实推进，确保责任到人、环环相扣。三是加强团结协作。部门之间、条块之间要强化协作意识，分工不分家，各司其职，联动推进，形成工作合力。四是严格遵守纪律。按照党的群众路线教育实践活动要求，进一步加强作风建设和队伍建设，严肃工作纪律、财经纪律，提高工作效率，确保工程质量。

副市长、谏壁片区生态环境综合整治指挥部指挥长雷志强参加调研并提出具体工作要求。

2月24日

▲ **《镇江日报》报道《京口建成全国首个网上健康体验馆》**内容摘要：京口区卫计局近日上线运行的网上健康体验馆，运用动画、游戏、幻灯片等形式，融健康教育于休闲娱乐中，受到辖区内外青少年及成年网友的普遍欢迎。据悉，这是全国首个网上健康教育体验馆，也是省内领先、全国一流，直观、互动的大型公众健康教育基地。围绕“健康镇江、幸福京口”的工作任务，京口区卫生和人口计生局、区疾控中心继去年3月建成全市首个实体健康教育馆后，在市卫生局、疾控中心的支持和指导下，创新健康教育模式，收集健康知识要点，利用现代动漫等技术，构筑一个温馨、新颖、易于公众接受的网上健康知识殿堂。体检馆（又称网上健康广场）总投资150万元，以“我的健康我做主”为指导思想，设计健康书屋、健康影院、健康乐园、健康讲堂和健康信息五大板块，提供网上健康知识查阅、健康宣传片点播、健康生活方式互动体验功能。达到寓教于乐的目的，不断提高群众的健康知识知晓率、健康行为形成率。

2月28日

▲ **《镇江日报》报道《京口两街道被命名为全国社区教育示范街道》**内容摘要：京口区健康路街道和四牌楼街道，被中国成人教育协会社区教育专业委员会命名为“全国社区教育示范街道（乡镇）”。此次全国评出37家全国社区教育示范街道（乡镇），京口区独占2席，

表明京口区社区教育的实力和成绩。

3月6日

▲ **《镇江日报》“看京口”报道《京口区团委荣获“江苏省青年志愿服务事业贡献奖”》**内容摘要：近日，共青团江苏省委员会、江苏省志愿者协会联合发文，表彰2013年度江苏省优秀青年志愿项目、集体和个人，京口区团委荣获“江苏省青年志愿服务事业贡献奖”，为镇江市唯一获得该奖项的辖市区。

3月11日

▲ **《镇江日报》报道《京口群众路线教育实践“知行合一”》内容摘要：**京口区开展群众路线教育实践活动，以“知行合一”的要求，注重教育和实践并重，着力增强党员干部的思想和行动自觉，引导全区党员将为民的理念转化为服务的行动，真正为群众谋福祉、让群众得实惠。

自选动作创特色扎深根。京口区参加实践教育活动单位涉及8个街道（园区），50个区级机关部门，65个村和社区，县处级干部35名，乡科级干部423名，基层党组织718个，党员1.2万多名。该区多次召开领导小组会议、区委常委会议专题研究全区教育实践活动，提出实现“三个确保”目标，即确保活动圆满成功，规定动作一丝不苟、扎实到位，自选动作出亮点、体现特色；确保社会稳定不出任何事情；确保今年各项重要任务超额完成。同时，把“五个很”（很认真、很投入、很细致、很实在、很到位）贯穿于活动的每个环节，努力打造教育实践活动的“京口高度”。同时，区委常委以身作则，区委常委会作出“六个带头”公开承诺，为全区做出表率。目前，区委常委、党员副区长联系点13个，实现街道（园区）全覆盖。全区58个参学单位正强化领导责任，实现活动高起点开局。

擦亮“两网”管理金字招牌。走好群众路线就是要做好服务。京口正以群众更加便利、群众更加满意为标准，进一步创新工作机制和办法，结合基层服务型党组织建设，不断完善、丰富、提升“两网”管理服务内涵，把“两网”服务品牌做深、做细、做实。2月10日，省委书记罗志军调研四牌楼街道江一社区时要求：要把“两网”管理服务这块金字招牌擦得更亮。怎样才能真正把服务品牌做深、做细、做实？江一社区目前已经行动起来。新一轮的网格长登记和推选工作正在进行。网格长人数由原来的101人增加到108人。“网格长任免名单”最终敲定也要等到本月28日。这相比与此前的人选敲定，推选“漫长”而慎重。推选方式由原来的组织考察推荐转变为现在的自荐，基层民主观念进一步加强。

做实“京口先锋”服务载体。在教育实践活动中，大力开展“双争双先——京口先锋在行动”主题实践活动，引导党员将为民的理念转化为服务的行动。3月2日，“京口先锋”志愿服务进社区活动在龙吟坊南广场拉开序幕，20多支以党团员为主的志愿服务队，集中展示“京口先锋”为民服务的时代风采。

3月13日

▲ **《京江晚报》报道《“两网”品牌创成“京口经验”》**内容摘要：“网格化管理、网络化服务”是京口区自2010年起探索出的社区“两网”管理新路径。这种创新的社会管理模式不仅有助于网格内居民自我管理和互助服务，构建和谐的邻里关系，更因其诸多创新之处被评为“第二届全国基层党建创新案例最佳案例”。

3月19日

▲ **《镇江日报》报道《京口“两网”治理服务将再出新举措》**内容摘要：京口区召开进一步深化提升“两网”治理服务工作会议。“两网”治理服务将再出新举措，将这块服务招牌擦得更亮。

“网格化管理、网络化服务”社会管理模式已在京口运行5年，下一步京口区将紧扣联系居民、服务居民、提升为民服务效果、提升社区治理水平的“两居两提升”目标，实施“四三三计划”。

市委副书记、政法委书记李茂川出席座谈调研。他指出，从实践上看，“两网”融合是当下社会治理模式的有效创新，已被市委作为一种党的群众路线教育实践活动的成果在推广。这种管理模式具有强大的生命力，值得提升推进。“两网”是“打通社区最后一千米”的有效抓手，资源和功能值得进一步整理和完善。提升工作应注意做到：建立一个综合性平台，在机制、功能、运作上确保上下贯通，每一个个体不成为孤岛；“两网”要深度共融，上网和上门共同发力；形成比较好的运行机制，相关部门履行好职责，各部门围绕社会治理的要求出主意、想办法，最终将这项推进工作形成一个成熟的方案，使“两网”品牌在京口拿出一个样板，推而广之。

3月31日

▲ **《镇江日报》报道《杨省世现场推进谏壁片区生态环境综合整治时强调 以工作实效检验能力水平》**内容摘要：市委书记、市人大常委会主任杨省世率相关辖市区和市有关部门主要负责同志，现场推进谏壁片区生态环境综合整治，要求抓住重点难点，讲究方式方法，强化统筹协调，以强烈的责任意识和勇于担当、顽强拼搏的精气神扎实推进，确保尽快见效。

杨省世一行查看现场后召开座谈会。在详细听取有关情况汇报后，杨省世充分肯定谏壁片区综合整治前期工作扎实，项目推进有力度、有速度、有质量，呈现良好的精神状态和谋事干事的浓厚氛围。他指出，谏壁片区整治牵涉部门和单位多，利益关系复杂，必须统筹兼顾，分清难易缓急，综合协调推进。要突出抓好大气污染治理这个重中之重，企业、属地政府和职能部门各负其责，紧密配合、舍得投入，因企施策、分类推进，推动片区空气质量实现根本性改善。高度重视集镇环境整治、基础设施配套、景观绿化提升等基础工程，高标准、高质量办好民生实事，打造生态文明建设新亮点。千方百计破解资金和土地难题，为整治工作有序推进提供要素保障。对谏壁集镇的未来发展，杨省世要求紧紧抓住新型城镇化战略机遇，坚持产城融合和绿色低碳导向，加快向资源节约、环境友好型生态镇转变。

杨省世强调，谏壁片区生态

环境综合整治是打基础利长远惠民生的实事，也是干部干事创业的平台、检验能力水平的舞台。要以办法总比困难多的信心、“白加黑”的精神和敢于攻坚的姿态，扎扎实实抓好每一项整治任务，通过坚持不懈的努力，让人民群众不断看到新变化。

市委常委、秘书长李雪峰参加现场推进活动。副市长、谏壁片区生态环境综合整治指挥部指挥长雷志强就有关工作做具体部署。

▲ **《新华日报》报道《江苏镇江市京口区：党代表“会上负责”还要“会后尽责”》**内容摘要：党代表工作室是京口区落实党代表任期制工作的又一重要举措，这让182名各级党代表不仅“会上负责”，而且“会后尽责”，成为党情民意的“全程代表”。通过开展“三问三访”（主动问政于民、问需于民、问计于民，做到选区党员遍访、开放日集中接访、重大诉求代访）活动，党代表工作有载体，群众诉求有门路，党员与群众之间真正有一座“连心桥”。

目前，该区已建成各类党代表工作室166个，其中，15个区委直属党（工）委、65个村（社区）全部建立党代表工作室，11个有一定专长的党代表建立个人工作室。各级党代表全部进驻工作室开展活动，实现领域全覆盖、代表全参与、作用全发挥。

与此同时，该区制定完善党代表工作室工作流程和运行机制，明确实体党代表工作室建设标准，全面做到有固定场地、有统一标识、有工作队伍、有完善制度、有台账记录，按照“党代表照片公开、联系方式公开、工作制度公开、工作规范公开、活动安排公开”的要求，全面推动党代表工作室建设。

4月2日

▲ **《镇江日报》报道《市领导赴京口调研经济社会发展》**内容摘要：市委常委、常务副市长张洪水率领市发改委、国资委、财政局、国土局、人社局、金融办等有关负责人赴京口区调研经济社会发展情况，协调解决有关发展问题。

京口区2014年一季度预计主要经济指标顺利实现“开门红”，完成固定资产投资86.2亿元，增长23%，占市计划的27.8%；产业类实际到位外资8418万美元，占市计划的56.1%。项目建设进展顺利，22个在建项目预计一季度完成投资16.8亿元，占年计划的25.1%。

张洪水充分肯定京口区良好的发展势头和干部干事创业的精气神，并对京口区提出的关于财政体制调整、新民洲政策、“两网”治理服务提升、税费减免等问题进行协调解决。他要求京口区要以发展的眼光看问题，宏观考虑、大处着眼，整合现有资源，以改革创新的精神，集中智慧和力量解决发展中的难题，推动京口区经济社会又好又快发展。

4月8日

▲ **《镇江日报》“看京口”报道《京口开展庆“五一”系列活动 将推荐20名农民工免费上大学》**内容摘要：为隆重庆祝即将到来的“五一”国际劳动节，团结引领全区广大职工全力投身“苏南一流、跻身十强、人民满意”的现代化新京口建设，区总工会联合区文明办、发改经信委、教育局、民政局、安监局、卫生局等部门，在“五一”期间举办系列活动，目前一些活动已先期启动或正在紧张筹备。除摄影大赛，京口开展的庆“五一”系列活动还包括：开展“工会就在你身边・职工维权直通车”活动，在各街道、园区全面建立职工（农民工）免费维权代理站，在300人以上企业建立调解中心，从而形成一般性职工维权事项在企业内部消化，较大的职工维权事项由京口职工法律援助中心（金华通律师事务所）全程免费代理。开展“窗口”行业规范化服务劳动立功竞赛，在全区环卫、物业管理、医院、人社、社区服务中心等重点“窗口”行业全面开展“优质规范、高效文明”为主题的劳动立功竞赛。开展“劳模精神”“三进”（进企业、进校园、进社区）活动，通过多种劳模事迹宣讲形式，培育和弘扬劳动光荣、劳动最美的时代新风，践行社会主义核心价值观。开展共决企业规章制度大巡查，区总工会联合区法院、区人社局建立劳动规章制度法律效力评估小组，在全区25人以上生产经营正常的企业开展共决企业规章制度大巡查活动，努力使企业的规章制度经过职代会或职工大会讨论，促进企业民主管理。全面实施企业工资集体协商，建立企业工资集体协商指导室，全区25人以上生产经营正常独立建会企业全部签订工资协商集体合同，企业工资集体协商制度覆盖面95%以上，力争在岗职工人均工资比上年提高2个百分点。开展企业星级工会主席评定活动，根据不同星级分别给予相应的奖励。开展以维护职工身心健康、职业病防治为重点内容的“安康杯”竞赛活动，力争企业参赛面达到90%以上。开展“春季关爱职工”活动，推荐20名农民工免费上大学；为500名女职工免费体检；为600名职工免费技能培训；为近800名困难职工免费赠送职工重大疾病和女职工特殊疾病互助互济保障卡。

4月9日

▲ **《镇江日报》“看京口”报道《京口商贸业蓄势待发》**内容摘要：强化项目支撑，全力推进重点项目；做好企业服务，加快提升外经外贸工作水平；加快转变角色，提升菜市场管理和建设专业水平。2014年京口商贸业蓄势待发。

该区对外资项目进行初排，其中在建项目5个，在手在谈项目10个左右，力争完成2.75亿美元，增长5%。外贸方面，在抓牢每个月4000万至5000万美元基准数据的基础上，努力培植中储粮进口、爱励产品出口和天环副食品进口等新增长点。此外，商贸项目力争完成246亿元，增长13%；境外投资720万美元，增长20%；服务外包执行额2.08亿美元，增长10%。

目前，区商务局对在手在谈较成熟的项目抓推进，提前完善项目报批手续，配合项目落户启动报批。做好企业服务，加快提升外经外贸工作水平。一方面，在巩固去年新有的外贸增长点外，对尚无形成业绩增长的企业加大指导和服务力度，尽快形成进出口额；另一方面，充分利用省、市加大对外贸、外经企业的扶持政策，全力为辖区企业争取各类商务资金，并及时督促拨付兑现到位。打造品牌特色，努力建成服务外包特色基地，使之成为省级服务外包示范区，2014年，将重点围绕大禹山信威无线产业园项目建设，积极与省、市服务外包部门沟通协调，争取打造“航空航天信息服务外包示范基地”，不断突出品牌特色。此外，对现有企业通过政策引导扶持等手段加快培植，鼓励做强做大。

区商务局还将主动适应角色转变，积极协助城管部门继续抓好面上的菜市场管理工作。将进一步做好对上对下协调工作，着力推进中建大观邻里中心的建设，在理顺各方矛盾的前提下，推进中南御锦城菜市场建设，力争2014年年底竣工运营；做好北固湾菜市场的定点、规划和设计工作，争取2015年建成运营。

4月16日

**《镇江日报》 “看京口”报道《吕国泰被授予省“特色文化标兵”》**内容摘要：从京口区传出喜讯：带领团队“八上央视”的康盛剧社社长吕国泰，因在传承传统戏剧文化和推动地方特色文化建设方面做出突出贡献，近日被省文化厅授予“江苏省特色文化标兵”荣誉称号。此次全省只有8人获此殊荣，吕国泰是镇江市唯一一名入选者。

4月21日

**▲ 《镇江日报》“看京口”报道《区委书记给“村官”上党课》**内容摘要：基层开展群众路线教育实践活动的效果如何，舞好“龙头”是关键。在京口区17日起举办的基层党组织书记教育实践活动专题培训班上，区委书记裔玉乾作开班动员并为全区65名村（社区）党组织书记、35名非公企业党组织书记上一堂“改进工作作风，贵在求真务实”的主题党课，激励“村官”们进一步解放思想，转变作风，真抓实干，当好群众的主心骨、发展的领头雁、稳定的顶梁柱。

“基层党支部书记是一个非常辛苦、非常重要的岗位……” “俗话说，村看村，户看户，群众看干部，干部看书记。”党课一开始，裔玉乾就从基层党组织书记是关系基层组织强不强的关键、是关系党的形象好不好的基石、是关系群众利益能否最大化的根本、是关系基层社会稳不稳的保障四个方面，论述基层党支部书记“岗位很重要，责任很重大”。精确的概括，平实的语言，瞬间就拉近与受训“村官”的心理距离。

随后，裔玉乾从增强大局观、坚持求真务实两个方面展开，阐述如何进一步夯实基层基础，提升党组织书记的履职能力。2014年以来，京口区委、区政府围绕建设苏南现代化示范区的目标，提出“稳中奋进、改革创新”的主基调、“全面改革创新、突出高效投入、强化提质增效”的工作核心要求和“五个硬”（科学发展是硬道理、改善民生是硬任务、科技人才是硬支撑、求真务实是硬作风、解决问题是硬本领）的工作导向，奋力朝着“苏南一流、跻身十强、人民满意”的奋斗目标迈进。“不谋全局者，不足谋一域”。裔玉乾告诫“村官”们，要切实增强在岗履责、在岗尽责的责任感和使命感。级别虽低，志气不能低，要确立更高追求，在各项工作上创造新经验、打造新品牌；区域虽小，作为不能小，要力求更大作为，从群众中汲取工作智慧，创新开展工作。

“大家虽然身处群众中，与群众朝夕相处，但并不代表就不需要强化群众观念。”裔玉乾谈问题毫不避讳。在列举少数干部身在基层不接地气，用上网代替上门，用通话代替见面；工作不专心，在位不在岗，群众有事找不到人等现象后，裔玉乾勉励大家通过扎实开展教育实践活动，不断强化群众观点，对群众的呼声真心听，对群众的困难真心帮，对惠及群众的实事真心办，争做与群众语言相通、情感相通、心灵相通的“贴心书记”；带头团结干事，带头反对“四风”，带头廉洁自律，始终保持对党组织、对岗位、对人民的敬畏之心，守住廉政的底线。

4月25日

**▲ 《镇江日报》报道《朱晓明赴京口区调度推进重点项目》**内容摘要：市长朱晓明带领市有关部门主要负责同志，赴京口区专题推进项目建设。她强调，要咬定目标不放松，把重大产业项目和产业“三集”园区建设作为重要抓手，浓厚氛围，强化责任，完善机制，确保全面完成全年目标任务。

18日上午，朱晓明一行实地察看飞驰冷藏车搬迁技改扩产项目现场，观看冷藏车、奔驰商务车等代表性产品，鼓励企业加快项目建设，争取早竣工、早投产、早见效。在华夏麒麟产业园，朱晓明实地了解中小企业信息产业园和中小企业总部基地规划情况，勉励园区加快引进中小企业，加强人员培训，打造专业化的服务团队。23日下午，朱晓明一行到京口网商虚拟产业园，听取园区在服务小微企业、网商自贸区等情况，要求进一步做实核心功能，形成网上虚拟产业集群。随后，来到京口高创中心，了解名通信息科技、易乐网络科技等运营情况，当得知镇江在网页游戏产业走在全国前列时，她十分高兴，鼓励企业树立长远眼光，进一步做大做强。

在随后召开的调度推进会上，朱晓明在认真听取有关情况汇报后指出，京口区既是中心城区，也是转型升级的重要板块，一定要充分发挥独特优势，为全市现代化建设做出更大贡献。她要求，京口区要咬定全年目标任务不放松，进一步加大重点产业项目推进力度，倒排工期，跟踪督查，确保进度；进一步加强招商引资工作，认真研究产业政策和项目建设规律，突出抓好龙头企业和产业链招商，形成招引项目的浓厚氛围；进一步强化载体建设，提升产业“三集”园区市场化运作、产业招引、项目服务、集中展示、配套服务的专业化水平。

会上，对京口区提出的有关问题，朱晓明当场就其中的大部分给予明确答复，商定解决办法；对需要进一步研究协调的问题，她明确要求市有关部门全力服务，切实有效加以解决，积极支持京口区加快发展。

4月28日

**▲ 《人民日报（海外版）》报道《江苏镇江“京口讲坛”打造教育实践活动好形式》**内容摘要：

江苏镇江京口区“京口讲坛”在江科大演讲台举行。会场座无虚席，鸦雀无声，与往期讲坛不同的是，本期讲坛的主讲人既不是专家教授，也不是上级领导，而是该区四牌楼街道党工委书记王永平。全区300多名副科级以上干部一同认真聆听此次报告。本次讲坛揭开该区先进事迹报告会的序幕，也标志着该区“身边人讲身边事，身边事教身边人”活动正式启动。

为深入推进群众路线教育实践活动，京口区在充分调研论证、广泛听取各方意见的基础上，区委常委会讨论通过关于选树先进典型、激发干群干事创业热情的议题，决定在全区选树扎根基层、敬业奉献、为民服务的3名先进典型，他们是王永平、卜美琴和黎振定。其中：卜美琴现任正东路街道酒海街社区党委书记，江苏省劳动模范。自1994年通过公开招聘到酒海街社区担任主任助理后，这一干就是20年，其间，她尽心尽责履行工作职责，全面提升社区管理水平，在平凡的工作岗位上干出不平凡的业绩；今年68岁的黎振定自退休后，近10年来一直心系群众、服务居民，他加入社区夕阳红巡逻队，并担任队长一职，起早贪黑保一方平安，他还义务照顾社区孤寡老人、特困群众，赢得群众的交口赞誉，黎振定被评为镇江市“优秀志愿者”；王永平身上折射出来的优秀品质，可以用“三心”来概括，即有一颗为民服务的爱心、有一颗强烈的责任心和有一颗积极进取的上进心。

▲ **《镇江日报》报道《杨省世会见中国中小企业协会领导》**内容摘要：市委书记杨省世会见中国中小企业协会会长李子彬、常务副会长张竞强一行，双方就建立中小企业载体平台、促进本市产业结构调整交换意见。

杨省世对李子彬一行到镇考察表示欢迎，并介绍该市中小企业现状及产业结构调整情况。他说，一个地区的活力、创新，需要依靠中小企业的发展。在对经济的贡献率、地方的就业等方面，中小企业都发挥巨大的作用。镇江处于产业结构调整期，企业结构正在发生变化，中小企业也在依托平台载体和政策支持加快发展。杨省世表示，镇江市委、市政府将营造优质的发展环境，为中小企业发展创造良好条件；学习其他先进地区发展中小企业的经验，使中小企业成为镇江后续发展的支撑。

李子彬分析目前中小企业的发展现状，对该市建立中小企业产业园区等做法表示肯定，并希望我市深化产业结构调整，加强载体平台建设，进一步促进中小企业的发展。

5月7日

▲ **《镇江日报》“看京口”报道《京口“六大行动”开展教育实践分类指导》**内容摘要：教育实践活动开展以来，京口区坚持从实际出发，突出分类指导，针对不同层级、不同领域、不同对象提出不同目标要求，力求活动不虚不空不偏、不走过场，取得实实在在的效果。

开展“以身作则我先行”行动。在乡科级以上领导机关、领导班子和领导干部中，围绕聚焦反对“四风”，办好“京口讲坛”，选树“京口先锋”先进典型，广泛开展“真学真改真用”交流研讨活动，补好党员干部的精神之“钙”。广泛开展“走转连”“真·实”等活动，推动全区422名乡科级以上干部、178名党代表，结对65个社区（村）、422户群众、122家企业，进一步深入基层接地气、沉到一线促发展、服务群众连民心。

开展“和谐共建我先行”行动。在街道、社区党组织和党员中，围绕和谐社区建设，放大“两网”联系服务群众优势，在全区577个网格中普遍开展户外党课、设立民情日记簿、发放连心卡；升级65个“网上居（村）委会”，建立社区QQ群、微信、微博等开放平台。全面启动“文明进万家”活动，推动干部下沉、包片包点、限时办成，解决居民反映强烈的热点难点焦点问题，推动学习教育、征求意见、即知即改、评议评判进“两网”。

开展“强村富民我先行”行动。抓住村集体增资、农民增收，消除农村低收入人口和贫困群体这个重点，健全“四个一”民情沟通联系服务群众机制，通过各级党员沉下去干、结对子帮、走进去做，为农民增收入，让农民得实惠，打通联系服务群众“最后一千米”。

开展“服务群众我先行”行动。深化“京口先锋”党员志愿服务活动，结合基层党组织统一活动日，组织1800多名机关在职党员到社区报到，认领5大类40余项志愿服务岗位。

开展“诚信服务我先行”行动。开展“三亮三比”活动，对照群众反映最突出问题，压缩审批事项、精简审批环节、规范服务标准、提升服务品质，提高管理和服务效能，打造一流服务环境。

开展“推动发展我先行”行动。在“两新”党组织和党员中，围绕“党组织形象展示年”和“四服务四提升”活动，广泛开展“双挂双亮双服务”活动，深入学习研讨红豆集团党建经验、陈惠芬“融合工作法”，开展“四服务四提升”大讨论，多渠道征求意见建议。坚持分类推进，在非公有制企业党组织中持续开展“双强六好”创建，做实AAAAA级评估管理；在社会组织中大力实施“公信力工程”，推动“两新”党组织和党员展形象、比业绩活动，发挥示范带头作用。

5月12日

▲ **《镇江日报》“看京口”报道《教育实践活动“随堂测验”检验干部真学真用真改》**内容摘要：采取“随堂测验”的方式，由区委书记随机点名让干部谈教育实践活动“学用改”的体会，促进全区党员领导干部提高对教育实践活动的认识，做到自觉主动、务求实效、不走过场。日前召开的京口区“真学真用真改”交流研讨会，这种创新的方式令人耳目一新。

“随堂测验”开始前，京口区委书记裔玉乾、区长黄万荣等四套班子主要领导带头谈各自对“学用改”的经验和体会，给与会党员领导干部“放样子”。谈到即知即改时，裔玉乾结合京口经济发展实际指出，遇到问题，拖着迟迟不改，小问题就会变成大问题，容易解决的问题就会成为老大难问题。对项目建设中的问题，他做到亲自调度协调、即知即改。面对镇江无线产业园项目出现的问题，迅速应对，引进中国中小企业信息产业园。及时纠正华夏产业园项目建设问题，果断决策，停止其房地产销售。有效解决中储粮资产划拨问题、新民洲开港问题，积极协调爱励铝业项目建设中的问题。针对财政实力不足的问题，狠抓招商引税，成立中国中小企业（京口）总部基地，研究出台总部经济优惠政策，加大对总部销售、中介服务业、规划设计、律师服务、物流业、建筑安装业等重点行业的引税工作，提高招商引税实效。

区领导带头后，被随机点到的11位单位“一把手”作“真学真用真改”交流。11位“一把手”都较好地结合前期学习、查摆问题情况和工作实际，深刻剖析问题，提出务实可操作的整改办法。

据京口区教育实践活动办公室副主任、区委组织部副部长盛杰介绍，开展群众路线教育实践活动以来，区领导以身作则，全区8个街道（园区），50个区级机关部门，65个村和社区涉及的所有党员干部，均按照很认真、很投入、很细致、很实在、很到位“五个很”的要求，抓好教育实践活动的每个环节，切实做到真学真用真改。

5月14日

▲ **《镇江日报》报道《京口经济增势稳中有进》**内容摘要：截至目前，全区大项目稳步推进，利用外资进度过半，整体经济增势稳中有进。

根据年初拟定的全区亿元以上产业类项目月推进计划，45个在建、签约项目中，1月到4月份达到序时进度的项目有27个，占计划的60%，完成投资（上报数）为30.054亿元。其中在建项目22个，签约项目23个。在建的工业类项目中，镇江飞驰汽车集团有限公司的冷藏车搬迁技改扩产项目，目前厂房设备已基本完成施工，进入调试阶段，预计下个月可以竣工投产。在建的服务业项目中，中国中小企业信息产业园，一期产业研发样板区部分产业楼已竣工，产业研发区其余区域和商业办公区产业科技大厦等待全面复工。目前已有近20家企业达成初步入驻意向。作为全区重点在谈项目，总投资2.27亿元的招商市场时尚购物广场项目和总投资10亿元的金融担保项目已按序时签约。

按序时推进的项目中，汽车用铝合金板（爱励二期）、油品仓储物流、分布式光伏发电、航空板深加工4个项目进展良好。

京口区在一季度利用外资实现“开门红”的强势开局下，4月份开始继续保持良好态势。京口区商务局长虞军介绍，从2014年4月底开始，镇江市统计利用外资情况划分成三类，分别是产业类实到外资、其他类实到外资和协议外资。靠大项目支撑，截至目前，京口区实到外资（上报数）为9418美元，完成全年计划的62.8%。1到3月份，该区就已实现协议利用外资1.04亿美元，完成全年计划的69.4%，稳超序时进度。另外，为挖掘推进其他类实到外资，京口区正加快促进兆和皇冠花园项目、台湾海峡两岸（镇江）文化创意产业园项目、孟家湾地块项目。

1月到4月份，全区预计固定资产投资116亿元，增幅25%，比全市计划高5个百分点，占全区计划36.8%。其中产业类投资68亿元，占区计划54.2%。全区财政公共预算收入59574万元，同比增长4.27%，完成全年计划30.49%。其中来自第三产业的税收占总税收的75%。

5月16日

▲ **《镇江日报》“看京口”报道《京口通过知识产权强区工程试点考核》**内容摘要：省知识产权局组织专家对京口区国家知识产权强县工程试点区工作进行考查。与会专家严格对照实施方案，通过听取汇报、审阅资料和提问交流，一致认为京口区知识产权强县工程试点工作特色明显、成效显著，完成国家知识产权强县工程试点区建设的各项目标任务。国家知识产权局专利管理司司长马维野应邀指导。

2012年列入国家知识产权强区工程试点区以来，京口区始终将实施知识产权强区工程作为推进创新驱动战略、建设创新京口的重要抓手，知识产权工作基础进一步夯实、发展环境进一步优化、对经济社会的推动力进一步凸显。2013年，该区全社会研发投入占GDP比重达2.66%，高新技术产业产值占规模以上工业产值的比重达42.3%；万人发明专利拥有量达34.47件，百亿元GDP专利授权数达460件，PCT专利申请8件，3项指标连续多年位列全市首位；版权作品自愿登记12件，商标申请502件，获驰名商标2个，著名商标20个。先后通过9次国家科技进步考核、省知识产权示范区验收，荣获省知识产权工作先进集体、省知识产权宣传培训工作先进单位等多项荣誉。

完善知识产权服务体系。京口大力实施知识产权战略，健全组织、责任、保障和推进四大体系。先后引进南京苏高、上海联瑞等专利代理机构5家，知识产权公共服务网络基本健全，实现大中型企业知识产权工作站、工程师流动站全覆盖，全区专利代理率达63.4%；将知识产权专项经费纳入财政预算并逐年加大投入力度，出台一系列促进区域知识产权发展的规范性文件。加大专题培训力度，全区知识产权工程师达63名，知识产权后备人才13人，建成市级企业知识产权工作站5个。

强化企业创新主体地位。该区围绕产业“三集”发展，支持企业与国内外高校、科研院所共建研发平台，共接重大科技项目，建立定点帮扶、一企一策、一企一训的企业知识产权工作模式。两年来，全区申请专利8318件，其中发明专利申请量4204件；专利授权总量3436件，其中发明专利授权937件，继续位居全市前列。2013年，为企业争取各级科技扶持资金4024万元，帮助企业知识产权质押融资1800万元。

营造良好知识产权环境。京口加大知识产权执法力度，试点期间调处专利纠纷5件，累计开展专利执法检查20余次，检查商品、药品1000余件，立案查处知识产权假冒专利商品59件，结案率达100%。加大知识产权保护力度，全区每年专利投保企业5家以上、专利托管签约企业5—8家，4家企业被省知识产权、工商等四部门联合认定为正版正货承诺示范单位。

▲ 《镇江日报》报道《“苏馨家园”残疾人综合服务中心启用》内容摘要：全国第24个助残日来临前夕，15日上午，京口区正东路街道“苏馨家园”残疾人综合服务中心正式启用，将更好满足辖区残疾人康复、托养、文化等方面的服务需求。活动现场还举办庇护性就业协议签字仪式，并向辖区残疾人代表赠送2台电脑和200册图书。

据了解，“苏馨家园”残疾人综合服务中心位于酒海街48—1号，占地面积300平方米，总投资500余万元，2014年3月完成建设，4月开始试运行，累计服务辖区残疾人200余人次。中心内部设有日间照料休息室、康复训练室、文体活动室、庇护就业操作室、图书阅览室等房间，为辖区753名残障人士提供集康复训练、庇护性就业、日间照料及文体活动“四位一体”的服务内容。

“苏馨家园”残疾人综合服务中心除每周开放3天、接待辖区残疾人外，还为每位进入中心接受服务的残疾人提供免费午餐一份，庇护性就业机会一个。服务中心在主城区尚属首家。自试运行以来，已开展庇护性就业8次，残疾人人均收入近100元。

5月20日

▲ 《人民网—中国共产党新闻网》报道《江苏省镇江市京口区：“一把手”真学真用真改 开展学习教育“回头看”》内容摘要：江苏省镇江市京口区各级党组织“一把手”认真做好学习教育“回头看”工作，带头真学、真用、真改，确保全区党员干部学深学透，学以致用，改出成效。

“一把手”带头真学，在思想上悟原理、触灵魂、受洗礼。坚持认认真真学，原原本本、酌字酌句温习党的群众路线教育实践活动规定书目、习总书记系列讲话精神以及《致加西亚的信》《细节决定成败》《创意思维》三本书；坚持挤出时间自学。在组织集中学习的同时，“一把手”带头注重“自学”，充分利用晚上、周末、放假时间学习，保证每天学习不少于1小时；坚持对照典型学。组织开展“京口讲坛”，邀请身边人讲基层“故事”，把改作风的要求转化为可触摸、可感知、可学习的鲜活样本，增强学习的实效性。

“一把手”带头真用，在实践中树导向、抓落实、促创新。全面落实习总书记“不唯GDP论英雄”，“要更加注重发展的质量和效益”的要求，树立科学的政绩观，始终立足京口实际调整发展方式，对“政绩工程”“面子工程”坚决纠正，整改不了的还要停工。始终坚持“两必须、两强化”，必须生态环保优先、必须资源节约高效，强化地方财税贡献、强化居民就业收入。促进产业转型升级、提质增效。倡导“功成不必在我”的理念，淡化私心、私利、私欲，防止短期行为、竭泽而渔，多做打基础、利长远的事情，扎扎实实为京口发展、为百姓民生兴办实事。

“一把手”带头真改，在工作中干实事、解难题、改作风。真改是检验真学、真用效果的最重要标准。在发展经济方面，针对投入不足，发展后劲不足的问题，狠抓项目建设和招商引资；针对人才层次不够，绩效不高的问题，深入开展“金凤凰”活动；针对财政实力不强的问题，狠抓招商引税。在为民服务方面，狠抓“两网”治理服务提升工作，扎实推进“真·实”活动和文明进万家活动。在改进作风方面，带头深入一线，开展调查研究，三解三促，现场办公，解决实际问题；带头改进作风，严格执行“八项规定”、精文简会等规定；对征求到的118个群众反映强烈的突出问题进行集中交办、限时办理、分批公示，做到坚决议、马上议、创造条件主动议。

5月22日

▲ 《镇江日报》“看京口”报道《京口着力打造“总部经济”》内容摘要：京口区组成招商小分队，在区委书记裔玉乾的带领下，专程赴上海进行“总部型经济”专题招商。招商人员在沪拜会多家重点服务业企业，就一批零售型、物流型以及文化创意公司、设计公司、咨询公司入驻中国中小企业（京口）总部基地进行洽谈，并取得实质性进展。

发展“总部经济”是京口的一项重要战略决策。自中国中小企业（京口）总部基地启动以来，京口区委、区政府高度重视，成立区总部经济发展领导小组，由区主要领导任组长，负责决定总部经济发展规划、政策制定、资金安排和调度等重大问题。设立中小企业专项扶持资金，并制定相应管理办法。区领导带头招商引资，并鼓励全区各街道、园区加大总部型企业招引力度。新民洲港口产业园区不断优化投资环境，着力提升服务水平，筹备成立一家专业化的服务平台公司，快捷代办注册登记等手续，切实为企业提供“一条龙”服务。

与此同时，为吸引更多总部型企业落户京口，实现产业结构调整和发展方式转型升级，该区日前制订出台《关于建设中国中小企业（京口）总部基地的实施意见》，对总部基地的总体目标、总部企业认定、总部企业的扶持政策等作详细规定。据了解，该区目前已在新民洲建设发展中国中小企业（京口）总部基地，其中一期占地5.33公顷，建筑面积5万平方米，已建成办公区、研发区、生活区等多种功能区域，二期将根据经济发展状况扩大建设规模，力争3—5年内，总部机构数量明显增加、集聚效应不断放大，新民洲成为京口快速高效发展的重要增长极。

经过全区上下的共同努力，自4月29日总部基地启动以来，现已吸引入驻企业10家，涵盖科技、金融等服务领域总部企业以及部分制造业企业，其中包括镇江晟昶粮油科技发展有限公司、镇江中林林业有限公司、镇江金海岸粮油贸易有限公司、镇江亿翔科技有限公司、江苏爱融资产管理有限公司镇江分公司等7家服务业企业；镇江玖润机械有限公司、镇江亿翔科技有限公司3家制造业企业。10家入驻企业预计总注册资本超过1亿元人民币。

据悉，下一步，中国中小企

业（京口）总部基地将合理利用好政策优势，以提升产业层次为目的，以整体促进和重点扶持相结合，瞄准江苏省乃至全国范围内的众多企业，采取吸引一批、培育一批、壮大一批等措施，加快形成京口中小企业总部经济的集聚效应，使新民洲成为江苏省重要的民营经济总部基地、长三角地区总部企业的主要首选地和现代服务业的重要集聚区。

5月29日

▲ **《镇江日报》报道《市领导推进京口重点产业项目》**内容摘要：市委常委、秘书长李雪峰，副市长曹丽虹赴京口现场推进重点产业项目。

李雪峰一行先后到中储粮二期技改扩能项目、飞驰冷藏车搬迁技改扩产项目、江苏网商自贸区、中国中小企业信息产业园，每到一处都认真听取项目建设的相关汇报。

李雪峰说，京口对重点项目的发展高度重视，工作思路清晰。希望京口继续以重点项目建设为抓手，加快产城融合，坚定服务全市的产业定位；项目建设与时俱进，利用有限的生产要素大力发展新兴产业；充分发挥信息化、高科技、高人才的支撑作用，加速产业转型升级，不断加快推进重点项目建设步伐，带动区域经济的健康快速发展。

6月3日

▲ **《新华日报》报道《京口打通联系群众"最后一米"》**内容摘要："网格化、网络化治理服务工作模式，有效破解社区工作力量薄弱与社区规模扩大、社区事务繁重之间的矛盾，打通基层政府和居民之间的'最后一米'，最终目的是为社区居民提供更好的服务。"京口区委主要领导说。

京口区四牌楼街道江一社区党委副书记冯祥龙告诉记者，社区有2.3万居民，配有9名工作人员，由于包括劳动就业、民政事务、计划生育、综合治理等8大类15项社会事务下沉到社区，平时根本忙不过来。因此，前几年，社区试行网格化管理和服务，收效极好。以社会治安为例，社区内"110"接处警数量下降30%左右，社区环境卫生工作也上新台阶，最明显的是违章建筑几乎绝迹。"违章建筑搭建往往发生在休息日，社区工作人员不上班，网格长发现后，可以第一时间劝阻，劝阻无效的话可以通知社区工作人员。"他说，单是今年4月就及时制止4处违建，面积250平方米，都是社区内的网格长及时提供信息、及时处置的。

江一社区第十网格网格长耿正安最得意的"作品"是成功、快速平息某楼栋101室、402室居民之间的矛盾：有段时间，101室居民发现一到晚上，自家院子里就有"从天而降"的垃圾，便在晚上蹲守，终于发现是402室扔的。两家不仅大吵，甚至还要动手。耿正安听说后，迅速登门做双方的工作，一个多小时后，两家的火气都下去了，402室居民答应再也不乱扔垃圾。

第十六网格网格长徐道修最得意的"作品"是：有一次他发现一个楼栋的化粪池堵了，请专业人员疏通要花800元，老徐先垫付了，协助他的志愿者还怕楼栋里的居民不认账，不过，事后楼栋里的居民自觉地把钱交到老徐手里。

京口区委常委、政法委宋书记告诉记者，网格长们本身就是有威望的社区居民，而且是义务工作的志愿者，因此，他们往往能起到特殊的作用。正因为有这样的优势，目前，居民小区网格化自治已经在京口区推广，全区39万人口划分成577个网格。

打开京口区63个网上居委会，记者发现，版主与网友互动频繁。每一个社区子板块中，列有办事指南、党务公开、网上党支部、信息直通车、咨询建议等栏目。就业失业登记证如何办理？申请城市居民最低生活保障是怎样的程序？在网上居委会里都能找到答案。有的居委会还自导自演制作视频，点开后，办事流程一目了然。

网上居委会讲求反应迅速。2013年11月，辖区内松盛园物业公司悄悄撤场，不明就里的居民上网发帖发牢骚。网上居委会迅速联系松盛园物业了解缘由，同时找来保洁人员临时托管社区保洁卫生；组建新的业主委员会，发通知、公告，进入选举程序……所有一切都是线上线下同时进行。一个多月后，新的业主委员会成立，新物管进场，事情圆满解决。

"文体活动最能凝聚人心，让陌生人社会变成熟人社会，增进邻里之间的友谊，网上居委会在发起这些活动时作用特别大。"四牌楼街道党工委书记王永平说，比如最近街道办运动会，从4月下旬一直要开到9月下旬，每个网格都派人参加。

网格和网络结合，形成"网上与网下互动""上网与上门结合""虚拟与现实相融"的社区治理服务模式。据了解，在京口区，街道、社区、网格、居民之间的信息可以实现5分钟互通，对重要情况应急处置能迅速"坐标式"定位到网格和居民，"网上居委会"24小时开展工作，能在最短时间和最小空间内解决群众的需求，做到"小事不出网格、大事不出社区"。

6月4日

▲ **新浪网报道《镇江建设国内最大专用车生产基地》**内容摘要：作为国内首家生产冷藏车、保温车、鸡苗车、医疗废物转运车等特种车的专业汽车制造公司，镇江飞驰汽车集团有限责任公司的专用车搬迁扩产改造项目从一开始就被寄予厚望。而这一市级重点项目，8月就将迎来一期工程竣工并投入试生产。

紧抓项目进度，半年实现主体封顶。

自2013年6月全面开工建设以来，用半年时间，6幢主体建筑工程便顺利封顶。这其中，包含一个又一个在项目一线的工作人员的辛勤付出。为保证项目进度，工人们春节期间只大年初一休息一天。端午节也照常上班。目前一期工程已近尾声，从没发生过一起安全事故。

站在其中一幢最大的厂房内，约莫四层楼的高度，呈"L"形结构，屋顶做透光设计，项目占地面积17.33公顷，总投资11亿多元，分两期建设，其中一期投资在4亿元—5亿元。像这个联合厂房，以后将分成制版、油漆和钢构三个车间。目前，钢结构主体厂房和办公楼土建分别通过验收，近期也完成主要设备招标采购工作，现正进行内部装修、管网敷设、道路铺设等工作，6月逐步开始安装调试部分设备以及其他配套附属设施等工程。

搬迁完成技改转型升级 为国内最大专用车生产基地

镇江飞驰汽车集团有限责任公司是国内首家生产冷藏车、保温车、鸡苗车、医疗废物转运车等特种车的专业汽车制造公司，公司主营业务为冷藏保温运输装备和相关厢式类专用汽车的研发与制造，现年生产能力达2000台（套），属国内大中型专用车生产企业。

作为一家全资国有企业，2011年3月，公司在市国资委的精心指导和部署下，成功与战略合作伙伴共同投资成立镇江飞驰商务车有限公司，正积极实现战略转型和升级，目前，商务车公司已经顺利投产并快速发展，2013年销售额超过2亿元，总产销量已经位列行业前三名。

按照市国资委的战略部署，飞驰汽车集团正逐步实施“一体两翼”的战略布局，即以冷藏、保温车为主体，军用、特种车和商务车为两翼的三足鼎立的发展格局。公司相关负责人告诉记者，老厂区这边，在6月30日前，还有300多辆车的订单要交付。然而，仅以目前每月的产能来看，仍远无法满足实际需求。

项目建成后，预计单班年产量达4000—5000台（套），其中冷藏、保温汽车3000台（套），军用和特种车1000台（套），商务车1000台（套），双班产能达10000台（套），同时，将大幅度提升产品品质，并将成为国内最大的专用车生产基地。一期项目建成后预计年销售额将达到12亿元左右，利税将超过2亿元，全部达产后将实现销售额20亿元以上，利税超过3亿元。

6月20日

**▲ 《镇江日报》“看京口”报道《京口奋力冲刺“双过半”》**内容摘要：苏宁广场等重点项目建设快速推进，一天天展露“芳容”；汽车用铝合金板（爱励二期）等在谈项目进展顺利，有望本月底签约；挂钩项目区领导深入基层一线，协调解决难点问题……进入6月以来，京口区咬定目标，突出重点，乘势而上，奋力冲刺“双过半”。

来自区发改和经信委的统计数据显示，今年1—5月份，京口完成固定资产投资149亿元，占年度计划的47.3%，其中，完成产业类固定资产投资（不含房地产）88.1亿元，占年度计划的69.9%；实际利用外资9418万美元，占年度计划的47.1%；社会消费品零售总额102.6亿元，占年度计划的41.7%；工业应税销售收入126亿元。“根据目前的发展态势，预计京口主要经济指标完成‘双过半’不成问题，但也存在街道园区间不平衡、个别指标完成压力大等问题。”京口区委书记裔玉乾表示，全区上下将进一步强化责任心，咬定目标不放松；进一步强化钉劲、狠劲、韧劲，心无旁骛，全力以赴，大干十几天，突破“双过半”。

在建项目全力推进。京口聚焦市、区亿元以上重点项目建设，实施目标管理、挂图作战，确保完成半年序时进度。总投资11.4亿元的冷藏车搬迁技改扩产项目，正在进行设备基础施工，办公楼内部装修，道路管网绿化施工。总投资12亿元的凤凰文化广场项目，目前桩基、地质勘探已进场，正办理建设规划许可证。总投资12亿元的包家湾商业综合体项目，项目管理公司已注册到位，规划设计方案审图工作有望本月底完成。总投资60亿的金融商贸集聚区项目，启动区房屋征收已签约104户，交房77户，对40户进行现房安置，正在做已交房户的档案审核工作。总投资8亿元的苏宁广场裙楼商业项目，招商工作有序开展，已有多个品牌签订落户意向。

在谈项目力促签约。该区攻坚克难，强化在手在谈重大产业项目的跟踪对接，促成早签约、早落地、早开工。计划总投资5亿美元的爱励铝业二期项目，爱励正与宝钢等企业开展谈判，目前进展顺利；预计近期与宝钢签订框架协议，10月份开工建设。计划总投资20亿元的新民洲国际粮油现货贸易区项目日前签约，项目投资方正在完善项目平面规划的初步设计；本周合资公司有望注册成立；项目立项正在积极推进。计划总投资1.13亿元的大祥百货四期，正在进行项目备案手续；时尚网游项目已通过消防初步验收；6层、7层餐饮已完成装修；8层的商务会所及游艇俱乐部装修即将启动，该项目计划本月签约。

千钧重担人人分担。京口区已两次召开重点项目、重点指标“双过半”推进会，要求各街道（园区）和相关部门咬紧牙关，上下联动，争分夺秒，狠抓薄弱，确保实现“双过半”。两办督查部门以及组织、监察部门加大督查力度，将对完成指标进行考核，并于7月份兑现奖惩。

7月1日

**▲ 《镇江日报》“看京口”报道《人民网展示京口教育实践活动》**内容摘要：京口区委常委、组织部部长郦锡梅，四牌楼街道江一社区党委书记张凤霞，应邀赴人民网访谈室，就京口区正在开展的群众路线教育实践活动相关话题与网友在线交流。

据了解，在全党深入开展党的群众路线教育实践活动之际，人民网·中国共产党新闻网、群众路线网于5月中旬起联合开展“群众路线基层行”大型主题采访活动。活动采用全媒体报道方式，通过视频访谈、图片报道以及稿件综述的方式对报道对象进行全方位展示。报道对象以市县党委为主体，兼顾机关事业单位、农村社区、国有和非公企业、学校和窗口单位等，全国预计报道市县30家左右。京口区目前是本市首家也是唯一一家应邀走进人民网访谈室与网友交流的辖市区。

郦锡梅在接受访谈时表示，自第二批党的群众路线教育实践活动启动以来，京口区以“示范、标杆、旗帜”的要求，做到规定动作扎实到位、自选动作特色鲜明，从严从实抓好各项工作。

高起点谋划、高质量推进。该区提出“三个确保”的目标：确保活动圆满成功，规定动作一丝不苟、扎实到位；自选动作大出亮点、全国有名；确保2014年民生改善等各项重要任务超额完成；确保社会更加和谐稳定。

创新开展三大主题活动。开展“真·实”活动，推动党员干部真心诚意与群众交朋友、实实在在为基层群众服务；真心诚意与企业家（创业者）交朋友、实实在在为企业服务。开展“文明进万家”活动，以“邻里守望”活动和“环境优化”活动为两个主抓手，为群众创造更加文明宜居的环境。开展“金凤凰”活动，引进培育人才，服务人才创业。

“六大行动”分类指导教育实践活动。针对领导干部，开展“以身作则我先行”行动，全区422名乡科级以上干部、178名党代表，结对65个社区（村）、422户群众、122家企业。针对街道、社区党组织和党员，开展“和谐共建我先行”行动。针对村党组织和党员，开展“强村富民我先行”行动。针对机关党组织和党员，开展“服务群众我先行”行动，深化“京口先锋”党员志愿服务活动，推进“十百千”行动计划。针对窗口单位，开展“诚信服务我先行”行动，规范服务标准，提升服务品质，让群众办事放心、舒心。针对“两新”党组织和党员，开展“推动发展我先行”行动。

另一位嘉宾张凤霞从创新开展“网格＋网络”治理服务工作和组建三支队伍保障“两网”日常运行等角度，就该区“两网”治理工作接受专访。

7月17日

▲ **《人民日报（海外版）》报道《镇江京口：“两网”治理服务创成“京口品牌”》**内容摘要：“网格化治理、网络化服务”是镇江京口社区服务的创新模式，获评“第二届全国基层党建创新案例最佳案例”。刘云山、王晨等党和国家领导人先后赴该区考察调研，并给予充分肯定。

“网格化治理、网络化服务”是该区2010年提出的，即将全区66个社区（村）、39万人口划分成577个网格，由网格长“领衔”的志愿者团队同居民“面对面”直接服务；在虚拟网络开通网上居委会、微信、微博等互动平台，担任版（博）主的社区干部与居民“键对键”沟通交流。京口区委书记裔玉乾说：“‘网格＋网络’治理服务模式，有效破解社区工作力量薄弱与社区规模扩大、社区事务繁重之间的矛盾，打通基层政府和居民之间的‘最后一米’，为社区居民提供更好的服务。”

京口区江一社区党委副书记冯祥龙告诉记者，社区有2.3万居民，配有9名工作人员，由于包括劳动就业、民政事务、计划生育、综合治理等8大类15项社会事务下沉到社区，平时根本忙不过来。前几年，社区开始试行“两网”治理服务工作模式，收效极好。以社会治安为例，社区内“110”接处警数量下降30%左右，社区环境卫生工

工作也上新台阶，最明显的是违章建筑几乎绝迹。

网上居委会讲求反应迅速。2013年11月，辖区内松盛园物业公司悄悄撤场，不明就里的居民上网发帖发牢骚。网上居委会迅速联系松盛园物业了解缘由，同时找来保洁人员临时托管社区保洁卫生；组建新的业主委员会，发通知、公告，进入选举程序……所有一切都是线上线下同时进行。一个多月后，新的业主委员会成立，新物管进场，事情圆满解决。

网格和网络结合，形成“网上与网下互动”“上网与上门结合”“虚拟与现实相融”的社区治理服务新模式。据了解，在京口区，街道、社区、网格、居民之间的信息可以实现5分钟互通，对重要情况应急处置能迅速“坐标式”定位到网格和居民，“网上居委会”24小时开展工作，能在最短时间和最小空间内解决群众的需求，做到“小事不出网格、大事不出社区”。

镇江京口两网新模式，已吸引全国近20个省（市）的200多批次客人前往考察取经。

7月18日

▲ **《镇江日报》“看京口”报道《“全国社区侨务工作示范单位”授牌》**内容摘要：继先后获得国侨办“侨法宣传角”“全国社区侨务工作先进单位”等荣誉后，17日，四牌楼街道阳光世纪花园社区再获殊荣：社区党委书记、居委会主任包万清从省侨办相关负责人手中接过国侨办授予的2013年度“全国社区侨务工作示范单位”牌匾。

阳光世纪花园社区侨界资源丰富。辖区有2560户家庭、9000名居民，其中华人华侨、留学生62人，有归侨侨眷、留学生家属51户、139人，旅外人员主要分布在美国、欧洲、日本、澳大利亚等十多个国家和地区。近年来，社区立足侨需，创新服务，扎实开展社区侨务

双向服务工作，凝聚侨心，发挥侨力，有力促进社区协调发展。

创新管理模式，夯实侨务基础。社区强化组织保障，健全社区侨务目标管理、通报议事、联系挂钩、走访慰问等制度。将综合办公用房最大限度地服务于侨务活动的开展，设有“侨影苑”“侨书苑”、侨台维权室、风采展示墙等阵地场所。开展“三缘”聚侨，社区成立侨界人士“三缘”（趣缘、地缘、业缘）小组13个，参与的侨界人士达95%以上。创新侨务“两网”服务，让网格长肩负起侨法政策宣传员、侨胞互动联络员、侨属侨眷服务员、社区侨情采集员“四大员”职责；“网上居委会”设置“侨系你我他”栏目，对侨界人士的留言和意见，第一时间答复处理。

坚持以人为本，创新为侨服务。制作归侨侨眷服务卡，提供包括家政、法律咨询、帮助再就业等20多项“优先、优质、优惠”服务。开设“绿色通道”，简化手续，第一时间处理侨务对象的相关事务。实行“访问制”，社区侨务工作者定期走访，看望归侨侨眷。社区创新服务载体，牵头成立侨台艺术团，多次参加省、市节日联欢、广场演出、部队慰问等公益演出；在全市率先成立“留学人员亲属协会”，现有会员近100人。

围绕家乡发展，发挥侨智侨力。社区积极引导海外侨胞及其眷属关注家乡发展建设，为家乡的发展献计出力。有医术专长的留学人员家属罗月秀，经常为社区孤老、残疾人员上门义诊。海外学子英国伦敦大学玛丽皇后学院研究员史小菊博士，将自己在牙周炎防治领域多年的研究成果并取得世界专利的外膜

蛋白通用疫苗，带回家乡发展。

7月23日

▲ **《镇江日报》报道《市领导推进谏壁地区环境综合整治》**内容摘要：副市长雷志强率相关部门负责人现场推进谏壁地区生态环境综合整治开展工作。

在对沿线道路两侧零星房屋征地拆迁、道路建设、轧石企业运输等情况实地调研后，雷志强召集谏壁片区生态环境综合整治指挥部有关人员召开会议。会上，就镇澄路建设、征地拆迁、码头整治、轧石厂整治等问题，交通、京口区、水利、环保等部门先后进行汇报。针对一些疑难问题，雷志强一一进行协调，并确定具体的完成时间表。

雷志强表示，作为市委、市政府年初确定的两大生态环境综合整治项目之一，谏壁片区环境综合整治工作必须务实推进，各单位和个人都要集中精力抓好分内事。从目前的项目进展来看，比较迅速。项目开展重点要突出。老百姓关注的、反映强烈的，就是重点，一定要设身处地为老百姓着想，一着不让地抓好落实。他举例说，谏壁地区轧石车超载、带来漫天粉尘，就是老百姓反映较多的问题。因而，对轧石企业要在一周内关停到位。

8月5日

▲ **《镇江日报》“看京口”报道《京口：点亮困难家庭“微心愿”》**内容摘要：一台微波炉、一个电饭煲、一床棉被、一台电扇甚至是一个书包……在京口区妇联的办事日程上写满生活困难家庭的“微心愿”。最近，这些“微心愿”在京口区妇联的努力下正在变成现实。

燕子是大市口双井路社区的一名外来务工人员子女，他们一家五口来自江西，父亲在镇江打工，收入微薄，母亲没有工作，家庭生活困难。燕子还有一个姐姐一个弟弟，姐姐因为家庭困难早年辍学，燕子的“微心愿”是希望自己和弟弟开学能背上漂亮的新书包。区妇联了解情况后，立即为燕子圆这个梦想。当燕子领到两只崭新漂亮的书包时，高兴得直蹦直跳。对于普通家庭来说，这两只小小的书包并不是什么贵重的东西，但对于燕子和她的弟弟来说，这书包代表镇江人民对他们的关爱之情，成为激励他们努力学习回馈社会的动力。

在区妇联“微心愿”征集活动中，谏壁街道焦湾社区的宋明凤老人写下自己想拥有一部手机的小小心愿。当区妇联将一部美观实用、开通号码并充200元话费的手机送到她手中时，老人做梦也没有想到自己的“微心愿”竟然这么快就实现了。对妇联心存感激的宋老从今以后，她再也不必担心有事无法及时知晓了。

提到帮助贫困家庭实现“微心愿”的事，京口区妇联主席朱家巍坦言，由于经常跟困难群体接触，她能够深深地体会到这些“微心愿”背后隐藏的艰辛。作为妇联干部，他们把完成这些“微心愿”作为头等大事来办。为方便病困家庭做饭，他们送去微波炉；为让失独老人感到温暖，他们多次送去米、油等生活用品……

参与实现“微心愿”活动的爱心人士都表示，做这点小事儿不值得一提。让这些爱心善举一直持续下去，让这种正能量凝聚起来感召更多的人，是他们最希望看到的结果。

8月11日

▲ **《新华日报》报道《群众动嘴 干部跑腿——京口“真·实”活动获赞》**内容还要：结对办实事、解难题，落实各项整改措施，是京口“真·实”活动的显著特点。区领导带头，每人结对1至2户企业、1个社区和1户居民。机关各部门分别结对1家企业、1个社区，每个党员干部结对1户居民。全区400多名乡科级以上干部、178名党代表，分别结对65个社区(村)、500余户群众，为结对对象解难题。

群众动嘴，干部跑腿。象山街道残疾户提出缺少残疾人用品，生活不方便，区委书记裔玉乾立即协调街道和民政局为其送去残疾人代步车等用品；区长黄万荣将办公室搬到企业会议室，为企业解决外地职工子女上学等问题。全区已形成“党员干部全部结对，企业居民定期走访，意见建议全部上网，整改落实每月反馈”的32字工作法。

“真·实”活动开展以来，该区13名区委常委、党员副区长收集到意见建议188条，涉及“四风”问题的27条。目前，园区路灯不亮、社区看病难、学校食堂伙食较差等问题都已解决；农民社保全覆盖、建社区电子阅览室、谏壁地区环境综合整治等问题也已提上日程。各类问题整改率达86.2%。

9月2日

▲ **《中国组织报》报道《京口区“五步法”开出高质量专题组织生活会》**内容摘要：近期，江苏镇江京口区全力投入专题组织生活会的准备工作，通过“五步工作法”确保专题组织生活会开出高水平、高质量。

学习全覆盖，培养业务通。开办专题组织生活会培训班，着力培养一批专题组织生活会的业务精兵；并建立起工作汇报反馈制度，各级党组织每周向上一级党组织汇报工作推进情况，接受指导和答疑，及时解决出现的问题。

谈心“四结合”，解开心疙瘩。在谈心谈话工作中，该区坚持将“普遍谈”与“重点谈”相结合，对于思想上有情绪的、工作上有分歧的、生活上有困难的进行重点谈；“请来谈”与“下去谈”相结合，除在办公室谈话外，主动到田间地头、社区企业与基层同志、服务对象谈；“反复谈”和“深入谈”相结合，对于一次谈不好的要反复谈，多人提到的要深入谈；“当面谈”和“书面谈”相结合，在面对面谈的基础上，以书面形式广泛收集意见，做到谈话不限场所、不限时长、不限次数，确保谈深谈透，消除隔阂，增进了解。

对照深准实，把严质量关。要求查摆剖析深刻准确务实，支部班子和党员负责同志结合岗位特点和履职情况，找准找实存在的突出问题。实行审阅实名制，强化审阅人责任，并采取递次审核、层层把关模式，确保材料审核全面准确、不留死角；村、社区党组织和党员正职对照检查材料由区活动办统一审核把关。

指导重分类，不搞一刀切。根据党组织不同类别，分别制定机关、社区（村）和非公有制企业专题组织生活会流程；针对基层单位组织建制不一的实际，在制定党支部专题组织生活会议程的基础上，又对设党委、总支的党组织制定具体说明，为基层党组织书记提供操作指南。

会前回头看，杜绝夹生饭。所有支部在召开专题组织生活会之前，都要重新审视准备工作，如抽查学习笔记、培训记录，确保将中央、省、市最新精神传达到位；查看党员干部谈心谈话记录，确保谈话对象全部约谈到位，谈话内容不空不虚，谈出问题等，要求准备工作必须严谨充分，有任一项工作不到位都不允许其开会。

9月9日

▲ **《镇江日报》头版头条报道《京口知识产权工作获国家级殊荣》**内容摘要：不久前，国家知识产权局公布全国14个“国家知识产权强县工程示范县（区）名单”。作为镇江唯一代表，京口区不负众望，以总评分第一的好成绩成为第二批国家知识产权强县工程示范县（区）。该区分管该项工作的副区长陈德福，就知识产权强区工程话题做客人民网，接受专访。

京口区以强大的行政合力，推动知识产权强区工程。在行政层面建立健全组织、责任、保障、推进四大体系，不断夯实知识产权工作基础。同时，各街道（园区）都配备科技（知识产权）分管领导和科技（知识产权）助理，逐步形成上下联动、层级清晰、覆盖城乡的区、街道（园区）、社区（村）知识产权三级便民服务体系，不断夯实知识产权的工作基础。据了解，2013年，该区知识产权经费投入总量达到198万元，占区本级财政公共预算支出的0.3%，为做好知识产权工作创造良好条件。

在知识产权事业的发展过程中，京口不断夯实企业知识产权主体地位，着力培育知识产权优势企业，全方位为企业做好相关服务工作。通过政策扶持、优化服务、搭建产学研平台等措施，切实增强企业的自主创新能力，在全市率先实现大中型科技企业知识产权管理体系建成率、研发机构建成率、发明专利产出率三个100%。该区还通过深化“金凤凰”高层次人才招引活动和校地融合式发展活动，努力解决辖区企业研发力量不足等问题。目前全区已新增国家“千人计划”11人、省“双创”计划9人、市“331计划”64人；建立1个国家级、5个省级科技企业孵化器，为企业化解科技难题、突破研发瓶颈提供有力支撑。

同时，京口着力推动知识产权成果转化工作。在引导鼓励企业申报和引进优势专利技术，并实现就地产业化的同时，努力为企业成果转化争取政策资金扶持。截至目前，该区企业已就地转化知识产权成果200余件，获各级科技项目立项104个，8家重点企业被列入省知识产权战略推进计划、专利实施计划，为企业争取各级项目扶持资金1.2亿元；全区已有首批国家贯标（即贯彻相关质量管理体系的标准）单位1家、省贯标优秀单位11家、知识产权试点示范企业40余家，在全市率先实现高新技术企业发明专利、民营科技型企业申请专利全覆盖。据了解，首批国家贯标单位全国仅有11家。

政策的进一步倾斜、投入的进一步加大、服务的进一步优化，有力地推动知识产权以及相关工作的高位运行。据统计，目前，京口区社会R&D投入占GDP比重为2.66%，高新技术产业产值占规模以上工业产值的比重达45.9%，万人发明专利拥有量39.97件，百亿元GDP专利授权数345件，各项指标均已连续多年位列全市前列。

9月11日

▲ **《镇江日报》报道《史和平来镇调研经济运行情况》**内容摘要：8日上午，副省长史和平到镇江市，在市委书记杨省世陪同下，对部分企业和园区的运行情况进行调研。

史和平首先察看位于京口区的中国中小企业信息产业园。该园区坚持“产城融合、产业优先”的原则，依托中小企业协会强大的企业集群，确立航空航天信息化、城市管理智慧应用等核心发展方向。史和平对园区打通线上线下互动发展，有效带动高校毕业生就业的运作模式给予肯定。他还详细了解园区的招商方式和盈利模式，要求在招商过程中必须引进符合地区产业发展规划的企业入驻。

随后，史和平到新区菲舍尔航空部件（镇江）有限公司考察。在走访各生产车间并听取情况介绍后，史和平就该公司研发团队的组成、复合材料的分类及原产地、使用于哪些机型等问题与企业负责人进行交流。他指出，发展航空航天产业要立足长远制定好规划，同时注意做好上下游的产业链衔接工作。

大路通用机场是华东地区近12年来首个获批的固定翼临时起降点，被列入苏南现代化建设示范区交通类重点工程项目建设规划。史和平对机场的建设进展非常关心，在亲身感受现有机型的设计布局后，还登上塔台观摩停机坪、联络道等设施的施工情况。他表示，省政府将积极帮助协调解决机场建设过程中遇到的问题，推动机场为镇江航空产业发展提供有力支撑。

9月16日

▲ **《镇江日报》“看京口”报道《京口获“江苏省诗词之乡”殊荣》内容摘要**：京口区近日被授予“江苏省诗词之乡”称号，同时，大市口街道、中山路小学、桃花坞小学被评为“省诗教先进单位”。

自2013年5月以来，京口把创建“省诗词之乡”作为传承中华优秀传统文化、促进社会主义文化大发展大繁荣，培育和践行社会主义核心价值观的重要抓手，切实加以推进。成立创建工作领导小组，制订创建工作实施方案和细则。在挖掘全区诗词人才的基础上，成立京口区诗词协会，并编辑《京口诗词》会刊，为凝聚创建力量、打造创建特色奠定基础。各街道社区、部门根据自身实际，纷纷建立群众性诗词组织，截至目前，全区建立诗词组织36家，拥有会员近千人。

京口区坚持把校园诗教工作作为传承诗词文化的主途径，强化工作推进，打造创建品牌。教育部门建立组织领导机制、教师培训机制、激励评价机制，保证诗教活动的正常开展。各学校结合自身实际，开展丰富多彩的诗教活动。桃花坞小学开展“诗风雅韵”诵读活动，制作的两部专题片入选第四届江苏省中华诵经典比赛，“唐诗里的中国梦”童谣说唱专题片在中国文明网展播。解放路小学创作排练的古诗词歌舞剧《锄禾日当午》获全国少儿文艺会演创作、表演金奖。作为书法特色学校，桃花坞小学通过“诵诗词、写诗词”等活动，使诗词教育与书法教育相得益彰。中山路小学邀请本市著名音乐家，将校本教材中的古诗谱成曲，在音乐课上进行教唱，以音乐的形式鼓励学生接触诗词、欣赏诗词。

抓好诗词进校园以外，京口同时抓好其他“五进”，着力扩大创建的影响力，激活诗词的生命力。抓好诗词进社区，诗化环境，提升居民文明素质。全区共建成诗词小广场12个，诗词长廊、宣传窗30多处；各社区依托基层诗词组织，积极开展诗词朗诵、诗词书法展览等活动。抓好诗词进农村，春风化雨，培植绿色文化生态。谏壁街道、象山街道各村和涉农社区建立诗词组织，培养创作和诗教骨干，组织开展写诗、赏诗、吟诗活动。抓好诗词进机关，诗化灵魂，促进廉政和作风建设。正东路街道专门设置以“诗韵镇江、文化京口、和谐正东”为主题的诗词宣传栏，并在全体机关工作人员中开展廉政诗歌诵读、诗歌写作比赛等活动。区住建局设立“建设者诗词沙龙”，为机关诗词爱好者提供创作、交流的平台。抓好诗词进企业，促进创新，提高企业文化品位。京口区高创中心设立诗词鉴赏墙，中储粮公司在企业内部刊物《胜友报》上开设专栏，刊载职工诗词作品。抓好诗词进景区，强化内涵，增强景区吸引力。在景区布置、景区宣传等方面，融入诗词元素，以诗词提升景区的文化内涵，使游客在欣赏美景的同时，还能品味文化，接受教育。

9月23日

▲ **《新华日报》6版头条报道《社区真减负，还得硬约束》**内容摘要：主管社区减负的镇江京口区民政局副局长陈淮告诉记者：为社区真减负，离不开硬约束，靠的是四个“门槛”和两份清单。四个“门槛”，是区“社区（村）公共事务准入工作领导小组”核准的社区事项准入原则：区级以上党委政府布置的工作；省级以上条口部门布置的工作；与群众密切相关的工作；区社区公共事务领导小组确定的其他重要工作。

陈淮记得2014年5月组织第一次申报，全区59个机关部门中，33个部门一口气申报112大项需要进入社区的工作事项。为让大家更清楚哪些工作可以进，哪些不能进，京口区根据上述“门槛”，专门梳理并列出两份8页纸的“社区工作清单”：社区依法履职工作事项和协助机关部门工作事项。区委和政府明确：不在这两份清单中的一律不得申报。

“禁令”之下，硬约束为社区带来真减负。经过逐项审核后，112个大项中的50项被核减。

翻看社区工作清单，记者看到一个显著变化是，部门工作少了，涉民部门的工作大大增加了。在8页纸的社区工作清单50个项目中，民政、卫生、教育、城管等工作内容占据主要篇幅。这些项目的调整，只有一个指向：“回归”社区后，需要精耕“一亩三分地”，考虑如何更好地为居民服务。

10月8日

▲ **《镇江日报》报道《京口区垃圾收集系统改造升级》**内容摘要：正值国庆长假，京口区城管部门正忙着给垃圾箱们“换脸”。7日，酒海街、贺家弄等第一批老小区垃圾箱升级改造进入扫尾阶段，本月15日前全区510个小区垃圾箱将全部改造到位。

当天下午，站在正东路通向贺家弄的小巷口，记者一眼看到两座小红房：蓝色铁皮门，红色小瓦屋顶，外墙贴着瓷砖。一名路过的热心居民告诉记者，这就是出新的垃圾箱，一周前才改造的，现在箱子外围这么干净，希望街坊邻居们都能共同维护好小区环境。据京口区城管局副局长张保忠介绍，像这样出新的垃圾箱，全区还有约400个。它属于老小区垃圾收集改造工程，除箱体表面统一出新外，还统一设置污水收集系统。

不仅是小区垃圾箱，主次干道的道路垃圾箱同步“变脸”。目前桃花坞路、铁城路、花山湾路、梦溪路、东吴路等40个垃圾箱已被统一改造成不锈钢封闭式桶装垃圾箱。337个道路垃圾箱升级改造后，将带有污水收集功能，便于市民投放垃圾，避免垃圾外溢。10月8日开始第二批垃圾箱改造，主要包括东吴北路、滨江大道20个垃圾收集点。

除垃圾箱改造外，垃圾中转站和垃圾运输车辆也在同步更新换代。节前，京口城管已对9个垃圾中转站点进行环境整改，目前下河头、酒海街、东门坡等站点已完成改造。此外，京口区还将逐步淘汰老旧垃圾运输车，新添20辆垃圾收集电动车和3辆密闭式压缩车。

▲ **《镇江日报》“看京口”报道《京口区部署教育实践活动十项专项整治》**内容摘要：京口区党的群众路线教育实践活动已进入整改落实、建章立制阶段。针对解决“四风”突出问题、关系群众切身利益问题和“最后一千米”问题，该区结合实际，从前一阶段征求意见、查摆问题中梳理出10项专项整治内容，确保整治任务有序开展，取得实效。

十项专项整治中，围绕解决“四风”突出问题4项，包括行政审批事项过多、程序烦琐专项整治，市级机关部门及执法监管部门和窗口单位、服务行业“庸懒散、不作为、乱作为”专项整治，违规公务接待、公款送礼专项整治，行政机关、事业单位超编、超职数配备和在编不在岗专项整治；围绕解决关系群众切身利益的问题6项，包括生态环境专项整治，拆迁超预期安置专项整治，城市管理违法建设、占道经营、工地扬尘等专项整治，医疗卫生、教育不正之风专项整治，信访积案化解专项整治和民生专项资金管理使用专项整治。

为取得预期成效，京口区建立“周报告、月调度”制度，通过定期报告、随时调度、实地走访等方式，跟踪了解专项整治工作推进情况，对重点问题随时调度会商，对难点问题及时研究解决。对工作不认真、不负责、消极应付、推进落实不力的部门和相关责任人进行通报，对造成严重后果的进行严肃问责。京口区还建立投诉受理机制，设立专项整治工作监督举报电话：0511–85388659，主要受理对十项专项整治工作任务落实情况的意见建议，自觉接受群众监督。同时，建立跟踪督查机制。把十项专项整治工作作为督导组重点督导内容，明确专人负责，采取随机抽查、专项检查、明察暗访等方式，全程跟踪督查专项整治工作任务落实。

京口区将分两批对专项整治推进情况及取得成效进行集中公示，10月底统一公布阶段性整治成果，重点对10月底已完成的整治事项进行公示，接受群众监督。12月底前，对所有十项专项整治结果进行统一公示，接受群众评判。

10月13日

▲ **《镇江日报》报道《京口八大菜市场“变脸”迎市民》**内容摘要：国庆节前夕，京口区按照属地管理原则，由各街道牵头区城管、工商、行政执法、公安、卫生等职能部门，组建菜市场执法平台，对所辖14个菜市场进行专项整治，重点整治五条街、四牌楼、永安路、中营、南门、学府路、江滨新村、九里街8个菜市场。整治中，各街道投入大量人力物力，并得到民营菜场管理方的配合，区委书记裔玉乾两次督查，最终解决这几个老大难问题。针对长效管理，区政府向社会征招30名协管员，还每年拿出90万元，用于菜市场管理考核，根据考核排名兑现奖励。

只有860平方米、75个摊位的南门菜市场，虽地处闹市，场外停车秩序同样井然，马路不见拥堵。

进入菜市场内，所有经营户执照及各项制度上墙，消防设施齐全，电线整理后看不到明线；菜民自产自销区域蔬菜上架，整齐干净卫生。在管理办公室内，通过安装的14个监控探头，对市场内各个区域的情况一览无余。

10月20日

▲ **《镇江日报》“看京口”报道《象山打造网游电商企业聚集区》**内容摘要：记者从京口区象山街道获悉，街道着力打造的京口高创中心，正积极跟进“动漫游戏研发运营基地”和“中广数字影视制作基地”等高端文化创意产业载体招引工作，为做大做强京口区高端文化创意产业积蓄力量。

2008年以来，经过不断的积累和调整，京口高创中心内软件服务外包、高端文化创意等高新产业链逐步成形，目前已有国家高新技术企业1家，江苏省重点布局软件企业1家，江苏省重点文化科技企业1家，江苏省民营科技型企业16家，“层层有侧重、层层显亮点”的产业格局初步显现。中心集聚各类软件及服务外包企业20余家，是镇江市软件及服务外包企业最集中的园区。

网络游戏开发及运营成为中心龙头业务板块，研发团队、营销收入、税收贡献、技术创新等在全省同行业中名列前茅。中心现有网络游戏开发及运营公司3家，各类开发人员近300人。江苏易乐是全省最大、国内前10的网页游戏研发公司，江苏名通是镇江市首家获得网络文化许可证的网络游戏企业，获批成立该市首个网络游戏推广平台——8090。中心入园企业在国内首开无插件3D网页游戏先河，陆续开发《傲视千雄》《龙城》等16款产品，5款产品进入网页游戏开服榜前30名，《武尊》更位居全国网页游戏开服榜第一位。手机游戏开发取得突破性进展，已与百度91无线、触控科技、中青宝等行业龙头签署合作协议。

2014年4月，位于大禹山创意新社区的镇江网商产业园正式开园，这为象山街道打造电商网游聚集区增添一个新的载体，街道有关部门正在积极申报省级电子商务示范基地。创意新社区综合部副部长庄红滨告诉记者，园区通过网络与实体相结合，实现网商集约、集群发展，打造特色电子商务园区。为加快网商产业园建设，吸引更多企业入驻园区电子商务服务平台，象山街道制定辖区企业入驻网商产业园计划，2014年确保1000家企业入驻。截至9月底，街道辖区企业已入驻服务平台200多家。

象山街道还将在网商产业园内设立“综合服务、金融物流、产业发展”三个服务中心，为网商创业、创新发展提供坚实的专业支撑，为产业园创造一个具有自我造血功能、长期稳定的孵化环境。

10月21日

▲ **《中国网》报道《镇江市京口区：开展“街道文体嘉年华”丰富百姓生活》**内容摘要：日前，镇江市京口区“网格＋网络”让社区更美好——四牌楼街道文体嘉年华活动圆满落幕，来自街道各社区的文体志愿者用VCR、朗诵、歌舞等方式表达他们对本次活动的支持，现场气氛热烈，为辖区居民献上一道丰盛的文化大餐，受到百姓称赞欢迎，为辖区居民献上一道丰盛的文化大餐。

2014年以来，镇江市京口区以嘉年华形式，开展以网络、体育、文明等为主题的形式多样的系列活动，启动社区“网络文化节”，依托网上居委会，巧用微博、微信等新媒体，收集摄影作品300余幅，制作活动视频10余部，有关网络文化节信息浏览数达10万余次，回复近千条；组织社区体育节，首创网格运动会，吸引101个网格万余户居民参加；举办“百善孝为先”主题征文活动，并通过文明标兵户和贤孝家庭评比活动，选出文明标兵户675户、贤孝家庭103户，评选出21户社区健身幸福家庭。

镇江市京口区委常委、宣传部部长何广林介绍，此次嘉年华活动求形式多样、内容丰富，及趣味性、竞技性为一体，充分体现“全民健身，活跃身心健康，增强身体素质”的宗旨，深受社区居民的欢迎，即丰富社区居民日益增长的公共群众体育需要，同时为构建和谐社区，提升社区的凝聚力，全面提高居民的身体素质和健康水平。近年来，京口区通过“网格化管理、网络化服务”模式，探索居民自我管理、自我服务的实践道路。为回应群众对社区管理服务的新期盼，着力提升“两网”治理服务水平，在网格化管理、网上居委会服务的基础上，建设社区智能管理系统，并嫁接智慧城市、智慧社区、应用智能终端，丰富服务内容，提升服务效率。此外，将党的群众路线教育实践，文明城市创建等活动同“两网”建设结合起来，依靠街道全体力量，共同建设现代化的文明智慧社区，使居民生活更便捷、更智能、更美好。

10月31日

▲ 《镇江日报》“看京口”报道《甘露商城累计吸纳就业2.3万人次》内容摘要：从甘露商城28日举行的成立20周年庆典上传出消息，这一镇江最早的日用小商品综合体20年来累计吸纳市民就业约2.3万人次，其中“4050”人员、下岗失业人员、残疾人占到总经营户数的71%，管理者还特别划定一楼南区的15个柜台专门安置困难居民就业。

甘露商城始建于1993年，1994年10月28日正式对外营业。总经营面积为8500平方米，三层，地上一、二层各约为3000平方米，地下一层约为2500平方米，现有铺位750个左右。原建设单位是江苏置业集团，在转制过程中，2009年由镇江安达洲投资有限公司拍得所有权。

11月6日

▲ 《镇江日报》头版头条报道《京口凝心聚力打造新高度》内容摘要：10月29日下午，京口区举行2014年项目集中签约仪式。LNG水上加注及仓储物流（新奥新能源）、夏朵天堂庄园、长江游戏谷等12个亿元以上项目正式签约，投资额达96亿元，国林产业城等8个意向签约项目，投资额136.3亿元，总投资达到232.3亿元。

据京口区招商中心主任宋晓燕介绍，这已是当月第二场项目签约仪式。项目涉及健康休闲、文化旅游、信息科技、装备制造等产业，这些项目将对京口经济结构调整、产业升级、多元化持续发展起到至关重要的作用。活动中，该区还对50个投资基础较好、回报率较高的优质项目进行推介。

2014年以来，京口区围绕区委“稳中奋进、改革创新、打造‘京口高度’”的总体要求，以“321”重大项目（30亿元以上制造业项目、20亿元以上服务业项目和1亿元以上农业项目）为抓手，以现代物流、电子信息、航空航天制造、电子商务等主导产业为突破口，开展一系列有针对性的招商活动。电话洽谈、发邀请函、填报进度……走进区招商中心，每名工作人员都在埋头做事。宋晓燕告诉记者，1—10月份，已开展小分队招商110批次，先后接待中外客商428批次。推进项目正式签约36个，总投资达157亿元，“321”项目储备也有所突破。

走近重大项目建设工地，塔吊林立，机声隆隆，建设者正在加紧施工。总投资60亿元的中国中小企业信息产业园项目，产业科技大厦继续进行地下施工；样板区3#楼（网商产业园新址）正在装修。大禹山创意新社区管委会副主任黄贤宇介绍说，园区已获市发改、经信、科技等部门认定为新兴产业项目，正向市财政申请城市建设配套费减免。总投资11.37亿元的飞驰冷藏车搬迁技改扩产项目，厂房外挂敷设龙骨已经完成，正在进行生产设备安装。区发改经信委统计数量显示，1—9月，京口13个市重点项目完成投资49.2亿元，占年计划的75.7%。其中9个在建项目累计完成投资45.8亿元，占年度投资计划92.5%，超序时17.5个百分点；完成区重点项目投资61.8亿元，占年计划的77.3%，超序时进度2.3个百分点。

京口区还强化跟踪和服务，推进一批签约项目早开工、早建设。总投资60亿元的金融商务集聚区项目，四牌楼街道已正式启动第二阶段征收工作，街道组宣委员史哲峰介绍，目前大西路改造项目征收总户数446户，截至11月5日已签约437户，已交房392户，街道已完成米山雅居、如意江南和香山花园的46户现房安置工作。总投资2.5亿美元的海峡两岸（镇江）文化创意产业基地，已委托上海设计单位设计规划方案；0.36公顷农用地转建设用地指标正在等待国土资源部批复。

京口区有关负责人表示，围绕“苏南一流、跻身十强、人民满意”的奋斗目标，全区上下抢抓机遇、争先进位的意识明显增强，随着新一批重大项目的建成发力，京口发展将再迈上一个新高度。

11月7日

▲ 《镇江日报》“看京口”报道《生态文明建设实施意见发布 努力建成美丽京口宜居京口》内容摘要：为贯彻落实市委、市政府关于推进生态文明建设综合改革的决策部署，日前，京口区发布《关于推进生态文明建设的实施意见》，扎实推进生态文明建设。

结合镇江市生态文明建设综合改革实施意见的目标和时间节点要求，京口区提出，从现在起到2017年确保取得可观、可感的阶段性成果，努力建成产业和城区科学共融，经济和生态和谐共生，创业和居住幸福共享的美丽京口、宜居京口。即：山水特色更加凸显，城市河道消除黑臭，城市水系基本沟通，地表水好于Ⅲ类水质比例超过70%。城区山体建成亲近自然、视觉通透的开放式山体公园，境内山体得到有效保护和生态修复。空气质量明显改善，2017年优于二级标准天数比例达到65%以上；城乡环境明显改善，污染排放总量有效控制，节能减排目标全面实现，城中村有效改造，市容市貌明显改善；示范效应显著增强，打造一批生态文明建设示范点，为镇江综合改革试点工作创造新经验；生态理念深入人心，全面确立尊重自然、顺应自然、保护自然的生态文明理念，生态文明知识普及率达到80%以上，全社会生态文明意识显著提升。

京口区将着力抓好四大重点任务：

青山碧水蓝天提升任务。开展城市山体保护修复，有序实施辖区内焦顶山、老山、花山、汝山、禹山、京岘山6座山体整治；全面完成废弃矿山治理国家示范工程，完成黄丝湾、松林山、大王山1.46平方千米整治任务。开展水环境整治，2015年完成“一湖九河”河道综合整治任务，扩建京口污水处理厂和谏壁污水处理厂，对象山河周边进行雨污分流改造；工业园区内企业废水统一进污水处理管网集中处理，2015年国控重点污染源全部实现在线监控。继续大气环境整治，建立污染天气条件下建筑施工作业预警制度，全面推进建筑工业化和“绿色施工”；2015年完成京润化工挥发性有机物治理任务，基本消除东部地区异味问题；实施谏壁发电厂、索普热电厂除尘、脱硝设施建设。

城乡环境综合整治任务。继续

开展谏壁片区生态环境综合整治，有序推进金港产业园区及新区化工园区周边居民搬迁工作，2015年实施谏壁街道月湖社区翻水河南岸地块安置房建设。开展城市环境综合整治，创建一批省级城市管理示范路、示范社区；改造城中村5个、棚户区2个，整治老旧小区3个、背街小巷18条、农贸市场4个。

生态试点示范建设任务。2015年京口工业园区以高标准创成省级生态工业园区，2017年建成市级循环经济示范园区。2015年，新增15万平方米绿色建筑，完成既有建筑节能改造10万平方米。

生态文明理念传播任务。开展“生态文明进万家”活动，每年建成6个特色鲜明的生态文明主题广场。开展“生态文明育新风”活动，发动机关干部、党员干部积极投入到“每周少开一天车”低碳出行活动中；开设生态文明课程，组织绿色学校创建活动；2017年年底前建成5个以上生态文明教育基地。

11月14日

▲　**《镇江日报》“看京口”报道《京口打造产业“三集”发展新高度》**内容摘要：连日来，京口区“321”项目——新民洲国际粮油现货交易中心项目加快推进。目前，项目平面规划的初步设计正在加紧完善；项目一期的可研报告已编制完成，已通过市发改委牵头组织的专家评审会的评审，拟定近日提交市发改委重大项目评估会评审；园区路网规划已调整到位，市国土部门正在重新放线。据了解，该项目总投资20亿元，分为两期推进，一期总投资10亿元，主要涉及仓储物流和交易；二期总投资10亿元，主要涉及粮油加工。

与此同时，该区总投资15亿元的财富广场商业回迁工作基本结束。财富广场涉及百货、餐饮、娱乐等多种商业业态，约50家商户，5万余平方米经营面积，目前正在招商及后续装修，预计2015年春节可以营业。该广场营业后，镇江广大市民又多一个购物休闲的好去处，大市口中央商贸商务集聚区朝着做大做强的方向又迈出坚实一步。

无论是国际粮油现货交易中心项目加快推进，还是财富广场商业回迁项目接近尾声，它们均是京口加速产业集中集聚集约发展的亮点和缩影。

2014年以来，京口区围绕转型升级主抓手、“三集”发展新高度的总体要求，以项目建设为突破口，狠抓项目落户、投入产出和形象进度，推动区域经济发展方式转变和产业布局优化。目前全区八大产业园区重点项目进展顺利，园区形象有所提升，经济总量持续扩大。

据统计，1—9月份，该区现代服务业集聚区实现入库税收12.2亿元，完成年度指标的80%；先进制造业特色园区实现入库税收1.11亿元，完成年度指标的150%。现代服务业集聚区、先进制造业特色园区主导产业收入占比，均完成年度指标任务。产业“三集”的加快发展，有力地促进区域经济的快速发展。1—9月份，该区完成固定资产投资224.63亿元，同比增长21.3%，其中产业类固定资产投资155.4亿元，同比增长22.7%，增幅名列全市第一；完成社会消费品零售额117.22亿元，同比增长12.5%。

大市口中央商贸商务集聚区呈现出快速发展的喜人态势。除财富广场商业回迁项目接近尾声外，总投资49亿元的苏宁广场项目，正在进行裙楼招商和南侧裙楼幕墙施工。总投资12亿元的凤凰文化广场项目，现已进入打桩阶段。总投资1.2亿元的国际名店街二期项目，2014年年底前将全部建成开门营业。

高性能铝材料产业园区是该区着力培育的又一特色园区。目前，该园区已创成省级生态工业园，并与新区航空航天产业园联手，成功申报江苏省中小企业产业集群。园区年初排定的四个重点项目均进展顺利。

京口另一重点培植园区——粮油加工特色产业园区，同样正在加快推进之中。总投资13.5亿元的中储粮二期技改扩能项目，2014年实施的是6万吨和12万吨立筒仓项目，年内可望按时竣工，届时镇江中储粮，这个长三角地区最大的综合性油脂产业基地，实力又将得到进一步加强。

11月17日

▲　**《镇江日报》头版头条报道《健康路社卫中心获国家级殊荣》**内容摘要：继2014年荣获“全国示范社区卫生服务中心”后，健康路社区卫生服务中心近日获得国家级“群众满意的社区卫生服务机构”荣誉称号。此次评选由中国社区卫生协会牵头，国家卫生计生委基层卫生司、宣传司、机关党委参与，经层层遴选，江苏省仅4家基层卫生机构上榜，此中心是该市唯一获此殊荣的单位。

11月20日

▲　**《镇江日报》“看京口”报道《京口“两网”建设全面深化提升》**内容摘要：“网格化治理、网络化服务”，是京口区2010年起探索出的社区治理服务新路径，获评“第二届全国基层党建创新案例最佳案例”。时任中央政治局委员、中宣部部长刘云山，时任中宣部副部长、国家互联网信息办公室主任王晨，省委书记罗志军、省长李学勇等领导，先后赴该区考察调研，并给予充分肯定。

2014年以来，按照省委书记罗志军“把这块金字招牌擦得更亮”的指示精神，京口区全面深化提升“两网”治理服务，将全区66个社区（村）、39万人口划分成577个网格，由网格长“领衔”的志愿者团队为居民提供服务；在虚拟网络改版升级“网上居（村）委会”，建立社区QQ群、微信、微博等开放平台，与群众实现网上网下互动。充分发挥“两网”治理服务在信息采集、民情反馈、事务协管、矛盾化解、治安防范、应急处置等方面的作用，力争实现“群众更满意、全国更知名”。

72岁的徐道修2014年第三次当选江一社区第16网格的网格长。一户人家因装修与邻里发生纠纷，推推搡搡地眼看着就要演变成斗殴，老徐及时赶到，劝开双方。第11网格的网格长徐丽丽接到江滨新村54幢104室反映，5楼落水管断裂导致其墙壁洇水，她一大早就上门调查并设法与户主联系。第二天，户主从南京赶回，更换落水管。

江一社区党委副书记冯祥龙对

"网格化"治理取得的收效赞不绝口。以社会治安为例，社区内110接处警数量下降30%左右，社区环境卫生工作也上新台阶，最明显的是违章建筑几乎绝迹。冯祥龙说，他们一个月就及时制止4起违建，面积250平方米，都是社区内的网格长及时提供信息，及时处置的。

"网络化服务"带来的是社区处理事务能力的跨越性提升。四牌楼街道的社区工作人员率先为各个社区和街道的一些服务窗口开通微信公共号，并制作二维码名片。来办事的居民拿出手机扫一扫，就可以关注公共号，等于把社区的公告栏随身放进口袋。退休人员网上认证、视频课堂，甚至虚拟养老院等等从网络化衍生而来的社区服务项目，也悄然走进居民的生活。

京口这一社会治理创新模式，迄今已吸引全国近20个省（市）的200多批次客人前来考察取经。

11月21日

**▲ 《镇江日报》"看京口"报道《京口"真·实"活动实实在在》**

内容摘要：日前，京口区举行"真·实"主题活动问政问效现场评议会，由企业代表、机关行风监督员代表、区级机关作风建设监督员代表、区人大代表和政协委员组成的48名问政人员，对京口区环保局、安监局以及京口工商分局开展主题活动情况进行现场问政评议。

为将教育实践活动真正落到实处，2014年，京口区在全区机关广泛开展了以"真心诚意与群众交朋友、实实在在为基层（群众）服务；真心诚意与企业家（创业者）交朋友、实实在在为企业服务"为主要内容的"真·实"主题活动。据该活动领导小组办公室主任、京口区机关党工委书记丁永忠介绍，采取现场问政评议，就是要进一步促进机关工作作风转变，努力解决执法监管部门、窗口服务单位在办事效率、优化服务、热情接待等方面存在的问题。

"真·实"活动中，京口区区领导带头，每人结对1至2户企业、1个社区和1户居民，机关各部门分别结对1家企业、1个社区，每个党员干部结对1户居民。全区400多名乡科级以上干部、178名党代表，分别结对65个社区（村）、500余户群众，真心诚意、实实在在地为结对对象解决各类疑难问题。在象山街道丹企社区，原镇江中泠啤酒厂宿舍区连接主干道的一条群众必经之路，坑洼不平，常年泥泞，给群众的出行带来极大不便。京口区司法局了解到这一情况后，牵头与社区、居民代表协商，决定由区司法局、丹企社区和群众共同出资修路，司法局党员干部还以自愿捐款的形式进行筹资，在大家的共同努力之下，一条长近百米、宽1.2米的水泥路修建完成，解决困扰当地居民多年的行路难问题。

金顺宝是京口区住建局此次结对的贫困户。他先天残疾，46岁时又因摔跤导致小中风，生活不能自理，与83岁的老母亲相依为命，生活极其贫困。区住建局得知后，立即联系健康路社区卫生服务中心的医师，一同前往金顺宝家中，对其进行多方面检查，给予防止肌肉萎缩等方面的运动指导，并为其开通治疗的绿色通道。区住建局还十分关心建筑工地上家庭困难民工的生活情况，不仅为他们送去生活用品，还为建筑工地捐赠图书，丰富民工的精神文化生活。

"真·实"活动开展以来，全区56个部门和领导干部与122家骨干企业开展结对服务；56名机关干部兼职"网上居委会"版主，与社区版主共同管护"网上居委会"；近千名区级机关在职党员志愿者深入到基层一线上万人次，踊跃投身文明城市创建等活动。9名区委常委先后走访服务企业400余次，协调解决实际问题150余件；走访联系居民100余次，帮助解决实际问题50余件。在区领导的带动引领下，全区机关党员干部站在执政为民的高度，怀着对人民群众的深厚感情，倾力解难题，用心办实事，活动的自觉性、主动性、积极性、实效性得到进一步提升。据不完全统计，截至目前，仅区级机关部门、党员干部已为结对企业、社区、居民办实事1000余件，直接投入近200万元，赢得社会普遍赞誉。

11月28日

**▲ 《镇江日报》报道《飞驰商务车：瞄准汽车业的下一个蓝海》**

内容摘要：11月20日开幕的第12届中国（广州）国际汽车展览会，再次成为镇江飞驰商务车的梦幻T台。在这个业内最具影响力的国际车展上，飞驰以2款首发和8款全新升级的高端商务车，赚足中外眼球。就连前往参观的福建奔驰集团董事长廉小强，也为他们的镇江伙伴竖起大拇指。

在市学府路92号，飞驰汽车集团略显老旧的生产车间内，数十辆有着奔驰标识的商务车，正在加紧改装。

一边走红国际车展，一边订单不断，飞驰商务车正在彰显自己的"飞驰"本色。今年1—9月份，公司改装销售奔驰商务车484台，完成销售3.19亿元，销量是2013年全年的133%，商务车板块由此成为全集团的绝对主力。

2011年，飞驰汽车集团和现在的管理团队洽谈商务车改装项目的合作。彼时，商务车改装在国内起步不久，但飞驰已经敏锐觉察到行业的广阔前景。根据当时的市场调研和判断，欧美国家80%的商务车和卡车都经过改装，从主机厂出厂直接到销售终端的高端商务车微乎其微。而在国内，小批量、多品种的改装生产模式，也正可以满足高端车市场日益个性化的需求，商务车改装极可能成为中国汽车产业的下一个蓝海。这一年春节刚过，正月十五那天，飞驰集团的管理层冒雪驱车赶往杭州商谈项目。正是这次富有诚意的拜访，最终促成双方合作。随后，镇江飞驰商务车公司成立，并成为中国大陆第五家也是最后一家获得奔驰商务车改装资质的企业。2011年9月，由飞驰改装的第一辆奔驰商务车下线，汽车改装产业早已声名在外的镇江，终于迈过高端乘用车的改装生产门槛。

相对技术密集型的整车生产，汽车改装的技术含量毫不逊色。在欧美国家的汽车改装企业，技术人员和工人的比例是1∶1。而"技术为王"同样是飞驰商务车的主战略。按照奔驰商务车的改装生产流程，飞驰公司从福建奔驰和德国奔驰，引进国产与进口奔驰豪华商务车专业改装平台，再根据不同的功能要求，改装成威霆和斯宾特两大系列、多个车型的高端商务车产品。这些改装商务车适用于移动办公、商务接待、小型洽谈及商旅休闲，并满足各种个性化高端需求，每个改装细节都可能需要高科技支撑。

走进飞驰集团的生产车间里，记者感受一辆飞驰斯宾特豪华商务车的高科技——在驾驶室和商务舱中间，起到隔断作用的一块玻璃可以自动升降；而触动一个按钮，透明玻璃立刻变得不能透视，这就是电子雾化隔屏。演示人员掏出iPhone手机，随意控制车内的灯光、电视和音响等电气设备。据介绍，在商务车上加载苹果控制系统，飞驰开国内先河……

科技高度密集的商务车改装，产品利润也远高于一般改装车行业。凭借实力雄厚的技术研发和工艺设计，飞驰利用短短三年多时间，就座上国内商务车改装行业的第二把交椅。如今，总投资11亿元的飞驰集团新厂区即将建成，飞驰商务车将驶向更广阔的天地。

**▲ 《镇江日报》"看京口"报道《京口攀升民生幸福新高度》**内容摘要：一手抓发展，一手抓民生，一直是京口区委、区政府的总体工作思路。2014年以来，该区以创建全国文明城市等工作为契机，以实现区域百姓幸福的最大化为追求，加大财政投入，率先行动示范，全力推进"幸福京口"建设，不断提升百姓的幸福指数。

养老服务惠民生。最新数据显示，京口区60岁以上老年人达66695人，占总人口数的21.07%。为让老人们"老有所养""老有所乐"，2014年以来，该区努力新建城市小型托老所、农村老年关爱之家，鼓励和扶持养老机构建设。到年底，有望实现各类养老床位数2660张，每千名老人拥有各类养老床位数达38张。2014年还建成全市首家老年人日间照料中心。

健康服务惠民生。利用网格化管理模式，与辖区居民签订3+X家庭健康服务协议，通过入户调查、门诊随机调查、免费体检调查等方式，对居民进行摸底，核实居民健康档案，真正实现向居民提供有效、经济、方便、综合、连续的"六位一体"的健康服务。同时，科学实施健康场景建设，努力营造潜移默化的健康环境。截至目前，全区已建成全市首个健康教育馆，同时建成健康公园1个、健康广场1个、健康大道1条、健康步道5条、健康小屋6个，健康自助检测点22个。

优质均衡教育惠民生。加快完善城郊接合部、东部新城区等区域教育资源布局，建成中山路小学大禹山校区、解放路幼儿园优山美地分园、中山路幼儿园谏壁分园并投入使用，积极筹建瓯龙小学、学林雅郡小学，通过名校办分校的方式扩大优质办学资源，努力形成教育高位均衡发展。通过政策引导，积极做好中小学、幼儿园教师交流工作，促进义务教育均衡发展和教师的专业发展。

就业保障惠民生。通过完善"十五分钟公共就业服务圈"，组织创业培训、定期举办招聘会，积极落实各项创业就业优惠政策，为广大劳动者提供均等化的就业服务，实现更高质量的就业，就业服务取得明显成效。据统计，截至9月份，该区新增城镇就业11444人，城镇失业人员再就业4200人，就业困难人员再就业1312人，扶持创业1243人，城乡劳动者就业技能培训1713人，创业培训1750人，农村劳动力培训1707人。该区还不断创新就业服务，形成特色。如四牌楼街道针对辖区外来人员多、人员流动变化较大的问题，建立"新市民之家"，为外来人员提供就业信息公布、登记办证、政策咨询、技能培训、政策帮扶、权益维护等"一站式"服务。

12月1日

**▲ 《镇江日报》"看京口"报道《"文明进万家"推动京口文明新提升》**内容摘要：位于江滨新村小广场前的崇文路经过整治出新，令人眼前一亮。针对此前路面拥堵、沿街店牌店招杂乱的问题，四牌楼街道投入75万元，对沿街房屋实施立面出新，为商家制作统一尺寸、统一风格的店牌店招，对路面进行平整摊铺，使得该路段的环境面貌得到极大改善，城市形象得到较大提升。这是京口区"文明进万家"活动取得显著成效的一个镜头。

自2014年4月起，京口区针对城区管理脏乱差这一老大难问题，全面启动"文明进万家"活动，活动到2016年12月结束，决心用3年的时间稳步整改群众提出的综合环境等方面的突出问题，改出群众满意的城区新面貌、新形象。活动主要包括环境整治、管理规范、文明提升等三大行动，分别由区城管局、住建局和区文明办牵头。活动开展不到一年，有效解决一批老小区、菜市场等问题集中区域基础设施缺、环境卫生差、管理人手少等方面的突出问题，使得全区环境品位大变样，居民文明素质得到很大提升。同时，该区还结合新一轮全国文明城市创建，全面提升社区管理水平，为广大居民营造整洁、文明、安全、舒适的宜居环境。

据介绍，2014年，京口区对42个老旧小区、22个新建小区计64个小区，实施环境整治行动，涉及面积约413万平方米。截至目前，小区环境整治任务已基本完成，42个老小区的"五有"（有治安防范、有清扫保洁、有绿化养护、有物业维修、有停车管理）提升工作已全部完成。该区还十分注重物业服务的品牌打造，现已成功培育出正东路街道酒海街社区的"自助式物业"、健康路街道物业服务的"健康模式"等一批物业服务品牌。

京口区不仅做好文明创建的外在工作，还注重市民内在素养的提升。通过深化道德模范选树活动，陆续选树"把患者当亲人、把付出当快乐的最美社区医生杨凌""宁愿一人脏、换来万家净的最美环卫工人马爱明""20余年贴心照顾脑瘫妻子的最美丈夫李永生"等一批模范人物，通过宣传画页、市级媒体、京口讲坛、道德讲堂等众多载体，对模范人物的先进事迹进行全方位、多层次的宣传推广，着力营造"身边人说身边事、身边事教身边人"的浓厚氛围，推动社会主义核心价值观融入老百姓的生产生活和精神世界。

12月3日

▲ **《镇江日报》报道《市领导调研京口政法工作》**内容摘要：市委副书记、政法委书记李茂川，赴京口区调研政法工作。

李茂川一行先后到京口区委政法委、社会管理服务中心、检察院、公安京口分局、四牌楼街道等处，详细了解各单位有关工作的开展情况。

目前，京口区进一步发挥主城区、主力军作用，深入推进平安法治建设，下一步将启动“一三六”工程，实现辖区社会治理信息化全覆盖。具体为：以区“社会管理服务中心”为中心，设立综治信息系统平台、涉法涉诉信息协同办公平台、平安和法治信息发布平台，实现省、市、区、街道、社区、网格工作机构和人员的“六级联动”和“人、地、事、物、组织、效能”六类数据深度运用，把信息流、业务流、管理流有机结合起来，形成互联互通、共享共用、及时准确、实战高效的数据化管理和服务系统，大力提升社会管理服务水平。

在听取情况汇报后，李茂川要求，京口区要在法治建设上，走在全市的前列，当好示范；在法治改革上多做工作，以稳慎的办法和步伐推动司法改革；妥善安排好当前各项任务，谋划好明年的工作。政法系统要立足于正能量，发挥法治力量。

12月9日

▲ **《镇江日报》“看京口”报道《四牌楼街道再获国家级殊荣》**内容摘要：日前从四牌楼街道传出喜讯，江滨新村第一社区继2009年荣获“全国和谐社区建设示范社区”，2014年再次榜上有名，成为京口区唯一一个连续两届获此荣誉的社区。

社区再次获得此项殊荣，得益于街道实施的‘两网化’治理服务模式。社区作为城市的最基本单元，社区管理服务水平直接影响广大社区居民的切身利益和社会和谐稳定。街道实施‘两网化’治理服务模式以来，在基础社会管理、完善公共服务、建设和谐社区方面，都取得良好效果。

近年来，四牌楼街道通过“网格化管理、网络化服务”模式，探索居民自我管理、自我服务的路径。2014年以来，结合新形势、新要求，街道开展“两网”治理服务水平提升工作，建设社区智能管理系统，实行网格协商民主工作制，广泛开展网格志愿服务活动，不断深化“两网”内涵，提升为民服务效率，加强和谐社区建设。

推行网格协商民主工作制，实现居民自治。围绕和谐社区建设目标，四牌楼街道采取民事民提、民事民议、民事民决的工作机制。日前，市体育局向阳光世纪花园社区赠送4张乒乓球桌，社区经过两委会讨论，决定召开“网格民主议事会”，集体商讨乒乓球桌子的摆放位置。在社区公告栏张贴议事会通知后，12月4日，社区网格长、网格骨干志愿者、居民代表、物业公司以及业主委员会在社区会议室进行讨论。百合苑居民代表王红提出，小区紫荆苑、梧桐苑已有乒乓球桌，百合苑人口较多，却没有相应的体育锻炼设施。建议在百合苑小广场放置两张桌子，满足居民的健身需求……经过几方轮流发言，主持人宣布对几个“议案”进行投票，最终确定两张放置在百合苑小广场，两张放置在惠风苑。

不断深化志愿服务建设，打造志愿服务品牌。街道在每个社区配备1名大学生村干部、1名劳动保障协理员和1名民政协理员，推行“一岗双责”和“5+2工作法”，打造“香江服务快舟”“阳光志愿服务中心”“心语社”等特色服务品牌。此外，建立85180111声讯热线、“公共便民服务中心”“滨江家政护理服务中心”等便民服务部门和机构，建立“15分钟生活圈”，居民一个电话就能解决生活难题。12月5日，在“京口先锋”志愿服务“三十佳”表彰大会上，街道江一社区志愿服务站、香江花城社区志愿服务站被评为“十佳志愿服务示范站”，康乐志愿服务队被评为“十佳志愿服务团队”，阳光青年志愿服务队被评为“优秀志愿服务团队”。

12月15日

▲ **《镇江日报》“看京口”报道《京口力促文体旅发展成果惠及于民》**内容摘要：镇江城东片区又添一座山体公园——位于宗泽路旁边、紧邻宗泽墓的京岘山公园日前悄然对外开放。这座总投资800万元、历时两年建成的山体公园，占地面积13.3公顷，打造两条环山游步道和一座上百平方米的广场，整个游山路线与宗泽纪念公园相得益彰，已成为周边居民休闲运动的好去处。

近两年来，京口区委、区政府坚持文体旅事业和产业协调并进，推进惠民实事落实，让文体旅发展成果惠及千家万户，各种殊荣也纷至沓来：该区被评为全国体育工作先进单位、区文体局被评为全国全民健身活动先进单位、大市口街道被评为全国体育工作先进单位、四牌楼街道江一社区被评为全国文化先进社区；康盛剧社现代京剧《杜鹃山》在全国京剧戏迷票友大赛中获得金奖，剧本《如此智慧》获全国第四届“中华颂·天鹅湖杯”小戏小品曲艺大表演一等奖。

公共设施便民化。京口按照优化布局、便利群众、完善功能的原则，加大对文化体育公共设施建设的投入，使文体设施成为便民惠民的平台。目前，全区拥有6个街道综合文化站、7个文化信息资源共享工程基层服务点、6个街道电子阅览室，66个社区（村）文体活动室及公共电子阅览室。建成62个文化广场和14家市图书馆分馆，人均拥有公共文化设施面积0.36平方米。建有国家一级图书馆、国家二级文化馆，按照国家一级馆标准建设的新图书馆、文化馆即将正式开馆。该区57个城市社区100%建成“10分钟体育健身圈”；拥有晨晚练健身站点192个；安装室外健身器材140套，拥有篮球场、网球场、门球场等44个、体育健身公园2个。全国第六次体育场地普查结果显示：全区有各类体育场地757个，总面积为105.30万平方米，人均拥有公共体育设施面积2.7平方米。

惠民活动品牌化。该区坚持弘扬主旋律、传播正能量、提升精气神、提高文明度，蓬勃开展500余场文体活动。2014年在全市率先向全社会文艺团队和个人开展“中国梦·我的梦”大众化文艺作品征集、评选、巡演活动。截至目前，举办“魅力京口”广场文化系列活动192场，该项品牌活动被评为镇江市群众精神文明建设新人新事，还荣获第八届江苏省“五星工程服务奖”。

文旅产业现代化。截至目前，全区有文化企业1123家，文化产业增加值占GDP比重居全市第二位。2014年1—10月份，全区旅游综合收入75.52亿元，同比增长20.1%。江苏名通、江苏易乐已成为全国、全省同行业领先的文化企业。

12月19日

▲ **《人民日报（欧洲刊海外版）》报道《镇江市京口区环境整治成果显著》**内容摘要：伴随着镇江市“一湖九河”水环境综合整治，京口区2014年整治效果显现。水环境综合整治中，京口区实行“河段长”制，从根本解决问题，保证水体流动，建设清水通道。在大气污染防控方面，京口区坚决淘汰落后产能，截至目前，已淘汰镇江双环汽车配件有限公司年产20万只型钢车轮生产线1条，年产30万只车轮挡圈生产线1条，玻璃生产线3条。同时，加强燃煤污染防控，严格燃煤企业排污控制，严格控制城市扬尘污染，对辖区内7家轧石企业实施强制断电取缔。为做好应急预警，高频次进行巡查巡测，执法的高压态势，杜绝各类偷排超排行为，下发《京口区生态文明建设推进计划》（2013—2015年），加大环境投入，努力构建京口生态文明新高度。

# 在全面深化改革中打造“京口高度”

中共京口区委书记、区人大常委会主任 裔玉乾

2014年6月20日

中共中央十八届三中全会发出全面深化改革动员令。习总书记强调，改革是由问题倒逼而产生，又在不断解决问题中深化。京口全面深化改革，必须突出问题导向，始终围绕经济社会发展中的重大问题、关键问题，加强研判、改革创新、推动发展，不断创造“京口高度”。

**一、围绕加快产业转型深化改革，提高经济发展质效**

产业是京口发展重要支撑。要进一步优化产业发展导向，加快构建现代产业体系，推动转型升级，促进提质增效。

1. 优化产业发展导向。突出坚持“两必须、两强化”，即，必须生态环保优先、必须资源节约高效，强化地方财税贡献、强化居民就业收入，大力发展新一代信息技术、航空航天、文化创意、旅游、网络动漫、健康养老、高端装备制造等高科技、高附加值的生态产业，做大做强城区经济和临港产业。

2. 提升产业“三集”发展水平。加快九大特色产业园区建设，突出抓好全区66个亿元以上项目和苏宁广场、中储粮二期、宝钢爱励汽车用铝合金板等13个市重点产业项目建设，确保实现“321”项目全覆盖。以市场化运作为导向，探索创新园区运行机制，积极推动京口航空航天产业园创建国家级开发园区。

3. 提高人才科技创新实效。创新开展“金凤凰”活动，发挥高校多、高层次人才多、高科技产品多的优势，深化校地联合发展，吸引更多人才在京口创新创业，全年引进高层次创新创业领军人才25人以上。强化人才与产业的融合，加快传统产业转型升级，全力支持鼎胜铝业、鼎盛重工等骨干企业加快技术改造步伐、做大做强。促进企业金融创新，深化与上海股权托管交易中心的合作，破解企业融资难题，落实企业上市优惠政策，推动鼎胜铝业、海龙核材、蓝舶科技、恒伟物流等企业尽快上市，做强做大。

**二、围绕新型城镇化深化改革，加快建设现代化主城区**

积极抢抓新一轮新型城镇化的战略机遇，加快建成高品质现代化主城区。

1. 高标准推进城乡建设计划。大力推进城中村和旧城区改造，今年完成征收拆迁60万平方米以上，改造老小区15万平方米，建成凌家湾一期、景阳山庄等安置房30万平方米以上。围绕建设山水花园城，在城市建筑、街区、道路景观等建设融合城市文化品质和生态环境因素，彰显个性特征，形成特色亮点，展现京口魅力。巩固提升新民洲“三新”建设水平，推动谏壁街道“三新”建设。

2. 健全完善城市管理机制。创新市场化管理办法，实行道路保洁市场化，建设“数字城管”，实现城市管理的机械化和智能化。全面推进“街长制”，创新开展“文明进万家”活动，开展环境整治、管理规范、文明提升三大行动，改善小区整体环境，提高物业管理水平，提升人的文明素质。创新投融资方式，稳步推进城投公司改革，拓宽投融资渠道，在搭建多元化融资平台上主动作为，有效破解资金制约。

3. 更大力度推进生态文明建设。从项目入口把好生态关，探索实施碳评、环评、能评等有效整合的评估机制，严控增量，消减存量。全力以赴做好东部地区生态环境综合整治工作，建设京岘山、大禹山等山体公园，长效治理虹桥港、玉带河等重点河流，努力让群众享受到更加宜居美丽的生活环境。

**三、围绕社会事业发展深化改革，不断增进民生幸福**

改革的根本目的就是要惠及民生。通过全面深化改革，让发展的成果更多更公平地惠及京口人民。

1.加强与改进民生发展机制。健全促进就业创业体制，加快大学生科技创业园等各类创业载体建设，强化技能培训，实现全年12000人高质量就业、扶持1200人创业。加快“15分钟人力资源保障基本公共服务圈”和“15分钟公共文化圈”建设，完善基本医疗保障制度，全力争创学前教育改革发展示范区和省义务教育均衡发展先进区，推动基本公共服务优质均衡。

2.深化提升“两网”治理服务水平。认真贯彻落实省委罗志军书记“把这块金字招牌擦得更亮”和市委杨书记五次对京口“两网”治理服务工作的指示精神，优化调整社区网格，配齐配强网格长和骨干志愿者，建成运行区、街道、社区三级综合治理服务信息平台，深入开展“文明进万家”“真·实”活动，进一步提升“两网”治理工作实效，着力打造“群众更满意、全国更知名”的“两网”治理服务品牌。

3.创新有效预防和化解社会矛盾体制。健全重大决策的社会稳定风险评估机制，完善等级预警机制、责任追究机制和监督制约机制，实现社会矛盾的重点易发领域全覆盖。建立健全“区、街道（园区）、村（社区）、网格”四级调处网络，提升矛盾纠纷排查灵敏度、准确度。大力推行“阳光信访”，着力提高初信初访办理质量，改革信访工作机制，深化信访代理制，加强大学生村干部社情民意信息网建设，推广律师等第三方参与信访工作机制。

**四、围绕加强党的建设深化改革，全面提升党建科学化水平**

坚持抓基层，打基础，不断增强党的凝聚力、创造力和战斗力，为京口经济社会发展提供坚强组织保障。

1.健全密切联系服务群众机制。加强服务型基层党组织建设，建立健全密切沟通联系群众、零距离服务群众、以群众满意为标准的评价机制，完善并落实领导干部挂钩联系基层社区（村）制度，深化“真·实”“三解三促”“走转连”“党员活动日”等活动，推动“京口先锋”志愿服务常态化、长效化，及时协调解决基层难题和民生问题。

2.加快推进干部人事制度改革。坚持德才兼备、以德为先，坚持“实绩论英雄、实干兴京口”导向，推动人员和资金向基层一线倾斜，充分调动各层各级党员、干部干事创业的激情。加强干部培训工作，不断提高京口干部驾驭经济、解决复杂问题的能力。建立科学的考核评价激励机制，开展领导班子和领导干部综合分析评判工作，建立干部日常考核评价体系和重点工作、重点项目中考察干部的有效机制，全面、历史、辩证地考察评价干部。

3.着力构建作风建设长效机制。及时总结固化教育实践活动中的好经验、好做法，建立健全行得通、长期管用的改进作风机制。狠抓党风廉政建设责任制落实，深化五大“阳光工程”，强化对公车改革、行政许可、项目审批、工程招投标等重点改革领域权力行使的监督，努力营造风清气正的发展环境。

发展无止境，改革不停步。京口区将认真贯彻落实中央、省委、省政府和市委、市政府的改革部署，进一步解放思想，坚定信心，抢抓机遇，攻坚克难，以改革的实际成效为加快京口经济社会发展增添强劲动力。

# 强化生态文明理念　加快产业转型升级

京口区人民政府区长　黄万荣

2014 年 11 月 18 日

生态立市、产业强市、人才兴市是市委市政府确立重要战略和重大决策，推进生态文明建设、加快产业转型升级是京口在“新常态”形势下推动经济社会发展的重要抓手和关键路径。作为主城区，京口将立足全市大局，以生态文明理念为引领，加速转型升级，为经济发展注入强大活力，努力实现加快发展、绿色发展、转型发展。

## 一、扎实深入推进生态文明建设

第一，牢固树立生态理念。一方面，强化教育引导，大力营造生态文明建设良好氛围，使尊重自然、顺应自然、保护自然理念真正入脑入心，成为全社会的共同认识和自觉实践。另一方面，以提升群众文明素养和生态意识为目标，通过多种形式和各类手段，全面提升群众对生态文明建设知晓率、参与率和满意率。

第二，全力攻克重点难点。一是加快谏壁地区环境综合整治。稳妥有序推进索普化工园区和新区化工园区周边居民搬迁和安置房建设工作。加速道路改造、管网、绿化提升等基础设施建设，年内关停拆除谏壁区域轧石企业、翻水河支流码头，深化村庄环境整治成效，持续改善镇区环境。二是加强“一湖九河”水环境整治。严格执行“河段长制”，巩固虹桥港、玉带河、一夜河整治成效。开工建设虹桥港活水通道，与周边水系互通互连，形成动态水网；通过加强水质监测、落实控源截污、植被种植等措施，全面改善水质。三是扎实推进污染企业治理。切实做好辖区范围内污染企业关停工作，督促索普和谏壁电厂等重点企业加快技术改造，确保能耗指标、污染物排放指标明显下降。四是全力开展山体整治。对辖区山体进行保护，加快轧石企业关闭、宕口复绿和废弃矿山整治等工作。有序推进大禹山、京岘山等山体整治，建成亲近自然、视觉通透的开放式山体公园。

第三，健全推进机制。一是坚持有序推进。对照目标要求和时间节点，合理排定年度目标、工作任务和具体项目，做到重点突破、以点带面、协同推进。二是坚持项目化落实。将各项任务落实到具体项目上，实现分类推进、动态实施。全力推进“低碳、天蓝、地绿、水净、生态修复、绿色细胞”六大工程，确保早日竣工、投入使用。同时，深入调研，科学论证，认真梳排明年生态环境整治各项工作。三是坚持多元化筹措资金。发挥财政资金基础性作用，积极拓宽生态文明建设投融资渠道，探索市场化投融资方式，引导企业资金、社会资本投入生态环保领域，形成多元化投入体系。四是坚持快出成效。从群众最关心的方面抓起，从最突出的问题管起，切实抓好生态领域各项重点难点问题的整治化解，确保进展迅速，快出成果。

## 二、全力以赴加快产业转型升级

第一，加快产业“三集”发展。一是不折不扣完成年度目标任务。对照年初下达目标任务，细致排定各项计划安排，将月度计划细化到每周、每天，确保按时完成，不留欠账。二是推进市场化运作试点。进一步优化中国中小企业信息产业园试点方案，明确预期目标、序时进度及政策安排等核心内容，为运作实施打下基础。三是加快标准化厂房建设。在科学论证基础上，加快规划设计进度，力争年底前完成各项准备工作，明年初启动实施。四是强化招商队伍建设。进一步充实配强招商队伍，确保专业招商人员专司招商。同时，加大考核力度，保证人人身上都有具体指标和任务，做到奖优罚劣。五是严格执行制度。认真落实日常工作、联席会议、督查考核等制度，对“三集”园区所在单位和各职能部门的职责和任务进行明确，确保按时保质完成要求。

第二，加快项目建设。一是狠抓项目开工。督促企业抓紧完成前期各项准备，提升项目开工率，以项目顺利开工确保产业落地生根。二是主攻重大项目。集中精力狠抓“321”重大项目，为全区发展积蓄后劲。着力推进正邦商业中心、新奥新能源等一批重点项目，抓好跟踪服务，确保早日见效。三是坚持重大产业类项目和高效“短平快”项目两条腿走路。在加快重大产业项目建设基础上，坚持“两必须、两强化”理念，加大对低投入、高产出、无污染“短平快”项目引进，力争早落户，快达产。四是加强项目挖掘包装。认真挖掘发挥辖区范围内现实和潜在的优势，超前谋划，努力设计、包装和催生新项目，提升建设实效。

第三，优化调整产业结构。一是围绕特色基地和产业集群抓招商引资。加大电子商务、文化创意、数字动漫、健康养老等新型业态引进，在现代服务业特色基地打造上做足文章。加快发展产业集群，全力招引同类企业或上下游配套企业。二是加快产业高端化改造。一方面“腾笼换鸟”，推动部分工业企业退城进区，腾出发展空间，大力引进战略性新兴产业。另一方面“凤凰涅槃”，帮助企业通过高端技术、要素的注入，促进产品逐步走向产业链高端。三是强化科技创新。鼓励企业加强品牌开发和管理创新，加大先进技术和人才储备，通过专利战略、标准化战略、品牌化战略，推动企业从“京口制造”

向“京口创造”转变。

第四,扎实开展好“三大活动”。全面开展争当“经济工作能手”、争创“转型升级先锋”和争当“创新创业标兵”“三大活动”。凝聚促进转型升级,推动经济发展强大动力。一方面,强化组织领导,按照责任分工各尽其责,协同推进。另一方面,健全工作机制,加强评比考核,激发比学赶超、干事创业的热情。

**三、切实加强工作保障**

第一,狠抓工作落实。围绕生态文明建设、转型升级和民营经济发展,将各项要求转化为实际行动,逐项抓推进、逐条抓落实,加强分解细化,确保不折不扣落实到位。

第二,健全考核体系。建立科学合理、操作性强的考核管理办法,围绕生态改善考核转型升级,通过转型升级加快生态改善,从单纯评价经济总量和速度,转向强调经济结构的优化、生态面貌的改善和项目质量的提升。

第三,凝聚工作合力。督促各职能部门强化牵头服务职能,提供优质高效的服务。引导各街道、园区强化属地责任,统筹抓好生态文明建设、转型升级各项工作落实。推动各家企业参与市场竞争,在提挡升级、开展创新、做强主业等方面取得突破、实现跨越,为京口发展做出更大贡献。

# 把群众路线理解好、贯彻好、坚持好

京口区政协主席　孙国平

2014年3月7日

按照党的群众路线教育实践活动的统一部署,今天在这里为大家上一堂党课。今天发言题目是区政协要把群众路线理解好、贯彻好、坚持好。

政协组织的性质有三句话:一是中国人民政治协商会议是中国人民统一战线组织。二是中国共产党领导下的多党合作和民主协商的重要机构。三是我国政治生活中参与民主政治的重要形式。政协组织的性质决定了我们必须理解好、贯彻好、坚持好群众路线。

**一、为什么要贯彻好群众路线**

什么是党的群众路线,《党章》中是这样表述的:“党在自己的工作中,始终执行群众路线,一切为了群众,一切依靠群众,从群众中来到群众中去,把党的正确主张变成群众自觉行动。”九十多年来,我们不但始终坚持从理论上丰富党的群众路线,而且注重在实践中贯彻和落实群众路线,推动党和国家事业不断向前发展。

我们党之所以高度重视群众路线,有几个方面的原因:一是群众路线体现了党的宗旨,是党拥有号召力、吸引力、亲和力和生命力的根本保证,是党和国家的生命线。二是因为群众路线是党的根本工作路线,党的思想路线、政治路线、组织路线,都要以群众的根本利益和实际需要为基础,把群众路线作为制定工作的出发点和落脚点,作为贯彻落实最重要方法和路径。三是群众路线已经经历革命、建设、改革三个历史时期的检验,是我们党伟大事业的胜利之本,每个时期的胜利都是与群众的支持密不可分。

当下为什么要特别强调群众路线?因为我们正处于经济发展的转型期,社会也在转型,利益格局在调整,经济社会面临前所未有的变化,群众的利益需求也发生了显著变化。比如说,我们发展中遇到的生态环境问题,谏壁东部地区因为环境问题上访不是一户两户,而是几十户。在这种形势下,我们做群众工作或者说走群众路线的环境在发生变化,对我们的执政理念、对我们的干部提出新的要求。从宏观上讲,十八大报告提出我们面临着“四大危险”,即精神懈怠的危险,能力不足的危险,脱离群众的危险,消极腐败的危险。精神懈怠主要指我们精神状态不振;能力不足就是做群众工作能力不足,发展经济能力不足;脱离群众就是官僚主义,高高在上;消极腐败就是不尽职,腐化堕落。这些问题集中反映为“四风”,即形式主义、官僚主义、享乐主义、奢靡主义。这些问题的存在严重损害党在人民群众中的形象,严重损害干群关系。以习近平总书记为首的党中央这段时间打那么多老虎,抓那么多苍蝇,说明“四风”问题在党和国家部分领域还是比较严重。

所以,当前我们开展党的群众路线教育实践活动是非常必要,其重要性习总书记强调了三点,即贯彻党的群众路线是实现中共中央十八大确定奋斗目标的必然要求,是保持党的先进性和纯洁性、巩固执政之基和执政地位的必然要求,是解决人民群众反映强烈突出问题必然要求。

**二、怎样坚持群众路线**

习总书记就新形势下如何坚持党的群众路线,进行深入探讨,对开展以“为民、务实、清廉”为主题党的群众路线教育实践活动进行全面的部署,提出要牢固树立群众观点,切实打牢做好群众工作思想基础;要虚心向人民群众学习,不断从人民群众中汲取事业发展智慧和力量;要狠抓作风建设,着力解决人民群众反映强烈突出问题;要改进方式方法,努力增强群众工作针对性和实效性;要建立健全工作制度,有效提高群众工作规范化、制度化水平。具体到我们每个党员,在党的群众路线教育实践活动中怎么做,总体来讲,就是要做到“为民、务实、清廉”,这是党的群众路线时代内涵,也是这次教育实践活动主要内容。“为民”就是要做到四个坚持：坚持人民创造历史，人民是真正的英雄；坚持以人为本、人民至上；坚持立党为公、执政为民；坚持一切为了人民，一切依靠群众。“务实”就是求真务实、真抓实干，坚持问政于民、问需于民、问计于民，发扬理论联系实际的作风，密切联系群众的作风，艰苦奋斗的作风；“清廉”就是要自觉对照党章的要求，严格执行廉政准则，自觉接受监督，自觉净化朋友圈、社会圈，带头约束自己的行为，增强反腐倡廉的拒腐能力，坚决反对一切消极腐败现象，做到干部清政、政府清廉、政治清明。

结合实际，我们政协如何开展好党的群众路线教育实践活动，我认为主要是把握好“三个关系”：

**一是把握好群众路线与人民政协的关系。**

1. *人民政协是党长期坚持群众路线的伟大成果和基本制度安排。*人民政协这一政治组织源于党领导的统一战线实践，既是党开展人民战争伟大成果，又是党执政以后长期坚持群众路线的伟大成果和基本制度安排。我们党坚持群众路线，发展壮大统一战线，领导人民进行了二十八年革命斗争，夺取了政权，最直接政治成果就是建立了人民政协，组建了国家。所以，人民政协作为全国人民爱国统一战线组织，关键词之一就是人民。人民政协的概念是什么，政协章程上是这样描述，“全体社会主义劳动者、社会主义事业建设者、拥护社会主义爱国者和拥护祖国统一的爱国者组成最广泛联盟。”政协作为中国共产党领导的多党合作和政治协商的重要机构，是中国人民经过长期艰苦探索的正确选择，集中体现社会主义协商民主的特点，强调人民内部各方面的充分协商。政协作为发扬社会主义民主的重要形式，直接突显人民政协一切工作的手段、方法、目的和归属，就是要联系人民、服务人民，实现人民当家做主。所以说人民政协是我们党执政后坚持群众路线的重大制度安排，本身就是群众路线的直接体现。

2. *群众路线是人民政协工作的生命线，也是最根本的工作路线。*人民政协既不是火线也不是二线，而是开展统一战线和政协工作的第一线，是党联系各界群众的桥梁和纽带。政协主要是在决策的合理性方面发挥作用，怎样在决策合理性方面发挥作用，就是要讲对话、讲真话，提出正确的、合理的意见和建议，这直接关系到我们政协在新形势下的地位和价值。正确、合理的意见和建议哪里来？关键还是要坚持走群众路线，密切联系群众，广泛深入地开展调查研究，准确地把握实情，反映实际情况。所以，对政协来讲，不走群众路线就难以履行职责，就难以实现自身存在价值。

**二是把握好群众工作和政协工作关系。**

开展好群众工作是人民政协工作本质要求。党中央和全国政协对政协开展群众工作都有明确的要求，中央五号文件是这样讲的，“坚持把实现和维护好最广大人民的根本利益作为人民政协工作的出发点和落脚点。”政协章程明确指出，“各级政协委员要密切联系群众，了解和反映他们意愿和要求。”中共中央十八大要求，“要充分发挥人民政协作为协商民主的重要渠道作用，通过政协组织、党派团体等渠道，就经济社会发展重大问题、涉及群众切实利益的实际问题，广泛协商、广纳群言、广集民智，增进共识、增强合力，更好地协调关系、汇聚力量、建言献策、服务大局。”人民政协作为各族各界人民大团结、大联合的团体，政协的政治区位优势和组织构成的特点，决定政协在反映群众意愿，传递政策信息等方面有其独特优势，是党群众工作特殊部分，特殊性有这么几条：第一，人民政协工作不是做单个群众工作，而是要更加关注党派、团体、界别以及他们所代表的群体利益。第二，主要不是通过政令法规开展工作，而是通过政协参加单位、政协委员及各界代表人士影响群众、引导群众、团结群众、服务群众。第三，不是通过直接给予群众物质文化支持来做群众工作，而是通过吸收群众参与、反映群众意愿、关注群众呼声、维护群众利益等途径开展工作。

**三是把握好服务委员与服务群众的关系。**

政协委员是人民群众中有一定影响力的代表人士，从一定意义上讲，服务委员履职与服务群众本质上是统一的。因为政协委员是在人民群众中经组织协商推荐产生的，是社会方方面面以及各党派、团体的代表。他们来自人民群众，但是他们眼界、能力、学识等要高于一般群众，都在本领域、本行业中有一定影响力。做好他们工作就是架起党和人民群众的连心桥。从这个角度讲，服务委员就是服务群众。

总而言之，贯彻执行党的群众路线，关键是要契合政协工作实际，使“为民”成为人民政协的基本价值追求，“务实”成为人民政协的基本工作作风，“清廉”成为人民政协的基本政治形象。我们一定要按照中央、省市委的要求，扎实开展教育实践活动，牢记宗旨，转变作风，坚决反对“四风”，从党和人民的根本利益出发，从政协事业的大局出发，把群众路线理解好、贯彻好、坚持好。

# 坚持与时俱进　发挥职能作用 全力助推京口现代化建设进程

京口区人大常委会党组书记、常务副主任 倪兆顺

2014年12月15日

2015年是党的十八届三中全会提出全面深化改革的第二年，也是十八届四中全会提出全面推进依法治国的第一年，在新的一年里，京口区人大常委会将坚持以科学发展观为指导，认真贯彻党的十八届三中、四中全会和省委人大工作会议以及区委七届八次全体扩大会议精神，围绕中心、突出重点、求实创新、增强活力，依法行使好决定、监督、任免职权，充分发挥代表作用，为推动京口区现代化建设做出应有贡献。

## 一、与时俱进推进民主法制建设

人大其常委会处于民主法制建设的第一线，我们区委决策的、政府正在推动实施重点工作和解决群众普遍关心的热点难点问题作为工作重点，坚持听取专项工作报告与执法检查相结合，常委会视察与会议审议相结合，综合调研与专项监督相结合，不断推进京口民主法制建设进程。一是进一步增强坚持和完善人民代表大会制度的自觉性和坚定性。持续推进人大工作与时俱进，准确把握地方人大工作面临的新形势新任务，坚持把党的领导作为根本保证，把保证人民当家做主作为根本立足点，把推动宪法法律实施作为重要任务，把坚持民主集中制作为重要原则，把改革创新作为重要途径，始终保持人大工作的蓬勃生机和创造活力。把加强社会主义民主法治和人民代表大会制度，列入普法教育、理论宣讲的重要内容。二是继续强化对法律法规执行情况的监督。选取1—2项法律法规组织执法检查。加强执法检查力度，强化对执法、司法工作的监督，确保法律法规得到有效实施，确保行政权、审判权、检察权得到正确行使，确保公民、法人和组织合法权益得到尊重和维护，促进法律法规在京口遵守执行。选取法院、检察院的重点工作强化监督，切实推进“一府两院”依法行政、公正司法工作，更高水平推进法治京口建设。三是加强规范性文件备案审查工作。按省委文件要求，切实做到“充实力量，健全制度，做到有件必备、有备必审、有错必究，切实维护法制统一”。

## 二、与时俱进助推改革发展

紧紧围绕全区中心工作和改革发展稳定大局，把关系全区经济发展和社会稳定的重大问题作为监督重点，始终保持与区委“一个调”、与“一府两院”“一台戏”、与人民群众“一条心”、与全区工作“一盘棋”，综合运用工作监督与法律监督、专项监督与跟踪监督、重点监督与日常监督相结合方法，进一步加强和改进监督工作。一是推动深化改革。围绕全区深化改革总体部署，精确定位，依法履职，给力支持，积极推动各项改革措施的实施。二是推动转型升级。围绕推进产业“三集”发展，调研重大项目实施情况、企业转型升级进展情况，促进京口区产业承载能力、集聚效应和园区产出效益不断提升。三是推动城乡建设。跟踪推进旧城区城中村改造、村庄环境整治长效管理、“三新”建设指标体系，深入调研城市市容环境综合整治情况，推动城乡面貌实现更大变化。四是推动民生改善。选择“两个收入”等群众关注的热点难点问题，通过听取专项工作报告、视察调研等形式，强化督查推进，助推民生幸福工程落到实处。五是推动生态文明建设。继续关注谏壁地区综合整治工程，积极助推低碳城市建设，促进京口“宜居、宜游、宜创”工作进一步得到强化。

## 三、与时俱进提升监督效能

省委下发的《关于坚持完善人民代表大会制度，推动人大工作与时俱进的意见》，为人大工作指明方向，明确任务，提出要求，我们将按照省市区委对人大工作的要求，在坚持原则、掌握实情、把握规律、依法履职的基础上，以增强监督实效为核心，不断形成新思路、新举措，更好地发挥人大监督对促进依法行政、公正司法、维护人民利益的作用。一是做好决定重大事项工作。围绕全区发展战略和工作思路，强化与“一府两院”沟通，初排年度决定重大事项计划，对涉及经济建设、政治建设、文化建设、社会建设和生态文明建设五位一体总体布局重大事项进行审议，适时作出决议、决定，通过法定程序全力推动区委重大决策部署的贯彻落实。二是积极推进全口径财政预决算审查监督。认真落实2015年1月1日起执行区人大常委会通过的《关于加强全口径预算决算审查监督的暂行办法》，把一般公共财政、政府性基金、国有资本经营、社会保险基金等政府全部收支纳入预算管理，进一步细化报人大审批的预算草案，在预算体制框架内，积极推进绩效预算、绩效审计和绩效评价体系建设，切实提高财政资金使用效益。积极探索参与式预算、前置式监督、分项式票决预算审查监督的新机制，不断强化预算监督的全覆盖。三是进一步完善干部任免工作机制。坚持党管干部和人大依法任免相结合原则，充分发扬民主，为党和人民的事业选好人；继续完善加强任后监督的工作机制，切实增强公职人员依法行权、勤勉为民的公仆意识；认真贯彻落实宪法宣誓制度，凡经人大及其常委会选举或者决定任命的国家工作人员正式

就职时公开向宪法宣誓。四是不断完善专项评议、履职评议工作。按照省市文件要求，切实做好对人大任命干部的工作监督、法律监督。围绕“依法行政、公正司法”，进一步完善评议程序，创新评议方式，拓展评议范围，使专项评议和被任命干部履职评议成为助推“一府两院”依法履职、推动发展、服务人民的重要举措。五是有效探索人大依法监督的新路径。紧紧围绕全面推进依法治区总目标，坚持从实际出发，把握选题关，提高互动性，增加透明度，依法运用专题询问、专项工作报告审议票决、建议办理公示制、政情报告会等监督手段，积极回应群众关切，切实增强监督实效。按照《区人大常委会跟踪督办暂行办法》，强化对人大常委会、主任会议等各项监督工作相关意见的跟踪督办，提高建议的办成率，促进相关问题的有效解决，提高人大依法履职的质量。

**四、与时俱进发挥代表作用**

代表工作是人大工作的基础，做好代表工作、充分发挥代表作用是实践习近平总书记系列重要讲话精神的具体体现，是发展社会主义民主的重要内容，是人大常委会贯彻实施依法治国方略的基础工作。一是强化常委会联系代表机制。常委会组成人员按照《加强与区人大代表联系的办法》，切实做好联系代表工作，继续做好区人大代表列席区人大常委会、参加人大调研视察、开展专题调研等工作，切实保障代表知情参政的权力。二是强化代表联系群众机制。充分发挥阵地作用，深入开展代表接待选民活动，切实提高代表议案、建议和意见的质量，提升代表履职的影响力和效果。三是强化代表履职激励和保障机制。按照《人大代表履职积分实施办法》，推行代表履职积分、代表联系选民情况通报、代表述职、代表培训等“四项制度”，落实“建议办理三三制”要求，切实提高建议办理的办成率，使代表更好地植根人民、代表人民、服务人民。四是切实做好区人大代表和在区的省市人大代表的服务工作。按照省委文件要求，围绕区人大代表和京口辖区内的省市人大代表开展专题调研、会前视察等活动做好服务，为代表知情知政、依法履行职责、充分发挥作用提供服务保障。

**五、与时俱进加强自身建设**

积极主动服务现代化建设发展，全面加强自身建设，切实转变作风，着力提升依法履职水平。切实加强常委会组织建设和人大干部队伍自身建设，以改进作风为主题，进一步浓厚“四风”，努力提高人大服务经济建设、社会事业发展和民主法制建设的能力和水平。一是浓厚勤政为民之风。把人大的权力行使牢固建立在广泛民意基础之上，使人大作出决议决定更加顺应民心民意。二是浓厚高效务实之风。创新探索“一线工作法”，实实在在地做好党委决定、政府推进、群众称赞事。强化对街道人大工委工作指导，切实推进人大机关信息化建设，持续做好信访和老干部工作。三是浓厚学习调研之风。加强法律知识、人大知识和拓展知识学习，使人大干部和人大代表在思想观念和能力建设上始终保持与时俱进，把智慧和力量凝聚到推动人大工作与时俱进实践中来。四是浓厚廉洁自律之风。认真落实中央“八项规定”和省市区委相关规定，切实抵制“四风”，始终严格自律，牢固树立勤政务实、廉洁高效地方国家权力机关形象。

## 加速转型升级　争创发展新优势

中共京口区委常委、常务副区长　夏卫军

2014年10月20日

经济结构不断调整是经济发展客观规律，结构不断优化是经济发展必然趋势。只有顺应这一趋势，加大经济结构调整力度，实现经济转型升级，才能在激烈竞争中争取主动地位。近年来，京口区始终把加速推进转型升级作为经济发展首要任务来抓，努力突破传统经济发展方式，为跻身全省主城区“前列”探索新路径、注入新动力。但客观讲，推进转型升级任重道远，并且迫在眉睫。

**一、敏锐把握结构调整新常态和前景**

应当看到，结构调整正处在新旧交替攻坚阶段，从宏观层面看，“三个难以为继”日渐突出，既粗放式外向型经济结构难以为继，下一步要构建开放型经济结构；不平衡发展模式难以为继，下一步要构建五位一体、统筹协调新发展结构；以低成本优势参与国际分工的产业结构难以为继，下一步培育国际合作和竞争新优势成为重点。

新一轮结构调整逐步显现出新特征。首先，高品质消费主导新需求结构正在形成。一是我们已经进入需求结构升级新阶段。随着城乡居民人均实际收入增长和中等收入人群倍增，内需结构正从低收入、低支出、低品质需求向相对的高收入、高支出、高品质需求转型。但目前国内供给结构调整还没有跟上，从而导致有条件消费者到境外购买高品质商品和服务。其中奢侈品、生活日用品。二是出现新一轮消费升级浪潮。改革开放以来，我国经历三次消费升级浪潮。第一次1979—1999年，消费升级重点是老百姓要吃饱穿暖，带动轻纺工业快速增长；第二次2000—2011年，消费升级重点是解决老百姓买车、买房、买手机需求，拉动重化工业和房地产相关行业发展；第三次2012年以来，老百姓的消费开始转向中高档商品、现代服务和知识产品需求。三是带动新一轮投资结构调整。为适应消费结构转型升级需求，投资重点正从重化工业、一般性基础设施和房地产转向现代农业、高新技术研发创新和应用、先进制造业、战略性新兴产业，跨区域先进交通、通信、电力、网络基础设施，新型城镇化和棚户区改造等重大民生工程，绿色低碳发展等新投资领域。

其次，提质增效升级正成为供给结构调整主题词。一是带动新一轮供给结构调整。供给结构正从低成本、低价格、低增值传统模式向高成本、高价格、高增值新模式转型。无论对年销售额超过2000亿元大企业，还是对成长型的中小企业，这都是一个脱胎换骨痛苦过程。企业结构调整的努力，带动了服务业加速发展。2012年我国第三产业增加值占GDP比例是44.6%，2013年上升到46.1%，并首次超过第二产业，今年第一季度升至49%。二是带动新一轮人力资本结构调整。首先，在东部沿海地区出现以传授知识为主正规教育与传授技能为主职业教育并重发展新趋势。全国1200所大学中一半将回归职业教育体系，职业教育的人才需求转向中专、大专、本科、硕士班、博士班多层次技能人才。其次，大学开始出现从工业经济时代大学向知识经济时代大学转型新趋势。知识交流、知识创造、知识管理和培养真才实学人才将成为大学转型方向。最后，就业结构出现服务业就业比重增加、制造业就业比重减少、中西部地区就业增加、东部沿海地区就业减少，新兴产业就业增加、传统部门就业减少新趋势。三是正在形成创新驱动新趋势。首先，有条件企业通过“走出去”，把研发中心、设计中心、资讯中心、人才中心设在美国、日本、欧洲大三角地区；通过“引进来”，引资、引智、引技，更加注重“引制”，实现引进消化吸收再创新机制；通过“本地化”，把国际高技术理念、成果、商品化在国内开发、应用和本地化。其次，实现从投资驱动的体制转变为创新驱动的体制，推进技术创新、产品创新、组织创新、品牌创新、商业模式创新。2012年，全社会研究与试验发展（R&D）经费支出占GDP的比重为1.98%，2013年上升到2.09%。深圳2013年全社会研发支出占本地生产总值的比例从3.81%上升到4%，须知，世界上仅以色列和韩国超过了4%。

第三，绿色低碳转型正成为新一轮结构调整的新常态。一是新生态结构正在形成。当前结构调整从能源结构、交通出行方式、产业结构、建筑结构等污染源、耗能源的治理入手，大力开发应用煤炭清洁化使用的技术；提高天然气、非化石能源、电气化的比重；积极发展公共交通系统；推动绿色低碳的产业结构和建筑方式发展，逐步形成新生态结构。二是新经济结构正在形成。从过度依赖房地产和建筑、基础设施转向绿色低碳创新的新兴产业，将降低总体污染和能耗。如近年涌现出来的阿里巴巴、腾讯、百度等新型电商和互联网企业；海尔、联想、格力等传统产业改造而成为朝阳产业的领头羊；涌现出一大批新生态、新能源、新通信、新运输、新业态的中小企业，带动了产业结构轻型化、网络化低碳化发展趋势。

**二、京口转型升级成效与难题并存**

从成效方面看，结构调整步伐加快。上半年，全区三次产业增加值比例由去年同期0.5∶33∶66.5调整为0.5∶30.4∶69.1，第三产业比重提高了2.5个百分点，提升幅度列全市第二。全区完成服务业增加值138.28亿元，比上年增长14.2%，比GDP和工业增速分别高出3.5和6.3个百分点，占GDP的比重达到69.1%。服务业总量不断扩张同时，服务业对GDP的拉动作用明显增强，对经济增长的贡献不断加大，上半年，服务业对经济增长贡献率达到83.4%，拉动GDP增长6个百分点。

服务业投入持续加大。上半年，全区服务业投资呈现快速增长态势，完成服务业固定资产投资额110.22亿元，较上年增长26.8%，增幅高于工业投资增速12个百分点，占全社会固定资产投资比重达69.3%，占比较去年同期提高1.5个百分点。

自主创新能力增强。上半年，全区研究与试验发展经费支出占地区生产总值的比重达到2.63%。自主知识产权大幅增加。全区专利申请量和授权量达到776件和220件，均居全市前列，其中发明专利申请量和授权量达131件和30件。万人有效发明专利拥有量达到39.97件。企业创新能力进一步提升。高新技术产业产值占规模以上工业产值比重45.5%，比去年同期提高了3.4个百分点。

对外开放持续深入。上半年，在全市实际利用产业类外资下降14.5%的严峻形势下，全区实际利用产业类外资0.94亿美元，占全年计划的62.7%，同比增长2.3%。实现进出口总额3.63亿美元，同比增长14.7%，高于全市平均水平13个百分点。

从问题方面看，与发达地区差距仍然较大。从省内周边市区情况看，京口服务业经济占比和总量虽然在镇江市位居前列，但与周边发达地区仍有差距。上半年，我区实现服务业增加值138.28亿元，占GDP比重69.1%。与周边发达地区相比较，苏州姑苏区实现服务业增加值248.6亿元，总量达京口区的1.8倍，三产占比较京口区高17.8个百分点。

传统产业占比大，新特产业总量小，制约着京口科技加快创新。从工业构成看，电力供应、有色金属延压、化工、粮油加工四大传统产业占全部工业的比重达75%。而新兴产业和高新技术产业规模相对较小，高新技术产业产值占规模工业产值比重45.5%，较全市平均水平低2.1个百分点，较润州区低6.6个百分点，带动支撑能力弱。从服务业构成看，上半年，全区批发和零售业，住宿和餐饮业传统服务业占服务业增加值的比重合计达32%。金融业、其他营利性服务业等现代服务业行业占服务业比重分别仅为14.5%和11.2%，服务业内部结构有待进一步优化。经济增长主要依靠传统产业的格局一时难以改变，推动传统产业提档升级面广量大、任务繁重。

现代服务业单位规模偏小，开

放程度不高。全区服务业企业数量众多，但规模偏小。从第三次经济普查单位核查数量看，截至2013年底全区拥有法人企业6414家，其中服务业法人单位5385家，占全部法人单位的比重高达84%，但具有较大规模和较强竞争力现代服务业单位较少。据规模以上服务业企业（年营业收入1000万元以上或从业人员50人以上）数据显示，全区纳入统计98家规模以上服务业企业中，年营业收入超亿元企业11仅家，仅占单位数的11.2%；港、澳、台商投资企业和外商投资企业仅1家，占调查总数的比重1%，服务业开放程度有待进一步提高。今年新增达规模服务业单位仅1家，增长后劲不足。

**三、加速推进转型升级发展的一些思考和建议**

1. 牢牢把握发展服务业特别是现代服务业这一关键。京口主城区定位和优势让我们别无选择，必须把服务业发展特别是现代服务业摆在首要位置。但单纯发展传统服务业必然难以带来明显结构调整成效，必须高度重视制造业与服务业融合发展，大力发展生产性服务业，形成新的区域竞争优势领域。随着现代信息技术的快速发展，制造业与服务业融合已经成为现代产业发展的主流趋势，也是产业升级的主要驱动力量。服务业与制造业之间呈现出融合互动、相互依存的共生态势，不断催生新产业、新业态，从而推动产业结构由产品经济向服务经济转型，由制造化向服务化、现代化的生产体系转型。

2. 牢牢把握发展实体经济这一坚实基础。

对于一个区域范畴来说，转型升级的“企业版”是微观基础，“产业版”是中观体现，“区域版”是宏观表现。要实现转型升级发展，需要微观、中观、宏观三者之间的密切配合和相互协调。当前实体经济正处于结构调整的攻坚阶段。我们一要帮助解决企业转型所面对的“缺技术”问题。要开放创新，建立技术创新的公共服务体系，促进产学研联合创新、供应链协同创新、网络创新资源合作创新、创新链上中下游组合创新等，切实解决企业转型缺技术困境。二要帮助解决企业转型所面对的“缺人才”问题。要开放引智，引进企业转型短缺的专才和管理人才，引进或自主培训技工和技师队伍，引进或自主培养具备“走出去”能力的国际化人才。三要帮助解决企业转型面对“缺订单”问题，包括品牌、质量控制和技术标准、销售渠道、售后服务、全球维修体系建设等。四要帮助解决企业转型面对“缺融资”的问题。帮助企业进入国内和国际多层次资本市场体系，获得直接和间接融资支持条件、渠道和经验。

3. 牢牢把握新型城镇化蕴含巨大机遇。

清醒看到高水平城市化背后巨大的消费和投资增长潜力。京口区城市化水平虽然高，但那是较低层次的，居民真正城市化后基础消费将带来倍增效应（据测算，农村转移人口一旦市民化，其消费倍增效应将是过去的3—3.5倍）；也可以带来基本保障性住房、教育、技能培训、医疗、养老等领域的投资增加，从而释放出长期增长潜力。高度城市化将带来各类转型要素的集聚。从发展实践看，城市化是集聚为主的趋势，人才等各类要素客观存在向城市、向城市中心区域集中的属性。现代生产和生活服务业，高增值产业和支持部门，各类高素质人才，主要集聚在城市中心区域。全力发挥京口主城区的首位度效应需要我们高度重视，需要我们加快完善知识创新、技术进步和高端人才集聚所必需的国际化、智能化、生态化发展环境。

4. 加快集聚区发展建设。发展集聚区建设是京口区产业转型升级的重要抓手，促进企业向园区集中，产业向高端集聚，资源高效集约利用，形成产城融合、布局合理、特色鲜明、绿色低碳的产业发展格局和现代产业体系。就要进一步提升现有集聚区功能，使集聚区信息化管理水平、服务入驻企业质量、吸纳就业数量和对当地服务业带动作用等都有较大提高。进一步提高集聚区工作组织协调、统筹规划、政策指导能力，按照相关文件精神进一步落实各部门的工作责任，提高专项引导资金额度扶持集聚区企业发展。研究制定服务业人才引进优惠政策，引进和培养紧缺型、实用型服务业人才。

5. 大力发展总部经济。总部经济是国际分工的高端环节，知识含量高、产业关联度强、集聚带动作用大，已成为城市竞争力和现代化水平的重要标志。北京在总部经济发展较快的朝阳区、海淀区、东城区和西城区，其税收收入比重达到北京市（共18个区）总税收收入60%以上。上海作为全国总部经济发展的一线城市，陆家嘴—淮海路/南京路/静安寺—徐家汇—虹桥，这条总部经济的“黄金走廊”积聚了全市70%的总部经济能量，产生的第三产业增加值，至少占全上海服务业增加值的一半以上，而浦东陆家嘴金融贸易区创造的GDP已占浦东新区GDP总量的1/3。要加强总部经济的定向招商，大力引进与重点培育相结合，利用产业优势、区位优势吸引知名总部企业入驻。促进以总部企业为主导和影响的定向招商。积极引进龙头产业总部企业，加快企业和城市的国际化进程。

# 坚定不移落实“两个责任”<br>持之以恒推进作风建设

中共京口区委常委、区纪委书记　周奇恒

2014年12月8日

今年以来，京口区纪委坚持党要管党、从严治党的方针，全面落实作风建设各项规定，始终保持惩治腐败高压态势，着力强化党员干部的监督管理教育，有力推动党风廉政建设和反腐败各项工作开展，为京口加快建设苏南现代化示范区提供坚强的政治保证。

**一、聚焦中心任务，全面落实党风廉政建设“两个责任”**

1. 构建京口特色惩防体系，细化重点工作目标任务。一是分层分类组织签订2014年党风廉政建设责任书。区委、区政府全体领导和人大、政协主要负责同志以及各单位“一把手”分别在责任书中“签字背书”，在全市率先推行由区纪委书记与基层纪检监察组织负责人签订责任书，进一步明确党委（党组）的主体责任和纪委（纪检组）的监督责任。二是积极构建新一轮惩防体系。研究制定《京口区委关于建立健全惩治和预防腐败体系2013—2017年工作意见》，并按照“总体规划、分阶段实施”的要求，制定《工作项目及任务分工》，将工作意见的内容，细化分解成103项具体工作任务，明确工作制度、措施举措、目标要求以及牵头单位，协办部门。三是实施项目化管理。制定下发《2014年京口区落实党风廉政建设责任制和惩防体系重点工作目标任务》，明确26项重点工作，由区委、区政府分管领导作为项目牵头负责人，挂钩推进惩防体系项目化管理工作，并按季度通报工作进度。

2. 实施“四位一体”联动，确保“两个责任”落地生根。一是常委会专题会议强化党委主体责任。区委常委会集中学习传达两个责任“1+2”文件精神，突出解决认识误区，强化主体责任意识，促使区委以高度的政治责任感，切实担负统一领导、直接主抓、全面落实党风廉政建设和反腐败工作的主体责任。二是“1+2”文件进一步规范两个责任。一方面，梳理责任清单、明晰责任链条，转发两个文件，细化党委主体责任和纪委的监督责任；另一方面，在配套制度上，梳理出需要重点落实、修订、新建的46项相关机制制度，为“两个责任”的落实提供制度保障。三是纪委专门会议部署纪委监督责任。召开“落实两个责任、狠抓作风建设”工作部署会，进一步明确纪委履行的7项责任，要求各纪（工）委书记按照“三转”要求，聚焦中心任务，突出主业主责，切实履行好监督执纪问责的职能。四是分层分类开展监督检查。按照统一部署、分级负责和督查面不少于20%要求，区纪委常委分赴联系点单位，通过听取汇报、现场座谈、征求意见等方式，督促各单位强化重要节日期间党风廉政建设，确保监督执纪问责落到实处。

3. 完善“一案双查”机制，确保责任追究实施到位。强化“一案双查”线索排查和同步追究两项机制。明确对党委在履行主体责任、纪委在履行监督责任上严重失察失管，造成所在部门和单位发生重大腐败案件和不正之风长期滋生蔓延，在追究当事人责任的同时，倒查追究相应的党委主体责任和纪委监督责任。今年以来，对照《镇江市党风廉政建设责任追究实施办法》，共对2名乡科级领导干部实施责任追究，起到较好警示威慑做用。

**二、坚持标本兼治，推进作风建设常态化**

1. 突出领导带头，率先垂范。中央八项规定和省市作风建设各项规定出台后，京口区高度重视，区委主要领导带头以“坚定理想信念、改进工作作风、打造‘京口高度’”为主题，给全区“一把手”上党课，树标杆。出台反对“四风”五项举措，区委常委以身作则，以“知行合一”为要求，带领全区党员干部反对“四风”转“作风”，形成上行下效的正能量。

2. 突出制度约束，建章立制。健全完善各项规章制度。制定修缮《京口区国有资产出租管理的实施意见》、《京口区区管领导班子和领导干部“为官不为”问责办法》等一揽子制度，汇编公务接待、机关差旅费管理等一系列规章制度，在全市率先出台领导干部婚丧喜庆事宜“两报告一承诺”制度，做到用制度管权、管事、管人。同时，注重源头防控，通过细化预算编制管理、推行国库集中支付、公务卡结算等方式、加强财务监控，从源头上控制“三公经费”支出。据初步统计，今年以来，京口区“三公经费”支出与去年同期相比下降约40%左右。

3. 突出监督检查，动真碰硬。围绕元旦、春节、中秋等重要时间节点开展明察暗访同时，我们注重常态化、长效化，驰而不息狠抓作风建设。全面开展“清风行动”。组织开展以整治会所中的歪风、不遵守作息时间、公务用车使用管理、公务接待、国内公务学习考察等5个方面问题为重点的“清风行动”。共派出督查组16个，发现问题11项，涉及单位和部门17家，提出整改意见9条，下发专项检查通报1期，由区纪委直接约谈7人，其中相关部门和单位“一把手”3人。试点推行作风建设积分制考核。从解决“小微问题”和“作风顽疾”入手，制定出台《京口区作风建设积分制考核实施细则（试行）》，列举作风建设方面14项“负面清单”，对20家单位涉及的7个方面问题进行通报、扣分。今年以来，全区共问责各级领导干部21人，其中科级以上领导干部10人。

# 转变作风 提升成效
# 奋力开创宣传思想文化工作新局面

中共京口区委常委、区委宣传部部长 何广林

2014年3月6日

2014年，是全面深化改革的第一年，也是全力推进苏南现代化示范区建设的关键之年，宣传思想文化战线面临着前所未有的新形势：第一，改革发展稳定进入新时期新阶段，经济社会的深刻变革，利益格局的深刻调整，使得人们思想活动独立性、选择性、多变性、差异性日益增强，凝聚社会共识的难度越来越大；第二，互联网等现代信息技术裂变式发展，我们迎来以“微博”“微信”等为主要标志“自媒体”时代，传播领域正发生不可逆转的变革，给宣传思想工作的理念和方式方法带来巨大挑战；第三，第二批党的群众路线教育实践活动已经全面启动，宣传思想文化战线既是直接参与者，又是工作宣传者，肩负双重责任。

以上几个方面，既是我们当前面对紧迫性课题，又是需要长期努力才能解决全局性、战略性课题。我们要按照区委的统一部署，进一步提高敏锐性、增强前瞻性，使各项工作在新的起点上取得新进展、实现新突破，使全区宣传思想工作有特色、有亮点、有影响。

**一、在理论武装上下功夫，强化思想引领成效**

加强思想引领是宣传思想文化战线的第一位职责。要把学习贯彻好十八大和十八届三中全会精神作为当前首要的政治任务，以坚定理想信念为核心，深入推进理论学习和宣传，用中国特色社会主义最新理论成果武装党员干部、教育人民群众，进一步巩固马克思主义在意识形态领域主导地位，打牢全区人民团结奋斗的共同思想基础。主要做好“三个强化”：

要强化党的群众路线教育实践活动的学习宣传。按照区委部署，把开展好教育实践活动作为今年工作重点，切实抓好理论学习，针对领导干部这个重点，配合教育实践活动开展，精选主题，加大频次，组织开展好学习教育活动。切实抓好舆论宣传，制定教育实践活动宣传方案，对内大力宣传教育实践活动取得的经验、变化、成效，引导广大党员自觉践行群众观，对外大力展示教育实践活动中特色和亮点；突出“两网”治理品牌打造，认真贯彻省委罗书记“把金字招牌擦得更亮”的指示精神和市委杨书记、区委裔书记的明确要求，制定宣传方案，加大宣传力度，把“两网”治理品牌打造得更加鲜亮、更有影响。切实抓好典型宣传，积极挖掘选树各条战线的模范人物，广泛宣传先进事迹，引领带动广大党员干部求真务实、改革创新，让为民务实清廉在京口蔚然成风。

要强化学习型党组织建设。把加强和改进全区党（工）委（党组）中心组学习作为重点，通过集中学习、研讨交流、专题调研等方式，扎实推进各级学习型党组织建设。一是坚持领导带头，准确把握学习重点，把加强十八大、十八届三中全会及总书记系列讲话精神系统学习与抓好落地生根、解决实际问题、推动改革创新结合起来，做到学以致用、学用相长。依托“京口讲坛”，打造区委中心组集体学习、乡局级领导干部全部参与有效载体，为党员干部提供最新最好的学习资源，帮助各级领导干部开阔眼界、拓展思路，提高思维层次。二是加强调查研究。参照区委《加强和改进中心组学习的意见》关于区领导调查研究的工作要求，乡局级领导干部要结合各自工作实际深入开展调查研究，形成一批有质量的调研成果。三是注重分类指导，紧密结合不同层级、不同类型党组织的实际情况，落实好督学促学、考核评价等机制，打造一批学习型党组织示范点。

要强化党员群众宣传教育。针对党员干部，邀请上级理论宣讲团和相关领域专家学者，全面阐释和解读十八届三中全会关于全面深化改革一系列重大战略决策和部署，进一步坚定改革信心，消除认识误区，提高自信自觉；针对广大居民群众，突出中国特色社会主义和中国梦的宣传教育，组建百姓宣讲团，深入城乡社区、企业单位、中小学校，用群众语言放大党的声音，进一步掀起学习宣传热潮。

**二、在宣传引导上下功夫，壮大社会主流舆论**

坚持团结稳定鼓劲、正面宣传为主原则，紧扣京口区现代化建设实践，强化正面宣传引导，有效管控网络舆情，最大限度地唱响主旋律，传播正能量。

一是提升对外宣传实效。突出中国梦主题，聚焦现代化建设，多角度展示发展成效。围绕京口贯彻落实十八届三中全会精神以及上级决策部署，扎实推进五位一体建设的生动实践和现实成效，尤其要突出宣传好“两网”治理品牌、金凤凰、真实、文明进万家活动等亮点特色，精心组织战役性、系列性宣传，力争在国家、省级媒体宣传上取得新突破，为推动京口苏南现代化示范区建设坚定信心、鼓舞士气、凝聚力量。要把握好新闻宣传的时度效，着眼基层、深入群众、贴近实际，不断增强新闻宣传的针对性、吸引力和感染力。

二是掌握用网管网主动权。当前，网络已成为信息传播的制高点和舆论斗争的主战场，必须把网络舆论工作作为重中之重，抢抓主动权，营造和谐稳定的网络环境。一是加强对互联网信息工作的组织领

导，配齐配强区互联网信息办公室人员力量和设施设备，投入更大精力抓好网上舆论工作；下大力气抓好通讯员、新闻发言人、舆情信息员、网络发言人、网评员等五支队伍的业务培训，强化实战练兵，做强正面引导。加强与网络媒体合作，扩大正面宣传的载体平台。二是健全完善网络舆情监督、研判、通报、引导服务体系，今年要在所有街道园区和热点部门实施网络舆情技术监测，创新应对工作机制，提高快速反应能力。三是顺应形势的变化发展，推广尝试社区微博等有效形式，丰富拓展网上居委会的工作平台，提高运行功效。四是加强网络文明建设，大力组织公务员和党团员参与网络志愿服务和文明引导，有效做好解疑释惑、引导化解各项工作，优化网络舆论生态。

**三、在文化服务上下功夫，满足群众精神文化需求**

以创建省级公共文化服务示范区为抓手，不断完善公共文化服务体系，统筹规划建设公共文化基础设施，加大公共文化产品供给，强化人才队伍建设，整合资源、共建共享，最大限度满足群众精神文化需求。

一是完善公共文化服务体系。坚持项目化推进，建好一批区级重点文化项目，继续推进文化广场建设，实现实施娱乐广场全覆盖。继续深入设施文化惠民工程，坚持问需于民，提高村社区图书室、文化室、电子阅览室等文化设施的利用和管理水平，更好地满足群众精神文化需求。构建好“15分钟公共图书圈”“10分钟体育健身圈”，广泛开展群众性文体活动，培育更多群众文化特色品牌；积极鼓励社会力量参与公益性文化事业，引入非营利机构开展有偿文化服务，促进公共文化服务多元化社会化发展；根据十八届三中全会的要求，整合资源开展街道公共文化服务中心试点工作，更好地服务居民大众。

二是加大业余文体队伍建设。京口专业文体人才缺乏，业余文体团队就是加强公共文化服务的重要力量。要发挥其根植群众的巨大优势，用健康文明的文体活动凝聚群众、教育群众、引导群众，传递正能量，唱响主旋律。加强管理引导，全面梳理、排查全区业余文化团队资源，突出抓好团队负责人教育管理，强化思想政治教育，确保政治立场正确、日常活动可控、关键时刻可用，努力使业余文体团队成为公共文化服务重要支撑、做好群众工作重要力量。加强业务培训，实施业余文体团队培训提升计划，针对不同团队业务类别，主动对接江大、市文化馆等单位，组织专业人员开展技能培训，提高群众性文艺作品原创能力，培育形成一批精品力作。加强考核激励。加大支持保障力度，定期开展群众性文艺会演，鼓励业余文体团队钻研业务、提升水平。完善考核机制，根据开展活动场次、带动群众数量、社会评价高低等要素，每年组织“十佳文体团队”评选，激发调动广大文体团队积极性。

三是着力发展文化产业。落实“三集”发展要求，把文化产业园区建设作为发展文化产业的主路径，科学规划建设文化创意专业园区，打造公共服务平台，为更多现代文化企业落户创造条件，提高产业集聚度。全力建设好华夏创意产业园，引进落户一批文创企业，尽快形成实际产出。加快海峡两岸文创园建设，加大对上协调力度，抓紧编制项目规划，力争9月份启动建设。加速大学生科技创业园建设，确保年内主体建成。扎实推进凤凰文化广场建设，落实好文化创意项目引进落户，加快产业集聚，形成产业特色。鼓励引导传统文化产业加速转型升级，下大力气引进新型业态，提高市场竞争力。积极培育规模文化企业，推动资源、向优质企业集聚，加大对文化企业扶持力度，落实好上级关于文化企业准入、税收减免、土地供给等系列政策，优化文化产业发展环境。

**四、在作风能力上下功夫，提高宣传思想文化工作水平**

全区宣传思想文化战线要以参加群众路线教育实践活动为契机，更好地发挥思想引领、舆论引导、凝心聚力、强基固本作用，提振全区党员干部群众奋力争先的精气神。

一要加强作风建设。以党的群众路线教育实践活动为契机，聚焦“四风”解决突出问题，把端正思想作风、锤炼工作作风、纯洁生活作风作为重要内容，重点抓好政治纪律、组织纪律、中央八项规定、省市区十项规定等，加强思想教育、制度建设、有效监督，筑牢思想防线，坚守廉洁底线，自觉做到履职不讲条件、落实不找借口，不断增强宣传思想文化队伍战斗力。

二要强化政治意识。始终保持清醒头脑、增强政治定力，牢牢把握正确政治方向；要加强实践锻炼，敢抓敢管、敢于担当，真正成为能够独当一面“看家护院”；要积极作为、安心本职，热爱宣传事业，用心用力、善做善成，真正做到守土有责、守土负责、守土尽责。

三要狠抓学习提高。每位宣传干部都要充分认识加强学习极端重要性和现实紧迫性，把学习作为一种习惯、变成一种常态，自觉从思想上、行动上加强和改进学习，不断提升业务能力，真正在业务上有“几把刷子”，成为让人信服的行家里手。

四要坚持求真务实。要着力转作风、正学风、改文风，坚持通俗易懂、深入浅出，坚持“沾泥土”、“接地气”，真正做到贴近基层、贴近群众、贴近实际。要进一步强化目标考核，坚持项目化推动，注重群众评价，切实提高工作针对性、有效性和群众满意度。

五要推进工作创新。始终保持思想敏锐性和开放度，不为条条框框所限，不因“没有先例”所困，以高眼光、高标准、高效率、高水平推动理念、手段和基层工作创新，努力打造新的品牌亮点，实现宣传思想文化工作高质量、高效益发展。

新的一年，宣传思想文化战线责任重大、任务艰巨。我们一定要坚决贯彻中央和省、市、区委的决策部署，以更加开放理念、更加执着精神、更加扎实作风，创新作为，顽强拼搏，奋力开创宣传思想文化更加崭新局面，为加快建设苏南现代化示范区做出新的更大贡献！

## 综　述

**【概况】** 2014年，是京口区面临大事、要事相对集中的一年，也是全区上下创新克难、团结拼搏、奋发作为、成效显著的一年。面对宏观形势复杂多变、经济下行压力持续加大的局面，面对全面深化改革、党的群众路线教育实践活动、迎接南京青奥会的召开、全国文明城市创建等艰巨繁重的任务，全区上下牢牢把握“稳中奋进、改革创新”主基调，始终贯彻“全面改革创新、突出高效投入、强化提质增效”核心工作要求，大力开展“363”行动，积极有效应对“新常态”，保持经济社会发展稳中有进的良好态势。2014年完成地区生产总值404亿元，增长10.8%；公共财政预算收入19.04亿元，增长13.1%；社会消费品零售总额235.3亿元，增长12.4%；城镇居民人均可支配收入、农村居民人均可支配收入为35870元、19945元，分别增长9.1%、10.8%。

（钟龙达）

**【突出高效投入，项目建设加速推进】** 2014年完成固定资产投资315亿元、增长22.3%，其中产业类固定资产投资190亿元、增长22%。完成产业类实际利用外资1.1亿美元，序时进度全市领先。66个亿元以上产业项目进展顺利，预计完成投资86亿元。新民洲公共码头一期开港运营，新民洲公共码头二期、包家湾商业综合体、东锦生态农业等项目开工建设，财富广场竣工，苏宁广场、凤凰文化广场、大市口地下商业开发、北固湾商业综合体等重点项目加速推进。开展项目集中签约活动，40个亿元以上项目签约落户。（钟龙达）

**【促进转型升级，发展质态不断优化】** 产业“三集”发展成效明显。开展“三集”园区市场化运作试点，进一步优化提升专业化招商队伍。创新克难，调整优化原镇江无线产业园、华夏创意产业园两个项目建设，全面完成“三集”园区年度目标任务。新兴产业加速集聚。中国中小企业信息产业园加快建设，江苏网商自贸区暨镇江京口网商产业园入驻企业达800余家。以百度营销中心、腾讯积分商城江苏运营中心、顺丰嘿客镇江总部为代表的电子商务产业加速集聚。以名通科技、易乐科技等为代表的网络文化产业爆发式增长。企业转型升级步伐进一步加快。中储粮二期技改扩能项目加快推进。飞驰冷藏车搬迁技改扩产项目主体竣工。（钟龙达）

**【强化创新驱动，科技人才效益不断放大】** 扎实开展“金凤凰”活动，人才工作保持全市前列。深化校地联合发展，建成哈尔滨工程大学技术转移中心等3个创新平台。高新技术产业产值占规模以上工业产值比重45.2%，全社会R&D经费支出占GDP比重2.67%。通过省知识产权战略示范区验收，创成国家知识产权强县工程示范县（区）。宝塔山社区创成国家级科普示范社区。

（钟龙达）

**【实施综合治理，生态文明建设成效明显】** 2014年，PM2.5浓度指标全市最低，空气质量优良天数全市第一。深入推进“文明进万家”活动。顺利完成全国文明城市创建测评迎检任务。“大城管”考核保持全市领先。学府路创成省级市容示范路。香江花城小区创成省级示范小区。（钟龙达）

**【持续改善民生，保持社会大局和谐稳定】** 完成征收拆迁11.7万平方米，建成安置房17万平方米，回迁安置52万平方米。扶持创业1100人，新增城镇就业14500人。完成红旗小学等校安工程2.7万平方米。公共文化体育服务体系建设走在全市前列。顺利通过省“学前教育改革发展示范区”现场评估验收。正东路街道创成“苏南教育现代化示范街道”。健康路社区卫生服务中心创成国家级“群众满意的社区卫生服务机构”。江一社区获评“全国和谐社区建设示范社区”“全国防灾减灾示范社区”。获评省级“六五”普法中期先进区。“两网融合”治理服务水平得到新的提升。扎实推进“五大专项行动”，信访稳定工作走在全市前列。

（钟龙达）

**【群众路线教育实践活动高质量开展】** 通过举办理论中心组学习和“京口讲坛”活动，加强对习近平总书记系列重要讲话精神的学习，引导党员、干部进一步坚定理想信念、提高宗旨意识。扎实推进十大专项整治任务，清单式推进中央、省委巡视组反馈意见整改工作，整改率达80.2%，建立健全长效制度19项。开展志愿服务“三十佳”评选活动，“四式服务”入选全国党的群众路线工作法100个优秀案例。公开选拔12名乡科级领导干部，进一步弘扬“实绩论英雄、实干兴京口”的用人导向。严格落实“两个责任”，全面开展“清风行动”，查处违纪违法案件20件，营造风清气正的良好氛围。（钟龙达）

## 重要会议

**【区委七届七次全体（扩大）会议】** 会议于8月2日召开。会上，区委书记裔玉乾代表区委常委会作题为《深化改革创新、突出项目建设，全力以赴确保超额完成全年目标任务》的报告。会议指出，当前挑战与机遇并存，要进一步坚定信心，乘势而上，努力把新的机遇和优势转化为加快发展的强大动力，进一步加快京口发展步伐。面对国内“三期叠加”阶段，以及经济下行压力加大的形势，要主动应对，趋利避害，创新作为，采取扎实有效的办法，积极消化不利因素、破解发展难题，继续保持经济发展稳中有进的良好态势。全会要求，下半年要狠抓重点工作，创新作为，确保超额完成全年目标任务。要更大力度抓好项目建设，加快产业转型升级，提高项目招引建设成效，提升产业转型升级水平，提升产业“三集”发展质效；更大力度深化经济体制改革，推动企业改革，创新科技人才工作体制机制，提升开放型经济发展水平，增添发展活力；更大力度改善生态环境，严格把好产业发展生态关，刚性落实节能减排指标，大力整治生态环境突出问题，建设山水花园城市；更大力度建设现代化主城区，城市建设突出塑亮点、造精品，城市管理实现上水平、重长效，城市功能力求更完善、更配套，不断提高城市品质；更大力度保障和改善民生，大力实施富民增收计划，推动基本公共服务优质均衡，深化社会治理创新，提升居民幸福指数。全会强调，要以开展党的群众路线教育实践活动为契机，切实加强思想政治建设、作风建设、干部队伍建设和党风廉政建设，不断激发全区党员和干部干事创业的激情和活力，为京口苏南现代化示范区建设提供坚强有力的组织保障和人才支撑。全会号召，全区各级党组织、广大党员和干部群众要以更加饱满的工作激情，更加务实的工作作风，更加创新的工作举措，团结拼搏，奋力作为，全面超额完成2014年各项目标任务，为加快京口苏南现代化示范区建设做出新的更大的贡献！会议由区委副书记、区长黄万荣主持，区领导施正中、孙国平、倪兆顺、宋平生、郦锡梅、夏卫军、周奇恒、何广林、陈卫东参加会议。（钟龙达）

**【区委七届八次全体（扩大）会议】** 会议于2015年1月5日召开。会上，区委书记裔玉乾代表区委常委会作题为《强化转型升级、推进特色发展，奋力开创京口经济社会发展新局面》的报告。全会指出，学习贯彻习总书记重要讲话精神，落实好习总书记提出的新要求新期望，是当前和今后一个时期全区最重要的政治任务。全区上下要深刻领会习总书记重要讲话的新思想、新观点，牢牢把握“镇江很有前途”的殷切希望，进一步提升标杆、奋发作为；牢牢把握“建设新江苏”的最新定位，进一步积极进取、真抓实干；牢牢把握“为全国发展探路”的谆谆嘱托，进一步勇于担当、创新实践，全面推动京口各项事业迈上新台阶。全会指出，2015年是全面深化改革的关键之年，是全面推进依法治国的开局之年，也是全面完成“十二五”规划的收官之年。做好2015年的工作，要正确处理好“稳”与“进”的关系、正确处理好质量效益与规模速度的关系、正确处理好市场配置资源与行政有效引导推动的关系、正确处理好从严治党、依法治区与经济社会发展的关系，进一步坚持“稳中奋进、改革创新”的主基调，坚持以提高经济发展质量和效益为中心，把转方式调结构放到更加重要位置，突出生态文明引领、科技人才驱动、企业转型升级，持续改善民生，全面从严治党，强化依法治区，加快建设经济强、百姓富、环境美、社会文明程度高的“新京口”。全会要求，2015年要在“六个更大力度”上下功夫。要更大力度推进经济转型升级，进一步强化转方式调结构，进一步强化“三集”园区发展，不断提高经济发展的质量和效益；要更大力度推进项目建设，加快在手项目建设，加大招商引资力度，提高服务项目的水平，不断增强经济发展后劲；要更大力度推进生态文明建设，加快落实生态文明建设38项重点任务，全力以赴推进谏壁地区生态环境综合整治，加强低碳文明建设，建立健全生态文明建设工作机制，进一步展现京口现代化山水花园城区的新面貌；要更大力度推进城市建设管理，加大旧城区和城中村改造力度，完善和提升城市功能，提高城市管理水平，不断提升城市品质；要更大力度推进民生改善，大力推进民生幸福工程，推动基本公共服务优质均衡，切实加强文化建设，努力让人民生活得更加美好；要更大力度推进“法治京口”建设，抓好依法行政、公正司法、全民守法和社会治理创新工作，不断提高依法治区水平。全会强调，要认真落实“全面从严治党”的各项要求，狠抓思想提升，进一步提振党员、干部精气神；狠抓举措落实，进一步弘扬踏石留印、抓铁有痕的工作作风；狠抓基层基础，进一步提升基层党组织和党员、干部推动发展、促进和谐的能力；狠抓反腐倡廉，进一步营造勤政廉政、风清气正的良好环境，为京口经济社会发展提供坚强有力的保证。全会号召，全区各级党组织、广大党员和干部群众要以习总书记重要讲话精神为强大动力，进一步坚定信心，顽强拼搏，创新实干，奋发进取，为加快建设经济强、百姓富、环境美、社会文明程度高的“新京口”而努力奋斗！会议由区委副书记、区长黄万荣主持，区领导施正中、孙国平、倪兆顺、宋平生、郦锡梅、夏卫军、周奇恒、何广林、陈卫东参加会议。（钟龙达）

## 重要工作

**【加速推进重点项目建设】** 实施区领导挂钩项目责任制，加快推进66个亿元以上产业项目建设。新民洲公共码头一期开港运营，新民洲公共码头二期、包家湾商业综合体、东锦生态农业等项目开工建设，财富广场竣工，苏宁广场、凤凰文化广场、大市口地下商业开发、北固湾商业综合体等重点项目加速推进。开展项目集中签约活动，总投资30亿元的正邦商业广场、总投资20亿元的新奥新能源、总投资10亿元的长江游戏谷一期等40个亿元以上项目签约落户，爱励铝业与宝钢集团共同投资5亿美元的汽车用铝合金车身板项目签订框架协议。（钟龙达）

**【加快推动经济转型升级】** 开展“三集”园区市场化运作试点，进一步优化提升专业化招商队伍。创新克难，调整优化原镇江无线产业园、华夏创意产业园两个项目建设，全面完成“三集”园区年度目标任务。加快发展、加速集聚新兴产业。中国中小企业信息产业园加快建设，江苏网商自贸区暨镇江京口网商产业园入驻企业达800余家。以百度营销中心、腾讯积分商城江苏运营中心、顺丰嘿客镇江总部为代表的电子商务产业加速集聚。以名通科技、易乐科技等为代表的网络文化产业爆发式增长。加快推进企业转型升级。鼎胜铝业通过技术创新，推动产品升级，实现效益的大幅增长，2014年税收增长36%以上。惠通集团积极推动产品创新、管理创新，企业核心竞争力不断提升。皇冠假日酒店、宴春酒楼等企业及时调整经营策略，营业收入保持稳步增长。恒伟物流公司研发运用物联网、云计算技术，实现冷链物流的自动化、智能化。（钟龙达）

**【深入实施创新驱动战略】** 创新开展“金凤凰”活动，新增国家“千人计划”3人，省“双创计划”5人，市“331计划”17人，高技能人才750人，人才工作保持全市前列。深化校地联合发展，依托高校资源，推动30个项目获国家、省级立项，为企业争取扶持资金3600多万元，创历史新高。鼎盛重工通过省级船舶企业技术中心认定。爱励创新中心开工建设。新增国家级高新技术企业9家。通过省知识产权战略示范区验收，创成国家知识产权强县工程示范县（区）。（钟龙达）

**【坚定推进生态文明建设】** 实施“一湖九河”水环境和山体整治工程，有效治理虹桥港、玉带河，京岘山公园二期对外开放，全面完成生态文明建设重点项目年度任务。加快谏壁地区生态环境综合整治，完成索普周边居民搬迁2.7万平方米，关停轧石企业7家，基本完成废弃矿山、宕口整治任务。推进大气污染防治工作，谏壁电厂、索普集团完成脱硝除尘、污染气体减排等技术改造。深入推进“文明进万家”活动，整治出新12个老小区，面积达18万平方米。顺利完成全国文明城市创建测评迎检任务。长效化实施城市管理“街长制”，圆满完成人力三轮车退出营运市场工作，“大城管”考核保持全市领先。（钟龙达）

**【持续改善民生、维护稳定】** 加快推进城市建设。完成梦溪园、中营街片区“空斗墙”改造。镇澄路西段、学府路三期竣工通车，大西路东段即将通车，焦山路中段启动建设。建成中建大观、江山名洲菜场。创业富民取得新进展。与江苏大学共同打造的“一园两基地”正式挂牌，设立大学生创业基金200万元。公共服务水平不断提升。完成红旗小学等校安工程2.7万平方米。“苏馨家园”正东路街道残疾人综合服务中心投入使用。新建7家市图书馆分馆，京口区文化艺术中心建成试运行。深入推进依法治区。取消、暂停行政审批事项22项，执法质量终身负责制工作全省领先。加强社会治理。“两网融合”治理服务水平得到新的提升，区社会管理服务中心投入使用。扎实推进“五大专项行动”，成功侦破“330专案”和“8·11”暴力袭警案，顺利完成甘露商城火灾隐患整改任务，一批信访积案得到有效化解，群众幸福感和社会和谐度不断提升。（钟龙达）

**【全面提升党建科学化工作水平】** 加强学习教育。通过开展“为了谁、依靠谁、我是谁”大讨论和“真学真用真改”交流研讨活动，举办赵亚夫和“京口先锋”先进事迹报告会，培树杨凌等先进典型，引导党员、干部进一步坚定理想信念、提高宗旨意识。举办“苏州大学经济管理能力提升研修班”，选派13人到国家部委、省级机关、上海市黄浦区进行挂职锻炼，选派18人驻点服务重大项目、重点企业，提高干部抓经济、促发展的能力和水平。开展“京口高度”系列宣传活动，提升京口的影响力和美誉度。获评全省冬训先进示范区。加强作风建设。紧扣“四风”问题，坚持即知即改，扎实推进十大专项整治任务，清单式推进中央、省委巡视组反馈意见整改工作。全区“三公经费”下降50%以上，公共事务进社区事项减少50%，群众普遍感到党风、政风和社会风气为之一新。“真·实”活动成效明显，为群众兴办各类实事1100余件，有效解决中储粮资产划拨、新民洲公共码头开港、爱励铝业二期、鼎胜铝业等项目推进中的难点问题150余项。加强基层基础。整治3家软弱涣散基层党组织。开展乡科级领导班子和领导干部综合研判工作。消化超职数配备干部84名，化解率达92.3%。完成清理领导干部在企业兼职任务。面向全省公开选拔北固产业集团领导班子，公开选拔3名正科职干部、5名大学生村干部和4名基层一线年轻同志担任副科职岗位，调整交流科级干部80名。加强正风肃纪。严格落

实“两个责任”，全面开展“清风行动”，查处违纪违法案件20件，营造风清气正的良好氛围。（钟龙达）

## 组织工作

【概况】 2014年，京口区委组织部坚持围绕中心、服务大局，全力落实全国、省、市组织工作会议精神，召开全区组织工作会议，明确今后五年组织工作的总体目标、思路和举措。工作中，始终瞄准“全市争第一，全省有影响”的目标，统筹推进选干部配班子，聚人才建队伍，抓基层打基础各项任务，党的群众路线教育实践活动成果明显，干部队伍活力不断激发，基层党的建设扎实推进，人才集聚效应不断彰显，组织工作保持积极健康向上的良好态势，许多工作全市领先，全省知名，获得全市组织系统工作创新优秀成果奖，“构建联系服务群众常态化工作机制”获全国党建创新最佳案例。为京口“转型升级、特色发展”提供坚强的组织保证。（李国军）

【开展领导班子和领导干部综合分析研判】 认真贯彻《干部任用条例》，把识人察人的功夫下在平时，提高干部工作科学化水平。2014年8月，区委印发《关于全面开展领导班子和领导干部综合分析研判的实施意见》，召开动员部署会，制订研判工作方案，组建综合组和5个研判小组，建立相应工作机制。在2家单位试点的基础上，开展第一批38个单位、204名乡科级干部综合分析研判工作，对领导班子和领导干部的整体情况、德才素质、一贯表现、工作绩效、民意基础、突出特点和主要不足等进行综合分析，更好的识别干部、掌握情况、发现问题、改进工作。研判中，注重方法创新，建立民主测评、征求意见评、工作组评、综合判定的“三评一定”工作法，更加体现选人用人科学性；注重研用结合，提出领导班子优化配备建议135条，提出领导干部适岗性调整、多岗位锻炼、提拔重用等建议涉及79人次，作为今后干部调整的重要依据。（毕庆玲）

【积极推行竞争性选拔干部】 2014年8月，结合省、市清理领导干部在企业任职（兼职）的要求，面向全省公开选拔4名江苏北固产业投资有限公司领导成员。11月，面向全区公开选拔13名年轻干部，其中5个职位专门面向大学生村官，优化干部队伍结构，拓宽选人用人渠道。公开选拔过程中，区委严格执行《干部选拔任用条例》，把民主、竞争机制贯穿其中。履职评价环节由市、区评委组对照评分要素和标准进行评价，面试环节采用竞职演讲、驻点调研、无领导小组讨论等形式，试题委托省级专业命题机构命题，由市、区公共考官、区相关领导、民意代表共同评分，纪检监察部门全程参与，增强干部选拔任用工作的透明度和公信力，为优秀人才搭建展示才华、参与竞争的舞台。（毕庆玲）

【加强干部监督管理】 从严把好选人用人关，积极落实干部选拔任用全程纪实、职数预审等制度，严格规范干部选任流程，形成有效管用、简便易行的选人用人制度。通过完善职数核定、加大交流调整等措施，化解超职数配备干部84名，占92.3%。清理26名干部在企业或生产经营性事业单位兼职（任职）。认真执行《党内监督条例》，建立健全强化预防、及时发现、严肃纠正的监督工作机制。坚持干部监督联席会议制度和干部经济责任审计制度，重点突出对党政“一把手”的监督，聘任60名干部监督督导员、监督员和联络员，有效避免干部“带病提拔”现象。（毕庆玲）

【提升干部能力素质】 2014年，组织参加各级各类县处级干部培训班36人次，乡科级培训班13人次，女干部培训班2人次。以“京口讲坛”为载体，开展专题培训11场。继续“走出去”与苏州大学联合办学，举办领导干部经济管理能力提升研修班，对30名领导干部进行招商引资、金融资本、经济管理等知识的专题培训。选派31人到国家部委、省级机关、上海市黄浦区和区内重大项目、重点企业挂职锻炼或驻点服务。同时，组织开展争当“经济工作能手”活动，在全区干部中掀起学经济、懂经济、抓经济的热潮。（毕庆玲）

【加大选调生和大学生村干部培养力度】 注重选调生和优秀大学生村干部的引进和培养，选派6名省选调生到街道（园区）挂任副书记或副主任，参与班子分工。召开两次大学生村干部座谈会，了解大学生村干部思想动态，征求意见建议。全区有14人担任村（社区）“两委”负责人，9人提拔为乡科级领导干部，9人被列入乡科级副职后备干部。打造“社区＋网点”“科技＋人才”“盈利＋服务”的村干部创业模式，全区有大学生村干部创业项目10个，村干部争取创业贴息贷款120万元。（毕庆玲）

【夯实基层基础建设】 加大基层工作经费保障，城市社区按每个服务人口45元/年标准核定，农村按每年40万元以上保障，全面提高村居人员基本报酬（城市2000元/月，农村1800元/月）。全年新增综合服务用房达标社区12个，整顿转化软弱涣散基层党组织3个。率先实行社区（村）公共事务准入制，核减事务50余项。全区专业社工、社区社会组织分别增至140名、499家。（丁 毅）

【深化“两网”治理服务机制】 认真落实省委书记罗志军“把这块金字招牌擦得更亮”工作要求，建立以区委书记为组长的领导小组，聘请南京大学林闽钢、童星教授为指导顾问，推进“两网”智能管理系统平台建设，改版升级“网上居（村）委会”，建成党群QQ群300多个、支部微博41个、社区微信公共平台23个，新建农村网格86个，同步新建趣缘、业缘、地缘党小组127个。组建社区层面自治服务、街道层面基础服务和区级层面专业服务三大服务团队184

个，不断增强“两网”服务承载功能，努力做到“群众更满意、全国更知名”。（丁　毅）

**【探索区域化服务型党组织建设】** 完善“八联”工作机制，推进街道、社区“大党委”制，建立“三缘”功能型党组织，创新开展“一站式、结对式、菜单式、志愿式和社会化”的“四式一化”服务，建立常态化联系、零距离服务、社会化评价三项机制，积极探索区域化服务型党建工作模式。区域化服务型党建工作案例在全国第三届基层党建创新案例网评环节中列第30位。（丁　毅）

**【深化“京口先锋”志愿服务活动】** 健全党员“活动在社区、奉献在基层”党员教育管理机制，出台《关于在职党员到社区（村）报到参与为民服务的意见》，组织1831名机关党员到社区认领一个以上服务岗位、“结亲”一户以上居民户。健全志愿服务星级认定和评选表彰制度，选树出志愿服务“三十佳”（十佳工作站、十佳团队、十佳标兵）。（丁　毅）

**【构建基层党建信息化平台】** 实施远教设备升级工程，《江苏先锋》智能安卓网络播放器站点全覆盖。充分运用镇江先锋网、共产党员微信（易信）、镇江先锋微信平台等现代化手段加强党员教育管理。制作《群众的贴心人——卜美琴》等一批体现时代新特点、基层正能量的党员教育电视片。市基层党建信息综合服务平台综合使用率始终保持在95%以上。（丁　毅）

**【推进党代表工作室建设】** 制定《中国共产党京口区代表大会代表管理暂行办法》《中国共产党京口区代表大会代表提案暂行办法》《中国共产党京口区代表大会代表提议暂行办法》等文件，建立党代表工作调动、职务变动等情况报告制度，探索党代表工作室运行、党代表履职评价机制，促进党代表为民服务活动常态化、长效化。（丁　毅）

**【持续抓好党建品牌创建】** 选树区级基层党建服务品牌39个。《推进“两网融合”，提升服务群众水平》《开展“真·实”活动，密切党群干群关系》等5个典型做法入选全市50个联系服务群众典型案例，卜美琴、冯祥龙等5人入选全市50个党员服务群众先进事迹。（丁　毅）

**【加大人才引培力度】** 参加成都、哈尔滨、武汉等10余场人才对接峰会，组织企业参加“大连海创周”“海外博士江苏行”等活动，动员和引导本土企业参与项目对接和智力引进。赴上海开展“科技领军人才项目考察及交流对接活动”，成功举办“京口—千人计划人才对接洽谈会”，建立高层次人才信息储备库。2014年，全区新增国家“千人计划”3个，省“双创计划”个人2个、团队1个（团队成员3名），省“博士计划”2个，市“331计划”17个，在高端人才引培上取得新突破。注重引培并举，先后组织领军人才参加德国高研班、清华大学专题培训班等各类高层次人才培训研修，推动企业家进一步提升驾驭市场能力和现代经营管理水平。（黄　玥）

**【创新开展“金凤凰活动”】** 紧密结合本区重点产业板块发展需求，制定“金凤凰”活动考核指标体系，出台《关于创新开展“金凤凰”活动的实施意见》《京口区创新开展“金凤凰”活动评价考核暂行办法》，构建区域协同创新体系，提升人才发展效益。启动“金凤凰”人才计划，经企业申报、主管部门审核、集中评审等程序，确定6位符合条件的“金凤凰”人才资助计划，分别给予国家“千人计划”特别资助、贷款贴息和税收返还等政策扶持，全力扶持企业做大做强。（黄　玥）

**【深化“校地融合式”发展】** 通过开展“科技镇长团”“科技创新团”“教授博士柔性进企业”活动，与哈尔滨工程大学、南京航空航天大学、江苏大学、江苏科技大学建立全天候、宽领域的合作关系，在人才引进培养、校地合作联盟、创新平台共建、科技项目合作和科技成果转化方面达成多项合作协议，政产学研合作初显成效。（黄　玥）

**【提升人才发展质量】** 着眼于人才引进、评价、扶持、培育等环节，根据高层次人才创新创业规律，逐步建立优化创新创业服务体系，提升人才发展质量。2014年，京口区人才企业实现销售7.4亿元，实现利润1.13亿元，缴纳税收5054.18万元。新引进人才中，电子信息类9个，环保、新能源类3个，装备制造类3个，生物医药类1个，农业类1个，基本符合本区产业发展方向，且具有一定的发展前景。（黄　玥）

**【加强人才项目绩效管理】** 牵头成立由区财政局、科技局、人社局等相关单位组成的考核组，严格依照《镇江市引进培育创新创业领军人才专项资金管理暂行办法》及《京口区引进创新创业领军人才工作专项资金使用和管理考核暂行办法》规定，对该区市第四批“331计划”资助项目进行后续整改考核，对市第五批“331计划”进行绩效考核，准确掌握本区引进的高层次人才创新创业进展情况，将考核结果作为后续资助资金拨付的依据。（黄　玥）

## 宣传工作

**【概况】** 2014年，京口区宣传思想文化工作在区委、区政府的领导下，坚持以习近平总书记系列重要讲话以及视察江苏镇江时的重要讲话精神为指引，突出重点、狠抓落实，扎实推进理论宣传、舆论引导、文明创建、文化建设等各项工作，为京口苏南自主创新示范区建设提供有力的思想文化保证、舆论支持和精神动力。（凌　颖）

**【创新理论学习】** 围绕学习十八大、十八届三中、四中全会精神和习近平总书记系列重要讲话精神这一主线，通过理论联系实际，学以致用，向深度推进，向广度拓展，坚定本区干部群众的理想信念。2014年开展宣讲及各类培训160余期，受众达万余人次。中心组学习带动作用增强。制定完善各类学习制度，着眼增强学习针对性、创新学习方式方法，制度化、规范化建设取得进展。以区委中心组学习为龙头，认真抓好各级党委（党组）中心组学习活动，精心组织“京口讲坛”，按照“月月有学习”的要求，邀请省委党校副校长桑学成等一批专家学者到本区集中授课辅导，先后举办10场高水准学习会。认真开展调查研究。对全区各级领导干部调查研究工作明确量化任务，强化结果运用，形成调研文章40余篇，其中《党员上台讲理论：开创城市社区党课教育新路》入选全省马克思主义大众化优秀案例。党的基本理论普及推广成效明显。理论宣讲平台建设取得突破性进展，针对广大共产党员，依托党支部、党小组集中学习、“党员上台讲理论”等形式，通过身边人带动学习的方式，将理论学习的触角延伸到各个基层党组织和每一位党员个人；针对广大基层群众，组织优秀大学生村干部和居民积极分子，成立“大学生宣讲团”“群众宣讲团”，深入社区、街道、企业，开展面对面宣讲活动，切实提高理论教育的针对性和导向性。全年举办各类宣讲活动150余场。冬训期间，大学生村干部宣讲团取得良好成效，区本级和正东路街道分别被省委宣传部、省委组织部评为全省冬训工作示范县市区和示范街道。（凌　颖）

【文明城市创建】　按照市、区统一部署，扎实开展全国文明城市创建迎检工作。指导区创建办发挥好指挥协调督查职能，通过定期检查、随机巡查、专项督查等方式对社区环境、主干道、菜市场、校园周边环境等进行动态监测，并召开点评会、交办会、协调会指出不足，推动问题的整改落实。针对实地考察，细化工作责任，明确具体任务，开展各类专项整治行动26次，整改问题600余项；针对材料审核，采用责任单位分管领导和台账组领导双复核的方式，确保不失分；针对问卷调查，发放各类宣传海报、宣传牌、环保袋、展牌7万余份，同时，利用政府门户网站、京口手机报、网上居委会、QQ群等多种渠道，号召社会各界积极投身文明城市创建工作，提高文明城市创建的知晓率和满意度。扎实开展“文明进万家”活动，整治新老小区66个，累计创建投入资金4000多万元，小区环境进一步改善，物管水平进一步提升，文明氛围进一步浓厚。坚持创建惠民，兴办为民实事，在多方面关心支持下，有效解决华润二期等一批长期影响群众生活的老大难问题，圆满完成迎检任务。（凌　颖）

【加强思想道德建设】　加强典型引领。广泛开展道德模范、身边好人选树工作，全面推进道德讲堂精品工程和社区善心立德榜建设，大力宣传杨凌、李永生、尹傲兰、王永平、黎振生等一批模范人物，用身边的好人好事开展正面教育引导，在社会上产生良好反响。2014年度有3人获评“中国好人”，其中杨凌当选为2014年度感动镇江十大人物。深化文明养成教育。在全区未成年人中广泛开展以“八礼四仪”为主要内容的文明养成教育。以市实小为主体，承办全市未成年人文明礼仪养成教育启动仪式，在全省产生较大反响。深入开展志愿服务活动。顺利完成全省志愿服务制度化推进会现场观摩任务，打造全市最大的社区学雷锋志愿者服务站——桃花坞义工服务站。加强志愿服务队伍建设。2014年新增注册志愿者23000余人，全区有各类注册志愿者48000余人，提前完成苏南现代化建设15%的志愿者注册指标要求。积极开展各类志愿服务活动，全年组织开展“我奉献、我快乐”志愿服务广场活动、关注空巢家庭——志愿牵手服务行等各类较大规模活动40余场次。（凌　颖）

【新闻宣传树形象】　着眼唱响主旋律，充分发挥舆论宣传内聚人心、外树形象的功能，紧跟区委、区政府中心工作，党报宣传继续走在全市前列。2014年累计在各类媒体刊发重点稿件120余篇，其中，央视1篇，《人民日报》上刊登5篇，《镇江日报》头版头条、倒头条稿件30余篇，二版头条近40篇，《镇江日报》《京江晚报》整版报道稿件20余个。宣传亮点突出。运用多种载体和手段，全方位宣传“网格＋网络”治理服务模式的新探索。与镇江日报社联合推出社区卫生服务系统典型人物杨凌，激发全区党员干部干事创业的热情，取得良好效果。围绕打造“京口高度”，组织策划多个专题性宣传活动，充分展示群众路线教育实践活动、金凤凰计划等显著成果，产生良好反响。宣传阵地拓展。主动邀请媒体宣传本区经济社会发展成果，人民网等国家级新媒体的正面宣传逐步加强，同时推出京口发布、京口手机报等宣传新平台，加强政民互动，及时有效地宣传京口经济社会发展最新成果。组织媒体和网民代表看老小区整治，取得良好效果。（凌　颖）

【网络舆情重引导】　完善舆论引导统筹协调机制，做好舆情搜集整理、分析研判和应对工作，邀请天涯社区总编辑、市网信办领导、知名网友作专题讲座，提高领导干部网络舆情应对能力。积极指导有关单位处置敏感网络事件，有效化解负面舆情60余件次。（凌　颖）

【文化产业升级】　开展“产业升级行动”计划，推动文化产业稳步健康发展，企业的数量有较快增长，规模也逐步扩大，拥有各类文化企业1123家，全市首批评定的21家文化产业龙头企业中有6家在京口，2014年文化产业增加值占GDP达5.3%。切实推进重点文化产业项目。坚持文化与科技、网络融合发展，围绕高新技术和文化创意产业，形成以京口高创中心、学府科技园为代表的科技文化产业基地。加强文化产业项目招商引资。积极推动江苏名通与镇江土地储备中心成功签约长江游戏谷项目，打造镇江游戏文化创意产业基地。江苏三艾国际即将在新三板上市。大禹山创意新社区被评定为全省文化科技示范产业园区。加大重点企业扶持力度。积极申报争取2014年度省级紫金文化产业发展基金，扩大对中小文化企业的支持面。帮助6家文化企业包装项目，申报2014年镇江市文化产业引导资金，帮助企业申请引导资金45万元。（凌　颖）

【文化事业建设】　着力在文化创新上“下功夫”，推进“三个率先”，率先在全市构建业余文保员、业余文艺团队、“非遗”传承人网格化管理模式，提升管理绩效；率先在全市向全社会文艺团队和个人征集“中国梦·我的梦”理论大众化文艺作品征集活动，并组织广场巡演；以四牌楼街道为试点，率先在全市建成街道综合性文化体育服务中心。着力在文化惠民上“下功夫”，扎实推进“全民阅读”活动，加大区文化馆和区图书馆建设力度，进一步构建“15分钟公共图书圈”，先后建成7个社区、企业、部队分馆，最大限度地方便辖区居民图书阅览。继续推进“文化广场”建设，完成谏壁公园中心型文化广场等3个基本型文化广场和大市口街道河滨公园等20个娱乐型广场的建设，所有建成广场形成“周周有活动、月月有演出”的格局。丰富群众业余文化活动。以“中国梦·我的梦”为主题，全年举办“魅力京口”广场文化系列活动30余场。加大对业余文艺团队的扶持力度，为每个街道配置音响设备，开展文艺团队和个人“双十佳”评选，进一步激发业余文艺团队服务群众的热情。文艺创作成果丰硕，在镇江市第三届小戏小品大赛、“我们的中国梦”——镇江市第二届“金山奖”合唱等比赛中取得优异成绩。（凌　颖）

## 统战工作

【概况】　2014年京口区统战工作以学习中共中央十八大和省市统战工作会议精神为主线，紧紧围绕全区工作大局，以反“四风”主题教育凝聚共识，以创新思维破解难题，以作风建设夯实基础，深入开展“真·实”活动，不断提升全区统战工作水平。（佘玉敏）

【开展统战系列工作】　首先，在全区形势中谋思路，做到“三贴近”。贴近全区转型升级发展的经济形势和建成苏南现代化示范区的总目标、总任务，在助力非公经济健康发展、吸引海内外人才的工作上，找准结合点，站稳落脚点，以“真、实、效”为求，促抓项目，促转升级，促解困难，促见成果。贴近各类代表人士的思想和工作实际，在政治建设，思想引导、知行实践上加大力度，提升统战代表人士队伍的素质和凝聚力，巩固统战领域的政治优势，召唤与党和政府同心同行的一切积极力量，构建和谐向上，奋勇向前的进取氛围。贴近基层统战工作的需求，在社区统战、特色培育、品牌创建、人本理念上协助街道、社区做好贯彻工作，以“争第一、创唯一、树特色”为导向，加力统战工作有效实践，寻求各种统战资源和积极力量，推进统战工作的联动发展、互为发展、提升发展。

其次，在创新驱动中注重实践，做到“三提升”。提升指导水平，加大调研力度。调研是新时期统战工作的必备技能，是贯彻从群众中来到群众中去的根本要求。统战工作要依靠调研不断提升统筹推进、综合协调、团结合作、继承和发展的水平，在统战工作“六支”队伍建设和团结上做出新成绩。提升选项精度，立足实际开展特色项目实践。街道、园区每年要围绕一至二项统战方面的重点，体现“争、创、树”要求，提出贴近主题的行动计划，开展贴切实际的专题活动，力求贴身惠心的积极效果，集中统战优势，在不同的项目上打造亮点，树立起身边的典型。提升灵魂高度，增强克难奋进的能力。当老方法、新方法、硬方法、软方法在当今统战工作中不合时宜时，尤须要解放思想，勇于创新，以共识为基石，以实践为动力，以行动感人心，在经济、政治、社会、文化、生态建设的各个方面，广聚向心力，运用综合方法、激发动心力量、高扬人文精神，不断开拓基层统战工作的新境界。

再是，在履行职责机制中，做到“三强化”。要强化履职能力，努力增强吸引力。要善借外力活用机制，要有“统战成员在哪里，统战联系就到那里”的理念，在区域统战的“坐标系”中构成联系网，贯通信息源。要进一步贯彻市委和区委《加强新时期党外代表人士队伍建设的意见》精神，建立健全街道园区党工委委员、部门党委委员、统战系统干部联系党外代表人士的制度，把联系制度作为团结党外代表人士的示范之举，把深交朋友作为凝心聚力的实用良策。充分用好党委领导统战的工作机制，抓住重要环节排解问题，上下合力保证全区统战工作在制度的框架内创新发展。要强化团结联合的功能，用“中国梦”促进共识，以“六同”集聚合力，将“双实”倾注于行，充分发挥骨干人士的积极作用，巩固和壮大统一战线的政治基础和人才队伍。要加强统战工作推动力度，积极抓好促进区域统战工作协调发展的“推进会”，调处统战成员矛盾的“协调会”，为统战成员排忧解难的“帮办会”，组织统战成员服务社会的“调度会”，强化“真理、情感、利益”三种力量，做优统战工作。（佘玉敏）

【创新统战工作】　引导和促进各民主党派开展中国特色社会主义学习教育活动，其经验和做法在江苏省委统战部主办的刊物《挚友》杂志上介绍。开展党外律师义务服务信访工作，促进运用法律方式调处来访事件，促进信访维稳工作。

首创“双联”（民主党派联系街道、党派支部联系社区）活动，引导和促进民主党派成员主动联系社区，服务居民、了解民意，开展建言献策活动。

运用“两网”新载体，积极探索基层统战工作新路，将统战宣传、政策服务、重点关注。结对帮助等工作落到社区，延伸至家庭，此策此法获江苏省委统战部创新工作奖。助力街道、社区加强民族工作

示范社区建设，以点带面，促进民族团结和谐工作。 （佘玉敏）

【党外干部工作】 区人大、区政府、区政协均有党外领导干部。区教育、监察、司法、农委、科技、卫生和计生配有党外领导干部。目前尚有住建、文体、审计待配。法院、检察院尚无合适的党外人士担任领导职务。全区六个街道有四个街道配有党外领导干部，还有二个街道待配。有六名党外人士担任正科职职务，其中有三个在政府的重要工作部门。完成选调党外人士参加市级培训工作。 （佘玉敏）

【无党派知识分子工作】 按文件加强队伍建设，达到四个明确，政策上明确、目标上明确、措施上明确、任务上明确。区域性调研每半年进行一次，两会期间积极撰写提案，做到人人有提案。区无党派联谊会2014年已届满，计划在2015年上半年实施换届工作。无党派联谊会班子健全，活动基本正常，但有特色的活动不显明。对新阶层和“海归”人员，做到“四个参与”，即：参与筛选、参与考评、参与谈心、参与推进，协助区人才部门完成七批“331人才计划”的推荐。

（佘玉敏）

## 台湾工作

【概况】 2014年，京口台办坚持以“高眼光、高标准、高效率、高水平”的“京口高度”为工作追求，以“服务项目、服务招商、服务企业”为工作抓手，围绕对台经济这一中心工作，提高对台交流层次，加大对台招引力度，强化对台企业服务，提升对台工作水平，积极推动京口对台工作更好发展。 （徐　丹）

【各项涉台工作安全稳定开展】 认真贯彻中央对台方针政策，按照上级台办部署和要求，注重提高思想认识和政治敏锐性，在对台交往交流、对台经贸合作、宣传报道、台企台属的管理和服务等各项涉台工作方面，进一步严格纪律，保证各项工作不偏离党的对台方针政策原则；切实加强对赴台人员行前返后教育工作，避免负面影响；尽量为台企台胞台属排忧、解难、办实事，较好地把宣传、了解、沟通、互信、合作融于各项涉台服务中，安全稳定地开展各项涉台工作。 （徐　丹）

【拓展交往交流范畴】 京口台办把有效拓展对台交流交往渠道作为工作重点，通过现有的台商人脉资源，以商引商，同时，借助上级台办系统的支持及对接大陆重点台商地区台办、台协等各种方式，广结人脉。2014年，新对接台湾中华农业企业发展协会、台湾港都会、开达休闲开发股份有限公司等一批台湾重要的工商团体、协会、企业，并与他们建立联系；邀请南台湾理事长联合会总召集人施明豪、南京擎安投资有限公司总经理蔡一铭、台湾高雄市燕巢社区合作农场理事主席何正诚、嘉春文化艺术创意有限公司董事长王振轩、台江软件园总经理殷伊玲等一批重要台商到该区考察交流。同时，邀请省台办副巡视员屠新到本区授课，指导对台工作；市长朱晓明、副市长曹丽虹等市领导多次参加该区台商到访接待及项目推进工作；市人大常委会副主任王萍也专题到该区调研对台工作。

（徐　丹）

【组织各类对台招引活动】 台办放大“组织、指导、管理、协调”职能，“抢战”招商引资。2014年，组织“走出去”招商活动27次，其中赴台湾招商2次，赴上海、太仓、苏州、南京等大陆台商集聚地区招商25次；邀请接待来访台商活动32场次；为基层单位引进并协助洽谈推进医疗抗衰老、世鸿工业转型升级、创投基金、创意农业示范基地等16个项目信息。 （徐　丹）

【提升对台工作水平】 台办以“服务”为工作抓手，通过热情、主动、优质的服务，营造优质投资环境、浓厚对台招引氛围、提高对台招引实效，不断提升该区对台工作水平。进一步完善对台企台胞台属的服务举措。建立台企台胞台属服务台账，创新推出“开通服务台商24小时专线、建立重点台企全程跟踪服务机制、建立台商求助投诉‘一周答复制’、对新引进台资企业实行一条龙式服务、定期开展联谊互访活动、定期组织指导台企学法用法”六大服务举措，全年成功解决6起台企求助事件，“有事找台办”已成为京口台商的共识。进一步加大对全区招引工作的培训指导。举办全区“提升对台经贸合作水平”讲座，邀请省台办副巡视员屠新到该区授课，加强该区领导干部和招商工作人员对台湾基本情况和经济实力、台湾产业布局和园区特色等方面的了解；通过“对台工作动态”，定期对招引情况和在手在谈项目追踪推进，介绍台湾优势产业、产业龙头企业及对台招引最新动态，有效提高全区对台招引水平，浓厚对台招引氛围。开辟赴台招商“绿色通道”。围绕全区对台招引工作需要，积极加强与省、市上级台办系统的沟通、协调，承诺并践行“以最短的时间、最快的速度、最优的办法”办理赴台手续，确保赴台招商活动顺利进行，开辟赴台招商的“绿色通道”。 （徐　丹）

## 老干部工作

【概况】 2014年，京口区老干部工作以全省老干部工作会议精神和市局工作要点为指导，以党的群众路线教育实践活动为动力，紧紧围绕区委、区政府的工作中心，不断开拓创新，认真履行职责，全面落实老干部待遇，积极发挥老干部作用，较好地完成年度工作目标。

（缪静敏）

【加强老干部“两项”建设】 加强“两项”建设，即老干部思想政治建设和离退休干部党组织建设。抓好政治理论学习。采取多种形式，组织学习党的十八届三中、四中全会精神，学习习近平总书记系列讲话，加深对十八大重要理论观点和重大战略部署的理解，引导广大离退休干部坚持道路自信、理论自信、制度自信，永葆共产党人优良传统和崇高精神境界。2014年举行情况通报会、形势报告会、座谈会等5场，600人次参加，向老同志发放学习资料1000余册。离退休党支部有活力。以党的群众路线教育为抓手，加强组织、作风和制度建设，努力把离退休党支部建成团结、凝聚老干部的核心。全区13个离退休党支部配齐配强支部书记、委员48人，完善组织生活、民主评议和党费收缴等制度。实行资源共享，使离退休党支部“活动有阵地、经费有保障、学习有资料、娱乐有设施”。融入人文关怀。利用走访慰问、学习座谈、参观考察等机会，广泛与老干部接触，了解他们的需求和困难，努力为他们排忧解难。开展心理疏导，通过谈心、拉家常、回顾历史等，及时掌握老干部的思想动态，正面引导，消除不良情绪。对老同志的合理要求，及时向有关部门提出建议和意见，维护他们的合法权益。涉老报纸杂志是广大离退休干部的精神支柱和生活寄托，为此，从党费中拿出4万多元，为离退休干部订阅《镇江日报》，各部门为他们订阅《银潮》等杂志，以报刊订阅筑牢老干部精神支柱。

（缪静敏）

**【优化老干部管理服务】** 落实定期通报情况、走访慰问、阅读文件、参观学习、参加重要会议等制度。春节前，区委、区政府召开老干部情况通报会，区委常委及人大、政协主要领导参加，区长黄万荣通报情况，区委书记裔玉乾作重要讲话，他充分肯定老干部对京口区发展所做的历史性贡献，对老干部工作提出要求。区四套班子领导分组走访慰问老干部，区“两会”邀请老干部列席，重要人事变动及时向老干部通报。党的群众路线教育实践活动中请老干部全程参与，并广泛征求意见。2014年，区委、区政府专门出台《京口区老干部情况通报制度》，明确每半年通报一次，加强沟通。积极协调财政、社会保障、卫生和老干部供养单位，落实离退休干部的生活费发放、医疗保障及财政支付机制，解决运行中遇到的问题，确保足额、及时发放到位。老干部局把困难企业和教育、卫生等事业单位作为工作重点，采取宣传政策，上门联系等形式，协调解决20余名事业单位和18名企业离休人员养老金的上调。积极向上争取，完善《京口区离退休干部困难帮扶办法》，区长黄万荣，区委常委、组织部部长郦锡梅亲自到老干部局调研、现场办公，同意每年安排10万元帮扶资金，并纳入财政预算。2014年，区老干部局对20多名因病致困的离休干部进行慰问帮扶，使老同志充分感受到区委、区政府的温暖。开展个性化服务。开展“冬日里送温暖、夏日里送清凉”活动，对“空巢”、独居的老人定期上门看望，了解他们的生活和身体情况。与社区联手，完善居家养老，解决老同志实际困难。做好易地安置老干部管理服务工作。实行易地安置和本区离休干部同学习、同活动、同考察、同慰问、同服务、同表彰“六同”，增强他们的归属感。工作人员逐一上门看望，帮助与其供养单位联系，解决他们生活、医疗和住房等方面遇到的困难。对有特殊困难的，给予及时帮助。做好老干部社区医疗网络化服务。通过家庭健康团队，建立健康档案，发放服务卡，实行常态化联系，动态化服务；开展医疗预约、转诊、服务等。为老干部提供优先门诊、优先输液、优先检查、优先住院“四优先”，缓解老干部就医难。试行“医养结合”，定期组织老干部体检，建立健康档案，开展健康知识专题讲座，指导老同志合理养生。（缪静敏）

**【老干部文化养老显特色】** 坚持“以情管理、倾情服务”，精心搭建平台，创新文化养老模式，提升养老质量。构建文化养老阵地。充分利用和挖掘社会资源，构建区、街道、社区和辖区内市级老年教育、活动机构“四位一体”的文化养老体系，借力发挥优势。建立以区级场所为基础，联合街道文体中心、小区健身广场、社区党校、社区电教室、社区图书室、社区老年活动中心，形成文化养老分片布点格局，老干部可以根据自己的需求选择活动方式。建设敬老文化。根据老干部的年龄和兴趣爱好，按不同时节开展活动。在内容上既有集中学习，又有参观考察；既有打牌下棋，又有健身娱乐。区财政每年拿出2万元为区老干部阅览室订阅报纸和杂志，吸引广大老同志前来阅读。该局还根据老干部的兴趣组织钓鱼，开展乡村健步行等活动。上半年率30余名县处级离退休干部赴江阴华西村参观，感受新农村的巨变。丰富的活动，开阔老同志视野，愉悦心情，锻炼身体，在沉醉于美景的同时，也倍感组织的关怀。注重敬老文化的辐射带动作用，把老干部的家庭、保姆群体也视作敬老文化的教育对象和传播主体，倡导当“和谐家庭”、做“敬老好子女”，让老同志在精神上得到照顾。拓展文化养老途径。坚持把“乐文化”作为老干部文化养老的重点，挖掘现有资源，不断加以整合，为老干部提供更多的文娱活动渠道。该局主动与区文体局、老年体协、老年大学和关工委等合作，组织老干部参与活动。2014年为87岁高龄的离休干部邵淑娟举办个人摄影作品展，宣传老有所学的典型；参与京口区老年传统体育项目展示，形成广泛的社会影响；组织参加镇江市老年人健身比赛，展示该区老干部风采；区关工委开展“老少共筑中国梦”活动，老干部报告团宣讲12场，受教育青少年达2万余人；参加新中国成立65周年全市老干部书画、摄影作品展，选送作品5件；组织老干部参观全区重点项目和城市建设，让老干部亲身感受身边的巨大变化，老同志纷纷表示，要珍惜美好生活，积极为实现中华民族伟大复兴的“中国梦”做出贡献。

（缪静敏）

**【逐步健全居家养老体系】** 将老干部“四就近”纳入社区党建和居家养老体系，把社区作为老干部阅读学习、文化娱乐的场所，关心联系老干部的纽带，发挥作用的阵地。“七一”由老干部局出资组织社区离退休干部文艺演出，举办社区“五老”书画摄影展，展示老同志的才艺。以改进服务、加强软硬件设施、提高老干部满意度为目标，推进“四就近”工作，努力打造老干部温馨家园。深入开展利用社区资源服务离退休干部省级示范点创建，积极争取省局、市局领导和区组织部、民政、财政、卫生等部门支持。江科大社区创建达标，成为全省第三批示范社区。发挥老干部工作部门主体作用，依托社区公共服务中心、居家养老服务站平台，建立“六室”，即图书室、医疗室、谈心室、健身室、电脑室、棋牌室。深入开展“送健康、送学习、送关爱、送社工”活动，为离退休干部提供及时周到的服务。对长期卧病在床、生活不能自理、生活有困难的离退休干部，主动上门、亲情服务。上半年，该局组织50多名社区离退休人员参观镇江规划展示馆、南山西入口、体育会展中心、润扬大桥纪念馆和世业洲等；重阳节又组织社区50多名老党员、老干部赴镇江新区登圌山。利用社区“两网”，为离退休干部送真情、办实事、解难题，让老干部在社区大家庭中安享晚年。

（缪静敏）

**【发挥离退休干部作用】** 多措并举，发挥老干部作用。抓组织协调，让老同志奉献有热情。依托离退休干部党支部，支持涉老协会组织建设，搭建平台，让老干部施展才能，激发活力。推进学习型、服务型、奉献型离退休党组织建设，完善和落实活动学习制度，实现自我管理、自我服务、自我教育。发挥党组织的引领作用，在离退休干部中开展“我看十八大以来的新变化”专题讨论，引导他们围绕十八大以来中国经济、政治、文化、社会、生态文明建设和党的建设等方面的新进展新变化，谈感受、说看法，增强对党和国家、对中国特色社会主义、对改革开放的信心，更加自觉地支持和拥护中央的各项决策部署，成为“两个率先”的重要支持力量。抓平台搭建，让老同志奉献有舞台。该区目前有多个以老干部为主体的社团组织，会员众多，是一个人力资源宝库。以此为平台，引导广大离退休干部在经济、文化和社会建设等各项工作中发挥积极作用。区财政根据老年社团的性质和规模，每年拨付3万元至5万元不等的活动办公经费，还为关工委、老专家协会、老年体协、老年大学、老促会、退教协会等区级老年社团无偿提供办公场所，并对活动组织、联系、场地、车辆、设施设备等方面提供服务保障。按照自身的优势和兴趣爱好，参与到各个组织中发挥作用。京口区关工委“心语社”成员走进独身老人家庭，与他们一起下棋、唱歌、拉家常，使老人感受到幸福；老专家协会深入社区开展科普宣传活动；社区“五老”志愿者队伍，开展文明宣传、爱心帮扶、治安防范。抓活动载体，让老同志奉献有成效。2014年，组织开展向赵亚夫同志学习活动，用老干部的先进事迹激励老干部。开展“服务‘两个’率先、再展夕阳风采”“树立新风尚、文明伴我行”“关注环保、爱我家园”主题活动，使老同志发挥作用更具有强烈的时代性和更广泛的社会效益。精心组织开展“离退休干部牵手大学生村干部”活动，20名结对大学生村干部在基层发挥积极作用。引进激励机制，对做出贡献的老干部给予表彰奖励，展示新时期离退休干部老有所为的良好形象。

（缪静敏）

**【加强自身建设】** 老干部局积极参加党的群众路线教育实践，开展机关“真·实”主题活动，联系老干部工作实际，着力提升服务能力，该局的经验做法在全市机关党建会议上交流，并参加市委组织部召集的有关座谈会。围绕“三严三实”，大力加强老干部工作人员作风建设，不断取得作风建设的新成效。以老干部满意为目标，坚持“老干部工作无小事”的观念，从每一次参观学习、每一次活动、每一次健康体检做起，认真对待、精心组织，细微之处见精神，点点滴滴显真情。老干部来办事一张笑脸，一杯清茶，热情接待；老干部家中有事及时关心、尽力帮助解决；老干部生病住院，第一时间上门看望，送上党组织的关怀。为党员干部学习创造条件，采取自学、送学和专项培训的方法，提高大家的理论政策水平和业务知识。把学习活动与公务员职业道德学习实践结合起来，引导大家树立正确的世界观、人生观、价值观，热爱本职，乐于奉献，立足本职，建功立业。加强班子建设，在工作中互相配合，互相补台，形成工作合力。积极开展领导干部“三解三促”活动，与四牌楼街道江二社区结对共建，经常深入社区调研，反映社情民意，协助解决老小区的难点问题。定期走访社区老党员、离退休人员，慰问贫困户。关心社区独居老人，参与社区文明城市创建。认真做好信息调研工作，克服人手少、任务重的困难，做好信息采集和撰写工作，领导带头写，分管领导具体落实。全年上报市级以上信息10条，被采用8条，上报区级11条，被采用6条。注重老干部工作总结，上报省局老干部工作案例一篇、经验交流一篇。围绕老干部帮扶工作开展调研活动，为领导决策提供根据。积极办好《京口老干部网站》，为老干部管理服务提供平台。

（缪静敏）

## 史志档案工作

**【概况】** 2014年，京口区史志档案办认真贯彻落实中共中央十八大、十八届三中、四中全会精神，紧贴全区中心工作，在档案基础设施、资源、信息化建设，史志编研、成果宣传等多方面取得突出成绩，为助推全区经济发展、社会管理和民生改善提供良好的服务。（凌　晨）

**【强化档案馆基础建设】** 加强数字化档案建设。为残联、机关工委、台办等5家单位安装永乐方正档案管理软件，利用半年时间将各单位原数字档案目录导入档案管理系统。通过现场指导培训，确保档案人员熟悉使用。截至2014年年底，全部完成区内56家机关事业单位新档案管理软件的安装。进行民生档案扫描。截至2014年年底，扫描婚姻档案149340页、文书档案12312页，计161652页。近三年合计完成全文数字扫描39万页，涉及民生档案全文数字化率达55%。与青海省西宁市城中区档案局签订《互为重要档案异地备份基地协议书》。向其移交备份档案数据载体，交流档案管理和信息化工作的经验。（凌 晨）

【拓展档案资源收集范围】 重新编制《镇江市京口区档案馆收集档案范围实施细则》。按照国家档案局9号令和省市档案局要求，结合工作实际，对原有细则进行重新编制。组织力量移交和接收住建局、城管局等11个部门，2008年前所形成的永久、长期纸质档案和电子目录。接收文书档案2379件，代保管区人才及社保等专门档案1万8千余件。将发改委、司法局等40多家单位在2012—2014年移交的档案数据考入数据库。接收、整理京口区住房公积金管理中心档案2897卷（件）。其中会计档案1381卷、基建档案2卷、业务档案337卷（计1720卷）；文书档案1177件。征集2009—2013年实物、荣誉档案116件。（凌 晨）

【加强基层档案室规范化管理】 开展档案年检工作。联手档案协作组单位，采取实地和集中送检两种形式，对全区51家机关单位进行档案年检。结合年检情况，草拟《档案年检情况的通报》，下发《整改通知书》。协助区审计局、象山街道两家单位同创"省三星、省AAA级数字档案室"获得成功，提升街道、部门的档案管理水平和服务能力。对宗教场所进行集中培训。帮助其编制《档案分类方法》《文件材料归档范围和保管期限表》《档案排列编号方法和档号、分类号结构说明》和《档案分类方案表》。指导和帮助谏壁镇崇庆禅院、京口区复生律院分别通过省三星和二星级档案室测评。（凌 晨）

【提高服务基层能力】 向辖区内六家宗教场所无偿捐赠六组三十节档案柜，促进宗教团体档案管理规范化安全化，为2015年上半年区内宗教场所创星级档案室打好基础。强化服务窗口建设，在人力资源有限的情况下，通过改进工作作风提高服务效能。截至2014年年底，全年接待档案利用者4800左右人次，档案利用5000余件。（凌 晨）

【加大史志档案宣传力度】 加强维护和调整"京口史志档案信息网"。及时上传工作亮点、业务规范及与档案相关的政策规范，丰富网站内容。不断拓展档案资料网上查询业务，便利民生。组织住建局、农场、健康路社区卫生服务中心档案人员，代表京口区参加镇江市档案业务知识竞赛获一等奖。接待青海省西宁市城中区档案局等友好城区前来参观和交流经验。多次在馆内"爱国主义教育活动基地"举办陈列展览，对未成年人进行爱国主义教育。响应"书香镇江"创建活动，联合市史志办共同举办"书香军营"活动，丰富驻镇部队广大官兵文化知识，促进军地文化深度融合。（凌 晨）

【史志编研工作】 完成《京口年鉴（2014）》编撰工作。2014年年鉴从框架、条目、内容、封面设计四个方面进行调整优化。全书81万字，翔实、连续记载2013年度全区经济、社会、文化、民主等各方面的基本面貌、发展状况和各行各业取得的新进展、新成就。完善二轮志收尾工作。《京口区志（1983—2007）》已完成市史志办终审、编纂人员内部互审环节。并已按照审核意见、结合区内老同志老干部对相关内容的审核修改建议进行完善。（凌 晨）

## 信访工作

【概况】 2014年，京口区信访工作创新机制，综合施策，切实加大工作力度，努力畅通信访渠道，全面规范信访秩序，信访形势总体平稳可控，有力地维护全区稳定。高效有序做好中央、省委巡视组交办案件办理工作，圆满实现青奥会期间信访稳定工作"两下降、三确保"的工作目标。2014年以来，全区信访工作受到上级组织和群众的充分肯定。经验材料在国家信访局《人民信访》第12期、《江苏信访》《镇江日报》《京江晚报》刊发，经验做法在全市推广。京口区信访局在2014年度区级机关绩效考核中被评为优胜单位。（柳如永）

【领导接访下访化解难题】 全区上下坚持把信访工作摆在突出位置、列入重要议事日程，不断开创信访工作新局面。在重要敏感时期，区委、区政府主要领导亲自召集召开会议，部署工作措施，推进重点信访问题化解。结合党的群众路线教育实践活动，深入推进领导干部"四访"（定点接访、带案下访、重点约访、包案息访），坚持领导信访接待两级联动，接待时间、接待领导向社会公开，接受群众监督。形式多样推动干部走基层、访民情、倾听民声、化解民忧。一年来，区领导接待研判处理信访问题286批1419人次，包案处理信访案件90件，下访处理信访问题65件，解决一批疑难复杂问题。（柳如永）

【创新机制促进社会和谐】 创新举措、畅通渠道，动员和组织社会各方面力量，有效化解初信初访，推进信访疑难问题解决。信访工作律师服务团。设立专门场所，每周安排两名律师参与信访接待，义务为来访群众提供法律咨询服务，宣传国家法律法规政策，引导群众依法解决矛盾纠纷。通过建立微信、QQ平台进一步提升实效。开辟大学生村干部社情民意信息网。收集来自基层一线的声音，开展日常信息报送、跟踪、反馈工作。放大现有工作品牌效应。继续推行信访代理制和网上居委会工作经验，实现矛盾纠纷的早发现早化解、不累积不上行。一年来，全区安排律师信访接待80余次，协调处理信访事项30多件，参与会办重点信访事项25件；通过大学生村干部社情民意信息网平台，收集社情民意50多条，化解信访矛盾10多起。（柳如永）

【强化责任抓好源头控制】 实施信访工作目标管理和保证金制度，采取目标化考核和过程化管理，提升基层主动化解矛盾和对信访对象的吸附力度。推进社会治理创新，推广“网格—社区—街道”三级矛盾纠纷调处机制，做到预警在先，苗头问题早消除；信访调解在先，矛盾纠纷早处理。坚持对全区专兼职信访干部进行分期分批培训，提升干部素质。加强矛盾纠纷排查化解，严格落实属地管理和“谁主管、谁负责”的原则，逐案提出对策，制定处置预案，坚决防止矛盾激化、事态升级。（柳如永）

【注重化解信访积案】 建立“接处日日清，积案周周调”制度，严防矛盾上行或形成积案。相继开展依法治理进京非正常上访、矛盾纠纷排查化解、信访积案化解专项行动，采取“集中清理、认真梳理、分类处理、重点治理”措施，充分利用亲情、友情、人情等人性化模式跟进调处，促成信访积案的最终化解。2014年以来，妥善化解许某某夫妇、吴某某等10余件信访积案，对辖区内的其他老户起到极大的触动作用，收到较好效果。（柳如永）

## 机关工委

【概况】 2014年，区级机关工委紧紧围绕全区工作大局，以开展党的群众路线教育实践活动为契机，以开展“真·实”主题活动、助推“两网”建设提升为重点，坚定践行“优质服务抓党建、科学管理抓作风”工作要求，不断提升机关党建工作水平，为打造“京口高度”做出积极贡献。

注重学习教育，进一步加强学习型机关党组织建设。扎实开展群众路线教育。组织党员干部学习习近平总书记系列重要讲话和十八届三中全会精神，学习群众路线教育读本和党的光辉历程、优良传统，开展理想信念、党性党风党纪和思想道德教育活动。扎实开展读书学习活动。重点组织机关党员干部精读研读《致加西亚的信》《细节决定成败》《创意思维》等书籍。

注重服务大局，进一步加强服务型机关党组织建设。广泛开展“真·实”主题活动。组织机关部门、党员干部与企业、社区、居民结对共建共进，促进机关作风转变，提升办事效率、工作质量、服务效能。广泛开展文明城市创建服务。引导机关党员干部勇当志愿者，积极投身文明城市创建活动。

注重创新作为，进一步加强创新型机关党组织建设。积极开展助推“两网”建设提升活动。按照“机关社区情意长、结对共建织‘两网’”的总体要求，动员机关党员干部走进社区，与社区共建网格，共管“网上居委会”，共同探索“两网”建设新思路。

注重实际效果，进一步加强勤廉型机关党组织建设。切实抓好机关作风建设。完善机关绩效管理考核办法，实施“向日葵计划”，切实加强机关作风日常检查督查，形成常态化、制度化的机关作风建设机制。切实抓好党风廉政建设。贯彻落实中央“八项规定”和省、市、区作风建设规定，坚持违纪行为“零容忍”。强化党风廉政建设责任制，认真落实党风廉政和惩防体系重点目标任务。（陈　涛）

【开展“真·实”主题活动】 按照区委、区政府的总体部署，在全区各级机关广泛开展“真心诚意与群众交朋友、实实在在为基层（群众）服务，真心诚意与企业家（创业者）交朋友、实实在在为企业服务”的“真·实”主题活动。组织机关部门、党员干部与企业、社区、居民结对共建共进，全区56个区级机关部门、422名副科级以上干部与65个社区（村）、122家骨干企业、422户居民进行结对，深入百姓家庭，深入企业，帮困解难。活动中，区主要领导带头示范，区挂钩领导积极走访结对服务对象、解决实际问题，区分管领导多次深入基层推动活动开展。区“真·实”办注重强化结对服务、会商会办、检查督查、问政问效、考评激励，扎实推动活动深入开展。区级机关部门、党员干部积极围绕“二、四、六”的工作目标要求，想办法、出实招、办实事，找差距、争第一、创唯一，活动取得初步成效。据不完全统计，2014年，区级机关部门、党员干部为结对企业、社区、居民办实事1500余件，直接投入超300万元，受到基层好评，赢得社会普遍赞誉。（陈　涛）

【组织区级机关绩效管理考核】 完善机关绩效管理考核办法，参照市里做法，实行“三考核一评议”的区级机关绩效管理考核办法，即目标管理考核、作风效能考核、改革创新考核和社会评议，其中：目标管理类考核设基本分100分，由区发改和经信委负责组织实施；作风效能类考核设基本分10分，由区纪委负责组织实施；改革创新类考核采用加分制，由区委办负责组织实施；社会评议设基本分10分，由区级机关工委负责实施。2014年参加区级机关绩效考核的部门总计51个，其中区直机关部门46个、市垂直管理部门5个。2014年度“绩效管理考核优胜单位”为：区统计局、区科技局、区文体局、区财政局、区信访局、区法院；2014年度市垂直管理部门“优质服务单位”为：公安京口分局、国土京口分局、规划京口分局、国税三分局、地税五分局、工商京口分局、质监城区分局。（陈　涛）

【开展文明城市创建】 按照区委、区政府全国文明城市创建工作要求，及时引导和推动区级机关党员干部深入到结对社区，广泛开展志愿服务。制定信息发布、活动反馈、检查督查、通报问责、长效管理等五项工作制度，务实推进志愿服务活动。对照区创建督查的具体工作要求，突出对区级机关部门为结对社区在人力、物力、财力投入上的情况进行督查，突出对区级机关在职党员志愿服务集中行动情况进行督查，突出对区级机关部门深入结对社区参与创建活动工作成效进行督查，确保做到无盲点、全覆盖。据统计，在文明城市创建中，区级机关给予结对社区资金支持超100万元，有近千名区级机关在职党员志愿者、2万余人次，深入到基层一线，踊跃投身创建活动，有力地助推文明城市创建工作。区级机关工委被评为镇江市创建全国文明城市工作先进集体。（陈　涛）

**【开展助推“两网”建设提升活动】** 按照“机关社区情意长、结对共建织‘两网’”的总体要求，动员机关党员干部走进社区，与社区共建网格，共管“网上居委会”，共同探索“两网”建设新思路，通过坚持“1+1”工作模式（1个机关部门结对1个社区），形成机关部门结对社区、部门领导蹲点网格、机关党员兼职版主的工作格局，落实好“六个一”工作任务，即帮助制定一个“两网”治理服务提升计划、帮助完善一处网格工作基础设施、寻求一家以上“两网”共建单位、培育一个“两网”治理服务亮点、加强一支“网上居委会”兼职版主队伍建设、落实一系列帮扶解困措施等，进一步做亮京口“两网”品牌。（陈　涛）

## 党校工作

**【概况】** 2014年，京口区委党校（以下简称区委党校）以习近平总书记系列重要讲话精神和科学发展观为指导，以培养高素质干部队伍为目标，以改革创新为动力，巩固已有办学规模，不断努力，求实创新，取得一些成绩。（冯　娟）

**【队伍建设】** 2014年，区委党校狠抓干部作风建设，重点提高干部队伍的“四力”即：要始终坚持学习，不断提高学习力；坚持提升自身素质和能力，不断提高领导力；坚持履职尽责，不断提高执行力；坚定理想信念，不断提高定力。对标先进，制定具体对标学习内容和创新举措，不等不靠，主动作为，自觉用制度管人管事，做到“党性坚强，信仰坚定；德才兼备，作风优良；善于学习，内涵丰富；言行有度，为人表率”。（冯　娟）

**【打造干部培训高地】** 积极适应京口区大培训格局，打造干部培训高地，发挥党校在该区干部培训中的主阵地作用，为该区率先基本实现现代化提供智力和人才支持。做好服务大培训工程的三项基层工作，建立新时期干部培训教学专题库和建构干部培训“大师资”库；举办培训班。在2014年的7月15日—21日，与区委组织部联合在苏州大学举办全区经管干部综合能力建设与素质提升高级研修班，来自全区各部门、街道的30多名学员，在为期一周的时间里，接受经济理论、招商引资、能力提升、廉政教育等多方面的培训，培训采取多种形式相结合的方式，使学员思路得到开拓、能力得到提升、知识结构得到丰富。（冯　娟）

**【立足京口实际，提高教科研水平】** 树立以教学立校、以管理强校、以科研扬校的意识，把教学和科研结合起来。

立足京口实际，找准方向搞调研。2014年上半年，区委党校和区委组织部合作，为深入了解大学生村干部在本区基层工作情况，区委党校在辖区内六个街道通过发放调查问卷、召开座谈会、下村走访等形式，对在京口区基层工作的大学生村干部的工作情况进行全方位的摸底调查，并完成该区大学生村干部工作现状调研分析报告。

加强与市委党校科研处的协作。2014年上半年，区委党校积极参与市委党校确定的科研课题的申报，其中，常务副校长邵晓清申报的《地方政府应对突发事件的能力建设研究》已经获得市委党校立项。（冯　娟）

**【创先争优强服务】** 加强与基层党校的联系，为基层人才培训提供帮助。积极与区委党校结对帮扶社区——大市口街道东吴社区联系，在与社区结对中，区委党校帮助社区购买3台新电脑，帮助社区完善网格化管理，赞助社区3000元，用于改善社区办公条件，并与社区3户困难家庭结对，经常到困难家庭慰问。在与人禾生态有限公司企业结对中，区委党校每次走访调研时，都坚持做到“三细”：第一听得细，认真听介绍；第二看得细，对公司的项目仔细参观；第三问得细，对公司发展的许多方面尤其公司面临的困难，详细地了解。区委党校用“三细”的真诚，送去热心服务，获得企业好评。（冯　娟）

# 中共京口区纪律检查委员会

责任编校：丁晓萍

## 概　况

2014年，京口区各级纪检监察组织，按照中央纪委和省、市纪委的部署要求，严格落实“两个责任”，突出主业主责，强化执纪监督，全力抓好惩防体系建设年度重点工作，党风廉政建设和反腐败工作稳步推进。　　（杨　凯）

## 纪检工作

**【推进新一轮惩防体系建设】**　按照新一轮惩防体系建设要求，制定出台京口区委健全惩治和预防腐败体系2013—2017年工作意见、工作项目及任务分工，确定作风建设、惩治腐败、预防腐败等三个方面的重点工作、103个具体项目。协助区委研究制定本区落实“两个责任”“1+2”文件，层层传导压力，开展全区落实“两个责任”情况的专题调研，并组织基层纪（工）委书记、纪检组长进行监督责任约谈。　　（杨　凯）

**【实施项目化管理纪检监察工作】**继续对党风廉政建设和反腐败工作实施项目化管理，制定下发《2014年京口区落实党风廉政建设责任制和惩防体系重点工作目标任务》，明确26项重点工作，由区委、区政府分管领导作为项目牵头负责人，挂钩推进惩防体系项目化管理工作，强化工作的督促和指导，按季度通报工作进度，有力推进党风廉政建设和反腐败工作。（王　芳　杨　凯）

**【动真碰硬抓作风建设】**　组织开展以整治“会所中的歪风”、不遵守作息时间问题、公务用车使用管理问题、公务接待问题、国内公务学习考察问题等5个方面问题为重点的“清风行动”，在元旦、春节、中秋、国庆等重要时间节点，加大明察暗访力度，及时发现并严肃查处违反“八项规定”问题。2014年，派出督查组16个，发现问题11项，涉及单位和部门17家，提出整改意见9条，下发专项检查通报1期。同时，结合群众反映强烈的突出问题，先后组织对违规公款吃喝、公车私用、公款旅游、收受礼金礼品、违规发放津贴补贴奖金购物卡和“小金库”等问题的监督检查。　　（王　芳　蒋　超）

**【规范领导干部操办婚丧喜庆事宜】**　在全市率先制定婚丧喜庆“两报告一承诺”制度，切实规范党政机关领导干部操办婚丧喜庆事宜。要求领导干部在操办婚丧喜庆事宜前，必须书面向区纪委报告操办事宜的事由、时间、地点、规模、参加人员范围等；事中作出“六个不”的廉政承诺；事后7日内，须书面向区纪委再次报告收受礼金金额、收受礼品数量及价值、收受礼金礼品处理情况等内容。2014年，12名副科级以上领导干部向区纪委报备婚丧喜庆事宜。　　（王　芳）

**【加大案件查办力度】**　2014年，京口区纪委接收信访举报87件（次），立案审查20件，同比增长25%，其中自办案件20件，经济类案件6件，占30%；10万元以上大案要案5件，挽回直接经济损失121.56万元，移送司法机关3人。认真落实“一案双查”工作要求，有4名乡科级领导干部因分管部门发生违纪违法案件被实施责任追究。严格执行“一案五报告”制度，对2014年查办的经济案件进行综合分析，并形成案例分析报告，向全区进行通报。

（陈俊　范荣庆　蔡红琴）

**【健全完善各项规章制度】**　制定出台《区纪检监察机关规范性文件审查备案规定》《区纪委反腐倡廉突发网络舆情应急处置工作机制》和《京口区乡科级领导干部“学分制”廉政教育管理实施办法》等文件规定，对2012年以来中央和省市区出台的一系列规章制度进行认真梳理，汇编《作风建设规章制度选编》，分发给四套班子领导和重点单位，提高制度的知晓率。

（杨　凯　朱丽雯）

**【认真做好巡视组反馈问题的整改工作】**　协助区委认真做好中央和省委巡视组反馈问题的整改工作，

及时制定工作方案，明确4个方面13项任务，细化44条具体措施，其中30条已销号或基本落实。对中央、省委巡视组直接交办区纪委核查的20件信访件，认真负责地进行调查核实。

（王芳　范荣庆　杨凯）

**【加强纪检监察队伍建设】** 健全完善纪检监察组织架构，成立案件监督管理室，并向符合条件的7家党组织新设派驻纪检组。对区纪委参与的议事协调机构进行全面清理，保留或继续参与14个，撤销或不再参与84个，清减率达85.7%。认真落实省纪委关于基层纪检监察干部不再分管业务以外其他工作的要求，全区27名基层纪（工）委书记、纪检组长调整业务分工。

（杨　凯　朱丽雯）

## 监察工作

**【试点推行作风建设积分制考核】** 从解决"小微问题"和"作风顽疾"入手，制定出台《京口区作风建设积分制考核实施细则（试行）》，列举作风建设方面14项"负面清单"（其中违反"八项规定"方面9项，"违反工作纪律"方面5项）。对发生清单所列行为的单位和个人，实行扣分或问责。2014年，已对20家单位涉及的7个方面问题进行通报。

（王　芳）

**【开展纪检监察监督员定点联系企业活动】** 继续开展纪检监察干部定点联系企业活动，全区33名纪检干部挂钩联系辖区69家重点企业，通过集中座谈、电话回访、深入企业"大走访"等形式，及时掌握涉企部门的服务状况。协调解决企业在扶持资金落实、政策解读等方面的问题15件。（蒋　超）

**【加大行政监察力度】** 充分发挥高位监督职能，重点对东部地区环境综合整治、"五大专项行动"、规范行政执法行为等工作实施高位监督。积极推进文明城市创建工作，成立4个专项督查组和2个专项巡查组，全程督查通报文明城市创建工作，并获得市创建全国文明城市工作先进集体称号。严肃查处在信访稳定、突发事件处置、文明城市创建等工作中发现的不作为、乱作为、慢作为问题，问责25人，起到督促提醒、警示震慑的作用。加强行政权力网上公开运行系统日常运行情况的监督检查，全年系统运行办件1217件，办件质量和效率均有明显提升。认真督办政风行风热线区长上线后续工作，妥善解决79件各类群众投诉。

（王　芳　蒋　超）

# 京口区人民代表大会

责任编校：耿纪明

## 综　述

京口区八届人大常委会在区委的坚强领导下，以中共中央十八大精神为指导，认真学习贯彻中共中央十八大、十八届三中、四中全会和习近平总书记系列讲话精神，认真落实省、市、区委人大工作会议要求，紧紧围绕全区发展大局，以党的群众路线教育实践活动为主线，以“三创”活动为抓手，切实履行法定职责，积极助推苏南现代化示范区建设，人大各项工作实现新提升。

全年召开7次常委会会议，6次主任会议，听取和审议专项报告22项，作出决议、决定9项，发出审议意见书7份，组织22次视察调研活动。坚持党的领导，人大工作机制进一步完善。认真落实区委对人大工作提出的“四个进一步提升”要求，坚持重大事项向区委请示报告制度，全程跟踪督办“关于扎实推进生态京口建设的议案”。通过《关于讨论决定重大事项的规定》、《关于加强全口径预算决算审查监督的暂行办法》等11项规章制度，提高人大工作程序化、制度化水平。坚持紧扣中心，助推发展力度进一步加大。依法做好财政决算和同级审计监督工作，关注政府融资平台建设及资金筹集、使用情况，调研部门预算执行情况，积极助推“三集”发展。督查东部环境整治工作，视察城建重点项目、农村道路建设、安全生产等工作，切实助推解决居民生活难题。审议“创建省义务教育优质均衡示范区”、爱国卫生条例贯彻落实情况，跟踪督办“关于设立增华阁读书节，打造京口文化软实力”重要建议办理工作，助推社会事业发展。听取和审议区检察院反贪工作，视察公安、司法便民惠民和街道依法行政等工作，严格依法任免地方国家工作人员，助推民主法治建设。坚持创新作为，依法监督实效进一步增强。继续深入开展“依法行政、公正司法”专项评议，对区司法局局长等5名区政府工作部门负责人履职情况进行评议和满意度票决，精心组织政情报告会，专题询问和票决监督形成常态化，有效提升了人大监督刚性。坚持强本固基，代表主体作用进一步发挥。邀请代表参加视察调研、专项评议、专题询问等各类监督活动，代表履职环境不断改善。在全省首创《代表履职积分实施办法》，组织开展主题调研月活动，常态化开展代表接待选民工作，组织代表向原选区选民述职，代表履职成效不断提升。制定出台《关于代表建议、批评和意见办理的实施办法》，狠抓代表建议“三三制”办理工作机制落实，代表建议质量和办理实效不断提高。坚持“三创”导向，人大工作活力进一步激发。强化干事责任，勇于站在民主法制建设一线。注重能力提升，坚持每月集中学习不少于2次，不断提高依法履职能力和服务代表水平。切实改进工作作风，扎实开展党的群众路线教育实践活动，不断提高监督工作成效。

（刘　勉）

## 重要会议

**【区人大常委会会议】** 全年，京口区八届人大常委会举行6次常委会会议。会议听取和审议了区政治、经济和社会发展等方面工作报告22个，作出决议、决定9项，任免国家机关工作人员113人次。

2月26日，召开区八届人大常委会第十五次会议：审议通过区人大常委会2014年工作要点；审议通过《区人大常委会关于专题询问的实施办法》《区人大常委会关于专项工作报告审议票决的实施办法》《区人大常委会关于对代表建议、批评和意见办理的实施办法》《区人大常委会关于人大代表履职积分实施办法》；通过人事任免事项。

4月30日，召开区八届人大常委会召开第十六次会议：听取和审议创建省义务教育优质均衡示范区工作报告；审议通过《区人大常委会关于对被任命干部述职评议的实施办法》《区人大代表、常委会组成人员和列席人员参加会议请假制度》；审阅区政府关于《残疾人保障法》执法检查审议意见落实情况书面报告和区政府5个工作部门、区检察院“依法行政、公正司法”

专项评议整改落实情况书面报告。

6月26日，召开区八届人大常委会召开第十七次会议：听取和审议区政府关于京口区2013年度财政决算情况的报告、关于2013年度京口区本级财政预算执行和其他财政收支审计工作报告；听取和审议区政府关于爱国卫生条例贯彻落实情况报告；听取和审议区政府关于加快落实推进社区事务准入制重要建议办理情况报告，组织专题询问并实施了票决，票决结果为通过；听取和审议关于2014年专项评议依法行政、公正司法情况实施方案，作出了关于组织开展2014年专项评议依法行政、公正司法情况决定；审议通过《镇江市京口区人大常委会关于讨论、决定重大事项的规定（修订草案）》；审阅关于区法院商事审判工作审议意见落实情况书面报告；通过人事任免事项，决定同意汪忠春辞去镇江市京口区八届人大常委会委员职务，报区八届人民代表大会第四次会议备案。

8月14日，召开区八届人大常委会第十八次会议：听取和审议区政府关于2014年上半年国民经济、社会发展计划和财政预算执行情况报告；听取和审议区政府《关于扎实推进生态京口建设的议案》办理情况报告，组织专题询问并实施了票决，票决结果为通过；通过人事任免事项，决定同意马国进辞去镇江市京口区人民政府副区长职务，任命夏卫军为镇江市京口区人民政府副区长，报区八届人民代表大会第四次会议备案。

10月30日，召开区八届人大常委会第十九次会议：评议区发改和经信委、民政局、司法局、安监局、统计局等部门负责人履职情况，根据《区人大常委会述职评议办法》规定，对被评议人员进行民主测评；听取区政府关于镇江新民洲港口产业园区管理委员会更名为镇江新民洲临港产业园管理委员会备案报告；讨论通过京口区人民政府关于提请京口区与无锡市南长区缔结友好区议案，并作出相应决定；讨论通过《镇江市京口区人大常委会跟踪督办暂行办法》《镇江市京口区人大常委会关于加强与区人大代表联系的办法》《镇江市京口区人大常委会关于区人大代表述职评议工作的办法》；审阅区政府关于创建省义务教育优质均衡示范区工作审议意见落实情况书面报告；通过人事任免事项。

12月26日，召开区八届人大常委会第二十次会议：会议通过人事任免事项，决定接受耿纪明、郭庆辞去区八届人大常委会委员职务，并报区八届人大常委会第四次会议备案；审议区政府关于2014年国民经济、社会发展计划和财政预算调整报告，作出关于批准调整区2014年人代会有关计划指标决定；审议通过区检察院关于深化人民监督员制度改革试点工作报告，作出关于批准区人民检察院深化人民监督员制度改革试点工作决定；审议通过《镇江市京口区人大常委会关于加强全口径预算决算审查监督的暂行办法》；讨论区八届人大四次会议筹备工作意见，作出关于召开区八届人大四次会议决定；讨论通过代表资格审查情况报告；讨论区八届人大四次会议主席团和秘书长、主席团常务主席、副秘书长、计划和财政预算审查委员会、列席人员建议名单和《选举办法》（草案）；讨论区人大常委会工作报告（讨论稿）；审阅区政府关于2013年财政同级审计发现问题整改情况书面报告、关于《江苏省爱国卫生条例》贯彻落实审议意见整改情况书面报告、关于016号《关于建立社区事务准入制的议案》重要建议办理审议意见整改情况书面报告、区住建局等5个工作部门和区法院关于依法行政、公正司法评议意见整改情况书面报告。（刘　勉）

**【区人大常委会主任会议】** 全年，区八届人大常委会召开6次主任会议，听取“一府两院”工作汇报6次。

2月20日，召开第十一次主任会议：讨论区人大常委会2014年工作要点（讨论稿）和主要工作安排；讨论区人大常委会关于专题询问实施办法、关于专项工作报告审议票决实施办法、关于代表建议、批评和意见办理实施办法、关于人大代表履职积分实施办法；讨论通过区八届人大常委会主任会议成员分工调整。

3月27日，召开第十二次主任会议：听取区政府关于010号《设立“增华阁京口读书节，打造京口文化软实力”》重要建议办理情况汇报；讨论《区人大常委会关于对被任命干部述职评议的实施办法》。

5月28日，召开第十三次主任会议：听取区政府关于对台招商引资工作情况汇报；讨论《区人大常委会2014年专项评议依法行政、公正司法情况的实施方案》和《区人大常委会讨论决定重大事项的规定（修订草案）》。

7月25日，召开第十四次主任会议：听取区政府关于《专利法》和《江苏省专利促进条例》实施情况汇报；讨论《关于2014年上半年政情报告会的方案》。

9月11日，召开第十五次主任会议：听取区政府关于“街长制”实施情况汇报；讨论了区人大常委会关于评议区政府有关部门负责人履职情况实施方案（讨论稿）。

11月27日，召开第十六次主任会议：听取关于苏南现代化示范区建设情况汇报；听取并讨论区检察院拟提交常委会审议重大事项：关于深化人民监督员制度改革试点工作汇报。（刘　勉）

## 重要工作

**组织两项评议，促进“依法行政、公正司法”。**继续开展“依法行政、公正司法”专项评议。区人大常委会分别对区财政局、审计局等5个政府组成部门和区法院开展“依法行政、公正司法”情况专项评议，帮助“一府两院”查找出工作中突出问题和薄弱环节，督促各部门更好地体察民情、关注民意。在全市人大系统率先开展履职评议。对司法局局长等5名区政府工作部门负责人履职情况进行评议和满意度票决，通过科学定位履职评议工作，规范履职报告内容，注重扩大社会参与面，力求调研广泛性，强化评议针对性，进一步提升被任命人员主动接受人大监督，依法行政、公正司法自觉性。

**实施决定重大事项规定。**为促进重大决策民主化和科学化，区人大常委会于2014年7月制定出台了《镇江市京口区人大常委会讨论决定重大事项的规定（修订草案）》，对政府和“两院”应向人大常委会报告重大事项内容、方法、程序、时限以及人大常委会对报告重大事项处理办法作了具体规定。当年先后对政府提交缔结友好城区、行政区域更名事项和检察院深化人民监督员制度改革试点工作方案作出了决定和备案，这是人大及其常委会作为地方国家权力机关依法履行法定职责的重要体现。

**首次开展大会议案办理工作。**区八届三次人代会上，“关于扎实推进生态京口建设的议案”被列为大会议案，这是区人大成立以来的第一个大会议案。为做好该议案办理工作，区人大常委会实施了全程跟踪督办。2014年8月份，常委会会议听取政府专题报告并实施满意度票决，促进进一步确立生态建设理念，浓厚生态京口建设氛围，在强化项目主体责任，统筹环保综合执法，违法案件查处等方面力度进一步加大，生态文明31个项目已完成10个，18个项目达到或超过计划进度，3个项目因市计划调整到2015年组织实施。

**实施代表履职积分制，规范代表建议办理。**在全省人大系统率先制定出台《关于代表履职积分的实施办法》，面向广大区人大代表实行积分管理制度，内容包括出席人民代表大会、提出建议、批评和意见，持证视察、接待选民等16项内容，按照实际完成任务积分，作为评选优秀代表和推荐代表连任重要依据，促使代表依法履行宪法和法律赋予权力，真正做到“人民选我当代表，我当代表为人民”。年内两次书面通报代表履职积分情况。制定出台《关于代表建议、批评和意见办理的实施办法》，该办法对代表建议、批评和意见提出、交办、办理、督办检查等四个方面做了详细规定，首次提出要健全“三三制”办理工作机制，即在提出环节，实施学习培训、视察调研、考评激励三项制度；在办理环节，实施办理工作责任制、代表全程参与制、重点建议部门主要领导办理制三项制度；在督促检查环节，实施满意度统计、办理结果公开、跟踪督办三项制度。“三三制”的提出及实施，进一步提高了代表建议办理工作质量和成效。（刘　勉）

# 京口区人民政府

责任编校：丁晓萍

## 综 述

**【概况】** 2014年，京口区人民政府紧紧团结和带领全区广大干部群众，认真贯彻落实中共中央十八大、十八届三中、四中全会精神，坚持“稳中奋进、改革创新”工作基调，创新作为、克难奋进，较好地完成区八届人大三次会议确定的各项目标任务，经济社会保持健康平稳有序发展的良好态势。完成地区生产总值404.6亿元，增长10.8%。积极应对经济下行压力，扩大有效投入，加快转型升级，完成固定资产投资314.9亿元，增长22.3%，其中产业类固定资产投资209亿元，增长21%；实际利用外资1.1亿美元。综合实力稳步增长，完成公共财政收入19亿元，增长13.1%；城镇居民人均可支配收入、农民人均纯收入完成35870元、19945元，分别增长9.1%、10.8%。（朱奚平）

**【产业“三集”发展取得实效】** 按照“四有”要求，出台《京口区加快产业“三集”发展工作制度》和《产业“三集”发展考核办法》，组织水平进一步提高。创新克难，调整优化原镇江无线产业园、华夏创意产业园两个项目建设，全面完成“三集”园区年度目标任务。中国中小企业信息产业园在全市率先开展市场化运作试点。谏壁粮油产业园被授予省级农产品加工集中区称号。高性能铝材料产业园爱励创新中心开工建设，新民洲临港产业园鼎盛重工通过省级船舶企业技术中心认定，京口现代农业产业园生态健康产业展示中心建成启用。组建多个专业招商部，专业化招商进入实质化运作。项目建设有序推进。财富广场竣工交付，飞驰冷藏车项目竣工在即，新民洲码头二期、包家湾商业综合体开工建设，苏宁广场、中储粮二期、大市口地下商贸区、凤凰文化广场等在建项目加快推进。（朱奚平）

**【改革创新增添活力】** 积极推进行政审批制度改革，加快制定和公布“五张清单”，优化发展环境。圆满完成政府机关公务用车改革工作。全面实施社区事务准入制度，切实减轻基层负担。新增省级高创中心1家、高新技术企业8家，60个科技项目获市以上立项，为企业争取扶持资金3600多万元。高新技术产业产值占规模以上工业产值比重45.2%，全社会R&D经费支出占GDP比重2.67%。通过省知识产权战略示范区验收，以全国总分第一的成绩创成国家知识产权强区工程示范区。京口高创中心创成省级大学生创业示范园和省级文化科技产业园。宝塔山社区创成国家级科普示范社区。实施“金凤凰”计划，新增国家“千人计划”3人，省“双创计划”5人次，市“331计划”17人。深化校地联合发展，共建江苏大学创新创业园、哈尔滨工程大学技术转移中心等创新平台3个，2个项目获省重大科技成果转化项目立项。（朱奚平）

**【城乡环境持续优化】** 生态环境不断改善。建立河道长效管理机制，推进虹桥港、玉带河水环境治理，完成河道清淤2.7万立方米。区域内优良天数达到245天，合格率67.1%。扎实开展谏壁地区环境综合整治，完成居民搬迁4万平方米，完成3家企业污染治理，关闭7家非法轧石企业，关停拆除3家砖瓦窑厂，加快推进废弃矿山治理国家示范工程。完成设施农业面积120公顷，秸秆综合利用率93.78%。京岘山公园二期对外开放。京口工业园区创成省级生态工业园。城乡改造有序推进。继续实施旧城区和城中村改造，完成大西路东段、焦山路等地段征收拆迁11.7万平方米，完成梦溪园、中营街片区“空斗墙”改造。启动梦溪路71号、原纸浆厂宿舍危房解危工作。京岘家园、景阳山庄安置房竣工交付，华诚新村安置房主体竣工。全年完成回迁安置52万平方米。镇澄路西段、苗家湾路北延段、学府路三期竣工通车，焦山路中段启动建设。实施谏壁街道、京口工业园区范围农村道路提档升级6.2千米。完成国省道干线两侧绿化39万平方米。城管水平逐步提升。开展“美丽京口”区长月度督查，推进市容环境长效管理“街长制”，“大城管”考核保持全市领先。学府路和香江花城小区分别创成省级市容示范路和示范小区。南门大街创成市级环保一条街。京口路88号建成全市首个标准化疏导点。拆除中山东路35号、桃花坞9区等违法建设12.2万平方米。综合整治花山支路，完成花山湾九区、白莲巷北片区等老小区改造19万平方米。圆满完成人力三轮车退出营运市场工作。（朱奕平）

**【民生改善成效明显】** 新增城镇就业14500人，扶持创业1100人。不断扩大养老保险覆盖面，建立社会保险费欠缴预警机制。顺利通过省学前教育改革发展示范区现场评估验收。完成红旗小学、江滨实小等校安工程2.7万平方米，八叉巷小学荣获全省小学中唯一的“全国乒乓球后备人才基地”称号。正东路街道等15家单位创成“全市教育现代化先进单位”。成立全市首家社区卫生协会。完成四牌楼、谏壁社区卫生服务中心综合区建设，健康路社区卫生服务中心获得国家级“群众满意的社区卫生服务机构”称号。建成中建大观、江山名洲菜市场。全省首家“六位一体”残疾人综合服务中心正东路街道“苏馨家园”投入使用。建成区老年人日间照料中心，全市首个示范助餐服务点正式营业。社区青少年电子阅览室实现全覆盖。京口区文化艺术中心建成试运行，新建23个文化广场，“魅力京口”广场文体活动获评“省级服务项目奖”。区法律援助中心创成“江苏省法律援助机构示范窗口”。荣获省“六五”普法中期先进区称号。江一社区被评为“全国和谐社区建设示范社区”“全国综合减灾示范社区”。阳光世纪花园社区获评“全国社区侨务工作示范单位”。荣获“第十届省双拥模范区”称号。市级双拥示范街道考核实现辖市区唯一“满堂红”。区人武部被省军区表彰为征兵工作先进单位。顺利完成全国文明城市创建测评迎检任务。建立京口区价格诚信信息数据库。建成永辉、京口大润发两家大型超市惠民平价区。完成甘露商城火灾隐患整改。顺应信访制度改革，大力开展矛盾纠纷排查化解专项行动，妥善化解一批信访积案，信访考核位居全市前列，保持社会基本面和谐稳定。

（朱奕平）

**【自身建设逐步加强】** 扎实开展党的群众路线教育实践活动，查摆整改各类问题375项。自觉接受区人大及其常委会的法律监督、工作监督，主动接受区政协民主监督，全年承办人大代表议案、建议116件，政协委员提案165件，满意和基本满意率100%。在全市率先实施政社分开和政社互动。落实政府信息公开制度。成立京口区政府法律顾问团，坚持区政府组成人员集中学法和区政府常务会议会前学法制度。严格执行中央、省市区委各项规定，扎实推进各类专项整治，全面落实党风廉政建设责任制。深入开展“三解三促”和“真·实”活动，积极为辖区单位做好服务。民族宗教、外事侨台、妇女儿童、广播电视、机关事务等工作均取得新进展。（朱奕平）

## 重要会议

**【区政府全体组成人员会议】** 2014年3月27日，区政府召开全体组成人员会议，区长黄万荣作题为《扎实践行群众路线 切实改进工作作风》的报告。报告对政府系统如何进一步改进工作作风提出四个方面的要求。第一，要坚定理想信念。作风问题根源在思想，在信念。人是要有信仰的，没有信仰，就会失去信心、迷失方向，也就谈不上奉献、干不成事业。很多问题追根溯源在于奉献意识淡漠、个人利益看得太重，说到底是缺乏理想信念或者说是理想信念不坚定。理想信念不是空洞的、抽象的，也不是遥不可及的，而是实实在在的目标和追求。作为基层领导干部，我们的理想信念应该是什么？要做到在其位谋其政，在其职履其责，干一行、爱一行、专一行、精一行，把职责范围内的事办好，把该办的事情办好，对得起自己的岗位，对得起自己的良心，努力实现好人生价值。2014年的各项任务很重，无论是项目建设、招商引资、财税收入，还是城乡建设、生态文明建设、民生改善，都需要党员干部付出艰辛努力，希望各地各部门振奋精神，戮力同心，朝着提前超额完成全年目标任务奋力前进。第二，要坚持群众路线。必须深入群众接地气，任何时候群众路线都是党员干部的生命线，“知屋漏者在宇下，知政失者在草野。”党员干部做每一件事情，只有接足地气才能更有底气，只有与群众坐在一条板凳上才能拉近与群众的距离。必须心系群众求实效，要始终坚持不与民争利，只为民谋益，经常做到扪心“三问”：问宗旨，想为群众做什么；问能力，能为群众做什么；问效果，为群众做什么，始终把群众满意作为第一追求，多办顺民意、解民忧、惠民生的事，努力把为群众排忧解难的工作落到实处。必须坚持群众利益无小事，很多事情对于我们来讲可能是小事，但是对于群众而言就是大事，可能是生活的全部。只要真心诚意地把这些“小事”办好、办实，群众就会满意，就会叫好，就会永远记得你。第三，要提升情操修养。修身之要在于提升情操修养，德之不厚，行将不远。作为基层的领导干部，党员干部必须养成良好的道德情操。端正态度，改善心态。作为领导干部，党员干部追求政治进步、待遇提高是人之常情，但要懂得保持良好的心态。要保持开朗达观的平和心态，明白“知足”方能“长乐”，正确对待自己的“进”与“退”，要相信无论哪个地方，都有施展才能的舞台，无论哪个岗位，都能够干出一番业绩，努力做到“淡泊以明志，宁静以致远”，保持良好定力，宠辱不惊，泰然处之。严于律己，宽以待人。所谓严于律己，就是要时刻都不放松“党性意识”这根弦，不断增强抵制腐朽思想的能力，努力应对复杂情况的考验。同时，要做到躬亲自省，常常以他人的前车之鉴来教育和告诫自己，主动反思自己的言行是不是符合党员，符合领导干部要求，做到“有则改之，无则加勉”。所谓宽以待人，就是要坚持“海纳百川，有容乃大”

理念，想问题、办事情从大局出发，多关心少排斥，多支持少挑剔，多谦让少争执；对出现的矛盾和遇到的困难，多沟通少误解，多信任少猜疑，多宽容少计较，为发展营造良好的氛围。正派做人，认真做事。政府全体组成人员既要有批评别人的勇气，更要有接受别人批评的心胸。要善于听取不同的意见，克服浮躁情绪，把心思用在干事业上，把精力放在解决问题上，把功夫下在推进工作上，把本领用在促进发展上。克己奉公，清廉从政。每一位组成人员都要带头落实关于廉洁自律的各项规定，要求别人做到的自己首先做到，要求别人不做的自己首先不做，在任何情况下都做到克己奉公、公正廉洁，少一点排场多一份实干，少一点享受多一份付出，以为政清廉取信于民，以秉公用权赢得人心。第四，要加强能力建设。干大事、创大业，作风和能力建设，二者缺一不可。作风建设是保障、是动力，能力建设是基础、是前提，两者相互衔接、相互促进。更加善于创新。自上而下的改革创新大趋势、大潮流对党员干部既是契机，也是挑战，不日新者必日退，党员干部必须更加自觉主动地将创新意识和举措贯穿到政府工作的各个领域、渗透到政府工作的各个环节，使"求新、求变、求突破"成为一种习惯、一种常态。更加勇于攻坚。面对困难不畏难，直面困难解困难必须成为所有政府组成人员应当具备的姿态和素质。在工作中，即使矛盾再多、困难再大、压力再重，都要拿出知难而进、迎难而上的工作状态，主动作为，创新作为，奋力作为，以狠劲、钉劲、韧劲去攻克破解一个个难关、化解消除一项项矛盾，确保不上交问题，不下移困难。更加敢于担当。这既是一种责任心的表现，更是一种应有的政治品格。工作有难易之分，能力有高低之别，但一项工作能不能推进到位、落实到位，最终还是看是不是敢于担当、勇于负责。希望大家不避繁难、不辞辛苦，做到接受任务不讲条件、执行任务不找借口、完成任务不打折扣，确保各项目标不折不扣落实到位，多为发展"挑担子"，多为破解难题"冲锋陷阵"。更加雷厉风行。党员干部干工作、做事情，必须要有一股雷厉风行的工作劲头，有一种说干就干的效率意识，对部署的工作，要强化督查，一抓到底；对选准的项目，要一着不让，加快推进。牢牢绷紧时间这根弦，始终保持满负荷、快节奏的工作状态，真正使工作快上手，项目快推进，任务快落实，矛盾快处理，目标快完成，效果快见到。（朱munknown平）

## 外事及港澳事务

**【概况】** 2014年，京口区外事办深入贯彻中共中央十八大和十八届三中全会精神，认真落实全市外事工作会议要求，坚持服务中心，强化管理、发挥优势、借助外力、开展活动，各方面工作进展顺利。（于晓辉）

**【严格规范工作流程】** 加强对出访人员以及邀请来华人员、任务和邀请函的审核，2014年，办理因公出国境申请报批2批7人次，教师培训5批7人次；审批外国来华人员申请31人次，涉及德国、巴基斯坦、孟加拉、伊朗、印度、俄罗斯、尼日利亚7个国家；为企业办理APEC商务旅行卡6人。（于晓辉）

**【夯实外事工作基层基础】** 成立专门机构，认真开展境外非政府组织调查摸底工作，对在京口区内开展活动的境外非政府组织的情况进行深入细致的调查摸底。（于晓辉）

**【主动融入招商活动】** 主动服务新民洲临港产业园养老服务产业，争取上级的支持，由市外办将材料交由澳大利亚驻上海总领馆商务处翻译成英文，寄回澳大利亚相关公司。积极接洽香港创意产业及科技创新委员会联系高铁快递产业园项目。（于晓辉）

**【开展各类交流活动】** 中山路小学、解放路小学分别和外方学校开展"养正学子"奖学金、"悦读成长"、学生"快乐成长"体验等一系列子项目。韩国一家艺术机构的老师和学生与市实小的学生举行一场联谊交流活动。充分增强区内学生的国际视野，营造教育的涉外氛围。（于晓辉）

## 侨　务

**【概况】** 2014年，京口区侨办认真贯彻省、市侨务工作要求，紧密结合党的群众路线教育活动，树立群众观点，在关爱归侨侨眷民生改善，保护其合法权益的同时，充分发挥侨务系统的资源优势，为全区经济发展注入活力。（于晓辉）

**【组织企业参加市"第六届华创会"】** 2014年6月，"第六届华侨华人创业创新镇江洽谈会"举行。京口区侨办认真落实项目对接与签约工作，组织该区内20家企业参与项目对接，同时积极落实项目签约工作。象山街道的江苏（京口）航空信息产业园与美国智泰科技公司的章华博士就"基于云计算的智能交通信息系统"项目、京口工业园区的海龙核材科技（江苏）有限公司与西安交通大学的何英杰教授就"用于600伏—1140伏电网系统的三电平有源电力滤波器"项目分别签约。（于晓辉）

**【协调侨务资源，做好捐赠工作】** 2014年7月，江苏正恺电子科技有限公司举办第四届"正恺育秀"捐资助学活动。活动以座谈会的形式进行，为16名受助学生发放助学金22000元。"正恺育秀"这项活动已连续开展4年，企业表示要将这一品牌活动继续传承下去，不断发扬光大。（于晓辉）

**【阳光世纪花园社区获"全国社区侨务工作示范单位"称号】** 2014年7月，阳光世纪花园社区获得国侨办授予的2013年度"全国社区侨务工作示范单位"称号。近年来，该社区立足侨需，创新服务，扎实开展社区侨务双向服务工作。健全社区侨务目标管理、通报议事、联系挂钩、走访慰问等制度；成立侨

界人士“三缘”小组，开展“三缘”聚侨活动，一系列措施促进社区侨务工作协调发展。（于晓辉）

**【提升社区侨务工作水平】** 深化“两网”管理，由网格长“领衔”的志愿者团队同居民“面对面”直接服务，在虚拟网络互动平台社区干部与居民“键对键”沟通交流。健康社区、阳光世纪花园社区等先后开通微信服务账号，帮助社区归侨侨眷更方便地关注和参与社区活动，提升社区侨务服务效率和水平。（于晓辉）

**【做好涉侨法律法规工作】** 配合市侨办做好《镇江市华侨归侨侨眷权益保护办法》的立法调研工作。对涉侨的来信来访热情接待，积极办理来信来访事项，协调解决涉侨矛盾。（于晓辉）

**【依托媒体平台，做好宣传工作】** 2014年上报11篇侨务信息，从社区侨务工作方面宣传京口侨务民生服务，从人才引进方面体现京口侨务服务经济，展示京口经济社会发展成果，宣传京口投资环境。（于晓辉）

## 机关事务工作

**【概况】** 2014年，京口区机关事务服务中心紧紧围绕全区中心工作，贯彻落实十八大和十八届四中全会精神，切实践行群众路线，牢固确立“平凡后勤，创新无限”理念，紧扣“一流管理、一流服务、一流保障”标准，以创建服务品牌活动为抓手，强化科学管理，规范后勤服务，全力服务经济社会发展大局，圆满完成各项既定工作任务。（王彩余）

**【开展“平凡后勤，创新无限”活动】** 2014年年初，召开全体工作人员会议，进一步学习贯彻《机关事务管理条例》《党政机关厉行节约反对浪费条例》《公共机构节能条例》；并全面动员开展“平凡后勤，创新无限”品牌创建活动，做到有目标、有计划、有组织、有推进、有考核，取得实实在在的成效。同时，结合工作实际，将创建工作融入具体业务中，相互协调、相互促进、共同发展，推动各项工作实现新的进步。（王彩余）

**【公共机构节能工作取得新进展】** 科学组织，狠抓重点，强化监督，召开全区节能工作会议，大力推进节约型机关建设，进一步健全区公共机构节能工作网络和相关制度。协办市机关事务管理局开展“文心讲堂”节能宣传活动，定期对公共机构、空调、电梯管理人员、车队驾驶员和能耗统计人员进行培训，在公共区域和食堂张贴宣传标语，持续深入开展节电、节水、节油、节粮等活动。同时，加大试点力度，总结该区检察院节能示范经验，新打造该区法院、中山路小学两家示范单位。（王彩余）

**【改善政府大院办公条件和环境】** 规范加强办公用房管理，落实《关于全市党政机关办公用房清理整改中厉行节约等通知》要求，完成办公用房清理整改工作，合理调优大楼部门办公用房配置。加大维修改造力度，及时维修大楼水电600余次，清理垃圾120余吨；对该区十楼大、小会议室音响系统、食堂排污沟和二楼餐厅、大楼一楼电子屏防水设施、大楼楼梯扶手等进行改造，并对机关大楼外墙、区信访局、司法局进行出新改造工作。对公共区域严格管理，杜绝擅自乱摆乱放行为，维护办公环境。在重要节日，按照主管部门要求，及时做好公共区域的净化、美化、亮化工作，营造良好的节日氛围，同时对大院绿化进行翻新、补种，有力地支持和保障机关各部门日常工作的正常运转。（王彩余）

**【后勤保障更加优质高效】** 规范会议接待服务，承接各类会议194场次，参加人数18412人次，其中租用镇江影剧院4场，江苏科技大学会场1次，南山剧院1次。圆满完成京口区委、区政府交办的区委全委会、区政府扩大会等系列大型会议和各项重要接待任务。规范食堂管理，对每周菜肴要求做到荤素搭配适宜，合理膳食结构，根据季节变换增加时令素菜。严把食品安全关，精心安排好每次会议用餐、接待用餐。为更好地服务机关干部，中心发放征求意见表，主动接受就餐人员的监督和建议，使食堂的满意度也在逐步提升。规范安全保卫，严格执行24小时值班保卫、夜间巡查制度和出入人员车辆查验、登记制，每天安排专人对保安值班、重点部位、重要设备设施进行巡查，一经发现问题及时整改。对安防系统、消防系统等重要设施设备按期检查、维修，确保其安全正常使用。配合有关部门劝阻群众上访30批次、600余人次，门卫登记6000余人次，获市公安局单位内部安保工作集体三等功。规范车辆管理，节假日、非工作日时间车辆集中停放，强化单车油耗标准和奖惩制度，严格执行定点加油、定点维修、“一车一卡”、统一保险等各项规定，公务用车管理更加科学，积极参加全省公车改革信息采集工作，圆满完成上级交办的各项任务。（王彩余）

**【廉租房和住房补贴发放规范到位】** 认真落实国务院24号文件和镇政办发〔2013〕48号文件精神，在市局的统一部署下，强化动态考核和跟踪管理，对京口区低保和低收入家庭申请人员进行全面调查，严把政策关，并做到公开、公正，2014年有1105户保障户，经严格审查，其中已拆迁、退出低保、死亡、退休、超标不符合保障规定退出保障的72户，该区低保保障户计328户，低收入保障户718户，公共租赁房计59户，全年发放保障金3371624元。2014年对全区420户住房困难家庭实施实物配租。（王彩余）

## 综 述

【**概况**】 2014年，在区委领导下，区政协认真贯彻中共中央十八大和十八届三中、四中全会精神，深入开展群众路线教育实践活动，牢牢把握“稳中奋进、改革创新”主基调，突出团结和民主两大主题，开拓进取，积极履职，主动作为，为推动全区经济发展和社会进步做出了新贡献。

区八届政协设有中共、工商联、教育、科协科技、医疗卫生、农业、经济、工会、共青团、妇联、侨联台联、新闻出版、文艺体育、民族宗教、特邀、社会科学、无党派17个界别。区政协八届一次全会委员规模为210人。八届常委会下设“一办四委”，即办公室、提案委员会、学习和法制委员会、经济和科技委员会、社会事业和社会管理委员会。（严　涵）

## 重要会议

【**区政协八届三次全体会议**】 中国人民政治协商会议镇江市京口区第八届委员会第三次会议，于2014年1月6日下午至9日上午在区级机关办公大楼举行。会议听取和讨论区委书记裔玉乾作的重要讲话，审议通过政协镇江市京口区第八届委员会常务委员会工作报告和提案工作报告，列席京口区第八届人民代表大会第三次会议，听取和讨论《政府工作报告》和其他报告，通过区政协提案审查委员会关于八届三次会议提案情况审查报告。会议拥护裔玉乾书记代表中共京口区委所作重要讲话，委员们表示要在今后工作中认真贯彻落实。会议同意孙国平主席代表区八届政协常委会所作工作报告和朱裕根副主席代表区八届政协常委会所作提案工作报告。会议赞同黄万荣区长所作《政府工作报告》，并赞同其他报告。会议要求，全体委员要以中共中央十八大、十八届三中全会精神为指引，在中共京口区委坚强领导下，以“领先发展、特色发展、优化发展”为主线，以现代化示范区建设《实施意见》和《五大推进计划》为抓手，扎实开展“委员助推生态文明建设年”主题活动，切实履行政治协商、民主监督、参政议政职能，充分发挥协调关系、汇集力量、建言献策、服务大局作用，同时要继续保持追求卓越工作标杆，奋发有为精神状态，务实创新工作作风，全力开创政协工作新局面。（严　涵）

【**区政协八届九次常委会议**】 1月8日下午，区政协八届九次常委会议在政协常委会议室召开。会上，全体常委听取了区政协八届三次全会各讨论组关于区委主要领导讲话、区政府工作报告、区政协常委会工作报告、提案工作情况报告以及政协“委员助推生态文明建设”主题活动实施意见讨论情况汇报，讨论通过区政协八届三次会议决议，会议还就区政协2014年工作要点进行了协商讨论。区政协副主席宋武平主持会议，区政协主席孙国平，副主席蒋嵩峰、谢志荣、姜厚荣、朱裕根参加会议。（严　涵）

【**区政协八届十次常委会议**】 6月26日下午，区政协八届十次常委会议在政协常委会议室召开，会议听取了民主评议环保局工作情况通报，听取并讨论了区发改和经信委负责人所作上半年全区经济发展情况通报，协商通过了人事任免事宜，区政协副主席朱裕根带领与会常委共同学习了十八届三中全会精神。区政协主席孙国平在讲话中，回顾了上半年政协主要工作情况，并就下半年工作，要求常委以及各委办加倍努力，一步一个脚印地抓好落实，确保高质量地完成全年各项目标任务。区政府副区长朱定明参加会议并讲话，区政协副主席蒋嵩峰、谢志荣、姜厚荣、宋武平参加会议。（严　涵）

【**区政协八届十一次常委会议**】 9月25日下午，区政协八届十一次常委会议在区政协常委会议室召开。会上，与会人员听取并讨论区招商中心、发改和经信委所作关于全区“三新”项目建设情况通报，区政府办所作区政协八届三次会议委员提案办理情况通报，以及区政协社会事业委所作“委员助推生态文明建设年”主题活动开展情况通报，区政协常委、区委组织部副部长盛杰带领各位常委共同学习了党的群众路线相关知识。区政协主席孙国平主持会议，副主席谢志荣、蒋嵩峰、姜厚荣、宋武平、朱裕根参加会议。（严　涵）

【区政协八届十二次常委会议】12月31日，区政协八届十二次常委会议在政协常委会议室召开。会议听取了委员调整情况通报并讨论通过人事任免事宜；听取了八届四次全会筹备工作情况通报并讨论通过相关事宜；听取政协专委会、联络委百分考核情况通报；讨论《“委员助推民生建设年”主题活动实施意见》征求意见稿；讨论通过《常委会工作报告》和《提案工作报告》。区政协主席孙国平参加会议并就切实做好八届四次全会筹备工作提出具体要求，区政协副主席蒋嵩峰、谢志荣、姜厚荣、宋武平、朱裕根参加会议。（严　涵）

## 重要工作

【全力服务转型升级】 突出转型升级协商建言。充分运用常委会、主席会、专题调研等形式，对转型发展中带有全局性、综合性问题展开协商议政，就产业规划引领、平台载体建设、校地联合发展等课题组织研讨，对“三集”建设、产业升级、规模培植等工作深入调研，开展“真·实”活动，走访重点企业，引导企业苦练内功，加快转型升级。突出项目建设献计出力。对全区在手、在建项目开展视察调研，专题听取全区“三新”项目建设情况通报，重点督查推进13个市级重点项目以及“321”项目，主动上门了解情况，配合责任主体积极协调矛盾，就产业发展方向、优化服务环境等问题，提出各类建议40余条。突出关键环节督查推进。助力经济工作“开门红”，针对重点指标完成情况，与发改和经信委、招商中心等相关部门专题协商；听取上半年经济发展情况通报，助力经济指标“双过半”，就公共财政预算收入、工业应税销售收入等相关指标，帮助分析问题、提出建议；认真开展政府、政协工作情况交流会，就经济建设中问题和建议与政府领导进行沟通、交换意见。（严　涵）

【全力助推民生改善】 提案办理促进民生改善。充分运用提案形式，积极反映群众意愿和要求，加强对区城管局、住建局等提案大户督查督办，对重点提案坚持政府、政协领导联合督办，推动菜市场改造、公共卫生设施配套等民生项目建设。在提高质量基础上，切实抓好提案交办、跟踪反馈、督促检查等环节，不断增强工作实效，区政协八届三次会议以来立案的165件提案全部办结，从“二次评议”情况来看，委员对提案落实满意率有了新提高。专题视察解决热点问题。聚焦群众关注热点，选择老小区整治、小区停车场建设、校园周边安全、食品安全等问题，开展专项视察活动，推动了相关民生问题解决。同时，广泛收集社情民意，及时向区委、区政府反馈情况，累计反映社情民意50余条，其中《关于区特教中心建设花卉园艺实训基地社情民意》，在区委、区政府关心下得到落实，实训基地总投资65万元，建成后已培训智障学生100余名，得到了特教中心师生和社会好评。主题活动助推生态文明。深入开展“委员助推生态文明建设年”主题活动，围绕“低碳、天蓝、地绿、水净、生态修复”五大工程，组织视察谏壁电厂节能减排、索普周边环境整治、虹桥港和玉带河治理、山体公园建设、村庄绿化等工作，委员们临一线、察实情、看进度、找问题、提建议，提升了助推实效。各委组积极参与“我为京口生态文明献一策”活动，精心选择餐饮单位油烟处置、绿色道路建设、主次干道保洁市场化、秸秆综合利用等课题开展调研，献计献策100余条，形成专题报告，提供决策参考。民主评议促进部门工作。为推进生态文明建设，重点对区环保局进行民主评议，通过召开座谈会，发放测评表，走访街道、社区、市环保局、服务对象等形式，广泛听取意见，有针对性地提出强化队伍建设、攻克环保难题、提高群众满意度等多方面建议。区环保局根据评议意见，加强领导，组织实施，逐一制定整改措施，强化了水环境综合整治、减排工程、废弃宕口整治、挥发性有机物管理等重点环保工作，有效提升了全区环保工作水平。针对城市扬尘管控等问题，组织委员对渣土管理工作进行专项评议，并从渣土处置场建设、依法规范管理等方面提出建议。（严　涵）

【全力促进社会和谐】 促进合作共事。认真学习习近平总书记在庆祝人民政协成立65周年大会上重要讲话精神，进一步增强责任心和使命感，始终做到把中国共产党领导的多党合作和政治协商制度坚持好、完善好，把协商民主重要渠道利用好、发挥好，把最广泛爱国统一战线巩固好、发展好。加强与各民主党派、工商联、有关人民团体联系，邀请参加政协调研、座谈、视察、民主监督等活动，主动征求意见和建议；组织政协委员参加各种政情通报会，围绕京口现代化示范区建设和全面深化改革两大任务，积极建言献策，为打造“京口高度”鼓劲造势。促进联系联络。各专委会进一步强化服务意识，扎实开展各项工作，成为区政协课题调研、专项监督、议政建言、服务群众主要力量。各联络委完善工作机制、创新活动形式，为委员积极履职提供平台。四牌楼、大市口街道联络委组织委员定期开展监督评议活动；健康路、正东路街道联络委建立委员接待群众工作机制；象山、谏壁街道联络委组织视察安置房建设、文明城市创建等工作；两个园区联络委以及镇江新区活动组，围绕项目推进、征地拆迁、生态建设等重点工作开展协商议政活动，为辖区经济发展做出积极贡献。促进社会稳定。引导广大委员牢固树立“以和为贵、以民为重”理念，在促进社会和谐中传递正能量。医卫组开展多场义诊、送医送药活动，义务为大市口街道居家养老和残疾人康复中心提供装修服务近30万元，商贸组、农经组、教育组捐资助学近20万元，奉献爱心、改善民生；党外律师服务团定期参与信访接待调处工作，义务为信访群众释疑解难，引导群众依法维护合法权益；广大委员积极参加文明城市创建活动，参与“文明创建志愿者”服务，各联络委组织开展“道德讲堂”活动，倡导积极向上、诚信友爱的文明风尚。深入开展诗词“六进”活动，完善宗泽纪念园、大市口街道弥陀寺巷社区、中山路小学等一批创建示范点，创成“江苏省诗词之乡”，丰富名城文化内涵。（严　涵）

**【全力提升效能改进作风】** 着力加强学习，强化素质。深入开展群众路线教育实践活动，组织机关党员干部认真学习中共中央十八大、十八届三中、四中全会精神和习近平总书记系列重要讲话，主席带头宣讲，常委专题领学，增强常委、委员和政协机关干部助推京口现代化自觉性和责任感，解决“为了谁、依靠谁、我是谁”问题，思想上受到一场深刻政治洗礼，找回群众观念，站正群众立场，强化宗旨意识。着力抓好整改，转变作风。突出问题导向，以整风精神开门搞教育，广泛听取各民主党派、工商联、政协委员和离退休老干部意见，征集各类意见70余条，内容涉及执行制度不严格、联系群众不紧密、服务委员不到位等多个方面。针对这些问题，开展严肃认真批评和自我批评，在深入剖析根源基础上，明确严守党的纪律、坚持实事求是、践行为民宗旨、坚持艰苦奋斗、杜绝奢靡之风等方面整改方向，并从严从紧整改具体问题，机关作风明显好转。着力制度建设，规范运行。严格贯彻落实中央八项规定和市区有关作风建设相关要求，求真务实、真学真改，进一步加强制度建设，完善机关考勤、财务管理、政协专委会与联络委《百分考核办法》《提案工作条例》《委员守则》等一批规章制度，严格制度落实，按照制度办事，机关工作制度化、规范化水平不断提高。

（严　涵）

◆ 资料链接 ◆

## 吸江楼

吸江楼耸立在焦山东峰绝顶，原名吸江亭，又名吸江楼。因亭内四面有木雕佛像，人又称四面佛亭。楼呈八角形，整个结构为水泥仿木，有楼梯盘旋而上，回廊四通，八面有景。

楼为两层，上层横额题有“吸江楼”三字，底层横额写有“江山胜概”四个大字。游客登楼远眺，大江南北旖旎风光，佳处妙景尽收眼底。江北碧野辽阔，阡陌纵横，一望无际，江南苍翠青山，连丘叠嶂。此处视野广阔，气象万千，令人精神顿爽。若夏日清晨登楼观日出，别有风味，历来为游人所称道。清代名士齐彦槐有诗赞曰：

东望海漫漫，扶桑涌一丸。
曾登岱岳顶，不及此楼观。
水气连天白，霞光照壁舟。
遥闻曙钟动，江阔万鹰盘。

# 民主党派·工商联

责任编校：凌　晨

## 民主党派

【概况】2014年，京口区共有民革、民盟、民建、民进、农工党、致公党、九三学社7个民主党派，设立1个基层委员会，1个总支、14个支部。其中民建京口基层委员会53人（下设5个支部）、致公党京口总支69人（下设3个支部）、民革京口支部26人、民盟京口支部24人、民进京口小教支部40人、民进京口中教支部22人、农工党京口支部48人、九三学社京口支社20人。各支部成员多数是全区各条战线代表人士（含退休人员），少数是辖区市属单位代表人士。各民主党派支部总数在全市辖市区中领先。（佘玉敏）

【开展民主党派工作】 建立区委常委联系党外代表人士的制度，9名常委联系11名党外代表人士。区委下发关于加强党外代表人士队伍建设的实施意见，将此项工作纳入规范化议事日程中。在政治安排中，加大民主党派成员的安排力度，全区七个党派支部有50多名吸纳到人大和政协。同时，积极撰写提案议案，履行参政议政的要求。积极配合上级组织的骨干培训选调人员工作。民进小教支部承办“聚香江·共提升镇江宿迁两地教学交流活动”。

在民进市委会和区委统战部的精心组织下，接待来自宿迁泗洪峰山小学17位骨干教师，与他们在镇江市香江花城小学开展教学交流活动。此后，统战部开展“阳光助学（宿迁）行动”，镇江市中山路小学为泗洪县峰山中心小学捐书及送教峰山活动。5月支部派出多位教师送教宿迁峰山。

中国民主建国会镇江市京口总支部，2014年拥有会员51名，于11月30日进行换届。成立民建镇江市京口区基层委员会，下设5个支部。民建镇江市京口区基层委员会设委员9名，其中主委1名，副主委3名，委员5名。倪坚任主委，宋小燕、胡长河、刘秋生任副主委。王新农、宦晓、仇萍、马淳沂、张国祥任委员，并分别兼任5个支部的主委。（佘玉敏）

## 工商联

【概况】 2014年，在区委、区政府的正确领导下，在区委统战部和市工商联的具体指导下，京口区工商联围绕全区工作中心，开拓创新，坚持以排忧解难、精心细致的服务为抓手，加强思想政治工作，积极开展非公经济人士理想信念教育活动，工商联的凝聚力、吸引力得到进一步显现，充分发挥桥梁纽带和助手作用，扎实推进各项工作开展。（徐振平）

【深入调查研究】 围绕制约民营经济发展活力存在问题开展调研，及时反映企业家意见和建议，了解企业经营面临困难。对目前制约京口区民营经济活力的因素进行归纳，提出建议和思路，形成书面材料《关于激发京口区民营经济活力的几点思考》。

（徐振平）

【积极参政议政】 两会期间，工商联界别的政协委员和人大代表，认真履行参政议政、民主监督职能，积极撰写议案提案，向党和政府建言献策，共有提案36件，议案22条。

（徐振平）

【组织会员参加市联各类活动】组织20名会员参加“与法同行”汇典律师新春法律讲座；组织15名会员参加北大李维教授《企业梦·中国梦》讲座；组织5家会员企业参加“转型升级·香港博览”活动主题研讨会。（徐振平）

【开展非公有制经济人士“四信”教育活动】 根据中央统战部和全国工商联统一部署，京口区非公有制经济人士“四信”教育活动自2014年5月启动，经过宣传发动、活动开展、总结评估三个阶段，于10月底结束。通过开展“四信”教育活动，引导和帮助非公有制经济人士坚定对中国特色社会主义的信念，增进对党和政府的信任，提振对自身企业发展信心，增强对社会的信誉，争当合格社会主义建设者。

（徐振平）

京口区工商联开展“预防职务犯罪和商业贿赂”主题法制教育讲座

**【开展法制进企业活动】** 5月29日下午，特邀京口区检察院副检察长陈东为企业家开展“预防职务犯罪和商业贿赂”主题法制教育讲座。全区非公有制企业家和各类企业高管近50人参加学习。通过概念解读、案例分析进一步加深企业家对预防职务犯罪和商业贿赂的理解，提高对各种职务犯罪和商业贿赂的认识，加强自身法律修养和自我防范意识。（徐振平）

**【开展送书送报活动】** 针对企业家特点和要求，购买《幸福一生：企业家的法律智慧》《中小企业纳税实务步步通》《华为的企业文化》《互联网的逻辑：传统企业的颠覆与重生》《马云：我的管理心得》等实用型书籍，送给全体执委，让他们在业余时间自我学习提高，扩大眼界。同时为每个企业家副主席赠阅2015年《中华工商时报》，使他们能够及时了解当前经济形势、宏观政策。（徐振平）

**【积极投身社会公益事业】** 以致富思源、富而思进“双思”教育工作为抓手，积极引导非公有制经济人士争做社会主义事业建设者，倡导他们在自身发展同时努力回报社会。副主席孟家富、戴幸福捐款14000元帮助1名江苏大学困难学生完成学业；方源化学公司为慈善义卖活动捐助5000元产品；锦绣皇宫大酒店冠名并协办“锦绣皇宫杯”社会儿女带父母看新景活动；正东路街道商会与10户困难群众进行结对帮扶，帮助群众解决实际问题12件；欧尚超市每个月坚持上门慰问4户特别困难群众，送上米、油、牛奶等生活必需品。（徐振平）

## 区总工会

【概况】　2014年，京口区总工会在区委、区政府和市总工会的正确领导下，紧紧围绕“稳中奋进、改革创新”的工作基调，创新作为，克难奋进。共获得市级以上集体和个人荣誉26项，涉及64家单位、9名个人。其中全国2项，涉及2家单位；省级5项，涉及8家单位。（周文娟）

【深入推进职工之家建设】　围绕市总工会提出的“建设工新家园、建功苏南示范区”主题，全面推进“奋进、民主、和谐、文化、温暖、规范”职工之家建设，力争3年，确保4年，全面完成“六个百分百”目标。2014年，新申报市模范职工之家18家，13家市级以上模范之家通过复查，全区市级以上模范职工之家累计达31家，完成建设目标。

（周文娟）

【建成职工心理咨询服务中心】　成立京口区心缘职工心理健康服务中心。中心是在民政部门登记注册的公益性、非营利性法人机构，通过各种形式免费为包括农民工在内的职工提供心理咨询服务。2014年，在工会干部中开展心理咨询培训，在中山路小学等部分学校开展的独生子女心理辅导班会课活动均取得良好效果。

（周文娟）

【开展“安康杯”竞赛活动】　推动京口区100多家企业参加“安康杯”竞赛活动，职工参与率达90%以上。区内3家单位被推荐为“安康杯”竞赛省、市优秀企业，1家企业班组被推荐为市优胜班组。组织开展工会劳动保护工作规范化建设，在谏壁、正东路街道分别建立工会劳动保护监督检查员片区服务站，积极促进全区安全生产。

（周文娟）

【劳动竞赛蓬勃开展】　围绕京口区10个重点工程、项目开展竞赛活动。在百人以上工业企业开展爱岗敬业劳动竞赛，竞赛开展面达90%以上。举办京口区首届“窗口行业”规范化服务劳动竞赛。区环卫所垃圾中转站运输队被省总工会授予省“工人先锋号”荣誉称号，另有3家集体被表彰为市级“工人先锋号”。

（周文娟）

【劳模引领作用持续发挥】　创建2家市级劳模创新工作室，组织开展“劳模精神”四进，即进机关、进企业、进校园、进社区（村）活动。做好为低收入省级劳模发放补助金及省农民劳模荣誉津贴工作，为4名省农民劳模发放补助金44000元。做好两节期间困难劳模慰问，为26名省劳模发放慰问金。将5名患重病困难劳模列入市慈善“情系劳模”救助对象，为每人解决5000元救助金。建立以劳模个人命名的4个志愿者服务团队。（周文娟）

【职工文化建设不断深入】　举办“中建·大观天下杯‘劳动美’摄影大赛”。建立线上京口职工电子书屋和线下镇江市图书馆京口职工分馆。改版职工电子书屋和镇江市职工网上大学共享电子书资源，永久免费。为部分职工开设网上课堂，进行普法、钳工操作等多个课程培训，实现网上听课、网上答题，逐步建成阅读条件完备、覆盖区域广泛、职工群众受惠的读书网站。开展“三争”（即争当爱岗敬业好职工、争当诚信守法好市民、争当知书达理好邻里）主题教育实践活动，评选出“好职工、好市民、好邻里”各10名。（周文娟）

【工资集体协商扩面提质】　京口区在岗职工达到25人以上，生产经营正常、独立建会企业工资集体协商建制率达98%。全区125家独立建会企业签订工资集体协商合同，非公有制企业签订数占签订总数的95%。2014年全省餐饮行业工资集体协商工作推进会上，就京口区餐饮行业工资集体协商工作进行书面交流，京口家装行业制定的工资集体协商指导价位被市劳动关系三方委员会作为全市家装行业2014年指导价向全市发布。各街道（园区）全部签订区域性工资协商合同，涉及各类中小企业1893家，惠及职工3万余人。（周文娟）

【和谐企业创建全面推进】　15家单位被表彰为京口区第三批劳动关系和谐达标企业，正恺电子科技有限公司被表彰为省模范劳动关系和谐企业，截至年底参与创建企业数已达正常生产（经营）建会企业数的98%，和谐企业职工平均满意率达95%。（周文娟）

【维权机制创新发展】 开展“学法增素质、维权树形象”主题普法活动，全区共举办法律培训活动8场次，参加人数达1500多人。设立法律法规宣传咨询站（点）4场次。进一步前移维权关口，全区基层工会建立劳动法律监督组织以及企业劳调委组织建设，全区符合条件企业组建率达到96%。（周文娟）

【帮扶工作进一步深化】 4月开展“春送温暖”工程，京口区总工会筹集资金2.5万余元，为全区789名困难职工赠送重大疾病保障、女职工特殊疾病保障。两节期间筹措“送温暖”资金20万元，发放慰问粮油400多份，慰问困难职工近500户，为50多名因病致贫的困难职工送去4.4万多元慰问金。中秋、国庆节前夕，专门向近221户困难职工发放米油等价值逾4万元的慰问品。继续开展“金秋助学”活动，筹集资金4万余元，资助35名困难家庭子女入学。（周文娟）

## 共青团京口区委员会

【概况】 2014年，共青团京口区委员会围绕中心、服务大局，突出“密切团青关系 勇担发展重任”主题，扎实推进“三大工程e平台”建设。坚持系统化部署、项目化推进、社会化运作、时尚化引领，全力打造服务型团组织，推动全区共青团工作在改革创新中稳中奋进。全年新增“两新”（新经济组织和新社会组织）团组织65家，其中非公有制企业团组织55家。共青团京口区委员会获评“镇江市团工作先进单位”，其申报的“团员我在线服务我先行”项目获评“2014年全市共青团工作创新创优成果奖”一等奖，象山街道团工委获评“江苏省五四红旗团委”，团区委书记曹蕾获评“江苏省优秀团干部”称号。（陈 文）

【扶持青年就业创业】 加强与京口区人社局、京口高创中心、归博园、学府科技创业园等孵化载体以及辖区重点企业合作，建立20家见习示范基地，提供60个青年见习岗位，推动10名企业家（高管）提供见习机会和分享成功经验，引导优秀青年跟随企业家（高管）体验真实职场；通过开展形式多样的创业帮扶、招聘就业、研讨交流等活动，推进相互交流、资源整合和示范带动，努力为青年就业创业提供更多平台。借力江苏银行“青年创业易卡通”“青年科技创新易卡通”“青商成长易卡通”等金融创新产品，提供符合京口青年实际、更加灵活的中短期小额信贷产品，鼓励青年勇于创业，扶持青年勤于创新，“贷”动青年工作生活。（陈 文）

【加强青少年思想引导】 结合青年发展需求，开设“80、90微课堂”。通过制定培训菜单、抓好团干部培训，引导青年通过微博、微信分享学习心得，开设青年学习交流平台——悦读典型畅谈会，不断提高团干部的理论素养和工作能力。为倡导健康生活方式，宣传低碳环保理念，提升个人品质毅力，共青团京口区委员会和中建国际投资（镇江）有限公司联合举办“为了‘公毅’一起行走”毅行活动。举办“乐视电影节”，组织全区200余名青年集中观看电影《当幸福来敲门》，丰富青年业余生活，激励青年奋发向上。（陈 文）

【探索运用全媒体技术】 以引领社会新风为追求，注重运用团报团刊、微博、微信、网站等新媒体力量，以青少年喜闻乐见的方式唱响主旋律，传播正能量。全年共在《镇江日报》《京江晚报》刊登新闻7条，镇江民生频道、新闻频道报道5次，镇江团市委微信录用25条，镇江青年网站发布信息423条，京口门户网站登载17条，其中京口新闻4条，京口信息录用4次。“五四”期间，利用微博平台与3位基层团干进行“争做改革好青年”网络访谈3场，动员青年线上活动、网上寄语67条，共推送微信21次，涵盖信息87条，微信关注人群达到180人。（陈 文）

【全面深化校地融合】 进一步深化区校共建活动，擦亮“两网”金字招牌，在区级层面与三所高校续签合作共建协议基础上，协助江苏大学团委、四牌楼街道签订“两网”共建协议。来自江苏大学5个学院220名大学生分别对接四牌楼街道10个社区，担任社区网格长助理，倡导“团员我在线，服务我先行”，配合做好收集民情民意、宣传惠民政策、创建文明城市、采集信息数据、建言民生改善等方面社区事务。与属地三所高校沟通深化“两网”共建，全面推进高校院系与全区街道、园区结对共建。（陈 文）

【打造青少年活动阵地】 在全市率先建成两家青年聚社——阳光青年聚社、青风米山青年聚社，为青年就业创业、交友联谊、教育培训、文体娱乐、公益活动提供服务，提升青年对共青团组织的归属感。“阳光青年聚社”荣获2014年度全市20家青年聚社评估考核第一名、唯一优秀等次。创新实施区域化团建工作，打破行业、层级、所有制界限，以街道团组织为枢纽，组织区域共建为基础，青年阵地和青年项目为依托，青年社会组织为纽带，实现区域内组织共建、资源共享、阵地共用、工作联动。（陈 文）

【服务重点青少年群体】 联合辖区内各预防成员单位，结对帮扶重点青少年群体200多人次，建立三家“希望来吧”，为重点青少年提供文娱活动场所。大市口街道团工委“梦在前方”课本剧获团省委“我的中国梦·来吧课本剧”二等奖。开展“希望工程圆梦行动”“冬日暖阳行动”，资助贫困孩子300多人次。（陈 文）

## 区妇女联合会

【概况】 2014年，京口区妇女联合会在区委、区政府的领导和市妇联的精心指导下，围绕区中心工作，服务大局，立足基层，不断开创妇女事业发展新局面。全年共新创建4家市级巾帼文明岗，1家市级康乃馨家庭工作室。京口区史志档案办被授予“江苏省巾帼文明岗”。（李妍慧）

【妇女就业创业】 广泛开展以送政策、送岗位、送技能、送服务为重点的“春风行动”，“三八”节期间，举办各类专场招聘会8场，提供就业岗位1000多个，3000余名妇女参加招聘会。全年共开展女大学生创业SYB（创办你的企业）培训8场，开展女性创业意识、实用技术培训班10场，受训人数达500人。以“双学双比”为主要内容，深化巾帼文明岗创建，丰富创建内涵，推进优质服务。法院民一庭、大市口司法所、谏壁街道世代服务室、正东路街道京口路社区被授予市级巾帼文明岗荣誉称号，谏壁峨林服饰被授予第四批省级巾帼示范来料加工基地并获得专项扶持资金3万元。（李妍慧）

【庆“三八”活动】 举办“美丽京口 魅力女性”专题讲座，女企业家、企业家贤内助座谈会。邀请市科协党组书记张宜英为全区副科级以上女干部作题为《做有魅力的职业女性》专题讲座。区委书记裔玉乾出席活动并讲话。辖区21名女企业家、企业家“贤内助”代表参加会议。区领导裔玉乾、黄万荣、施正中、郦锡梅、林黎明、郑苏真、解军英等出席座谈会。（李妍慧）

【圆梦助学进社区】 为社区留守流动儿童送去助学金和学习用品，同时向西街社区、景阳山社区青少年电子阅览室赠送电脑和书籍。开学前将市妇联下拨的3.73万元爱心妈妈捐资助学款逐一送到结队的72名儿童手中，帮助他们圆就读梦。联合谏壁妇联开展“四个一”（一份助学金、一份科普图书礼物、一封社会妈妈的信、一张社区妇联干部联系服务卡）金秋送爱心助学活动，帮助解决贫困儿童在思想、学习、生活等方面的困难，促进儿童快乐成长。（李妍慧）

【关爱空巢家庭，志愿牵手服务行】 走访摸底65户空巢家庭，在“5·15”全省第4个“巾帼志愿者服务日”组织江科大志愿者结对20位江科大社区空巢家庭，为空巢老人发放“爱心服务联系卡”和“爱心礼包”，并提供配送、请药送药、帮扶特困、科普讲座、与子女网络沟通等服务。（李妍慧）

【绿色环保生活实践活动】 组织巾帼志愿者参加谏壁黄丝湾义务植树、绿地认养等活动。开展“低碳节能”小妙招系列讲座，在居民中传播万家洁净、节能减排绿色生活理念，通过妇女带动家庭，家庭影响社区，社区辐射社会，以生态文明建设提升京口文明形象。组织绿色家庭示范户到谏壁香格里拉花卉有限公司参观花卉盆景栽培基地，了解掌握生长习性和相关养护技巧，提升生活品位。（李妍慧）

【妇女儿童合法权益维护】 加强协助配合司法、公安、法院、综治等部门，形成齐抓共管、平台互通、资源共享的社会化维权格局。举办“流动法庭”进社区、“法律进万家、和谐你我他”、“庆三八”帮教慰问座谈会、开展“反对家庭暴力 创建平安家庭”反家暴联动快车进工地宣传等一系列法制宣传活动。举办妇女维权广场咨询活动8场，发放宣传手册10000余份。认真处理好信访接待，积极化解矛盾纠纷，努力为妇女提供快捷、有效的法律帮助和服务。2014年共接来电来访来信59件，其中来访55件78人次，来信来电4人次，已结59件，结案率达100%。（李妍慧）

## 关心下一代工作

【概况】 2014年，京口区关心下一代工作委员会学习贯彻中共中央十八大、十八届三中、四中全会精神，认真落实省、市关工委工作会议要求，紧扣培养和践行社会主义核心价值观，充分发挥“五老”（老干部、老战士、老教师、老专家、老模范）优势和作用，围绕党委、政府中心工作，组织全区广大青少年开展“爱学习、爱劳动、爱祖国、践行中国梦”（以下简称“三爱一践行”）主题教育活动，推进校外教育辅导站建设，开展对特殊、弱势群体青少年“关爱朝阳”活动，组织120名“五老”志愿者对全区网吧和电子游戏机室进行义务监督，净化育人环境。指导社区（村）、学校开展“七彩的夏日”“缤纷的冬日”和重要时间节点青少年教育实践活动，动员社会各方面力量为青少年健康成长做好事、办实事。

以立德树人为目标，狠抓青少年思想道德建设工作，以主题教育、创零活动、结对双帮、关爱助学、健康少年快乐成长等五个方面内容为中心，进行菜单式运作、项目化推进，取得明显成效。获得省关工委、省《关心下一代周报》社颁发全省“三爱”书签制作优秀组织奖、省关工委颁发全省创建“五有五好”基层关工委优秀组织奖、镇江市“五老”网吧义务监督工作组织奖、镇江市未成年人思想道德建设工作先进集体奖、镇江市未成年人思想道德建设工作创新案例二等奖。（吉　梅）

【召开全区关心下一代工作会议】 3月10日，全区关心下一代工作会议召开，区关工委主任、副主任、成员单位分管领导，各街道、园区分管领导、关工委常务副主任，区教育局关工委、农委关工委、民营经济关工委、政法系统关工委常务副主任等近50人参加会议。会上区关工委常务副主任钟程发传达学习中央和省有关领导对关工委工作重要批示，回顾2013年工作，部署2014年工作，并对2013年度全区创建关心下一代工作“五有五好”标兵社区和优秀校外辅导站进行表彰，区委常委、宣传部部长、区关工委主任何广林作重要讲话。（吉　梅）

【“三爱一践行”主题教育活动】 在全区青少年中开展“三爱一践行”主题教育活动，活动包含宣讲、读书、征文竞赛、实践等内容。区老干部报告团同志精心撰写讲稿，认真备课，精心宣讲。根据“三贴近”原则，运用启发、互动等方式进行宣讲，运用本地、身边典型事例，通俗易懂，形象直观，在全区各学校、社区（村）共宣讲35场，受教育青少年达2.1万余人次。各学校、社区（村）组织开展一系列配套教育活动，如座谈讨论、演讲比赛、主题班（队）会活动和校园广播，黑板报等，进一步深化教育内容。在组织“三爱一践行”“美丽中国我的梦”征文竞赛活动中，收到征文4600篇，从中精选200余篇，编纂出版《爱学习、爱劳动、爱祖国、践行中国梦》优秀征文专集。（吉　梅）

**【“校站共建”全覆盖】**　区关工委、区教育局联合下发文件，组织在职教师积极参与校外辅导站工作，校外辅导站工作水平和育人效果得到进一步提高。截至4月1日，全区17所中小学共选派思想素质好、热心校外教育、有精力、有能力、有奉献精神38名校领导和59名在职教师，担任65家社区校外辅导站副站长和辅导员，实现“校站共建”全覆盖。各街道关工委和社区校外辅导站积极主动与学校进行对接，学校还科学调整有关教师工作安排，积极支持配合参与校外辅导站工作，多为孩子们设计丰富多彩、励志益智类活动，让广大青少年在参与活动中获得知识营养，健康快乐成长。（吉　梅）

**【大学生村干部参与辅导站建设】**　根据区委组织部、区关工委联合下发的镇京组发〔2013〕170号《关于组织大学生村官和大学生志愿者参与校外教育辅导站工作的意见》精神，在有关部门大力支持和街道社区（村）密切配合下，截至2014年4月，全区有65名大学生村干部担任各社区（村）辅导站副站长，直接参加校外辅导站组织活动，实现大学生村干部参与社区（村）辅导站建设全覆盖。（吉　梅）

**【青少年假日活动丰富多彩】**　利用寒、暑假指导开展“七彩的夏日”和“缤纷的冬日”道德和社会实践活动，利用春节、清明节、“五一”、“七一”、“八一”、“十一”、中秋节、重阳节等重要节日对青少年开展革命传统、民族精神、文明礼仪、社会主义荣辱观等方面教育，让青少年在社会大课堂上接受阳光教育，积聚正能量，以达到健康发展，快乐成长。具体做法是强化组织领导，相关涉少部门形成合力，齐抓共管；统筹安排活动，与中心工作有机结合；以校外教育辅导站为主阵地，进一步拓展校外活动范围和内容；尊重青少年主体地位，充分发挥其自我组织、自我管理、自我教育作用；突出实践体验教育，与兴趣爱好和文体活动相结合，寓教于乐，着力提高青少年综合素质；充分发挥“五老”和大学生村干部、大学生志愿者及社会专家能人作用，把青少年思想道德教育有机融入活动之中，不断提高校外活动水平。据不完全统计，各级关工委组织青少年开展活动约350余场次，参与人数达2.1万余人次，编印简报9期，被各级新闻媒体和上级关工委录用信息120余篇。（吉　梅）

**【组织参加全省“三爱”书签制作大赛活动】**　按照《关心下一代周报》社和市关工委、市教育局关工委有关文件要求，区关工委组织全区1.9万名中、小学生参加“三爱”书签制作大赛。参与覆盖面达98%。通过活动开展，培养中、小学生“爱学习、爱劳动、爱祖国”的思想品质和创造性思维，锻炼动手能力，提高综合素质。区关工委选拔了90枚书签上报省《关心下一代周报》社，参与全省评选并获得较好成绩。其中获省特等奖1名，一等奖5名，二等奖19名，优秀奖65名。区关工委获全省优秀组织奖。在此基础上，区关工委又单独评选了100枚优秀书签给予表彰奖励。（吉　梅）

**【关爱、助学活动】**　注重关爱特殊、弱势群体青少年和帮困助学工作。与区慈善总会联合对100名品学兼优贫困学生开展“关爱朝阳”行动，每个受助学生获得价值350元的学习用品；动员企业家和社会人士与贫困学生结对双帮，帮助他们解决实际生活和学习困难，顺利完成学业；推荐上报20名贫困生争取到省关工委、《关心下一代周报》社千人助学金和“冰凌花”奖学金。全年通过各种渠道筹备助学资金达65.5万元，扶贫助学人数达817人。（吉　梅）

**【实现社区青少年电子阅览室全覆盖】**　2014年9月，提前一年半完成2013年省文明办、省教育厅、省关工委提出的，要进一步加强辅导站活动功能建设，用三年左右时间，在全省社区（村）校外教育辅导站内配置青少年电子阅览室，即绿色网吧的决定。实现全区社区（村）青少年电子阅览室全覆盖，主要做法：区委重视、认识到位。区委常委会专题听取关工委工作汇报。区政府专题会议作出部署。6月23日，区政府黄万荣区长立即召开政府专题会议，作出部署，推动落实工作。会议决定：建设社区（村）青少年电子阅览室与社区（村）“两网建设”相结合，做到互补共进。用三个三分之一的办法，即区政府承担三分之一，挂钩部门支持三分之一，街道社区自行解决三分之一。由区财政拨款36万元给区关工委，进行政府采购招标，由关工委分配到各社区（村）；由区委组织部、区群众路线教育实践活动领导小组牵头安排全区56个部门支持社区电脑计划；由各街道（园区）负责抓好落实。采取四项措施确保电子阅览室正常运转：确定电子阅览室管理人员，明确青少年电子阅览室管理人员全部由大学生村干部担任，并兼任校外教育辅导站副站长；制定电子阅览室管理制度、电子阅览室管理人员岗位职责、电子阅览室青少年上网须知等三项规章制度；组织管理人员培训，区关工委于11月18日对全区各社区电子阅览室管理人员进行培训，下发电子阅览室三项制度及有关要求，印发6篇电子阅览室优秀活动计划选编。各级关工委还把电子阅览室努力打造成“绿色网吧”，未成年人参与电子阅览室活动应征得家长同意，并实名登记；所有电子阅览室电脑都装有软件，能够屏蔽不良网站，如有违规自动关机。（吉　梅）

【以法制教育和网吧监督为重点，扎实开展“创零”活动】 各街道社区（村）关工委以校外教育辅导站为平台，积极组织广大青少年开展法制教育活动。采用邀请法官、律师、公安民警进社区，通过以案说法宣讲法律知识和发放法制宣传材料，开办少年模拟法庭等方式，让青少年了解掌握更多法律知识。同时采取多种形式，切实加强网吧监督工作：领导重视。各街道、社区（村）都将此项工作列入全年目标责任状，作为精神文明建设一票否决。相关责任部门协调一致，全力支持关工委履行监督义务，极大地提高“五老”参与监督积极性。强化队伍。对“五老”网吧义务监督员进行调整，从8700名“五老”队伍中挑选出近130名“五老”义务监督员对56个网吧和电子游戏机室进行监督。认真培训。除区关工委组织以会代训外，各街道都以专门培训、座谈交流等方式，对“五老”监督员进行培训。规范监督。专门制定和印发“五老”网吧义务监督员手册和记录本，要求监督员挂牌上岗，每周监督不少于2次，检查时做到“六个坚持”（即坚持监督员挂牌上岗；坚持每周巡查不少于2次，重点是中午和下午4点钟以后以及双休节假日；坚持分片分组集体巡查监督；坚持四看：看网吧门口“禁止未成年人进网吧”的警示牌是否在显著位置，看进网吧活动人员是否实名制登记，看网吧中是否有未成年人，看网吧有无超时经营情况。一旦发现问题，坚持教育、规劝和沟通；坚持做好监督巡查情况的台帐记录；坚持每月一次碰头会，交流汇总情况。在做法上我们坚持“四个结合”：即坚持集体巡查与单独监督相结合；坚持检查监督与宣传教育相结合；坚持强化监督与引导业主自律相结合；坚持监督网吧与帮教网瘾少年相结合。），将记录本上的记录情况，作为监督员考核评比重要依据。7月份，组织明察暗访。网吧业主绝大部分都能按规定守法经营，禁止未成年人进入网吧的警示牌和各种证件执照都能放置在醒目位置。消防器材配置齐全，经营业主都能对上网人员做到凭身份证实名制登记，未发现有未成年人进入网吧上网。在镇江市召开“五老”网吧义务监督工作经验交流会上，区关工委和谏壁街道关工委被评为市优秀组织奖，吴正宝、严成永、卢长庚等14名“五老”被评为市优秀监督员，区关工委就先进经验“采取切实措施，强化网吧监督，努力净化未成年人的成长环境”在会上作交流发言。为进一步调动“五老”网吧监督员积极性，鼓励广大“五老”在关心下一代工作中，持之以恒地做好网吧监督工作，7月份开始，全区100多名“五老”网吧监督员，每人每月可以从街道财政领取50元，作为开展网吧监督工作通讯与交通补贴。7月15日，区文明办、区关工委、区文体局联合召开“五老”网吧监督工作总结表彰会议，对周霞福等30名优秀“五老”网吧义务监督员和谏壁街道关工委等3个获“五老”网吧义务监督工作组织奖单位进行表彰奖励。（吉　梅）

## 区文联

【概况】 2014年，京口区文联在区委、区政府和区委宣传部的正确领导下，在市文联的关心支持和精心指导下，紧密团结和带领全区广大文艺工作者，紧紧围绕京口经济社会发展中心大局，认真做好各协会换届工作。充分发挥“联络、协调、服务、指导”职责，立足新形势，关注书法教育，着手再版《中小学书法基础教程》；做强文化品牌，助推“京口八坤”、康盛剧社发展；繁荣群众文艺，开展丰富多彩的文化活动。（陶宝强）

【换届工作稳步推进】 2014年是京口区文联的换届之年，区文联及所指导管理的5个文艺家协会领导班子五年任期已满（去年成立的京口区篆刻艺术推广协会不在本次换届范围之内），根据文联及各协会章程规定，经请示市文联和区委宣传部同意，依次有序推进换届工作。

为确保换届选举换出团结、换出动力、换出新面貌，区文联提前介入、及时指导、主动服务，全程参与，在自身财力相当紧张的情况下，尽最大努力对各协会换届工作给予经济支持。区作家协会、摄影家协会、戏剧曲艺家协会和音乐舞蹈家协会均顺利完成换届工作，选举产生新一届理事会和领导班子，区书法美术家协会和区文联的换届工作将于2015年完成。（陶宝强）

【计划再版《中小学书法基础教程》】 应省委组织部和省教育厅要求，由京口区文联主席阚爱萍同志牵头，根据《中小学书法基础教程》初版教学反馈成果进行修改并计划再版。预计将原先全一册编成适合小学3年级到6年级使用的八本分册。全书将于2015年出版。（陶宝强）

【做强京口本土文化品牌——康盛剧社】 2014年康盛剧社社长、年近80高龄的吕国泰老师被省文化厅授予“江苏省特色文化标兵”荣誉称号，此次全省仅有8人获此殊荣，吕国泰是镇江市唯一人选者。康盛剧2006年正式成立，8年来获得省级以上集体和个人荣誉30多个，包括被省文化厅、省广电集团命名为“江苏特色文化团队”、“江苏优秀剧社”，《如此智慧》获得“全国戏剧文化奖”小型剧本创作金奖，现代京剧《杜鹃山》获得全国第四届京剧票友大赛团体金奖等等，他们的八上央视在镇江票友界也被传为佳话，在传承传统戏剧文化和推动地方特色文化建设方面做出突出贡献。（陶宝强）

【群众文化活动】 京口区文联依托区各文艺家协会，或借力上级文艺组织，精心开展一系列群众喜闻乐见、广泛参与的文化活动。

为深入贯彻党的十八届三中全会精神，以文艺作品形式开展中国特色社会主义理论体系宣传教育，与区文体局联合举办“中国梦·我的梦”理论大众化文艺作品征集暨“魅力出彩京口人”文艺会演活动，30余件征集作品形式多样，包括戏剧曲艺类和音乐舞蹈类两大类、八小项，都贴近时代、贴近生活、贴近群众，做到艺术性、趣味性、大众性相统一。10月，以庆祝新中国成立65周年为契机，开展获奖作品进街道、社区（村）文化广场巡演，进一步繁荣全区群众性文艺活动，丰富群众业余文化生活，扩大文化惠民成效。

区作家协会特别邀请市作协王川、赵家祺、蔡永祥等著名作家、协会领导，到新民洲港口产业园参观考察，并为同行文学爱好者们进行现场文学、文艺创作；先后组织会员赴上海东方明珠、朱家角古镇和东方绿洲等地采风，积极参与市作协组织的泰州溱湖和张家港的采风活动，进一步开阔视野、积累创作素材；借力区关工委联合开展《爱学习、爱劳动、爱祖国，践行中国梦》主题教育和征文竞赛活动，编纂完成同名12万字专集；由江苏大学出版社出版旅游文学《镇江三山百景秀》，作协副主席王娟瑢创作作品《婚礼继续进行》在由中国小说学会主办的“文华杯”全国短篇小说大赛中获二等奖。

区书法美术家协会阚爱萍同志作品入展由中国书协主办、在北京举行的“首届海峡两岸女书法家作品大展”；区书协主席孙海莎先后在南京无为艺术馆、爱尔兰考克大学詹尼斯画廊举办“江苏书画名家邀请展——孙海莎书画作品展”、“绽放的春天——孙海莎书画作品展”，吸引众多海内外书画爱好者；组织多名书协会员参加“迎三八金陵、京江十姐妹书画联展”，为全市妇女送上节日厚礼；11月，京口书法家王筱茹、李怀德荣在全国第三届硬笔书法家“十杰百强”作品评选中荣获“百强”称号，全省仅8人入选。

区摄影家协会在组织会员赴浙江山沟沟、安庆市天柱山、台州、兴化等地采风同时，积极组织会员参加国家和省、市多项摄影大赛活动，并获得多项殊荣。其中，杨添顺先后3次获得省级、市级摄影大赛活动二等奖、1次三等奖、5次优秀奖、12次入围奖，被市摄协评为优秀摄影家；许志荣获得十个全国摄影大赛奖项，包括《古镇晨风》获国际太极拳摄影大展优秀奖、《云涌马腾》获新疆昭苏全国摄影大展优秀奖、《福桥流彩》被中国无锡荡口全国摄影大展收藏等等。

区音乐舞蹈家协会以艺术沙龙形式相互交流工作经验体会，促进全体会员感情，增强协会凝聚力。积极参与区“中国梦、我的梦”主题活动，组织参加各级比赛，彰显京口艺术特色。舞蹈《今天天晴了》获省“五星工程奖”银奖，民乐合奏《太湖泛舟》获省“五星工程奖”铜奖，合唱《踏雪寻梅、西风的话》获镇江市第二届“金山奖”合唱比赛一等奖，合唱《月光豆豆、静夜思》获镇江市第二届“金山奖”合唱比赛三等奖。

区戏剧曲艺家协会作品《疏通官道》在1420个曲艺作品中脱颖而出，荣获第三届“包公杯”全国反腐倡廉曲艺作品征集活动三等奖。大型神话戏剧舞台剧《八仙过江》，共8场，100分钟左右；扬剧小品《警嫂》，以镇江市优秀人民警察张宝华（全国特级优秀人民警察、江苏省劳动模范、江苏省“五一”奖章获得者）事迹为蓝本，反映歌颂人民警察舍小家顾大家、真心实意为群众服务的崇高精神。（陶宝强）

镇江市京口区作协赴新民洲采风

## 政法委及综治工作

【概况】 2014年，京口区政法系统围绕区委、区政府决策部署，恪尽职守、依法履责，较好完成各项目标任务。在省委政法委组织的测评中，京口区公众安全感和法治满意度再创新高，其中公众安全感96%，法治满意度95.1%，综治绩效考核和法治满意度均位列全市第二，连续十年被命名为“江苏省平安县（市、区）”，市综治委特授予“2014年度社会治安综合治理先进辖市区”荣誉称号。（刘 昊）

【社会大局持续稳定】 围绕南京青奥会、国家公祭日等重大活动安保维稳，扎实开展以防范打击暴恐犯罪为重点的社会治安综合整治专项行动，圆满完成安保维稳任务。按照依法、惠民原则，妥善化解10余件信访积案，有效处置东风新家园17号楼等一批群体性事件。严格落实社会稳定风险评估机制，实施稳评项目36个。加强国家安全和人民防线建设，国安办工作绩效全市第一，被国家安全部授予全市唯一一级国安办。深入开展反邪教斗争，没有发生影响国家政治安全的重大案事件和暴力恐怖事件。（刘 昊）

【平安建设绩效明显】 京口区社会管理服务中心高标准建成，综治信息管理平台建设有序推进。创新优化“两网”治理模式，在四牌楼街道率先建成“网格＋网络”社区智能综合管理服务系统，服务居民实效进一步提升。立体化治安防控体系更加完善，维护、新建监控探头1300余个，开展“万人红袖标”巡防行动，实现“两抢”案件和入室盗窃案件“双下降”。实施社区矫正结构化监管，刑释解教人员帮教率100%，安置率98%，无一人重新犯罪。（刘 昊）

【法治建设不断深化】 法治政府建设步伐加快，取消、暂停行政审批事项22项。加强执法规范化建设，京口区法院受理案件7186件，审执结5885件，一审案件服判息诉率、改判发回重审率等核心指标位居全市前列。区检察院在全省率先建立执法办案质量终身负责制，查办职务犯罪立案数、挽回经济损失总额创新高。公安分局成功侦破公安部督办的“3·30”专案和“8·11”袭警案，打击破案、打黑除恶工作全市第一。以民生需求为导向，实施法治惠民实事15件。所有社区（村）建立司法惠民服务站，实现公共法律服务全覆盖。推进基层民主自治，实行“社区准入工作制”，省级民主示范村创建率保持全市领先。创新法制宣教机制，荣获省级“六五”普法中期先进区。（刘 昊）

【队伍建设全面加强】 深入开展党的群众路线教育实践活动，全面落实执法为民公开承诺，政法机关“四风”问题得到有效遏制。加强惩治和预防腐败体系建设，全面落实“一案三防”责任制。着力强化执法司法能力建设，提升队伍整体战斗力和综合素养。区法院获省法院第二十五届学术讨论会组织工作先进奖，区检察院被评委镇江市先进检察院，公安京口分局综合绩效在全市公安系统中位列第一，全区政法系统共有35个集体、200余人次受到嘉奖、表彰。政法机关社会认可度和满意度进一步提升。（刘 昊）

## 法治政府建设

【概况】 2014年，京口区政府认真学习贯彻中共中央十八大、十八届三中全会精神，按照《2014年全区依法行政工作要点》（镇京政办〔2014〕21号）的工作部署，深化法治政府基础建设，推进政府职能转变，创新行政管理方式，促进行政决策科学化民主化，强化行政权力运行制约和监督体系，加强政府工作制度化规范化程序化，严格规范行政执法。（奚俊燕）

【健全领导机制】 京口区成立由区长任组长，常务副区长任副组长，各相关部门负责人参加的“全面推进依法行政工作领导小组”。其后随人事变动，适时调整领导小组成员。各行政执法单位也都建立推进依法行政工作领导机构和办事机

构，将依法行政工作落到实处。区政府常务会议每半年听取一次依法行政工作情况汇报。（奚俊燕）

**【加强规范性文件管理工作】** 近两年，京口区的规范性文件工作，主要以执行上级政府和部门制订的规范性文件为主。2014年该区未制定需报送备案的规范性文件。为及时、准确地完成市政府文件征求意见工作，区法制办在收到征求意见稿后，即通过政务内网送交相关区领导查阅，同时向文件涉及的部门征求意见。通过双管齐下的方式，大大节省文件流转时间。截至到12月底，完成市政府征求意见稿7件。（奚俊燕）

**【规范社会稳定风险评估工作】** 为进一步规范京口区社会稳定风险评估工作，区维稳办与区法制办联合印发《关于建立重大行政决策事项社会稳定风险评估与合法性审查联动机制的意见》，两部门加强合作，共同推动京口区社会稳定风险评估工作的顺利开展。经区法制办合法性审查的风险评估项目有28个。（奚俊燕）

**【开展重大行政决策实施后评估工作】** 为跟踪了解重大行政决策的实施情况，京口区在总结往年开展重大行政决策实施后评估工作的基础上，严格按照《京口区重大行政决策实施情况后评估制度》开展后评估工作。8月份，对贺家弄片区物业升级改造项目开展实施后评估工作。通过查看现场，听取项目实施主体的工作汇报，与有关人员座谈，查看台账资料等形式了解项目的整体情况，并就了解的情况进行评议，提出一些意见和建议，最终形成该项目得到平稳顺利的实施，程序合法，制度规范，为以后的物业升级改造项目提供成功经验的评估结论。（奚俊燕）

**【开展行政审批制度改革工作】** 京口区法制办主要负责对各机关梳理的行政审批事项进行合法性审查。此次梳理涉及16个行政执法单位，计上报保留行政审批事项83项，取消行政审批事项9项，暂停行使行政审批13项。区法制办对各单位需整改内容经书面形式反馈给他们。经两轮合法性审查后，该区的行政审批清单通过政府门户网站向社会公示。（奚俊燕）

**【检查贯彻实施《中华人民共和国行政处罚法》情况】** 2014年3月中旬，对京口区近三年来贯彻实施《中华人民共和国行政处罚法》情况进行检查。有行政处罚主体17个，行政处罚权力529项，全部实现网上流转，政府门户网站及时反馈。2011—2013年，发生行政处罚案件1636件，行政复议3件，行政诉讼6件。未发生复议、诉讼变更行政处罚的案件。从案件分布情况看，行政处罚案件主要集中在公安、工商和卫生部门。（奚俊燕）

**【检查全区行政审批工作】** 2014年3月底，区法制办对全区2013年度行政审批工作情况进行监督检查。该区进入市行政服务中心办理行政审批类权力事项的区级机关有4家，行政许可类权力6项，计批准办件1121件；非许可行政审批类权力1项，批准办件46件，不予办件1件。在本单位办理行政审批类权力事项的有10家，行政许可类权力25项，计批准办件1021件；非许可行政审批类权力3项，计批准办件850件。（奚俊燕）

**【检查贯彻落实《中华人民共和国清洁生产促进法》情况】** 2014年7月，京口区法制办开展《中华人民共和国清洁生产促进法》贯彻落实情况检查。在自愿性清洁生产审核工作方面：市经信委下达的4家企业中已有3家与中介公司签订合同，在谏壁地区、重点行业和重点企业继续开展清洁生产示范企业工作。在强制性清洁生产审核工作方面：镇江索普化工新发展有限公司被列入实施强制性清洁生产审核的重点企业，本轮清洁生产审核设置的清洁生产目标已经完成，达到“节能、降耗、减污、增效”目标，并顺利通过镇江市环保局的验收。（奚俊燕）

**【开展行政执法案卷评查工作】** 2014年9月，区法制办组织对全区行政执法部门行政执法案卷进行评查。收到6家单位的8份行政执法案卷，其中行政许可案卷3份、行政处罚案卷5份。行政执法案卷做到事实认定清楚、证据确实充分、适用法律准确、程序合法、权利告知明确。区政府组成部门的重大行政处罚备案已实现全流程内网操作，在网上办结的同时报送该区法制办备案审查。（奚俊燕）

**【检查“两法衔接”工作情况】** 2014年9月，京口区法制办组织检查该区近两年行政执法与刑事司法衔接工作开展情况。发生行政执法部门移送公安部门涉嫌犯罪案件3起。案件办理结果为刑事拘留1人，移送起诉1人，涉案金额20余万元，为国家、集体和人民挽回经济损失30余万元。（奚俊燕）

**【开展规范行政执法专项行动】** 2014年9月，京口区纪委在区级机关开展“整治庸懒散、提升执行力”四大行动，重点关注执法监管部门和窗口单位、民生服务行业存在的“庸懒散、不作为、乱作为”等现象。通过这一行动，机关工作作风明显转变，巩固和贯彻开展群众路线教育实践活动以来的成果。区法制办牵头开展“规范行政执法行动”。区法制办印发《关于做好“规范行政执法行动”中几个具体事项的通知》。23家行政执法单位通过公示栏、网站、宣传卡片等形式将行政执法人员信息、执法监督电话等内容予以公示。通过召开行政相对人座谈会的方式，听取他们的意见和建议。通过重点案件抽查、回访等形式对行政执法案件尤其是行政处罚案件进行监督检查。（奚俊燕）

**【加强行政执法工作人员法律培训工作】** 2014年10月，京口区政府法制办印发《关于开展2014年行政执法人员公共法律知识培训考核工作的通知》。保证每位执法人员培训时间不得少于15天。培训结束后，已有行政执法证人员由各单位自行组织考试，试卷由该区法制办统一提供；新增行政执法人员由区法制办组织统一考试。通过集中与分散相结合的培训形式，既实现对行政执法人员的有效管理，又不影响日常工作，得到行政执法人员的认可。完成对全区148名行政执法人员的培训考核工作，新申领的20名行政执法人员由该区法制办组织统一考试。（奚俊燕）

【做好行政应诉工作】 京口区全面贯彻落实行政诉讼出庭应诉制度，主动加强与法院和被诉单位的联系，充分发挥桥梁纽带作用。一方面及时联系法院，了解掌握行政案件开庭审理的情况；另一方面联系被诉单位，核实出庭人员名单，确保出庭应诉工作的顺利进行。该区2014年发生行政诉讼案件10件，开庭审理8件，行政负责人均出庭应诉，出庭应诉率达100%。（奚俊燕）

【规范街道行政复议受案点设置】 京口区严格按照“五统一”的工作要求，积极完善行政复议受案点的设置。印发《关于开展行政复议受案点规范化建设的通知》，明确规范各街道行政复议受案点的制度建设、机构设置、宣传培训和案件登记。各街道均已配备专兼职工作人员负责此项工作。该区法制办定期召开工作人员座谈会，交流日常工作中的问题，并探讨解决模式。将适时将复议受案点和街道信访接待室对接，资源共享，信息互通，充分发挥其维护稳定、化解矛盾的作用。（奚俊燕）

【落实行政复议公开制度】 按照《关于在全市开展阳光复议，法制惠民，着力提升行政复议公信力工作实施意见》文件要求，积极开展行政复议“三公开”工作。通过政府门户网站上的“行政复议”专栏，对外公开行政复议工作流程、受理范围和法律依据。新增“街道行政复议受案点”栏目，将6个街道行政复议受案点的具体地址、联系人和联系电话全部上网公示。正与电脑公司积极沟通，拟新增“行政复议决定书”栏目，年底前完成将2014年度的行政复议决定书上网公示的任务。（奚俊燕）

【为行政调解司法确认工作提供制度规范】 京口区印发《关于对行政调解协议进行司法确认的实施意见（暂行）》，明确司法确认的行政调解范围和不予受理司法确认的案件范围，详细规定司法确认的工作流程，为正确开展行政调解司法确认工作提供依据。该区2014年收到行政调解申请1204件，受理1185件，办结1149件。行政类案件917件，民事类287件；调解形式：申请调解1127件，主动调解77件。主要涉及治安纠纷、民事纠纷和劳动者维权、消费者维权。（奚俊燕）

【完善街道行政调解室设置】 在京口区法制办的积极推广之下，该区6个街道均设立行政调解工作室。该区法制办统一规范工作制度、格式文本等，并定期对行政调解工作人员开展学习培训，全面提升行政调解的能力和水平，促使行政调解工作室各项工作步入规范化轨道。在办公场所统一悬挂“××街道行政调解工作室”的标牌，并公示统一格式的行政调解范围、流程和工作职责等，便于群众了解行政调解工作。（奚俊燕）

【全面推进行政指导工作】 京口区21家行政执法单位通过政策辅导、规劝提示、行政建议、走访约见等方式计开展行政指导6235件，涉及行政许可、行政处罚、行政确认等多个领域。通过成功开展行政指导工作，拉近行政机关与人民群众的关系，让行政执法更加人性化，真正实现向服务型政府的转变。（奚俊燕）

【加强法制队伍建设】 为加强管理，京口区法制办对街道行政复议受案点、法制工作室和行政调解工作室统一规范。各街道以文件的形式明确负责上述工作的人员。该区法制办提供统一的工作制度和工作流程，并对工作人员进行指导培训，确保“一点两室三员”在基层真正发挥作用。（奚俊燕）

## 公　安

【概况】 2014年，公安京口分局在区委、区政府和市局坚强领导下，以党的群众路线教育实践活动和青奥安保为主线，以“一心为民，精益求精”为要求，以构建立体化、现代化治安防控体系为重要任务，充分发挥公安职能作用，积极主动开展各项公安工作，全力保障经济社会发展和群众安居乐业，分局整体工作绩效和公安队伍满意率保持全市第一，基本实现“民意一流、名次一流”的“双一”目标。（俞福勇）

【维稳工作主动高效】 构建多警种、多部门、多层次的情报网络体系，全面搜集、精细研判。滚动摸排“九类人员”206名，全面纳入管控视线，分类掌控。上报情报1208条，市两办采用7条、市局采

京口区召开法治政府建设工作会议

用27条、全市涉稳动态采用106条。通过预警抓获违法犯罪人员95人。新列管治安重点人员56名，发现整改治安隐患377个，化解矛盾纠纷523起。加强网安队伍建设，实行专人24小时监控，建设72人网评员队伍。共编发网络舆情摘报168份，完成市局导控任务230余次。成功侦破公安部督办“3·30”阿斯穆姑丽专案，省督“镇3007”、市督“京口‘6·24’”“7·29”等一系列专案。

冬季突出治安问题区域性打击整治行动成效显著。召开冬季治安突出问题区域性打击整治行动部署会，按照联系点分工深入各派出所，加强指导，定期检查，确保各项行动工作措施落实到位。全年破获各类刑事案件113起，其中侵财案件100起，查处涉娼赌毒人员85名，刑事案件同比下降9%，其中盗窃民宅案件同比下降11%，取得良好的工作成效。

组织开展“110，守护您的平安”主题宣传日活动。1月10日上午，按照市局统一部署，在城市客厅广场组织开展“110，守护您的平安”主题宣传日活动。活动采用摆放宣传展板、发放《警方友情提示》宣传单、现场微博转载、现场接受群众咨询、现场发还群众被盗抢财物等多种方式，大力宣传110及安全防范知识。期间共接受群众咨询110余人次，发放各类宣传资料1000余份，发还被盗抢财物价值30余万元。镇江市电视台、镇江市广播电台、《扬子晚报》《镇江日报》等媒体进行现场采访报道。

圆满完成省、市“两会”安保工作。1月5日至10日，镇江市人大七届二次会议、政协七届二次会议在市区召开，其中主会场和两个代表住地设在京口区。京口公安分局在区委、区政府和市公安局统一指挥下，专门成立由陈俊局长任组长的安保工作领导小组，制定详细工作方案，严格落实“一把手”负责制。全区公安机关认真落实社会面二级巡防工作部署，发扬不畏严寒、连续作战的精神，超前开展大会会场和代表住地安全检查、重点人员管控、社会面防控等工作。期间，共上报涉稳信息23条，稳控人员81名，化解矛盾纠纷4起，现场阻止上访人员12批次40余人，确保会议取得圆满成功。1月20日、19日，省十二届人大一次会议和省政协十一届一次会议分别在南京召开，根据省厅、市局领导指示要求，分局从1月14日起启动省“两会”安保维稳情报信息每日研判机制，全面梳理、深入分析省“两会”期间可能影响会场安全和全市社会稳定的突出问题，研究落实相关安保维稳工作，积极为省“两会”顺利召开创造良好环境。

认真做好2014年春节期间安保维稳工作。春节前召开春节期间重点工作专题部署会，分局党委书记、局长陈俊提出具体要求。春节期间，广大民警放弃休息，坚守岗位，全面形成严防严打严管严控氛围，最大限度消除治安隐患、压降街面案件，确保辖区社会治安秩序良好。辖区未发生重大案事件，未发生重大事故，刑事案件同比下降38%。

全力做好全国“两会”期间安保维稳工作。3月5日、3日，十二届全国人大二次会议和全国政协十二届二次会议分别在北京召开。按照上级部署要求，超前动作，强化措施，全力做好全国“两会”期间安保维稳工作。其间，及时掌握有关来市赴省进京上访、扬言制造极端事件、炒作热点敏感问题等方面情报线索，搜集涉稳情报信息60余条；排查化解因征地拆迁、企改制等问题引发的各类矛盾纠纷20余起，有效防止赴省进京集访信访、挑头滋事、制造影响等涉稳情况发生；抓好重点人员滚动排查和动态管控工作，切实做到重点人头底数清、情况明。辖区自排的141名重点人员未发生因漏管失控引发上访滋事等问题；加强社会面及重点、要害部位的巡防。按照上级的部署要求提高巡防等级，加强对社会面及政府部门、水气电部门等重点要害部位的巡防。其间未发生重大案事件。

部署开展反恐维稳工作。5月7日上午，召开会议部署反恐维稳工作，分局政委吴明成传达公安部、省厅相关会议精神，就京口区反恐维稳形势提出具体要求。分局加强社会面巡防，从分局机关抽调12名精干警力，实行24小时武装巡逻，随时应对各种恐怖突发事件；5月23日上午，在学府路派出所召开派出所值班民警佩戴枪支弹药单警装备现场会，出台《京口公安分局派出所值班民警佩戴枪支弹药单警装备规定（试行）》，指导各派出所加强和规范值班民警佩戴枪支弹药和单警装备。

圆满完成高考、中考安保维稳工作任务。6月份，严密组织、多措并举，共出动警力500余人次，先后圆满完成高考、中考安保任务。其间强化组织领导，成立专门工作领导小组，具体负责高考、中考安

巡特警上街巡逻打击暴恐犯罪提升群众安全感

公安京口分局举办青奥安保表彰大会

保工作；强化社会面稳控，提高巡防等级，加强对社会面、校园周边等重点要害部位的巡逻防范，确保社会面稳定；强化矛盾纠纷排查，全面排查化解考点周边矛盾纠纷，共排查化解丹徒镇教堂内部人员争夺讲道权等各类矛盾纠纷10余起；强化网络舆情监控，及时通过网络掌握涉稳苗头，有效开展落地查证等工作，妥善处置花山湾9区6幢居民10余人因采光问题封堵实验高中工地大门等群体性事件。

圆满完成青奥安保工作任务。8月份以来，青奥安保工作进入战时状态，按照青奥安保战时工作机制要求，成立青奥安保战时指挥工作领导小组，设立战时指挥部，全警动员，全力以赴，圆满完成青奥安保工作任务。分局战时工作指挥部建立由办公室牵头，区维稳办、反恐、国保、网安、信访等部门人员参加青奥安保情报信息工作专班，实行情报信息每日综合研判。其间，共搜集处理涉及青奥安保的重要情报线索104条，被市局录用24条；发布交办指令5条，全部督促跟踪反馈；落地查证5人，并依法处理；编写青奥安保专刊30期，及时报市局和区委、区政府。强化关注对象和重点人员动态管控。就南门大街集中暂住新疆籍人员问题进行专题研究部署，围绕新疆籍人员活动范围，加大情报收集、视频监控等工作力度，确保盯死看牢，确保来知去向，动知轨迹。对所有涉疆关注对象和涉稳重点人员管控情况全部实行一日两报制度，由主要领导签字确认，切实落实管控力量和措施，确保动态情况及时掌握。期间，未发生关注对象和重点人员漏管失控及滋事情况。强化不稳定因素排查化解。结合日常公安工作，强化矛盾纠纷及不稳定因素排查化解，其间，共排查化解镇江商业城因升级改造、招商市场租金上涨、市政工程公司企业改制等各类矛盾纠纷及不稳定因素10余起。主动介入，积极配合地方党委、政府和相关部门全力开展维稳工作，防止事态扩大升级。强化应急处突准备和社会面巡防。专门修订完善应急处突工作预案，从分局局领导到基层所队全部实行双领导带班，所有警力严格执行“三个一律”（即一律在岗在位，一律停止休假，一律禁止饮酒）。将机关、大队警力全部进行整合，实行正班和备勤班。明确两部警车作为应急处突车辆，配备单警装备、盾牌、警戒带、取证器材等，做好随时处置突发群体事件的准备。各派出所全部按照35%以上警力投入巡防工作，全区实行一级加强巡防和24小时武装巡逻，特别是加强反恐重点目标单位、人员密集部位的巡防密度。强化重点单位安全防范。由区反恐办牵头成立2个联合检查组开展不间断的检查，发现问题隐患，当场整改或限期整改。其间，发现整改问题隐患100余处。强化战时机制检查督查。局领导按照联系点分工深入各派出所督促指导工作开展，纪检督察部门全方位、不间断进行督查。全区公安机关按照“管好自己人、看好自己门、干好自己事”的要求，严明工作纪律，严肃战时惩处机制，确保在全力投入青奥安保战时工作同时，内部和队伍不发生有影响的问题。其间，共发布督察通报6期。

圆满完成“12·13”国家公祭日安保维稳工作。针对“12·13”国家公祭日，按照上级部署和要求，认真开展并圆满完成安保维稳工作任务。其间，共搜集处理涉及公祭日的重要情报线索14条，未发生关注对象和重点人员漏管失控及滋事情况，共排查化解各类矛盾纠纷及不稳定因素10余起。专门修订完善应急处突工作预案，全区实行一级加强巡防和24小时武装巡逻，切实加强对社会面控制。（俞福勇）

**【打击破案提质增效】** 不断加大大要案件攻坚力度，年内4起命案全破，保持14年全破“佳绩”；打掉恶势力团伙4个、涉恶团伙8个，始终保持全市第一；“八类案件”破案率达94.7%，“8·17”系列抢劫案等得到快速侦破。截至2014年年底，共立刑事案件3479起，破722起，破案率达20.8%，抓获刑事作案成员968名，刑拘479名，公诉393名。开展“两盗一骗”凌厉攻势，加强对影响民生案件侦办，侦破侵财案件230起，抓获侵财犯罪嫌疑人110余名，摧毁侵财犯罪团伙6个，抓获网上逃犯6人。组织两场大规模集中返还仪式，返还财物500余万元。先后侦破展销馆案值135万元银玉器被盗案等6起省厅挂牌案件。破获涉娼、涉赌、涉毒刑事案件51起，查处涉娼、涉赌、涉毒违法犯罪人员697人，缴获毒品冰毒2026.96克，收缴赌博游戏机278台。成功侦破部督“陈某勇等人特大网络组织卖淫案”等挂牌案件。严厉打击各类经济犯罪案件，追缴款物总值达1000余万元。

侦破“2014·1·12”杀人焚尸案件。1月9日凌晨，犯罪嫌疑人薛某某（男，40岁，镇江人）因琐事窜至受害人解某某（女，39岁，住市区桃花坞）住处，采用刀捅头部、卡捂脖子的手段杀害受害人，后于1月12日19时40许，携带汽油进入现场焚尸。事发后，市局党委委员、副局长顾传先在第一时间赶赴现场，指挥协调市局刑侦、技侦、网安、消防、交巡警及京口分局等部门警力，迅速围绕爆炸失火原因、受害人死因等警情定性问题展开调查，通过多次勘查鉴定、尸检鉴定，最终确定此警情为人为纵火、他杀案件；通过大量的电子侦查、视频侦查以及受害人关系人调查，受害人生前活动轨迹、同行人员反查，最终确定受害人妹夫薛某某具有重大作案嫌疑。2月26日中午，专案组根据线索在薛住处将其抓捕归案。

捣毁一利用网络工具组织卖淫的流窜团伙。今年6月以来，犯罪嫌疑人王某（女，33岁，四川人）伙同他人，通过微信、QQ、电话联系等方式，组织柯、汪等失足妇女先后辗转江苏多地，通过向附近男子发布招嫖信息，并在丁卯桥路速8酒店、解放路汉庭快捷酒店内安排实施卖淫嫖娼活动，从中渔利。7月5日，分局治安大队根据线索抓获涉嫌组织卖淫的犯罪嫌疑人王某，涉娼人员陈某（男，41岁，镇江人）等8人。

侦破一起涉新疆人员暴恐案件。8月11日11时10分，大市口派出所民警在市区大市口商圈附近巡逻时，发现一新疆维族籍男子形迹可疑，遂对其进行盘查询问，该男子突然拿出美工刀和水果刀冲进附近派出所，欲袭击民警，被民警当场制服。经查，11日上午，阿某(28岁，系吸毒人员，有多次盗窃前科）乘坐9时42分南京至上海的火车，于10时25分抵达镇江。经初步审讯阿某此次到镇江的目的为袭击派出所。接报信息后，市公安局高度重视，副市长、市委政法委副书记、市局党委书记、局长倪兴余专程赶至大市口派出所指导案件侦办工作。后市局及时成立由分管局领导挂帅，市局刑警、治安、技侦、网安、反恐、人口管理及属地公安机关警力组成的工作组，全力开展嫌疑人审查和相关调查工作。

破获系列“碰瓷”敲诈案件。2014年7月，有网民在0511梦溪论坛发帖，反映在市区桃花坞到梦溪广场、船院一带，每晚7—8点有人专门进行“碰瓷”敲诈，从而引发众多网民跟帖，副市长，市公安局党委书记、局长倪兴余专门对此舆情作出批示。对此，京口分局高度重视，分局党委书记、局长陈俊亲自过问，并安排党委委员、副局长陈廷桥牵头具体负责案件查证工作，同时迅速抽调禁毒大队、正东路派出所专门警力组成专案组，全力侦查此案。通过案发地周边走访、进一步向受害人了解情况以及视频追踪、特情辨认等多种手段，很快锁定有涉毒前科的犯罪嫌疑人车某某(男，44岁，镇江人)。8月22日中午13时许，专案组民警根据线索，在分局网安大队的配合下在市区冲击波网吧将车成功抓获。经审查，2014年车交代了自3月以来,伙同犯罪嫌疑人刁某(男,35岁，镇江人）先后在市区桃花坞到梦溪广场、船院及南门大街一带“碰瓷”敲诈，作案5起，案值5000余元的犯罪事实。8月29日，另一名犯罪嫌疑人刁斌被抓获归案。

部署开展打击“两盗一骗”犯罪专项行动。3月5日上午，分局召开打击“两盗一骗”犯罪专项行动部署会。分局党委书记、局长陈俊要求：各单位、各部门思想高度重视，充分认识专项行动的重要性；紧扣工作目标，狠抓各项工作的落实；形成工作合力，有效提升打击工作的质态；落实工作责任，建立健全有效工作机制。在此基础上，分局各单位、各部门结合自身实际，积极有效开展各项打击工作。至11月底，分局共抓获刑事作案成员1012名，破获现行案件760起，刑事案件立案总数3779起，同比下降8%，工作绩效位居全市前列。

（俞福勇）

**【安全防范更趋严密】** 制定《“两网警务”实施意见》等文件，实行“星级化”考评，推动民警沉入社区。加大对重点场所整治力度，全年检查旅馆3600余家次。实施特巡警大队管线，派出所管片，分局机关辅助的网格化巡防机制，开展全天候巡防，现场抓获违法犯罪嫌疑人27名，违法犯罪总警情与实有人口比率同比下降12.99%，巡逻处警工作绩效位居全市第二。全面启动“满天星电子眼”升级改造工程，年底完成1300个改造任务。强化安全监管，收缴枪支3支、子弹25发，管制刀具43把，发现并落实整改安全隐患29处，破获2起盗窃、倒卖汽柴油案件。消防安全形势平稳，社区消防达标率为90.91％，处置火灾事故和应急抢险救援任务396起，督促整改隐患820处，避免直接经济损失8000余万元。积极贯彻落实市局和区委、区政府关于全国文明城市创建工作要求，将创建工作作为重中之重。不断深化犬类整治，登记发放犬牌犬证5530副，发放违规养犬告知书275份，训诫违规养犬94人，收容流浪、无证犬只88只。深化校园周边环境整治，发现整改各类隐患76处、取缔棋牌足疗31家。深化整治违法小广告，现场查获非法张贴小广告人员18人，约谈教育9人，责令清理小广告50余处，收缴小广告800余张。

（俞福勇）

**【队伍管理不断提升】** 以“深学、深查、深改、深立”扎实开展党的群众路线教育实践活动。严格执行警纪禁令，落实两个“暂行办法”和“1+4”（整合政工和纪委、督察、法制、信访等部门的队伍管理职能，建立以政工部门牵头，纪委、督察、信访、法制部门协同参与的队伍管理机制）队伍管理模式。进一步规范窗口服务，制定“六统一”工作行为规范，户籍窗口和身份证信息采集点群众满意率分别达100%和99.6%，位居全市第一，在“110”巡逻接处警队中率先开展“提高警情处置满意度，展示流动窗口新形象”活动，警情处置满意度始终保持全市前列。扎实推进执法规范化，以“随岗轮训、战训合一”模式组织民警参加各种法制学习，强化执法业务培训。加强对案件审核力度，强化对办案场所“四个一律”的执行情况督查。加强典型选树工作，先后涌现出全省“三八红旗手”标兵，全省“最美警察”提名奖金怡，“江苏公安青春警星”李晓飞等一批佼佼者。在青奥安保和大要案件等省、市、区的表彰中，有2名同志荣立二等功，11名同志荣立三等功，60名同志被嘉奖。

【召开2014年全区公安工作会议】2月19日上午，召开2014年全区公安工作会议。市政协副主席、市委政法委副书记、市局党委书记、局长夏新平，区委书记、区人大常委会主任裔玉乾，区委副书记、区长黄万荣，区政协主席孙国平，区人大党组书记、常务副主任倪兆顺，区委常委、政法委书记宋平生等领导出席会议。夏主席、裔书记在会上作重要讲话，局党委书记、局长陈俊作题为《实践平安梦，铸就新辉煌，努力开创京口公安工作新局面》的工作报告，分局政委吴明成主持会议。会议还由陈俊局长接受分局部分单位、部门递交2014年实现公安目标责任状，表彰奖励了2013年度先进集体和先进个人。分局全体局领导，各单位、部门负责同志及民警，总计200余人参加会议。

【领导考察】1月17日下午，省委常委、政法委书记李小敏一行赴分局大市口派出所看望慰问民警。

1月28日上午，市委常委、市人民政府常务副市长张洪水一行赴京口区就烟花爆竹安全燃放工作进行督导检查。

1月3日凌晨，市政协副主席，市局党委书记、局长夏新平赴京口区检查指导夜巡工作。

1月22日上午，市政协副主席，市局党委书记、局长夏新平同志赴分局健康路派出所看望慰问民警。

1月26日上午，京口区委书记裔玉乾率队开展安全生产大检查。

3月11日下午，市局党委书记、局长夏新平邀请市人大京口一组部分代表在分局召开座谈会，征求其对公安工作的意见和开展教育实践活动的建议。

4月29日下午，省委610办公室副主任杨旭峰一行到京口区检查南京青奥会前的反邪教工作。

4月24日上午，市人大内司委主任胡荣明、城建环保委主任徐罗照等一行5人赴分局调研指导执法规范化建设工作。

5月17日上午，分局在大市口城市客厅组织召开打击“两盗一骗”犯罪专项行动阶段成果展暨发还大会。市政协副主席、政法委副书记、市公安局党委书记、局长夏新平出席并作重要讲话。

6月26日下午，省维稳办副主任、省厅党委委员陈建平率省厅督查组一行赴京口区八佰伴商场、江滨医院等地实地检查反恐维稳各项措施落实情况，并听取分局党委书记、局长陈俊关于京口区反恐维稳工作情况的汇报。

7月17日下午，区政协主席团一行7人在区政协主席孙国平率领下赴分局考察公安工作。

8月12日下午，区委裔玉乾书记一行考察分局围绕社会治安综合整治开展青奥安保工作进展情况。

9月17日下午，副市长、市委政法委副书记、市局党委书记、局长倪兴余率队督查京口区消防安全重点工作。

9月25日下午，副市长、市委政法委副书记、市局党委书记、局长倪兴余一行赴分局考察基层所队办公用房建设及全国文明城市创建迎检工作。

11月6日下午，市人大联委主任于士和、市政府办公室督查室主任贾晟率检查组和部分人大代表一行赴分局开展人大代表建议办理“回头看”活动。

12月2日下午，市委副书记、市政法委书记李茂川一行赴分局考察指导工作，先后考察分局警察文体中心、治安防控指挥中心等处。

12月23日上午，副市长，市委政法委副书记，市局党委书记、局长倪兴余赴挂钩联系点大市口街道，检查指导文明城市迎国检创建工作。

12月24日下午，京口区人大常委会党组书记、常务副主任倪兆顺率区人大常委会部分组成人员视察全区公安工作及队伍建设情况。

（俞福勇）

倪兴余（左五）赴京口区检查文明城市创建工作

## 检　察

【概况】　2014年，京口区检察院紧紧围绕全区工作大局，认真开展党的群众路线教育实践活动，坚持严格执法，强化法律监督，强化队伍建设，各项检察工作均取得新进展。全年共获得江苏省公共机构节能减排示范单位、镇江市先进检察院、京口区社会治理贡献奖等8项集体荣誉。

全年共受理审查逮捕各类刑事案件110件153人，受理审查起诉案件316件496人，经审查，批准逮捕99件134人，提起公诉296件454人。坚持把严重暴力犯罪、毒品犯罪、多发性侵财犯罪等严重危害社会治安和人民群众生命财产安全的犯罪作为打击重点。坚持适时介入，引导侦查取证，做到快捕快诉，共批捕故意杀人、强奸、抢劫、贩卖毒品犯罪嫌疑人18人，起诉37人。依法从快办理公安部挂牌督办的陈某某等5人组织卖淫案、省公安厅挂牌督办的何某某等6人利用邪教组织破坏法律实施案、震惊全市的薛某某杀人焚尸案等重大刑事案件。有效打击了犯罪分子的嚣张气焰。对主观恶性较小、犯罪情节轻微、认罪悔罪的犯罪嫌疑人依法从宽处理。全年共依法对18人作出不批捕决定，对5人作出不起诉决定。强化对涉罪未成年人的司法保护，共为未成年犯罪嫌疑人指定辩护人11人次，决定附条件不起诉2人，封存犯罪记录21人。坚持把化解社会矛盾、维护和谐稳定贯穿于执法办案始终。以派驻检察室、社区检察官办公室等为依托，开展释法说理、刑事和解和信访维稳等工作。共办理各类控告举报申诉案件94件，对5件轻微刑事案件作出和解处理。深入推进涉法涉诉信访改革，构建由检察机关“1”方工作人员和“N”名第三方调解员共同参与的“1+N”矛盾化解模式，助力疑难复杂信访案件化解，全年无涉检赴省进京访。

全年共立案侦查职务犯罪案件17件18人，其中贪污贿赂案件15件16人，案件数同比上升25%；渎职犯罪案件2件2人。深入查办窝串案，全年窝案串案达14件，占立案总数的82%，形成办案规模效应，让人民群众实实在在感受到反腐败成效。其中，共查处涉案案值50万元以上案件8件，比上一年度上升300%，百万元以上案件1件，案件大案率达100%，为国家挽回直接经济损失400余万元。全年立案案件数之多、犯罪数额之大、挽回经济损失之多，均创区检察院历年来新高。案件侦查终结率、起诉率、判决率均处于全市领先地位，实现了办案数量、质量、效率和效果有机统一。坚持惩防并举、侦防一体。全年共开展预防警示教育62次，受教育人数达3500余人次，进行预防调查12次，发出预防检察建议5份，受理行贿犯罪档案查询1276次。深化专业化预防，先后在辖区街道、交通银行镇江分行等单位召开重大典型案例剖析会，共同提升预防职务犯罪效果。不断探索预防职务犯罪新途径，制定出台《庭审预防制度》，加强在庭审中的警示教育。积极开展检察约谈，实现预防职务犯罪关口前移。认真编制年度惩治和预防职务犯罪综合报告，受到区委主要领导批示肯定，预防调查经验做法被最高人民检察院转发。

加强立案监督，监督侦查机关撤案1件。加强对侦查活动监督，纠正漏捕4人，其中2人均被判处三年以上有期徒刑，纠正漏诉3人，均被判处有期徒刑以上刑罚，对侦查机关超期羁押、违法扣押等行为提出纠正意见3件次。加强羁押必要性审查，对不需要继续羁押的2名犯罪嫌疑人建议变更强制措施。积极构建多元化民事、行政诉讼监督格局，提出再审检察建议2份，对3件不符合抗诉条件的民事申请监督案件，耐心细致做好申请人服判息诉工作。开展虚假诉讼监督专项行动，与区法院建立打击虚假诉讼联动机制，依法办理虚假诉讼监督案件2件，均获改判，为案件申请人挽回直接经济损失40余万元。探索行政执法检察监督，向相关行政执法部门发出督促履行职责检察建议2份，受到区委领导批示肯定。不断强化社区矫正法律监督力度，共检察社区矫正罪犯入矫123名，解矫135名，纠正社区矫正违法违规9次，建议撤销缓刑、假释、暂予监外执行罪犯7人。会同法院、司法局，共同制定出台《京口区社区矫正调查评估暂行办法》，进一步推动社区矫正法律监督工作制度化、规范化。提前介入暂予监外执行案件办理，首次对1名申请暂予监外执行的罪犯病情诊断过程进行全程监督，切实防止刑罚执行中违法违规现象。（杨　钰）

**【检察保障生态文明建设】** 围绕区委推进生态文明建设决策部署，制定出台《关于充分发挥检察职能作用服务和保障生态文明建设的意见》，全力护航美丽京口建设。建立“1+2”（制定1个环保联动执法规定，即与区环保局联合制定出台了《关于建立检察监督与环境行政执法联动协作机制的实施意见（试行）》；建立2个环保检察监督平台：驻区环保局检察官办公室和生态环境保护网络舆情监测平台）生态环境司法保护模式，与区环保局联合制定出台《关于建立检察监督与环境行政执法联动协作机制的实施意见》，设立驻区环保局检察官办公室，建立生态环境保护网络舆情监测平台，及时督促和配合区环保、农委等部门对辖区内破坏生态环境的违法行为进行专项整治。组建宣讲团，深入开展“加强生态环境整治，推进美丽乡村建设”主题宣讲活动，相关做法被市检察院转发。（林　龙）

**【深入推进法治惠民工程】** 密切关注群众呼声，坚持把畅通民意、维护民利、保障民生作为检察工作的出

团省委副书记蒋敏（前右二）一行莅临京口区检察院调研未检工作

发点和落脚点。依托谏壁检察室贴近基层和群众优势，建立“1+3”联动服务群众模式，积极打造百姓“家门口的检察院”。建立社区检察官制度，在辖区重点社区设立由青年干警组成的“社区检察官”工作点，全年共开展法制进社区活动12次、预防未成年人犯罪讲座18场、为群众提供法律咨询服务400余人次。建立网上“检察为民服务中心”，提供举报控告、法律咨询、行贿犯罪档案查询等“一站式”服务。（李丽娟）

**【检察保障经济转型发展】** 严厉打击经济犯罪，着力保障经济平稳较快发展。对涉嫌合同诈骗、非法吸收公众存款、非法经营等破坏市场经济秩序类犯罪依法从速批准逮捕。着力服务企业发展，开展企业生产经营风险集中走访调研活动10余次，向涉案企业及主管部门发出检察建议12份，促进完善管理制度26项。进一步加强对全区重大项目建设的监督、服务、促进和保障工作。全面落实社会风险排查研判工作，结合执法办案及时排查影响经济发展的各类风险隐患，加强综合分析，提出对策建议，共向党委、政府及上级机关报送风险研判报告8份，其中6份获领导批示肯定。（陈莫杭）

**【检察接受外部监督】** 全年共向区人大专题报告工作2次，组织开展代表委员联络活动60余人次，邀请人大代表、政协委员、人民监督员参与审查逮捕案件公开听证、刑事申诉案件公开示证等活动30余人次。着力探索深化人民监督员制度改革试点工作，构建“监督范围‘7+5’、监督节点两延伸”的“双十二型”人民监督工作新模式，区人大常委会专题听取区检察院工作报告并作出批准决定，相关做法受到省检察院充分肯定。不断强化外部监督，制定《执法办案社会评价实施办法》，大力推进以案件信息公开为核心的检务公开，通过手机报、微博、微信、微代码查询系统等平台，公开法律文书37份，发布案件程序性信息123件，切实保障人民监督权，使检察权在阳光下运行。

（周文龙）

**【检察人才培养】** 搭建人才选用平台，激发队伍内在活力，通过开展中层干部竞争上岗，推行中层干部助理制，7名干警竞聘成功走上中层干部岗位。针对人才断层严重的状况，面向全国公开选调公务员，逐步改善队伍结构，充实一线办案力量。成立技术科，着力解决职务犯罪侦查中信息技术力量薄弱问题。积极开展“青年干警扬帆启航”活动，成立以青年骨干为主体的检察调研创新工作组，小组成员在《检察日报》等省级以上媒体发表文章181篇。广泛开展业务竞赛、论辩赛等活动，有效促进干警业务技能提升。积极创建省级廉政文化示范点单位，充分发挥文化育检的作用。全年共有60余名（次）干警分别受到省、市、区等各类表彰奖励。（周　雯）

江苏省检察院人民监督工作办公室主任戴耀峰（右二）一行莅临京口区检察院调研人民监督员改革试点工作

**【检察队伍作风建设】** 开展“增强党性、严守纪律、廉洁从政”专题教育活动。以司法改革为契机，着力强化内部监督，探索建立检察人员办案质量终身负责制，在最大限度上防范冤假错案的发生，相关经验做法成功入选“法治镇江建设十年巡礼”成果展，并被省检察院、市委转发。强化检务督察，开展专项督察23次，不断强化对检察干警严格教育、严格管理、严格监督的实效。

（王　旭）

**【典型案例】** 薛某某故意杀人案。2014年3月13日，区检察院依法以涉嫌故意杀人罪，对一起杀人后纵火焚尸的犯罪嫌疑人薛某某批准逮捕。

经审查，2014年1月8日晚11时许，犯罪嫌疑人薛某某（男，39岁）因琐事与被害人解某某发生矛盾，欲向解某某泄愤，遂至京口区桃花坞新村解某某家中，趁解某某开门之际采用捂嘴、刀扎等手段致被害人解某某死亡，并将尸体藏匿于衣柜内。后因解某某父亲至派出所报案解某某失踪，犯罪嫌疑人薛某某害怕犯罪事实败露，遂于1月12日晚19时30分左右，携带汽油、贡香等物再次窜至被害人解某某家中，采取汽油纵火的手段，焚尸灭迹。

鉴于该案社会影响极其恶劣，区检察院第一时间启动重大案件提前介入机制，并及时上报市检察院。市检察院在听取案情汇报后派员与区检察院共同介入侦查，调阅案件卷宗、视听资料等相关材料，先后两次前去案发现场进行勘验检查，引导公安机关侦查取证。案件移送审查批捕后，区检察院在认真审查、严格把关的基础上，依法对犯罪嫌疑人薛某某作出批准逮捕决定。

何某某等6人利用邪教组织破坏法律实施案。2014年7月29日，区检察院依法以涉嫌利用邪教组织破坏法律实施罪，对由省公安厅挂牌督办的制作、散发“法轮功”宣传品的6名犯罪嫌疑人作出批准逮捕决定。

经审查，2014年1月以来，犯罪嫌疑人何某某（女，69岁）、张某某（女，42岁）、张某（女，55岁）、张某某（男，51岁）、余某某（女，67岁）、朱某某（女，69岁）等6人明知国家已取缔“法轮功”邪教组织，仍继续进行邪教活动，多次利用互联网下载、制作“法轮功”宣传单、图片、书刊、光盘共计1万余份用于散发、传播，宣扬邪教，破坏国家法律、行政法规实施。

鉴于案件涉及人员众多，严重影响社会政治稳定，区检察院第一时间启动重大案件提前介入机制，依托驻公安派出所检察官办公室平台，及时派员引导公安机关侦查取证。案件移送审查逮捕后，区检察院依法以涉嫌利用邪教组织破坏法律实施罪对6人作出批准逮捕决定。

陈某某等5人组织卖淫、协助组织卖淫案。2014年8月26日，区检察院分别以涉嫌组织卖淫罪、协助组织卖淫罪，对2014年公安部“无声风暴”行动挂牌督办的利用网络组织他人卖淫的5名犯罪嫌疑人作出批准逮捕决定。

经审查，2014年2月开始，犯罪嫌疑人陈某某（男，38岁）、祝某某（男，28岁）、胡某（女，33岁）、廖某某（女，33岁）、蒋某某（男，33岁）等人组织二十余名招嫖人员、卖淫招募人员、网络“客服”人员、卖淫人员，利用微信、QQ等网络聊天工具招揽嫖客，先后在镇江、南通、宜兴等地组织卖淫1000余次，非法获利50余万元。

鉴于案件涉及人员众多，严重破坏社会风气和治安管理秩序，区检察院第一时间启动重大案件提前介入机制，及时派员引导公安机关侦查取证。案件移送审查逮捕后，区检察院经认真审查，以组织卖淫罪对犯罪嫌疑人陈某某、祝某某，以协助组织卖淫罪对犯罪嫌疑人胡某、廖某某、蒋某某分别作出批准逮捕决定。（陈莫杭）

## 法院

**【概况】** 2014年，京口区法院认真贯彻区委七届七次全会和区八届人大三次会议精神，紧紧围绕“努力让人民群众在每一个司法案件中都感受到公平正义”的目标，坚持司法为民、公正司法，忠实履行宪法和法律赋予职责，着力提高司法公信力，各项工作取得新进展。全年共受理案件7186件，审执结5885件。

加大刑事审判工作力度。审结刑事案件295件，判处罪犯467人，其中判处五年以上有期徒刑23人。依法严惩暴力犯罪，审结抢劫、强奸、危害公共安全等犯罪案件41件46人，被告人张某某、吴某某以危险方法危害公共安全案入选省法院公报案例。依法严惩多发性、聚众性、侵财性犯罪，审结盗窃、诈骗、“黄赌毒”等犯罪案件129件338人。依法打击职务犯罪，审结贪污贿赂及渎职犯罪案件13件14人。贯彻少年刑事审判政策，审结未成年人犯罪案件9件13人，给予刑事处罚13人，适用非监禁刑5人。

依法保障涉诉民生权益。加强民生司法保护，审结民事案件2993件。加强传统民事案件审判，促进社会和谐，审结民间借贷、婚姻家庭、相邻关系、损害赔偿等传统民事案件1443件，其中调解撤诉结案880件，调解撤诉率60%。加大劳动者合法权益保护力度，构建和谐劳动关系，审结劳动争议案件264件。发挥专业审判团队优势，物业、道交、劳动争议等七个专业审判组审结案件1568件，其中原告镇江市第四人民医院诉姚某等被告损坏财物案等2件案件入选全市法院年度十大典型案例。

加强行政案件司法审查。严格执行上级法院规定，规范行政案件立案、管辖等问题，保障当事人起诉权利，共受理各类行政案件63件，审结61件，其中确认具体行政行为违法案件5件，占行政诉讼结案数的19.2%。妥善审理社会关注的房屋拆迁行政诉讼案件，审结14件。

全力破解执行难问题。加大执行工作力度，执结案件1680件。在全市法院率先建成“4G”网络执行指挥中心，并与省高院、市中院互联互通，建立统一指挥、协调联动、快速反应的执行工作机制。强化执行司法查控系统运用，与银行、公安、工商等单位建立“点对点”实时查询机制，有效解决被执行人和被执行财产查控难问题。对被执行人的银行存款查询由个人扩大到所有企业法人、社会团体，完成查询1768次3715.6万元。将案件保全统一归口执行局，共实施保全措施1116次，查封、冻结、扣押款物4.9亿元。（杨维松）

**【增强法治思维 依法服务大局】** 强化市场规则指引，助推经济转型升级。充分发挥商事审判对于维护市场经济秩序、规范市场主体行为的作用，对通过裁判更能彰显法治导向的案件，注重发挥裁判指引功能，为营造诚实守信的市场经济环境提供确定的规范指引。审结商事案件779件，判决结案717件，判决数同比上升35%。依法审理金融纠纷案件，审结涉金融企业案件372件，标的总金额2.88亿元。妥善处理辖区重点企业案件，审执结苏宁广场供货合同纠纷案等一批涉重点企业案件115件。积极开展经济新常态下辖区重点企业涉诉纠纷分析研判，并及时报告区委，为区委科学研判全区经济运行态势、推进经济转型升级提供决策参考。

加强环境资源司法，助推生态文明建设。以被省高院确定为环境资源类案件集中审判法院为契机，设立专门合议庭，开展环境资源类刑事、民事、行政案件“三合一”集中审判，推进生态文明建设。受理此类案件20件，审结18件。坚持打击犯罪与生态资源修复并行，对环境资源刑事案件依法判决后，及时指导恢复补救，有效维护生态环境。（杨维松）

**【践行司法为民 提升司法公信】** 落实便民利民措施。启用“12368”手机短信平台，将立案受理、诉讼节点、审限变更、审理结果等12个流程节点，自动形成短信发送给案件当事人。加强在线诉讼综合服务平台建设，推进互联网诉讼便民工作。改善诉讼窗口服务，窗口工作人员每天提前半小时上班，立案大厅中午向当事人开放，下班延迟至诉讼事项办结。加大对困难群体的司法救助，全年减缓免诉讼费200.54万元，发放刑事被害人救助金、民事执行救助金36.1万元。开通远程视频接访系统，与最高院、省高院远程接访视频同步对接，为群众解决信访诉求提供便捷通道。

打造惠民特色项目。成立全市首家未成年人及家事案件审判庭，全方位保护未成年人、妇女、老人合法权益。推行家事案件调审分离新模式，专职调解员负责案件调解，法官负责案件审理，共调解撤诉案件423件。区法院被省妇联授予“维护妇女权益示范岗”。在全市法院率先挂牌成立“保险合同纠纷调解工作室”，由市保险行业协会推荐专职调解员驻庭协助调解，成功调解案件165件，赔付金额830.5万元。全年有7个特色项目入选全区法治惠民实事项目。（杨维松）

【推进审判改革 维护司法公正】完善主审法官办案责任制。以落实主审法官、合议庭办案责任制为核心，积极探索审判权运行机制改革新路径，按照责权利相统一原则，突出法官在法院的中心地位和办案中的主体地位，清晰划定职权“边界”，实行主审法官办案“职权清单”制度，明确主审法官独立办理案件、独立审签裁判文书等6项职权。制定《办案责任追究制度》，严格错案责任追究，实现“谁审理、谁裁判、谁负责”。

建立审判团队管理新模式。围绕去行政化管理目标，取消内部行政管理层级，根据案件数量、案件特点、人员结构等因素，建立以主审法官、审判辅助人员组成的审判团队模式，减轻主审法官事务性负担。从全院现有法官中选拔29名政治素质好、办案能力强、专业水平高、纪律作风过硬、司法经验丰富的法官担任主审法官，并打破业务庭原有格局，重新组建13个由主审法官带领的审判团队。院长、副院长直接编入审判团队，负责承办重大疑难复杂案件。（杨维松）

【深化司法公开 打造阳光司法】加强审判公开工作。依托全省统一直播平台，开展庭审实况互联网直播，全年直播庭审26件，观看3864人次。开展裁判文书上网工作，上网裁判文书1510份，数量位居全市法院前列。扎实推进执行信息公开，配备使用3G执法记录仪，对执行工作全程进行录音录像。改造升级科技法庭，实现庭审同步录音录像、同步记录、同步显示庭审记录，庭审视频光盘全部入卷封存。推行网上司法拍卖。自2014年1月起，入驻淘宝网司法拍卖平台，实现所有拍卖环节全部在互联网公开进行。全年网上拍卖118次，上架拍品53件，网拍成交金额922.33万元，溢价率16.8%。

完善公开平台建设。开通官方网站、微博、微信，将社会公众和当事人需要了解的司法信息及时公开。官方网站开辟8大专栏25个子栏目，累计发布信息4216条；官方微博将重要工作、重大案件审理执行情况及时动态发布，累计发布信息590条，其中发布的一起饲养动物致人身损害赔偿案被省高院官方微博转发；官方微信改版后设立微公开、微服务、微指引三大模块12个子菜单，累计发布信息522条。（杨维松）

【领导考察】 7月4日下午，镇江市委副书记、政法委书记李茂川在市政法委常务副书记、市综治办主任马建生和市政法委副书记李明洪的陪同下，到京口法院调研司法改革工作情况。

2月25日下午，市中院院长茅仲华、京口区委书记裔玉乾到京口法院调研指导工作。（杨维松）

## 司法行政

【概况】 2014年，京口区司法行政工作以中共中央十八大和十八届三中、四中全会精神为引领，以“四个全覆盖”建设为目标，以法律服务为抓手，以党的群众路线教育实践活动为保障，圆满完成司法行政工作各项目标任务，为全区经济和社会发展提供良好的法律服务和法治保障。在区人大组织的政府组成部门局长工作述职中获最高评分，全局政务信息和新闻在全市司法行政系统辖区位于前列，政务信息在区政府部门位列第二。京口区获“‘六五’普法中期先进区”称号。（殷　红）

【突出重点对象学法用法】 认真落实《2014年京口区政府常务会议学法用法计划》，相继开展《消费者权益保护法》《文物保护法》《宪法》等五个专题的区政府常务会议集中学法和《未成年人保护法》《水污染防治法》《校车安全管理条例》等六个专题的区政府常务会议会前学法活动。2014年11月18日，特邀省人大法制委副主任委员、法工委副主任王腊生为全区领导干部专题讲授《中华人民共和国宪法》知识，牢固树立全区领导干部依法治国理念。对全区4名非人大任命领导干部进行任前法律知识考试。开展以安全教育为主题的“法律进校园”活动，依托“网上法律学校”组织广大师生在线学法，依托社区开展暑期青少年法制夏令营、模拟法庭、法制讲座等活动，有效提升全区青少年的法律素养。（殷　红）

【“法律六进”活动形式多样】 2014年一季度，深入谏壁街道、四牌楼街道、焦顶山社区、江一社区、高桥北社区分别开展“送法下乡”“3·15‘新消法’维权进社区”“喜迎元宵佳节·乐猜法制灯谜”“学雷锋·送温暖，法律援助进社区”和“法律维权进社区”咨询活动。二季度，深入驻镇某部队、石马湾社区、江二社区、焦山社区、丹企社区分别开展“法润江苏·春风暖军营”“普法进社区·守法我先行”“送法进社区·普法到网格”“老妈妈普法宣传进社区”和禁毒和反邪教法制宣传活动。三季度，深入大学山社区开展“廉政法制文化进社区”广场文艺演出。以法律咨询、法制讲座、赠送法律书籍等形式深化“诚信守法企业”创建活动，全年开展“法制宣传企业行”“送法进企业”等活动30余场次。（殷　红）

【“法润江苏”春风行动特点鲜明】集中开展“六个一”活动：向全区社区（村）免费发放一套省厅编印的《常用法律知识100问（农民版）》口袋书、订制一份《江苏省法制宣传教育挂图》、组织一场“法润江苏”

开展"惠民生、促和谐"律师志愿服务活动

之物业纠纷和矛盾纠纷现场咨询、开展一次基层法治文化阵地建设学习交流、举办一期社区网格调解员法律培训和一场全区村民参与的《全省农民网上法律知识竞赛》活动。2014年，全区共开展普法惠民法律咨询活动12场次，举办法律讲座8场次，发放宣传资料1000余份、法律服务联系卡300余份，受到广大群众的热烈欢迎。（殷　红）

【省级"民主法治示范村（社区）"创建工作再上新台阶】扎实开展各级民主法治示范村（社区）创建活动，积极培育国家级民主法治示范村，重点打造谏壁街道东京村。2014年，在组织各街道司法所所长现场观摩古城法治文化公园、谏壁法治文化广场和座谈的基础上，市司法局党组成员、纪检组长易北江率队深入谏壁街道，对东京村创建国家级"民主法治示范村"进行现场指导。2014年新增省级"民主法治示范村（社区）"3家，全区省级达24家，创建率36.36%，居全市前列。（殷　红）

【加强人民调解队伍能力建设】2014年4月，联合区法院召开全区人民调解工作推进会，总结近年来全区人民调解工作，表彰一批优秀人民调解员和优秀司法协理员，对人民调解员和网格长代表进行全面培训。四牌楼街道利用网格长换届选举之机，邀请区法院法官对百名新任网格长进行调解专业培训；谏壁街道组织人民调解员开展处置突发事件的能力培训，维护重点敏感时期辖区内安全。2014年12月，省人大常委会委员、省人大内司委主任委员刘成林率队，赴京口区开展《江苏省人民调解条例》立法调研，先后考察四牌楼街道滨江汇调中心、江一社区服务中心和司法惠民服务站，对四牌楼街道创新三级矛盾纠纷调处机制给予充分肯定。2014年，区、街道、社区（村）组织社会矛盾纠纷专项排查3268次，排查出矛盾纠纷隐患1113件，接待群众2400人次，受理矛盾纠纷927件，调解矛盾纠纷925件，调解成功数910件，调解成功率98.38%，劝阻群体性上访数17批次，劝阻上访人数250人次。（殷　红）

【社区矫正措施有力】认真贯彻《江苏省社区矫正工作条例》，在6个街道司法所全面推行结构化监管机制，执法规范性和监管实效性明显增强。严格落实督查指导，重点社区服刑人员管控力度明显加大，先后对87名社区服刑人员实施移动定位。全年接收社区服刑人员133名，解矫150名，现在册164名，未发生脱管、漏管等问题。接收审前调查87起，接收监狱移交假释评估12起。（殷　红）

【安置帮教有序推进】在强化心理疏导基础上，加强与派出所、村（社区）等基层组织联系，全面排查在册刑释解教人员。2014年4月，完成2013年回归的刑释解教人员排查摸底，刑释解教人员182人，查实回归182人。2014年12月17日，与江苏鸿泰钢铁有限公司签订《共建京口区安置帮教基地协议》，正式成立京口区阳光服务中心，有效拓宽刑满释放人员就业渠道和途径。（殷　红）

【公共法律服务体系进一步构建】围绕区委区政府中心工作，坚持用制度促管理，用管理保质量，全力保障全区重点工程、融资引资、房屋拆迁，办理公证915件，没有发生过一起错证、假证和不合格证，公证质量稳步提升。2014年5月29日，区政府第6次常务会议通过《京口区法律顾问团实施方案》，正式成立区政府法律顾问团，办理法律事务20件，帮助协调担保贷款5000万元。积极组织律师事务所律师每周参与区信访局接访工作，有效发挥区人民来访接待中心律师工作室的作用。南昆仑律师事务所律师团队为鼎胜铝业融资引资、股权转让等重大战略调整提供众多法律论证，有效防范和化解企业在转型升级过程中的风险。2014年，江苏南昆仑律师事务所业务创收首次突破1000万元（以实际开票及进账数额计算），纳税额连续4年逾百万元；省文明办、省司法厅、省律师协会联合授予江苏南昆仑律师事务所"江苏省律师行业文明单位"称号；经镇江市社会信用体系建设领导小组办公室审核，该所率先成为镇江市律师界首批"省级信用管理贯标创建企业验收合格"单位；朱义顺、许世可等6名律师入选省律协工作（或业务）委员会；朱义顺、许世可、王小清3名律师加入市政府法律顾问团。大力推进司法惠民服务站建设，新建司法惠民服务站19家，实现街道社区（村）62家全覆盖，让广大居民百姓切实享受到优质高效的法律服务。继续实施法律服务"绿丝带"行动扩容工程，新增8家律师工作室，实现街道61个社区律师工作室全覆盖，为构建和谐社区提供"优质、高效、便捷"的法律服务。拓展服务领域，突出职能优势，先后在2个涉农街道成立公共法律服务中心，有效提升综合法律服务的能力。（殷　红）

谏壁法治文化广场

【法律援助成效明显】 按照“全面覆盖，应援尽援，应援优援”原则，完善工作机制，强化业务保障，提高工作标准和服务能力，让更多困难群众获得法律援助服务。依托法律援助“12348”咨询热线，全面部署“12348”司法行政服务平台建设，力争以更高标准、更新思路、更加行之有效的措施，开创京口司法行政工作新局面。2014年5月，会同区双拥办组织法律服务工作者到驻镇某部开展“法润江苏·春风暖军营”活动，为部队2000余名官兵进行法律知识讲座，现场接受官兵法律咨询120余人次，向官兵发放《怎样维护婚姻家庭权利》等宣传资料200余份，受到部队官兵一致称赞，有效推动法律拥军工作。深化法律援助便民服务举措，全力打造半小时法律援助服务圈，全面启动法律援助“村村通”工程，建成法律援助联络站66家，完成法律援助案件305件，其中2件案件获省法律援助基金会2014年度资助。2014年1月，区法律援助中心被省司法厅命名为“省法律援助机构示范窗口”。 （殷 红）

【法治文化阵地建设】 区委政法委书记宋平生率队对全区基层法治文化阵地建设情况进行督查；区法治办和司法局也相对集中一周时间对6个街道的法治文化阵地建设进行督查指导，有力地推进街道、社区（村）两级法治文化阵地建设。2014年5月份，谏壁法治文化广场被省司法厅命名为第二批“省级法治文化建设示范点”。创作《共建法治梦》法制歌曲作品，组织人员参加全市开展的“法治梦·中国梦——法治的力量”主题演讲比赛，区司法局吴芳获三等奖。（殷 红）

## 人民武装

【概况】 2014年，京口区人武部在军分区党委和京口区委、区政府的坚强领导下，坚持以强军目标为统领，突出听党指挥、履行使命、改进作风、安全稳定四个重点，持之以恒打基础、正作风、抓落实，单位建设取得新的发展进步。 （李学军）

【思想政治建设坚强有力】 坚持把学习贯彻习主席系列讲话精神作为首要政治任务，采取领导授课、定期导读、讨论交流等形式抓好各级各类人员学习。深化“牢记强军目标、献身强军实践”主题教育，广泛开展“战斗力标准”、“对照党章照镜子活动”大讨论，核心价值观培育不断深入。深入学习贯彻全军和军区政治工作会议精神，坚决肃清周永康、徐才厚案件影响。政治工作准备加紧推进，意识形态工作积极主动。双拥和国防教育工作取得新进展，积极开展扶贫帮困、助学兴教、医疗扶持等活动。 （李学军）

【军事斗争准备持续深化】 在拟制完善应急行动预案基础上，投资6万余元加大作战和值班系统技改升级，完善军地一体的战备工作指挥机构。狠抓党委班子岗位练兵和民兵训练演练，年内完成6期287人次的民兵应急分队训练任务。圆满完成苏动—2014C演习、苏防—2014演习、军区联动—2014指挥所通信演习、年度民兵整组点验，高标准接受军分区民兵工作调整改革检验、年度民兵训练、民兵应急分队紧急拉动检验、青奥安保、人武部主官练将考核、辖区专武干部暨民兵营长军事训练、直招士官征集和年度征兵等工作。圆满完成年度征兵任务，大学生比例达67.2%，算上“3+2”大专生，比例达到83.9%，位于全省前列。连续三年人武部被江苏省人民政府、江苏省军区表彰为征兵工作先进单位，实现建区以来30余年无责任退兵目标。 （李学军）

【安全管理工作成效显著】 以开展活动为载体，突出人、车、油、电、密为重点，扎实开展“学法规、明职责、严纪律、正秩序”为主要内容的安全竞赛活动，防患于未然。以加强防范力量为牵引，落实节假日和重大活动期间1名现役干部和1名部首长值班制度，加大投入进行技防设施改造，新建文印室。以整治整改为推动，定期组织“拉网式”安全隐患排查，认真开展营门警戒力量训练，重大安全问题防范基础不断巩固。密切军地隐蔽斗争协作，严格“三防四反”工作目标责任制。圆满完成京口辖区120名民兵青奥安保维稳任务。（李学军）

【抓基层打基础工作深入扎实】 坚持按纲抓建，加强基层规范化建设，组织专武干部集训和资格认证考核，推进民兵基层党组织建设，“三个一线”能力有新增强。注重把财力物力向基层倾斜，投入5万余元慰问困难干部家庭、辖区内基层营连主官和特困战士，整修文印室、改建办公室、乒乓球室和文体活动室，整体建设面貌有新变化。突出“一老一少一基层”，落实部所挂钩帮建，干部职工休假体检、现役军人免费乘坐公交、干部子女入学等工作全面落实。 （李学军）

# 城乡建设

责任编校：段广凤

## 综　述

【概况】　2014年是全面深化改革落实之年，是全面推进依法治国开局之年，是全面完成“十二五”规划关键之年，也是镇江发展史上具有里程碑意义的一年。习总书记考察镇江时评价全市低碳城建工作，“卓有成效，走在了全国前列”，并寄语“镇江很有前途”，极大鼓舞镇江城建的信心和士气。2014年度在区委、区政府正确领导下，区住建局上下以“稳中奋进、改革创新”为主基调，紧扣建设“苏南一流现代化主城区”的目标定位，缜密规划、快速突破，成功完成全国文明城市和国家森林城市的“双创建”任务，京口区也被评为镇江市村庄环境整治先进区。住建局在城建工作推进中克服了“项目少、资金紧”的诸多困难，进一步提效加速，被评为全区城乡建设先进单位，多人次受到区政府表彰。住建局各项职能工作面向社会提供优质服务，为全区城市建设和各项社会事业的发展发挥了积极有效作用。

（张　珀）

## 拆迁工作

【概况】　2014年，京口区各实施主体、各部门全体工作人员，团结奋战、务求实效，为加快城乡一体化建设付出了艰辛劳动，全年共实施完成焦山路、梦溪园基础建设空斗墙改造、金融集聚区、蔡家村蔡家组郭家组、焦化厂宿舍、玻璃纤维厂、白莲巷、上虞下虞后湾片区、低家洼二航三公司船厂宿舍纸浆厂危房、低家洼东窑组、镇澄路等10个征收拆迁项目，总拆迁面积达8.77万平方米。完成回迁安置至象山花园二期1号、财富广场、京岘家园、象山花园、象山花园二期2号、御带河花园等25个项目，5394套，面积约52.39万平方米。组织拆迁人员培训200余人次。在具体的拆迁回迁安置过程中，注重加强与建设主体沟通衔接，对能如期进行项目，超前抓好各项准备工作，确保项目顺利实施；对需延期实施的项目，提前做好宣传解释、资金筹措等工作，严格执行预警、预案等工作机制。

（宁　杰）

## 重点项目建设

【概况】　京口区城建工作进一步强化城市核心商业区的辐射效应，引导中心城区发展，着力提高区域竞争力，增强产城融合；发挥承接外部要素和对内辐射带动作用。京岘山公园、大西路东段改造项目等工程顺利推进，人居环境得到明显改善，逐步实现“产城融合”建设目标。

（廖丽萍）

【京岘山公园项目】　京岘山公园项目是被列为2014年全市重点城建竣工项目之一。项目位于主城东部，学府路以北，宗泽路以南，占地约13.33公顷。公园总投资约1000万元，建设内容包括宗泽路入口广场、总长约1000米环山游步道、林下植被梳理及景观绿化。该项目着力于景观提升：精心打造了公园的“门面”——由太湖石、铁树等错落有致构成的绿化小品。广场还添置四个树箱栽植桂花树，配备座椅，并在广场周边种植一米多高的红叶石楠。这座上百平方米广场，已经成为周边百姓休闲运动好场所。

（廖丽萍）

【索普城中村改造项目】　索普公园项目位于长岗社区长岗组，镇澄公路、丁长公路交会处，涉及村民37户。由于长岗组紧挨索普甲醇厂，生产对居民生活产生一定影响，群众搬迁诉求强烈。随着镇江市政府索普核心区城中村改造项目启动，该地块于2013年年底开始征收拆迁工作。2014年3月底，完成5000多平方米拆迁任务，并由索普集团建造公园，公园总面积11万平方米，总投资340万元，2014年10月完成建设。改造完成后，原有37户居民已全部安置到御带河花园小区，成为城中村改造切身受益者。

（宁　杰）

【大西路东段改造项目】　大西路东段改造项目西起电力路，东至解放路，全长约806米，随着大西路东段全路段开放通行，实现与万古一人路正向对接后，整个道路面貌已经焕然一新，无论是匠心设计的街头小公园、布局合理法桐，还是中分绿化隔离带以及公交站台等附属设施细节考虑，都保留原有的历史风貌，又巧妙地融入现代元素，使这段民国老路与市中心繁华商贸区自然衔接。作为老城区东西向主要道路，大西路东段拓宽改造后通行能力明显提升，将有效缓解该片区交通压力，改善居民出行条件。

（宁　杰）

**【老小区改造工作】** 老旧小区改造作为镇江市民生改善工程，深得民心。根据2014年城建计划，市区老小区改造项目主要是白莲巷北片区和花山湾九区。 花山湾九区二期为常规整治改造工程，小区建筑面积5万平方米，24幢楼，总人口1800人。改造内容包括对小区路面进行整修或翻建，对雨水、污水管道分流、疏通与修建；清理、维修改造化粪池、增设路灯，对公厕及环卫设施整修与增设，对自来水更新改造管道，整理弱电杆线，拆除小区内乱搭乱建棚屋等，为小区配建物业管理用房，完善安全监控设施。白莲巷北片区是老小区提升整治改造工程，总占地面积约5万平方米，建筑面积约12万平方米，共60幢楼，涉及人口约5000人。改造内容主要有平改坡、外墙节能改造、外窗更换、店牌店招更新、杆线下地、小区道路微循环、楼道出新及楼道灯安装等整治项目。随着老小区改造深入，老小区面貌发生显著变化，居住环境改变、生活质量提高，带动着居民素质的提升。（蒋　莉）

**【焦山路南段项目】** 焦山路南段项目由学府路起至小米山路。该道路分为两个断面，前800米规划红线宽度设计为30米，实施双向四车道；后200米宽度设计为38米，实施双向六车道，加快路口交通通行效率，有效分流小米山路交通流量。

（宁　杰）

## 建筑业管理

**【概况】** 2014年按照区政府统一部署，京口区建筑市场管理工作以构建和谐社会为根本，以整顿建筑市场秩序为主线，以加快机制创新为动力，以创建标准化工地为抓手，京口区建筑市场各项管理工作均呈现良好发展势态。通过多种形式宣传安全知识，在开展日常安全检查同时，配合市建管处、安监站重点开展了高支模、深基坑、脚手架扣件、施工临时用电、建筑起重机械等专项检查；配合区安监局、消防大队重点开展了高层建筑消防隐患检查，对存在重大事故隐患要求停工或局部停工整改，并确保做到整改到位；指导辖区内建筑企业积极开展创“文明工地”活动。对全区42家建筑企业进行安全生产许可证年检、资质年检以及企业信用手册年检；二级建造师注册30多人，小型项目师继续教育培训30多人；认真做好建筑施工企业统计月报、季报、年报工作，做到上报及时、数据准确；相继组织建筑安全员及造价员、施工员、质检员、机械管理员、材料员以及特殊工种培训和继续教育工作；加强建设工程安全监督，强化对重大危险源的预控和动态监控，探索安全生产专项整治的长效机制，有效杜绝违规作业行为。

（庄伟武　张　俊）

**【建安营业税完成1.8576亿元】** 为确保建安营业税征管任务顺利完成，京口区对辖区内建设项目开展大调查，对建安税源全盘掌控，动态跟踪，做好服务。为防止属地税源流失，又与市建管处、市地税三分局等部门紧密配合，织密全部建安税征管网络。每月对建设工程进度进行统计，深入施工单位按工程进度落实征管计划，随时为纳税单位提供纳税指导和服务。

（庄伟武　张　俊）

**【清欠农民工工资2800万元】** 2014年京口区十分重视“清欠”工作，高度认识到解决好建筑领域的“清欠”工作事关社会稳定，事关人民群众的切身利益。为进一步保障农民工的合法权益，住建局与市“清欠办”、市公安、劳动保障、市法院等部门紧密配合、多方联动；全年共接待处理拖欠民工工资纠纷事件19起，涉及金额约2800万元人民币。（庄伟武　张　俊）

**【多个建设项目获得荣誉】** 2014年中国工商银行股份有限公司镇江分行本部营业办公楼改造工程、华诚新村二区一期安置房工程被评为省级文明工地项目；香江花城IB地块、老市政府4#楼复建工程等项目被评为市级文明工地项目；中国银行镇江分行、中冶京诚置业、城市干道工程建设办公室、和融房地产、维科置业等5个工程获得2014年度镇江市“金山杯”优质工程奖。

（庄伟武　张　俊）

### 京口区建筑施工（装饰）企业资质概况表

表1

| 序号 | 企业名称 | 企业资质 |
|---|---|---|
| 1 | 江苏明兴建设发展有限公司 | 施工总承包一级 |
| 2 | 镇江市苏宁建工有限公司 | 施工总承包二级 |
| 3 | 镇江市华龙建筑安装工程有限公司 | 施工总承包二级 |
| 4 | 镇江市昱然建筑安装工程有限公司 | 施工总承包三级 |
| 5 | 江苏佳德施工程建设有限公司 | 施工总承包三级 |

续上表

| 序号 | 企业名称 | 企业资质 |
|---|---|---|
| 6 | 镇江市协兴建筑安装工程有限公司 | 施工总承包三级 |
| 7 | 京口区华强建筑安装工程有限公司 | 施工总承包三级 |
| 8 | 镇江市京九建筑安装工程有限公司 | 施工总承包三级 |
| 9 | 镇江市宝鼎钢结构有限公司 | 施工总承包三级 |
| 10 | 镇江市恒林建筑装饰有限公司 | 施工总承包三级 |
| 11 | 镇江德高安装工程有限公司 | 施工总承包三级 |
| 12 | 江苏金芙蓉装饰工程有限公司 | 建筑装饰一级 |
| 13 | 镇江市金禾广告装饰有限公司 | 建筑装饰二级 |
| 14 | 镇江市良文装饰工程有限公司 | 建筑装饰三级 |
| 15 | 镇江市四方装饰工程有限公司 | 建筑装饰三级 |
| 16 | 镇江市景美装饰工程有限公司 | 建筑装饰三级 |
| 17 | 镇江市美苑装饰工程有限公司 | 建筑装饰三级 |
| 18 | 镇江市荣欣装饰工程有限公司 | 建筑装饰三级 |
| 19 | 镇江市洪洲建筑装饰有限公司 | 建筑装饰三级 |
| 20 | 镇江恒顺四达盛达金属门窗厂 | 门窗工程二级 |
| 21 | 镇江市康安房屋拆除有限公司 | 房屋拆除二级 |
| 22 | 镇江市荣发房屋拆除有限公司 | 房屋拆除二级 |
| 23 | 镇江市华龙新型建材有限公司 | 砼预制构件二级 |
| 24 | 镇江市华特电力设备工程有限公司 | 专业承包三级 |
| 25 | 镇江市明兴混凝土有限公司 | 专业承包三级 |
| 26 | 镇江科大船苑计算机网络工程有限公司 | 专业承包三级 |
| 27 | 镇江市华泰电力工程有限公司 | 专业承包三级 |
| 28 | 镇江汇丰电子工程有限公司 | 专业承包三级 |
| 29 | 镇江市汇成计算机网络工程公司 | 专业承包三级 |
| 30 | 镇江世博网络科技有限公司 | 专业承包三级 |
| 31 | 镇江市国恩科技有限公司 | 专业承包三级 |
| 32 | 镇江市吉通电器工程安装有限公司 | 机电二级 |
| 33 | 江苏长和新型建材有限公司 | 专业承包三级 |
| 34 | 镇江市大金电力设备工程有限公司 | 专业承包三级 |
| 35 | 镇江市传威建筑有限公司 | 专业承包三级 |
| 36 | 镇江市荣安劳动服务有限公司 | 劳务承包二级 |
| 37 | 京口华洋建筑配套工程有限公司 | 劳务承包二级 |
| 38 | 镇江市传威建筑配套工程有限公司 | 劳务承包二级 |
| 39 | 镇江市荣安劳动服务有限公司 | 劳务不分等级 |
| 40 | 国合建工劳务江苏有限公司 | 劳务承包一级 |
| 41 | 镇江市玉海劳务有限公司 | 劳务承包一级 |
| 42 | 镇江捷达钢桥工程建设有限公司 | 钢结构三级 |

备注：总共42家单位，其中施工总承包单位11家，建筑装饰及专业承包等31家。

（庄伟武　张　俊）

# 房产管理

【概况】 2014年度房产管理工作,依法进行集体土地房产登记,认真收件,严格按照《房屋登记办法》、市局关于房屋登记的规定以及房产管理权力关键节点监控实施办法,认真审核提供的资料,要求资料齐全,申请人符合办证条件。认真查勘,派两名工作人员上门查勘。将办结时限、办证流程、服务标准、服务内容置于显要位置,按照办理流程,对申领房产证房屋进行公告。并按照阳光政务的要求,全部流程录入京口区行政权力网上公开透明运行系统。服务拆迁工作及产权人的需要,提供查档服务。 (黄文宝)

【京口区房地产平稳发展】 2014年是全国房地产市场发展的一个转折,也是中国房地产政策调控一个转折。自2009年2014年,房地产调控从未停止过,但到2014年,房价出现一定的下跌。2014年市场的安全着陆无论对房企还是经济或者购房者来说,都是一颗定心丸。从2014年开始,房地产市场的政策调控进入到微调阶段,这预示着房地产市场将进入到一个平稳的发展阶段。2014年京口片区累计销售商品房套数为5319套,占市区总成交量的24.41%;总成交面积588318.64平方米,占市区成交总面积的25.09%;总成交金额387308.09万元,占市区全年成交金额的32.26%;京口片区商品房全年成交均价为6583.30元/平方米,套均面积为110.61平方米(见附表)。 (黄文宝)

# 物业管理

【概况】 2014年,京口区在市委、市政府的正确领导下,在市住建、财政等部门的指导帮助下,从“建机制、抓整治、搞扶持”入手,以提升物业服务质量和管理水平为核心,开拓创新,主动作为,物业管理工作取得显著成效,行业整体发展水平不断提高。 (张明辉 蒋 莉)

【形式多样加大物业管理政策法规的宣传培训】 加大政策法规宣传培训力度。2014年,对《关于进一步加强市区住宅小区物业管理全覆盖工作的实施意见》《业主大会和业主委员会指导规则》等文件,组织街道、社区物业管理人员进行宣传培训。强化物业管理的行业培训。组织辖区内所有物业企业项目负责人学习政策法规,不断提高从业人员素质,促进全区行业管理水平普遍提高。 (张明辉 蒋 莉)

【形成合力切实提高投诉信访办结率】 健全信访工作制度。针对网络投诉件、市住建局督办单、“12345”政府服务热线和市民来电来访,及时了解情况,做好沟通解释,做到事事有回音,件件有着落,确保办结率和满意率100%。建立健全综合协调机制。充分发挥上级部门的主导作用,各相关部门的职能作用,进一步健全上下联动、左右协调、综合整治的工作机制,整合各方资源,形成强大合力。建立健全督查工作机制。加大对群众反映强烈问题的督办力度,对相关物业企业采取约谈、现场督办等形式,督促纠正不规范服务行为,要求物业企业认真核实及时整改到位,使物业企业服务态度得到改善,服务质量不断提高。2014年,接到市住建局交办单2件、“12345”服务热线167件、区政府交办单16件、市民来电来访20件。 (张明辉 蒋 莉)

【日常考核健全奖惩考核机制】 为解决好“重突击、轻日常”问题,采用定期与不定期检查相结合的方式,加大检查、巡查力度,健全工作督查、奖惩考核等工作机制,实行考核督查等次和资金拨付相挂钩办法,根据考核结果下拨配套资金。对286个小区进行检查,下发整改项目共计108项,整改率82.32%。 (张明辉 蒋 莉)

【加大监督物业管理市场秩序进一步规范】 引入招投标机制,创造公开、公平、公正的竞争环境,对苏宁广场、香江花城银座、中冶蓝湾3个项目实施公开招标、邀标。加大物业服务企业资质审查力度,整顿市场秩序。对辖区内三级(暂三级)物业服务企业的资质进行核查,严格执行标准,把握原则,把好资质初审关,为建立物业管理行业诚信体系奠定基础。2014年对1家暂三级转三级、3家三级资质延续进行初审。召开物业企业座谈会,部署“文明进万家”、“规范服务年”、“文明城市创建”等活动相关工作,加强对各物业项目的服务质量监督、检查和考核,并做好对属地企业经营行为和服务履约情况监督检查,使京口区物业服务水平得到新的提升。 (张明辉 蒋 莉)

【服务提升改善广大业主的居住环境】 根据市住建局要求,2014年共投入资金282.84万元对南马路片区、贺家弄片区、瑞景山庄、东吴新村进行改造提升。东吴新村现已选聘物业企业进行服务;瑞景山庄是街道自管,收费率已达95%以上;正东路街道对南马路、贺家弄片区实现市场化服务。这项“民心工程”得到了社会各界和群众普遍肯定和好评,老小区物业提升工作在美化城市中发挥了特殊作用。 (张明辉 蒋 莉)

## 2014年京口区商品房销售状况报表

表2

| 序号 | 名称 | 地址 | 产权总面积 | 总户数(套) | 销售面积(平方米) | 销售户数(套) | 待售面积(平方米) | 待售套数(套) | 销售金额(元) |
|---|---|---|---|---|---|---|---|---|---|
| 1 | 东城绿洲 | 京口区经十二路 | 232640.13 | 2337 | 6036.42 | 74 | 11573.92 | 104 | 42950094.13 |
| 2 | 恒美 | 京口区学府路 | 384130.77 | 2951 | 2373.76 | 35 | 20493.74 | 79 | 11697794.33 |

## 2014年京口区商品房销售状况报表

续上表

| 序号 | 名称 | 地址 | 产权总面积 | 总户数（套） | 销售面积（平方米） | 销售户数（套） | 待售面积（平方米） | 待售套数（套） | 销售金额（元） |
|---|---|---|---|---|---|---|---|---|---|
| 3 | 京口花园 | 京口区学府路教顶山南侧 | 102414.11 | 900 | 558.09 | 3 | 0 | 0 | 3189997.79 |
| 4 | 中虹品墅 | 镇江市禹山北路北侧 | 59256.09 | 357 | 3580.31 | 18 | 23158.97 | 90 | 27866805.8 |
| 5 | 梦溪嘉园 | 京口路179号 | 189828.14 | 1585 | 25368.44 | 206 | 7504.16 | 55 | 191601738.9 |
| 6 | 香山华庭 | 东吴路84号 | 68941.88 | 610 | 1462.57 | 13 | 5462.9 | 48 | 9099613.27 |
| 7 | 凯旋国际 | 学府路126号 | 59190.71 | 662 | 15556.27 | 170 | 24067.1 | 300 | 110218506.4 |
| 8 | 香江世纪名城 | 学府路与经十二路交叉口 | 156645.9 | 1683 | 10684.45 | 151 | 37662.79 | 533 | 120364923.6 |
| 9 | 恒美嘉园 | 京口区学府路 | 43604.96 | 450 | 5804.76 | 58 | 3857.35 | 43 | 35916139 |
| 10 | 学林雅郡 | 京口区经十二路889号 | 175523.59 | 2067 | 5692.97 | 41 | 35368.27 | 379 | 48439546.12 |
| 11 | 优山美地 | 禹山北路与谷阳路交界处 | 358571 | 2520 | 35900.32 | 281 | 34913.59 | 265 | 216006122.4 |
| 12 | 云河湾家苑 | 京口区经十二路888号 | 93782 | 791 | 6491.34 | 51 | 42123.71 | 369 | 38063659.84 |
| 13 | 中南世纪城 | 东吴路168号 | 447535.64 | 3581 | 56307.36 | 499 | 62596.86 | 468 | 374690570.2 |
| 14 | 紫晶国际花园 | 镇江市禹山路18号 | 75494.09 | 429 | 6410.24 | 28 | 3355.61 | 14 | 46423022.18 |
| 15 | 尚海茗苑 | 镇江市京口区宗泽路南 | 61532.19 | 553 | 876.31 | 7 | 16426.57 | 120 | 5000181.05 |
| 16 | 中冶蓝湾 | 禹山路与谷阳北路交界处 | 85736.52 | 666 | 13226.27 | 121 | 41154.18 | 291 | 80728655.15 |
| 17 | 皇冠假日花园 | 长江路21号 | 39180.18 | 176 | 11324.71 | 54 | 9766.92 | 54 | 139582713 |
| 18 | 中南御景城 | 镇江市禹山路 | 215389.54 | 2030 | 44429.95 | 430 | 54062.34 | 535 | 278239007.5 |
| 19 | 大观天下 | 学府路 | 235418.59 | 1703 | 30267.72 | 222 | 110166.16 | 747 | 238252660.7 |
| 20 | 天正幸福一克拉 | 镇江市京口小米山路101号 | 38347.85 | 236 | 1017.87 | 19 | 3106.85 | 54 | 7048546.2 |
| 21 | 山泽园 | 学府路97号 | 61302.04 | 466 | 9827.84 | 67 | 18975.56 | 141 | 87317901.4 |
| 22 | 江山名洲 | 东吴路388号 | 399633.58 | 2958 | 45278.1 | 378 | 70420.84 | 459 | 381789014.2 |
| 23 | 招商北固湾 | 滨水路北固山旁 | 244583.46 | 1853 | 37207.93 | 298 | 58419.86 | 424 | 426133864.5 |
| 24 | 宜嘉湖庭花园 | 禹山路199号 | 75899.98 | 696 | 5967.59 | 54 | 24165.51 | 205 | 33327856.31 |
| 25 | 名仕佳园 | 学府路江苏大学东南侧 | 66312.95 | 695 | 1913.67 | 24 | 10691.17 | 128 | 14382339.98 |
| 26 | 京亿城 | 谷阳路388号 | 10845.63 | 305 | 1453.61 | 50 | 0 | 0 | 8867806 |
| 27 | 香江花城 | 东吴路288号 | 380545.66 | 3523 | 408712.95 | 66 | 15384.43 | 324 | 43084519.3 |
| 28 | 我家山水 | 江滨大道北侧 | 204608.36 | 1680 | 20525 | 169 | 5994.57 | 55 | 147330913 |
| 29 | 孔雀城 | 京口区学府路168号 | 155583.02 | 1449 | 43991.1 | 362 | 54924.69 | 530 | 331598478.7 |
| 30 | 学府华庭 | 学府路56号 | 87567.76 | 491 | 724.12 | 3 | 10216.2 | 25 | 6023266.37 |
| 31 | 紫郡丽舍 | 学府路京口花园南侧 | 40446.69 | 349 | 11145.65 | 95 | 19637.13 | 169 | 86654642.3 |
| 32 | 苏宁广场 | 中山东路 | 290293.04 | 1378 | 1015.88 | 13 | 287480.61 | 1361 | 13250519 |

## 园林绿化

**【概况】** 园林绿化工作注重加强与辖区内各社区居委会和城管执法中队联系，主动配合相关部门查处毁绿事件。全年共查处毁绿事件10件，有效保护绿地约1000平方米，得到广大市民好评。

（沈小余）

**【改善公园环境】** 及时做好对公共设施的维护和保养。2014年对京口广场、桓王亭及东吴绿地广场的绿化、保洁、附属设施进行了长效管理。2014年创文明城市期间，共投入资金约25万元进行补栽绿化补植及附属设施更换、维修，为京口广场、桓王亭、东吴广场增添景点、新亮点。

（沈小余）

# 城市管理·环境保护

责任编校：凌 晨

## 城市管理与环境卫生

【概况】 2014年，京口区城市管理工作在区委、区政府的正确领导下，深化长效管理，狠抓规范整治，提升服务水平。全区城市管理水平进一步提升，城乡环境面貌进一步改善，以较好成绩顺利通过全国文明城市创建国家和省测评，为镇江市以全国地级市排名第6名的优异成绩跻身文明城市行列作出最基础的贡献，圆满完成年度城市管理目标任务。全区连续12个月在城区考核中取得领先成绩，特别是5月、6月、11月、12月份获得市级考核优秀成绩。学府路和香江花城小区成功创建省级市容示范路和省级示范小区。 （姚 远）

【大城管考核继续领先】 组织实施“美丽京口”区长督查活动，积极探索并完善“街长制”管理模式，形成“城管牵头落实，街道具体负责，街长配备到位，部门综合执法”的“街长制”运作机制，在62条道路配备46名街长、62名副街长，实现城市长效管理全覆盖。各街长每周巡查6—8次，重点区域强化值守，强化对户外广告、乱贴乱画、环境卫生的督查，市容环境卫生、秩序状况明显改观。建立村庄环境长效管理机制，全面清理城郊结合部村庄内外、道路两侧沿线的垃圾杂物，农村村庄环境明显改善。全面落实“大冲洗”制度。每周对辖区70余条主次干道进行冲洗1—2次，对重点区域的主次干道50处油污路面进行集中清洗。大市口等重点区域街巷实行延时保洁。 （姚 远）

【环境综合整治有力推进】 全区2014年度列入市政府目标责任书的39个整治项目全部完成。继续开展谏壁片区生态环境整治，有序推进产业园区周边居民搬迁工作，改造城中村5个，棚户区2个，背街小巷18条。狠抓疏导点建设，按照“五统一”要求，分别对京岘山88号、医政路疏导点进行提档升级，切实加强全区疏导点规范化管理。积极推进中山大厦、江滨崇文路、江大门口整治出新工作，统一店牌字招。扎实推进“文明进万家”活动，对42个老旧小区、22个新建小区实施环境整治行动，涉及面积约413万平方米。大市口街道、健康路街道有效解决华润二期、盛达新村等一批小区长期失管的突出问题。先后整治了白莲巷北片区和花山湾九区，整治面积达19万平方米。（姚 远）

【重点管控有效加强】 坚持“以防为主、防拆并重”原则，制订并出台区防违治违考核办法，完善区、街道、社区三级防违责任体系，层层签订防违治违责任状形成群防群治合力。加大集中拆违力度，各街道每月开展集中行动2次以上，集中拆除白莲巷、花山湾九区、中山东路35号重点区域违法建设。同时组织开展优山美地等别墅区拆违专项行动，有效遏制违法建设势头。组织开展无违建小区创建活动，米山人家、京口花园、方家湾小区3个小区被评为市级无违建小区。2014年全区共拆除违法建设1352处，拆除面积约12.1万平方米，其中新建违建458处，面积2.9万平方米，存量违建894处，面积9.2万平方米。强化渣土源头管理，落实工地围档、道路硬化、设备冲洗和卫生保洁“四到位”要求，全面推行《一工地一方案建设责任书》，依法查处违章行为，共计出动执法人员4590人次，检查工地约3000次，纠正违章行为50余起，渣土扬尘得到有效治理。 （姚 远）

【专项整治取得成效】 占道经营整治。动真碰硬，重拳出击，组织力量对第一楼街、山门口、铁城路、花山湾路碳烧烤、车载经营进行集中整治。构建条包块管、分类执法工作责任制，街道与城管、公安、交巡警等部门联手执法1200多次，查处各类违法违章行为2500余起，主次干道及校园周边环境得到改善。菜市场整治。组织力量对菜市场外部的市容保洁、占道经营、违法建设和内部的环境卫生、经营秩序、商品销售、食品安全等问题进行专项整治。对江滨新村、南门大街、五条街、四牌楼等菜场实施污水管道、维修改造、周边路面平整出新等工程，增设环卫垃圾箱、设置停车引导标识牌、规范统一店招，菜市场周边环境得到改观。废品收购、小广告、五小店行业整治。与市场监督、卫生等部门联合对辖区内的废品收购行业、小广告及五小店进行集中整治，共取缔无证照废品收购点14个，规范有证照废品收购点26个。公安、环保、通讯运营商和各街道密切配合，抓获乱贴乱画小广告90多人次，清除违法小广告1万多处。拆除违章超期设置大型户外广告20块，3523平方米，提档升级3块。（姚 远）

**【环卫水平稳步提升】** 强化检查、考核、监督“三位一体”措施，对道路清扫保洁、垃圾清运等各项作业实行标准化考核，全面提高环卫作业质量，环卫专项考核保持市区领先水平。同时加强环卫设施建设，新建垃圾中转站3座，改造出新2座；新建改造公厕10座，增设第三卫生间30余个，同时对80余个卫生间增添无障碍设施。改造出新垃圾房370只，重建30个。完善垃圾箱排水设施，改变污水漫溢现象。主次干道新添置垃圾箱40只，垃圾桶500多只，果壳箱380只，新添置压缩车、铲车等10余辆，提高垃圾转运频次。（姚 远）

**【为民服务继续深入】** 全年受理市数字化城管平台交办案件1.44万件，其中考核案件1.36万件，各类投诉906件，均在规定时间内回复和整改。及时处理和解决信访投诉。共接受登记办理信访投诉204件（次），登记答复为100%，办结率为98%以上。共接受各类网络舆情180余件，均在规定时间内回复。先后承办人大建议、政协提案共34件，均在规定时间内提前办结，办复率、解决率、见面率、满意率达100%。组织人大代表、政协委员和市民督查员视察城管工作，主动接受网民监督，城管与市民互动增强。（姚 远）

**【队伍建设不断加强】** 积极开展党的群众路线主题教育实践活动，在局机关大楼、办公室、会议室悬挂廉政文化宣传图片，在每位工作人员办公桌上摆放廉政公示牌等方式宣传勤政廉政，做到警钟常鸣。开展“我是谁，为了谁”等系列教育活动，打造一支综合素质高，业务能力强，工作作风硬，廉政形象好的执法队伍。大力倡导“立足岗位、爱岗敬业、恪尽职守、无私奉献”精神，着力打造以优秀环卫职工为代表的品牌形象。（姚 远）

京口区城管系统作风建设主题教育活动动员大会

## 生态与环境保护

**【概况】** 2014年，京口区环保局紧紧围绕“服务科学发展、改善环境质量、保证环境安全”的指导思想，以优化环境、发展经济为目标，坚持一手抓执法和监管，一手抓服务，扎实推进污染减排、生态建设和各项专项整治工作，环保各项工作取得新进展，全区环境质量得到有效改善。2014年京口区PM2.5浓度累计年均值62.1微克/立方米，同比下降12.5%，PM2.5浓度指标全市最低，全年全区空气质量优良天数245天，空气质量达到或优于二级标准天数比例达67.1%，在全市7个辖市区中位列第一。（金 萍）

**【全面开展生态文明建设】** 京口区以六大工程项目为载体，切实依照《京口区生态文明推进计划（2013—2015年）》，研究制定《2014年京口区生态文明建设重点工程表》和《2014年生态文明建设重点工程任务分解表》，制定生态文明建设年度工作计划和月度完成目标，以责任状形式下发部门。按月汇总上报重点工程完成进度，定期通报。2014年实施生态文明重点工程项目31个，除3个项目调整到2015年度计划外，其余28个项目均按期完成。（金 萍）

**【全力推进污染减排工作】** 京口区扎实稳步推进减排进程，研究制定《京口区2014年度主要污染物总量减排计划》，明确年度减排工作目标、重点项目和推进机制。在充分落实国家减排政策下，较好完成减排任务。截至2014年年底，京口区四项主要污染物共削减化学需氧量321吨、氨氮26.1吨、二氧化硫23607吨、氮氧化物27329吨。削减率为化学需氧量20.64%、氨氮11.78%、二氧化硫40.18%、氮氧化物32.57%。完成“十二五”减排目标任务。（金 萍）

**【切实加强环境监管力度】** 根据市、区关于开展各项专项整治工作的要求和精神，狠抓落实，有效推进。切实强化对违法企业处罚力度，坚决依法处理违反环保相关法律法规行为。2014年督促企业限期整改22家，立案17起。进一步规范排污申报，确保排污费“依法、全面、足额”征收。认真开展重点污染源检查。加强对2家城镇污水处理厂的日常监督检查，每家污水厂每月不少于1次监督监察。加强对京口、谏壁两个污水处理厂的运行监管力度，确保能够达标排放、污泥规范化处置；对索普集团、索普化工、振邦化工、国电谏壁发电厂、国电谏壁发电公司、鼎胜铝业等6家国控污染源企业每月不少于1次监督监察。加大建设项目环境监察力度。对新、改及扩建的三产项目及时开展“三同时”监察，认真履行建设项目试生产前现场监察工作职责；配合开展建设项目竣工环保验收工作，现场严格把关。深入开展各项整治行动。出动150人次，对区域内钢铁、电力、水泥行业进行专项整治；出动48人次对京口区范围内17家辐射应用单位进行现场辐射安全检查；出动52人次对区域12家产废重点单位进行专项检查和综合评估。加大对建筑工地施工管理。积极采取措施，对全区噪声敏感区域内的施工工地采取巡查、突查等方式进行现场监督执法检查，从严处理违规施工单位。多次召开建设与施工单位专题座谈会，建立健全信息互通制度。对确需夜间施工作业的建设项目严格审查，及时核发夜间施工许可证，并督促施工方及时公示。就大西路改造、西门桥改造、焦山路南延工程夜间施工噪声扰民问题约见市干道办协调相关事宜。同时建议组织召开环保、干道办、城管渣土所等相关部门参加协调会，共同探讨解决工地夜间施工噪声扰民问题。（金　萍）

**【深入开展谏壁片区生态环境整治】** 按照镇江市委、市政府《谏壁片区生态环境综合整治（2014—2016年）工作方案》，督促江苏索普集团制定“生态环保三年行动计划”，实施工艺改造。2014年列入京口区大气整治计划的11家单位先后投入近3.06亿元，完成15项整治任务，对辖区内5家混凝土行业开展废气专项整治，2014年有4家完成整治任务，对镇江中强混凝土有限公司下达责令停产行政处罚决定书，依法予以关闭。区政府牵头取缔谏壁区内7家非法轧石生产企业，拆除7家非法轧石企业生产设备，彻底消除大气污染源。（金　萍）

**【全面进行水环境综合整治】** 牵头对京口区11条河流进行专项整治，经过一年多连续整治，2014年7月经市环境监测站连续10天的监测，属全市“一湖九河”治理范围的虹桥港、玉带河各项指标均达到整治考核要求，基本消除河道黑臭现象。完善控源截污。虹桥港、玉带河共截污27个排口。加强清淤疏浚。完成虹桥港清淤1.7万立方米，完成玉带河全线清淤近1万立方米。完善引水活水。对虹桥港进行抽水、补水，目前中水回用已达到5000吨/天。进行景观提升。完成虹桥港180米左岸硬质护坡生态改造，种植常绿植被3160平方米，草皮2250平方米，垂挂植物44株，投资约40万元。加强长效管理。落实专业化管护队伍，实施长效管理考核。在虹桥港、玉带河重点区域安装8个实时监控探头。（金　萍）

**【建立健全对区域内固体废物管理工作】** 2014年，京口区环保局切实加强对固废的监督管理，全年共完成固体废物转移申请307起，其中一般工业固废200起、危险固废107起；进一步规范区域内产废单位的环境行为。目前危废管理单位43家，其中重点监管单位为12家，纳入江苏省危险废物动态管理系统。（金　萍）

**【加大环境信访调处力度】** 切实解决环境污染难点问题，2014年共受理各种污染投诉2485件，其中水污染方面116起、大气污染方面1191起，噪声方面1127起、固体废物方面5起，辐射12起、其他31起。信访处理率100%。把好源头关。有计划、有步骤、有组织地对各类重点环境信访件进行排查，定期组织对重点矛盾纠纷化解结果开展“回头看”，降低信访重复率和越级上访率。提高信访初次调解成功率。力争“出现一个、消灭一个”。对每件群众来信来访，坚持文明受理、及时赴现场、限期结案、跟踪问效、急事急办原则，始终以人民群众切身利益为出发点，将人民满意作为工作最终目标，积极参与协调和及时调查处理。实行局领导包案制度，落实环保局长大接访。认真解决群众反映强烈的信访问题。（金　萍）

**【全力提升环境管理水平】** 切实按照树立和落实科学发展观要求，认真执行环境保护法律法规，积极为企业做好服务。严格把好环保第一审批关。严格执行“三同时”制度和环境影响评价制度，加强对新上项目的跟踪管理。2014年共受理建设项目67个，其中受理登记表项目35件，办结35件；受理报告表26件，办结14件。受理报告书2件，办结2件。积极推进企业环保信用评价及环保专项资金。对辖区49家工业企业2013年度环境信用等级进行评价，其中绿色企业3家、蓝色企业41家、黄色企业1家、红色企业4家，并及时予以公示。与区财政局联合聘请有关专家对申报项目进行评审，对象山街道、谏壁街道、京口工业园区及新民洲农场共4家单位下达补助资金。积极开展环境统计更新工作。对京口区相关企业污染物排放数据进行核实更新，共涉及江苏索普等30家企业。对镉、汞、铅等重金属排放行业以及COD、$SO_2$、$NO_X$、氨氮等常规排放域的信息进行更新。编制京口区保障青奥会环境质量临时管控方案。根据《江苏省保障青奥会环境质量工作方案》及《镇江市保障环境质量临时管控方案》（征求意见稿），编制《京口区保障青奥会环境质量临时管控方案》，并将任务分解至各职能部门。继续开展排污许可证发放工作。（金　萍）

**【全面完成秸秆禁烧任务】** 继续按照“标本兼治、疏堵结合”的原则，通过健全机制、明确责任、加强舆论引导、强化巡查力度等有效方式，推动秸秆禁烧工作的全面落实。（金　萍）

**【全面深化环境宣传】** 2014年，区环保局坚持开展形式多样、内容丰富的环境宣传活动。以“六五”世界环境日等重大环保宣传节日为契机，加大环境保护宣传。6月3日，在谏壁街道四楼会议室举办“提高你的呼声，而不是海平面”纪念“六五”世界环境日专题环保讲座；6月5日参加由镇江市环境保护局、共青团镇江市委员会在镇江市城市客厅举办的纪念第43个“六五”世界环境日暨“青春助力 生态镇江”环保公益嘉年华启动仪式；6月6日区环保局党员干部带领绿之行环保协会赴挂钩单位象山街道长岗社区践行党的群众路线，宣传环境保护知识。继续做好与主流媒体的协作宣传，使人民群众能够第一时间了解到环保动态。积极引导民间组织开展活动。1月24日，区“绿之行”环保协会在龙吟坊商业街和江滨新村广场开展“不燃放烟花爆竹，还家园一片蓝天”主题活动；5月29日，绿之行环保协会走进谏壁雩北邓家缺村，开展“宣传环境保护，禁烧秸秆”宣传活动等。（金　萍）

# 综合管理

责任编校：凌 晨

## 经济发展和规划管理

**【产业"三集"取得阶段性成效】** 2014年，京口区发改和经信委坚定不移地将产业“三集”作为区转型升级的重要任务和关键路径，按照“有项目落户、有投入产出、有形象进度、有贡献份额”的“四有”要求，突出工作重点，狠抓关键落实，强化督查推进，高性能铝材料产业园创成省级生态工业园，粮油加工特色产业园区创成省级农产品加工集中区。主要指标完成情况居全市前列，现代服务业集聚区应税营业收入完成372亿元，同比增长15.7%。先进制造业特色园区应税销售收入完成96亿元，同比增长15.6%。京口现代农业产业园区（省级）总产值完成1.45亿元，同比增长16.5%。三大类园区中均有园区列入市前五名，其中高性能铝材料产业园列全市20个先进制造业特色园区中第五名；中国中小企业信息产业园列全市30个现代服务业集聚区中第三名；新民洲现代农业产业园区（省级）列全市20个现代农业产业园区中第五名。

（钱 成）

**【工业经济稳中向好】** 完成规模工业增加值73.2亿元，增长4.2%；工业应税销售收入319亿元；工业投资87.8亿元，增长15.1%。规模工业利润25.8亿元，增长36.8%；规模工业企业支撑明显，鼎铝、电厂、索普、中储粮等七大重点规模企业实现应税销售248亿元，占全区工业比重达77.7%。爱励铝业、飞驰商务、索普集团产销增长明显，全年应税销售分别同比增长162%、95%、33%。海龙核材完成上市前的所有申报工作。（钱 成）

**【服务经济占据主导】** 服务业发展总体呈现比重稳定提升、投资增长较快、部分新兴业态发展迅速的特点。以苏宁广场、八佰伴为代表的高端商贸服务业优势明显，以易乐、名通为代表的网络文化产业呈现爆发式增长，以百度营销中心、腾讯积分商城江苏运营中心、顺丰嘿客镇江总部为代表的电子商务产业加速集聚，以宝华物流、恒伟物流为代表的现代物流业发展迅速。

（钱 成）

**【传统产业提质增效】** 加快创新载体建设，加大技术研发投入，推动传统产业加速升级。2014年，顺利通过省知识产权战略示范区验收，创成国家知识产权强县工程示范县（区）。高新技术产业产值占规模工业产值比重达45.2%，全社会研发经费支出占GDP比重达2.67%。人才招引、培育成果丰硕。新引进国家“千人计划”3人、省“双创计划”5人（团队）、市“331计划”17人、高技能人才793人。新增省级高创中心1家、高新技术企业8家，新认定省民营科技企业32家、科技型中小企业7家。共有60个科技项目获得国家、省、市立项，其中2个项目获省重大科技成果转化项目立项。（钱 成）

## 国土资源管理

**【概况】** 2014年，国土京口分局在区委、区政府和市国土资源局的坚强领导下，全面贯彻十八大及十八届三中、四中全会精神，紧紧围绕“尽职尽责保护国土资源，节约集约利用国土资源，尽心尽力维护群众权益”三个新定位，坚持解放思想、理清思路、克难奋进，推动京口区国土资源管理工作迈上新台阶。被市国土资源局评为国土资源系统党风廉政建设先进单位。

（马 弋）

**【土地资源现状】** 截至2014年年末，全区总面积12468.63公顷，各类土地现状分别为：耕地1678.24公顷，其中水田640.75公顷、水浇地16.08公顷、旱地1021.41公顷。园地308.5公顷，其中果园47.56公顷、茶园5.17公顷、其他园地255.77公顷。林地364.38公顷，其中有林地222公顷、灌木林地121.18公顷、其他林地21.20公顷。草地28.64公顷，其中人工牧草地0.02公顷、其他草地28.62公顷。城镇村及工矿用地4649.09公顷，其中城市用地2286.96公顷、建制镇用地1161.89公顷、村庄用地492.4公顷、采（工）矿用地538.51公顷、风景名胜及特殊用地169.33公顷。交通运输用地490.06公顷，其中铁路用地29.75公顷、公路用地346.97公顷、农村道路用地109.1公顷、港口码头用地3.86公顷、管道运输用地0.38公顷。水域及水利设施用地4867.86公顷，其中河流水面2655.9公顷、坑塘水面239.73公顷、内陆滩涂1647.25公顷、沟渠121.31公顷、水工建筑用地203.67公顷。其他土地81.86公顷，其中设施农用地18.2公顷、田坎63.66公顷。（严静汝）

**【土地登记发证】** 坚持依法审批，注重服务高质高效，对符合登记条件的严格按工作时限办结。行政服务中心窗口对资料齐全的市民“三房”土地登记做到“立等可取”。全年共完成个人商业网点房及别墅发证466宗，单位发证261宗，个人“三房”发证2704宗（严静汝）

**【建设用地管理】** 全年完成3个批次、87.47公顷土地的征（转）用报批，其中农用地44.47公顷（耕地17.54公顷）。2014年累计服务供地项目15宗，面积50.67公顷，土地交易金总额36亿元，确保项目落地达产增效。实施征地补偿项目4个，征地补偿面积12.19公顷，共计拨付补偿款618.65万元，安置被征地农民175人，拨付保障金1413.41万元。开展对低效、闲置土地专项清理活动，共清理低效土地21.85公顷、闲置土地3.67公顷。（顾 君 孔国华）

**【耕地保护】** 落实耕地保护目标责任制。对市政府下达给京口区1496.17公顷耕地保有量和180公顷基本农田保护面积签订层层责任状，保护责任层层落实到位，确保京口区耕地保有量未减少，全年未发生重大破坏耕地现象。（朱婵莲）

**【国土资源执法检查】** 建立健全动态巡查责任制度，全面推广手持GPS移动执法。组织土地动态巡查672次，共查处违法用地23宗，查处违法用地面积17.96公顷，其中耕地2.66公顷，罚款133万元。组织矿山巡查160次，有效遏制一度高发的非法偷盗采现象。积极开展年度土地矿产卫片执法检查，严格对照《土地矿产卫片执法检查工作规范（试行）》标准，涉及京口区疑似图斑46个，图斑总面积30.48公顷，耕地面积10.27公顷，对46个变化图斑逐个进行核查梳理、分类处置，全部整改到位。高度重视土地信访调处维稳工作，2014年共接待群众来信来访138件次，其中上级部门转办22件，市政府12345服务热线91起，区政府转办2件，本局来信来访20宗，信息公开等3件。受理138件次信访全部结案，办结率100%。（黄 欣 徐 寅）

**【矿山地质环境整治】** 年初就全区斜坡地质灾害隐患点进行拉网式排查，共排查出地质灾害隐患点13处，编制斜坡地质灾害防治方案，明确具体防治措施和责任人，汛期实行24小时值班，在汛期内，没有出现一起因地质灾害造成的人员伤亡事故。协调争取省、市两级资金650万元，圆满完成辖区内松盛花园滑坡治理工程。重点推进国家级废弃矿山地质环境治理示范工程，该工程总投资3880万元，争取到国家财政补助治理资金1900万元，盘活余量资金900多万元，治理面积达1.46平方千米，年底已完成施工任务总量的90%左右。积极引导社会资金参与，积极推进雩山水泥厂周边废弃宕口整治，基本形成全区废弃宕口治理全覆盖。（焦春桂）

## 工商行政管理

**【概况】** 2014年，工商京口分局认真贯彻区委、区政府和市工商局的工作部署，确立“改革统领全局，转型推动发展”的工作主线，以商事制度改革为重点，着力推进“民生工商”、营造“三个环境”、实施“三项改革”。先后被评为“镇江市创建文明城市工作先进集体”“镇江市政府‘12345’服务热线先进集体”镇江市依法行政示范单位和镇江工商系统目标管理先进单位、“三大环境”建设先进单位以及全区城市管理、综治工作先进单位，在镇江市依法行政领导小组组织的行政执法案卷抽查评比中，京口工商分局经济检查监督大队的案卷被评为一等奖。消费维权、行政执法及服务地方经济发展等多项工作受到京口区委、区政府和市工商局的表扬与肯定。截至2014年年底，全区共有各类市场主体24347户，其中各类企业7789户，个体工商户17100户，农民专业合作社58户，注册资本（金）3834500.9万元，从业人员131477人。（许付余）

**【市场准入环境不断优化】** 结合“先照后证”制度实施，进一步深化商事改革，狠抓改革措施落地，积极推行“三证合一”“网上登记”“并联审批”等登记效能提升新模式，不断简化办事流程，加大政策宣传力度，改进窗口服务制度，强化政策帮扶功能，激发群众创业热情，为全区各类市场主体发展创造良好的准入环境。

开展网上注册登记。从2014年6月份开始，在全市范围内率先推出企业网上登记服务。实行网上登记与传统的窗口登记“双线并行”，简化申请流程，拓宽登记途径，提高办事效率，真正实现申请人足不出户就可办理营业执照的愿望。

推行“三证合一”。联合行政中心、质监、税务、公安等多部门成立并联审批窗口，实行企业办理注册登记“一窗受理、同步审批、限时办结、同步出证、三证合一”，实现一次性领取所有表格、一次性填报申请材料、一张照集合多家信息，使原来工商营业执照、组织机构代码证、税务登记证、企业印章审批的办理周期由原来15个工作日以上压缩为6个工作日，简化审批流程，提高办事效率，节约办事成本，方便办事群众。

推进商标战略。积极发挥职能优势，进一步推进商标品牌战略实施，围绕自主品牌企业增加值占GDP比重这一核心指标，对京口工业园区、新民洲港口产业园中的企业进行集中宣讲，不断激发企业推进商标战略实施热情，发挥企业主体作用提高品牌建设水平，增强企业核心竞争力。抓好重点企业商标注册申请和高知名度

江苏省消保局局长陈柯（左二）检查大祥时尚街“先行赔付”维权工作

商标的宣传推广，提高企业品牌竞争力，助力全区经济发展。（许付余）

**【事中事后监管稳步推进】** 企业年检、个体工商户验照改为年报公示，是商事制度改革的重要内容，通过市场主体信息公示，推行信用监管。采取媒体宣传、入户指导、短信提示、专线咨询等方式进行全方位宣传，不断提高年报知晓率。组织开展企业年报人员进行软件平台系统操作培训，帮助不会填写年报信息的经营者直接操作，提升年报率。截至2014年年底，市场主体年报率达到85 %。（许付余）

**【市场秩序整治扎实开展】** 市场准入条件放宽后，积极探索先“宽进”后“严管”的路径，围绕民生热点行业，开展项目化执法，精选执法项目，用项目化执法牵引行业监管，实现查处一类案件、规范一个行业。2014年，相继开展“衣、食、住、行、服”等领域的专项整治和为期2个月的无照经营集中整治，依法查处一批商标侵权、制假售假、房地产虚假广告、无照经营、网上虚假宣传、商业贿赂等经济违法案件，共计76件，至2014年9月底超额完成全年预算目标任务。全年纠正企业轻微违法行为217次，发出抄告函48份，涉及368户。同时，严把食品流通准入关口，加强源头监管，全年共核发“食品流通许可证”1405份。加强对食品经营户落实“两项制度”检查，突出食品溯源管理。加大对重点食品、重要时节、重点区域的整治力度和抽检频次，查扣和责令下架不合格食品300多千克，抽检食品372个批次，立案查处食品案件16起，案值89万元。努力提升食品安全事故应急处置能力，积极参与区“天安风雷行动”食品安全事故应急演练，实战锻炼食品监管队伍。（许付余）

**【消费环境建设持续加强】** 紧紧围绕民生热点，进一步提升消费维权效能，切实维护消费者合法权益。大力宣传普及新《中华人民共和国消费者权益保护法》。以新《中华人民共和国消费者权益保护法》实施为契机，着力抓好系统内培训，努力提高干部维权水平。组织全区“一会两站”负责人集训，提升末端落实能力。邀请省局消保分局局长到区政府法制讲堂授课，为区领导和行政执法人员解读新《中华人民共和国消费者权益保护法》，提高政府机关保护消费者权益意识。主动联系镇江“新闻频道”“天天3·15”电台栏目等媒体记者专访，通过多媒体、多频道、多方位，普及消法知识，接受群众咨询。结合“3·15”活动，在社区采取巡回图片展示、消费维权体验、真假商品识别、新《中华人民共和国消费者权益保护法》大讲堂等形式，深入开展对消费者、经营者的教育与引导。

积极处理消费者投诉。2014年共受理各类投诉2069件（其中12345交办1107件，“12315”转办825件，网络及其他方式投诉137件），按时办结率100%，满意率98%以上，为消费者挽回经济损失60余万元。

全面构建立体维权网络。以“12315”“五进”活动为抓手，按照“五有”标准建立覆盖社区、大型超市、商场的维权服务站（点）。建成覆盖全区67个社区的消费维权网络，聘请网格长487名，吸纳志愿服务人员2097名，建成维权服务站30家，真正做到消费维权关口前移，一般纠纷不出店堂社区。

京口区市场监督管理局揭牌仪式

其中八佰伴推行的“网络远程维权”、大祥时尚街推行的“先行全额赔偿”、香江花城社区推行的“维权QQ群”等特色做法得到上级好评，被评为“省级‘12315’消费维权先进服务站”。

加强重点商品质量监测。加强对流通领域重点商品质量的监测，强化监测结果利用，在完成上级安排的商品抽检任务后，通过对投诉举报数据信息分析，确定投诉集中的黄金珠宝、电动车、服装被装、儿童用品等作为自检项目，抽检128个批次，发现不合格商品49个批次。

（许付余）

**【机构合并改革扎实推进】** 2014年12月31日，京口区市场监督管理局在原京口工商分局办公地挂牌成立。新机构的成立标志着从工商系统实行16年的省垂直管理体制结束，工商部门正式实行分级管理，落实地方政府市场监管责任。根据《镇江市京口区市场监督管理局主要职责内设机构和人员编制规定》（镇京政办〔2014〕75号）文件规定，组建镇江市京口区市场监督管理局，挂“镇江市京口区食品药品监督管理局”牌子，为京口区政府工作部门，正科级建制。统一负责全区工商、质监、食品药品监管等市场监管职责。（许付余）

## 人力资源管理

**【概况】** 2014年新增专业技术人才数1225人，完成率153.1%；专业技术人员知识更新工程培训人数7119人，完成率142.4%；新增留学回国人数22人，完成率220%；新引进外国专家数7人，完成率233%；人才引进本科以上982人，完成率140%，硕士以上136人，完成率151%，航空航天产业人才218人，完成率109%；企业经营管理人才172人，完成率172%，创业企业家培训15人，完成率150%；开发高校毕业生就业见习岗位数245人，完成率123%；职业技能鉴定人数2997人，完成率114%，职业技能鉴定取证人数2370人，完成率112.9%，职业技能鉴定统考人数201人，完成率251%；企业职工技能提升培训人数5200人，完成率116%；新增高技能人才793人，完成率113%，每万劳动力中高技能人才数达632人，继续保持全市第一。（王 毅）

**【人力资源现状】** 年初开展“服务进千企”活动，走访辖区内30多家大中型企业及创业载体，了解企业对人才的需求，更好地帮助企业“招才、留才”。对全区主要企事业单位按人才学历、专业技术等级、技能等级等内容，进行系统的人才摸底工作。共统计辖区内657家重点企事业单位，46083名从业人员及691个岗位需求信息，为全年人才工作奠定良好基础。

（王 毅）

**【助推航空航天产业发展】** 创新服务模式以“一个服务、两条主线、三个到位”的工作思路，积极做好航空航天企业各类人才配套服务工作。帮助涉航企业引进各层次各类型人才，全年京口区共引进航空航天人才218人。以各类涉航人才招引活动为主线，组织辖区7家高新技术企业参与航空航天产业项目与人才对接交流会。邀请中国航空航天大学等6所高校代表，与企业面对面交流人才供需情况。开辟涉航人才招引、服务绿色通道，打造包括人才招引、项目申报、政策查询等服务在内的网上服务平台。通过多种途径帮助企业引进、培养涉航高层次人才、专业技术人才和高技能人才。全年帮助辖区涉航企业引进、培养本科以上学历人才617人，企业经营管理人才26人，涉航专业技术人才151人。（王 毅）

**【人才项目申报】** 组织辖区内116名高校毕业生申报“三新”企业吸纳高校毕业生补贴，获得资助46.4万元；指导218名高校毕业生参与就业见习；组织6名专家申报镇江市有突出贡献中青年专家人才项目，最终3名专家获得该项荣誉；帮助智比特信息技术（镇江）有限公司相关技术顺利通过外专局“引进国外技术、管理人才”申报项目。（王 毅）

**【人才引进活动】** 全年共组织京口区企业参与各类招聘活动50余场，为企业和求职人员搭建交流平台。10月与润州人社局联合开展“第四届京口润州百家企业公益招聘会”，以涉航企业、电子信息类企业为主题，力争将其打造成为京口区的招聘会“品牌”，共组织67家重点企业参加，提供岗位1261个。10月末，组织京口区5家新技术、新材料类企业赴西安、南昌参与镇江市第六届双高人才交流会，并与139名人才达成引进意向。组织辖区6家企业参加第六届百名海外博士江苏行镇江对接洽谈会。

（王 毅）

**【中小学教师职称过渡工作】** 根据市人社局、教育局联合下发的《关于做好全市中小学教师职称过渡工作的通知》精神，京口区将建立统一的中小学教师职务制度，原中学教师职务系列与小学教师职务系列统一并入新的中小学教师职称系列。本次职称改革，全区层层把关，杜绝虚报教师资格、调整岗位等虚假行为的发生，确保全区51家共1830名中、小学、幼儿园教师登记信息空开、透明、准确无误，为下一步工作奠定坚实基础。（王 毅）

**【事业单位人事制度改革】** 健全事业单位聘用制度。按照“严格设岗、科学设岗、按岗聘用”原则全面推行事业单位岗位设置；全面贯彻落实《镇江市事业单位人员聘用制暂行办法》，基本建立人员聘用制度，实现应签尽签，使聘用合同成为事业单位人事管理工作基本依据之一。事业单位公开招聘步入规范。目前公开招聘制度在京口区事业单位已做到全覆盖。在招考过程中，确保公开透明，杜绝“因人设岗”和“萝卜招聘”等现象。在更大地域范围内挑选英才，全力打造“阳光招聘”。

（王 毅）

## 审计管理

**【概况】** 2014年，京口区审计局在区委、区政府和上级审计机关的领导下，以党的群众路线教育实践活动和党的十八届三中、四中全会精神为指导，认真贯彻落实全国、省市审计会议精神，按照区委、区政府“稳中奋进、改革创新”的总体要求，围绕“363”行动计划，紧扣公共资金、民生改善、权力运行三项重点，以更高标准，更实举措，更优作风，推进全区经济社会领先发展、特色发展、优化发展。全年共开展各类审计79个。共查出违规金额6142万元，管理不规范金额3343万元，节约财政建设资金7884万元，针对审计发现的问题，提出审计建议(意见)103条。为促进全区经济健康发展，打造京口发展高度发挥积极作。（张继芬）

**【深化预算执行审计】** 2014年“同级审”更加关注政府预算真实性、完整性，更加关注涉及民生的资金和项目，更加关注财政资金使用和管理绩效。除重点审计上年度区本级预算执行情况外，延伸审计5家单位部门预算执行情况，开展5项专题审计(调查)，对财政收入质量、支出结构、预算平衡等方面进行分析和评价，针对加强税源经济建设、专项资金监管、国有资产管理方面提出审计建议。（张继芬）

**【突出重点项目审计】** 主要对薛家湾安置房、新生村地块、戴家湾地块周边道路、京口广场管理用房、文化艺术中心大楼工程建设等重点工程进行跟踪审计以及京润华庭等建设工程进行决算审计，合计开展工程类审计项目59个，送审金额合计9.61亿元，审定金额（产值）合计8.07亿元，节约建设资金1.54亿元（其中薛家湾安置房跟踪审计去年核减产值0.75亿元）。针对审计发现问题，提出审计意见书57份。（张继芬）

**【推进经济责任审计】** 对11名乡科级党政领导干部任中和离任经济责任履行情况进行审计，重点检查领导干部履行经济责任期间有关管理和决策等活动的经济效益、社会效益和环境效益，任期内厉行节约、举借债务、资产管理、环境保护、民生改善等，并对领导干部履职情况进行客观评价。通过审计，查出违规资金718.02万元，管理不规范资金842.23万元，针对领导干部任期内资产、资金、项目、会计核算、内控制度等方面管理不规范现象提出审计建议35条。（张继芬）

**【不断创新审计组织方式】** 经济责任审计与“同级审”同步进行，明确分管领导全程参与，统一组织，分组进行，各负其责，资源共享，成果互用，在既定条件下最大限度发挥审计机关整体效能。（张继芬）

**【科学统筹重大审计项目实施】** 在全国保障性安居工程、全国土地出让金等重大审计项目中，坚持全局审计工作“一盘棋”，严格按照上级审计机关部署和要求，服从大局，协调配合，按时高效完成审计任务，展示区审计部门的凝聚力和战斗力。（张继芬）

**【提升审计项目质量和成效】** 积极开展审计项目创优创新工作，围绕《薛家湾安置房跟踪审计》等重大审计项目创建2014年度优秀项目，审计人员通过学习培训、审计过程质量控制、审计成果转化，成功创建2014年度审计精品，并在全市“审计质量年”推进会上介绍该项目的经验做法。（张继芬）

**【率先在全区成功创建省AAA级数字档案室】** 把创建“省三星和省AAA级数字档案室”列入年度目标考核，11月初顺利通过市、区档案局组成的测评组对京口区审计局档案工作省三星和省AAA级数字档案室的现场综合测评。（张继芬）

## 安全生产监督管理

**【概况】** 2014年，在区委、区政府的坚强领导下，根据中央、省市领导关于加强安全生产工作的一系列重要指示，京口区安监局牢固树立科学发展、安全发展理念，从制度化、规范化、长效化入手，创新思维，真抓实干，落实责任，夯实基础，强化监管，注重实效，深入开展重点行业领域安全生产专项整治、安全生产大检查和“打非治违”专项行动，扎实有效推进安全生产各项工作，全区安全生产形势持续稳定可控。全年没有发生较大以上事故，各项指标均未突破市下达控制指标，连续9年在市政府年终安全目标责任考核中获优秀等次。（王 铮）

**【强化安全监管主体责任的落实】** 区委、区政府领导高度重视安全生产工作，区委常委会、区政府常务会议和区安委会联席会议先后共召开13次安全生产工作会议，研究部署安全生产工作，研究解决安全生产突出问题。在“青奥会”、元旦、春节、“五一”等重大节庆假日期间，区领导均亲自带队对全区重点行业企业和重大危险源点开展拉网式检查，确保重大节日、重要活动期间全区安全生产形势稳定。年初区政府与全区23家安全生产责任单位（8个街道园区、15个政府部门）分别签订下发2014年度安全生产责任书和任务书，增加安全生产工作在全区综合考核中的权重，全力构建“党政同责、一岗双责、齐抓共管”的工作格局，确保全区安全生产工作责任的层层传递和有效落实。（王 峥）

**【安全生产重点工作】** 深入开展安全生产标准化建设。通过标准化创建，落实企业主体责任，重在隐患排查，建立切实可行的危险源应急救援预案。京口区规模以上企业安全标准化覆盖率已达100%，全面完成基层安全监管规范化建设。在2013年2家街道安监站试点并顺利达标的基础上，剩余6家安监站全部达标创优，实现京口区安监站规范化建设的“满堂红”。强化安全生产信息化工作。严格规范隐患自查自报系统的填报，做到隐患上报及时、准确，避免与实际情况脱节。截至2014年年底隐患自查自报系统568家单位，共自查上报各类隐患4996个，整改率达99.94%。（王 峥）

**【严格执法】** 加强计划执法，明确工作责任。年初制定《安全生产监管执法工作计划》，明确区、街道（园区）两级安监部门的年度执法工作任务、目标和责任；扎实推进“六打六治”专项行动。京口区的安全生产“六打六治”行动按照“全覆盖、零容忍、严执法、重实效”的总体要求，从8月至12月，借青奥会安保东风，在全区范围内按计划完成非煤矿山、危险化学品、涉及可燃爆粉尘、油气管道、交通运输、建筑施工、消防等重点行业的检查治理工作；广泛开展各类安全生产检查。京口区安委办自6月中旬至9月中旬，在道路交通、建筑拆除施工、消防安全、民爆行业、特种设备、农业机械和水利安全、废弃宕口、油气输送管线、“四小单位”、危险化学品、烟花爆竹、冶金有色等12个重点行业领域进行广泛的安全生产检查，累计排查隐患1553处，全部按时整改完成。（王　峥）

**【危化品和烟花爆竹安全监管】** 努力提高服务水平，实行“首问负责制”，在依法行政、规范审批基础上，尽可能压缩审批时间，办件满意率达100%；认真抓好行政许可。规范操作行政许可系统和权力阳光运行系统，规范行政许可操作流程，确保不出差错。加强现场监管。多次聘请专家对危险化学品、烟花爆竹生产经营单位进行专项检查，督促生产经营单位加强安全管理，完善安全措施，提高安全管理水平。（王　峥）

**【宣传培训】** 开展从业资质考核培训。与省、市安全生产宣教中心等单位合作，共举办从业资质考核培训班6期，培训安全员1500余人；开展对农民工的免费培训。今年累计培训外来务工人员近万人；开展“安全生产月”等活动。大力弘扬安全文化，宣传安全生产法律法规，普及安全生产专业知识。（王　峥）

**【职业病危害防治监管】** 对全区企业进行职业病危害现状调查，开展申报备案，按照先重后轻、先易后难原则，督促生产经营企业网上申报，全区存在职业危害的120家企业已全部完成申报备案。（王　峥）

**【基层安全监管机构】** 区政府高度重视，在7月、9月、10月和11月的常务会议、季度工作会和规范化建设专项工作会上，分别对此项工作进行部署、推进、督查和考核，各街道（园区）在党政联席会上进行专题部署，形成分级负责、分类管理，各司其职、各负其责的局面，为规范化建设打下良好基础。各街道（园区）进一步调优配齐安监工作人员，京口区街道（园区）安监办全部单独设立，3名以上专职安管人员全部增配完毕。由区安委办牵头制定完善安全生产责任制度、例会制度、监督检查制度等15项工作制度，全部编印成册下发至基层。借助安全监管规范化建设和统一执法着装的要求，各基层安监办执法检查工具和安全防护用品全部配备到位，均设置3间独立的办公室、器材室和资料室，工作人员如遇突发情况可以第一时间佩戴防护用品、携带检查工具赶赴现场进行处置。各街道（园区）根据自身实际，均组织制定和完善安全生产监督检查手册，建立起分类规范、目录清晰、内容充实，能够将基层安全监管工作全过程完整呈现的工作台账。（王　峥）

**【应急演练】** 进一步细化落实全区安监战线24小时不间断专人值班和领导带班制度，尤其是加大重大节日期间的安全值守工作。广泛采取突击式应急演练，即在不事先通知、不提前预告的情况下，到危险源点后通知企业某个要害部位已发生事故，要求企业立即开展应急演练，督查企业如遇突发事件后应急处置的方式、方法和流程应对是否正确，并聘请市安全生产专家库成员进行现场讲评，通过突击演练、现场评估、持续改进的手段，切实提高企业应对危险源点各类事故的现场处置能力。（王　峥）

## 统计管理

**【概况】** 2014年，面对深化改革和苏南现代化示范区建设的“双重机遇”，京口区统计局上下深入贯彻落实十八大及十八届三中、四中全会精神，按照全区“苏南一流、跻身十强、人民满意”的总目标，不断加强队伍建设，大力强化基础工作，全面优化统计服务，较好完成各项工作任务。在2014年度镇江辖市区统计工作综合考评中，区统计局荣获优秀单位称号；连续三年荣获全区综合考核一等奖；“一套表程序及统计词典”规范业务模板被省统计局评为2014年基层统计服务示范项目；区经普办获得江苏省第三次全国经济普查先进集体荣誉称号，张和松等4名同志被评为第三次全国经济普查省级先进个人，徐锁夕等3名同志被评为镇江市第三次全国经济普查先进个人；林亮被评为全省第二批基层规范统计岗位标兵。（胡　涛）

**【第三次全国经济普查登记工作】** 第三次全国经济普查正式登记工作启动后，全区上下迅速按照统一部署，

省统计局副局长胡黎明（左一）调研第三次全国经济普查正式登记工作

依托社区网格化的社会管理新模式，利用网格长“地熟、人熟、情况熟”的优势，采取“三活、三清、三百家”为核心内容的普查网格化管理工作法，分阶段、分层次地开展现场登记工作。区经普办严格落实领导分片负责制，深入普查登记工作一线，及时发现登记工作中的新问题、新情况，努力在源头化解难题，确保在规定时间节点内规范有序地完成全部单位现场登记工作。进一步加强对登记单位上传数据的审核，多次组织召开上报数据质量会审会议，加强普查数据的沟通核实，据实修改，着力抓好源头数据质量。认真落实上级经普办数据质量自查整改方案，全面开展数据质量自查自纠，顺利通过全市经普数据质量事后抽查，及时率和准确率均位居全市前列，区经普办获得省级先进集体荣誉称号。经普查，全区共有调查单位7303家，比“二经普”增加1697家，其中法人单位6790家，产业活动单位513家；个体经营户19069家，比“二经普”增加4132家。（胡　涛）

【企业一套表统计工作】 自行编制开发“企业用一套表程序”和“会计统计词典”2套软件，方便基层统计人员理解指标含义，切实减轻统计人员工作量，广受全区统计人员好评，被市局专业处室推广。通过深化操作培训、上门进行业务指导、QQ远程协助、加强检查督促、对重要指标数据实行重点监控等一系列措施，全面加强对调查单位的服务力度，切实提高调查单位的配合程度，确保上报数据不重不漏，无趋势性差错。（胡　涛）

【开展统计监测评价】 切实加大全区主要经济指标、基本现代化指标以及产业“三集”指标统计监测力度，积极向区委、区政府重大经济会议、区政协主席会议就全区经济运行情况作专题汇报。按季度围绕全区主要经济发展指标，特别是考核指标，加强分析，及时预警预测。不断丰富《京口统计月报》，及时添加产业“三集”内容，进一步增强统计服务领域广泛性和时效性。（胡　涛）

【完成抽样调查工作】 认真开展城乡住户一体化调查。加强与城乡一体化记账户交流，定期开展城乡记账户访户慰问，多渠道了解记账户收支实际变化情况，有效提高调查数据质量；认真开展各专项调查。根据上级统一部署，按时、按质完成人口变动抽样调查、畜禽规模户监测调查、月度劳动力调查、农民工季度监测、省级机关绩效管理社会公众满意度调查等一系列专项调查任务。（胡　涛）

【统计规范化建设】 按照“八有八化”标准，狠抓基层统计办规范化建设，配齐配全各种软硬件设备，着力改善办公条件，健全统计制度，提升统计形象。截至2014年年底，全区已有正东路等六个街道统计办以及工业园区统计站为全省乡镇（街道、园区）统计规范化创建省级达标单位，其中四牌楼、谏壁街道统计办和工业园区统计站三家单位为全省乡镇（街道、园区）统计规范化建设示范统计站。顺利完成2014年度全区统计从业资格认证工作，一方面通过排查辖区内统计人员持证情况，建立持证人员信息库，做足“存量”；另一方面通过网上公告、电话通知等方式，抓好“增量”，确保不留盲区。（胡　涛）

【统计依法行政】 始终将法制宣传贯穿于统计日常工作中，为进一步规范统计工作创造良好环境。严格落实执法检查计划，规范执法程序。加强统计法制宣传，组织开展《江苏省统计条例》宣讲，对基层企业宣传到位。继续开展“12·4”统计广场宣传活动，进一步扩大统计普法宣传覆盖面。迅速落实上级“一套表”专项整治工作要求，第一时间召开全区“一套表”专项整治工作会议，部署落实开展自查自纠，对2013年以来的“四上”企业统计报表网络直报情况进行认真梳理，逐一过堂，进一步督促全区“四上”直报单位强化统计基础工作，切实提升企业依法统计意识。（胡　涛）

【统计代理实践】 继续联合四家区级统计局，委托统计事务所有限公司对统计从业资格认证考试人员进行考前培训。尝试委托统计事务所有限公司进行小型调查工作，经过对调查表和数据录入质量抽查，统计代理公司高质量高效率完成了调查工作，切实提高了工作效率，已在全区的统计实践中发挥出了积极作用。（胡　涛）

镇江市统计局局长马国进（右一）到京口区督导人口变动抽样调查登记工作

## 物价管理

【概况】 2014年，京口区物价局在区委、区政府的正确领导下，始终坚持“稳中奋进、改革创新”的主基调，紧紧围绕“全面改革创新、突出高效投入、强化提质增效”的工作核心要求，以“服务民生、稳定物价、保障民生”为出发点，顺利实现将居民消费品价格指数（CPI）控制在3.5%以内的年度目标，在服务发展、深化改革、改善民生、保持稳定等方面扎实开展各项工作，于2014年度镇江市价格系统考评中荣获全市价格工作先进单位称号。（罗　甜）

**【加强市场价格监测预警分析】** 根据市场价格形势发展变化，结合居民消费结构和特点，建立价格监测工作制度。以居民生活必需品和重要生产资料为重点加强价格监测分析和成本调查工作，实施市场价格异常波动快速预警与跟踪调查分析，形成京口辖区主要农副产品市场价格监测分析及走势预测报告，以《京口物价简报》刊发，报送区政府、市物价局及区相关部门，为政府决策提供依据。（罗　甜）

**【加强行政事业性收费监督管理】** 进一步加强收费管理，切实减轻企业负担。从2014年2月28日开始，全面组织开展对涉及行政事业性收费的111家单位的收费证年审工作。新核发“收费许可证”6本，注销7本，年审率为100%。落实清费减负，全区共减少企业各项收费210.45万元。严肃查处国家明令取消及免征的收费项目继续收费和超范围、超标准收费行为。按照全区行政审批制度改革要求，结合实际，整理汇编《京口区行政事业性收费目录》。（罗　甜）

**【建立健全商家信用数据库】** 按照省、市“133价格信用体系”建设总体要求，结合京口区实际，对市场检查、专项检查以及价格举报案件所涉及的商家，逐户登记商家信息资料，建立“京口区价格诚信信息数据库”，结合检查情况和举报查处情况，对商家价格行为进行跟踪登记，对每一次检查结果进行动态数据上传，并对其诚信情况进行星级评价，组建价格诚信QQ群网上平台，定期在网络上进行价格政策宣传培训，实时解答商家在线提出的价费咨询。至年底，信息数据库已录入商家142家。（罗　甜）

**【确保价格投诉举报渠道畅通】** 坚持做到“12358”价格举报电话24小时全天候开通，开展与“12345”政府热线对接，专门制定全局各部门受理价格举报、投诉咨询办理工作实施细则。严肃查处价格违法行为，切实提高举报投诉办理质量和效应，坚持做到秉公执法、服务为民，并借助新闻媒体的宣传，强化物价部门公信力。2014年受理各类举报案件103件，办结率和满意率均达到100%，占全市价格系统举报受理总量的67%，通过价格投诉协调退还诉求人共计16400元。（罗　甜）

**【强化市场监督检查】** 按照《京口区价格监督检查工作2014年绩效考核评价标准》工作要求，扎实有效开展市场价格检查，坚持做到日常检查常态化，采取对辖区主要干道、主商业区做到定人、定岗、定责，有效监管和制止了多起不当价格促销和明码标价不规范行为。2014年出动市场检查人员162人次，检查商家68家，共下发《整改通知书》21份，发放价格法律法规政策资料300余份，并对1家违规单位实施800元处罚。（罗　甜）

**【开展价格专项整治工作】** 牵头联合区财政局组织开展“阳光收费行动”，9月份开始在全区范围有计划开展涉企、涉农、医疗、教育收费专项检查，重点整治培训乱收费等问题，对检查出的违规行为依据政策规定及时下发价格违法行为警示函，达到科学长效监管。按照省、市物价部门的部署和要求，3月份开展对区域内13家汽车4S店的明码标价专项整治；10月份开展对辖区23家房地产公司房屋销售明码标价专项整治，有效规范汽车销售、维修行业和商品房销售的明码标价行为。全年专项整治检查出动检查人员143人，开展检查71次，查处价格违法案件10件，处罚5.3万元，下发整改通知7份。（罗　甜）

**【规范物管收费行为】** 严格执行《江苏省物业管理条例》《镇江市物业服务收费管理实施办法》等文件精神，结合实际，规范辖区内住宅物业服务收费标准，严格执行政策办理物业管理和停车收费报备和审批手续。维护经营者和广大业主的合法权益，有效提升物业服务品质。全年共办理小区物业费备案6家，审批物业停车收费7家，接受相关企业、社区物业服务咨询46件。（罗　甜）

**【创新价格公共服务模式】** 采取多种形式组织开展价格服务进企业、进商场、进社区活动，宣传普及价格政策法规，服务企业和群众。5月22日，市、区两级物价部门专题组织召开新兴产业企业价格政策服务现场座谈会。3月15日，在永辉超市举办价格咨询服务广场活动。结合市“智慧物价”开通运行专题在江滨社区广场举办活动，联合结对社区阳光世纪花园社区在龙吟坊商业街举办“智慧物价”频道进社区专场活动。通过一系列活动开展，加强价格政策宣传和服务，促进京口区企业加快转型升级和经济发展。（罗　甜）

**【圆满完成全区公车改革评估和拍卖工作】** 牵头组织开展全区公车改革价格评估和拍卖工作。对涉改车辆公正评估，协助镇江市拍卖行依法公开拍卖。第一批涉改拍卖车辆144辆，溢价51.2%；第二批涉改拍卖车辆24辆，溢价23%。两批次共计拍卖车辆168辆，全部拍卖成功无一流拍。两次拍卖综合溢价率为48.23%，取得良好的社会效益和经济效益。（罗　甜）

**【做好项目征收拆迁评估工作】** 以立足于服务于市、区重大项目建设为重点，始终严格执行政策规定，切实按照“服从调度、纪律严明、操作规范、服务优质”工作宗旨，精心组织评估人员，踏实认真开展工作，确保项目实施正常推进。认真规范地做好全区征收拆迁项目评估认证工作，取得良好成效。全年完成镇澄路拓宽改造、梦溪园空斗墙改造、白莲巷拓宽改造等5个项目的征收拆迁评估工作。规范做好项目前期调查和概算工作。完成丹徒玻纤厂、焦化集团宿舍改造、紫金大厦、象山大宝轧钢厂等19个项目的前期调查和项目概算工作。（罗　甜）

【加快推进平价店建设】 坚持以“稳价惠民”为宗旨，充分发挥价格职能作用，规范监管和加快推进平价商店建设，进一步发挥京口区现有21家平价店“稳价惠民、平抑市场”作用，注重在“增项目、扩品种、保底线、提效益”上开展工作，平价蔬菜由原来的20个品种增加到35个，平价商品由单一的蔬菜，增加到粮、油、肉、蛋、蔬5项农副产品。进一步加强对企业的管理和服务，辖区内21家平价店全年考核评比取得良好成绩，共获省、市考核奖励资金20.95万元，辖区欧尚超市平价区等3家荣获一等奖，江苏强立公司等7家获二等奖，旅游超市江滨店等11家荣获三等奖。推进辖区新建平价店建设，市永辉超市股份有限公司、市京口大润发股份有限公司正式授牌成立超市平价区。牵头会同区民政局、区各街道、园区组织开展向全区低保户发放平价商店爱心卡活动，使全区每户低保户都能享受政府惠民政策，共发放爱心卡948张。

（罗　甜）

【提高价格执法能力】 加强法制学习，提高行政执法队伍素质，多次组织全体执法人员学习相关政策法规，强化执法人员的法制意识、服务意识和责任意识。完善监督机制，确保各项工作目标落到实处，认真落实行政执法岗位责任制和评议考核制，完善错案责任和违规执法追究制度，防止权力失控、决策失误、行为失范，让群众监督和自我约束有机结合。建立督办整改机制，加大执法监督力度，进一步梳理规范价格执法流程，巩固依法行政成果，增强队伍向心力。 （罗　甜）

## 国有资产管理

【出台《京口区国有资产出租管理的实施意见》】 出台《京口区国有资产出租管理的实施意见》，《意见》明确京口区内各类行政事业单位和区属国有企业，将占有使用的国有资产让渡给公民个人、法人或其他组织使用的行为均属此次管理的范围。《意见》要求对于符合条件的国有资产出租应当通过公开方式拍租，实现真正的“阳光拍租”；明确国有资产出租的工作流程、收益使用、监督检查和合同格式等要求。

（樊　潇）

【完成国有资产的清查】 以区政府办名义出台《京口区国有资产清查工作方案》，对全区国有资产进行清查部署。对各单位上报的房产情况进行核查。核查同时，对国有资产管理政策进行宣讲，再次明确国有资产管理信息系统使用要求。 （樊　潇）

【加强国有资产处置管理】 严格要求京口区属行政事业单位，对无偿转让、有偿转让、置换报废、报损等处置事项依据相关规定分级审批。严格要求国有资产有偿转让和置换以公开拍卖的方式处置，特别2014年京口区委托镇江市拍卖行进行的两次公车拍卖，溢价效果明显，取得良好的社会效益和经济效益。严格设定国有资产报废条件，由相关单位按级别核实后方可进行。严格要求资产处置收入纳入公共预算管理，按照政府非税收入管理有关规定上缴国库，实行“收支两条线”管理。 （樊　潇）

## 第三产业

【主要指标完成情况】 2014年，全区服务业规模投资完成226.1亿元，占全区固定资产投资71.8%，同比增长43.1%，超市计划23个百分点；服务业增加值占GDP比重达69.5%，全市领先。传统产业转型升级，新兴业态加速集聚。皇冠假日酒店、宴春酒楼等企业及时调整经营策略，营业收入保持稳步增长。中国中小企业信息产业园加快建设，江苏网商自贸区暨镇江京口网商产业园入驻企业800余家，以百度营销中心、腾讯积分商城江苏运营中心、顺丰嘿客镇江总部为代表的电子商务产业加速集聚。以名通科技、易乐科技等为代表的网络文化产业爆发式增长。

（封孝华）

◆ 资料链接 ◆

### 慈寿塔

金山寺慈寿塔，初建于齐梁，距今已1400余年。金山过去曾有双塔，一名“荐慈塔”、另一名“荐寿塔”。双塔倒坍后，在光绪二十六年（1900年）重建。逢慈禧60寿辰，取名慈寿塔。玲珑秀丽的慈寿塔立于金山西北山巅之上，高30米，和整个金山及金山寺配合的恰到好处，仿佛把这座山都拔高了。塔为砖木结构，上下通行，每一层八面都有走廊和栏杆，八面七级，内有旋式木梯，外有栏杆相倚，面面有景，层层风光不一样，若游人登塔凭栏眺望，江天市廛，尽收眼底。宋代王安石诗云：“数重楼枕层层叫，四壁窗开面面风，忽见鸟飞平地上，始惊身在半空中”。

## 重点工业项目

【概况】 2014年京口区完成工业投资87.8亿元，同比增长15.1%；新兴产业投资73.2亿元，同比增长23.9%；工业技改投资37.9亿元，同比增长16.2%。规模工业增加值73.17亿元，同比增长4.2%；工业应税销售319亿元，同比下降2%；规模工业销售收入317.67亿元，同比下降6.6%；规模工业利税总额39.06亿元，同比增长28.2%；规模工业利润总额25.8亿元，同比增长36.8%；规模工业企业数达到56家。在宏观经济形势十分严峻的背景下，全区工业经济总体保持了稳中向好的态势。（赵　丽）

【重点工业企业】 鼎胜铝业、谏壁电厂、索普集团、中储粮等七大重点规模企业实现应税销售248亿元，占全区工业比重达78%。爱励铝业、飞驰商务、索普集团产销增长明显，全年工业应税销售分别增长162%、95%、33%，效益相应回升，特别是索普集团利税较上年增长10倍左右。（赵　丽）

【重点工业项目】 飞驰冷藏车搬迁技改扩产项目、海龙核科技股份有限公司铝基碳化硼中子吸收材料研发与产业化项目厂房主体已竣工，重点设备安装结束；中储粮二期技改扩能18万吨立筒仓项目已竣工，5000吨压榨生产线正紧张施工；爱励铝业与宝钢集团共同投资5亿美元的高档汽车用铝合金板项目签订了框架协议。重点工业项目建设保持梯次发展和滚动推进的良好局面。（赵　丽）

## 重点工业

【概况】 2014年京口区销售超亿元的企业有25家，实现销售353亿元，利税总额38亿元，利润总额26亿元。亿元企业主要指标增幅略高于全部规模工业企业增幅。销售增长-5.9%，比全部规模工业的增长高0.6个百分点；利税总额增长28.8%，比全部规模工业的增长高0.9个百分点；利润总额增长36.9%，比全部规模工业的增长高0.3个百分点。亿元企业销售较上年略有下降，效益尚可。（徐锁夕）

【对全区工业支撑作用明显】 2014年京口区重点工业企业，销售占全区规模工业96.7%，利税占全区规模工业98.2%，利润占全区规模工业99.2%。（徐锁夕）

【引领京口四大工业行业发展】 金属冶炼及压延加工业：镇江鼎胜铝业股份有限公司、江苏鸿泰钢铁有限公司2家企业实现销售94亿元，增长-6%。化学原料及化学制品制造业：江苏索普（集团）有限公司等6企业实现销售60亿元，增长21.5%。电力热力生产和供应业：中国国电集团公司谏壁发电厂等2家企业实现销售68亿元，增长-17%。农副食品加工业：中储粮镇江粮油有限公司实现销售47亿元，增长-20.8%。四大工业行业实现销售269亿元，占全部规模工业85%。（徐锁夕）

# 镇江市京口区人民检察院

省人民检察院党组成员、检委会专职委员唐元高对区人民检察院党的群众路线教育实践活动进行调研

区委书记、区人大常委会主任裔玉乾对区人民检察院工作进行视察调研

检察院职能

（一）对于叛国案、分裂国家案以及严重破坏国家的政策、法律、法令、政令统一实施的重大犯罪案件行使国家检察权；

（二）对于直接受理的刑事案件进行侦查；

（三）对于公安机关办理的刑事案件进行审查，决定是否批准逮捕、起诉；对于公安机关的立案活动、侦查活动是否合法实行监督；

（四）对于刑事案件提起公诉，支持公诉；对于人民法院刑事审判活动是否合法实行监督；

（五）对于刑事案件判决、裁定的执行和监狱、看守所、劳动改造机关的活动是否合法实行监督；

（六）对于民事诉讼和行政诉讼是否合法实行监督；

（七）法律规定的其他职权。

区人民检察院检察长方红卫走访省人大代表，中储粮镇江基地党委副书记、直属库主任张中

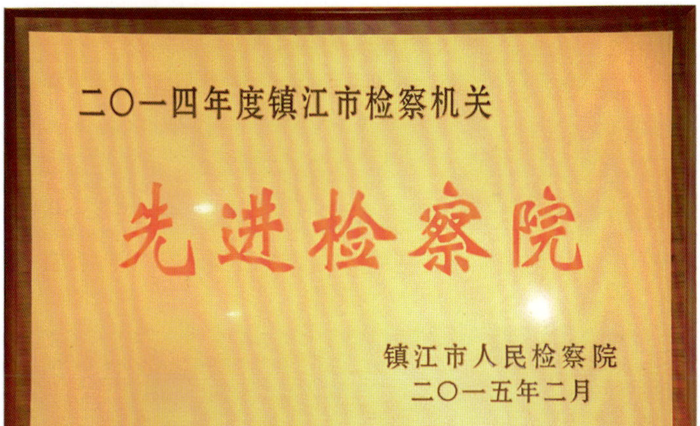

区人大常委会党组书记、常务副主任倪兆顺一行到区人民检察院视察反贪污贿赂工作

# 京口区供销合作总社

团结协作的领导班子

2014年，京口区供销社在区委区政府、市供销总社的正确领导下，结合区情及供销社实际，围绕市社下达的各项目标任务和经济指标，进一步认清形势，迎难而上，克服消极为难情绪，主动作为，奋力作为，进一步解放思想、拓展思路，创新工作方法，力求在“精品工程”和“特色项目”上下工夫，力求把握好为农服务与开放办社的切入点，把为农服务与项目建设有机地结合起来，把化解历史遗留问题与创新发展有机地结合起来。充分发挥供销社在统筹城乡经济社会发展和建设社会主义新农村中的重要作用，努力打造具有京口供销社经济特色、品牌的新亮点。

参加2014海峡两岸（江苏）名优农产品展销会

举办农产品经纪人培训班

象山供销合作社营业网点

江苏省三星级为民服务中心样板社

镇江市梦溪商场

参加市供销合作总社组织的广场集市活动

# 京口区国有资产管理中心

区政府领导调研国资中心工作

国资中心开展结对社区困难家庭帮扶活动

国资中心工会委员会第一次选举大会

与结对社区开展微心愿活动

区真实活动办调研国资中心真实活动开展情况

组织全体党员参观新四军纪念馆

# 京口区四

省委书记罗志军（右一）到四牌楼街道调研群众路线实践教育活动

市委副书记李茂川（右一）到街道调研群众路线活动

市纪委书记孙健到街道督查文明城市创建工作

中央第三巡回督导组调研群众路线实践教育活动开展情况

全省志愿者工作现场会

# 牌楼街道

街道群众路线实践教育活动动员大会

“八一”双拥晚会

第八届社区体育节开幕式暨“健身幸福家庭”评选活动启动仪式

举办“滨江贤者行　百善孝为先”文明系列活动

如意江南商业街

# 京口区正

区委书记裔玉乾视察辖区内镇江金顺房地产开发有限公司

区委书记裔玉乾视察街道安全生产

正东路街道党政联席扩大会议

正东路街道残疾人服务中心正式揭牌

江苏省住建厅调研组视察正东路街道城管疏导点工作

# 东路街道

省“双拥”工作现场会议在正东路街道京口路社区召开

正东路街道民兵点验誓师大会

正东路街道文明进万家、共创文明城主题活动

正东路街道迎“八一”双拥主题活动

正东路街道“安全生产月”活动启动仪式

江科大社区2014年侨联活动

京岘家园安置小区全面投入使用

副市长曹丽虹到健康路街道推进文明城市创建

区委书记裔玉乾视察惠通集团工作

# 京口区健康路街道

2014年健康路街道围绕“苏南一流、跻身十强、人民满意”的总要求，以“争当苏南一流现代化主城区街道排头兵”为目标，加压奋进，跨越赶超，以经济为中心，社区服务为基础，城市管理为重点，基层党建为保证，各项事业突飞猛进。全年公共财政预算收入1.30亿元，固定资产投资41.64亿元，产业类固定资产投资26亿元，工业投资2.24亿元，服务业投资39.4亿元，新兴产业投资11.14亿元，社会消费品零售总额79亿元。大市口中央商贸商务集聚区效应日益显现，重点项目扎实推进，镇江第一高度“苏宁广场”施工进展顺利，裙楼幕墙施工完成80%，酒店式公寓预售情况良好；财富广场裙楼商业项目回迁安置工作全面启动；大学生创业科技园主体施工稳步推进，招商运营全面展开。街道先后获得“镇江市创建全国文明城市工作先进单位”“南京青奥会信访稳定工作先进单位”“镇江市2014年度社会治安综合治理进单位”“镇江市2014年度城乡建设先进单位”等多项荣誉称号。

组织开展圆满完成群众路线教育实践活动

健康路街道成立慈善工作站

举办文明城市科普知识竞赛

"京口先锋"志愿服务不断壮大

举办"争先杯"劳动技能竞赛

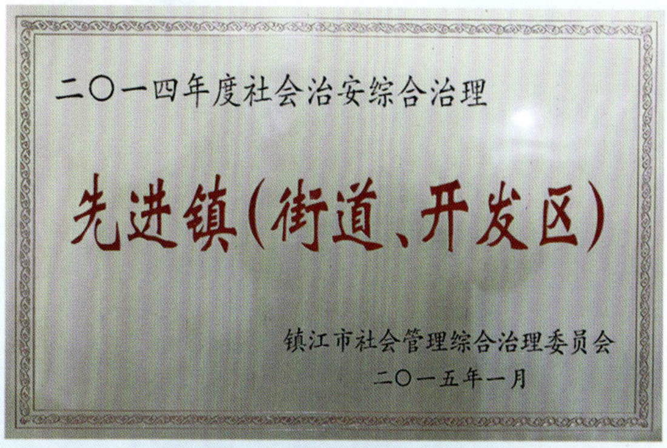


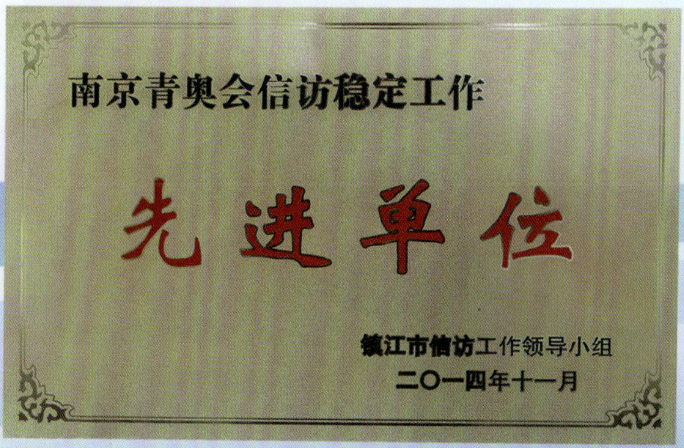


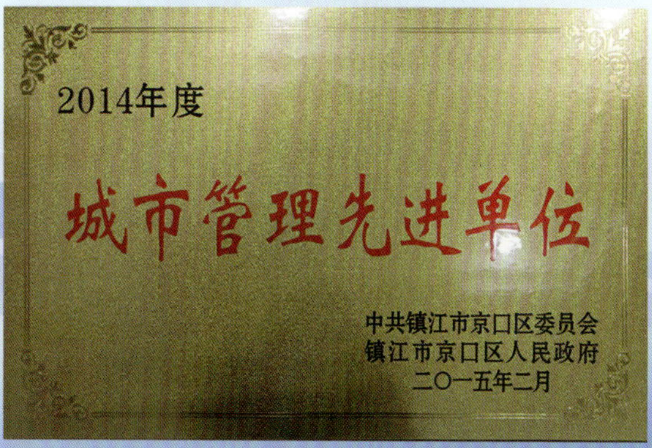

# 镇江市京口区大市口街道

市长朱晓明到街道调研“街长制”工作

区委书记裔玉乾带队到无锡华地总部招商

2014 年以来，大市口街道围绕区委、区政府“ 稳中奋进、改革创新 ”的总基调，突出转变和调整两大关键，不断加快发展现代服务业，大力发展创新型新兴产业，不断加大社区建设力度，培植党建创新品牌，各项社会事业均取得明显进展。全年完成固定资产投资 31 亿元，同比增长 21%，其中，产业类固定资产投资 19.56 亿元，占年计划 163%，新兴产业投资完成 4.14 亿元，占年计划 118.3%；科技研发投入完成 0.04 亿元；社会消费品零售总额完成 95.8 亿元，同比增长 13.5%；公共财政预算收入 1.1 亿元，实际到位外资 300 万美元。

副区长林黎明召开凤凰文化广场协调会

2014年度总结表彰暨2015年工作部署大会

奖状
镇江市京口区大市口街道办事处
在诗教工作中成绩显著，特授予江苏省诗教先进单位荣誉称号
发此奖状，以资鼓励
江苏省诗词协会

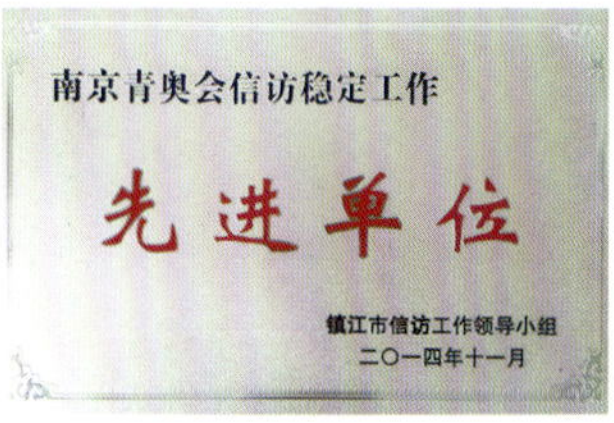

南京青奥会信访稳定工作
先进单位
镇江市信访工作领导小组
二〇一四年十一月

华夏保险“圆梦行动”走进米山社区

大市口地下商业开发施工现场

凤凰文化广场开工现场

# 镇江市地税五分局

组织分局党员干部参观警示教育基地

走进企业送服务

召开税收研究分析会

对企业财务人员进行培训

参加地税成立二十周年文艺汇演

组织分局全体干部进行登山活动

# 江苏镇江京口工业园区

2014年，京口工业园区坚持以项目为主抓手，全力打造“先进制造业和现代物流业的主阵地，二三产业融合发展的新战场，改革创新的新平台”。全年实现业务总收入90.03亿元；公共财政预算收入0.71亿元，比上年增长23.22%；实际到位外资8000万美元。

省委书记罗志军（右二）视察园区

京口高性能铝材料产业园

正恺电子

爱励铝业(镇江）公司

# 商 贸 流 通

责任编校：张洪贞

## 区属商业

【概况】 京口区国有资产管理中心由京口区国有资产经营管理总公司更名而来。中心按照“管好现有资产，维护大局稳定，抓好队伍建设”的总体要求，理顺资产关系5处，清收债权150多万元，为5名不在岗职工补缴养医保40多万元，耗资10多万元解决历史遗留的人员问题4人次。2014年，国资中心被评为“镇江市信访稳定工作”先进单位。

（陈 明）

【国有资产在规范管理中增值】 京口区国有资产管理中心对资产管理中存在的权属不清，租赁行为不规范等缺管问题，打破部门岗位的局限，成立资产清理小组，对现有房产做到账物相符，账目清楚；对闲置、清理收回的房屋实施公开招租，南门大街326号环球大厦四楼近800平方米的房屋成功招租，年增收益22万元；完善5家经营户的房屋租赁合同，规范租赁行为；对被无偿占用的黄山南路28号房屋进入司法清理；确保国有资产规范管理保值增值。

京口区国有资产管理中心成立专门班子抓清查清收，实行领导包干，对市城投拖欠的原工业公司下属机针厂的拆迁款，苏恒有限公司拖欠的托管费用，智迪有限公司、京口驿站的投资款，江苏置业有限公司改制中未明确的土地价值等，全部清收按资金回笼量进行奖惩，其中江苏置业有限公司未纳入改制的土地价值清收80万元；2008年新河桥拆迁未改制2处职工住房国有价值部分成功收回。（陈 明）

【关注民生维护职工合法权益】 京口区国有资产管理中心全程参与大西路东段改制托管房的拆迁，严格兑现改制协议，维护百姓的合法权益。2014年接待职工136人次，办理完结诉求27件，化解历史遗留问题4个、15人次，安全生产和信访维稳工作实现平稳可控。中心筹资40多万元，补交物资集团5名职工欠缴多年的养老保险、医疗保险，帮助他们及时办理了退休手续，对4名不愿签相关手续职工耐心沟通及时清退。中心对江苏置业有限公司未为职工交纳养保医保和拖欠职工生活费的信访问题，要求对每年度职工养医保基数的申报，采取改制企业填表申报，职工代表签字确认，国资管理核对监管，劳动部门受理的多方联动机制，有效维护改制企业职工合法权益。对两起军转干信访积案，做到其中一名符合条件的军转干，由劳动关系所在单位负责落实政策；另一名不符合条件的军转干，督促改制企业按相关政策尽快落实安置。另外中心对独生子女奖励金，采取日常登记，年终集中兑付；对物资集团、商贸总公司历史的财务、人事档案进行集中清理。（陈 明）

【作风建设在服务大局中求转型】 京口区国资管理中心首先打破部门、岗位的形式约束，成立六个工作小组进行专项工作推进，有效地解决了单位内部忙闲不均、青黄不接、遗留问题解决缓慢以及岗位之间缺乏互补的问题。制订年度考核方案，实行半年分散考评，全年集中考评的考核办法，由考核小组适时公开考评结果，对考核方案进行公示，激发全体人员的工作热情和工作潜能，提升了工作的精气神。

（陈 明）

【党建工作在理顺关系中求创新】 京口区国资管理中心经上级党组织批准将原党委设置调整为党工委，结合基层党员“三多”的特点（不在岗党员人数多、改制企业党员多、离退休党员人数多），对党组织高效管理。较好完成党的群众路线教育实践活动中，认真抓好“四学”，全年共组织集中辅导学习17场次，并开展了“我是谁、依靠谁、为了谁”主题大讨论；查“四风”突出问题，通过走访、约谈、座谈会等形式，有效建议落实到位。谈心交心，班子成员共谈心谈话60多人次，党工委数次讨论修改班子对照检查材料，班子制定整改措施6项，党风政风明显好转。党工委走访慰问困难职工和帮扶对象30余人次，走访慰问困难党员7人次；中心在职党员利用休息日进社区开展文明服务活动40余人次；在帮扶好中心困难职工的同时，结对帮扶社区

5名困难户，把党的温暖送到弱势群体家中，共享发展成果。（陈　明）

## 供销合作商业

【概况】 2014年，供销合作总社完成销售13592万元；社会消费品零售总额11176万元；农资销售额1164万元；盈利85万元。（苏　林）

【行业协会】 京口区再生资源行业协会。京口区供销社为保留供销社的传统经营项目，将各基层社的废旧物资回收网点及京口区域内其他物回网点收编吸纳为会员单位，该行业协会拥有会员62家。该协会主要职能为：为再生资源行业提供行业管理、信息服务，业务交流、法律咨询、职业技能培训及技术职称评定工作，依法维护会员的合法权益。

京口区烟花爆竹行业协会。该协会主要职能为：为烟花爆竹行业协会提供政策法规咨询，业务指导、信息服务等，配合公安、工商、环保等政府职能部门依法进行行业管理、依法维护会员的合法权益。

镇江市农民（农产品）经纪人协会京口分会。该协会隶属于镇江市农民（农产品）经纪人协会管辖，其职能主要是为农民经纪人提供信息、法律咨询服务，为农民经纪从业人员开展职业技能培训及技术职称评定工作。（苏　林）

【为农服务社为“三农”高效服务】 京口区供销社投资1000多万元，在九里街、谏壁月湖村、于山村、新民洲创建了5家为农服务社。至年底，拥有市级二星级为农服务社2家，省级为民服务中心1家，省级为民服务中心样板社1家。为农服务社经营的品种有：农药、化肥、农膜、桐油、尼龙绳、农用五金、小型铁、木、竹农具及各类蔬菜种子等，同时还承担地方政府委托的防汛救灾物资的储备供应。为农服务社店堂内均设有《服务公约》《常见农药配伍表》《常见农作物种植季节一览表》，另设有庄稼医院、农业科技咨询点、免费维修农具服务点。在辖区内指导农民合理使用化肥、农药，推广无害化种植蔬菜。所辖的象山省级三星级为民服务中心，服务项目和功能几乎涵盖了城乡居民生产、生活的方方面面，有农业生产资料超市、生活资料超市、农用五金、医药连锁、竹器加工、食品加工、旅馆、浴室、饮食小吃等。2014年全系统为农服务社储备供应各类化肥500吨、农药40吨、农膜35吨，以及各种铁、木、竹农具器械10000余件和蔬菜种子近60个品种，为周边农民义务修理农具200余次。为农服务社为“三农”提供高效便捷的服务。（苏　林）

【2014江苏省海峡两岸农展会】 2014年10月16—19日，京口区供销社组织象山供销社食品厂和新民洲涉农单位，参加了在无锡举办的2014江苏省海峡两岸优质农产品展销会，产品有月饼、桃酥、蔴雀头、京果粉、小京果、大京果、麻饼、蛋黄酥、老婆饼、云片糕、芝麻片、豆荚、蛤蟆酥等传统食品和新民洲的稻鸭共作有机大米。展示产品受到了与会领导、客商及市民的好评。（苏　林）

【农民经纪人培训】 2014年12月26日，京口区供销社与陈家门社区举办了第5期京口区农产品经纪人培训班，供销社系统从业人员及新民洲涉农人员共61人参加了培训班，参培人员均获得了由人力资源和社会保障部及中华全国供销合作总社颁发的农产品经纪人资格证书。（苏　林）

## 交通运输

【概况】 2014年京口区交通运输局紧紧围绕“交通惠民、交通利民”的发展要求，大力推进重大项目及交通民生工程建设，强化行业管理和安全生产监督，开展党的群众路线教育实践活动和“真·实”活动，实现稳中求进，健康有序发展。京口区交通运输局先后荣获“全市交通运输工作‘先进集体’称号”、区“十佳志愿服务团队”称号、“全区安全生产优秀单位”“‘真·实’活动先进单位”。京口区运输管理所被评为“镇江市交通系统满意基层站所”。（谈建华）

【基础设施建设】 国省干线综合整治工作初见成效。为推进苏南现代化示范区建设，创建国家森林城市，有效地改善国省干道沿线生态环境，京口区交通运输局累计投入400多万元，完成绿化39万平方米，其中238省道两侧20米绿化，面积28万平方米，338省道两侧15米绿化，面积11万平方米。同时京口区交通运输局又投入100多万元，在338省道与雩龙公路交汇点打造了一个3000平方米的绿化示范点，营造了安全畅通、舒适优美的公路通行环境。

农路提档升级。京口区交通运输局投入70多万元，建成了工业园区的谏李线，道路起点为谏辛公路，终点为李华村，全长1千米，路宽6米。投入190万元，建成了谏壁街道的谏东线，该路从雩龙公路至东京村，全长2千米，路宽6米。投入300万元，建成了谏壁街道的谏雩线，该路从谏辛公路至338省道，全长3千米，路宽6米。三条农路的建成，改善了东部地区群众的出行条件。市局领导和农路办对京口区的农路建设予以了高度评价。

镇澄路西段拓宽改造工程。西段左湖互通至谏壁船闸，长3.02千米，按双向六车道城市主干道标准实施改造，各类管线全部下地，同步实施智能公交站台等附属工程。2014年4月京口区交通运输局成立了镇澄路拓宽改造领导小组，统筹协调镇澄路中、西段拓宽改造工程中征地拆迁工作矛盾，确保道路建设无障碍施工。西段于2014年12月竣工通车。

长岗公交首末站交付使用。京口区交通运输局筹集资金450万元，经过半年的紧张建设，完成长岗公交首末站建设任务并通过验收交付公交公司使用，使京口区东部地区又多了一个公交枢纽站，方便周边群众出行。生态绿色通道建设。为牢固树立生态文明理念，全面提升京口交通形象，京口区交通运输局完成了零龙公路绿化5万平方米，工业园区道路绿化4.9万平方米，农场道路绿化1.7万平方米。全区公路绿化美化的框架已初步形成。在全国文明创建活动中，京口区交通运输局又筹资35万元，完成了谷阳路两侧3.2万平方米的补绿、种绿。（谈建华）

【行业管理】 京口区交通运输局积极牵头组织市公路处、京口公安分局、京口交巡警大队开展辖区内治限治超工作。在谏壁地区和江大北门采取日常管理与集中整治相结合，流动检查与定点执法相结合的方法，不定期组织突击检查。全年共出动423人次，有力打击了违法超载的势头，促进了辖区交通秩序的好转。

**做好交通便民服务**。京口区交通运输局在汽车检测站设立服务窗口，通过便民服务手册公示工作流程。采取"预约服务、微笑服务和一站式服务"，运输单位或个人可以提前预约，随办随走，一站式当场办理完申请事项。至今京口区共参加"两证"审验1433户，车辆2114辆，审验率达95%以上。京口区交通运输局在镇江高铁南站建成了"京口之窗"雷锋服务站，为百姓提供快捷、多方位的服务。京口区交通运输局对群众反映的焦点、热点问题，确保办理率和满意率两个100%。针对东京村村民反映镇澄路东京段严重破损的焦点问题，投入100万元，铺设了1.5米深的块石基础，浇砌了30厘米厚钢筋混凝土路面，并建成排水沟。针对群众反映的"谏辛公路路灯不亮给市民带来安全隐患"的热点问题，投入60余万元，改造了太阳能路灯，彻底解决谏辛公路路灯不亮问题。

**农村公路管养责任化**。京口区农村公路105千米，其中县道28千米、乡道29千米、村道48千米。根据《镇江市农村公路管理养护实施意见》规定，与街道园区签订了管养责任状，每季度考核一次。建立了农路巡查制度，并纳入基层站所绩效考核，做到发现问题及时解决，全年共出动220人次，对全区农路农桥进行巡查、有力打击乱挖乱建、乱占乱堆等损毁公路和影响公路安全通行的违法行为。确保了公路安全畅通。

**做好三轮车退市和保养人员安置工作**。京口区交通运输局下属运输企业4家，企业保养人员有500多人，积极做好保养人员生活费发放工作，将保养人员的医保、丧葬等费用纳入市级统筹。在全市人力三轮车退市工作中，全局组成20个"五包小组"，深入企业和三轮车从业人员家庭宣传，完成了378辆人力三轮车上缴工作，实现了平稳、安全、和谐的良好局面。（谈建华）

【党风廉政】 党风廉政建设。京口区交通运输局把党风廉政建设和反腐败工作逐项分解落实到每名党组成员和相关责任部门，实行党组书记对廉政建设负主体责任，纪检组长负监督责任。严格执行"八项规定"，制定了《关于加强机关作风和效能建设的实施意见》《机关作风和绩效管理考核评比办法》《股级干部选拔使用管理办法》《差旅费报销制度》，修订了《绩效考核、加强考勤工作的规定》《京口区交通局行政执法考核办法》《关于加强交通工程建设项目权力关键节点监控的实施办法》等制度，强化制度建设。

**扎实开展党的群众路线教育实践活动**。京口区交通运输局突出"为民、务实、清廉"的主题，聚焦"四风"查摆问题，深刻对照剖析原因，以整风精神开好领导班子专题民主生活会。先后召开征求意见座谈会4次，其中局领导班子集中谈心交流活动就有2次。征求到方方面面的意见建议5条。在活动中坚持立学立行、边查边改，局班子成员分工负责落实14项"教育实践活动整改行动计划"，解决具体问题，建立长效机制。教育实践活动，营造了风清气正的良好氛围，机关干部更勤了，干劲更足了，服务效能明显提升。（谈建华）

# 民营经济·开放型经济

责任编校：耿纪明

## 民营经济

**【大力推进民资招商】** 2014年全区共开展招商引资活动328场次，接待客商181批次，开展境内小分队走访105批次，拜访企业168家，全年引进落地市外民营投资38亿元。全年新增私营企业注册资本完成40.29亿元。在“相聚京口，合作共赢”项目集中签约仪式上有20个项目签订正式或意向协议，其中民资项目14个，占签约总数的70%。（王玉珍）

**【加强为中小企业服务】** 京口区发改和经信委加强政策扶持，帮助京口工业园区成功申报国家中小企业专项产业资金300万元；帮助3家企业成功争取省、市中小企业专项扶持资金共计135万元。

京口区发改和经信委加强创新能力建设，助推企业提高竞争力，4家企业被认定为中小企业“专精特新”产品企业，其中省级2家、市级2家；另有4家企业被认定为企业技术中心，其中省级1家、市级3家；认定五星级数字企业1家，市级科技小巨人企业1家；3家企业成功申报“市中小企业公共服务平台”。（王玉珍）

## 开放型经济

**【概况】** 京口区商务局紧扣年度目标，突出开放型经济和商贸服务业发展，落实民生保障，全力完成各项任务。主要指标方面：完成产业类实际利用外资1.3亿美元，序时进度全市第二；进出口总额8.66亿美元；服务外包执行额2.46亿美元，增长30%，增幅全市第一，总量全市第二；外经700万美元，占年计划的100%；社会消费品零售总额235亿元，增长12.4%，总量全市第二。机关作风和党建工作取得新成绩。获2013年度机关作风建设和绩效考核一等奖。区国际服务外包中心获“省青年文明号”。“四服务”机制被区委组织部表彰为品牌党建，在全市机关服务型党建研讨会上做经验介绍，镇江市机关党建网介绍“四服务”做法。（陆　芹）

## 对外经济

定期走访调研，形成上下联动机制。组织机关干部参加广交会、厦门服务外包培训班以及省电子商务、外资统计培训等。到丹阳市商务局学习利用外资新方式做法。贴身服务街道（园区），及时了解基层工作情况、工作难度、存在问题，指导、督促工作进展。主要领导亲自带队，多次深入街道（园区），帮助分析问题，共同推进指标完成。时刻关注招商活动，主动参加上海、深圳等地招商活动，提前介入项目中，对全区在建、在谈外资项目及重点商贸项目，随时掌握动态，跟踪服务。

主动服务企业，营造良好发展环境。大力推进政务公开，形成工作路线图。举办区第二期服务外包培训班，邀请市局专家给辖区内30余家重点企业进行面对面交流。举办电子商务统计培训，对近20家企业进行实务培训。先后邀请国家、市专家指导区电子商务产业发展。持续开展“双打”、单用途预付卡、成品油等市场监管、有效维护市场秩序。同时，形成制度，定期调研走访企业，了解企业经营现状，及时协调解决企业生产经营中实际问题。全年走访辖区重点外包企业近30家、外贸外经企业20多家、外资企业15家、商贸流通企业30家。积极主动为新引进外贸企业镇江亿翔科技代理手续，创造了15天办结外贸审批所有程序纪录，为基层企业节约成本和时间，该企业6个月完成进出口总额近1亿美元。

以政策扶持为抓手，加快培植重点企业。认真落实各项扶持政策，针对商务扶持政策一些变化及外贸政策部分调整，及时下发《政策汇编》200多本。先后两次组织100多家重点企业参加市多部门共同举办政策宣讲会。帮助企业申报项目，全年为企业争取商务发展各类专项资金1200多万元，创历史新高。

构筑合作机制，放大外资服务最佳效应。努力构筑“政府带动、部门联动、企业主动、商务推动”利用外资工作格局，建立商务与条块、部门之间外资合作交流沟通机制。主要领导亲自走市跑省进部，开通市、省、部外资一日报批直通车。积极参与市外资审批“一口受理、一表审批”制度改革试点，创造商务批准证书、工商营业执照、质监组织机构代码证、国地税税务登记证、公安公章刻制备案等事项两天同步办结纪录。（陆　芹）

## 民生工程及开发区建设

加强协调沟通，民生工程稳步推进。应网民呼声而建江山名洲邻里之家4月正式开业，面对周边居民入住率低、市场经营不佳，多方协调，组织十几家农产品生产基地进行促销，凝聚人气，使之顺利走上轨道。协调中南御锦城邻里之家解决管网移位等问题，确保年内开工建设。中建大观邻里之家年底室内装修结束。协助菜市场环境整治、废品收购站整治等。妥善处理有权劳务公司劳务纠纷10余件。办理“12345”热线10件，满意率100%。

打造省级开发区特色亮点。京口工业园区2013年度省级开发区考核进入全省第一方阵，在126个开发区中列69位，进了12位。京口工业园区创成省级生态工业园。万方超市四牌楼店成功申报全国商贸系统先进集体。鼎铝DSL及图形获2014—2016年江苏知名品牌。鼎铝获批市贸易摩擦预警点。江苏名通科技获批2013—2014年国家文化出口重点企业。河南濮县商务局、浙江省台州市路桥区商务局分别到京口区考察商贸服务业发展经验和做法。（陆　芹）

## 投资指南

**【美丽京口】** 京口区是全国历史文化名城镇江市主城区，地处中国东部沿海、长江下游南岸，是长江三角洲北翼中心、南京都市圈核心层城市。下辖象山街道、谏壁街道、健康路街道、大市口街道、正东路街道、四牌楼街道、京口工业园区（省级开发区）及镇江市新民洲港口产业园。辖区面积126平方千米，常住人口约40万人。（董　丽）

**【区位优越 交通便捷】** 京口地处长江与京杭大运河“十字黄金水道”交汇处，处于上海经济圈和宁镇扬大都市圈交汇点，区位优势独特。

铁路，有京沪铁路、京沪高铁、沪宁城际、宁杭高铁以及在建连淮扬镇铁路五条铁路线，赴上海最快60分钟、赴北京最快4小时21分钟。

公路，辖区内网布沪蓉高速、沿江高速、扬溧高速、宁杭高速等高速公路，润扬大桥、泰州大桥以及在建五峰山大桥连接长江南北，镇江京口作为沟通江苏南北交通枢纽地位将日益增强。

水路，镇江港作为中国主枢纽港，拥有万吨级以上泊位36个，与世界70多个国家和地区近300个港口直接通航，年吞吐量超亿吨。镇江港新民洲港区是国家交通部批准一类通商口岸，拥有长江岸线10.5千米，其中深水岸线5.38千米，已建成2个5万吨级码头，并开港运营；规划建设4个5万吨级公用码头、7个千吨级泊位港池。京杭古运河京口段通航条件达三级航道标准，常年可通行千吨级船队。

空运，距离南京禄口机场90千米，上海虹桥机场240千米，上海浦东机场270千米。（董　丽）

**【历史悠久 人文荟萃】** 京口为镇江古称，有着3000多年历史，是中国吴文化发源地，山清水秀，景色优美，人杰地灵，文化底蕴深厚。拥有三山（金山、焦山、北固山）国家重点风景名胜区，自古就有“天下第一江山”“城市山林”美誉。白娘子水漫金山、刘备甘露寺招亲等传说佳话皆发源于京口。中国第一部百科全书《梦溪笔谈》、最早一部诗文总集《昭明文选》及文学理论巨著《文心雕龙》等鸿篇巨制皆诞生于京口。辛弃疾、王安石等历代文人墨客在此留下了《南乡子 登京口北固亭有怀》《泊船瓜洲》等许多脍炙人口的千古绝唱。

京口是江苏省重要高教、科研基地，辖区内驻有江苏大学、江苏科技大学、中国人民解放军镇江船艇学院、江苏大学京江学院、镇江市高等专科学校5所高等院校，在校师生近12万人，每年各类本科以上毕业生近1.8万人，汽车制造、船舶制造等专业在全国领先。职业教育规模位居江苏省前列，有江苏交通技师学院、江苏省司法警官高等职业学校、镇江市高等职业技术学院、镇江技师学院、镇江市化工技工学校等院校18所，每年输送各类专业技术人才2万多人。京口是全国义务教育发展优质均衡区，有江苏省镇江第一中学、外国语学校、中山路小学、实验幼儿园等一批镇江一流中小学、幼儿园。

京口区创新开展“金凤凰”活动，已累计引进国家“千人计划”12个，省“双创计划”个人21个，团队2个，市“331计划”64个，高端人才集聚形成了“京口现象”。（董　丽）

**【产业发达 经济繁荣】** 自古就有许多文人墨客及官方文书描述京口繁荣。康熙《江南通志》称：“京口为舟车络绎之冲，四方商贾群萃而错处，转移百物，以通有无。”如今的京口更是经济繁荣、百姓富裕之地。京口区坐拥镇江市核心商圈，是镇江高端商贸服务、金融与文化中心，也是沪宁线上重要现代产业基地，基础齐备、配套完善。

以中储粮为代表粮油加工仓储产业国内领先。以爱励铝业为代表航空航天产业蓬勃发展。以鼎胜铝业、鼎盛重工为代表先进制造业发展迅猛。以易乐、名通为代表网络文化产业呈现爆发式增长，页游研发水平位居全国第三。以苏宁广场为代表高端商贸服务业优势明显。以中国中小企业信息产业园为代表电子商务产业加速集聚。以新民洲健康生态产业园为代表生态健康、养老产业发展势头强劲。以镇江两岸文化创意产业示范基地、凤凰文化广场为代表文化创意产业蓄势待发。（董　丽）

**【宜居宜业 和谐幸福】** 镇江是中国优秀旅游城市。京口境内有焦山、北固山、大禹山等城市山脉和9座山体，城在山中，山在城内，形成了“城市山林”独特风貌。位于长江北岸京口新民洲，生态环境优美，水净米香，拥有国家一级保护动物“震旦鸦雀”、国家二级重点保护动物长江江豚，是中国生物多样性保护与绿色发展示范基地。

京口2008年率先实现全面小康社会省定目标值，实现省区域教育现代化目标，医疗、保障等公共服务全覆盖。城市现代化建设加速推进，城市管理全市领先，生态环境持续改善，平安建设不断深入，文体活动蓬勃发展，先后荣获国家知识产权强县工程示范县（区）、全国和谐社区建设示范区、省社会治安安全区等一批国家和省级荣誉，人民安居乐业，企业安心生产，社会和谐安定。（董　丽）

**【现代服务业】**　京口作为镇江市主城区，坐拥镇江市核心商圈，现代服务业具有良好产业基础。（董　丽）

**【现代商贸业】**　2014年，全区社会消费品零售总额235.3亿元，增长12.4%。销售额超亿元的批零企业33家，超10亿元的大型商场2个（八佰伴、商业城）。重点引进高端、新型商业业态和国内外知名商贸企业，打造核心商圈核心竞争力。（董　丽）

**【电子商务产业】**　依托中国中小企业信息产业园、江苏名通、易乐网络、中企信星等载体和一批企业，着力打造电子商务示范基地，重点发展专业电子商务平台、网络游戏、手机游戏、云服务及电子商务解决方案等。（董　丽）

**【文化创意产业】**　2014年镇江市文化产业实现增加值172亿元。京口区重点发展文化旅游、创意设计、数字出版、演艺娱乐、广告会展、工艺美术等行业，着力打造历史文化、山水文化、创意文化、餐饮文化等品牌，依托科技与文化的融合大力发展现代文化、创意文化。（董　丽）

**【现代物流业】**　2014年镇江市实现物流业营业收入625亿元，同比增长20%。京口已初步形成新民洲港口物流、宝华物流、恒伟物流、中储粮仓储加工物流等区域型物流基地。重点发展港口物流园区，形成一批具有全国性影响、较强区域辐射能力的物流产业园区。（董　丽）

**【现代旅游业】**　镇江自然禀赋得天独厚，是国家历史文化名城、中国优秀旅游城市。京口以“真山真水、山水形胜”闻名海内外，南山北水形成了“城市山林”的独特风貌。镇江历史悠久、底蕴深厚，是吴文化的重要发源地，是首批国家智慧旅游试点城市。（董　丽）

**【生态小镇】**　利用新民洲生态资源，按照“一镇一园一基地”的模式，因地制宜将新民洲打造成一个集健康养老、景观（旅游）、休闲度假、商业地产等于一体的生态小镇。（董　丽）

**【生态健康产业】**　借助中国生物多样性绿色发展基金产学研基地平台，在新民洲港口产业园区规划面积9.6平方千米，建设集“度假休闲观光、商务会务、高档商住、养生养老”为一体的具有国际水准的生态示范区。（董　丽）

**【先进制造业】**　围绕国家和省战略性新兴产业发展规划，推动先进制造业的高端发展，重点培育和发展高端装备制造、航空航天、新一代信息技术等战略性新兴产业。（董　丽）

**【高端装备制造业】**　2014年全区高端装备制造业实现销售34亿元。拥有鼎胜铝业、鼎盛重工、宝华半挂、飞驰冷藏车等一批重点骨干企业，形成大型装备、工程机械、船舶及配件、电力电气、汽车零部件五大板块。重点发展智能制造装备、海洋工程装备、高端专用装备、关键基础零部件等重点领域，发挥港口优势。（董　丽）

**【航空航天产业】**　2014年实现应税销售收入61.7亿元，同比增长179.4%，拥有爱励铝业、锐天信息等一批行业领先企业。重点发展航空新材料、航空部件及结构件、航空机电和内饰以及通用飞机等领域，大力发展航空航天信息技术、航空培训及维修等配套产业。（董　丽）

**【新一代信息技术产业】**　2014年实现销售70.5亿元，拥有正恺电子、惠通电子、金舟软件等一批骨干企业。在船舶行业软件、电力电器嵌入式软件、电子接插件上具有较强的市场占有率和竞争力，已经形成了相当规模和基础的产业发展体系。围绕下一代信息网络制造，积极推动设备、系统、智能终端等产业化，加快发展宽带、集成电路、新一代显示技术等制造产业。（董　丽）

**【农业】**　立足都市生态农业，优化产业结构布局，推进农业现代化发展进程，重点发展粮油加工、特色园艺、休闲观光等特色产业。（董　丽）

**【环境优化 服务优质】**　本着“诚信认真、一诺千金”的服务理念，强化服务体系求“全”、服务内容求“实”、服务方式求“活”、服务质量求“高”四项措施落实，提供“依法高效文明便捷”的“一站式”服务，全面执行《关于建设中国中小企业（京口）总部基地的实施意见》《京口区发展服务外包专项资金管理试行办法》等一系列政策文件，让客商在投资上放心、工作上安心、生活上舒心。（董　丽）

## 农 业

**【概况】** 2014年，京口区农委在区委、区政府的正确领导下，在区人大、区政协的关心指导下，立足主城区区位特点，以增加农民收入为核心，以“服务城市、致富农村”为己任，以加速农业转型升级为抓手，有力推进农业和农村现代化建设，实现农业可持续发展和农民收入稳定增长。全年粮食总产9934吨，油料总产775吨，上市放心蔬菜24400吨，全年抽检蔬菜427个样，合格率达100%。全区农业适度规模经营比重98%以上，吸引“三资”开发农业资金5.34亿元，实际利用外资2400万美元，农产品出口864万美元。全年出栏生猪1.76万头，出栏家禽9.73万羽；屠宰检疫牲畜21万头，上市肉品15000余吨。全年重大动物防疫做到应免尽免，防疫密度达100%。发放各类支农惠农补贴资金228万元。完成小麦、油菜、水稻等农业保险1540公顷，涉及资金304万元。全年新增林木面积33.33公顷，新增“三品”认证3个。新型职业农民培训287人。（丁志国）

**【现代农业产业园区年度考核创佳绩】** 京口区2家农业产业园在全市30个园区的评比中获得均分第一的好成绩。加大对园区建设的重视力度，从对园区规划修编、健全工作机制、推进公共基础设施建设、强化园区综合效益等环节加以重点推进，园区在农业产业“三集”中起到举足轻重的作用。（丁志国）

**【农业龙头企业参加全市“春风行动”招聘活动】** 2月9日，全市“春风行动”招聘活动在新区体育馆拉开帷幕。京口区按照市农委有关要求，组织3家农业龙头企业，即镇江培蕾基质科技发展有限公司、镇江瑞达农业有限公司及镇江东锦生态农业开发有限公司，参加“农业龙头企业招聘专区”活动。根据企业需求，此次招聘共设立农业技术人员、养殖技术人员、苗圃技术人员、绿化管护、操作工等10个专业类岗位，应聘人员达20多人。（丁志国）

**【成功安装森林火险预警系统监测站】** 4月11日，京口区护林防护指挥部在省防火办委托的专业技术人员指导下，成功安装森林火险预警系统监测站一座。

该站位于京口区谏壁街道三雩山南侧，占地约80平方米，集合测定降雨量、风速、风向、温度、湿度等功能，通过对一系列数据的采集和分析，判断火险发生的可能性，为科学防火、重点防火提供理论支撑。

京口区森林火险预警系统监测站是镇江市首个建成站点。通过现场测试和远程测试发现，数据传输稳定、准确，动态变化敏感，监测站点安装成功。（丁志国）

**【现代农业园区综合标准化示范区项目获准实施】** 5月23日，京口现代农业产业园区申报的“现代农业产业园综合标准化示范区”项目在经过申报、现场答辩、专家评审等一系列程序后获得江苏省质监局和江苏省农委一致同意批准实施。

该项目主要通过农业标准化生产示范推广，规范生产技术操作，健全农业生产各环节的技术和管理标准，建设完善农产品标准化体系，实现农业生产有标可依，按标生产，达到标准全覆盖，提升园区农业生产组织化程度和农产品质量安全，促进区域特色优势农业产业规模化发展。（丁志国）

**【全面完成夏收夏种任务】** 2014年京口区夏收面积为990公顷，其中小麦面积680公顷，油菜310公顷。夏种面积为946.67公顷，其中水稻626.67公顷，玉米320公顷。夏收工作5月23日开始，6月8日全部结束。夏种6月5日开始6月23日基本结束。大力推广水稻迟熟中粳品种，共落实水稻迟熟中粳品种200多公顷，占全区水稻种植面积的30%。（丁志国）

**【完成2014年度谏壁街道塘坝建设任务】** 作为2014年冬春水利建设重点项目之一的谏壁地区塘坝建设工程于7月17日通过区财政局、水利局组织的联合验收。

该工程建设时间起始于2013年年底，2014年6月份竣工，建设内容包括新建塘坝10座，清淤改造16座，完成土方12万立方米，增加蓄水量近10万立方米，各级投入资金98万元。工程完工后将有效增加谏壁地区的农灌水源，为抗击“旱灾”带来“利器”。（丁志国）

【开展农机购置补贴资金自查工作】 7月31日，京口区农委联合区财政对2011—2013年农机购置补贴资金发放进行自查。

经查，全区从2012年起开始发放农机具购置补贴，两年来共发放农机具购置补贴201.1万元，补贴购买各类农机具114台，受益59人。其中，2012年共发放补贴资金76.315万元，补贴农机具40台，受益32人；2013年发放农机购置补贴资金124.76万元，补贴各类农机具74台，受益27人。农机购置补贴工作进展顺利，效果良好，没有违规违纪现象发生，一卡通全部发放到户，做到了一户一卡。没有出现村组干部代收代现象。（丁志国）

【区领导带队参加省农洽会】 9月26—28日第十六届农业国际合作洽谈会在盐城国际会展中心拉开帷幕，副区长解军英带队参加此次洽谈会。活动期间，京口区总投资1100万美元的《农业园区建设》项目代表镇江市参加大会项目集中签约；展位区的产品重点突出“绿色、有机、生态、健康”主题，共组织8家农业企业15个品种参加展示展销，价廉物美、新特优的农产品吸引了不少盐城市民，尤其是禾润世家食品有限公司的木耳、银耳、红枣、莲子、枸杞等系列干货更是受到市民追捧；在展示展销的同时，禾润世家食品有限公司积极与家乐福等超市进行“农超”对接，为企业今后的发展，创造更多商业机会。（丁志国）

【区农委和区科协开展送科技下乡活动】 10月16日下午，京口区农委和区科协老专家协会共同组织送科技下乡活动。在谏壁镇雩北村邓家缺举办无公害蔬菜栽培技术培训班，与会人员达40多人。老专家协会副会长景如生在培训班上作精彩讲话。这是京口区全面推进农产品质量安全建设系列活动之一。为深入贯彻落实《农产品质量安全法》，提高农产品质量安全水平，区农委大力宣传、推广普及农产品安全生产知识。2014年共举办各类培训班12期，培训人员达600多人次。重点向基地农民普及安全使用化肥、农药以及动植物生长激素等知识，推广使用高效生物农药，规范种植、养殖行为。（丁志国）

【绿色江苏项目顺利通过专家组验收】 11月4日由区农委、财政、农委纪检组会同市农委有关专家组成的项目专家组前往共青团农场，对江苏扬子江林业科技有限公司承担的绿色江苏项目进行验收。专家组在听取项目单位实施情况汇报、审阅台账资料以及察看现场的基础上，认为该项目单位已基本完成各项规定任务，同意通过验收。

（丁志国）

【上海招商活动喜获丰收】 11月21—23日第十二届江苏名特优农产品交易会在上海国际农展中心拉开帷幕，京口区镇江禾润世家食品有限公司、镇江东景生态农业开发有限公司参加销售活动，亚麻籽、杏仁、小麦胚芽、红枣、木耳等南北干货及“新民洲”草鸡蛋、大麦茶备受上海市民欢迎，现场销售达3万多元。活动期间，中国镇江农业项目（上海）发布会在上海元一希尔顿酒店胜利召开，发布会上京口区邀请客商11人，签约项目3个，其中总投资1.2亿元《夏朵庄园新民洲农业项目》参加大会集中签约。副区长解军英参加此次活动。

（丁志国）

【新建粮食烘干机发挥积极作用】 11月5日，京口区新民洲农场一组6台（15吨/台）的烘干设备已安装完工，“三秋”大忙中将发挥作用。极大地解决种粮大户、合作社人手不足、晒场紧张、人工费用高等难题，降低生产成本，保障粮食生产安全。现在烘干机基本实现自动化，热风、谷温和水分都实现在线自动监控，正常情况下，一台15吨的烘干机8小时左右就能按照既定水分要求烘干15吨稻子。随着粮食烘干机推广，京口区新民洲农场粮食收获实现边收割边烘干。（丁志国）

【领导考察】 4月11日上午，区长黄万荣调研农委工作，对2014年京口农业工作做具体指导。

（丁志国）

## 农业产业园

【镇江市瑞京农业科技示范园】 镇江市瑞京农业科技示范园创建于2002年4月，占地面积13.11公顷，现有中高级专业技术人员6人，有蔬菜、食用菌两个研究所，2011年根据市区领导要求进行扩建改造，设立江苏瑞达农业科技发展有限公司，引进培蕾有机肥、圆融农业、山河物流、京三元葡萄等农业企业入驻经营，2014年有无公害蔬菜、果品基地6.67公顷，拥有智能温室0.33公顷、景观垂钓鱼塘0.67公顷、连栋大棚2公顷、单体钢架大棚2公顷，园区由接待中心、园艺生产区、休闲观光区、垂钓区、办公区等组成。

近几年来，园区立足试验示范、培训推广及科普教育的定位要求，以江苏大学、上海农科院、省农科院等科研院校为技术依托单位，大力引进和示范推广新品种新技术，积极实施农产品质量安全建设，倾力打造“瑞京”品牌，在促进全区加快农业结构调整，促使农民增收中较好地发挥了引领带动作用。园区先后承担省市科技项目20多个，其中有4个项目分别获省、市科技进步二等奖。有19个蔬菜品种通过无公害农产品认定。园区申报的国家发明专利达到20多项，成为全市农业单位申请发明专利最多的单位。园区生产的“瑞京”牌蔬果2013年被评为镇江市名牌农产品。同时，园区积极配合市区农委、科协、关工委等部门，开展青少年科普教育活动，每年举办农业技术培训班3—5期，接待全市大中小学生3000人次。瑞京园现为江苏省无公害农产品产地，江苏省农业科技成果转化基地、省农科院园艺新品种示范基地，省级观光农业园，省、市"青少年农业科普教育基地"，市全民素质教育基地，市级农业龙头企业。经几年打造，瑞京农业园已成为京口区及镇江市现代农业的窗口。（吴建平）

**【镇江市皇中皇生态科技蜜蜂园】** 皇中皇生态科技蜜蜂园是一家集有机、绿色、无公害蜂产品开发、科研、生产加工、连锁销售为一体的综合性企业。2014年，企业实现销售收入2000万元，同比增长25%；利润135万元，同比增长12.5%；上缴利税37万元，同比增长5.7%，带动农户就业140户。

公司源于江苏省较早的胡氏养蜂场，百余年来胡氏家族一直从事蜜蜂养殖和蜂产品的生产，经过几代人精心培育优良蜜蜂品种的基础上，20世纪70年代初，胡氏第三代养蜂传人胡春，为使其祖业发扬光大，抓住改革开放的大好机遇，利用长三角洲独特的地域优势和丰富的自然资源，成立了皇中皇生态科技蜜蜂园，进一步开展蜂产品的研发和生产，并率先在同行业注册"胡老三"商标进行蜂产品连锁销售。

2014年，蜜蜂园已发展成为集养蜂、种蜂培育、蜂产品加工、销售、科研为一体的大型综合性养蜂企业。在全国拥有蜂场200余组，蜂群2万多群及加盟蜂场群1万余群，年培育种蜂王500余只，年产蜂蜜2000余吨，蜂王浆50余吨，蜂花粉40余吨，蜂胶1000余千克。为蜂产品的生产、加工提供优质的产品原料。同时引进大批先进的蜂产品加工设备，高薪聘请从事蜂产品生产研究的专业技术人员，开展蜂产品的研究与生产，已开发出新产品50余种。皇中皇生态科技蜜蜂园在全国已拥有70余家蜂产品连锁店，产品深受广大消费者的青睐。

（吴建平）

**【中储粮镇江粮油有限公司】** 中储粮镇江公司隶属中储粮油脂有限公司，为国有大型企业，公司位于镇江市京口区谏壁镇，成立于2007年4月，2007年8月成功收购中盛粮油工业（镇江）有限公司资产。

通过几年的产业体系规划与建设，镇江公司的产业链条建设已经基本完成，涵盖了收储、压榨、精炼、小包装，到未来销售终端的整个产业链条，并通过两个码头与物流体系建设，已经使整个产业形成一个有机整体。2013年获省级农业产业化龙头企业称号，2014年获得省级农产品加工集中区授牌。

公司2014年拥有油脂中转加工罐容19.5万吨、粮食中转筒仓10万吨、油料加工配套仓容3.5万吨；油脂油料年加工能力191.5万吨，其中大豆加工能力94.5万吨、油脂加工能力72万吨、食用油灌装能力25万吨；拥有长江深水岸线720米，7万吨级粮油码头泊位2个，年吞吐能力680万吨；管理面积由最初的6公顷增加到60余公顷。二期项目建成后，油脂油料加工能力将达397万吨，码头吞吐能力达1119万吨，预计自营进口总额达人民币70亿元。2014年营业收入达73.7亿元，入库税收6700万元。

公司拥有现代化的装、卸船设备，全封闭的输粮（油）通道，通过采用新仓型、新技术、新材料、新设备，全面实现了散储、散运、散装、散卸"四散化"作业要求。粮食卸船速度平均可达到16000吨/天，卸油速度达20000吨/天。目前镇江公司这种集仓储、加工、物流、贸易与研发为一体的综合性大的协同效应，正随着产业链条的逐步完善，开始显现与发挥重要意义和作用。（吴建平）

**【镇江恒伟物流有限公司】** 镇江市恒伟物流有限公司创建于1998年，现坐落于镇江市谏辛公路京口工业园区。历经十多年的发展，已经成为华东地区乃至全国知名的冷链物流、仓储、运输的农业产业化龙头基地。

公司2014年有职工200多人，企业总资产14620万元，资产负债率19.29%，银行信誉等级为AAA级，公司主要致力于拓展中国市场的冷链物流业务，带动镇江周边地区农户和农业合作社发展。

在镇江、安徽合肥和内蒙古赤峰，公司拥有存储量达2.5万吨、2万吨和8万吨的果蔬冷库，是华东地区和内蒙古地区规模最大的果蔬冷库，在全国私营企业中居首位。公司自成立以来与百事食品（中国）有限公司、麦肯食品有限公司、百胜餐饮集团、皇冠制罐、中粮集团、可口可乐、通用磨坊等世界500强企业建立战略关系，与双汇集团、奥瑞金制罐等著名商贸流通企业有着稳定良好的合作关系。公司先后被授予"国家工信部物流信息化动态监测定点联系企业""国家发改委第八批税收试点物流企业""中国物流与采购联合会物流科技进步二等奖""江苏省农业产业化龙头企业""江苏省重点物流企业""江苏省物流企业技术中心""镇江市农业产业化重点龙头企业"的称号。

近年来，公司先后建立农产品智能物联网系统集成应用信息平台：农产品冷链智能物流信息系统（平台）、基于3G—M2M的冷藏品物流应用示范工程等，为工商企业提供更为完善的物流增值服务。项目投资6300万元，目前车载终端等已在试运行中。

为迎合市场发展，公司现更名为镇江恒伟供应链管理股份有限公司，2014年实现营业收入14939万元，同比增长0.48%。近期企业将在上海股权交易所挂牌上市。

（吴建平）

**【镇江禾润世家食品有限公司】** 镇江禾润世家食品有限公司为市级农业产业化龙头企业，公司成立于2007年，是一家民营有限责任公司，注册资本60万元，主营定型包装食品和散装食品，集食品加工生产与销售为一体，年加工销售粮食、杂粮能力5000多吨，2014年销售收入4244万元，同比增长11.19%，实现利润340万元，同比增长0.8%，带动农户1660户。

近年来，公司规模不断扩大，年粮食、杂粮加工量从2010年的1500多吨上升至2012年的4200多吨。为确保生产基数与企业生产规模相适应，公司积极在全市范围内寻求粮食、杂粮供应商，质量标准，加强技术指导，签订收购合同，在有效扩大公司的同时，有效帮助相关专业合作社做大做强、帮助农户增收致富。（吴建平）

**【镇江天和农副产品有限公司】** 镇江天和农产品有限公司成立于2010年5月，注册资金100万元。主营蔬菜种植、零售，畜禽养殖、水产品养殖及货物仓储。公司拥有2000多平方米的办公楼1栋，经营配送运输车5辆，拖拉机3辆，吸粪车1辆等农用机械。

2014年，企业实现销售收入903万元，同比增长25.42%；利润82万元，同比增长22.38%，带动农户就业120户。

为繁荣镇江市场，保障市民蔬菜供应，公司分别在京口区西山水库旁，建立养殖和苗木培育基地6.67公顷；在丹徒区荣炳镇，辛丰镇建立蔬菜种植基地44.67公顷；在扬中市的西沙滩建立种养殖基地66.67公顷；在连云港东海县建立133.33余公顷畜禽养殖基地和5千米河道水面水产养殖基地，带动周边种养殖农户300多户，投入资金近千万元，解决百余名下岗人员的就业问题。（吴建平）

## 水 利

**【概况】** 京口辖区内水资源比较丰富，长江、运河流经境内。其中长江岸线17.5千米（南岸11.2千米，北岸6.3千米）；长江二级堤防14.2千米（北岸10千米，南岸4.2千米）；全区水域面积2986.5公顷，其中长江水面1200公顷。除涝方面，有排涝站15座，装机1813千瓦，总流量27.8立方米/秒；灌溉方面，有灌溉站8座，总流量3立方米/秒。（黄海霞）

**【水利建设】** 2014年度京口区共投入资金963万元，完成水利建设土方26万立方米，砼0.22万立方米。提升排涝能力，完成农场北排泵站建设。该站于2013年11月开工，2014年12月份通过完工验收并投入使用，总装机3台套240千瓦，设计排涝流量4立方米/秒，新建站房170平方米，总投资510万元。服务现代农业，加强水利基础设施建设，共青团农场三中田46.67公顷耕地完成高标准农田建设任务，有效提升农田的灌排能力。加强维修管护，完善景观信息化江堤。通过增设江堤路卡、局部隔离桩及植树绿化，增加监控点等措施，逐步完善江堤管理设施。西山水库加强硬件建设，顺利通过省级规范化管理单位达标验收。2014年该库副库坝堤顶路、迎水坡及背水坡进一步整修完善，共新铺沥青砼路面900平方米、铺设草坪3600平方米、整修护坡及平台约2000平方米并增设路边绿化隔离带。对照省级考核要求，通过加强硬件设施建设，规范完善各项台帐资料整理，2014年西山水库顺利通过省级小型水库规范化管理单位达标验收。（黄海霞）

**【防汛防旱】** 落实防汛防旱工作责任制，水利工程的防汛行政责任人和技术责任人全部落实到位，防汛物资储备充足。全年汛期雨量614毫米，雨日55天，全区平均梅雨量158.5毫米（按报汛站统计），比多年平均梅雨量（240毫米）偏少34%。2014年汛期（5—9月）长江未超警戒水位（▽7.0米）；最高水位为吴淞▽7.06米，全区汛情平稳，旱情一般。各级防汛防旱指挥部门积极准备、科学调度，2014年全区水利工程安全度汛。

防汛防旱常抓不懈，确保全区防汛工作有备无患。2014年，全区14.2千米堤防、9条区骨干河道、在册1座小型水库和重点塘坝等水利工程防汛行政责任人和技术责任人全部落实并进行通报。5月14日，区政府组织召开全区防汛防旱工作会议，与各街道、工业园区及农场签订2014年防汛防旱工作责任状。汛期全区储存草包1.95万只，编织袋2.2万只，木材14立方米，毛竹420支、树棍1000根，铁丝350千克，元钉90千克。全部达到市下达的储备计划要求。汛期全区组建防汛抢险队伍9个，总人数475人。区人武部于4月28日配合市防汛机动抢险队实施防汛抢险演练，进一步提高队伍快速集结和实战能力。服务抗旱增收，积极实施农灌水源工程。2014年度谏壁街道新建塘坝10座，清淤改造16座，新增蓄水量10万立方米，有效缓解丘陵山区农作物旱情。（黄海霞）

**【水生态文明建设】** 按照全区生态文明建设总要求，通过清淤、换水等措施整治水环境，加强河道长效管护，争取以“水清、流畅、岸绿、景美”的优美水环境，推进全区生态文明建设。持续整治城市水环境，改善河道水质。围绕全市“九河一湖”的整治任务，配合市局、区环保、住建部门，完成虹桥港及玉带河中段的水利整治任务。另外积极开展“水美乡村”创建申报工作。2014年工业园区上埠村成功获得省级“水美乡村”称号。（黄海霞）

**【河道“河长制”】** 加强“河长制”管理，美化河道景观，改善全区河道水环境，根据区政府有关文件要求，对照《京口区河道长效管理“河长制”考核办法》，按照“明确职责、强化管理、注重实效、奖惩分明、形成机制”原则，进一步加强河道长效管理，明确河长和管护人员职责，加强管护，实现水面洁净，岸坡整洁，助力文明城市创建工作。2014年京口区河道长效管理“河长制”工作年度考核检查全区9条骨干河道现场情况及各单位河道管护台账资料，对各河道进行考核评分，对照《京口区河道长效管理“河长制”考核办法》，全区共兑现奖励12.4万元。（黄海霞）

**【水政执法】** 认真做好水政执法工作，提高水政执法水平。2014年京口区共巡查120次，发出《责令停止违法行为通知书》27份，《责令改正违法行为通知书》6份，制止、查处违法占用江提或江滩，违章种植等各类水事违法案件26起，立案5起，结案5起（其中上报省水利厅案卷评比2起）。拆除违章建筑4处，同时按照区纪委和区法

制办要求，及时将水行政处罚案件上网公示，接受监督。（黄海霞）

**【节水型社会创建】** 配合市节水办做好3个完成节水创建的省级节水型社区台账资料收集及省级奖励资金的拨付工作。配合做好2014年度节水载体的创建工作。做好京口区农业节水工作，提高灌溉水利用系数。通过节水灌溉、调整种植结构、推广水稻旱直播等各种方式，京口区有效灌溉面积得到扩大，全区农业灌溉水利用系数提高到0.62。（黄海霞）

◆ 资料链接 ◆

## 古城公园

三国时期，孙权在北固山南麓建造了镇江的第一座城，由于其坚固无比，被成为铁瓮城。铁瓮城的规模极小，当时的铁瓮城具有军事堡垒的作用。随着时代的变迁，现在的镇江已经难以找到它的踪影遗迹。东晋初年，出现了六朝闻名遐迩的“京口城”，又称京口，东亚时为晋陵郡治的所在，也称为“晋陵城”。那时的晋陵城是南方仅次于首都建康（今南京）的第二座大都市。同时，东晋王朝在此设立“北府军”。对于古城的这一历史，后人给予了很高的评价。镇江花山湾古城公园是建立在晋陵古城遗址上的一个综合性公园。园内风景优美，公园内一层层的坡地，便是古城墙的遗址。整个公园保留了被发现时的面貌。具有很高的历史价值。

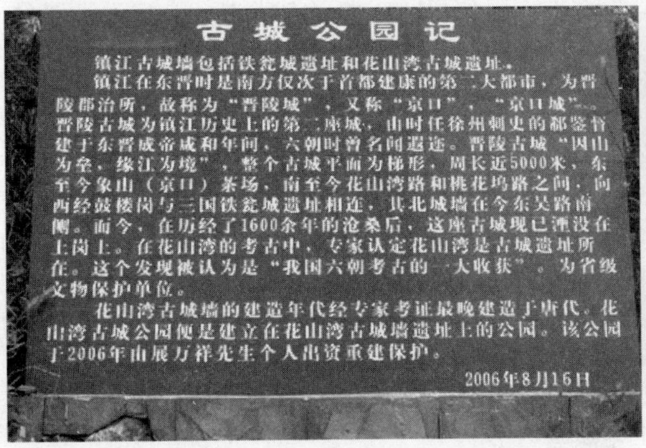

# 财政·税务

责任编校：耿纪明

## 财政工作

【概况】 区财政部门把握“稳中奋进、改革创新”主基调，贯彻区委、区政府“全面改革创新、突出高效投入、强化提质增效”工作核心要求，主动应对经济发展新常态，积极发挥财政在“稳增长、促转型、提质效、惠民生、推改革”等方面重要作用，圆满完成各项财政工作目标。

助转型促发展，支持财源建设。认真履行财政职能，贯彻落实积极财政政策，充分发挥财政资金杠杆和引导作用，努力推动经济发展方式转型升级和产业结构调整，引导和促进全区税源经济健康发展。聚焦园区发展。招引经济效益好、税收贡献大企业和项目落户京口，增强总部经济集聚效应。筹集调度资金2.1亿元，支持京口工业园和新民洲临港产业园开发建设，提升项目承载力，确保爱励二期、新民洲公共码头二期和生态景观项目顺利开工。支持创新驱动。发挥科技人才引领作用，全年科技人才经费投入4612万元，促进科技成果转化利用，引导企业主动转型升级。扶持实体经济。落实营改增，二、三产分离等财税扶持政策，拨付财政扶持资金1538万元促进现代服务业、生产性服务业发展。积极向上争取促进企业发展、转型升级、科技创新等各类扶持资金10323万元，支持企业做大做强，扶持税源经济发展。

抓征管促增长，优化财政收入结构。面对宏观经济形势下滑、结构性减税、房地产持续调控等不利局面，财政部门加强护税协税，强化收入征管，千方百计挖潜力，想方设法保进度，圆满完成全年收入任务。当年完成公共财政预算收入19.04亿元，同比增长13.1%，增幅位居全市第二；税占比90.9%，位居全市第一。完善考核激励机制。围绕全年财政收入目标，科学细化分解任务，制定招商引税考核办法，加大督促考核力度，促进收入压力传递，调动责任制单位组织收入积极性和创造性，形成增收合力。加强部门协作。加强与责任制单位、工商、税务等部门之间沟通协调，通过税收联席会议和收入分析会，实现涉税信息共享，完善税收定报和税情分析制度，加强税收趋势分析预测和重点税源分析，挖掘增收潜力。强化税源管理。通过开展税源摸底调查，摸清企业生产经营状况，切实加强税收属地征管，防止税收流失，将综合治税网络向薄弱环节和征管盲区延伸覆盖，加大税收清缴力度，做到应收尽收。加强非税收入征管。规范清理非税收入项目库，确保依法征收，实现“阳光”收费。强化票据源头管理，构建以“非税收入缴款书”为主体、专用票据为补充新财政票据体系，非税票据申领、使用、缴销全过程实现计算机网络实时监管，实现非税收入应缴尽缴。（颜　舒）

【预算管理】 合理安排财政预算，规范有序分配财政资金。按照“保民生、保运转、促发展”要求，合理安排财政预算，预算编制与政府财力相适应，与各部门履行职能和事业发展相协调。控制行政成本，将厉行节约与部门预算编制相结合，推进节约型政府建设。严格项目预算，保障重点，兼顾一般，按照资金保障次序，分梯次安排。强化基础管理，完善预算定额标准体系，加强预算编制基础信息审核，提高预算编制科学性和规范性，努力提升公共财政保障能力。

积极调整理财思路，着力优化财政支出结构。从严控制基本支出。贯彻落实“八项规定”和公务支出各项管理新规，通过预算编制、执行、监督全程监控，严抓以“三公”经费为主公务支出管理，切实降低行政成本。继续强化民生保障。贯彻以人为本、执政为民理念，把保障改善民生作为财政重点工作，将财力继续向公共服务领域倾斜，全年各类民生支出总量达到8.4亿元，占支出总数的76%。加大教育投入，提高预算内生均公用经费财政补助标准，积极实施困难学生政府资助和学前教育困难幼儿保教费全免，全区财政教育支出29215万元（含基金支出940万元）。完善社会保障体系建设，增加残疾人综合服务中心建设补助，加大低保、重残、优抚、尊老金等补助力度，全区社会保障和就业支出7684万元。保障公共卫生服务投入，提高合作医疗配套标准，加大城市农村公共卫生补助力度，增加计划生育奖励扶持等财政投入，全年医疗卫生与计划生育支出3138万元。支持生态文明建设，安排生态环保专项经费170万元，支持水环境整治和大气污染防治，拨付城管环卫专项经费4000多万元，为提高环卫人员待遇、扩大环卫作业保洁面、实施环卫清扫保洁市场化运作等提供资金支持，有效改善市容环境。加大文体事业投入，推进京口国际文化艺术中心建设。

继续深化财政改革，加速提升财政管理水平。深化部门预算管理制度改革。继续全面实施预算内、外资金统筹安排综合预算，扩大部门预算管理覆盖范围，区属6个街道全面实施部门预算管理，提高预算编制完整性、科学性。试点预决算信息公开。加强预决算公开工作宣传引导和督促推进，配合公开工作，开展单位规范建账情况调查，以公开促管理，加大财政监督，将预决算公开工作全面贯彻到年度预算编制和执行过程中，按照"谁公开、谁负责"原则，公开区政府财政预决算，指导区发改和经信委等5个试点单位公开部门预算及"三公"经费预算，主动接受社会监督。纵深推进国库集中支付改革。扩大国库集中支付范围，全面启动街道国库集中支付改革，在全市范围内率先将街道全部纳入区级国库集中支付系统，规范街道收支行为，提高资金直接支付率。扩大公务卡结算范围，将公务卡结算方式覆盖延伸至6个街道，控制街道现金流量与现金风险，规范街道公务消费行为。统一街道财务核算软件，街道财务核算全面实行网络监管。

积极落实财政新政，充分履行财政管理职能。组织新《预算法》培训，对即将实施新法进行剖析和提炼，分析新法核心内容与亮点，指导基层财务工作，推进财政依法、规范理财。举办行政、事业单位新会计制度和单位内部控制规范培训，及时出台规范公务支出管理各类文件规定，并对新政开展宣传培训。通过区级预算单位业务网络平台向各单位财务人员即时传递党政机关公务接待、因公出国、会议、培训、差旅等各项公务支出管理新政，并汇编成册，分场次分类别组织公务支出重点单位经办人员和全区所有单位财务人员专场培训，规范各预算单位公务支出行为。

（屠玉燕）

**【非税收入征缴管理】** 加强非税收入管理，保障收入及时缴入专户（或国库）。强化非税收入征管措施，保障收缴渠道畅通。全年征缴非税收入30112万元，比上年增长20%，实现应收尽收，保障收入及时缴入专户（或国库），其中缴库纳入预算管理收入18402万元，占非税收入总额61.1%，增强财政调控能力。

创新工作措施，推进街道非税收入收缴制度改革。在全市范围内率先实行街道非税收入改革，将6个街道非税收入及往来纳入区级非税收入收缴系统，强化非税收入扎口管理，各街道非税收入全额上缴区财政专户，实现财政资金全面监管。街道通过征缴平台运转资金流达7.4亿元，其中：征缴非税收入4596万元，为街道部门预算、国库集中支付改革创造条件。

加强财政票据管理，规范收费行为。将街道票据购领、对账、缴验等工作全部纳入计算机管理系统，完善街道票据使用和管理，规范收费项目和收缴行为，基本解决票款收缴和票据缴销不及时现象，提高工作效率和管理质量。及时清理、关停项目库系统内已取消和停征收费项目，有效遏制违规收费。会同物价部门开展"阳光收费行动"专项检查，重点检查单位涉企、涉农以及涉及教育、卫生和就业等方面收费项目和收费行为，优化投资环境，服务经济发展、和谐社会建设。

强化专项资金管理，支持经济和社会事业建设。加强同上级财政部门协调沟通，积极配合区经济建设、城建等项目建设，协调、筹集城建、城管等专项经费，强化专项资金管理、核算和分配，及时清理拆迁项目及其资金，建立健全资金收支台账，分类核算，统筹集中拆迁项目资金近2000万元，保障政府重点项目建设顺利开展。支持配合文明城市创建，收集整理本区环境保护投资相关指标台账资料，对照计划完成环境保护投资目标任务。支持配合老旧小区物业管理，协调落实市区两级物业全覆盖补贴资金866万元，努力改善居民居住环境。支持配合质量强区建设工作，落实专项资金，加强沟通合作，形成推进合力。

（秦寅生）

**【农村农业财务管理工作】** 积极发挥支农资金使用效益。会同协助区农委、区水利局等部门向上争取各类农业项目扶持资金，深入新民洲港口产业园、西山水库、谏壁雩

真实活动结对雩山村

举办行政事业单位新会计制度和内控制度培训

山村等地核实项目方案和施工进度，按程序拨付，确保资金拨付安全、规范。对现代农业、农业产业化经营、河道整治、村庄绿化等支农项目资金支出，按报账制要求，做到没有项目实施计划不拨款，工程没有开工不拨款，发票不符合列支范围不拨款。对已拨付项目资金加大跟踪管理力度，实施事前、事中、事后全过程管理，确保支农资金及时到位、专款专用。

切实做好惠农补贴工作。配合农林部门认真做好粮种补贴、粮食直补方案制订和统计核实等基础工作，对公示情况及时进行核实检查，建立完整审核资料，及时通过"一折通"足额发放种粮补贴。全区水稻直补受益户数为2538户，补贴面积为746.20公顷，发放补贴资金为22万元。农资综合补贴受益户数为3640户，补贴面积为1207.53公顷，发放补贴187万元。水稻良种补贴资金为17万元，小麦良种补贴资金为14万元，玉米良种补贴资金为5万元，油菜良种补贴资金4万元。落实政策性农业保险工作，在全市率先实现政策性农业保险承保机构公开招投标，取得较好社会反响，小麦、油菜和水稻承保面继续确保完成100%，高效设施农业完成总保费51.5%，超额完成任务，全年总保费达91万元。及时会同区农委、人保镇江分公司对农户发生巨灾风险进行现场查勘，对符合理赔程序的，通过"一折通"及时拨付补偿资金，全年赔付资金48万元。按照省市文件政策要求，加大对农机具购置补贴和农村劳动力职业技能培训专项资金审核力度，确保补贴资金落到实处，全年拨付农机具补贴84万元，农村劳动力职业技能培训获证奖补资金41万元。

加强监督检查和绩效评价工作。联合财监科、预算科等相关科室，定期或不定期组织督查，对基层财政所在贯彻落实区委、区政府和区财政局作风效能建设情况、基层财政所管理制度执行情况、遵守工作纪律情况等方面开展督查，努力形成效能建设长效机制。积极推进财政支出绩效评价工作，选择西山水库改造项目资金进行绩效评价，制定评价方案，聘请有资质中介机构，实地了解和调查问卷相结合，形成综合评价报告，及时反馈给项目实施单位，促进项目建设高效、保质，投入与产出相匹配。

（王　红）

**【企业工作】** 深入企业调研，加大企业扶持力度。以不同方式多次深入企业调研走访，掌握一手资料进一步了解企业经营状况。加大对申报项目审核力度，进一步提高项目申报真实性和成功率。统一扎口对财政扶持企业资金拨付与管理，严格做到资金跟着项目走，监管跟着资金走。积极向上争取各类涉企扶持资金，充分发挥财政资金引导和杠杆作用，支持企业做大、做强，促进财政税源发展壮大。布置、审核企业年度决算报表，指导企业规范财务管理。认真做好财政登记工作，2014年办理财政登记3户，全部为变更登记。（樊　潇）

**【绩效评价工作】** 会同区发改经信委、人才办、商务局和科技局对2013年度部分项目资金开展绩效评价。绩效评价抽取26家企业42个项目，涉及金额1600多万元。扩大绩效评价项目类型、项目数量、项目金额，拓宽评价广度和深度，从源头上提高评价质量，从不同角度全面掌握项目资金使用情况，为评价结果运用奠定基础。（樊　潇）

**【社会保障管理工作】** 加强就业专项资金监管。区财政结合市区文件，落实创业扶持优惠政策，强化创业专项资金监督管理。严格规范就业专项资金拨付审批和发放程序，对资金申请项目仔细核对审批，明确支出范围，严格按程序拨付，约束资金分配和使用。严格执行就业专项补贴类资金公示制度，就业管理机构每期拨付前，按规定格式和要求，将受益人相关信息在创业就业官网公示5个工作日，自觉接受社会监督。

支持医疗卫生等社会事业发展。全年基本公共卫生服务项目区财政投入标准为人均20元，全年安排社区公共卫生专项资金788万元。安排重大公共卫生服务项目专项资金，落实"三病"防治经费78万元用于血吸虫病防治、艾滋病防治和结核病防治，安排出生缺陷干预25万元用于补偿免费婚检和优生筛查，安排重大公共卫生项目经费30万元用于补助农村孕产妇住院分娩、补服叶酸和农村妇女"两癌"检查，增进居民健康水平。合理选择财政对基层卫生补助方式，建立科学、客观考核评估机制，采取预拨付和考核后拨付实施补偿两种方式。完善基本医疗保险制度，全年参保67886人（含在校中小学生24348人），区级配套1578万元。提高城乡低保待遇，保障居民最低生活水平，全区有低保户2355户，保障人口3921人，全年拨付低保资金2003万元。拨付临时救助20万元，对遇到突发性、特殊性困难群众实施专项社会救助。做好慈善基金监督和管理，从慈善基金中安排341万元用于临时救助、慈善助学、助老服务等方面。发放尊老金。尊老金实行一次登记，两次"打卡"发放，上半年、下半年各发放一次，全年发放"尊老金"766万元，收益人数为1100人。全面落实优抚政策。发放无军籍职工工资和"四金"328万元，优抚人员定期抚恤补贴94万元，参战涉核人员生活补贴92万元，遗属补贴8万元，伤残军人抚恤金372万元，已故工商业者无工作配偶补贴12万元，保障优抚对象基本生活。支持残疾人事业发展。落实镇江市残疾人车主就业安置和生活帮扶政策，发放"三小车"车主工资"四金"106万元，为546名无固定收入重残人员发放生活救助金362万元。为全区145名城乡低保家庭中重度残疾人发放生活救助金13万元。保障被征地农民基本生活。全区新增征地项目8个地块，1808名被征地农民领取基本生活保障金，全年发放安置人员基本生活保障金2927万元。落实计划生育政策。发放计划生育奖励扶助金324.03万元，享受人数1398人，其中农村部分计划生育家庭947人，独生子女伤残家庭211人，独生子女死亡家庭240人。发放独生子女父母奖励金23万元。做好退役士兵安置工作。发放退役士兵安置补助金401万元，符合政策人数为100人；扶持退役士兵职业技能培训，享受人数290人，发放培训费148万元。（华伟婷）

**【政府采购】** 政府采购中心全年完成政府采购331批次，其中，公开招标方式采购4次，询价方式采购26次，协议供货网上方式采购301次，累计采购金额达到1897万元，采购预算金额为2151万元，节约资金254万元，综合节约率为11.8%。

（吴　辉）

**【财政监督检查】** 建立联动监督检查机制，查外促内，以查促管，形成监管合力，全面提升财政监督

## 2014年财政收支情况

表3　　单位：万元

| 收入 | | 支出 | | | |
|---|---|---|---|---|---|
| 项目 | 金额 | 项目 | 公共财政预算支出 | 基金预算支出 | 合计 |
| **税收收入** | 173123 | 一般公共服务 | 13584 | | 13584 |
| 增值税 | 29489 | 国防 | 5 | | 5 |
| 营业税 | 97887 | 公共安全 | 5995 | | 5995 |
| 企业所得税 | 12023 | 教育 | 28457 | 960 | 29417 |
| 个人所得税 | 7214 | 科学技术 | 4612 | | 4612 |
| 房产税 | 6344 | 文化体育与传媒 | 780 | | 780 |
| 印花税 | 2438 | 社会保障和就业 | 11523 | 193 | 11716 |
| 城镇土地使用税 | 3704 | 医疗卫生 | 4814 | | 4814 |
| 土地增值税 | 14024 | 节能环保 | 793 | | 793 |
| | | 城乡社区 | 39281 | 16799 | 56080 |
| **非税收入** | 17281 | 农林水 | 1810 | 206 | 2016 |
| 专项收入 | 2437 | 交通运输 | 749 | | 749 |
| 行政事业性收费收入 | 7235 | 资源勘探信息等 | 4933 | | 4933 |
| 罚没收入 | 3456 | 商业服务业等 | 2377 | | 2377 |
| 国有资源（资产）有偿使用收入 | 4153 | 国土海洋气象等 | 230 | | 230 |
| | | 住房保障 | 572 | | 572 |
| **基金收入** | 1120 | 粮油物资储备 | 47 | | 47 |
| **上划中央四税** | 89802 | 国债还本付息 | 30 | | 30 |
| 全口径收入 | 281326 | 其他 | 8338 | 187 | 8525 |
| 其中：公共财政预算收入 | 190404 | 支出合计 | 128930 | 18345 | 147275 |

能力和财政管理水平。科室之间内部联动，对全区预算单位规范建账情况进行监督检查，指导预算单位完善会计基础和内部管理。与上级部门纵向联动，配合市财政部门对全市会计信息质量开展检查，履行财政会计监督职责，充分发挥会计监督服务宏观调控和财政管理重要作用，提高会计信息质量。与审计、纪检监察等部门横向联动，加强“三公”经费检查、车改制度落实情况专项检查、贯彻执行中央八项规定、严肃财经纪律和“小金库”等专项检查，切实增强公务支出财政监管职能，规范财经秩序。

（魏红榴）

【综合治税工作】 加强税源基础管理工作。对全区企业注册地、税务登记地、纳税地、生产经营地情况进行了逐户核查，促使各责任单位加强协税工作，防止税源流失。出台文件规范税源单位基础资料收集、管理和调查研究，定期召开综合治税工作例会，通报各责任单位税收情况，协调解决税收征管过程中存在问题，研究完善护税和协税工作。开展零散税收委托代征工作。完成零散税7545万元，其中国税5073万元、地税2472万元。积极参与税务部门组织出租房清查和营业额调查核定工作，通过专项检查，建立、完善营业用房租赁税源库。

（陈志琴）

【金融办工作】 加大对农村小额贷款公司检查力度。小贷公司检查是了解小贷公司经营状况重要渠道。除日常非现场检查外，加大对小贷公司尤其是新开业小贷公司现场检查力度。多次赴小贷公司对其档案管理情况、风险防范情况、业务开展情况等进行现场检查，对检查出现问题提出整改意见，并监督小贷公司进行整改。排查清理涉嫌非法集资广告资讯信息，与打击和处置非法集资领导小组成员单位进一步统一思想，密切协作，不留死角。对各部门工作明确分工和部署，将任务层层分解，落实到每个单位。根据属地化管理原则进行地毯式排查，确保排查工作常态化。（樊 潇）

【行政事业单位国有资产管理】 出台《京口区国有资产出租管理的实施意见》。《意见》明确区级各类行政事业单位和区属国有企业资产管理范围，对于符合条件国有资产出租应当通过公开方式拍租，实现真正“阳光拍租”。同时明确国有资产出租工作流程、收益使用、监督检查和合同格式等要求。完成全区国有资产清查。以区政府办名义出台《京口区国有资产清查工作方案》，对全区国有资产进行清查部署。对各单位上报房产情况进行核查。同时，对国有资产管理政策进行宣传，强调国有资产管理信息系统使用，确保资产信息完整、有序。加强国有资产处置管理。严格要求区属行政事业单位，对无偿转让、有偿转让、置换报废、报损等处置事项依据相关规定实行分级审批。明确国有资产有偿转让和置换，应以公开拍卖方式处置。委托镇江市拍卖行进行两次公车拍卖，溢价33.29%，有效防止资产流失，确保收益增值。设定国有资产报废条件，由相关单位按级别核实后方可进行。资产处置收入全部纳入公共预算管理，按照政府非税收入管理有关规定上缴国库，实行“收支两条线”管理。（樊 潇）

## 国税工作

【概况】 2014年，国税三分局紧紧围绕税收改革主题，抓绩效管理考评，组织收入计划。

【克难奋进 组织收入增幅明显】 分局月月完成市局下达月度指导性计划，全年一般增值税入库共计31358万元，比2013年减少3.22%；“营改增”入库共计2102万元，比2013年增长55.24%；免抵调累计金额6791万元，比2013年增长372.58%；企业所得税入库共计5080万元，比2013年增长18.47%。全年合计税收收入45331万元，比13年39977万元，增收5354万元，增幅达到13.39%；折算成公共财政收入13671万元，比13年11644万元增收2027万元，增幅达到17.41%。（王 晔）

【明确职责 做好所得税汇算清缴】 分局共对468户企业进行鉴定工作，查账改核定11户，核定改查账3户，应税所得率调整共计435户。对于过程中发现的风险及时进行应对，补缴企业所得税2.12万元。通过层层把关、双人审查工作方法，有效降低核定征收企业涉税风险，分局核定面也从2013年19.62%进一步降低到2014年17.62%，完成市局绩效管理考核目标。

（王 晔）

【强化技能 开展风险应对】 针对新形势下风险应对工作，通过人员调整、反复系统学习演练数据平台、对所有应对企业开展案头分析等方法，评估成效明显提高。全年完成评估118户，评估有问题户74户，评估有效率达到62.71%。通过评估手段，累计实现增值税389.04万元，所得税186.37万元，加收滞纳金3.68万元，应对成效合计627.24万元。（王 晔）

【积极探索 开展欠税追征】 局长室高度重视，果断行动，专门召开欠税追征布置和动员会议，对欠税追征工作从制度建设、基础管理、分类实施、团队协作、责任到人等几方面提出高标准、高效率要求。根据省局《税收职责清单业务操作规程（试行2014第二版）》工作标准，全员协力，积极行动，取得较好效果。全年分局追征欠税户106户，税款95万元。（王 晔）

【高度负责 开展执法督察】 在全年市局执法督察工作中，本着认真和高度负责态度，结合分局实际情况，制定详细执法督察工作方案，开展全面自查工作，检查过程中注重强化流程内部控制，做到查深、查透，实事求是地反映本部门税收执法工作实际情况和存在问题。对每项业务、每户企业督察必须在督察底稿作详细、规范记录，做到有证可查、一户一稿、痕迹清晰。

（王 晔）

# 地税工作

【概况】 2014年，地税五分局紧紧围绕地税工作总体要求，认真学习贯彻中共中央十八大和十八届三中全会和四中全会精神，牢牢把握税收工作责任与使命，全面落实“强基固本促规范、改革创新谋发展”工作主题，不断增强“创新领税、责任铸税、管理立税、效率兴税”工作理念，瞄准“九大任务百项工作”目标，狠抓管理强基，激发创新动力，依法组织收入，被市局评为2014年度先进单位。 （李晨明）

【创新实干 组织收入】 分局围绕组织收入这一中心，顺应征管改革步伐，从夯实税基、开拓税源、强化风险应对等方面入手，堵漏增收，提高税负，各项收入实现高质量增长。全年，分局组织入库各项收入136785万元，同比增收14324万元，增长11.7%。税收收入49096万元，同比增收4373万元，增长9.8%，增幅列市区第二名。社保费80196万元，同比增收9792万元，增长13.9%；其他基金费收入7493万元，同比增长2.2 %。公共财政收预算入入库40283万元，同比增收3535万元，增长9.6%。其中，京口区公共财政收预算入入库16376万元，同比增收391万元，增长2.4%。各税种（契税除外）税款实现了均衡入库，收入持续稳定增长。三大主税种即营业税、企业所得税、个人所得税分别累计入库15908万元、4269万元和9505万元，同比增长2%、8.6%和14.1%。小税种中，房产税和土地使用税分别累计入库7861万元和2319万元，同比增长26%和25.1%。 （李晨明）

【深化征管改革 夯实税源管理基础】 从开展专项核查入手，稳税基提税负。出台房土两税核查工作方案，配合房土两税比对工作规范，开展专项核查，全面掌握重点企业的房土两税情况；出台加强企业所得税认定管理工作方案，所得税管户核定征收面已从年初14.93%提升至34.42%，住宿和餐饮企业核定面已达71.63%。从提升各项指标入手弥补征管短板。密切关注市局征管状况监控分析指标，对两项薄弱指标（未准期申报处理率和逾期申报处罚率）花大力气迎头赶上，分别从年初的14.53%和76.6%上升到76.65%和93.1%。 （李晨明）

【加强个体管理 开拓个体税收税源】 个体实现税收收入总额12076.37万元，其中个体零散税收4003.64万元、房屋租赁收入6806.48万元、委托国税代征1266.25万元，总体增幅21.78%。京口个体实现税收收入总额增幅13.21%。与国税通力协作，共管户委托代征工作顺利过渡。依法调定，纯营业税户达点率已上升到46.32%。堵漏增收，提出“夯实基础、健全制度、综合治理”房屋租赁税收征管工作思路，市区房屋租赁税收征管工作全面提升。

（李晨明）

【突出风险管理 提升风险应对质效】 通过各种渠道掌握企业涉税资料，进行比对分析、筛选排查，提高风险应对效率；通过业务培训、应对复审提高风险应对质量；通过集体自查解决风险应对能力有限与风险疑点数量多之间矛盾，扩大风险应对面。分局累计应对中等风险733户，应对税款总额2287.22万元，与2013年同比增加776.72万元、增长51.42%，风险应对贡献率达4.66%，风险应对有效率达97.27%。 （李晨明）

【深化依法行政理念】 分局把依法行政基本准则贯穿于税收管理全过程，围绕省、市局推进法治建设工作目标，优化纳税服务，完善各项制度，规范行政行为，强化行政监督，依法行政工作取得明显成效。规范税收执法行为。全年镇江经济增长放缓，税收增速普遍降低，税收收入形势严峻，收入工作面临较大压力。分局坚持依法组织收入原则，坚决做到不多收，不少收，应收尽收。在依法治税、规范执法前提下，深化税收收入分析预测、强化薄弱环节管理、堵塞税收征管漏洞，提高税收收入质量，防范执法风险。突出税务行政指导。以行政指导作为税收管理主线，融入后续管理事项规范统一；融入风险应对前政策辅导；融入应对过程中行政提示；融入应对结束后行政建议；融入“220”服务过程中指导与服务等。建构起事前、事中、事后全方位税务行政指导工作体系，促进行政管理人性化和方式方法多样化。持续优化纳税服务。以建设服务型税务机关为目标，以纳税人正当需求为出发点，拓宽收集需求渠道，完善需求服务方式。围绕营改增等重点工作，上门为纳税人提供政策辅导等个性化服务，增进纳税人对税制改革认识，让纳税人缴明白税、便利税、满意税、诚信税，为提高纳税人满意度和税法遵从度创造条件，为深化税制改革营造良好环境。 （李晨明）

【人文管理 引领团队】 分局坚持以文化为引领打造优秀团队，打响“善良、阳光、正能量”团队理念，发挥出强大感召力、凝聚力和推动力，形成一面旗帜，树立“爱学习、敢作为、会工作、懂生活、尚廉洁”团队形象，达到整合干部思想、规范干部行为、激发干部工作热情目的。丰富文化载体，凝聚干部向心力。将文化元素融入管理理念，精心组织“参观镇江市规划展示馆”“烧饭我最赞”“干部厨艺比赛”“我运动我健康越野拉练”等一系列团队活动，使每名干部积极参与进来。通过精神力量作用，把干部组织成一个有机整体，显示共同目标和追求，使个人对团体产生信赖感、安全感、依赖感和归宿感，促进工作落实。分局还积极参加市局组织各项活动，如木兰剑、广播体操、登山越野等。在开展地税成立20周年“六个一”评比活动中，分局原创征文、书法、绘画、摄影作品，均获得好名次。创建职工书屋，引导干部以书为友。在“镇江地税精神”指引下，坚持以人为本，把人才建设作为推动分局事业发展一项规划。利用“职工书屋”，持续开展全员读书活动，鼓励干部业余时间多读书、读好书，逐步形成爱读书、会读书良好习惯和奋发向上良好氛围。权责利相统一，发挥文化自律作用。以“团结协作、务实高效”为蓝本，按照制度治标、文化治本思路，发挥“文明公正、追求卓越”团队作风，进行制度整合，关注干部所思所想，深入调查研究，使干部遵守各项规章制度由被动执行变为自觉遵守。让干事者有舞台，让成事者有空间，使分局这个团队充满竞争和拼搏，朝气和活力。 （李晨明）

◆ 资料链接 ◆

## 天下第一泉

天下第一泉又名中泠泉，南泠泉，在金山以西一里之遥。唐代时就已闻名天下。第一泉原与金山同在江中，清咸丰、同治年间，遂随金山登陆。据记载，以前泉水在江中，江水来自西方，受到石簿山和鹘山的阻挡，水势曲折转流，分为三泠（泠是水曲的意思，三泠为南泠、中泠、北泠），而泉水就在中间一个水曲之下，故名“中泠泉”。因位置在金山的西南面，故又称“南泠泉”。

唐朝以来，中泠泉水一直为人们所喜爱。唐代评茶专家陆羽品中泠泉水为天下第一，后唐名士刘伯刍分全国水为七等，扬子江的中泠泉为第一，从此中泠泉被誉为“天下第一泉”。用此泉水沏茶，清香甘冽，相传有“盈杯不溢”之说：贮泉水于杯中，水虽高出杯口二三分都不溢；水面放上一枚硬币，也不见沉底。泉水绿如翡翠，浓似琼浆，其醇可知。

# 科 技

责任编校：段广风

## 科技工作

【概况】 2014年，区科技局深入贯彻落实中共中央十八大、十八届三中四中全会精神，按照“全面改革创新、突出高效投入、强化提质增效”核心要求，紧紧围绕区委区政府关于加快经济转型升级工作大局，结合党的群众路线教育实践活动，通过服务高新技术产业发展、加强孵化器建设、开展科技金融服务、推进知识产权工作等，重点推进创新主体培育、创新项目扶植、创新资源引进、创新企业孵化、创新平台建设等工作，提升科技服务能力，浓厚自主创新氛围，以全国第一名通过国家知识产权强县工程试点验收，并被列入国家强县工程示范区，争取国家、省、市各类科技项目经费3577万元，较好地完成各项科技目标任务，提升科技在全区企业转型升级和经济发展中的贡献率。（胡 蓉）

【创新环境】 调整科技奖励扶持政策。区委区政府出台《关于加快自主创新、促进转型升级的实施意见》（镇京发〔2014〕47号），新意见的实施必将调动企业的创新热情，提升企业自主创新能力。支持创新载体建设。2014年区孵化器新入孵企业79家，毕业企业15家，实现销售4.28亿元。指导镇江市创业指导服务中心创业园建成省级科技企业孵化器、江苏省镇江京口文化科技产业园建成省文化科技产业园，认定省级工程技术研究中心1个、省级企业研究生工作站1个、省重点企业研发机构3个，获得省平台建设绩效评估优秀1家、省工程中心绩效评估优秀1家。加大科技宣传和培训。编制京口科技政策汇编，开展政策宣讲；聘请科技、税务、审计、财务等方面专家举办高企申报、科技项目申报辅导、项目验收结题等培训活动，提高企业人员科技专业素质。（胡 蓉）

【校地融合式发展】 以京口区“中国中小企业信息产业园”为校地合作核心基地，在园区内全力打造校地合作四大示范基地，即通过“孵化＋融资”模式培育产业集群的科技成果转化示范基地、教职员工大学生创业示范基地、领先学科高水平创新示范基地、大学生就业示范基地；与哈尔滨工程大学签订全面合作协议，并积极筹建哈尔滨工程大学——镇江技术转移中心；与南京工业大学共建索普研究院；与江苏大学计算机科学与通信工程学院联合组建“镇江无线通信技术研究院”，建成具有较大影响力的无线通信技术研究基地和科技创新基地。（胡 蓉）

【产业发展】 2014年，京口区共完成高新技术产业产值144.3亿元，占区域规模工业产值的比重达45.1%。R&D投入10.78亿元，占地区GDP比重2.67%。推进科技成果转化。2个项目被省重大科技成果转化项目立项，京口区连续

**2014年度国家创新基金项目汇总表**

表4 单位：万元

| 序号 | 承担单位 | 项目名称 | 拨款 |
|---|---|---|---|
| 1 | 江苏锐天信息科技有限公司 | 基于HIL技术的航电设备测试平台软件 | 200 |
| 2 | 江苏安德信超导加速器科技有限公司 | 洁净核能源超导舱及其核心部件的研发与产业化 | 100 |

## 2014年度省重大科技成果转化项目汇总表

表5　　单位：万元

| 承担单位 | 项目名称 | 省拨款 |
|---|---|---|
| 江苏鼎盛重工有限公司 | 海上浮式高效多功能转载平台重大成果转化及产业化 | 900 |
| 江苏安德信超导加速器科技有限公司 | 强流质子超导加速器及其相关产品的开发与产业化 | 900 |

四年获得该项目。力助企业技术攻关。1个项目获省社会发展科技支撑项目立项，实现京口区零的突破；9个项目被市工业科技支撑项目立项；5个项目获省、市农业科技支撑项目立项；全年新认定省高新技术产品16个；扶持科技企业发展。7个项目被国家、省中小企业创新资金项目立项；全年新认定8家高新技术企业、32家省级民营科技企业、7家省科技型中小企业。

（胡　蓉）

【科技项目】　2014年争取拨款类科技计划53项，其中国家、省级各类科技项目27项，获拨款2905万元，市级各类科技计划26项，获拨款672万元。2家企业申报的国家创新基金项目获300万元资助；2家企业申报的项目获省重大科技成果转化项目资助1800万元；5家企业的项目被省创新基金项目立项，获150万元经费资助；1个项目获省社会发展科技支撑项目立项；3家企业被省知识产权战略推进计划项目立项，获110万元资助；2家获省专利实施计划项目资助60万元；亿海仪器、联盟信息、腾达电动、索普天辰、锐捷信息、瑞蚨通软件、索普集团、明诚管业、四洋柴油机获市工业科技支撑项目资助370万元；中储粮、新民洲绿园农业、金钛软件、凯尚科技获市农业科技支撑项目资助70万元；海龙核材、现代造船、惠通被市基础设施项目立项，获资助90万元；名通信息、茂源环保被市国际合作项目立项，获资助55万元。　（胡　蓉）

【知识产权】　实施知识产权战略是提升科技创新能力，实现企业转型升级的关键，京口区知识产权工作有为有位。2014年京口区被列为国家知识产权强区工程示范区，《中国知识产权报》、人民网、《镇江日报》都在头版对京口的经验和做法作宣传报道。健全知识产权管理制度。逐步完善知识产权联席会议制度，发挥三级知识产权组织网络的作用；出台《京口区专利资助专项资金使用管理办法》《京口区专利实施项目管理办法》等文件，进一步规范和完善知识产权政策保障。今年有4家企业获得省知识产权管理标准化示范先进单位，2件专利获得江苏省百件优质发明专利奖。开展多种形式的宣传。举办“4·26”世界知识产权宣传周广场咨询活动，并把知识产权服务拓展到船艇学院、第二监狱等军营及特殊单位行业。又通过媒体、邮件等多种方式宣传知识产权，提升全社会知识产权维权意识。加强专利行政执法。实施“双打”“护航”等专项行动，严厉打击侵权假冒行为，鼓励企业开展专利保险和专利维权托管等行动。至年底查处假冒专利案件20多起，并对被查处单位给予充分教育，提高企业经营者打击侵权假冒商品的意识，有效维护知识产权权利人的利益。　（胡　蓉）

## 科协工作

【概况】　2014年，京口区科协工作坚持以中共中央十八大和十八届三中、四中全会精神为指导，认真贯彻上级科协组织工作要求，紧紧围绕区委、区政府中心工作，进一步解放思想，不断丰富、深化、拓展“三服务一加强”内涵，着力推进全民科学素质提升，奋力开创京口科协工作新局面。　（吴惠平）

【齐抓共管，全力推进全民科学素质提升年】　全面贯彻京口区《全民科学素质行动计划纲要（2011—2015年）》，认真把握科学素质工作的新特点、新要求。不断强化科协组织的协调职能，进一步明确区各相关部门科普工作职责，发挥各自比较优势，密切协同配合，探索大联合、大协作的新路子，努力形成更强的工作合力。继续围绕未成年人、农民、城镇劳动人口、领导干部和公务员、社区居民等五类重点人群，开展针对性强的科普活动。培养青少年对科技的浓厚兴趣，增强青少年的创新意识和实践能力，积极参加全国、省、市组织开展的青少年科技创新大赛、“金钥匙”等竞赛。切实用好科普讲师团资源，街道、社区在省社区科普大学网全部注册等科普教育平台，大力推行“点菜式”科普宣讲活动。深入开展“送科技下乡”、农村党员基层干部科技素质培训活动，增强农民的科技意识和经营能力。积极搭建平台，帮助领导干部和公务员了解科技前沿、提高决策能力。成功举办“京口区第26届科普宣传周暨正东路街道‘美好生活，从食品安全开始’活动”，组织“2014年京口区全国科普日‘创建文明城市，科普志愿者在行动’活动”，吸引城乡居民广泛参与，赢得社会一致好评。区科协被表彰为“2014年江苏省第26届科普宣传周活动优秀组织单位”。　（吴惠平）

【突出重点，强力推进科普惠农益民增效年】　实施科普项目是有效普及科学知识和技能的重要抓手。继续深化社区科普益民计划和农村科普惠农计划。2014年，宝塔山社区荣获“全国科普示范社区”称号，桃花坞社区荣获“江苏省科普示范社区”称号，正东路街道、健康路街道荣获“市科普示范街道”称号，香江花城社区等5个社区荣获“市科普示范社区”称号，左湖村种植养殖协会荣获“江苏省科普惠农服务站”称号，京口区生猪养殖协会等3家单位和个人获得市科普惠农兴村项目资金补助。（吴惠平）

**【注重实效，精心组织科普宣传周活动】** 2014年5月17日—24日，是京口区第26届科普宣传周活动时期。本届科普宣传周，实际时间跨度约1个月（5月17日—6月16日），以“生态低碳·舌尖安全”为主题，以提升全民科学素质为主线，广泛、深入地开展科普宣传活动。5月18日上午，区科协和正东路街道等单位，在梦溪广场成功举办“京口区第26届科普宣传周暨正东路街道‘美好生活，从舌尖安全开始’活动启动仪式”，市科协领导和区委分管领导出席了现场活动。活动现场有食品安全、生态低碳、防震减灾、卫生保健、计生服务、环保知识等方面的咨询宣传，有食品安全、生态低碳等方面的知识展板展览，有食品安全小知识有奖问答、居民闲置物品爱心交换等活动，有科普大篷车互动体验，充分彰显群众性、互动性、针对性、实效性特点。现场发放各类宣传资料2500余份。此外，大力开展科普知识宣讲活动，充分发挥区老专家协会和科普讲师团的作用，实施“点单式”教学，在全区组织各类科普知识宣讲20场次以上；大力开展科普知识宣传展牌巡展活动，以街道为单位将50余块展牌在重点社区等场地巡回布展12次以上；大力开展各类广场咨询活动，内容涉及食品安全、环保、节能、生态、卫生、防震减灾等，街道开展广场活动6场次；协同区教育部门积极参加省青少年科技创新大赛和金钥匙竞赛，开展科普大篷车进校园、食品安全、节能活动等，使广大青少年受到学科学、爱科学、用科学的熏陶，激发中小学生对科学的兴趣。（吴惠平）

**【成功举办全国科普日活动】** 9月27日下午，由区委宣传部、区文明办、区科协主办，健康路街道承办的京口“创建全国文明城市科普志愿者在行动”知识竞赛在桃花坞小学举行。现场，来自京口文明创建一线的社区志愿者代表队、桃花坞星光义工代表队、机关志愿者代表队、文明引导员代表队的12名选手，以紧张激烈的风险抢答形式向在座的居民志愿者进一步普及社会主义核心价值观与创建文明城市的知识精髓，提升大众参与创建的知晓率、认可率、参与率。经过激烈角逐，健康路街道机关志愿者代表队获得一等奖，区委常委、宣传部部长何广林现场授予荣誉证书。（吴惠平）

## 综　述

**【概况】** 2014年，京口教育人团结奋进，扎实开展群众路线教育活动，狠抓教师队伍建设，抓好教师梯队建设和教师的培训，名师培养实现新的突破。素质教育成效显著，教学质量全面提升。全区在现有的条件基础上创建特色学校，达100%的创建率。对部分学校实施校舍加固工程，教育现代化建设不断推进。（金晓秋）

**【队伍发展有提升】** 全市首家开设“月末讲堂”，与北师大合作，每月邀请国内著名专家学者作专题讲座，全系统2000余人次聆听讲座，并从中受益。抓好特级教师后备梯队管理，建立特级教师后备人员梯队，实行“点对点”培养，2014年新增1名体育特级教师，名师培养实现新突破。实施“高端培训项目”，选送5名优秀教师分赴澳大利亚、加拿大和英国著名高校学习进修，暑期组织近百人到南京参加名师培训班。年底，全区有特级教师8人，市学科带头人19人、市骨干教师117人。建立由省特级教师、市学科带头人和市名教师领衔的6个首批名校长、名教师工作室，落实每个工作室每年1万元的专项经费，定期组织活动。推进教师交流工作，深入基层调研，优化方案，骨干教师、校级领导交流达15%。此外，面向新建学校和薄弱学校，新招10名紧缺学科教师；面向社会，开展教师资格认定工作，辖区内有41人取得中小学、幼儿园教师资格；深化中小学、幼儿园教师职称制度改革，完成全区1830名教师的职称过渡工作。全年有1名教师获全国赛课一等奖，有4名教师获“蓝天杯”省级赛课一等奖，17名教师获全市优质课竞赛一等奖，有四百余名教师获得省教学设计评比一、二等奖。关心教师生活。从10月份开始，每年投入40万元，为谏壁地区教师开通3条免费公交专线，彻底解决教师的交通后顾之忧。（金晓秋）

**【素质教育显成效】** 制订、下发《京口区文明礼仪养成教育指导意见》，承办全市未成年人文明礼仪教育启动仪式，在未成年人当中深入开展“八礼四仪”主题教育活动，并承办江苏省纪念少先队建队65周年暨“红领巾相约中国梦”镇江市少先队鼓号队风采展示活动。推进学校社团建设，2014年全区校校有社团，周周有活动，社团总数达518个，学生参与率达100%，教师参与率达60%以上。重视学生行为习惯养成教育，做到周周学校自查校园网公示，月月共同体内互查。在全区中小学推行作业公示制度，检查落实并通报。（金晓秋）

**【教学质量全面提高】** 通过强势推进教育共同体建设，建立学校检测定期报告制和区域调研定期反馈制，进行教育教学质量跟踪，学生学业水平全面提升。2014年中考，京口区初中教学质量取得历史性突破，超过市属学校。同时，京口教育局与省教育厅质量监测中心合作，在全市率先引进“江苏省学业质量监测体系”，对全区每一所学校进行把脉问诊，促进学校科学合理发展。（金晓秋）

**【特色建设水平持续提升】** 通过设立特色建设专项基金，用项目化管理和运作促进特色学校建设。经过2014年的创建，全区所有学校都将获得市级以上特色学校，建成率100%，位列全市第一，形成校校有特色、生生有特长的局面。学府路小学培养输送的学生王逸鹏，在2014年的南京青奥会上一举夺得武术比赛两个项目的冠军；暑期，京口中学手球队获得“2014年全国中学生手球比赛亚军”；八叉巷小学获得全省唯一的“全国高水平运动员训练基地学校”称号；《新华日报》整版专题介绍京口区教体融合工作。（金晓秋）

**【民生改善项目顺利推进】** 完成红旗小学新校区4000平方米重建教学楼及4600平方米校舍加固工程。完成江滨实小润阳校区整体6452平方米校舍加固、桃花坞小学综合楼3327平方米加固、第十中学连廊2535平方米、香江花城小学整体6258平方米校安工程任务。

教育现代化建设不断推进，2014年15家单位通过市教育现代化先进学校、单位创建。（金晓秋）

## 学前教育

**【中山路中心幼儿园】** 镇江市中山路中心幼儿园总园位于镇江市健康路23号，占地面积1427平方米，建筑面积3513.48平方米。谏壁分园位于谏壁越河街188号占地面积0.67公顷，建筑面积4200平方米，户外活动场地2000多平方米。2014年总园和分园有教职员工72名，教师学历以大专为起点，本科学历26名，占总教师人数的57%，中学高级教师2名，幼儿园高级教师19名，中级以上职称教师占教师总数的44%。2014年总园和分园有22个班级，幼儿在园人数近700人。

中山路中心幼儿园围绕“奠定幸福生活的根基”这一办园理念，明确办园的核心价值，凸显与“指南”教育理念的对接——促进公平，强调服务，重在“幸福”，着力“奠基”，放眼“未来”。为幼儿健康成长，实施快乐的启蒙教育。以“阳光体育活动”“趣味民间游戏”的有效开展为重点，形成自己的办园风格和特色。

2014年，中山路中心幼儿园总园和分园分别接待省教育厅投资中心考察中建分园，南师大虞永平教授到园调研，省级文明礼仪专项督导检查。幼儿园被确认为镇江市首批“指南实验园”之一，召开市级指南实验园工作推进会，并接受省教科院专家和市级领导，专家的指导。谏壁分园成功创建为“镇江市数字化幼儿园”。幼儿园承办京口区督导三年发展规划论证会，公办片教师师德演讲比赛，苏州幼师首批男幼师公开课展示暨园、校交流会，省级绘画比赛——京口参赛幼儿绘画现场评比和京口区幼儿园教师赛课活动。承办省级现场活动3次，市、区级现场活动计16次。幼儿园获省十二届蓝天杯论文评比组织奖，全市内部单位治安先进集体，中幼团支部获得镇江市五四红旗团总支称号。幼儿园在京口区第十二届幼儿运动会传新体育活动中获得特等奖，区“三人行变废为宝”小巧手比赛获得一等奖。

中山路中心幼儿园一直将教师队伍建设作为重点工作，形成动态发展的、开放的、与区域骨干教师序列对接的幼儿园骨干梯队。拔尖人才增长比例为9%。教师获得区内综合表彰5人次，教师在省级竞赛中获奖145人次，市级17人，区级19人。论文评比获奖132人次；幼儿获奖58人次。

幼儿园重视教师学历提升，专任教师中研究生学历的教师比例达到2.7%。注重教师业务能力提升，每周定时开展教师业务知识学习，将“优化幼儿园游戏环境的研究与实践”作为该园的研究项目。广泛开展班级课题、微型课题研究，做到班班有特色，以课题促进教育教学质量的提高。其中市级立项课题13个，区级实验课题3个。

（薛 云 张 燕）

**【镇江市实验幼儿园】** 镇江市实验幼儿园诞生于1934年，是一所历史悠久、有着深厚教育文化积淀的教育局办幼儿园，也是镇江市建园最早、规模最大的一所全日制幼儿园。原名“镇江市实验小学附属幼儿园”，后更名为“京口实验幼儿园”，2004年正式更名为“镇江市实验幼儿园”。镇江市实验幼儿园先后被评为江苏省示范性实验幼儿园、江苏省绿色学校、镇江市A级食堂等，是省、市、区级教科研基地，省“学前教育协会”成员单位。2006年，镇江市实验幼儿园与无锡红豆置业集团联手，合作开办镇江市实验幼儿园香江分园，辐射总园的教育理念和办学思路，目前已成为镇江市、京口区对外开放的窗口，省内外幼儿教育交流的中心。作为一所分园，它依托总园的管理和师资，与总园一同发展、成长。香江分园先后被评为江苏省优质幼儿园、镇江市绿色学校、镇江市教育现代化先进学校、镇江市数字化校园、镇江市依法治校示范校等。

2014年幼儿园计22个班级，600多名在园幼儿。教职员工76人，专任教师49人。其中，大专以上学历达100%，本科取得率达63%。幼儿园先后培养1名市骨干教师,11名区骨干教师，拔尖人才队伍占在编教师的38%。中学高级教师2人，一级教师16人。近年来，经过全体教职工的不懈努力，保教质量稳步提升，办园特色不断鲜明，赢得良好的社会声誉。

2014年幼儿园以各类创建为契机，改善幼儿园办园条件，总园对老教学楼的活动室进行改造，在现有条件下扩大幼儿活动空间，打造美术专用活动室，美术特色得以在环境创设中显现。分园利用原有外操场扩建活动室，增设一个班级，

镇江市实验幼儿园的小朋友参与劳动实践

幼儿园逐步由3轨制向4轨制过渡，缓解周边地区幼儿入园难的问题。

2014年，镇江市实验幼儿园建园80周年，幼儿园开展系列园庆活动。走访退休教师梳理园史，编写《静听花开——教师优秀论文集》，收录全园49位教师的获奖论文；6月，在镇江市美术馆举办《点亮童心——镇江市实验幼儿园儿童美术作品展》，成为美术馆开馆以来接待参观人数最多的一次展出。同时，幼儿园将孩子的作品编制成幼儿画册，全园600多名孩子全部参与其中。6月下旬，在镇江市影剧院举办“幼儿园建园80周年庆典”，幼儿园的师生们用文娱演出的方式感谢社会各界对幼儿园的支持与帮助。

幼儿园发挥省优质幼儿园的示范带动作用，2014年分别接待来自全国各地和本市的教育专家和同行的现场观摩，来自深圳、淮阴、南通、丹阳等地的教育专家参观浓缩地方特色的园所环境，与孩子一同进行弘扬传统文化的游戏活动。在京口区教育局的牵头下，幼儿园分别与淮阴区兴强幼儿园和镇江市新加坡凯佩琳幼儿园结成结对帮扶园，由实验幼儿园派出行政人员和骨干教师定期对帮扶幼儿园进行工作指导与帮助，完成两所幼儿园的省示范区创建和市优质幼儿园的创建帮扶任务，让省优质幼儿园的优质幼儿教育资源向周边地区辐射与拓展。

2014年，镇江市实验幼儿园完成江苏省示范性实验幼儿园的复检工作，通过江苏省绿色幼儿园、镇江市数字化校园、镇江市依法治校示范校的创建验收工作。幼儿园成功申报为“江苏省教科院幼教与特教实验基地园”“江苏省幼儿园课程改革试点园”。市实验幼儿园在“绘童心世界，育和谐儿童”教育目标的指引下，形成“师幼美”“环境美”“艺术美”的“育美”文化理念，美丽之花正在校园绽放。

（陶　铵）

**【镇江市江滨幼儿园】**　镇江市江滨幼儿园创办于1987年，于2000年9月加盟台湾大地幼教联盟，是镇江市首批省级示范幼儿园，占地面积4238平方米，绿化面积820平方米，校园内亭台花园，绿意葱葱，阳光充足，是孩子们成长的乐园。幼儿园2014年有班级12个，幼儿总数281名，教职员工45名，美籍外教1名。自办园以来，始终坚持以“以国际视野培养完整儿童，让绿色伴随孩子成长”为教育理念和办园宗旨，让每个孩人获得百分百的关注和机会，让每个孩子拥有快乐和自信。近年来，幼儿园先后获得江苏省绿色幼儿园、江苏省平安校园、镇江市语言文字规范学校、镇江市文明单位、京口区模范幼儿园、京口区安全工作先进集体、京口区卫生保健先进单位等称号。

2014年，幼儿园以江苏省优质幼儿园复审和镇江市教育现代化学校创建为重点工作与发展契机，在校园环境、活动设施、师资队伍、保教工作方面都稳步提升。

在童话城堡般的校园里，建有多个功能齐全的幼儿专用活动室：儿童厨房“烹烹屋”、创意美术室、形体教室、亲子教室等，室外有富有童趣的戏水池、动物饲养房、种植地。每班均配有电脑及多媒体设备，专用活动室配有电子白板，幼儿园还配有开展各类活动所需体育运动器械、教、玩具1000多件，图书4000多册。

幼儿园拥有一支充满活力和创造力的、高素质的教师队伍，她们中有市级骨干教师1人、区级骨干教师8人、园级骨干教师6人。教师中本科以上学历达60%，大专以上96.15%，5人获京口区嘉奖，7人获京口区教育局表彰，132人次在各级各类比赛中获得荣誉，13篇论文在国家、省、市级期刊上发表，73篇论文在各级各类论文比赛中获奖。

幼儿园以省教研室编著的《幼儿园综合活动课程》为基础课程，以游戏为基本活动，把游戏融汇于幼儿园一日生活中，做到晨间活动、集体教学活动、区角活动、户外活动以及过渡环节游戏化，保证幼儿一日游戏时间达3小时以上。同时辅以全脑开发的园本特色活动，注重通过课程的开展创设轻松愉悦的活动氛围，启发孩子思维，培养孩子的想象力和创造力。除智力的开发，该园还以多元化的体智能活动为特色，注重幼儿潜在能力的挖掘，强调在游戏中培养幼儿的自信心，强健幼儿体魄，促进幼儿人格、智能与体能的协调发展。

2014年度，幼儿园不仅承办京口区幼儿园“研培赛训”、京口区第九届“变废为宝”巧手制作大赛、京口区公办幼儿园工会活动等区级活动，还组织幼儿开展“元宵灯谜会”“中秋庆团圆”等中国传统节日活动、“感恩有你”“圣诞礼物大派送”等西方节日活动、“爱心小天使”“环保小卫士”等文明礼仪养成活动、“消防进校园”“安全逃生演练”等安全教育活动，在活动中培养幼儿良好的情感，提升幼儿综合素质。幼儿园还积极组织幼儿参与各级各类绘画、故事、手工制作比赛，有161人次获奖。由于幼儿的优异表现，幼儿园也获得省早期教育绘画比赛和镇江市“小青蛙”讲故事比赛优秀组织奖，镇江市京口区第九届“三人行变废为宝”巧手制作大赛特等奖。　（王　欢）

**【镇江市桃花坞幼儿园】**　2014年，桃花坞幼儿园继续秉承“快乐童年，幸福一生”的办园理念，认真贯彻《3—6岁儿童学习与发展指南》精神，遵循“以幼儿发展为本”“以教师发展为本”的原则，聚焦幼儿园内涵发展，不断提升幼儿园办园质量。

加强师德建设，认真贯彻执行省教育厅师德建设“六条禁令”，面向家长和社会开展师德承诺、杜绝有偿家教承诺活动。在日常工作中，始终把师德放在首位，通过学习身边优秀教师的先进事迹，剖析发生在身边的典型案例，加强教师职业道德建设，有效提高教师的认识水平。年末进行师德测评，将测评结果与教师绩效工资挂钩。

幼儿园在面对深化教育改革和幼儿园课程建设新挑战的过程中，切实以加强幼儿园内涵建设、创建和谐校园为中心，坚持在幼儿园的长效管理、推进幼儿园课程建设和评价机制等方面，力求凸现内容创新、方法创新、手段创新。成立以市级骨干教师领衔的“乐童”

镇江市桃花坞幼儿园的小朋友共同绘就美好世界

幼教工作室，带动一批区级骨干教师和园级骨干教师开展园本课程研究，初步进行以陶艺为特色的园本课程建设，取得初步成效。贯彻落实《3—6岁儿童学习与发展指南》精神，树立一日活动皆课程的意识，从教育环境创设、生活活动、活动区游戏活动入手，调整幼儿在园作息时间和课程计划，把更多的时间还给幼儿游戏，让幼儿在游戏中快乐成长。

组织丰富多彩的活动，促进幼儿全面发展。“三八”妇女节，开展“爱心献妈妈”的活动，从小培养幼儿拥有一颗感恩的心。开展慈善一日捐活动，培养幼儿的社会责任心和爱心。“五一”劳动节，开展幼儿生活技能比赛，大班幼儿叠被子，中班幼儿穿衣服，小班幼儿穿衣服，培养幼儿的生活能力。“六一”儿童节，全园开展“舞动六一”集体舞表演，为每个幼儿搭建展示的舞台。“十一”举行庆祝大会，小朋友载歌载舞庆祝祖国生日；新年来临之际举行迎新年小小运动会。

2014年，杨玥等教师的4篇文章在省级幼教刊物发表；25篇教师论文、活动设计省级获奖；21篇论文市级获奖；汤源老师获得京口区幼儿园教学活动评比音乐类一等奖；师幼同台表演的儿童绘本剧《我做哥哥了》获得京口区幼儿园绘本剧展演编剧、表演一等奖；徐滢老师、盖塬源小朋友家庭共同制作的《叠叠高》获得京口区“三人行变废为宝”制作大赛特等奖；祁柳彤、王海婧等小朋友获得镇江市小青蛙讲故事比赛一、二等奖；107幅幼儿书画作品在省市评比中获奖。

2014年，桃花坞幼儿园米山雅居分园内部装修工程正式开展，预计2015年秋季开园招生。

（范成静）

**【镇江市京河路幼儿园】** 镇江市京河路幼儿园建有京河本部和京岘分部两个园区，秉持“点亮童心，润泽生命，让幼儿拥有最佳人生开端”的办园理念，凭借经年累月形成的“全面发展、开发潜能、培养个性”的园所特质，跃升为孩子喜欢、家长满意、社会认可的幼教名园。获省、市、区各级各类先进称号，现为江苏省示范性实验幼儿园，江苏大学学前教育实践基地。2014年有18个班级近600名幼儿，62名教职员工。

2014年，京河总园创建为教育现代化先进学校，京岘分园创建为首批镇江市数字化校园，迈上信息化建设的新台阶。作为“镇江市《3—6岁儿童学习与发展指南》实验园”，在教育实践中，追求“自然流淌的文化旋律，润物无声的教育诗意，别具一格的审美情趣”，致力于“美学视角和儿童视角”相映，“国际视野和传统文化”相汇，“自然环境和人文环境”相融。

园本课程创特色。教师结合园所特点，精心设计多姿多彩的游戏与活动，引导幼儿在快乐中了解、感知生活的真善美，体验东西方文化的丰沛和差异，培养幼儿尊重异域文化的态度，依托“默香淡彩弘国学”经典诵读浸润孩子的心灵，哺育中国根脉的世界小公民。常设

镇江市京河路幼儿园幼儿童话剧展演

常新的“春之声”游戏节、“夏之潮”艺术节、“秋之思”阅读节、“冬之火”运动节这“四大特色”，为深化素质教育和师幼展示才情垒筑梦想舞台。

以人为本强内涵。建有一支德才双馨的教师团队。41 名教师中，大学本科学历 29 人、在读 12 人，大学专科学历 100%；市、区级骨干教师 10 名，区学科带头人 4 名，6 名教师享有区“师德标兵”“优秀班主任”“优秀教师”等称号；131 篇教师论文在国家、省、市级刊物上发表或评比中获奖，30 人次获各类教育教学竞赛奖。由市、区骨干教师引领的“七色花绘本工作室”“大拇指亲子工作室”“小脚印美术工作室”，成为教师的专业发展平台和本园的三张文化名片。

师幼共生谱新曲。春播秋韵，教学相长，在省早期教育绘画比赛中，26 名幼儿获一等奖，42 名幼儿获二等奖；在市“小青蛙中、英文故事大赛”中，18 名幼儿获一等奖，25 名幼儿获二等奖，幼儿园获优秀组织奖；在区“三人行变废为宝”比赛中，总园和分园双获特等奖；在区基础教育教学成果评比中获教学质量与效益类领先奖。（吴玉美）

**【镇江市解放路大地幼儿园】** 镇江市解放路大地幼儿园位于镇江城中道署街，前身为私立道署街幼儿园，后更名为镇江市解放路幼儿园。1997 年由京口区教育局和台湾大地幼教集团共同投资改扩建，正式挂牌为镇江市大地幼稚园，为京口区教育局直属园。幼儿园占地 905 平方米，建筑面积 1800 平方米，外场地 930 平方米。下设 9 个班级，国际班 5 个，教育实验班 4 个，230 多名幼儿，为江苏省示范性实验幼儿园。

2014 年 9 月，在区、局领导的扶持和指导下，解放路大地幼儿园优山美地分园作为京口区办园体制改革、名园办分园模式尝试的先行正式开园，短短的一学期即顺利通过市优质园、市现代化幼儿园的验收和各类合格证的验收，并因其创新的氛围、童趣尊重的办园内涵接待来自深圳、徐州、新疆等多批省内外的参观学习团体，使解放路大地幼稚园的优势资源得到辐射，办园品质得以提升。

2014 年下半年，市政府正式启动大西路拆迁改造道路建设工程。解放路幼儿园总园在周边拆迁、灰尘四溢、道路泥泞、频繁变道的情况下艰难前行，不断加强自身内涵建设，得到全体幼儿和家长的理解与支持，校园各项工作稳定推进。如今，校园从地处街巷之间变成濒临马路，粉红色醒目的主体建筑使校园更具活力、发展的空间和潜力。

建园以来，幼儿园始终致力于一支高素质教师队伍的建设，先后引进来自丹麦、英国的外籍教师，2014 年大专及以上学历教师占 100%。其中外教 1 人，中学高级教师 3 人，市骨干教师 1 人，区学科带头人 3 人，区骨干教师 5 人。教师中，先后有两人获得江苏省幼儿教师教学活动评比一等奖，多人次获得镇江市、京口区教学评比一等奖，一人获镇江市优秀教育工作者称号。

多年来，幼儿园以“以国际视野培养完整儿童”为办园理念，致力于创设温馨、开心、创新的校园氛围。多元文化的融合、亲身的感受体验及丰富的社会实践活动，使幼儿园逐步形成“爱心体验”特色课程体系以及乡情采风节、读书文化节、表现艺术节、6 月毕业季、民族风情节、亲子游戏节、金色感恩节等系列特色活动。该园在市级“十一五”课题《幼儿爱心体验教育的实践研究》完成第一期研究论证的基础上，继续以爱心关注为着眼点，申报、立项两项市级“十二五”规划课题，三项市级“十二五”实验课题，三项区级“十二五”实验课题，幼儿园正形成以科研促教研，以科研促发展的喜人局面。

2014 年，幼儿园有一人次在市级赛课中获一等奖，多人次在市区专业技能大赛中获得佳绩。有多位教师的文章在国家、省级杂志发表，多人次获国家、省、市论文评比奖励。2014 年度，该园教师积极辅导多人次幼儿参加国家、省、市、区各类比赛均获得较好成绩。

（朱晓云　徐　斌）

**【镇江市贺家弄幼儿园】** 京口区贺家弄幼儿园位于镇江市南门大街，2014 年有 9 个班级，300 余名幼儿，30 多名教职员工，着力于打造园所特色，追求内涵发展。以“爱岗敬业、创造奉献”为园风，实现园所规范管理，创设“家园互动、密切配合、同步教育”的育人文化环境，幼儿园被评为“镇江市现代化幼儿园”“镇江市精品课堂实验学校”“托幼机构卫生保健工作优秀单位”。

幼儿园以“发展孩子、服务家

镇江市解放路大地幼儿园的美丽校园

镇江市贺家弄幼儿园课题结题现场

长，成就教师”为办学思想，逐步形成“快乐 智慧 书香 和谐”的办学特色，抓好园所文化、教师队伍、家长、社区工作三项建设。不仅在硬件上努力，精心打造校园生活中的每一处环境、每一个细节，增添户外活动场地、沙池以及幼儿种植园地，改建幼儿午睡室、走廊、教室的环境，不断健全美术室，科学发现室、阅览室的教育功能，改善环境。同时在软件上精心做，以师资队伍建设与内涵建设为重点，以促进幼儿发展为目的，打造出一支高素质的教师队伍，有10余人次获得市骨干教师、区学科带头人、区骨干教师、京口区托幼保健工作先进个人，区级优秀德育工作者、区学生满意教师等称号，教育教学论文区级以上获奖的有66篇。

幼儿园以“高起点、高标准、高质量”为教研方向；在“学中有提升、带中共进步、研中有成效”的教研模式中，更新教育理念，加强教育管理，完善师资队伍培养机制，重视骨干教师队伍与新教师的管理与培养，分层打造“优质课堂”“高效课堂”，不断提高教育教学水平。在市、区举行的教师高效课堂、优质课评选中，1人获市一等奖，6人获区一等奖，1人获区二等奖。省级“十二五”立项课题《构建幼儿园人生教育的课程》顺利结题，2014年有1个市级立项课题，6个小课题在实施中，园内形成以教研促科研的氛围，促使教师不断向研究型教师发展。

在教育实践中，幼儿园形成“家园共育”特色，围绕科技节、艺术节、文化节、健康节四节活动，开展多元化的主题活动。“科技大篷车进校园”“家园歌声嘉年华”“童真童趣演绘本”“趣味运动会”“百米画卷”“图书义卖”“听家乡故事尝家乡美食”“奔跑吧，宝贝”……吸引家长走进校园，与孩子共同游戏体验。幼儿园参加市区各项竞赛活动，获得市小青蛙故事比赛、市创新绘画大赛优秀组织奖，区三人行小巧手比赛一等奖，区团体操一等奖、片区体育运动会上跳绳比赛一等奖，200余人次在幼儿绘画比赛中获奖。（李忠萍）

## 义务教育

**【镇江市京口中学】** 镇江市京口中学成立于2013年8月。2014年有班级23个，在校生782人，专任教师99人，中学高级55人，中学一级42人，本科以上学历98人；市骨干教师11人，占比11％、区骨干教师50人，占比50％。学校配有400米标准塑胶跑道、国家级图书馆；按省二类标准，配有3个物理实验室、3个化学实验室、2个生物实验室、2个微机房、音乐、美术、篆刻、手球等多个功能室。

加强校园文化建设，坚持“自主管理、多元评价”。每个年级版块都设立宣传栏，每个班级都设立学习园地、星级光荣榜、24字专栏等，校园文化氛围日渐浓厚。学校积极开展各类文体活动，成功举办第二届京口中学校运会、第二届迎新春文艺晚会、广播操比赛、跑操等活动，丰富师生的精神文化生活。学校积极开展并进一步规范各类社团的活动，真正实现“让每一位学生每学期至少参加一个学生社团”的目标，引导学生广泛参与各类社

京口区委书记裔玉乾调研京口中学（左四）

团活动。坚持星级评比，促进学生快乐成长。

推进高效课堂教学改革，致力于江苏省课程基地建设。顺利通过江苏省课程基地学校的考核与评估，与南通市如皋实验中学、苏州常熟海虞中学结成友好学校，成功组织京口中学第二届“教学节”活动。2014年中考，有52名学生统招进入一中、镇中等重点高中，录取率高达25%，超额完成区局下达的指标，实现两校合并后的华丽大转身。

加强师德师风建设，提高教师的思想素质。通过开展“文明办公室”评比、开展教师各类社团活动、“激情冬日教职工运动会”和“我是京口中学人，我为学校发展献良策”等活动，进一步激发教师的工作热情。

学校坚持“以教带研，以研促教”的方针，通过多种渠道开展教学教研活动，积极打造名师团队，引领教师专业化成长队伍发展。学校积极实施“凝心工程”“师能工程”“名师工程”，教师赛课成绩突出，有49人次在省市各类竞赛中获奖；特别是在首届“镇江好课堂”评选中，该校有13人获奖，学科获奖率镇江大市第一。发表或获奖论文有167篇，2014年新增7个市级课题立项，2个市级课题顺利结题。

2014年，学校年度考核获区一等奖（突出进步奖），成功获得“江苏省课程基地建设项目学校”“镇江市高效课堂实验学校”“镇江市精品课程实验学校”“镇江市科技教育先进学校”“镇江市依法治校示范学校”“镇江市文明餐桌示范学校”“京口区安全工作先进集体”等光荣称号。校手球队在全国业余手球锦标赛上获亚军，体育中考全市第一、京口区中小学生阳光体育活动比赛一等奖，校本课程《快乐足球》被评定为“镇江市精品课程”，同时学校也被评为2014年镇江市体质健康促进优秀测试点校。

（于德青　蒋庆生）

**【镇江市第十中学】**　镇江市第十中学现有班级19个，在校生717人，教职工88人，教师本科率90.6%，研究生率8.2%。2014年暑假，学校进行校安工程建设，基础设施齐全，配有400米标准塑胶跑道，拥有物理、化学、生物、计算机、劳技、音乐、美术、史地、多媒体、报告厅、图书馆等多个功能室，办公室、教室及功能室全部接通网络。

加强校园文化建设，营造优良育人环境。学校初步建成文化墙，设立中外名校、中国传统节日、镇江人物、镇江风景、勤文化、廉政文化、学校优秀教师等文化板块，校园文化氛围日渐浓厚。学校高度重视班级文化的营造，借助班级体建设手册、班级文化建设评比、班级文化逐班行等活动，不断提高班级文化建设水准，充分发挥文化育人的功能。同时，学校积极开展各类文体活动，成功举办第38届校运会、第15届校园文化艺术节、猜谜活动、“十中好声音”、广播操比赛等活动，丰富师生的精神文化生活。

推进课堂教学改革，确保学校持续发展。学校在三个年级全面推行“小组合作为基础的生本课堂”教学模式，利用镇江市课改样本学校及区学科共同体等平台，积极推进高效课堂建设。借助“高效课堂建设论坛”、高效课堂示范课、高效课堂达标课等形式，不断推动课改工作的开展，初步形成《镇江市第十中学生本课堂评价体系》和各学科三年的生本课堂教学案，提升学校的教学质量。2014年中考有63人被镇中、一中录取，创历史新高，中考质量已进入镇江市第一方阵。

抓实师德师风建设，打造高素质教师团队。学校以“关于在职教师有偿家教及收受礼品礼金的专项整治活动”为契机，进一步提升教师的职业道德水准，深化践行党的群众路线教育实践活动。借助评选校师德标兵、义务导学、义务献血等活动，大力弘扬无私奉献的精神。

关注教师专业发展，塑造高水平师资队伍。学校召开“拔尖人才推进会”，积极培养各级各类学科带头人和骨干教师24人，形成拔尖人才梯队，带动教师队伍整体发展。借助“镇江好课堂”等各级各类比赛，不断助推教师的专业发展。2014年有38人次获奖，其中张建、吴松、陈宝玉获市一等奖。学校鼓励教师积极参与论文撰写和课题研究，2014年教师论文发表14篇，获奖112篇，课题24个。

有效开展德育活动，凸显德育工作实效。学校积极开展并进一步规范社团的工作，社团活动做到有计划、有过程、有实效。真正实现“让每一位学生每学期至少参加一个学生社团”的目标，引导学生广泛参与各类社团活动，进一步整合教育

镇江市第十中学运动会学生展风采

资源，创造良好条件，发展学生社团，开展多彩活动；制定相关制度，建设管理并重，丰富校园生活，提升综合素质。

2014年，学校先后获得省“金钥匙科技竞赛团体二等奖”“蓝天杯优秀组织奖”“镇江市‘三无’学校先进学校”“镇江市节水学校”“镇江市高效课堂建设实验学校”“镇江市现代化先进学校”“镇江市二类特色学校(学校特色)”“京口区2013年度学校管理考核一等奖”“京口区团工作先进单位”“京口区五四红旗团组织”等多项荣誉。

（仲建新　李明伟）

**【镇江市中山路小学】** 镇江市中山路小学坐落于古运河畔，中山路旁。学校拥有两个校区，计占地面积28946平方米，绿化面积8680平方米，学校建筑面积19363平方米，学生各类活动场地面积14625平方米。学校2014年有50个教学班，2432名学生，129名专任教师。

2014年，学校基于对校园文化、办学历史的传承与思考，努力在教育现代化背景中找到发展的新增长点，实现创新与超越，审时度势，重新论证提出“敬仁行章”办学理念，确立“办大气、优质的仁章教育”的目标，带领全体师生努力从校园文化、特色教育、队伍建设、学生发展、行政管理等方面全面提高办学水平和质量。学校先后获得江苏省诗教先进单位、江苏省公共机构节能示范单位、镇江市优秀校园网站、镇江市精品课程基地实验学校、镇江市教师发展示范校、镇江市教育现代化先进学校、京口区教育系统综合管理考核第一名、京口区社会管理综合治理和平安创建先进集体和京口区2013年度信息宣传工作先进单位等荣誉称号。

学校还获得江苏省未成年人文明礼仪风采大赛道德风尚奖、市五好小公民“美丽中国我的中国梦”主题教育先进集体、市第三届青少年美术书法摄影大赛优秀组织奖、市小青蛙故事比赛优秀组织奖、区首届“小记者”征文优秀组织奖、区中小学阳光体育活动评比一等奖，学校编撰出版的校本教材《古诗文诵读选本》荣获市优秀校本课程（教材）类小学组一等奖。

作为镇江市窗口学校，2014年度接受省、市、区各级各类考察、调研12次，承办各类活动22场。在各项教学竞赛中，吴景岫等4位老师分别获省一、二、三等奖，13人获市一、二、三等奖，4人获区一、二等奖。在教师论文获奖和发表方面，省级获奖49篇，市级获奖92篇，有10篇文章在省级或省级以上刊物发表，5篇文章在市级刊物发表。在各级各类学生比赛中，获团体奖11项，其中国家级2项、省级1项、市级5项、区级3项。

（颜　璐）

**【镇江市实验小学】** 2014年，镇江市实验小学以“相亲相爱，如切如磋”的校训为指导，秉承“用心成就每一个梦想”的教育理想，学校各项工作稳步发展，成绩喜人。学校先后被评为江苏省平安校园、镇江市“数字化校园”建设先进学校、镇江市餐饮服务食品安全量化分级管理A级单位等荣誉称号。分别荣获京口区2013年度学校管理考核一等奖、京口区安全工作“先进集体”、2014年度京口区教学质量“名列前茅”奖。被命名为江苏省青少年管乐培训基地、镇江市高效课堂建设实验学校、镇江市自主管理试点校。成功承办镇江市未成年人文明礼仪养成教育启动仪式暨镇江养正学堂揭牌仪式、江苏省文明礼仪教育百日“回头看”、团省委“倾听日”等活动。成功接待原市委书记、市人大常委会主任杨省世一行到校进行的教师节慰问活动，及远道而来的韩国江原道江陵市艺术团的参观访问活动。

镇江市实验小学一直秉承“轻负高质”的教育理念，持续推进“高效课堂”建设。2014年度在各级各类课堂教学评比中，该校教师都有比较突出的表现，省赛课获奖6人次，市、区赛课获奖10人次，省、市、区级以上展示课80多节。该校有相对完善的教科研制度，教师参与教科研的积极性高、参与面广。目前，有省级课题4个，市级立项课题1个，各类小课题20多个，各教研组均有研究专题。本年度该校教师论文获奖或发表省级67篇，市级158篇，区级69篇。其中在2014年省“教海探航”评比中，有5名教师分获一、二、三等奖，取得历史性的突破。此外，该校搭建多元平台，提升教师队伍品质。该校是省教科院“基地学校”，本年度该校成功举办省教科研基地研究活动和省百校工程之“小数报名师大讲坛 引领数学教学新思维”镇江专场活动，举办以“关爱教育”为主题的第十和十一届市“梦溪扬帆”教学节，承办市“心理好课堂”评比活动、市英语“优质课”评比活动、市“名师大讲堂活动”、名师工作室展示活动，承办区域性集体备课、教材培训等活动20多次，众多平台为教师提供锻炼、展示、交流的机会，进一步促进教师发展。

学生活动精彩纷呈，获奖硕果累累。学校先后开展一、二年级的“亲子嘉年华”化妆party，三年级的“童话王国”的十岁party，四、五年级的“美丽中国 我的中国梦”主题演讲比赛，六年级的“实小好声音”等活动。该校作为中央电视台“快乐体验”栏目华东记者站，又一次与央视工作团队一起拍摄两期快乐体验节目“江鲜王”“动物好朋友”。老师、主持人、编导带着孩子们研究长江水产的秘密，和红山动物园的小动物们互动做朋友，呼吁全校学生关爱环境、保护动物。在ABC口语大赛中，张芯玥获全国特等奖，17人获市一等奖，获二等奖的11人，获三等奖5人；在全国英语能力大赛中一人获全国一等奖，4人获二等奖，7人获三等奖；学校获省英语单词拼写大赛团体二等奖；在江苏教育报刊社组织的“小小数学家”复赛活动中，有69人分获一、二、三等奖，另有10篇小论文获奖；学校“心灵五彩石”剧社被评为镇江市精品社团；学校艺术社团合唱队在镇江市“春满校园”声乐专场比赛中获一等奖；学校艺术社团的学生参加市“增华阁”少儿书画大赛，有近200人获奖；吴昱锦同学参加“美丽中国，我的中国梦”演讲比赛，获镇江市三等奖、京口区一等奖；在2014年京口区小学生田径运动

会上获团体第三名。（施　勤）

【镇江市京口实验小学】　镇江市京口区实验小学位于花山之麓、长江之滨，占地约10000平方米。2014年学校有35个班级，1600多名学生。教职工近百名，其中中学高级教师5人，小学高级教师55人，市、区骨干教师比例达25%以上。

2014年，该校本着“处处是教育之地，人人是教育之师”的原则，坚持“京韵育人”的理念，继续以打造和美文化特色内涵、提升办学质量为主旨，在区教育局的直接领导下，以科学发展观为指导，以党的群众教育路线活动为载体，立足自身实际，调整工作思路，改进工作形式，以校庆50周年为契机，坚持凝心聚力抓质量，追求卓越促发展的工作原则，上下一心，扎实工作。

全面量化管理，促教学质量提高。制定《教师专业发展年度考核细则》《教师备课改革的具体办法》《班主任工作管理考核奖惩办法》和《教学人员工作量考核标准及绩效工资、目标奖考核发放办法》等管理规定，系统规范学校管理，实施“和美教师”评价。

学校以“每日一课”为抓手，落实“211课堂”，从时间分配入手，落实课堂实效。通过设计课堂观察量表，并作为听课评课的依据，让教师更多地关注学生学的过程，淡化教的痕迹。在11月，该校围绕“提效和美课堂　关注生命成长”为主题举行第五届“和美”教学节。王莹、朱永新老师参加平昌小学的“五校联谊”活动。

多样德育方式，促学生身心发展。设立“家长驻校日”，开展“家长讲坛”课程，加强家校沟通。策划和组织“入学教育”“开学典礼”“结业典礼”等活动。丰富活动方式，丰满学生生活。以“和美学生”评价卡为常规管理的载体，实时记录学生日常行为表现。结果存入学生档案——“道德银行”，纳入学生素质储蓄卡过程考评与学期评优之中。从而促进学生言行规范，良好习惯养成。开展“读书伴我快乐成长”活动，高年级侧重于名著赏析、中年级侧重于诗词诵读、低年级侧重于绘本阅读，培养学生广泛的阅读兴趣，增加学生的阅读量。11月21日下午江苏优漫卡通电视台、镇江市电视台、镇江市科模中心走进校园，进行“幻光火力少年优漫卡通走进校园电视大奖赛”的悠悠球大赛，同学们在这次活动中充分展示自我。

调整社团类别，减少学科性社团，增添兴趣类与人文历史类社团。新增“小小实验师”“上下五千年”“小小烹饪师”“走进《地理中国》”等，社团数量增添到50个。保证学生百分百参与。2014年度，该校先后组织学生参加“小数报”数学竞赛、“增华阁”作文竞赛、ABC英语口语竞赛、科技小论文、书法等级考试等活动。通过一系列的活动，让更多的学生在校外的舞台展示自我，也是对教师日常教学成果的另一种体现，更是学校质量的社会化表现。大课间活动实行9月、10月份达标月，11月份趣味月，12月份跑操，2015年1月份进行全员达标运动会，实现达标训练与体能训练相结合。充分利用阳光体育的每一分钟，让学生的身体得到锻炼。

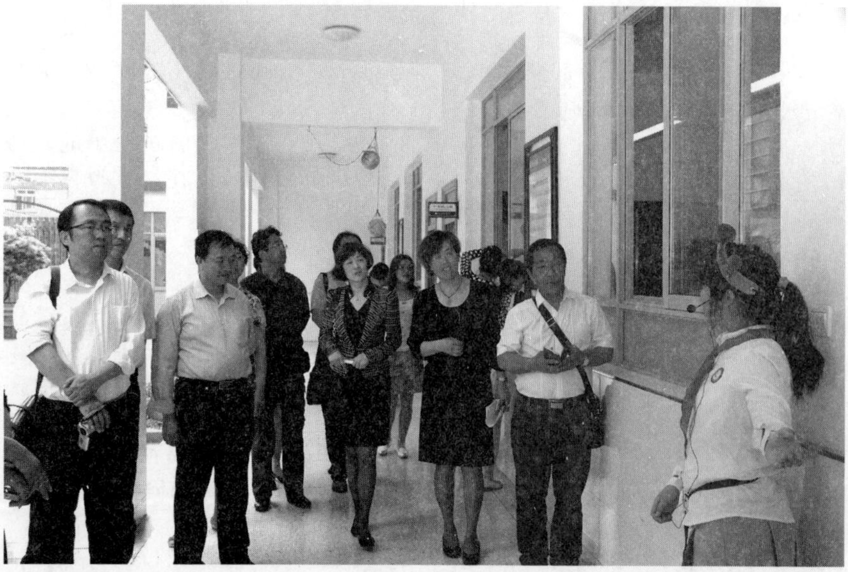

镇江市京口实验小学迎接“北师大内蒙古校长游学团”

彰显京韵体艺，夯实学校特色。2014年9月，该校作为全市唯一的小学代表交流“江苏省体质健康测试优质校”典型经验，祝成林老师还被评为江苏省体育健康促进工作先进个人。依托教育部重点课题《在中小学开发利用京剧资源的研究》，自主开发校本课程21个，其中京剧与学科融合的校本课程9个，“开发英语资源，传播京剧文化”这一新兴课题颇具创意和研究前景。在第18届省运会中，该校艺术体操队获得六人徒手团体组合第二、四人球第三的好成绩。

2014年下半年，学校迎接北师大内蒙古校长游学团的参观与研讨，承办英语特色校园文化观摩活动，承担多个市、区级教学研讨活动。获得江苏省文明单位、江苏省科学教育特色先进学校、江苏省体育项目传统学校、镇江市十大优秀教育网站、镇江市数字化校园、镇江市十佳“优秀社团”、京口区“三为”党建服务品牌等荣誉；参加全国和美论坛研讨、挂牌成立江苏省京剧院镇江少儿京剧馆、接受江苏省体育促进健康学校调研，举办第五届“和美”教学节；艺术体操获得江苏省第十八届运动会团体亚军，学校机器人获得江苏省“嬉戏谷”杯仿生机器人大赛2个特等奖、4个二等奖；省级以上教师赛课展示8人次、市级21人次、教师论文发表、获奖132人次；学生参加各类竞赛获省级以上奖项186人次、市级奖项391人次、区级奖129人次，为历年之首。（崔恒娟）

【镇江市江滨实验小学】　镇江市江滨实验小学创建于1987年，2007

年扩建为江滨和润阳两大校区。江滨校区为1—3年级学段，润阳校区为4—6年级学段。

学校总占地面积28272平方米，建筑面积12500平方米，师生活动面积17967平方米。配置科学实验室、舞蹈房近20个专用教室。2014年有36个班级，1545名学生，教职员工96人，专任教师90人，均为大专以上学历，高级教师10名，省特级教师1名，市学科带头人2名，市区级骨干教师37名。现任校长王旌，现任党支部书记李智勇。

借力校安，建设“三心”校园。在各级政府的关心和支持下，该校克服重重困难，跨年度完成本部校区的整体加固和润阳部分改造新建工程，全面改善办学条件，实现硬件装备、配套设施的现代化，校园溢满童趣，学生开心；温馨和谐，教师舒心；超越向上，家长放心。根据学生年龄特征，布置生动的校园文化，办公室窗明几净，整洁有序，展示教师健康向上、争先创优的风采。

追求高效，构建“三力”课堂。学校成立“江花”教师发展中心，市教育局局长赵珏出席会议，会同省教研室鞠文灿主任为中心揭牌，由此助推一大批“民师”向“名师”发展。4月承办市“小学高效课堂教学”观摩活动，同时成功举办第六届“江花”教育教学文化节，展示以“表现力、合作力、持续力”为主题词的“三力课堂”的成果。

与上海、安徽等地学校结成“长三角网络结对学校”“镇江市新优势四校联盟”，开展教学研讨，提升团队和学校的办学水平。在镇江市首届优秀教科研成果评比中，《大声朗读培养低年级学生的阅读素养的研究》获镇江市十佳精品课题，《兼职科学教师的机制研究》《小学语文综合性学习的研究》分获市课题成果二、三等奖。

依据《小学生生命教育成长手册》，开展自护、自尊、自助的“三自”德育探索。根据学生兴趣，成立一、二级社团50余个。《镇江日报》曾专题报道。“信息化科技活动俱乐部”被评为市双十精品社团；“报喜小队”等三个社团被评为市双百优秀社团。

镇江市江滨实验小学参加“省长杯”青少年校园足球阳光联赛总决赛

学校以“做拥抱之星”为主题开展系列活动，践行八礼四仪；党员教师带领队员定期去“中国好人”李永生家开展志愿服务，传承“孝老爱亲”精神。“少儿趣味田径”项目精彩纷呈，多次在省市亮相。先后在江苏“省长杯”足球赛和第十八届运动会上获得前六成绩，《京江晚报》以《足球旋出阳光运动的精彩》做专题报道。

2014年，学校获江苏省青少年科技教育先进学校、省“蓝天杯”教师论文评比组织奖、省“小数报杯”评选活动优秀团体奖，市三服务十佳校园网站、市中小学生诗词楹联大赛优秀组织单位、市教师发展示范校、市节水型学校、市依法治校示范校，成功通过江苏省A级食堂动态评比；杨晨亮老师被评为江苏省优秀青少年科技辅导员、袁海芸老师获江苏省优秀少先队活动课案例展示特等奖。（刘爱华）

**【镇江市八叉巷小学】** 镇江市八叉巷小学创建于1919年，是一所承载着优良传统的百年老校。“国家级体育传统项目学校”“全国后备人才培养基地”的命名标志着学校由特色乒乓成功迈向品牌乒乓。整个校园建筑面积8722平方米，总活动面积7492.2平方米，整体布局合理，环境优美整洁。学校现有报告厅、网络教室、音乐、美术、科学等10多个专用教室。

促均衡、重质量、提内涵、圆教育民生梦是当前学校发展的主旋律。学校2014年有23个教学班，898名学生，74名教职工。在70名专任教师中，本科学历达81.4%，大专以上学历占98.6%。一年来，学校积极探索具有八小特质的文化内涵，通过人心管理，提升学校管理的实效性，立足校本设计，提高拔尖人才培养的针对性。学校组织承办第二届“求实”教学节、江浙沪送教、镇江市辅导员说课大赛、京口区三年级数学研讨、六年级数学研讨、好课堂人人展示，国培班展示，教育部和北师大组织的“内蒙古锡林郭勒盟校长、教师培训班”观摩课等多项活动，为教师搭建展示平台。在新一批拔尖人才评选中，21名教师分别被评为市、区骨干教师、区学科带头人，其中2014年京口区教育系统第六批学科带头人5人。在国家、省、市、区各类教学竞赛中，77人次获奖，其中国家级奖6人，省级奖4人，市级奖47人，区级奖20人。在各级各类论文、课件评比中有129人次获奖，其中省级获奖24篇。有11篇文章在《江苏教育报》《小学时代》等杂志上发表。

德育工作以学生行为规范养成教育为主要内容，以文化为支撑，以细节为重点，以活动为载体，以激励为手段，以成长为目标，大力推进“乒乓娃素养工程”特色活动。“学雷锋 送温暖”小橘灯志愿者在行动、“美丽中国梦”主题活动、“我十岁了”集体生日、“童年童心童梦”

八叉巷小学承办京口区“八叉巷杯”小学乒乓球比赛

庆“六一”、“红领巾，我为你自豪”新生入队、“我为你喝彩”直通苏州世乒赛观摩等异彩纷呈的活动，多层次、多角度丰富学生的学习生活，孩子们在活动中陶冶情操，获取真知，树立理想，不断进步。

教体融合，再闯特色教育新路。借教体融合的东风，在市、区教育、体育主管部门的支持下，拟定教体融合工作方案，理顺进口（争取到在严控择校生的大背景下的招生政策）、出口（建立八小、外国语、一中一条龙培养机制），实现一个理想：让八小的每个孩子掌握一项一生受用的锻炼技能，养成一个一生坚持的生活习惯。2014 年 5 月，国家体育总局乒羽管理中心乒乓球一部赵霞副部长一行观摩学校的乒乓特色，她们对一所小学能将乒乓球基层工作开展得这么好很感动，对京口区一直以来倡导的一校一特、一校一品的办学特色给予充分肯定。一年来，学校承办 2014 年江苏省第十六届小学生乒乓球冬令营暨江苏省基层小学乒乓球优秀苗子集训比赛、京口区首届“八叉巷杯”小学生乒乓球比赛、“AAAAA级天之蓝——广玉兰杯”镇江市乒乓球混合团体赛等。

2014 年，学校规范办学，坚持“让国球精神为丰实而美好的未来导航”的教育理念。一年来，学校获得国家体育总局乒羽中心授予的“全国乒乓球后备人才基地”（2014 年—2017 年）称号，（全国有 48 家单位获此殊荣，其中小学 3 所。）学校还通过镇江市教育现代化先进学校的验收，高质量地完成学校三年发展规划年度达成度验收。

（葛　鸽　费爱萍）

**【镇江市红旗小学】** 镇江市红旗小学始建于 1964 年，迄今有 50 年的办学历史。2014 年在校学生 1251 人，教职员工 83 人，专任教师高一级学历达 97.6%，各类拔尖人才 23 人。随着京口新一轮学校布局调整，新校区占地面积达到 24425 平方米，总建筑面积 12590 平方米、总投入 4500 万元的改扩建工程已完成。新校区占地 1.53 公顷，分教学区、行政辅助区及运动区三大块，既相对独立又相互联系。学校新校区内部硬件设施全部按照现代化学校的标准来打造，同时力求凸显学校校园文化，在改造中融入更多现代元素；同时，新校区利用原有的环境因素，根据青少年的心理特点，在设计中运用连廊、小品等元素，使学生充分接触阳光、绿地和空气，创造出适合孩子们健康成长的优美环境。此外，新校区还专门开辟出棋类、无线电类等社团活动室以及师生阅览室，最大限度地满足学生的发展需要。现任校长孙静，书记汪邵青。

2014 年，学校紧扣“管理高效，教育高质”的办学目标，以“求真教育”为主线，以“唯真求实，不断超越”为精神，以特色学校建设为内涵，以创建现代化小学为载体，深化学校改革创新，提高管理实效，提升教育质量，打造现代化精品学校，办老百姓满意的教育。

学校以“为每一个孩子的幸福人生奠基”为办学理念，在坚持教

镇江市红旗小学校园新貌

学高质量的基础上，学校特色教育成果明显。结合学生的生活实际，从科学教育、人文教育和个性教育入手，构建三大支柱课程：书香校园建设，丰厚人文积淀；棋艺教育，彰显学生个性；无线电课程，培育科学素养。

2014 年 11 月，镇江市图书馆红旗小学分馆及红旗小学全民阅读实践基地在红旗小学成立。市委宣传部、京口区领导共同揭牌，并为红旗小学教师代表颁发阅读推广认证书。分馆建成后，全校师生“一卡在手”，可在市图书馆总馆与红旗小学分馆之间“通借通还”图书。

2014 年 12 月，由江苏省中小学教学研究室主办，镇江市红旗小学承办的“江苏省 2015 春季小学数学教材与珠心算教育实验培训班”开班，来自全省 400 多名教师将在镇江参加为期三天的培训活动。本次培训活动开设“课标教材”“小学数学教育光盘使用”等专题讲座，该校的老师汪正进行现场教学展示。

2014 年学校先后获得“美丽中国我的中国梦”主题活动示范校、江苏省棋类实验先进学校、江苏省中小学优秀网站评比一等奖、江苏省省级金钥匙竞赛先进学校、江苏省无线电竞赛先进单位、镇江市教师发展示范学校、镇江市珠心算教学特等奖等称号。（吴志辉）

**【江苏科技大学附属小学】** 江苏科技大学附属小学位于南门大街古通巷，校园环境幽雅，是读书的好地方。学校前身是创办于 1933 年的镇江市南门小学，2008 年与靳家巷小学合并，2012 年正式更名为“江苏科技大学附属小学”。该校践行“播撒生命阳光，成就阳光人生”办学理念，为学校营造阳光环境，为教师搭建阳光舞台，为学生铺设阳光大道。学校占地 12037 平方米，建筑面积 8917 平方米，活动场地 6030 平方米。教室多媒体配备率 100%，音乐室、美术室、舞蹈室、科学实验室、劳技室、计算机房等功能室配备齐全。学校现有 36 个班级，1472 名学生，教职员工 107 人，其中省特级教师 1 人，镇江市学科带头人 1 人，镇江市骨干教师 2 名，京口区骨干教师 17 人。2014 年，该校以与时俱进姿态，走内涵式发展之路，坚持外树形象提升教育地位，内强素质提高教育质量，特色立校提升办学品位，学校在稳定和谐基础上实现内涵发展的飞跃，社会声誉蒸蒸日上。

学校管理科学规范，良性运行。为找准发展路径，走实内涵之路，在新学期伊始时，就积极探索管理行为的转变，用“项目清单”“月历表”形式尝试管理的创新与改革。各部门制定“项目清单”时，有明确目标、量化数据、具体措施，让人一目了然。在“项目清单”统领下，每月有“月历表”，每周有“周计划”，并上传校园网，在这种菜单式管理中，每一位行政、每一位老师都能明确每个阶段重点工作，改变工作随意性，真正把工作做实做细，提高管理效益。为提升学校管理水平，塑造学校文化品牌，增强学校核心竞争力，学校行政班子放开视野，主动向领导、专家请教，专家们中肯的意见和建议，充满智慧的思维碰撞，令每个行政收获丰厚，前行的步伐走得更加坚实稳妥。

队伍建设以人为本，造就名师。该校积极打造阳光教师，实施“师表”工程、“师能”工程、“名师”工程。学校以《教师职业道德规范》为准绳，把立德树人作为教育根本任务，自 2006 年起建立“教师道德银行”，开展阳光教师“师德储蓄”交流活动，被评为“区基层党建服务品牌”，江苏教育党建网曾报道。开展学生与家长网络评教活动，对评价结果进行科学反馈和充分运用，为每一位教师提供“教育处方”，不断提高师德建设水平。为促进教师专业化发展，学校开辟多种渠道，开展内容多样的培训活动：组织教师观看全国模范班主任高金英的视频《让阳光的味道洒满校园》，让老师在生动的案例中感悟独特的班主任工作艺术；邀请江苏教育学院《江苏教育研究》杂志社实践版编辑部主任颜莹作《丰厚积淀，学会提炼，专业表达——教师论文写作常见问题剖析及对策》的讲座，让老师在论文写作方面受启迪；聆听江科大党委副书记、农学博士郭锡杰的科普讲座《蚕与丝的知识》，让老师们了解蚕知识和相关文化，开阔视野；聆听市教科所赵联的讲座《善待我们的心灵》，让教师更加关注自身心理健康，自觉地调试个人健康心理；聆听“区人民满意教师”许美萍在英国的所见所闻，为老师们打开一扇窗，欣赏到窗外风景。为充分发挥拔尖人才在教育教学实践研究中的指导、服务、示范、引领作用，为学校后备力量的培养、优秀骨干教师的成长搭建平台，学校成立“陶静数学工作室”“徐美英语工作室”“孙晓庆体育工作室”“王燕语文教师工作室”“石苏黔班主任工作室”，对青年教师

江苏科技大学附属小学学生展风采

进行带教指导，打造一支与优质教育相适应的“领军群体”，从而促使全体教师向专业化、专家型教师方向转变。

德育工作挖掘内涵，增强实效。坚持德育为首，不断优化学校德育工作方法，从“小、真、实”入手，结合学校实际及各年龄段学生特点，开展各项教育活动，让活动走进孩子内心，规范学生行为，提高学生思想道德素质，培养学生养成良好的行为习惯。

改变评价机制。发挥评价的激励和导向功能，突出过程性评价和发展性评价，帮助学生树立目标、建立自信，激发内在发展动力，在原有《阳光少年评价手册》基础上，学校实行“七彩少年”评选办法，即“红色爱心少年”“橙色自律少年”“黄色自信少年”“绿色环保少年”“青色智慧少年”“蓝色健康少年”“紫色才艺少年”，成就“七彩”童年。开展“阳光中队”评比，强调学生在集体中的行为准则与规范。阳光中队的评比结果与中队评优、班主任绩效挂钩，期末每个班主任要进行积分量化，重视学生良好行为习惯的养成。

创设育人氛围。该校进行“温馨教室”个性化外墙设计评比活动，低年级主题为“童眼看文明”，学生用画画表达文明；中年级主题为“童诗歌文明”，学生用童谣表现文明；高年级主题为“童心颂文明”，用文字歌颂文明。每位学生都参与其中，在创作过程中，学生对文明、对规范理解更深刻，也逐步内化为自觉行为。

教学教研务实求真，全面提升。该校教学工作以“质量提高、内涵提升、特色凸显”为核心，以“高效课堂”为抓手，与课题研究相融合，精细管理、反思提炼，不断提升教学质量。加强教学常规管理，在实践基础上修改完善《学科教学规范及管理指南》，严格按照课程计划，在开足开齐基础上，上足教好各科课程。进一步完善学校听课制度，举行“校长风采展示周”“骨干教师展示周”活动，校长室成员带头展示、骨干教师积极引领，全校上下教研氛围浓厚。重视“数字化”校园建设，加强校“精品教案”“精品课件”“精品知识点”“精品习题”“精品错题库”建设，完善教学资源库。该校尝试将学科质量监控与学科竞赛相结合，学科竞赛结束后，及时在校园网上公布比赛结果，在集体晨会上举行隆重的颁奖仪式。通过学科竞赛帮助学生提炼、巩固学科知识，激发学生学习热情和信心，帮助教学部门及时了解学生各学科重点知识掌握情况，及早地查漏补缺，为学科质量提升打下坚实基础。学校承办江苏省小学六年级英语教学研讨活动，该次研讨活动汇聚英语教研专家和全省 13 个辖市的近 400 名英语教学骨干，就“如何准确把握和使用新修订的译林版小学《英语》六年级教材，做好新旧教材教学衔接”这一议题展开深入研讨。该校英语校本教材“口袋英语书”也得到与会老师青睐。学校形成较好的研究氛围，很多教师参与课题研究与反思，多篇论文案例获奖，一批教师通过课题研究获得专业成长和提升。2 名教师在省级“教海探航”论文大赛中获奖，实现该项赛事零的突破。学校加入《江苏教育》名校俱乐部，站到更高平台上，为内涵发展带来更多动力与可能。2014 年，学校被评为镇江市首批高效课堂实验学校；该校成为江苏省“苏派”联盟学校；被评为“镇江市教育装备管理与使用先进学校”；在京口区六年级学科质量调研中，语文成绩排全区第二名，英语成绩排全区第五名。

特色建设立足实际，深化品牌。该校进一步丰富特色内涵、在原有基础上继续打造“八少雷锋班”、科技、排球等特色，以特色育德、以特色益智、以特色强体、以特色兴校，目前“四大特色”成绩斐然，社团活动正快速兴起，成为学校一道道独特的风景线。2014 年度，该校“八少雷锋班”引起《江苏教育》编辑关注，进行专版报道。“科技小社团”开展科技知识竞赛、科技制作，科技小报制作比赛、科技调查等系列活动，2014 年度该校荣获由江苏省教育厅、江苏省科学技术协会颁发的“江苏省科学教育特色学校”；获镇江市青少年机器人竞赛活动优秀组织奖；镇江市青少年机器人竞赛活动三等奖。排球队在市级比赛中荣获男子甲组、男子乙组、女子甲组、女子乙组四个冠军；创编完成《排球世界·阳光人生》校本教材，宣传排球文化，学习排球知识，传授排球基本技能。获京口区阳光体育活动一等奖；获京口区运动会第一名、田径运动会第三名。银杏舞蹈队获京口区舞蹈比赛一等奖；代表镇江市参加江苏省“五星工程奖”复赛，获区“中国梦·我的梦”理论大众化文艺作品暨“魅力出彩京口人”一等奖；鼓号队参加镇江市鼓号队比赛获一等奖；在省少先队鼓号风采检阅中获一等奖。

该校秉承着“阳光教育”的办学理念，在丰富多彩的教育教学活动中，一路前行，一路收获，在区教育局第二轮三年发展规划阶段性督导评估中，在区教育局党委党建工作科学化建设考核中，在诸多教育教学督导检查中，师生均呈现出积极向上的精神风貌，得到专家、领导认可。（倪蔚丹　蔡　炜）

**【镇江市桃花坞小学】** 2014 年桃花坞小学遵循学校三年发展规划，努力贯彻“特色引领、质量立校、文化化人”的办学策略，全方位落实“规范、规律、审美、自主”的墨韵文化理念，深化内涵建设，深入开展国家课程校本化实践，探索高效课堂建设，不断丰富学校校本课程，凸显学校书法特色，优化素质教育体系，确保学生全面发展与个性特长的培养

综合评价体系——尊重生命发展。桃花坞小学努力构建社会、家庭、学校“三位一体”的教育途径，以“学生行为养成教育”为重点内容开展德育工作，在京口区范围内率先围绕“八礼四仪”开展“唱响文明礼仪之歌，共筑美好中国梦”大队主题教育活动。同时在原有《好习惯桃苑行》学生行为习惯培养综合评价体系的基础上渗入更具操作性、阶段性、过程性、时效性的“代币制”行为习惯养成模式元素。这一举措先后被江苏教育

频道、镇江新闻频道、《教育在线》栏目专题报道。

丰富课程建设——拓展成长空间。学校制定实行全新的“套餐制”社团课程，深入实施普及和特色两个层面的社团活动，既有独具特色的“精心点单”，又有丰富多样的“桃苗、桃芽、桃花、桃叶、桃果”随心单可供选择。“套餐制”社团课程的设置协助学校构建更为完整的课程体系，完善学生的知识结构，为学生的全面发展提供有力的支持。其中精品社团“印趣社”在西津渡“镇江市百家姓文化篆刻展”中亮相；“桃花源诗社”成为镇江市创建“中华（省）诗词之市”过程中的亮点。学校以诗教人，以诗化人，让诗词歌赋浸润校园，净化学生心灵，陶冶学生情操，2014年7月，学校被授予“江苏省诗教先进单位”称号。

品牌书法特色——墨韵润泽童年。学校加大对书法特色建设的力度，开发研究书法课程体系。2014年12月，由江苏省中小学教学研究室主办，镇江市教育局、京口区教育局协办，桃花坞小学承办的“江苏省小学写字（书法）教育现场观摩研讨活动”，既展示学校落实课标，开展写字教学的经验和成果，也凸显京口区教育局在全区积极推进写字（书法）教育的扎实做法，展现镇江地区重视书法教育深入开展教学研究的情况。同时学校将墨韵特色“规范、规律、审美、个性”的精神内涵落实到高效课堂建设中，扎实开展“2014高效课堂建设年”活动，引导教师做到关注课堂前的“准备工夫”，关注课堂中的“生成时空”，关注课堂后的“反思积累”，关注“常态课”的实效研究，推动学校内部教育的均衡发展，促进教育教学质量稳步提升。

（朱红香）

镇江市桃花坞小学学生展示书法作品

**【镇江市解放路小学】** 镇江市解放路小学现有在编教师64位，小学生720名。2014年6月学校成功举办93周年校庆。在“第九届ABC全国青少年英语口语大赛”华东赛区小学B组英语口语中，该校多名学生获金奖。在2014京口区体艺特长生评比中，有55名学生获得“京口区体艺特长生”称号。在2014年艺术考级中全校有90名学生通过各类艺术考级。其中19人获得省级优秀，16人获得市级优秀成绩。学生们在各级各类比赛中有274人获奖，2014年再次受镇江电视台邀请，在少儿春晚演出合唱。2014年8月，团结出版社出版刘利群老师的《人生如书》散文集。2014年获镇江市《春满校园》合唱专场比赛一等奖。2014年获镇江市“金山杯”比赛一等奖。2014年11月受邀国际校长论坛开幕式作无伴奏合唱演出，并与加拿大新不伦瑞克省圣约翰百年初等学校正式签订友好学校协议，且建立长期友好的校际关系。

该校王伟英、程娟、田然等教师，在2014京口区小学课堂教学展示活动中，执教4节课堂观摩课。李松梅、蒋慧分别作“基于学生发展的课堂教学”研讨暨六年级集备活动交流发言和执教《广玉兰》观摩课；葛新、陈红、汪建芳等教师，受镇江市教科所委托进行语文、数学、英语公开教学。副校长熊祎、吴宁在京口区教育教学工作研讨会上作专题交流。华蕾、夏宏昌、王燕、张洁等教师，为内蒙古锡林郭勒盟校长教师培训班执教音乐、数学、语文、英语。书记罗旭亮、校长宋蕾为内蒙古锡林郭勒盟校长教师培训班作学校管理讲座。解放路小学教师，在京口区教育条口的教育教学比赛中十几次获得优异成绩。老师赵汝萍“一专多能”为全校教师作“面塑”教学培训。2014年暑假，田然老师参加国家级音乐教育新体系培训；省级优质赛课观摩培训；浙江千课万人音乐专场活动；2014中国合唱大师班专业培训。该校紧紧依托课堂，服务课堂，在教学实践中积累大量的教学设计、教学案例、课堂实录。学校经常性组织教师到市兄弟学校观摩学习，参加课题交流研讨活动，参加共同体教研活动。学校在报纸杂志宣传报道有46篇，其他媒体报道有361篇。

艰辛的付出，学校也获得很多荣誉。2014年获得京口区学校管理考核二等奖；京口区中小学生阳光体育活动二等奖；全区教育系统信息宣传工作先进单位；镇江市“双十精品社团提名”奖；《信息技术与民间艺术实践活动整合的研究》精品课题、《生活环境活动中语言教育资源的开发利用研究》课题获镇江市第五届优秀教育科研成果二等奖；五（1）、六（2）、六（3）中队获2013—2014学年度京口区“特色中队”；第六届“小数报杯小小数学家”优秀团体奖；镇江市节水型学校；镇江市五好小公民“美丽中国 我的中国梦”主题教育活动“先进集体”；镇江市未成年人文明礼仪风采大赛微视频展示类小

解放路小学93周年校庆展师生风采

学组三等奖；镇江市未成年人文明礼仪风采大赛情景剧类小学组三等奖；《英文经典儿歌》获镇江市优秀校本课程小学组三等奖；器乐合奏《节日序曲》获第六届江苏省少儿艺术节镇江展演艺术类铜奖；器乐合奏《节日序曲》获“中国梦 我的梦”理论大众化文艺作品评审二等奖；《苹果礼仪学苑》获综合素质评价典型案例评比二等奖；“我们的中国梦”镇江市第二届“金山奖”合唱比赛一等奖；镇江市教育教学成果奖综合类一等奖；《西风的话》《踏雪寻梅》获镇江市第八届“春满校园”声乐专场一等奖。

（刘利群）

**【镇江市香江花城小学】** 镇江市香江花城小学占地面积18000平方米，建筑面积6258平方米。2014年有教学班20个、1001名学生，教职工64人中，专任教师61人，镇江市骨干教师3人，京口区学科带头人4名，京口区骨干教师10名。专任教师大专学历达96.7%，专任教师本科学历达68.9%。

2014年，学校顺利创建“镇江市优秀校园网站”，被评为“镇江市体育传统项目学校”“镇江市红十字工作先进集体”。侯晓蕾校长喜获省“蓝天杯”数学会课一等奖；祁婕老师代表京口区参加苏锡常镇宁五城区五届五次青年教师英语教学展示研讨活动；汤正一老师参加区基本功竞赛获得一等奖，市基本功三等奖；张美勤老师参加京口区首届艺术教师专业素养大赛喜获一等奖；蒋凯、徐文娟老师参加薛翠娣名师工作室全市开课；陈洁老师代表京口区参加市级班会好课堂赛课获二等奖。教师论文获奖省级45人次，市级80人次。小数报“小小数学家”评选获得团体组织奖。12名学生在江苏省第6届小数报杯小数报比赛中获奖，其中省二等奖3名、省三等奖9名。有5名学生和1名家长的数学小论文刊登在《江苏省小学生数学报》头版。出版《逸香》校报，翻开学校发展新篇章。

2014年，该校彰显“家·天下”办学特色，完善“家·天下”活动体系，细化“香小阳光泥娃”评价体系，努力创造良好的育人环境。面向全区成功举办“幸福像花儿一样”主题教育活动，邀请“镇江张海迪”骆焱、镇江“爱心大使”戚熙娟等进校园和孩子们探讨幸福的真谛，孩子们还向京口区委书记裔玉乾写信汇报对幸福的理解。《江苏教育报》《镇江教育在线》《京江晚报》进行报道。

2014年，该校数学课程基地建设初见成效。数学体验馆建成，具有数学特色的校园文化初步形成。通过省教育厅基础教育处处长马斌对该校“省数学课程基地”建设工作的现场验收。邀请江苏省小数报主编沈本领到校和孩子们零距离交流数学学习。举办镇江市“曹慧名教师工作室数学教学研讨活动”。在小数报主编沈本领和原市教研员花仁和的指导下，该校数学教师编制完成《生活中的数学》校本教材，并在各年级实施数学特色游戏活动。

2014年，该校面向全市成功举行第六届“花城之春”教学节活动。活动分“语文主题阅读”“数学课程基地建设”“英语数学品德学科研讨”“从泥娃娃到瓷娃娃省级课题开题”“家长进课堂”等几个专场向全市小学老师和该校家长进行教育教学展示，为教师提供多角度发展平台，获得专家肯定。（徐文娟）

**【镇江市恒顺实验小学】** 镇江市恒顺实验小学创建于2008年，2009年8月投入使用。学校现占地20128平方米，学生1000多人，教师66名，大专以上学历达80.3%。其中中学高级教师7人，镇江市骨干教师3名、京口区学科带头人2

省教育厅基础教育处处长马斌（右二）调研香小省数学课程基地建设工作

名，京口区骨干教师11名。

2014年，在省级“十二五”规划课题《学校健康特色文化建设的行动研究》的引领下，实施环境优化、队伍提升、习惯养成、课堂提质、课程开发五大工程，推动学校发展的转型升级。接受京口区教育局第二轮三年发展阶段性评估，年段目标100%达成。获全国五好小公民主题活动示范学校、镇江市教育系统关心下一代工作先进集体、镇江市依法治校示范校、镇江市数字化校园。

营造健康的环境。在全区率先推行学生电子证门襟监控考核系统，以班花、班旗、班级口号、生态角、创意角等征集和布置为抓手，打造健康的班级文化和办公室文化。

锻造健康教师。将中国武学中的太极拳引进到健康教师俱乐部中，聘请武学大师霍培林为老师们讲解太极拳、教习太极拳，开设骨干教师研修班、骨干后备研修班、青蓝工程研修班，分层培养教师，有近20人次执教区级以上公开课，5个课题成功结题，百余篇论文发表、获奖。

构建健康课堂。举行省级“十二五”规划课题中期汇报会暨首届“恒美”教学节。借“镇江好课堂”契机，开展“恒顺健康好课堂，师生人人来点赞”活动。在2014年市、区各项教学质量调研中，学生学业水平已达京口区中位。

培育健康学生。开展“凝聚正能量，追逐新梦想”开学典礼、“快乐教师节 今天我当家”教师节庆祝活动、“红领巾，让爱零距离”新生入队仪式、“我的成长 感谢有你”十岁成长仪式以及“我们和快乐同行”亲子运动会。以游泳课程、少儿武术、校园足球和科技社团为辐射点，市队校办，打造学校体艺特色，在高年级开设游泳课，校足球队获得首届镇江市“市长杯”校园足球赛第四名，阳光体育活动获京口区一等奖，参加区田径运动会获团体总分第二名。在江苏省“嬉戏谷”杯仿生机器人创意大赛中，获机器人拔河项目团体一等奖、机器人竞速项目团体二等奖和机器人创意项目团体二等奖。省“金钥匙”科技竞赛获特等奖1名，一等奖1名，二等奖19名。获镇江市鼓号队风采展示二等奖。

以康、智、乐、美为主题，构建健康校本课程体系，自主开发四套校本教材《游历香醋馆》《拼搏体育园》《畅想科技宫》和《漫步艺术殿》(一套3册《童舞多姿》《童画多彩》《童声多亮》)，并以综合实践活动课、大课间活动和社团活动为载体予以实施。成立“童语版画”“快乐足球”等校级精品社团10个，“巧手编织”“书香致远”等年级普通社团24个，学生自主选择，全员参与，综合素质不断提高。

（李　佳）

**【镇江市索普实验学校】** 2014年，在索普实验学校逐年停止招生，教师分流的大形势下，9月份开学，仅剩五年级、六年级两个年级，在籍学生265人，大部分毕业班教师分流，学校仅剩8个教学班，教师34人。

一年里，索普学校狠抓教学质量，以“索普好课堂”评比为抓手，致力高效课堂建设，促进教师业务不断发展，在教育教学中取得一定的成果。贾陈老师在“镇江好课堂”总决赛中获得一等奖；尤昌德老师在“江苏省小学科学名师论坛”活动中上展示课；王蓓蓓老师在京口区班主任基本功比赛中获特等奖，并获市三等奖；江璐老师在京口区劳技基本功比赛中获一等奖。两名科学教师分别在镇江市科学课堂教学展示活动中上展示课。

随着高效课堂的推进，越来越多的优秀教师崭露头角。丁梅红被授予“江苏省优秀教育工作者”称号；尤昌德被评为“京口区优秀教育工作者”；汤秀梅被评为“京口区优秀德育工作者”；梁静被评为“京口区优秀教学能手”；王锦敏被评为“京口区教育系统服务标兵”；王超被评为“京口区学生喜爱，家长满意教师”。

在教师的精心培育下，学生综合素质也不断提高，在各项学业水平测试中，均位居前列。学生团体和个人在各项竞赛中成果颇丰，在省金钥匙科技竞赛中，获团体二等奖，2人获省特等奖，2人获省一等奖，1人获省二等奖；在镇江市汉字听写大赛总决赛中，获小学组团体一等奖。在读书征文、科技创新、书法绘画等各项比赛中，索普学生屡屡获奖。

索普实验学校在师生努力下，在各项活动中取得好成绩，被评为镇江市依法治校示范校、镇江市五好小公民主题教育活动先进集体、京口区七彩的夏日活动先进单位，并获得京口区阳光体育活动二等奖。

（尤昌德）

**【镇江市学府路小学】** 镇江市学府路小学成立于1921年，是一所有着90余年历史的小学，由当时丹徒镇唐成之、黄北山、钱玉森等知名人士赞助，根据古训“童蒙养正”而取名为丹徒私立养正小学，2002年8月学校迁入新址，并且合并所有村小，学校办学又上一个新的台阶，2010年更名为镇江市学府路小学。

这所历史悠久的花园式学校，一直沿袭古训，秉承“养正”校训，努力打造“滋养课堂，正行德育”的教育品牌。该校占地面积10330平方米，绿化面积达3520平方米，是“镇江市绿色学校”。2014年有18个班集体，近八百名学生，在编教师52名，其中市区级骨干教师13人，40名教师已取得本科学历。2014年度有13人次的文章在各级各类报纸杂志上发表，获奖100多人次。

虽然是一所乡镇学校，但是该校电脑室、音乐室、劳技室、美术室、科学室、舞蹈房等功能教室一应俱全，全校18个班全部配备现代化的多媒体教学设备，白板也装备到五、六年级，完全达到现代化小学的硬件标准，为学校的可持续发展奠定坚实基础。

学校坚持特色发展之路。现有武术、花卉种植、舞蹈等24个校级社团。尤其是将武术教学确定为校本课程，纳入课程计划，该校人人会打武术拳，班班会做武术操，因武术特色鲜明，被评为镇江市体育传统项目学校。2014年获京口区阳光体育活动评比一等奖，在镇江市中小学“学生社团秀”活动中表现优异，获得好评。2014年还获得“镇江市特色学校”称号。

该校坚持质量立校，全面育人的理念，为学生的终身发展奠定坚实的基础。在校长王芳的带领下，全校师生同心同德，取得一系列佳绩。成立镇江市首家少年武警学校，签约跨国公司科莱恩（中国）公司，启动“hopes”（助学）项目，借力科莱恩公司，先后开展面向学生、家长和老师的“养正讲”，极大地提升学校的办学水平与品位。先后获得镇江市特色学校、镇江市关心下一代先进集体、镇江市“五好小公民”读书活动先进集体、京口区阳光体育活动评比一等奖、京口区“十佳志愿服务团队”、镇江市“红领巾相约中国梦”鼓号队检阅获二等奖、省小数报竞赛“先进集体”等称号。 （刘罗根）

**【镇江市谏壁中心小学】** 镇江市谏壁中心小学占地面积27634平方米，建筑面积16759平方米，绿化面积达6000多平方米。学校现有30个教学班，学生1218人，教师78人。2014年，学校以“办家长满意的学校，办人民满意的教育”为宗旨，以师生的共同发展为根本，培养“躬行，勤思：自主自觉，注重实践；勤奋踏实，勇于思考”的“躬勤学子”，着重打造“学生自主实践平台”；打造“躬于生，勤于思：弯下身子倾听学生，勤于思考钻研教学”的“躬勤教师”队伍，着重建设“三级教师、四级课堂”教学评价体系。以“躬勤教育”为主导，构建以特色课程、环境课程、活动课程为框架的校本课程体系，探索形成“自主探究，重视实践”的课堂教学评价体系。

2014年，学校被评为镇江市文明单位，在京口区中小学生田径运动会上获得团体总分第四名。目前，学校有市骨干教师2名，区学科带头人4名，区骨干教师10名。学校充分发挥市、区骨干教师和区学科带头人的引领示范作用，以点带面，辐射全校每个学科教学。教师在各级各类竞赛评比中捷报频传。学校成功创建江苏省绿色学校、镇江市特色学校、镇江市数字化校园等。

德育活动丰富多彩。学校开展一系列的学生喜闻乐见的爱国主义、集体主义教育活动。如：暑期军训、小报比赛、书画展览等。学校深入开展“文明礼仪教育”，编写学校校本礼仪教材《礼仪伴成长》，受到有关专家的一致好评。丰富多彩的校园文化活动，提升学校的育人功能。学校方方面面秩序井然，气象更新。“灵通广播台”已成为学校德育主打品牌，截至2014年播出250多期，并与镇江文广集团合作，以“校园小灵通”“作文精品屋”“李老师随谈”“音乐地带”“安全与卫生”等栏目反映学校师生动态，多期节目被镇江文广集团整体录用，面向镇江市民广播。作为灵通台的衍生刊物学校校报“云帆报”也刊出十二期，“凌云小记者”队伍培养有序，红钻、蓝钻、白钻三级校内小记者成为学校灵通台的骨干力量。“灵通台”“云帆报”“红领巾监督岗”“绿色小卫士”等少先队阵地在提升学生自主管理，自觉实践能力方面取得成效。

一场场热火朝天的活动让学校红红火火，将教育教学推向深入，将“规范化管理、精细化操作”的理念落在实处。全体师生在活动中体会到和谐，品尝到乐趣，享受到幸福，不仅提升全校师生的自身素养，而且有力地推进学校各项事业和谐健康发展。 （张继诚）

**【镇江市雩北小学】** 2014年，随着京口区九年义务教育均衡发展示范区工作的进一步推进，雩北小学的软件和硬件得到进一步提升。学年伊始，区教育局给该校的机房更新换代，学生学习方式得到改变，获取知识的途径进一步拓宽，学生的求知欲望被激发出来，村小的孩子也享受到现代化教育；同时从市区名校交流来1名区级骨干教师，2名优秀教师，为雩北师生带来先进的教学理念和教学方法，促进教育教学质量全面提升。学校秉持“以人为本，狠抓常规，规范办学，提高质量”的工作思路，求真务实，围绕“安全、质量、务实”三个关键词，以学生发展为中心，以教师发展为抓手，全面推进素质教育，努力做到“学生发展、教师发展、学校发展”三位一体，全力争创镇江市现代化小学。

作为京口区唯一一所村小，立足当地资源，启动生态体验教育并顺利通过镇江市学校特色验收，在教育中体验、在体验中教育，培养学生热爱家乡、体验生活的品质，激发他们为建设社会主义新农村而努力学习的内驱力。为丰富学生生活，促进学生全面发展，2014年，举办首届“快乐六一体验成长”校园文艺演出和校园冬季趣味学生运动会。

2014年，为促进教师发展，学校搭建专业成长的平台，承办市级活动——镇江市青年教师发展接力团暨“雩山风”教学节活动，分课堂教学展示和教师沙龙两个环节，以“服务学校发展，促进自主提升，倡导同伴共进”为宗旨，努力实现城乡教育资源的互助共享。在语文、数学、音乐、体育学科专场上，该校数名青年教师和区教研室主任李素琴、区英语教研员茅君、香江花城小学校长侯晓蕾进行教学展示，市教科所所长徐明等教科人员评课。“雩山风”教师沙龙中，6名教师通过讲述自己的教育故事，回顾市教科所组建的教师成长接力团的历史，此举使村小的孩子也享受到优质的教育资源，真正体会到均衡教育带给他们的幸福，既促进学生的成长，也促进雩北教师团队专业素质的提高。尊重、关爱、包容、欣赏每一位学生已然成为雩北人的工作信条。雩北老师们研究的热情被激发起来，他们积极撰写教育教学论文，2014年学校有55篇论文发表或获奖，韩琳2014年度荣获“京口区‘教学能手’”称号，陈元龙荣获“京口区‘家长满意 学生喜欢’教师”称号。 （陈元龙）

**【镇江市京口区特殊教育中心】** 镇江市京口区特殊教育中心位于靳家巷33号，2014年有10个班级，学生106名，教职工31名。21名教师中中学高级教师3名，小学高级教师10名，小学一级教师6名，本科以上学历 15 人。学校建有感觉统合训练馆、蒙氏、可视音乐干预、语言训练等多个专业康复治疗专用教室，基本满足在校及镇江市 0—6 岁残疾儿童抢救性康复训练的需要。

学校始终立足于学生的全面发展、教师的专业发展、学校可持续发展，以“学会做人、学会生活、融入社会、回归主流”为育人主旨，采取“请进来走出去”开放式教学模式，充分整合社会资源，将社会大课堂与学校小课堂教学紧密结合，积极开展“实践中学习本领”“活动中快乐成长”“温暖中学会感恩”等社会实践活动，市博物馆、赛珍珠博物馆、京口消防大队、镇江船艇学院教练大队等都是该校学生社会实践活动的基地。学校积极争取志愿者团体的支持，将“爱心助教活动”引进校园，促进学生与社会的融合。在课堂教学中，全面推行“分层教学”，针对学生特点制定个别化教育计划，针对自闭症儿童的康复每学期设家长培训班，使每位学生都能得到缺陷补偿。

体艺教育彰显特色。2014 年学校以“培养体育艺术能力促进学生智力发展”为办学特色，根据班级学生情况，制定适合学生的体艺课程，项链 DIY、棉花公仔、剪纸、钻石画、串珠、葫芦丝、篮球、羽毛球、轮滑等纷纷走进课堂，让学生在各种艺术课程中学习劳动技能。学校的残疾儿童阳光艺术团和体育运动队，为学生的特长发展提供菜单式的服务。2014 年 10 月 23 日，学校学生乐队作为江苏省残疾人代表团随省文化团赴日参加中、日、韩三国文化交流活动。舞蹈《彩虹的约定》《我爱洗澡》，乐队演奏的《隐形的翅膀》《四季歌》《让爱传出去》，古筝《小燕子》《小叮当》《小羊羔》等节目应邀参加镇江市“慈善一日捐”、4 月 2 日世界自闭症日广场活动等各类演出。学校以校本课程为指导，在专家指导下，开发花卉园艺、手工串珠等校本课程。学生在体验艺术、技能教育的过程中，提升人文素养，促进智力发展。

围绕“教研活动课题化，课题研究课堂化”的工作思路，不断夯实创新教学常规。2014 年，学校重点开展师徒结对工作，带动青年教师专业成长。2014 年，在镇江市课程故事比赛中，两位教师获二等奖，一位教师获三等奖；两名教师在市教学基本功大赛中获二等奖。多人在国家、省、市、区论文评比活动中获奖。 （钱 亮）

# 文　化

责任编校：丁晓萍

## 文化建设

【概况】 2014年，京口区文体局以中共中央十八大和十八届三中、四中全会精神为指导，以区委、区政府的决策部署为引领，以区人大、政协视察监督为推动，以建设“文化京口”为己任，以“创新创业、第一唯一”为主题，以事业惠民生、产业促转型为工作主线，以“工作创新提升年”为主抓手，以党的群众路线教育实践活动为动力，以项目化推进为工作方法，着力实施文化惠民工程、服务文化产业发展工程，积极推进现代公共文化服务体系建设，为打造“京口高度”做出新贡献。京口区2014年度文化工作获市考核一等奖。区文体局被区委区政府授予2014年度区级机关绩效管理考核优胜单位。

（董朝霞）

【公共文化设施建设取得突破】 京口区文化艺术中心建筑3层，总面积为5014平方米，按照国家一级馆标准建设区文化馆和区图书馆，已建成并运行，填补京口区没有国家一级图书馆和文化馆这一空白。全区8个街道（园区）66个社区（村）全部建成青少年电子阅览室。新民洲临港产业园新红旗社区建成三星级农家书屋，被镇江市命名为示范农家书屋。新建城乡阅报栏40个。（董朝霞）

【特色文化广场建设成效显著】 新建成23个文化广场，即1个中心型，2个基本型，20个小型广场。在全区已建成的62个文化广场，开展丰富多彩的广场文化活动，形成“周周有活动、月月有演出”的格局，区文体局和各街道（园区）、业余文艺团队全年开展大、中、小型文化活动546场。（董朝霞）

【基层基础建设切实加强】 四牌楼街道、谏壁街道综合文化站被命名为2014年度镇江市五星级文化站（即国家一级文化站），其中，谏壁街道文化站被评为市十佳文化站。象山街道、健康路街道、大市口街道、正东路街道文化站被命名为2014年度镇江市三星级文化站。6个文化站认真落实《镇江市乡镇（街道）综合文化站服务规范》，提升服务质量。

（董朝霞）

【文化活动品牌内涵得到丰富】 以丰富居民群众业余文化生活、提升城市文明程度、传播先进文化为目标，以“中国梦·我的梦”为主题，持续深入开展“魅力京口”文化惠民活动。结合文明城市创建、全国诗词之乡创建等重点工作，举办“魅力京口”广场文化系列活动32场。2014年3月，以推动群众文艺作品创作、丰富群众文化生活、扩大文化惠民成果为出发点，在全市率先向全社会文艺团队和个人开展“中国梦·我的梦”理论大众化文艺作品征集活动，征集到来自全市的文艺作品74件，其中音乐类作品18件、舞蹈类作品10件、戏剧曲艺类作品46件，经专家评审，评出一等奖1个、二等奖2个、三等奖3个以及优胜奖7个。入选作品在业余文艺团队中进行排练，9月30日在江一广场举行“中国梦·我的梦”理论大众化文艺作品征选结果揭晓暨“魅力出彩京口人”文艺巡演活动启动仪式。同时还组织“弘扬优秀传统文化 建设民族精神家园”红领巾读书征文、京口区少儿故事创作大赛等活动，丰富全区未成年人文化生活。

（董朝霞）

【文艺团队参加省市比赛获佳绩】 在镇江市第三届小戏小品大赛中，京口区小戏《警嫂》分获剧目三等奖、编剧奖、优秀表演奖。在“我们的中国梦”——镇江市第二届“金山奖”合唱比赛中，京口文体局选送的解放路小学七色光合唱团、镇江市实验小学童声飞扬合唱团分别获得一等奖和三等奖的好成绩，2015年5月还将代表镇江市参加省合唱比赛。在2014年全省红领巾读书征文活动中，该区有9篇作品分获一、二、三等奖（全市30篇），获奖作品居全市首位。在镇江市选调作品参加省“五星工程奖”评奖活动中，该区选送的舞蹈和民乐合奏分获银奖和铜奖。在镇江市第二十六届少儿故事创作演讲大赛中有9人获奖，其中6人分获演讲一、二、三等奖和优秀奖，2人分

获创作二等奖、1人获优秀辅导奖，区文化馆获优秀组织奖。（董朝霞）

【“15分钟公共图书圈”日趋完善】 2014年，在京口区委、区政府和市文广新局、市图书馆领导的关心指导下，区文体局把市图书馆分馆建设与开展党的群众路线教育实践活动、“真·实”活动、全民阅读书香“六进”活动、构建现代公共文化服务体系以及推进“两网”治理服务品牌相结合，积极打造“15分钟公共图书圈”，在2013年建成7家分馆的基础上，2014年又新建成新民洲新红旗社区、阳光世纪花园社区、西街社区、中储粮镇江粮油公司、鼎胜铝业、中山路小学、73056部队建成7家分馆，获得市图书馆赠书3万余册，价值80余万元，做到“一卡在手、通借通还”，不仅提高图书利用率，节约采购成本，也最大限度地方便京口师生、社区居民、企业职工、部队官兵就近享受免费公共文化服务。文体局与区级机关工委一起联系镇江市图书馆，开展“赠你借书证 书香伴你行”活动，为全区674名干部职工免费办理借书证。12月底在区机关一楼大厅安装电子借阅机，方便机关干部阅读电子图书；在阳光世纪花园小区、米山人家小区等10个点建设“鸟巢图书屋”，同时还配备一批新书，打造推动全民阅读的新窗口。（董朝霞）

【业余文艺团队建设得到加强】 结合京口发展的新形势、新常态，加大政府购买公共文化服务力度，调动业余文艺团队参与基层群众文化活动的积极性，促进业余文艺团队不断发展壮大。2014年添置9万余元的8套音响设备，赠给6个街道、2个园区，为文艺团队开展活动提供有力支撑。组织本区文化站长及文艺骨干参加市组织的广场舞等各类培训50余人次，提升开展文艺活动能力素养。8支文艺团队、14名文艺辅导员分获2014年度市优秀团队、个人。12月份组织评选表彰全区首批“十佳文艺团队和十佳文艺骨干”。（董朝霞）

【全民阅读活动和文化志愿者注册登记工作全市领先】 2014年4月份开展“文明进万家”活动暨“梦溪读书节”启动仪式，提升全民综合阅读率。配合区委宣传部组建全区文化志愿者队伍，注册登记的文化志愿者有600余人，列全市各辖市（区）首位。协助区委宣传部组织开展书香“六进”，即：书香进机关、进学校、进军营、进企业、进社区、进家庭活动，全区开展阅读活动100余场次。开展社会阅读组织摸底调查工作,通过街道、社区，对辖区内具有一定规模且相对稳定、正常开展活动、社会效益明显、社会影响较大的阅读团体，以阅读为主要活动内容的民办非企业及其他阅读组织进行一次梳理、汇总。12月份，文体局和各街道配合镇江市居民阅读状况240个城市样本的调研。京口区红旗小学被命名为2014年度镇江市书香校园；镇江船艇学院船艇教练大队、73056部队、镇江边防检查站被命名为镇江市书香军营；国电谏壁发电厂、江苏索普（集团）有限公司被命名为镇江市书香企业；大市口街道被命名为镇江市书香街道;谏壁街道东街社区、江滨新村第一社区被命名为镇江市书香社区；陈又新等4户家庭被命名为第二批镇江市书香家庭;王勤、曹子钰等124人被命名为镇江市阅读明星。区图书馆、钟程发分别推荐为江苏省全民阅读促进会团体、个人会员。2014年文体局被团省委和省新闻出版局评为“青少年维权岗”荣誉称号。（董朝霞）

【文物保护工作扎实有效】 完成王龙亭修缮保护工作。完善宗泽纪念公园后续管理工作。2014年4月该局完善该公园的管理工作，聘用专职人员在公园值班，维护公园环境卫生、绿化管护，保证宗泽纪念馆每日开放。开展道署衙门围墙卷门碑刻修缮保护，已完成前期方案制作。第一次全国可移动文物普查工作已完成，4件被认定为可移动文物。开展第三次全国不可移动文物普查登记点保存状况检查工作。完成文保单位记录档案创建工作。2名业余文保员被评为2014年度全市“十佳文保员”。（董朝霞）

【企业软件正版化工作稳步推进】 完成飞驰汽车集团公司、正恺电子有限公司、中煤电子有限公司3家企业的软件正版化工作。做好文化市场相关工作，发放“出版物（含电子出版物）零售单位设立、变更的许可”32家；“打字、复印经营单位设立、变更的许可”5家。开展互联网经营单位换证46家、娱乐场所换证71家和演出经营团体2家。配合市局组织实施网吧管理“三合一”及开展阳光娱乐场所星级达标活动。（董朝霞）

【服务文化体育旅游产业发展】 汇编中央、省、市文化、旅游、体育产业发展相关政策，提供给相关企业，服务全区招商引资和项目建设。构建全区文化、旅游产业项目库。组织指导辖区文化体育旅游企业积极申报省、市产业发展引导资金，三艾广告印刷服务项目、动漫游戏衍生品的设计及产业化项目、江南书画艺术馆网建设项目分获15万元资金补助。凤凰文化广场、苏宁广场等重大项目顺利推进。完成每季度全区文化、旅游产业经济运行分析报告。（董朝霞）

【实施工作创新工程】 在全市率先构建业余文艺体育团队、业余文保员、社会体育指导员、非遗传承人网格化管理模式，提升管理绩效。以四牌楼街道为试点，整合宣传文化、党员教育、科学普及、体育健身等设施，在全市率先建成街道综合性文化服务中心。在全市率先向全社会文艺团队和个人开展“中国梦·我的梦”理论大众化文艺作品征集、评选、巡演活动。在全市率先打造“文化广场服务党建”工作品牌，被评为2014年度京口区党建工作品牌。（董朝霞）

## 广播·电视

【概况】 2014年，京口区新闻中心（区广播电视台）紧紧围绕区委、区政府中心工作，按照区委宣传部工作要求，坚决执行年初制定的工作计划，着力抓好新闻报道的质量，创新新闻载体，并做到早策划、早准备、抓特色，出精品，深入挖掘主题，进行全面、充分、及时、深入的报道。为"两网"提升、重大典型、"三大"活动等工作营造良好舆论氛围。在"两网"提升报道上实现突破。推出"京口着力提升'两网'品牌效应""小小网格长、社区大作为""'两网'治理服务创成'京口品牌'"等系列报道，各类媒体共刊登"两网"方面稿件130余篇，其中国家级8篇、省级4篇，通过高平台、高层次的宣传报道，促进"两网"取得更大成效；着力推出"最美社区医生杨凌"这一重大典型。杨凌同志高尚的医德和助人为乐的精神得到社会的广泛认可，先后获"全国巾帼建功标兵""中国好人""江苏省十大医德标兵""江苏省群众满意的社区医生""感动镇江十大人物"等荣誉称号。中共京口区委专门发文，号召全区上下向杨凌同志学习；"文明进万家""金凤凰""真·实"三大活动宣传先声夺人。结合京口区文明创建、招才引智、教育实践活动进行全方位多角度报道，策划"京口三大行动让'文明进万家'""'镇江杰青'郑涛：归巢的'金凤凰'""京口'真·实'活动赢得群众赞誉"等系列报道，进一步提高京口知名度和美誉度；紧紧围绕"京口高度"和"教育实践活动"开展专题宣传。回顾梳理京口2014年以来的重点工作、重要工程、重点项目，从产业三集、科技创新、城建城管、生态建设、民生工程等角度，在镇江日报组织打造"京口高度"系列报道12篇，在镇江频道组织打造"京口发展新高度"系列报道5篇，充分展示全区各条战线取得的成功经验和丰硕成果。总结、提炼党的群众路线教育实践活动取得经验，在省以上纸质媒体共刊发新闻稿件19篇，及时让广大干部群众知晓活动重大意义，进一步密切党群干群关系；创新宣传媒体，新办"京口手机报"和"京口发布"，延伸新媒体宣传触角。"京口手机报"自7月31日上线以来，深受广大读者喜爱，设置"京口要闻""封面照片""经济巡礼"等栏目，到当年底已累计出版60余期，京口手机报用户达5000余人，成为宣传京口的主阵地。　（陈俊文）

## 网　络

**【舆情快报】**　京口区新闻中心始终坚持正确的舆论导向，整合多种宣传资源，以报网互动为基点，注重导向性，把握贴近性，积极适应新兴媒体发展趋势，努力构建定位明确、特色鲜明、功能互补、覆盖广泛的舆论引导新格局。科学及时化解负面舆情。突出正面宣传，加强与各类网站合作，扩大正面宣传载体平台，凝聚社会正能量。共化解大西路征收拆迁项目动用黑社会人员等负面舆情60多条；积极参与网上舆情引导专项行动。通过强化督查、科学处置、安装监测软件等措施，确保青奥会等大型活动期间网上舆情平稳可控。进一步建立健全网络舆情处置工作机制，完善网络舆情应急预案，突出联动，强化互动，与电信、移动等通讯运营商合作，在易发网络舆情的单位，安装舆情监控软件，并落实专人全程监控，及时妥善处置10余条网上负面舆情，为全区经济社会快速发展营造良好的舆论氛围。　（戈　晨）

## 电子政务

**【概况】**　2014年，京口区政府办深入学习贯彻中共中央十八大精神，推进电子政务科学发展，紧扣全区"整体城市化、率先现代化"的目标定位，始终瞄准围绕"强化转型升级，推进特色发展"目标，创新克难，锐意进取，圆满完成全年各项目标任务。宣传介绍京口水平不断提高，运用信息化提升政府效能，不断加强政府与群众的联系，落实建设高效、透明、廉洁政府的要求，在规范制度、技术创新与改革发展上不断努力，取得一定成效。至2014年年底，京口电子政务共包含镇江京口门户网站、行政权力网上公开透明运行系统和无纸化协同办公系统三个部分。

（张逸飞）

**【镇江京口门户网站】**　"镇江京口"门户网站以"为民、便民、利民"为宗旨，结合建设服务型政府需要，改版升级区政府门户网站，完善服务功能。完善行政权力网上公开等公共服务，不断做好新闻更新、内容充实、网页管理和维护工作，打造政府信息公开第一平台。全年"镇江京口"门户网站共公开各类政府信息3887条，其中区政府文件115条，各类新闻3511条，领导讲话、投资信息、公示公告、便民服务等261条。书记、区长信箱反馈办结率100%。发出全区门户网站内容保障通报12份。同时上报"中国镇江"政府网站政务信息456条，被采用89条，较好完成"中国镇江"政府门户网站内容保障工作。同时，为充分满足当下及未来发展的电子政务信息显示的需求，区政府一楼大厅DLP电子显示屏坚持重要信息公示，2014年各单位申请信息发布68次。　（张逸飞）

**【行政权力网上公开透明运行系统】**　行政权力网上公开透明运行系统经过多年建设，权力网上公开透明运行工作不断强化，行政权力网上公开透明"一库四平台"运行平稳有序。囊括全区所有行政权力的行政权力库，面向政府各组成部门的行政权力网上公开透明运行系统平台，面向社会公众的政务服务平台，面向区领导及监察部门的监察监控平台，以及面向政府法制部门的法制监督平台系统运行状况良好，行政权力的实施主体、程序、依据、标准及办理动态情况，在"网上政务大厅"实时显示。2014年，网上共运行办件1681件，其中行政许可42件、行政处罚6件、行政审批3件、行政给付135件、行政确认6件、其他1489件。基本实现权力网上运行全覆盖。　（张逸飞）

**【无纸化协同办公系统】**　围绕上级要求，突出抓好节点控制把好系统建设、培训应用和机制建设"三关"，积极、稳妥、有序推进无纸化办公全覆盖，市与区、区与区部门和街道、区部门与街道之间收文和发文通过内网公文交换系统完成；收文办理包括签收、登记、审核、拟办、批办、承办等程序均在内网完成；发文办理制发公文过程，包括草拟、审核、签发、复核、用印、登记、分发等程序均在内网完成。建成“党政一体，上下统一”的无纸化协同办公系统，提高办公效率，全面实现无纸化办公系统全覆盖。（张逸飞）

强政府与群众的联系，落实建设高效、透明、廉洁政府的要求，在规范制度、技术创新与改革发展上不断努力，取得一定成效。目前，京口电子政务共包含镇江京口门户网站、行政权力网上公开透明运行系统和无纸化协同办公系统三个部分。（张逸飞）

京口门户网站

## 体育工作

【概况】2014年是全面学习、宣传、落实《京口区全民健身实施计划（2011—2015）》关键之年，围绕“健康京口”“全民总动员、一起来健身”两大主题，深入实施体育惠民工程，切实开展丰富多彩的群众体育活动。群众体育工作经验在全省工作会议上交流推广。2014年，京口区体育工作获市考核一等奖。（蒋　丽）

【“十分钟体育健身圈”提档升级】结合党的群众路线教育实践活动和全国文明城市创建工作，对全区66个社区（村）健身路径的健身器材进行巡查、维护和更新。新建中冶蓝湾、翰林苑2期、京口路60号、中储粮职工宿舍区、左湖村等5处健身路径，提档升级京河小区、象山桥、紫荆苑、米山人家、怡海家园、江滨新村体育公园等8条全民健身路径，出新健身器材6处。建成小上隍体育健身广场。安装室外乒乓球桌20张。建成京岘山山体公园健身步道1200米，实现体育健身步道零突破。（蒋　丽）

【群众性体育健身活动蓬勃开展】围绕“健康京口”“全民总动员，一起来健身”两大主题，从正月初一至正月十六开展“红红火火过大年”系列活动7场。5月份举办“2014年京口区老年人体育节开幕式”，5月30日在梦溪广场举办“2014年江苏省健身秧歌大赛（京口赛区）”比赛，8月份开展“全民健身日”活动，9月份举办以“创全国文明城市，展全民健身风采”为主题的群众性体育活动四场，10月份举办“2014年京口区老年人体育节闭幕式”，11月9日组织50人方阵参加“生态镇江”半程马拉松比赛，11月份举办“京口区第三届健身排舞大赛”。举办“全民总动员，一起来健身”为主题的展示、培训活动17场。5月30日，“京口区全民健身指导服务中心”揭牌。全区体育协会、俱乐部、晨晚练点开展群众体育活动200余场次。评选表彰全区首届“十佳健身站点”“十佳社会体育指导员”“十佳健身站点站长”。（蒋　丽）

【国民体质监测工作列全市首位】2014年是国民体质监测年。京口区监测抽样量本为792人，5月15日至22日对幼儿、城镇体力劳动者、城镇非体力劳动者和老年人进行测试，完成样本量要求，居民体质合格率达93%，达到现代化指标要求。（蒋　丽）

【文体局获评省第18届运动会三等功单位】2014年是第十八届省运会备战周期的最后一年。文体局紧密结合《京口区备战省第十八届运动会方案》金牌任务和具体要求，联合区教育部门指导承训学校制定更加详细科学的训练备战计划，定期督查承训学校训练备战工作，积极与市体育局和区人民政府沟通协调，解决训练设施、训练经费和运动装备等一系列后勤保障问题，为各支承训队伍的教练员解决后顾之忧。同时，积极与市体育局沟通协调，组织安排相关队伍参加高级别比赛，提高运动员的大赛经验和实战对抗能力。9月份，京口区承训的3个比赛项目分别在徐州、淮安两地同时进行，文体局组织相关学校负责人和具体科室负责人到比赛一线做好赛前动员和后勤保障工作，经过大家的共同努力，手球项目获得甲组第五名，计0.5枚金牌；乙组第六名，计0.5金牌；足球项目获得丙组第六名，计0.5枚金牌；艺术体操获得乙组集体徒手全能赛第2名；乙组四人球全能赛第3名；甲组个人全能赛第4名，丙组个人全能赛第8名，3个承训项目计完成1.5枚金牌。京口区文体局获评江苏省第十八届运动会三等功单位，体育科的赵鹏被评为省运会三等功个人、省群众体育先进个人。教体融合工作全市示范。（蒋　丽）

【参加和承办体育赛事获佳绩】2014年4月份，组队参加市少儿武术比赛，获得团体总分第一名。5月份，组队参加市少儿乒乓球比赛，获得团体总分第一名；同月，组队参加市少儿羽毛球比赛，获得团体总分第二名。7月份，组队参加市少儿足球比赛，获得男子甲组第一名和男子乙组第二名；同月，组队参加市少儿篮球比赛，获得男子甲组第三名和男子乙组第三名。8月份，组队参加市少儿排球比赛，包揽男子甲乙组和女子甲乙组4个组别冠军；同月，组队参加市少儿跆拳道比赛，获得团体总分第一名。10月份，组队参加市少儿田径比赛，获得团体总分第六名。11月份，组队参加“市长杯”校园足球比赛，京口中学获得初中组第三名，恒顺实验小学获得小学组第一阶段B组第二名，市实验小学获得C组第二名，谏壁中心小学获得D组第一名，3支队伍将以8强的身份参加2015年5月份小学组第二阶段的比赛。同时，8月份，京口区承办市少儿射击比赛和跆拳道比赛，跆拳道比赛以优秀的赛场布置和一流的后勤服务获得市“优秀赛区”称号。（蒋　丽）

**【获江苏省第六次全国体育场地普查先进单位】** 2014年2月，京口区成立以林黎明副区长为组长的领导小组，制定京口区第六次全国体育场地普查工作实施方案，由区政府办公室牵头召开京口区“六普”工作布置协调会。3月1日，京口区第六次全国体育场地普查工作全面启动；4月中旬，区“六普”办公室对辖区内街道、园区体育场地普查工作进行现场审核抽查、完善；5月初，京口区第六次全国体育场地普查实地测量工作圆满结束，区“六普”办公室对场地登记表数据逐一进行审核修改，高质量完成全区场地普查工作。据统计，全区有各类体育场地757个，总面积达105.30万平方米，人均拥有公共体育设施面积2.7平方米。（蒋　丽）

## 旅游工作

**【概况】** 2014年以来，京口区文体旅游局深入宣传《中华人民共和国旅游法》，围绕转型升级，以推进、服务全区旅游重大项目建设为主抓手，以区旅委会办公室工作例会为平台，以强化旅游配套和品牌建设为重点，以加强旅游监管为保障，向着“打造镇江乃至长三角旅游消费新高地”的目标迈出坚实步伐。（严　潇）

**【组织领导有序有力】** 2014年，区委、区政府十分重视旅游业的发展，把旅游业放在优化产业结构、提升城市形象的重要位置。旅游业相关工作列入区委、区政府年度全区重点工作。按照市旅委会要求，结合各街道（园区）实际，年初制定下发全年旅游工作责任书。每月召开一次区旅委会办公室例会，解决项目建设中的问题，督查各项工作进度，合力保障有关任务的完成。各基层单位发展旅游业的认识进一步提升，对旅游工作的重视度明显提高，3月份各街道均设立旅游办公室，明确分管领导和专兼职工作人员，并强化旅游工作经费保障。

发挥长三角旅游发展（京口）联盟的作用，加强与联盟的密切沟通与联系，引导辖区内春秋国际旅行社、中国青年旅行社、职工旅行社等十强旅行社践行联盟《京口宣言》，充分利用其客户资源优势，协助京口进行旅游资源的挖掘整合、旅游市场的培育开发，同时联合旅行社和景区积极探索文化体育活动与旅游融合的合作模式。（严　潇）

**【超额完成旅游重要指标】** 2014年，全区旅游产业综合收入94.52亿元（即餐饮35.6亿元、住宿5.1亿元、娱乐5.9亿元、旅行社收入0.86亿元、20%社会消费品零售额47.06亿元组成，不包括景区门票收入），同比增长22.91%，完成市下达目标117.41%，居全市各辖市（区）第三位。住宿设施床位数1.5463万张，完成全年目标103.08%。（正东路街道3402张、大市口街道4021张、四牌楼街道3711张、健康路街道2165张、象山街道1237张、谏壁街道927张）。（严　潇）

**【旅游重大项目建设全市领先】** 2014年，京口区旅游产业项目29个，总投资391亿元，其中在建14个，总投资245亿元；签约15个，总投资145亿元，已完成投资41.25亿元，完成全年目标589.28%（中国中小企业信息产业园9亿元、华夏创意产业园9亿元、苏宁广场7亿元、包家湾商业综合体3亿元、大市口地下商贸区3亿元、北固湾商业综合体2亿元、红豆购物广场银座1.2亿元、帝宝花园酒店0.15亿元、北京华联0.7亿元、大市口地下连通工程商业运营0.5亿元、老市政府改造0.6亿元、滨江旅游购物中心1.7亿元、招商市场升级改造2.27亿元、大祥文化时尚街1.13亿元）。10月29日，京口区2014年项目集中签约仪式在国际饭店举行。会上，长江游戏谷、苏宁商业广场等20个项目参加集中签约仪式，投资总额达232.3亿元。此次签约的20个项目涉及健康休闲、文化旅游等产业，这些项目的签约，对京口旅游产业发展、经济转型升级将起到至关重要的作用。（严　潇）

**【推进旅游配套和品牌建设】** 作为镇江主城区之一，京口区针对行政区划造成的“游”（旅游景区）要素匮乏的现状，聚力“吃住行娱购”五要素的发展，不断致力于宾馆、酒店、购物中心、文化娱乐项目等旅游配套设施和品牌建设。第一楼街步行街建设得到加强，街区功能定位向“吃、娱、购”转变，目前商铺入驻率已达80%左右，第一楼街成为全市首个免费无线WiFi街区。龙吟坊、恒美餐饮街也被评为省级特色商业社区。在欧尚、大润发等大型超市均设立旅游商品专柜。国际饭店、兆和皇冠假日酒店等5家旅游企业加盟“镇江旅游淘宝旗舰店”。帮助我家农庄等乡村旅游点建立网络，实现无线WiFi全覆盖。建成国际饭店旅游咨询中心。镇江江大源生态生物科技园成功创建国家AA级景区（全市2014年唯一一家新创建景区）。引导高星级酒店及时调整经营策略，提高产品性价比，吸引更多游客和市民积极消费。如：镇江国际饭店举办“厦一路，美食”——闽南美食节，皇冠假日酒店举办“德国美食节”——舌尖上的巴伐利亚。（严　潇）

**【旅游监管持续强化】** 认真贯彻落实市、区有关安全生产工作要求，开展“安全生产月”工作，做好隐患检查整改，做好防火、防汛各项安全生产工作，有效防范旅游安全生产事故发生。“五一”劳动节、中秋节、国庆节期间认真开展作风建设情况专项监督工作，精心制定工作方案，检查旅行社“八个严禁”落实情况，重点检查接待和承办公款旅游消费活动。（严　潇）

# 人力资源和社会保障

责任编校：耿纪明

## 就业再就业

**【概况】** 全年新增城镇就业12291人，完成目标任务136.6%；城镇失业人员再就业6045人，完成目标任务172.7%；就业困难人员再就业1646人，完成目标任务137.2%；扶持创业1584人，完成目标任务132%；城乡劳动者就业技能培训2835人，完成目标任务218.1%；创业培训2097人，完成目标任务139.8%；农村劳动力培训2502人，完成目标任务156.4%。（王　毅）

**【完善基层平台建设，打造示范服务窗口】** 按照省级充分就业示范社区相关创建标准，选取正东路街道焦顶山社区作为创建单位，通过定期上门指导，帮助配置设备，完善基础台账等方式，积极协助社区做好创建工作，顺利通过省人社厅考核验收。多方协调为象山街道人社服务中心争取新办公场所，按照市平台办最新要求，进行标准化、规范化装修设计，将其打造为全市一流示范平台。打造一流基层人社团队。制定《京口区基层公共服务平台开展“服务在身边，满意在基层”活动实施方案》，编印《京口区基层劳动保障平台服务规范手册》，基层人社工作人员人手一册，日常做好对照学习，基层工作人员全部佩戴统一工作标牌上岗，接受服务群众监督，出台《2014年“十佳劳动保障协理员”评选方案》，开展劳动保障协理员“每月一课”专题培训，着力提升协理员业务能力。全年组织24名协理员参加国家三级、四级职业资格考试，确保三级协理员持证率达92%，四级达95%。

（王　毅）

**【强化就业援助，开展特色就业服务】** 开展再就业援助月和“春风行动”2014专项活动，组织49家单位，1200个就业岗位赴新区参加全市农村劳动力专场招聘会。组织20家企业，519个就业岗位赴润州区参加镇江市区人力三轮车营运人员大型专场招聘会。每月15日、30日在区人力资源市场举办专场招聘会，免费为企业和求职者提供洽谈平台。举办大学生、下岗失业人员等主题招聘会11场，组织209家单位，提供2090个岗位。开展餐饮行业用工调查分析，对近百家餐饮经营户调查摸底，了解餐饮业现状及发展需求，为辖区餐饮行业合理布局提供依据。对辖区14家重点用工企业进行失业动态监测，定期开展用工情况网上申报，及时掌握用工情况，做好供求分析，更好地指导企业缓解缺工难题。开展特色就业服务。免费发放“人社服务手绘地图”，举办“架金桥促就业”首批校企合作对接活动，建立大学生就业基地，不断为企业输送优质人才。认真落实2014年未就业高校毕业生实名制登记工作，于9月底提前完成550名未就业高校毕业生实名调查登记、信息录入工作，调查登记率100%，就业率达92.7%。（王　毅）

**【实施技能培训，提升就业能力】** 了解企业培训需求，加强与企业合作，充分利用企业设备和技术力量，将培训课堂送进企业，实现定向培训。开展创业培训“进社区、进校园、进乡村”工作，通过“社区报名、街道组织、区级培训”三位一体培训模式，先后在辖区街道、高校开展SYB（创办你的企业）创业培训40期，培训2097人。推进农村劳动力职业技能鉴定获证奖补工作，受理育婴师、家政服务等农村劳动力职业技能鉴定114人，发放资金13.18万元。（王　毅）

**【推进创业载体建设，增强孵化能力】** 通过行政推动与市场运作相结合的办法，积极推动创业孵化基地建设，新建健康路街道甘露商场创业孵化基地。组织已认定为市级创业孵化基地京口高创中心、归国博士园等10家载体与基层创业服务平台开展创业载体“1+1”对接服务活动，通过“送政策、送培训、送指导、送服务”等形式，帮助基层创业服务平台落实初始创业补贴、创业小额担保贷款、税费减免等政策，提升基层创业服务平台服务能力。完善企业入驻流程，落实优惠政策，健全考核机制，指导京口高创中心成功创建为省级大学生创业示范基地，指导归国博士园、

镇江学府科技创业园成功创建为市级创业示范基地。（王 毅）

## 社会养老保险

**【概况】** 全区本级养老保险参保人数83456人，区本级征缴收入30165万元，其中：常量基金收入19367万元，征地农民转城保拉动基金收入10798万元；工伤642万元、生育317万元、失业1843万元；工伤保险参保人数29423人，其中事业单位工伤参保人数2764；生育保险参保人数22967人；失业保险参保人数19928人。机关事业保险基金征收899万元，收缴率达100%，事业单位稽核率达43%；被征地农民基本生活保障覆盖率达100%，被征地农民转城保率达100%。配合审计部门做好基金审计工作，确保基金安全。（王 毅）

**【社会保险扩面征缴常抓不懈】** 加强分类指导，强化责任落实，扎实抓好重点领域、重点人群扩面工作。大力宣传《社会保险法》，营造扩面征缴良好氛围。区、街道、社区三级联动，建立和完善年度目标任务分解，实时掌握扩面任务完成情况。未保企业抓参保，参保企业抓漏保，落实社会保险各类优惠政策，鼓励和引导各类人员参保缴费。

（王 毅）

**【建立社会保险费欠缴预警机制】** 对辖区所有参保单位欠费情况进行梳理，建立社会保险费欠费预警机制，对欠费一年以上企业寄发催缴通知书，要求其限期补缴欠费。对欠缴情况较为严重企业，积极与其沟通，为其出谋划策，及时向区政府递交书面预警报告，确保将隐患消除在萌芽状态。（王 毅）

**【规范人力资源代理单位参保业务】** 对人力资源代理单位参保险种、参保人员和欠缴情况进行全面梳理，及时向相关单位发放整改通知单，责令限期整改到位。对整改不到位单位，按照《社会保险法》和《江苏省社会保险征缴条例》规定，进行强制整改，从制度上规范人力资源代理单位参保行为，杜绝养老保险基金跑冒滴漏现象发生。

做好年度领取社会保险待遇资格认证工作和社会保障卡信息采集、发放工作。按照市局统一部署，以区、街道和社区退管服务平台为基础，以金保工程管理系统为支撑，通过街道、社区协理员集中认证、上门认证等多种方式，确保绝大部分认证对象能就近从快办理资格认证，并同步进行社保卡信息采集和发卡工作。按照省、市统一部署，重点开展新参保单位和个人保障卡信息采集和发卡工作。（王 毅）

**【整理机关事业保险历年参保数据】** 按照党的十八届三中全会深化社会保障领域改革要求，确保国家对机关事业养老保险制度新政策出台后新老制度顺利对接，提前谋划，开展1994年以来（京口区1994年实施机关事业单位养老保险制度）区机关事业单位所有个人参保信息数据整理与核对工作，在确保相关数据准确无误后，将其导入金保工程系统。（王 毅）

**【推进被征地农民参加社会保险"全覆盖"】** 按照《镇江征地补偿和被征地农民社会保障办法》和《关于明确镇江市征地补偿和被征地农民社会保障办法若干具体政策问题的通知》要求，结合实际，制订京口区被征地农民基本生活保障标准，报区政府批准后进行提标。同时大力推进新征地项目被征地农民"即征即保"工作，确保将每一位新征地安置农民都纳入社会保障体系。（王 毅）

## 居民医疗保险

**【概况】** 全区参加居民医疗保险67748人，其中，居民医疗保险43538人，学生保险24210人。农民参保1.85万人，农村学生参保0.33万人，农民参加基本医疗保险0.28万人，新农合参合率100%。全区门诊就诊176129人，门诊补偿707.15万元，比2013年同期增长20.88 %；住院5900人，住院补偿2175.16万元，比2013年同期增长22.33 %，费用可结算率77.51%，住院政策补偿比76%，实际补偿率64%。全年最高补偿额12.3万元。开展2014年第四轮市区65岁以下退休人员免费体检工作，体检人数26790人。（赵 伟）

## 最低生活保障

**【城乡低保情况】** 截至12月，新增城乡低保142户193人，退保103户332人。有城乡低保2355户3921人，其中城市低保有2087户、3459人，农村低保有268户、462人。合计发放低保金1732.5559万元，其中城市低保合计发放低保金1538.1993万元，农村低保合计发放低保金194.3566万元。全年为低保家庭发放物价补贴17.4236万元。

（秦 焱）

**【认真实行低保自然增长机制】** 根据市局《关于做好市区城市低保提标工作的通知》精神，认真做好低保调标工作。按照城乡低保标准一体化标准，7月1日后，城乡低保标准由每月520元调整为每月580元。（秦 焱）

## 人力资源权益保障

**【概况】** 区劳动保障监察大队主动巡查421户，立案查处115起，审查各类用人单位564户，督促用人单位参保329人，指导用人单位完善用工手续1456人，补签劳动合同1662份。受理群众举报投诉62起，责令用人单位退还押金等不合理费用4.17万元，补发拖欠职工工资116.7万元。对严重违反劳动保障法律法规行为实施行政处罚1件。区劳动人事争议仲裁院处理各类劳动争议422件。其中：立案受理劳动争议案件261件(上年结转4件)，案外调解157件，结案263件，仲裁裁决21件，调解撤诉结案242件，调撤率为92%，结案率为98%，按期结案率为100%，各类调解组织调解劳动争议案件占劳动争议案件总数比例为53%，为单位和职工追回经济损失750余万元。开展了“惠民生、助倍增”企业工资集体协商春季要约行动，召开工资集体协商推进会，审查工资集体合同165份。开展企业薪酬信息调查，健全工资宏观调控体系。选取辖区11家企业进行薪酬信息调查，又抽取15家小微企业进行最低工资情况调查，为镇江市发布工资指导线、劳动力市场工资指导价位等提供参考依据，完善工资宏观调控体系。

（王　毅）

**【开展“两网化”管理活动】** 围绕劳动保障监察“两网化”管理工作要求，对网格化、网络化具体工作进行细化，要求各街道中队按照《区劳动保障监察“两网化”目标任务及推进表》要求，明确责任，进一步分解落实各项工作任务，确保相关工作明确分工，责任到人，扎实推进。（王　毅）

**【加强联动举报投诉平台建设】** 以“信息全覆盖、运行全动态、流程全监控”为目标，高水平、全方位推进联动举报投诉平台建设。扩大平台覆盖范围，将联动举报投诉平台覆盖至所有一级网格，全面实现三级联动，逐步向四级联动发展；提升平台运行质量，信息录入率动态保持100%；落实平台全面持续运行措施，落实平台数据信息全面准确及时录入责任制，建立定人定期质量抽查制度。一级网格登记简单劳资纠纷调处案件217件，调处成功率达100%。

（王　毅）

**【做实综合宣传服务措施，营造诚信守法氛围】** 培树诚信示范企业。积极开展省、市、区三级劳动保障诚信示范企业创建活动，选取10家辖区企业申报“市级劳动保障诚信示范企业”。开展千企培育活动。以基层网格为单位，充分发挥专兼职监察员、协理员作用，每人重点联系2户企业，通过劳动保障法律法规宣讲、疑难问题研讨等形式，指导企业深入开展创建活动。建立劳动保障失信预警制度。充分发挥劳动监察信息数据库作用，发现企业出现失信现象，及时发出警示信息。（王　毅）

**【加大监察执法力度，维护重点群体权益】** 组织开展“双百双规范”综合指导服务活动，做到指导服务一户、政策宣传一户、规范落实一户，发放宣传资料2547份，培训企业劳资班干部432名，确保辖区企业劳动合同签订率达100%、社会保险参保率达100%。在认真完成上级部门布置专项执法检查活动同时，针对辖区实际情况，组织开展劳务派遣职工权益维护、餐饮服务行业合法用工等专项整治活动。完善劳动关系“三色预警”制度，强化对预警单位针对性指导和跟踪监管，发出并解除预警信息188条，有效调处简单劳资纠纷。以全区联动举报投诉平台为依托，加大对恶意欠薪行为查处力度，通过出台和实施《京口区企业职工工资备付金管理暂行规定》，建立与司法机关联动打击恶意欠薪行为新机制。

（王　毅）

**【有序开展调解工作】** 调解处理劳资纠纷115起。拓展与人民法院协作办案机制，提高裁审一致率，进一步提高办案效率和质量，特别是缩短群体性纠纷处理周期。

（王　毅）

**【维权机制创新发展】** 积极做好职工队伍维稳工作，深化职工（农民工）维权代理站建设，将维权关口前移，全区基层工会建立劳动法律监督组织以及企业劳调委组织，符合条件企业组建率已达96%。选派部分街道工会干部参加全省工会法律工作干部培训班。开展“学法增素质、维权树形象”主题普法活动，举办8场次法律培训活动，参加人数1500多人。设立法律法规宣传咨询站（点）4场次。

（周文娟）

**【民主管理工作稳步推进】** 抓好共决规章规范化建设工作，建立一支劳动规章制度法律评估队伍，成员由工会、人社、法院等部门人员组成。7月份，开展对用人单位劳动规章制度法律效力评估活动，共有20家单位参与活动，评估小组将意见及时反馈给用人单位。加强职代会制度规范化建设，截至年底，全区有125家企业建立职代会制度，31家事业单位建立职代会制度，79家单位建立区域、行业职代会制度，覆盖企业1893家。（周文娟）

# 社会生活

责任编校：耿纪明

## 民政工作

**【概况】** 2004年区民政工作以党的群众路线教育实践活动为主线，以建设现代民政为重点，重规范、惠民生、强管理，着力提高公共服务和社会管理水平，较好完成全年各项工作任务。（吴建萍）

## 社区建设

**【推进和谐社区建设】** 和谐社区达标率城市社区为95%、农村社区为100%，达到市定目标。根据这一目标，将社区办公用房建设进度表分解到各个街道，并且一个月一推进。经过努力，均已达到既定目标。12月份，申报象山街道为省级和谐社区建设示范街道，申报江东社区、千秋桥社区、健康社区、东街社区4家为省级和谐社区建设示范社区。（贺　雯）

**【推进中心社区建设】** 建设1个中心社区——古城社区，1500平方米，4层楼。2月完成建设方案编制，3—4月进行申报并落实资金，5—8月完成招投标并开展建设，9月完成装修，11月完成规章编制并启用。（贺　雯）

**【人才队伍建设】** 积极动员社区干部参加全国社会工作者资格考试，每年报考率和考取率均为全市之首，有800余人参加了考试，取得初、中级资格证140人，其中今年新增45人。（贺　雯）

**【组织社区（村）干部培训班】** 为提高社区（村）干部业务综合能力，于7月举办第五届社区居委会和第十届村委会社区（村）干部培训班，组织新当选社区（村）干部进行培训，并赴泰州、南通参观学习。（贺　雯）

**【大力推进“政社互动”工作】** 确定部门工作进社区（村）必须遵循四项原则：区委、区政府（含区两办）以上党委政府（含两办）布置涉及社区（村）工作；省以上条口部门布置涉及社区（村）工作；与社区（村）群众密切相关工作；经区社区工作领导小组研究确定其他工作。每年部门进社区项目集中申报时间定于前一年10月。临时性申报需提前15个工作日提出申请。区准入工作领导小组办公室对33个部门申报112项项目及其依据进行认真审核，在充分听取街道、社区（村）意见建议并与机关部门沟通后，区准入领导小组二次专题讨论后最终确定。全区各机关部门申报项目中，符合社区（村）依法履职工作事项共21个部门23个项目；符合协助机关部门工作事项（2014年度）共23个部门27个项目。监督街道与社区签订《京口区“实施政社互动、规范社区准入”工作协议书》，下发《关于印发〈社区（村）依法（按章）履职工作事项〉和〈社区（村）协助机关部门工作事项（2014年度）〉的通知》（镇京办〔2014〕30号）至各社区。（贺　雯）

**【依法登记、规范发展社会组织】** 严格执行《社会团体登记管理条例》和《民办非企业单位登记管理暂行条例》，狠抓年检工作，提高年检率。全年通过年检社会组织154家，其中社团106家、民办非企业单位48家，参检率达88.5%、合格率达100%。简化注册登记程序，有17家社会组织执行直接登记，进一步提高登记率。加强社会组织培育和引导，举办全区社会组织培育发展实务操作培训班。积极开展社会组织评估工作，全区获评AAAA级社会组织1家、AAA级社会组织5家、AA级社会组织16家、A级社会组织42家。截至2014年年底，有社会组织358家（社会团体250家，民办非企业单位108家），新登记发展65家，其中社团48家、民办非企业17家；筹备申请12家；注销5家；变更、换届16家。社会组织活力有效激发。在省民政厅举办社区公益服务项目采购活动中，老来乐社康综合服务中心开展“贴心小拐杖——关爱重度肢体残疾老人行动项目”、健康路街道残疾人综合服务中心开展“阳光起航，无碍融入——新希望残障人士社会发展项目”分别获得8万元、7万元扶持资金。在镇江市民政局举办公益创投活动中，老来乐社康综合服务中心开展“金丝带危急时刻伤病自救施救教育工程——危急时刻挽救生命”项目、象山街道景阳山社区妇女儿童协会开展的“爱心妈妈编织工作室——留守儿童关爱”项目分别获得5万元政府扶持资金。

（钟烽辉）

**【困难群众普惠性慰问】** 慰问按照省、市政府规定2014年城乡困难群众普惠性节日慰问补助文件，统一按照一人户400元，二人户600元，三人及三人以上户800元标准，发放节日慰问金126.56万元。

（秦　焱）

**【困难群众春节专项补助】** 按照市政府规定2014年生活特别困难群众春节专项补助文件，统一按照一人户400元，二人户600元，三人及三人以上户800元标准，发放春节专项补助资金126.56万元。

（秦　焱）

**【临时救助情况】** 临时救助269名重大疾病患者及其他特殊情况造成家庭基本生活困难人群，发放临救救助金26.396万元。（秦　焱）

**【社会救助平台建设】** 协调市局下拨专项资金9万元，在四牌楼街道建成镇江市区首个社会救助窗口。

（秦　焱）

**【积极争创国家级减灾示范社区】** 四牌楼街道江一社区获得“全国综合减灾示范社区”称号。截至12月，成功创建江苏省综合减灾示范街道1个——健康路街道，国家级综合减灾示范社区7个，省级综合减灾示范社区6个。下拨2011—2013年创建国家和省级综合减灾示范街道和社区省专项奖励补贴35万元。

（秦　焱）

## 民族宗教工作

**【概况】** 全区民族宗教事务工作在区委区政府领导和市局直接指导下，突出社区民族工作基础，重点推进城市民族工作，以创和谐宗教场所为主线，坚持先进引领向面上扩展，结合实际，努力探求、大胆实践，较好地完成年度工作。

（汤高余）

**【民族工作】** 区委、区政府高度重视民族宗教工作。2月28日召开全区街道社区民族工作会议，区领导要求：已经获得“民族工作示范社区”称号的四个社区，在民族工作上应成为全区民族工作标兵。京口区更应该成为城市民族工作标杆。对重大问题处理，区民族宗教工作领导小组充分发挥领导和协调作用，摸清情况、吃透政策、妥善处理。在非清真饭店挂清真标识、江大网上发展基督教、外国人传播基督教、回族等十个少数民族清真补贴发放等问题处理上发挥应有作用。坚持将民族宗教工作列入区对各街道、园区“社会事务与社会管理”目标责任状，实现对各街道、园区制度管理并列入考核内容。发挥社会各界积极作用，支持民族宗教工作。区委统战部邀请各民主党派与社区结对，以他们专长参与社区民族活动，支持社区民族工作。区财政局出资3万元修缮田家门社区“民族同心亭”。区交通局安排交通工具，组织贺家弄社区少数民族群众观看镇江交通大变化。区司法局、江大法学院多次安排“普法进社区”。区卫计局组织医护人员到社区开展“光明爱心行动”等活动，为社区各民族群众送去健康服务。区文联、区文体局参加田家门社区“民族同心迎新年广场文艺”活动。市伊斯兰教协会、江大食品学院、江科大信息学院、陆军船艇大队等单位都踊跃参与社区民族工作活动，实现社会各界对民族宗教工作关爱和支持。开展社区民族活动，浓厚民族情怀。区四个“民族工作示范社区”能够结合各自特点，开展形式多样民族活动26场次，受益人员近万人。大市口街道千秋桥社区为云南鲁甸灾区公益募捐资金2070元。四牌楼街道江一社区开展“暖心家访”活动、“最美的歌声献祖国”活动。正东路街道贺家弄社区开展“供水服务进家庭”活动、“民族团结一家亲，欢欢喜喜迎中秋”活动。健康路街道田家门社区开展的“民族同心迎新年广场文艺活动”“志愿者清洁家园”活动。组织开展省清真餐饮比赛。11月中旬，由京口区北疆饭店代表镇江市参加全省清真餐饮比赛，在比赛中分别获得红案、白案、面点三项二等奖。（汤高余）

**【宗教工作】** 推行“和谐宗教场所”创建工作。年初，召开宗教场所负责人会议，全面布置创建工作各项任务，与各宗教场所签订《和谐宗教场所责任状》。高度重视场所安全工作，适时开展场所安全检查。针对宗教特点，在“开斋节”“圣诞节”、春节、“青奥会”、重要香期都会同区相关部门开展场所安全检查，重点排查各类安全隐患，促其整改。全年未发生一起安全事故。认真落实“宗教场所星级认定工作”。全面推进星级创建过程中档案室建设、消防措施落实、财务制度规范、组织机构代码证申领等各相关工作。崇庆禅院“三星级”、复生律院“二星级”档案室建设通过验收，各宗教场所均通过组织机构代码证申领。以“爱国爱教——慈爱人间”为抓手，开展常年性宗教慈善工作。据统计，全区七家宗教场所向社会捐赠款物近三万元。完成新建复生律院接受工作。复生律院在2011年9月拆迁后，经过多方共同努力，在7月份完成交接工作。妥善处理辖区内网上非法发展基督教事件，协助有关部门对此事进行严肃处理。协调完成龙心禅寺大雄宝殿佛像开光。（汤高余）

**【开展“真·实”活动】** 结合部门工作职责，为基层服务。推进清真补贴发放工作。为了全面准确掌握全区清真饮食人员情况，结合第六次人口普查数据，从3月份开始，用近一个月时间开展调查摸底，摸清符合补贴人员底数。开展外来少数民族人员调查摸排工作。针对辖区内有三所高校和城市流动人口偏多实际情况，9月份会同有关部门开展辖区少数民族流动人口调查。

三所高校少数民族学生基本保持1500人左右，来京口区创业外来少数民族人员96人，兴办企业（个体工商户）13家。对创业外来少数民族人员建立基本台账。及时办理少数民族群众身份变更事宜。全年办理20人次民族身份变更。注重信息报道工作，全年向市局门户网站报送反映京口区民族宗教工作信息并被采用60件。认真办理来信来访，全年办理群众信访（咨询）38件次。（汤高余）

## 老龄工作

**【推进建设居家养老服务中心】** 建设区老年人日间照料中心暨示范型助餐点。根据市局统一部署，于2012年年底实现社区（村）居家养老服务中心全覆盖，辖区内66个社区（村）均建成社区（村）居家养老服务中心（站）。结合社会组织发展，66个社区（村）均建立老年协会，全部进行社会团体正式登记。6个街道中有4个街道已经创成省级示范性居家养老服务中心。2014年，重点建设区老年人日间照料中心暨示范型助餐点，区老年人日间照料中心位于江滨新村92幢，建筑面积约600平方米，内设休息室、厨房、餐厅、公共卫生间、沐浴间、理发室、洗衣房、康复训练室、多功能活动室、阅览室、心理疏导室、晨检室等。服务内容包括午餐供应、个人照顾、保健康复、老年娱乐等日托服务，服务方式为引入专业社会组织进行管理和运营。11月底前完成全部装修工作和前期准备工作，从12月1日开始为老年人提供助餐服务。（臧谷佳）

**【大力发展各类养老机构】** 截至年底，已建成八家老年公寓和两家敬老院，床位数共计2250张，另有两家在建养老机构。经统计，京口区各类养老床位总数为2741张（其中社区居家养老床位数为491张），按2014年年底户籍老年人口数计算（京口区60周岁以上的老年人为70998人），京口区每千名老人拥有各类养老床位数为38.6张。（臧谷佳）

## 双拥工作

**【概况】** 全区双拥工作以党的十八届三中、四中全会精神为引领，围绕“全面融合、全面提升”七创思路，加快推进军地融合式发展，认真做好镇江市第八届双拥模范街道争创工作，大力加强双拥文化建设，全面落实各项政策法规，组织开展双拥活动，按时完成互办实事项目。（苏　伟）

**【拥军优属】** 元旦、春节期间，区四套班子领导分12组走访慰问镇江军分区、陆军船艇学院、73056部队等18家驻辖区军事单位，向部队官兵致以节日问候，送上慰问金。召开优抚对象、义务兵家属座谈会，发放慰问金、慰问信、“光荣人家”、对联、宣传年画。由市双拥办、京口区组成的慰问组到荣立一等功现役军人蔡雨杰家中走访慰问。为部队办实事，建好73056部队图书分馆和65301部队老干部荣誉室。（苏　伟）

**【双拥宣传】** 建好京口双拥广场。双拥广场体现特色、打响品牌，成为京口军民传承双拥文化、开展军地交流、宣传国防知识重要场所，营造浓厚双拥文化氛围受到上级领导视察时一致好评。（苏　伟）

**【政策落实】** 按部队要求调整好部队干部子女入学校区、完成11名军嫂安置任务。全力做好退役士兵安置工作，扎实开展退役士兵职业技能教育培训，116名退役士兵自愿进行登记报名培训。（苏　伟）

**【双拥争创】** 7月，京口区以全市第一名再次荣获“第十届江苏省双拥模范区”光荣称号。该年是镇江市第八届双拥模范镇（街道）、村（社区）考核命名年，全区6个街道、4个社区被命名为双拥模范街道、双拥模范社区，率先在镇江市历届双拥表彰中唯一获得双拥街道争创“满堂红”。（苏　伟）

**【特色活动】** 组织区四套班子全体领导，机关、街道、园区副科级以上干部到市烈士陵园举行祭扫革命烈士仪式，缅怀革命先烈活动。“八一”期间，广泛开展走访慰问、座谈会。组织区法律援助中心、法律服务所等单位到驻镇73056部队开展“法润江苏·春风暖军营”活动。组织六场双拥文艺演出，系列活动丰富节日期间部队官兵文化生活，促进军政军民团结，密切军民关系。“镇江市少年武警学校”在学府路小学揭牌成立。（苏　伟）

## 残疾人工作

**【组织区残疾人康复综合服务中心建设】** 区政府将区残疾人康复综合服务中心项目列入政府为民办实事项目之中。按照“七位一体”（即残疾人康复服务、康复训练、康复理疗、就业服务、职业技能培训、法律援助、文体娱乐）综合服务需要建设，项目占地面积约0.33公顷，总建筑面积5000平方米，制定项目实施初步方案，成立项目建设推进领导小组，召开项目推进协调会议，对接相关部门，确定项目选址。现场平整，落实项目规划设计。年内开工建设。（刘　宁）

**【拓展就业渠道 提高残疾人生活水平】** 区残联推进街道“六位一体”残疾人综合服务中心建设，探索托养服务与劳动就业、职业培训相结合就业新模式。5月16日，全市首家“六位一体”残疾人综合服务中心在正东路街道酒海街社区投入使用。该综合服务中心占地320平方米，以残疾人康复、托养、文化、教育、培训、庇护性就业为基础，吸纳各类残疾人员28名，为他们提供医疗保健服务、康复训练、生活照料、技能培训。与镇江东源电子有限公司签订长期合作协议，实现残疾人庇护性就业，增强他们融入社会能力。加大按比例安置残疾人就业力度。区残联贯彻落实中央七部门促进残疾人按比例就业实施意见，完善就业扶持措施，参加开展“千企万岗”助残招聘行动。5月18日，区残联联系18家企业，在镇江苏南人力资源市场，举办残疾人专场就业招聘会，为残疾人提供就业岗位100个，帮助有就业愿望和有就业能力87名残疾人落实就业。（刘　宁）

**【完善助残政策 维护残疾人权益】** 为减轻重残家庭负担，区残联扩大居家护理范围并提高服务标准，部分困难重残家庭由1200元每年提高到2400元每年，护理服务由每周2次增加到每周5次，护理人员由去年123人增加到156人，护理补贴资金由原来15万元增加到30万元。同时丰富居家护理服务项目，把之前单一保洁服务，丰富到提供助洁、助康、助餐以及心理疏导等护理服务，定期对服务机构进行跟踪评估，以提高其服务质量。加强残疾人维权服务。推进残疾人法律救助工作，健全残疾人法律援助工作机制。畅通残疾人各类诉求渠道，处理各类来人来访86件，协助解决盲人杨力多年来拆迁引发上访事件。走访慰问各类困难残疾人98户。（刘　宁）

**【开展康复服务 巩固“人人享有康复服务”成果】** 省残联将京口区定为7—14周岁残疾儿童康复项目试点单位，区残联充分调动社会各方面力量，迎难而上，全面开展前期摸底、筛查、诊断工作，做到不错报，不漏报，符合条件28名儿童录入省残联网站中，转介到各康复训练机构。全年为贫困残疾人配发各类辅助器具148件，0—6周岁残疾儿童免费康复训练43名，为8户困难残疾人家庭实施无障碍环境改造。各类机构康复训练400人次，为220人免费提供康复指导。为符合条件233名精神残疾人免费发放药物，减免18名重度精神残疾人住院费用。（刘　宁）

**【推进“强基育人”工程 提升服务能力】** 区委组织部、财政局、民政局、人社局、编办、残联六部门联合出台《关于全面加强残疾人组织建设的意见》，文件明确基层残疾人组织建设重要性，要求完善基层残疾人组织编制与人员，加大对基层残疾人组织建设经费投入，充实街道、社区两级残疾人组织力量。组织百名残疾人工作者全员培训活动，通过政策学习、业务知识讲解，提升基层残联工作者队伍服务效能，切实发挥基层残疾人组织积极作用。建立和完善专属于残疾人义工和志愿者组织。正式启动助残“阳光行动”。与团区委合作，吸纳金东、江大、高专等爱心单位加入志愿者队伍，依托康复机构、托养机构、就业培训基地、扶贫基地、特教学校和残疾人家庭等，开展志愿助残活动，让残疾人融入社会，丰富自身社会交往，提升自我认同感，丰富残疾人精神世界。（刘　宁）

**【开展活动 形成扶残助残氛围】** 为弘扬中华民族扶弱助残传统美德，营造关心帮助残疾人浓厚氛围，形成全社会都来理解支持残疾人事业社会风尚，增强残疾人自尊、自信、自立、自强信念。区残联在全国第24次助残日期间举办“关心帮助残疾人，实现美好中国梦”系列活动。与京口特殊教育中心联合开展广场活动，举行华东汽车客运有限公司雷锋车队爱心基地揭牌仪式、丹徒地税第一分局爱心认捐、崇庆禅院仁义师傅及爱心人士帮扶结对特困学生仪式及残疾儿童才艺表演。为了帮助部分重度残疾人实现自己游园梦想，组织20名重度残疾人走出家门，来到滨江公园与大自然亲密接触，唤起他们对生活生命热爱。（刘　宁）

# 卫生和人口计划生育

## 医疗卫生

**【概况】** 全区卫生计生系统以党的群众路线教育实践活动为动力，凝心聚力，攻坚克难，全面深化医药卫生体制改革，圆满完成各项工作任务。

2014年全区现有8家卫生医疗单位，其中医疗单位5所，即健康路社区卫生服务中心（京口区人民医院）、谏壁社区卫生服务中心（原谏壁医院，一级甲等医院）、四牌楼社区卫生服务中心、大市口社区卫生服务中心、象山社区卫生服务中心；卫生防保单位3所，即区卫生监督所、区疾病预防控制中心和区妇女儿童健康服务中心（区妇幼保健所和区计划生育宣传技术指导站合署机构）。有卫生专业技术476人，其中高级职称34人、中级职称165人、初级职称226人、其他职称（或未取得职称）51人。本科及以上学历221人，大专学历157人，其他学历123人。党委下设基层党支部9个，共有党员164名。（赵　伟）

**【基层卫生服务体系建设步伐不断加快】** 优化基本公共卫生布局，积极推进中南世纪城社区卫生服务中心建设。完善中医药服务网络，完成四牌楼、谏壁社区卫生服务中心中医药服务综合区建设。（赵　伟）

**【家庭健康责任团队服务有效落实】** 实施全科医生移动工作站网络跟踪管理，提升网络化管理水平。成立全市首家社区卫生协会，为全区社区卫生服务保驾护航。实施医务人员晋升中级职称之前定期赴农场社区卫生服务站开展支援诊疗服务和“一中心一特色”错位发展。（赵　伟）

**【基本和妇幼、重大公共卫生服务项目全部落实】** 11类43项基本公共卫生服务有效提供。农村妇女两癌免费筛查、孕产妇分娩补助等重大公共卫生服务任务均全面完成。开展妇幼健康服务年系列活动，全区规范化妇儿保门诊达标率83.3%，婴儿死亡率1.28‰、5岁以下儿童死亡率2.05‰、孕产妇死亡率0、婚检率91.24%、出生缺陷发生率3.604%。完成与江滨医疗集团联合病房建设。（赵　伟）

**【疾病预防控制工作有成效】** 以中盖结核病项目、高血压和糖尿病患者社区规范管理示范项目、重性精神病规范管理项目试点为重点，全面加强疾病预防控制工作。传染病防治保持平稳，广泛开展流感监测，艾滋病、血吸虫病、疟疾等重点防治措施进一步落实。免疫规划工作高质量完成，全面实施麻疹疫苗查漏补种工作，五苗接种率95%。卫生应急工作规范高效，科学有效处置人感染H7N9禽流感疫情，开展埃博拉出血热疫情防控。（赵 伟）

**【食品安全综合协调与卫生监督各项工作持续强化】** 承办2014年镇江市暨京口区食品安全事故应急处置演练，食品安全综合应急处置能力全面提升。以文明城市创建为主线，不断深化"监督员+协管员"工作机制，实施网格化、拉网式监督巡查，圆满完成国家文明城市省检和国检任务，监督协管模式入围全省四个试点单位之一。始终把"量化分级""监督抽检"和"专项整治"作为日常监管重要抓手，餐饮单位量化分级管理率100%，新创餐饮示范单位4家、A级单位5家，对熟肉制品等5个品种监督抽检300批次。组织开展节日食品市场整治等11项专项整治行动。全年无重大食品安全事故。（赵 伟）

**【爱国卫生及健康镇江系列行动深入开展】** 以"健康镇江、幸福京口"项目为载体，统筹推进爱国卫生各项工作。爱卫工作接受区人大专项调研视察，受到人大代表一致肯定。认真开展以灭蚊蝇为主夏季爱国卫生活动和"美化市容环境"除四害专项行动，全年发放近2万元的灭鼠、灭蟑药及500张粘鼠板。江山名洲菜场创建省级病媒生物防治示范点。提前完成市卫生局下达"十二五"城乡改厕任务。医用污水和医疗废弃物规范处置率均为100%。建成"精品健康小屋"1个，"普通健康小屋"2个。创建江苏省健康社区3个、省级健康学校1个。象山村、上隍村通过省级卫生村复审。（赵 伟）

## 计划生育

**【概况】** 全区人口计生工作坚持以稳定低生育水平、提高出生人口素质为首要任务，以迎接"十二五"中期评估为起点，以推进免费孕前优生健康检查项目为载体，全面推进幸福家庭建设。全区计划生育率达100%，新生儿缺陷发生率3.604‰，人口公共服务机构覆盖率达95%，孕前优生健康检查覆盖率达100%，流动人口管理服务率达97%，计生政策兑现率100%。2014年，出生人口性别比105.67%，控制在正常范围内，依法管理率、优质服务率、群众满意率达96%。（赵 伟）

**【政务阳光化】** 完善行政执法责任制，依法确定行政职权，明确执法岗位，形成一级抓一级，一级对一级负责的良好局面。规范照顾再生一孩审批程序，坚持公正、公开、公平的原则，实行集体审批制，依规审批了439例。规范社会抚养费征收工作，每一例案件都做到事实清楚、适用法律法规准确、程序合法、幅度适当。加强信访监督检查力度，坚持做到落实信访领导责任制，实行目标考核制，完善信访台帐，信访调处更加及时。（赵 伟）

**【权益保障化】** 把计生各项奖励扶助政策兑现纳入到各级目标考核中，切实维护群众合法权益。落实农村部分计划生育家庭扶助制度，确认947人符合条件目标人群享受到国家奖励政策，发放到位奖励金83.952万元。落实独生子女家庭特别扶助制度，确认438人符合独生子女伤残死亡家庭扶助制度，发放到位奖励金234.04万元。落实人口计生公益金制度，为90户贫困计划生育家庭发放区级公益金约6万余元。做好持"独生子女父母光荣证"企业退休职工一次性奖励政策兑现工作，全区已兑现人员1648人，未出现集体访或越级上访。同时，对持"独生子女父母光荣证"城镇非从业人员展开全面调查摸底工作并进行登记及资格审核，截至年底符合奖励目标人群约200人。（赵 伟）

**【管理自治化】** 建立计划生育村（居）民自治网络。建立计划生育民主选举、民主决策、民主管理、民主监督工作机制，建立"承诺—实施—报告—评议—监督"村（居）民自治工作机制。（赵 伟）

**【队伍建设实现"优有良才"】** 加强计生统计队伍职业化建设，鼓励统计人员参加全国统计从业资格和初、中级统计职称考试，逐步实现统计人员全员持证上岗。积极组织开展生殖健康咨询师职业资格考试和社工师报名工作，共有35人参加报名考试。（赵 伟）

**【生育文化建设实现"优有先导"】** 采用简报、发放宣传资料、广场活动等方式开展宣传，营造良好人口文化气氛。开展出生缺陷预防宣传周活动，在全社会营造重视和关注出生缺陷防治工作良好氛围。在"三八"节期间，开展广场宣传活动，进行政策咨询、义诊及生殖健康服务，服务人数达3000多人次，发放健康手册、生育关怀保险指南、避孕药具2000多份。开展"出生人口性别比综合治理"专题宣传，加大打击"两非"专项检查力度，进行执法检查9次，出动执法人员28人次。推进幸福家庭建设。认真贯彻落实省委宣传部、省人口计生委《关于推进幸福家庭建设的指导意见》，出台实施方案和工作计划。高度重视宣传先导作用，多形式开展计划生育宣传教育活动，努力营造良好氛围。（赵 伟）

**【信息化建设实现"优有所引"】** 继续推进《省人口计生综合信息平台》信息系统建设。继续提高数据库逻辑准确率，目前全区数据项目完整率达99.86%，逻辑准确率达95.35%，数据更新及时率达96%。推进村居信息服务终端建设，村居信息网络应用率达100%。完善资源共享机制。按照省市相关文件要求，定期采集区婚姻登记处育龄妇女新婚信息，整合区妇保所妇幼信息系统实时登记分娩出生信息，以及计生指导站手术信息和公安人口信息等，属本辖区管理对象的，信息反馈到各街道进行核对上报，完善全员人口信息资料。认真做好各项抽样调查工作。做好“单独二孩”生育政策调查摸底工作，全区调查6196对夫妻，按时保质完成此次单独二孩生育意愿摸底工作。做好单独夫妇信息核查工作，及时召开分管领导和计生助理会议，布置各街道开展单独夫妇信息核查，详细制定实施方案，确保综合信息平台相关数据准确与完整。按照调查时间节点要求，全区摸底符合本次调查条件城市单独夫妇2193对。（赵 伟）

**【服务体系实现“优有可依”】** 积极开展星级世代服务室创建活动。在星级世代服务室创建基础上，结合拆迁改造，2014年完成8家世代服务室创建。与此同时，积极推进世代服务室进档升位工作，有效提升服务能力。拓展服务模式。充分利用计生、卫生合并优势，依托集卫生妇保所和计生指导站为一体妇女儿童健康服务中心，拓展原有服务功能和服务内容，全面推进家庭健康促进计划。规范实施避孕节育服务，全面推广以手动负压吸引＋心语疏导、流产后关爱等适宜技术服务，加大长效避孕节育方法为主知情选择工作力度，为育龄群众提供避孕节育和生殖健康咨询指导。截至目前，完成生殖道感染综合防治和环孕情监测14582人，确诊宫颈癌1人、乳腺癌2人，长效措施落实率达88.20%，有效降低了意外妊娠发生率。（赵 伟）

**【免费孕前健康检查创特色】** 利用卫生计生资源整合优势，将优生健康检查与婚前医学检查实施“三个融合”：专业技术人员融合。即从卫生计生系统抽调中级以上职称、持有婚前医学检查执业资质人员组成专业队伍，专门从事项目工作；服务内涵的融合。即将“两个检查”项目有效整合，按照《婚前保健工作规范》《国家免费孕前优生健康检查项目试点工作技术服务规范》和《镇江市免费孕前优生健康检查项目质量管理办法》科学合理设置服务流程，做好相关质量控制；妊娠结局随访与产后访视服务融合。即将计生专干妊娠结局随访与卫生产后访视队伍加以融合，既节约人力也避免多次上门给服务对象带来干扰。与此同时，不断美化服务环境、优化服务流程、强化过程督导，确保项目高质、有序实施，室间质评合格率100%，优良率100%。截至11月份，孕前优生筛查人数1500对，发现阳性病例398例，梅毒13例，艾滋病1例，疾病检出率13.27%，妊娠结局随访数840人。按时、按质、按量完成工作。（赵 伟）

**【流动人口公共服务均等化塑特色】** 完善流动人口计划生育信息采集和核实登记制度，每个工作日至少访问国家和省信息工作平台一次，接收本地区流动人口计划生育工作信息。充分利用信函、电话、网络平台等形式，加强与流动人口户籍地及现居住地联系，及时了解和掌握流动人口增减及婚孕育变化。建立流动人口避孕节育信息和“一孩生育服务登记”网上通报制度。结合RTI综合防治普查，为流动人口实施RTI综合查治服务。完善流入人口“免费服务一卡通”发放制度。要求街道将发放《镇江市新市民计划生育免费服务一卡通》作为一项常规性工作来抓，组织人员集中到市场、环卫所为外来务工人员发放，使流动人口及时了解到免费服务内容和定点接受服务机构。（赵 伟）

**【协会工作特色化】** 加大推进非公有制企业和流动人口协会组织建设，全年百人以上非公有制企业已建协会10家，提供生殖健康服务1300人次，计划生育维权32人次；百人以下至30人以上已建会员小组21个，提供生殖健康服务1800人次，计划生育维权21人次。开展各种计生协会文化宣传活动。先后开展“婚育新风进万家”活动宣传、青少年健康教育、生殖健康知识教育、男性参与教育、优生优育知识教育活动，积极倡导新型婚育文化。开展“关爱女性、关爱健康”义诊宣传科普活动，提供健康保健咨询坐诊68人次，发放计生宣传资料256份，免费避孕药具35盒。为庆祝“5·29”计生协会成立34周年，开展一场面对面“单独二孩”现场咨询会，向居民发放《生殖健康》《男性健康》《青春期健康》等知识手册200多份。有1000人购买“生育关怀系列保险”，保险费共达40000元，已理赔12件，赔付款30000元。（赵 伟）

## 卫生机构

**【京口区健康路社区卫生服务中心】** 健康路社区卫生服务中心在区卫生和人口计划生育局正确领导下，深入学习贯彻中共中央十八大和十八届三中、四中全会精神，认真学习习近平总书记系列讲话精神，坚持科学发展观，深入开展党的群众路线教育实践活动，努力提高医疗服务质量，促进中心基本医疗和公共卫生工作全面、协调、可持续发展。全年总诊疗人次40.5万人，住院人次974人，住院手术人次187人，病床使用率为59.7%，总收入5620.68万元。

多措并举强化管理，稳步推进基本公共卫生工作。对照镇江市基本公共卫生服务项目绩效考核标准，狠抓落实，通过推进网格化管理，强化健康教育，提升预防接种水平，强化传染病和突发公共卫生事件处理，提高妇幼保健水平，加强老年人健康管理工作，强化慢性病和重症精神病防治工作，全面提升公共卫生服务水平。

落实医疗核心制度，着力提升基本医疗服务质量。强化质量管理，通过对医务人员开展“三基”培训和考核，提高医务人员基本素质，规范医务人员行为。开设专家门诊，积极拓展服务项目。积极参加爱婴医院复核评审，不断提升母婴服务内涵。加强医患沟通，构建和谐医患关系，全年未发生重大医疗纠纷和事故。

加强精神文明建设，促进中心全面和谐可持续发展。中心以开展精神文明建设为抓手，进一步推动中心各项工作深入开展，提升服务内涵。申报了创建2013—2015年度江苏省文明单位，全力以赴投入到创建国家文明城市工作中去，以踏踏实实创建活动带动中心整体工作发展，中心环境整洁优美，诊疗服务规范便捷，全体职工文明服务蔚然成风。医院在自身发展同时不忘社会责任，每月 20 日为“党员活动日”，党员志愿者们深入社区看望失能老人，帮扶贫困居民，为他们义诊，送上生活用品。中心积极组织职工开展“送温暖、献爱心”活动，捐款 4 次，共计 34942 元。组织 28 名职工参加无偿献血活动，为社会奉献一份爱心。中心涌现出深受群众喜爱明星医生。花山湾卫生服务站主任杨凌服务群众、默默奉献，把病人当亲人，事迹经多家媒体报道后，在社会上引起强烈反响和广泛关注，被誉为“最美社区医生”，先后被授予“全国巾帼建功标兵”“江苏省十大医德标兵” “江苏省群众满意的社区医生”“中国好人”“江苏好人” “感动镇江十大人物”等荣誉称号。口腔科主任周波几十年扎根基层，医术和医德均被病人称道，被授予江苏省“优秀基层医师”荣誉称号。中心工作得到了群众认可，获得国家级“群众满意的社区卫生服务机构”荣誉称号。（贡智霞）

**【大市口社区卫生服务中心】** 中心位于大西路 108 号，下设鼓楼岗社区卫生服务站和米山社区卫生服务站。中心设办公室、预防保健部、医疗康复部。主要科室有：全科诊疗室、抢救室、输液室、日间病房、康复室、健康教育室、预防接种室、妇女保健室、儿童保健室、计划生育手术室、中医科、口腔科、药房、检验室、B 超心电图室等。

2014 年中心有职工 52 人，其中卫技人员 45 人，全科医护人员 36 人，中高级职称 16 人。拥有彩超、500mAX 光机、全自动生化分析仪、微量元素检测仪、骨密度测试仪、心电监护仪、全科诊断仪等先进设备。

中心隶属江滨医疗集团，集团和中心一体化管理为中心发展带来了良好机遇。妇女保健科能够熟练开展各项计划生育手术及治疗常见妇科疾患。儿童保健科开展儿童生长发育评价、智力测试、视力筛查、口腔保健、微量元素检测、骨密度测试等多项业务。中心还为社区居民提供家庭医生服务，组建家庭责任医生团队，实现辖区村、居委会全覆盖。家庭医生在社区居委会配合下，对辖区重点人群进行网格化管理。辖区 65 岁以上老人、慢性病病人、救助对象、0—7 岁儿童建档率、管理率均在 90% 以上。

中心自 2005 年创建以来，多次荣获市、区文明单位、巾帼示范岗光荣称号，2011 年获得“江苏省示范社区卫生服务中心”称号。

（景　山）

**【四牌楼社区卫生服务中心】** 始建于 1952 年，位于镇江市东吴路 153 号，由原象山医院于 2005 年 9 月整体转型而建，下设桃花坞、阳光世纪花园、机关三个社区卫生服务站。服务面积为 3.6 平方千米，常住人口 50263 人，总家庭数 17954 户，其中 65 岁以上老年人 9224 人，0—6 岁儿童 3909 人。

2014 年，中心在市、区二级卫生行政部门正确领导下，在江大附院集团精心指导下，对照《国家基本公共卫生服务规范（2011 年版）》要求，深入贯彻市、区二级政府全面推进医疗团队服务网格化管理精神，结合五星级社区卫生服务中心创建活动，狠抓社区卫生服务质量和效率，确保中心基本医疗和公共卫生服务各项工作顺利实施。中心建成面积约 500 平方米中医集中诊疗服务区，成立中医药健康管理服务领导小组，配备中医副主任医师 1 名、中医医生 2 名，运用中医药方法结合现代理疗手段，向社区居民提供基本中医医疗服务。建立高血压规范化管理示范点，设立 8 支高血压自我管理小组，通过组织参观、集中授课等形式，开展健康教育，普及健康知识。建立具有近 3000 个手机号码短信平台，通过这一平台，中心定期向重点人群发布医疗卫生信息和健康教育知识，既拉近社区卫生服务和居民距离，又增加和发挥健康档案内涵和作用。截至年底，辖区内居民健康档案，65 岁以上老年人，慢性病病人、0—7 岁儿童的建档率、管理率均达到 90% 以上。通过对居民门诊随机调查和电话跟踪随访方式，居民对社区基本公共卫生服务内容知晓率和满意度均在 90% 以上。

（方　铭）

**【象山街道社区卫生服务中心】** 中心于 2006 年 8 月由镇江市汝山医院和镇江市丹徒医院合并建成，2011 年 4 月加入江苏江滨医疗集团。地处镇江市东郊，辖区面积 29.8 平方千米，辖区人口 7.5 万人（含江苏大学学生 3 万人），覆盖 15 个社区和 4 个村委会，下设 2 个卫生服务站。2008 年创建成江苏省示范社区卫生服务中心和京口区文明单位。

中心房屋使用面积 2300 余平方米，房屋建筑分区合理、流程科学、环境温馨。设有：全科诊室、专家门诊、妇保室、儿保室、计生指导（手术）室、计划免疫接种室、康复治疗室、健康教育室、中医室、急诊抢救室、日间观察病房等。配备有彩色 B 超、200mA 数字 X 光机、心电监护仪、血糖仪、半自动生化分析仪、全自动血球计数仪、全数字 B 超机、全自动 12 导心电图机、彩色经颅多普勒检查仪、康复器材等设备。中心现有工作人员 60 名，其中卫技人员 54 人、中级职称 13 人、副高级职称 3 人；大专及以上学历 28 人。2014 年中心有全科医师 13 名、社区护士 18 名，配有公共卫生医师 3 名、中医执业医师 1 名。

中心自 2011 年加入江滨医疗集团以来，实行专家坐诊、双向转诊、医疗资源共享，运行平稳，在集团一体化管理下，积极推进“3+X”家庭健康责任医师团队签约工作，全面构建社区卫生服务网格化框架。抽调综合素质较强、具有全科医生和社区护士资质医护人员，组建 4 个大团队 17 个责任小团队，并绘制医疗卫生服务网格化管理平面图 46 张，积极开展主动服务、上门服务和连续服务，上门免费为辖区居民建立居民健康档案、家庭保健服务协议、开展建立家庭病床、巡诊和慢性病管理等十一大类 43 小项基本公共卫生服务。共与 42250 名居民签约并建立居民健康档案，其中 65 岁以上老人 5444 人，高血压 3227 人，糖尿病 622 人，0—7 岁儿童签约 3960 人，切实为居民提供优质、便捷、价廉、安全社区卫生服务，深受广大社区居民欢迎。

中心严格遵守《传染病防治法》，进行疾病预防与控制。严格按照江苏省计划免疫接种程序实施计免接种工作。开展形式多样健康教育活动。积极开展妇幼保健工作。认真做好计划生育指导工作。关注残疾人康复和弱势群体，开展残疾人康复指导、训练。实行24小时值班制，开展常见病、多发病诊断和治疗。做好惠民服务工作：对弱势人群实行“五免五减半”优惠措施。在中心就诊一律免收挂号费、诊疗费。严格执行国家和江苏省基本用药目录，药品实行零差价销售，★号药品无须自付。合作医疗保险人员在中心就诊时，所有医保结算费用直接补偿40%。（邵志勇）

【京口区谏壁社区卫生服务中心】京口区谏壁社区卫生服务中心占地5138平方米，建筑面积12000余平方米，2014年有职工89名。下设李华、于山、西街三个社区卫生服务站，承担辖区近8万人口医疗保健康复任务。

中心对照省示范社区卫生服务中心创建标准和考核标准，为社区居民提供医疗、预防、保健、医疗康复、健康教育、计生指导等功能服务。2014年完成门诊综合楼改扩建工程，建成数字化全科门诊、门诊输液室、急诊抢救室等、标准化病房、妇儿保门诊等，有效改善就诊环境。

中心2014年有医技人员78名，具备大专以上学历65人。其中副主任以上医师10名，中级职称30名。配备DR机、麦迪逊彩超、24小时动态心电图机、全自动生化分析仪、500mAX光机、心电除颤仪、麻醉机、血生化、尿生化分析仪等各类医疗器械。中心积极与江苏大学附属医院、市第一人民医院、市中医院、解放军第359医院开展结对共建，合作开设骨科、骨伤科、肛肠科、妇科、内分泌科、儿科、消化科等专家门诊。

中心2014年实现门急诊17.52万人次，同比增长10.82%；住院993人次，增长41.25%；总收入2242.19万元，增长20.12%；医疗收入1681.47万元，增长27.04%。

（徐　钧）

【区卫生监督所】加强作风建设，不断提升卫生监督执法水平，着力解决社会关注、群众关心热点、难点问题。提高办事时效，在服务窗口实行首问负责制、限时办结制、一次性告知制。继续推行服务窗口“无纸化”服务。施行“许可审批做减法、服务做加法”新举措。实行重点项目审批联合踏勘制、“容缺预审”制，进一步提高审批效率，优化服务流程，提升服务效能。

强化服务意识，开辟餐饮安全QQ服务群，已经有近40家大中型餐饮单位加入接受咨询服务。重视群众反馈信息，认真做好“12345”“12320”及上级交办投诉事项。全年处理投诉事项88起，其中包括餐饮类74起，公共场所7起，医疗7起。以专项整治为契机，整合资源，最大限度提升监管效能，积极开展传染病防治、医疗服务和血液检查、放射诊疗卫生、学校卫生、公共场所和生活饮用水、餐饮安全监管等各级各类专项整治工作20余项，切实保障人民群众身体健康和饮食安全。以创建文明城市工作为主线，开展“五小店”专项检查、“无证户”整治专项、“碳烧烤”专项治理等联合执法行动。对辖区监管单位展开拉网式检查，日常巡查单位数16767户次，建立健全消毒记录3898份，督促整改卫生设施、消毒设施2928户，张贴控烟标识2700余张，发放餐饮、公共场所公示信息栏1200余份，圆满完成创建任务。开展“食品安全标准进社区、进校园活动”、“3·15”广场宣传活动、“食品安全周”宣传活动等。深入社区、幼儿园开设现场咨询讲座4次，发放宣传材料1800多份。特色工作开展有声有色，卫生监督协管工作列为全省试点单位之一，参与全省监督协管服务评价模式课题研究，并承担全省监督协管食品安全部分培训教材编撰工作。率先开展“标准化”诊所建设。（周　妍）

【疾病预防控制中心】春季查灭螺，发放告村民书10000余份、张贴灭螺公告150余份，制作悬挂宣传横幅7条，抽调并培训灭螺人员30余人，派出督导人员4人，投入灭螺器械30余台套，投入灭螺药物50多吨，对100万平方米芦苇地带进行清障，全区投入查螺工日2450个，完成查螺面积2000万平方米，未查出有螺条块。完成药物灭螺面积516万平方米。开展血清学查病9112人，病原学查病1016人。

艾滋病干预覆盖娱乐场所55家，干预496场次；完成暗娼干预4585人次，发放宣传材料1285份。完成401份调查问卷，血样采集556份。男男性行为干预1547人次，发放各类宣传材料307份,HIV抗体检测199人次，其中阳性确证6人。艾滋病抗体初筛份数为61030，其中孕产妇6681份，HIV确证阳性数26例。报告转诊结核病人239例，活动性肺结核病人114例，其中涂阳54例，涂阴60例。5家痰检点查痰人数1399例，检查痰标本4179张，查出涂阳病人40例。督导管理114例肺结核患者，其中医务人员管理110例、手机管理4例。报告各类传染病2791例，其中乙类9种450例。

4月1日开设各级医疗机构肠道门诊，登记腹泻病人2784人，检索病人852人，未发现霍乱疑似病例。监测人感染H7N9禽流感病例15例，未发现阳性病例。采集外环境标本63份，职业暴露人群血清学标本2份，21份外环境标本呈H7N9阳性。接种一类疫苗84064针次，主动搜索AFP 324人次，麻疹应急接种35人次，上报30例肝炎病例开展流调，并对新发确诊11例乙肝录入计免监测系统。儿童查验证人数5692人，补种一类疫苗1569人次，补种率97.76％。正东路社区卫生服务中心创建成“数字化计免门诊”。开展健康知识巡讲活动169场次,宣传日活动167场次，发放宣传资料542440户次；慢五病登记报告共105905例，报告及时率99.67%；全区社区卫生服务机构累计建立居民健康档案349427份，其中65岁以上老年人建档56377份，高血压患者建档33595份，糖尿病患者建档10301份，重性精神疾病患者建档1086份。死因监测系统共收到报告死亡病例1928例，户籍死亡人口1734人。累计录入《江苏省重性精神疾病管理信息系统》患者1538例，纳入网络系统管理1423人，在管患者1360人。免费服药138人，正常服药112人，提供紧急住院治疗费用补助12例。（严 昕）

## 人民生活

**【概况】** 根据城乡一体化住户抽样调查，2014年京口区全体居民人均可支配收入35404元，比上年增长9.2%；人均生活消费支出22938元，比上年增长8.3%。（纪彩虹）

**【城镇居民生活情况】** 京口区城镇常住居民人均可支配收入35870元，比上年增长9.1%；人均生活消费支出22924元，比上年增长7.9%。其中：食品烟酒类支出6492元，增长5.2%，占比重28.3%；衣着类支出2103元，增长5.0%，占比重9.2%；居住类支出4826元，增长10.4%，占比重21.1%；生活用品及服务类支出1385元，增长4.3%，占比重6.0%；交通通信类支出3052元，增长13.1%，占比重13.3%；教育文化娱乐支出3133元，增长8.2%，占比重13.7%；医疗保健类支出1014元，增长8.0%，占比重4.4%；其他用品和服务类支出919元，增长9.3%，占比重4.0%。（纪彩虹）

**【农村居民生活情况】** 京口区农村常住居民人均可支配收入19945元，比上年增长10.8%，人均生活消费支出14386元，比上年增长12.7%。其中：食品烟酒类支出3779元，增长12.4%，占比重26.3%；衣着类支出953元，增长15.7%，占比重6.6%；居住类支出3437元，增长14.7%，占比重23.9%；生活用品及服务类支出1145元，增长15.3%，占比重8.0%；交通通信类支出2077元，增长9.8%，占比重14.4%；教育文化娱乐支出1757元，增长11.7%，占比重12.2%；医疗保健类支出633元，增长10.6%，占比重4.4%；其他用品和服务类支出606元，增长10.1%，占比重4.2%。（纪彩虹）

## 象山街道

**【概况】** 象山街道地处市区东部，北依长江，古运河穿境而过，南接新区及沪宁高速公路，深水良港——大港举目相望。行政区划面积38.3平方千米，下辖15个社区，164个网格，常住人口2.6万户、约7.8万人。焦山公园、宗泽墓、桓王亭等名胜古迹以及江苏大学、镇江机电高职、镇江一中等大中专院校坐落境内。2006年由象山乡、丹徒镇、汝山乡、旅游经济开发区整合成象山镇，2011年7月撤镇改街道。2014年象山街道荣获省级优秀基层团（工）委、省级“三星级”文化站、省级大学生创业示范园、省级文化科技产业园、省三星级综合档案室和省AAA级数字档案室、镇江市创建全国文明城市工作先进集体、全市青年创业帮办服务工作先进单位等荣誉称号。 （吴代伟）

**【综合实力显著提升】** 街道紧紧抓住城区东延、大禹山创意新社区设立和金港产业园规划建设等机遇，优化整合利用资源，以现代服务业为引领，逐步实现由工业经济主导向城市经济主导的跨越式转型发展。2014年，象山街道完成公共财政预算收入7.91亿元，增长49.62%；固定资产投资66亿元，增长42%，其中工业投资3.15亿元，增长191%，服务业投资62亿元，增长37%，新兴产业投资14.7亿元，增长108%；定报工业销售77.05亿元，增长21%；社会商品零售总额16.64亿元，增长9%；科技研发收入2.84亿元，产业类投资23亿元，实际利用外资800万美元。核心经济指标的总量和增幅均位居全区前列。成功创建1个省级电子商务示范基地、2个省级工程技术中心和1个市级工程技术中心，新引进国家“千人计划”人才2名，省“双创计划”人才1名，省“双创计划”团队1个，市“331计划”人才6名，超额完成全年目标任务。（吴代伟）

**【重点项目稳步推进】** 全力以赴解决大禹山两大园区显隐性问题。中国中小企业信息产业园成功开园，7000平方米产业研发区三栋样板房顺利竣工交付，作为全市产业“三集”（集中、集聚、集约发展）市场化运作试点园区之一重点推进。及时引进中国中小企业协会，与华夏麒麟集团签订中国中小企业信息产业园战略合作协议，将信威公司突然退出造成不利影响降到最低，把原本面临搁浅的园区项目重新拉上正轨，并沿着更加务实高效的方向发展。积极扶持名通、易乐、安德信等骨干企业发展壮大，网商产业园入驻企业已达1050家。帝宝花园酒店、北京华联等项目加速推进。 （吴代伟）

**【民生事业喜结硕果】** 深入探索实体网格、虚拟网格相结合的管理模式，争创一批市级、省级荣誉。2014年，景阳山社区申报市社会组织公益创投项目“爱心妈妈编织工作室——留守儿童关爱项目”通过市评审委员会评审，街道《利用社区教育提高劳动力转移培训质量与策略研究》课题通过省级立项。加强文体设施建设，新建2个200平方米以上室外乒乓球场和2套健身器材，实现社区健身器材全覆盖。双拥工作再创佳绩，2014年被省双拥领导小组评为年度有功单位。持续完善“三社联动——‘1315’计划”，街道共有初中级社工14名，建有公益慈善类、社会福利类、社会服务类、文化体育类、群众自治类等社会组织141家，其中社会团体112家、民办非企业29家。

（吴代伟）

**【生态优势不断彰显】** 在山体生态方面，累计投入近千万元建成京岘山公园，山体得到有效保护和生态修复。在水体环境方面，全力推动长江京口段南岸大堤北移和城东垃圾填埋场生态治理修复两大重点工程。大力实施“一湖九河”水环境整治工作，对虹桥港、一夜河和玉带河实施整治的基础上，完成玉带河2.23千米河道清淤疏浚任务，切实消除河道（湖）黑臭现象。在城市综合管理方面，完成汝山南路、后官庄等地块征地拆迁工作，完成孟家湾、何家门、李家门、后官庄等城中村改造共计55万平方米。顺利完成镇澄路拓宽改造工作，搬迁面积约3500平方米。象山公园涉及废品收购站、停车场搬迁已结束。有序完成京岘家园、御带河花园、象山花园、景阳山庄4个安置房项目涉及3523户、4861套、47.6万平方米的回迁安置任务。深入实施“街长制”“大城管”结案率100%，整改率达96%以上。以此次创建全国文明城市为契机，累计投入700万元，全面改善街容街貌。（吴代伟）

**【基层党建亮点纷呈】** 构建以关系融入、感情融洽、社区融合为主要内容的“三融”党建模式，其经验做法在镇江《党建之窗》2014年第1期上刊登。着力破解基层服务型党组织建设中的重点难点问题，累计投入50余万元，推进丹企、江大2个社区综合服务用房达标建设，新增社区公共办公服务用房2360平方米，推动2个软弱涣散党组织得到转化提升。实施社区党组织负责人培养工程，通过换届，社区党组织负责人的平均年龄由换届前的52.3岁降低到44.6岁，学历全部为大专以上。投入48万元解决社区退休人员医保欠缴问题，解决基层干部后顾之忧。不断深化党建服务品牌创建活动，2014年街道共有8个基层党建品牌获区表彰，位列全区第一。党建带群团组织建设成果显著，街道团工委先后获得省级百强乡镇（街道）团组织、省优秀基层团（工）委、镇江市五四红旗团委等荣誉称号。非公有制党建成果突出，全市非公有制党建工作现场会在蓝舶科技召开，其支部的经验做法在会上作了交流发言。深化“京口先锋”党员志愿服务，4个集体、2名个人荣膺区三“十佳”、三“优秀”称号。（吴代伟）

**【组织机构及领导人名录】**

党工委书记　陆炳西（2014-02～）

副书记　程鹏（～2014-12）

刘远遥（2014-12～）

陈晓君（～2014-12）

赵有保（～2014-12）

顾洪涛（～2014-02）

陆家新（2014-12～）

王泉超（2014-12～）

组织委员　范舒茜

宣统委员　孙昊

纪工委书记　贺国强（～2014-12）

张羿（2014-12～）

人武　赵有保（～2014-12）

党工委委员　盛华（2014-12～）

人大工委主任　陆炳西（2014-12～）

人大工委副主任　张青

办事处主任　程鹏（～2014-12）

刘远遥（2014-12～）

副主任　陈晓君（～2014-12）

宜建美

张羿（～2014-12）

王泉超（～2014-12）

贺国强（2014-12～）

赵骥（2014-12～）

党政综合办公室副主任　陈林海

（吴代伟）

## 2014年象山街道社区基本情况

表6

| 社区 | 办公地址 | 联系电话 | 书记 | 主任 |
|---|---|---|---|---|
| 象山社区 | 禹山路美馨家园48号 | 85394328 | 王长发 | 王长发 |
| 丹徒社区 | 丹徒社区居委会 | 88796698 | 郭雷 | |
| 红旗社区 | 红旗社区居委会 | 88830961 | 韩平 | 范月凤 |
| 陈家门社区 | 陈家门社区居委会 | 88815092 | 张志平 | 金业兵 |
| 焦山社区 | 东吴路中南世纪城大门口 | 88855080 | 刘志东 | 刘志东 |
| 长江社区 | 长江村委会 | 88796063 | 卞正祥 | 卞正祥 |

## 2014年象山街道社区基本情况

续上表

| 社　区 | 办公地址 | 联系电话 | 书　记 | 主　任 |
|---|---|---|---|---|
| 宗泽路社区 | 颐和家园怡景苑2幢1层 | 88781165 | 袁春生 | 袁春生 |
| 学府路社区 | 颐和家园怡景苑7幢1层 | 88796319 | 陈　飞 | 张荣全 |
| 景阳山社区 | 恒顺翠谷小区幼儿园侧边 | 88081689 | 胡乐君 | 朱红来 |
| 东城社区 | 东城社区居委会 | 88785260 | 孙玉琴 | 孙玉琴 |
| 东风社区 | 东风社区居委会 | 88781635 | 徐卫东 | 徐卫东 |
| 孟成社区 | 孟成社区居委会 | 85119901 | 孟家富 | 杨　林 |
| 长岗社区 | 长岗社区居委会 | 88786240 | 姚宏祥 | 姚宏祥 |
| 江大社区 | 学府路301号 | 88780099 | 孙永婷 | 王　玲 |
| 丹企社区 | 老丹徒政府3楼 | 88982206 | 史群力 | 高　斯 |

## 2014年象山街道骨干企业基本情况

表7

| 序号 | 名　称 | 销售收入（万元） | 法人代表 |
|---|---|---|---|
| 1 | 普莱克斯（镇江）工业气体有限公司 | 40509 | 何岷达 |
| 2 | 镇江市强凌电子有限公司 | 16000 | EllisYan |
| 3 | 镇江市松协电器有限公司 | 8680 | 张炳圣 |
| 4 | 镇江中福马机械有限公司 | 19944 | 邹利刚 |
| 5 | 镇江中煤电子有限公司 | 4696 | 贾柏青 |
| 6 | 镇江飞驰汽车集团有限责任公司 | 18712 | 邵伟一 |
| 7 | 镇江市宝华半挂车配件有限公司 | 23529 | 童财宝 |
| 8 | 镇江立达纤维工业有限责任公司 | 6350 | 施舒拉 |
| 9 | 镇江市金阳颜料化工有限公司 | 7155 | 尹建农 |
| 10 | 镇江蓝舶工程科技有限公司 | 10318 | 郭庆莲 |
| 11 | 镇江胡氏光电科技有限公司 | 11125 | 胡　勇 |
| 12 | 顺裕饰品实业镇江有限公司 | 5710 | 洪秋任 |
| 13 | 元鼎饰材实业（镇江）有限公司 | 12909 | 粘灯火 |
| 14 | 镇江三龙混凝土有限公司 | 4141 | 张胜杰 |
| 15 | 镇江索普集团有限公司 | 521669 | 尤　廉 |
| 16 | 镇江索普化工新发展有限公司 | 15452 | 张志成 |
| 17 | 镇江隆全锅炉有限公司 | 3181 | 周锦生 |
| 18 | 镇江市林森汽配有限公司 | 2229 | 尤建生 |

## 谏壁街道

【概况】 谏壁街道位于镇江市东郊，距市中心13千米，素有镇江"东大门"之称。于2011年7月"撤镇改街道"，下辖3个村、8个社区，总面积28.74平方千米，户籍人口33140人。谏壁作为传统的工业重镇，在历任领导班子和广大干部群众的努力下，坚定不移走产业转型、生态改善之路，取得了明显成效，区域面貌不断改善，培育了中储粮、鸿泰钢铁、飞驰冷藏车等一批重点骨干企业，中储粮产业带动作用已逐步显现，粮油加工、仓储、物流产业链基本形成；金港大道、沿江公路、谏辛公路、雩龙公路、镇澄路拓宽改造工程相继竣工通车，交通路网体系日趋完善；街区环境综合整治工程持续推进，街区面貌明显改善，居民满意度和幸福指数提升。2014年，街道在区委、区政府的正确领导下，牢牢把握"稳中奋进、改革创新"的主基调，突出"加快转型、形象改变、内涵提升"三大重点，立足自身资源，发挥区位优势，在更大范围、更广空间和更高层次谋求新发展。 （李 洋）

【经济平稳较快发展】 2014年财政收入1.15亿元，实际到位外资1000万美元，固定资产投资48.89亿元，定报工业销售151.43亿元，工业应税销售165.5亿元，新兴产业投资1.14亿元。 （李 洋）

【项目建设成绩喜人】 中储粮二期技改扩能项目建设进展迅速，1000吨精炼生产线、6万吨和12万吨筒仓项目年内实现开、竣工并试生产，5000吨压榨生产线有望提前竣工投产。飞驰项目厂房、办公楼已经竣工，设备、厂区管网绿化正在加紧完善。为加快推进项目集中、集约、集聚发展，努力做好粮油产业园包装推介工作，谏壁粮油产业园被授予"省级农产品加工集中区"称号。总投资35亿元的王家花园城中村改造项目成功签约，为谏壁新市镇建设奠定基础。面对经济下行的巨大压力，调动各方力量，克服要素瓶颈制约，推动经济平稳增长。深入开展"真·实"活动，宣讲和争取优惠政策。鼓励中储粮镇江基地编制"十三五"规划，为长远发展明确方向目标。跟踪推进总投资80亿元的电厂八期工程，积极帮助中储粮协调蒸汽价格、招标备案、规划报建、资产划转等问题，帮助鸿泰钢铁、镇特合金争取扶持资金，鼓励企业积蓄力量渡过难关。充分挖掘辖区资源，在全区率先完成外资任务。争取中储粮等企业支持，招商引税取得新成绩。 （李 洋）

市长朱晓明考察民营企业

【生态环境展现新貌】 在东部地区环境综合整治中，谏壁街道把握难的机遇，奋力实现工业重镇向生态新区华丽转身。2014年完成446户，5.68万平方米阶段性搬迁工作。积极推进华诚二区一期安置房建设，引进正邦商业广场项目，努力探索产城融合新路径，为谏壁集镇南移奠定坚实基础。面对多方压力，全力以赴，在周围辖市区中率先彻底清除轧石机组。关停拆除辖区内3家砖瓦窑厂，8年的沉疴痼疾得到根治。大力配合关停翻水河沿岸3座码头。完成雩龙公路南段环境整治任务。持续宕口综合治理工程，谏壁地区"青山绿水"逐步显现。实施街区美化、亮化、绿化工程。立足自身、主动作为，投入300余万元，改造卢家圩、龙嘴等老旧小区，完善街区道路、管网、路灯等基础设施，补植绿化5000平方米。备受居民关注的街区管道天然气正式实现对接。 （李 洋）

【社会管理彰显特色】 坚持以人为本，认真落实惠民举措。率先在全区成立首家社区慈善工作站，募集资金52.12万元。社保全覆盖试点工作受到人社部领导充分肯定，工作经验在全省范围推广。积极开展创业就业服务，2014年城镇新增就业402人，实现农村劳动力转移221人，扶持创业143人，职业技能培训205人，培训农村劳动力557人，创业培训152人。强力推进社区"两网"建设，科学划分网格，共设置122个网格、10个网上居委会。建立规范统一的治理服务标准和流程，并依托微信、飞信平台、社区综合服务治理信息平台，及时发送服务信息，保证社区服务便捷、精确和高效。创新思路，主动作为，通过"深入走进群众活动"和实施信访"三大员"制度，解决由于搬迁问题、节制闸施工引发的群众矛盾。街道法治文化广场获"省级法治文化建设示范点"荣誉称号。 （李 洋）

【党的建设不断加强】 强化党工委中心组学习，深入开展党的群众路线教育实践活动。将"三室合一"、"两网"建设、"真·实"活动融合推进，实施"三制一岗"制度,树立鸿泰钢铁、江城金属、正恺电子等一批非公有制企业党建典型。培育"村企共建"、"面对面群众,服务零距离"等具有基层特色的党建品牌。出台《关于进一步加强机关作风建设的实施意见》和《谏壁街道机关部门及村、社区规范化管理制度》等规章制度,有力地提升了广大群众对基层党组织和党员干部的信任度,有力推动街道和谐稳定发展。(李　洋)

**【组织机构及领导人名录】**

党工委书记　陆炳西(～2014-02)
　杨国平(2014-02～)
副书记　戎国平(～2014-09)
　郭先武(2014-12～)
　王兴伟
　夏　雷
纪工委书记　王　明
组织委员　张　路(2014-02～)
宣传委员　崔　悦
人大工作委员会主任　陆炳西(～2014-02)
　杨国平(2014-02～)
副主任　夏　雷(～2014-02)
　蒋建国
办事处主任　戎国平(～2014-09)
　郭先武(2014-12～)
副主任　王兴伟
　黄彩萍(～2014-12)
　荆　钟
　沈庆伟
　李镇生(2014-12～)
　张金强(2014-09～)
政协联络委主任　夏　雷
人武部部长　王　明(～2014-12)
　陆昌明(2014-12～)
党政综合办公室主任　高　瑛
经济服务中心主任　毛幼平
司法所所长　赵志华
社区事务服务中心主任　陈　实
综合治理办公室副主任　史根娣
财政所所长　李冬梅
农业服务中心主任　章继文
人力资源和社会保障服务中心　尹龙云
计生办主任　顾　嵘
城镇建设和管理所所长　焦厚清
物管中心主任　李旭东
(李　洋)

## 2014年谏壁街道村(社区)基本情况

表8

| 村(社区) | 办公地址 | 联系电话 | 书　记 | 主　任 |
|---|---|---|---|---|
| 雩山村 | 谏壁街道雩山村 | 83361860 | 邱树泉 | 蒋敏勇 |
| 雩北村 | 谏壁街道雩北村 | 83363618 | 钟文斌 | 钟文斌 |
| 东京村 | 谏壁街道东京村 | 83361855 | 吕　伟 | 吕　伟 |
| 蔡家社区 | 谏壁街道蔡家社区 | 83356983 | 陈生民 | 陈生民 |
| 粮山社区 | 谏壁街道粮山社区 | 83353108 | 朱继明 | 朱继明 |
| 焦湾社区 | 谏壁街道焦湾社区 | 83361162 | 沈明顺 | 沈明顺 |
| 月湖社区 | 谏壁街道月湖社区 | 83363540 | 江双喜 | 江双喜 |
| 东街社区 | 谏壁街道东街社区 | 85915001 | 朱兴明 | 杨　松 |
| 西街社区 | 谏壁街道西街社区 | 83360906 | 褚　磊 | 褚　磊 |
| 谏电社区 | 谏壁街道谏电社区 | 85352420 | 陆光金 | 杨君玉 |
| 索普社区 | 谏壁街道索普社区 | 88724559 | | 苗明娟 |

## 2014年谏壁街道骨干企业基本情况

表9

| 企业名称 | 销售收入（万元） | 法人代表 |
| --- | --- | --- |
| 镇江江城金属制品有限公司 | 1514 | 徐美玉 |
| 镇江腾翔光电有限公司 | 1801 | 徐晓波 |
| 江苏紫江食品容器包装有限公司 | 1916 | 刘铁峰 |
| 江苏鸿泰钢铁有限公司 | 306899 | 王美武 |
| 镇江明兴混凝土有限公司 | 5391 | 柯银华 |
| 国电江苏谏壁发电有限公司 | 94927 | 朱永超 |
| 镇江中瑞混凝土有限公司 | 3501 | 陶海兵 |
| 镇江标力紧固件有限公司 | 4603 | 朱玉琴 |
| 镇江玛威司达建筑材料有限公司 | 4372 | 黄庆生 |
| 中国国电集团公司谏壁发电厂 | 581396 | 朱永超 |
| 镇江市镇特合金材料有限公司 | 5812 | 顾　军 |
| 中储粮镇江粮油有限公司 | 471329 | 王嗣强 |
| 南京中船绿洲机器有限公司镇江船舶 | 18242 | 陈志峰 |
| 镇江强龙混凝土有限公司 | 5614 | 张喜龙 |
| 镇江闽乐建材有限公司 | 6953 | 陈兆云 |

## 大市口街道

**【概况】** 大市口街道位于镇江市市中心，东接象山街道，南至中山东路，西沿古运河，北到东吴路，总面积4平方千米。辖区内交通便捷，金融网点集中，文化教育娱乐设施众多。辖区内有八佰伴、镇江商业城、第一楼步行街、镇江日报社、市新华书店以及镇江“城市客厅”、烈士陵园等各类重点企事业单位100余家。2014年年末总人口数64988人，20952户。街道办事处驻青云门府学新村1号。辖10个社区居委会。下辖10个党委、1个党总支、68个支部，共有党员2256人，其中在职党员341名，离退休党员1547名，下岗失业党员310名。街道共设立党政办、综治办、城管办、社区办、经济办等12个职能科室，2014年有在岗职工162人，其中党政领导11名，机关工作人员60名，社区干部68名，执法中队队员25名。平均年龄39岁，64%以上达到大专以上文化程度。2014年，街道荣获江苏省诗词之乡创建先进单位；街道统计站荣获江苏省统计规范化建设合格统计站；街道弥陀寺巷社区荣获江苏省节水型社区；司法所、城管科等部门多次荣获省、市级荣誉。（黄奕铭）

**【经济建设】** 积极面对宏观环境和金融危机等种种不利因素，对照区委、区政府下发新的考评体系，及时转变思想观念，敢于动真碰硬，快马加鞭，及时分解任务指标，班子成员各负其责、分头推进。紧紧围绕区委、区政府“稳中奋进、改革创新”的总基调，突出转变和调整两大关键，不断加快发展现代服务业，大力发展创新型新兴产业，不断加大社区建设力度，培植党建创新品牌，各项社会事业均取得了明显进展。全年完成固定资产投资31亿元，同比增长21%，其中，产业类固定资产投资19.56亿元，占年计划163%，新兴产业投资完成4.14亿元，占年计划118.3%；科技研发投入完成0.04亿元；社会消费品零售总额完成95.8亿元，同比增长13.5%；公共财政预算收入1.1

亿元，占年计划75%。实际到位外资300万美元。

街道利用地域优势，积极开展服务业招商活动，先后到上海、苏州、无锡、深圳等地小分队招商30多场，拜访客商56人次，促成总投资40亿元的大悦城项目，成功签约总投资10亿元的红豆商业街项目，并成功引进4个亿元以上项目，完成市“331”人才计划1人，在“321”招引工作中取得新突破，街道服务外包和进出口提前完成全年任务。（黄奕铭）

【项目建设】 紧扣项目建设这个“牛鼻子”，在建两个10亿元以上项目，均取得明显的形象进度。大市口地下商业开发项目10月1日北半幅已全线通车；凤凰文化广场项目目前按计划正在进行工程桩施工。转型升级步伐加快。商业城启动升级改造，第一楼街特色街区逐步形成，中央商贸商务集聚区发展势头良好。二是社会治理软硬件基础进一步增强。“两个中心”建设初现规模。整合辖区资源，自筹资金百余万元对古城社区服务中心和街道居家养老、残疾人综合服务中心进行改造升级，着力打造为民服务新平台。10亿元以上项目2个：“321”项目大悦城项目、集中签约会项目；红豆商业街项目。亿元以上项目5个：瑞顿酒店项目、鑫汉城韩式料理项目、鑫源美食广场项目、集中签约会项目：百盛综合体项目、金鑫迷你Mall项目。

（黄奕铭）

【社会事业建设】 2014年年末低保568户，868人；全年新增低保户23户29人，退保27户36人(就业：13户；死亡：12户；退休：2户)；家庭减员44人。2014年7月至9月，街道共慈善助学49人126600元(其中高中生7人6600元；大学生42人120000元)；2014年全年街道发放城乡困难群众临时生活救助金25名15200元。至12月底，2014年全街道慈善大病临时救助对象26人，救助40000元；冬季“慈善温暖行动”救助30人，9000元。社区办经过协调积极争取项目，争取政策、资金支持，并以项目为抓手，同步推进社区建设。2014年京口区民生类建设项目——古城中心社区建设项目以及社区为老服务工程（大市口居家养老服务中心），两个项目均已申报成功，通过组织参观学习万科中心社区和宜城街道驸马山庄社区，结合现有实际，将两个项目升级包装，扩宽争取渠道，现已进入装潢收尾阶段，年底将投入使用。同时，推进鼓楼岗社区夕阳红爱心驿站志愿者队伍组建和培育及华润社区135民主议事申报社区服务项目。

激励了社工人才队伍的新壮大。社区办及时有效地将最新的文件精神传达给每位有报考社会工作者意愿的人员，宣传并引导其积极参加2014年全国社会工作者考试，今年共有45人报考，其初报考初级36名，中级报考9名。4月21日—23日备考阶段组织报名考生参加市里考前冲刺培训班，保证通过率。2014年还特别推荐王立玲加入市社会工作者协会，参加省里社工督导培训，进一步强化社工专业队伍建设。2014年街道共通过6名初级社工考试，截至年底，街道共27名取得助理社会工作师，6名社会工作师资格。推进了和谐社区建设的新提升。2014年为引导社区突出重点，打造特色，年初召开“一居一特”、“一居多特”社区品牌特色亮点工作座谈会，就2014年社区品牌特色亮点工作作交流。双井社区“七色彩虹工程”，弥陀社区“书香诗词文化”，鼓楼岗“夕阳红”爱心驿站，千秋桥“民族家园”、清真一条巷、QQ爱心驿站，古城社区“金色双阳”工程、“相约星期四”“便民五线谱”“微言送听”，米山社区打造“文化活动悦民心”服务型党建，华润社区“135民主议事”、“小饭桌”计划、“儿童救助站”等创新服务项目，项目内容丰富、贴近群众、操作性强，显示出新时期社区工作的崭新局面。

（黄奕铭）

【党建工作】 党的建设进一步加强。全年坚持党要管党，从严治党，全面完成第二批党的群众路线教育实践活动的各项规定动作，创新完成“开展‘四延伸’、‘五结合’活动；双比双争—大市口先锋在行动；‘三看三确保’扎实开展‘回头看’”等自选动作，切实改变工作作风，密切党群干群关系。不断丰富街道“服务党建”内涵，推出古城社区“连心服务‘五线谱’”等党建新品牌，丰富华润新村社区“135”民主议事等老一批党建品牌，使街道服务型党建焕发新的生机。鼓励社工取得职业资格，2014年街道有社会工作师30人，其中中级人数6人，居全市各街道之首，为民服务的专业水平进一步提高。全面完成弥陀寺巷、高桥北、东吴社区办公用房达标工作。此外，人大、政协、纪检、人武、双拥、慈善等各项工作也有序推进。

【组织机构及领导人名录】

| | |
|---|---|
| 党工委书记 | 姚　峰 |
| 副　书　记 | 吕小康 |
| | 朱　静 |
| | 朱伟广 |
| 纪工委书记 | 仲　伟 |
| 组织宣传委员 | 丁方品 |
| 人大工作委员会主任 | 姚　峰 |
| 副　主　任 | 郭海军 |
| 办事处主任 | 吕小康 |
| 副　主　任 | 朱伟广 |
| | 刘　蓉 |
| | 李镇生（～2014-12） |
| 政协联络委员会主任 | 朱　静 |
| 人武部部长 | 秦前池（2014-12～） |
| 党政办公室负责人 | 陈　卫 |
| 社区服务中心主任 | 夏　玮 |
| 综合治理办公室副主任 | 王加林 |
| 公共环境服务中心负责人 | 林　飞 |
| 财政所所长 | 张润文 |
| 经济服务中心负责人 | 张翠华 |
| 人力资源和社会保障服务中心 | 朱悦勤 |
| 计生办负责人 | 童玉祥 |
| 文化站副站长 | 江　涛 |
| 物业科科长 | 朱　波 |
| 司法所所长 | 徐莉莉 |

（黄奕铭）

## 2014 年大市口街道社区基本情况

表 10

| 名称 | 办公地址 | 电话号码 | 书 记 | 主 任 |
|---|---|---|---|---|
| 双井路社区 | 斜桥街 131–7 | 85337172 | 王正俊 | 王正俊 |
| 弥陀寺巷社区 | 弥陀寺巷 37–1–104 | 85337173 | 李桂花 | 李桂花 |
| 千秋桥社区 | 中山东路 94 号 –1 | 85380155 | 赵秀红 | 赵秀红 |
| 高桥北社区 | 医政路 5 号大院内 | 86110560 | 戴 萍 | 戴 萍 |
| 鼓楼岗社区 | 鼓楼二村 13 号 | 85380157 | 朱建浩 | 朱建浩 |
| 老北门社区 | 老北门 17 号 | 85380158 | 孙王磊 | 胡红娣 |
| 东吴社区 | 花山湾 6 区 18 号楼前 | 85380160 | 蔡 政 | 蔡 政 |
| 华润社区 | 华润新村 14 幢北侧 | 88824547 | 杨 赟 | 杨 赟 |
| 米山社区 | 米山人家 34 幢 | 88963032 | 张元华 | 张元华 |
| 古城社区 | 花山湾中段红星修理厂内 | 88823941 | 王文俊 | 孙 健 |

## 2014 年大市口街道骨干企业基本情况

表 11

| 企业名称 | 销售收入（万元） | 法人代表 |
|---|---|---|
| 镇江八佰伴商场有限公司 | 196783 | 陶庆荣 |
| 江苏烟草公司镇江公司 | 396532 | 胡龙海 |
| 镇江大娘水饺餐饮有限公司 | 4742 | 陶庆荣 |
| 镇江家世界万方连锁超市 | 40416 | 潘培荣 |
| 镇江新华书店 | 9157 | 刘 强 |
| 镇江林宁苏果连锁超市有限公司 | 38186 | 林建明 |

## 健康路街道

【概况】 健康路街道位于镇江市区政治、经济、文化、商贸金融核心，南毗正东路，北邻中山东路，西起古运河，东至桃花山庄。总面积5.4平方千米，下辖9个社区，户籍人口87508人、共35038户。辖区内有党、政、军机关20余家，法人单位2780家，个体工商户和私营企业5430家，金融机构50多家，涉外宾馆8家，大、中、小学13所，医院3所，体育、娱乐场馆20多家。2014年，街道始终坚持以经济为中心，社区服务为基础，城市管理为重点，基层党建为保证，各项事业突飞猛进。2014年，街道荣获“省级和谐示范街道”“省级综合减灾示范街道”“‘六五’普法先进街道”“退休人员社会化管理先进单位”等多项荣誉称号。田家门社区荣获“全国第五批人口计生基层群众自治示范村（居）”荣誉称号。桃花坞社区荣获“江苏省科普益民计划先进社区”“镇江市消防安全网格化先进社区”“镇江市城乡社区校外教育示范站”荣誉称号。气象里社区荣获“江苏省充分就业示范社区”“镇江市科普示范社区”荣誉称号。石马湾社区荣获“京口区双拥先进单位”“镇江市优秀居民学校”荣誉称号。（袁正阳）

【经济商圈实力显著增强】 2014年是落实中共中央十八届三中、四中全会精神的重要一年，健康路街道党在区委、区政府的正确领导下，紧紧围绕“苏南一流、跻身十强、人民满意”的总要求，以“争当苏南一流现代化主城区街道排头兵”为目标，加压奋进，跨越赶超，各项工作取得较好成绩。全年完成公共财政预算收入1.47亿元，占年计划100%；完成固定资产投资41亿元，占年计划101%；产业类实际利用外资318万美元，占年计划106%；科技研发投入0.9亿元，占年计划128%；新兴产业销售收入4亿元，占年计划100%。社会消费品零售总额79亿元，占年计划100%。苏宁广场施工进展顺利，酒店式公寓预售正式启动；大学生创业科技园，完成一号楼主体施工，招商运营全面展开；财富广场裙楼商业项目商业回迁安置正式启动，共完成4户商铺回迁签约；同时街道大力推进惠通文化产业园和网遇时尚文华酒店项目的进度。全年开展上海、常州、香港等地区的小分队招商12场，接触客商42人次，来访客商33人次，引进亿元以上项目3个，引进“331”人才1名。（袁正阳）

【城市管理水平稳步提升】 高效高质完成花山路、花山支路、永安路、甘露商城周边等重点区域环境整治工作并落实长效管理。南门大街创成市级环保一条街。提高桃花坞，永安路，中营，花山湾四个菜市场管理水平，改善其周边环境。结合文明城市创建，清理查处占道经营1763起，露天烧烤、大排档145起，店铺外溢536余起，立案查处、拆处擅自设置户外广告和店牌店招201余处、计4004平方米；清运建筑渣土457余吨；清理楼道内小广告12万平方米、横（条）幅270多条，收缴灯箱343个、戗牌134块；接收大城管考评整改任务2700件，案件办结率均达到95%以上，满意率在98%以上。将防违治违工作与“网格化”管理相结合，充分发挥社区、网格长和街巷清扫员的作用，加大日常巡查力度，建立形成快速反应机制，强势执法，集中开展中山东路35号（农行违建）等大型拆违行动，共拆除违建252处，近10000平方米。尤其是在创建全国文明城市期间，拆除92处、4592平方米违建，其中30处是严重影响城市形象的存量违建，有效遏制了违法建设蔓延势

党工委书记房林虹（左一）陪同区领导调研苏宁广场

【社会事业不断推陈出新】 联合中山路小学开展“5·12”防震减灾演练，综合减灾品牌不断打响。试点成立健康路街道慈善分会以及尚友、健康两个社区慈善工作站，募集善款经50万元。全力推进社会组织培育工作，共培育社会组织89家，倾力建设“气象里社会组织孵化基地”，在社会组织数量、质量上走在全区乃至全市前列，提前一年完成城市社区“1315”计划。全街道新增城镇就业3058人，占全年计划的127%；创业培训300人，占全年计划的120%；扶持创业255人，占全年计划的116%；完善提升创业载体1个，占全年计划的100%，创业就业齐头并进。加强文体设施建设，开展体育场地普查53处，面积3.38万平方米。创建石马湾梦溪嘉苑、气象里新欣家园、东桃竹林山庄3家娱乐型广场。街道文化站获省级“三星级”文化站称号。大力扶持“有所乐”艺术团、“红太阳”歌咏队、“银发旗袍沙龙”等多支全市有名社区文艺团队，不断满足群众需求，提升群众幸福感。（袁正阳）

头。成功整治花园新村以及东门坡滑坡。高标准推进白莲巷片区、花山湾九区老小区改造升级。完成中营街片区空斗房改造。完成银泉小区危楼加固工程。成立物业矛盾纠纷协调委员会，及时化解物业矛盾。完成盛达新村改造，解决多年城管、物管难点。切实改善辖区主次干道、背街小巷以及竹林山庄、桃花山庄等小区环境。提升馨海家园、桃花坞二区教职工宿舍、瑞景山庄等小区物业服务水平。（袁正阳）

**【基层党建工作亮点纷呈】** 深入开展"书香健康、悦动人生"主题全民阅读活动，推进"社区书屋"建设，街道藏书约13000册，各社区均建有图书阅览室，推动广大党员群众养成"日读一小时，月读一本书"良好习惯。《镇江日报》《京江晚报》《镇江京口》等宣传媒体共用稿500余篇，质、量始终位列全区前茅。"一居一品，一委一特"初步形成，街道9家社区均拥有自己的特色党建服务品牌。新增注册志愿者1500人，桃花坞社区"星光义工"服务站影响力不断扩大，常态化开展"党员进社区"等志愿服务活动。以开展党的群众路线教育实践活动为契机，"四风"痼疾得到有效遏制，活动成效明显，通过专题讲座、视屏研讨等方式开展专题党课23次。征求各方意见65条，查摆问题96条，落实整改事项22件，开展专项整治16项，建章立制8项。精简文件20份，会议减少53次，压缩评比表彰10次，减少三公经费8.39万元，下降比例为22.2%，清退办公用房150平方米，清退公车2辆，为民办实事9项，认真开展"真.实"活动，深化"双联"机制，积极打造"服务型"党组织，党团员干部作风明显改善。（袁正阳）

**【社会环境平安和谐稳定】** 深入开展普法宣传活动，全年排查案件300余起，调解63起，调解成功率100%，联合京口法院立案庭、气象里社区以及部分"绿丝带"律师开展"法润江苏——春风行动"法律咨询活动。安全形势平稳有序，对辖区内所有单位商铺发放安全告知书，大力推进"安全生产月"，扎实开展"六打六治"和打非治违行动，进一步强化"红线"意识。强抓信访维稳工作，始终保持高压态势，狠抓银泉小区危楼、财富广场回迁等集访以及个案的矛盾解决及稳控工作。结合"五大专项行动"，成功化解青奥会期间赴省委、中央巡视组上访案件共计4批，确保了青奥会的顺利进行。（袁正阳）

**【组织机构及领导人名录】**

党工委书记 房林虹
副书记 刘远遥（～2014-12）
严 波
纪工委书记 殷 红
党工委委员 严 波
汤 际
殷 红
顾 胤
郭 庆
郭晓雯
吴立宪（2014-12～）
组织宣传委员 夏正东
人大工作委员会主任 房林虹
副主任 吴立宪（2014-12～）
办事处主任 刘远遥（～2014-12）
副主任 汤 际
顾 胤
郭 庆
郭晓雯
政协联络委员会主任 严 波
人武部部长 殷 红
党政办公室 辛剑云
经济服务中心 徐 涛
城管科 沈 涛
综合治理办公室 王 勤
司法所 肖荣军
财政所 谢菊英
安监站 秦前池
人力资源和社会保障服务中心 甘文君
民政办公室 梁春萍
计生办公室 韦银梅
资产办公室 武 玮
物业服务中心 朱 彤
安康物业公司 吴爱民
中营菜场 陈 健

（袁正阳）

## 2014年健康路街道社区基本情况

表12

| 名 称 | 办公地址 | 联系电话 | 书 记 | 主 任 |
|---|---|---|---|---|
| 健康社区 | 市政路29号 | 85371718 | 胡 涛 | 王 悦 |
| 尚友社区 | 古更楼巷35号 | 86110070 | 方利荣 | 金 茜 |
| 梦溪社区 | 中营街73—2 | 86110138 | 杨寅涛 | 徐秀霞 |
| 气象里社区 | 八角亭19号 | 86113101 | 王 飞 | 王 飞 |
| 东桃社区 | 桃花山庄25幢1楼 | 86113111 | 徐 涛 | 邵国燕 |
| 大学山社区 | 花山湾新村3区10号 | 85380162 | 杨荣军 | 杨荣军 |
| 田家门社区 | 花山湾新村9区12号西侧 | 85380167 | 韦银梅 | 韦银梅 |
| 桃花坞社区 | 桃花坞八区大院 | 86113105 | 沈 惠 | 沈 惠 |
| 石马湾社区 | 京口路158 | 84498726 | 仲 彬 | 仲 彬 |

## 2014 年健康路街道骨干企业基本情况

表 13

| 企业名称 | 销售收入（万元） | 法定代表人 |
|---|---|---|
| 中国移动通信集团江苏有限公司镇江分公司 | 127764.8 | 杨　斌 |
| 镇江苏宁云商有限公司 | 116207.9 | 陈世清 |
| 镇江市大祥百货贸易有限公司 | 29292.5 | 毛梁缨 |
| 镇江原源进出口有限公司 | 15707.7 | 邹　恽 |
| 镇江新世纪商厦有限责任公司 | 54185.1 | 赵新铝 |
| 镇江新世纪照明电器有限公司 | 12589.2 | 刘建华 |
| 镇江国际饭店置业有限公司 | 8781.3 | 罗　达 |
| 镇江信美进出口有限公司 | 4335.9 | 吴昌生 |
| 江苏惠通集团 | 21749.4 | 刘正东 |
| 镇江宴春酒楼有限公司 | 5024 | 吴荣生 |
| 镇江自来水公司 | 18430.8 | 谭章荣 |
| 镇江华星国际贸易有限公司 | 9661.7 | 张　骏 |

# 正东路街道

**【概况】**　正东路街道位于镇江市的东南部，正东路与学府路贯穿境内东西。东接象山街道，南沿古运河与润州区宝塔路街道毗邻，西北与健康路街道为邻，是京口区人民政府所在地。辖区总面积 5.77 平方千米，下辖 7 个社区。2014 年年末户籍人口 5.3 万人、14842 户。街道先后获得“全省基层党员冬训工作示范街道”“2014 年全省‘安全生产月’活动优秀单位”等荣誉。所辖社区先后获得“全国科普示范社区”“江苏省民主法治示范社区”“江苏省充分就业示范社区”等荣誉。

（章　晨）

街道领导慰问一线环卫工人

**【经济发展稳中奋进】**　坚持转型升级、奋力攀升不动摇。完成公共财政预算收入 9518 万元，全社会固定资产投资 21.3 亿元，规模服务业投资19.9亿元，产业类投资15.2亿元，占年计划的160%。社会消费品零售总额24.3亿元，新兴产业投资4.4亿元。重大项目、招商引资发力快进。海峡两岸文化创意产业园项目推进顺利，包家湾商业综合体项目地块复工建设，长江游戏谷、艾恋咖啡、老市政府地块正式签约，其中，恋上咖啡连锁总部项目实现了当年招商、当年签约、当年开工、当年试营业。成功引进省“双创”计划1名，市“331”人才计划2名，科技创新和人才招引继续领跑。（章 晨）

【城市管理彰显特色】 坚持宜居城区、生态建设不动摇。高标准完成全国文明城市创建工作，街区形象明显改善。认真落实“街长制”管理，完成“街长制”考核整改任务1000余件，全力以赴推进南门菜市场集中整治，居民点赞。投入整治专项资金155万余元，主动协调解决问题24个，解决重、难点问题56个，完成大城管整改2000余件。查处违法建设34起5800平方米，实现新增违建零增长，存量违建逐步减少的目标。探索建立城管联席会议制度，扎实开展大学生志愿队清洁活动、“小手拉大手”等一系列活动，正东路街道城管工作的知名度、美誉度进一步提升，辖区居民归属感进一步增强。2014年，正东路街道获得市区防控和查处违法建设工作先进集体。

（章 晨）

【社会管理不断创新】 坚持创新管理、服务为先不动摇。创成“苏南教育现代化示范街道”。率先在全区实现社区居家养老服务中心全覆盖，完成“正东路街道居家养老中心”建设。建成伤残军人服务中心，打造军地人才培训基地，被区委、区政府授予双拥创建工作有功单位，通过镇江市双拥示范街道创建工作小组的考核验收，成绩名列全区第一。严格按照“党政同责、一岗双责、齐抓共管”的要求，扎实开展“六打六治”和打非治违行动，安全生产考核位居全区前列。创新开展“安全小课堂”进企业、“安全生产月”、安全文化示范企业和安全社区创建等活动40场以上。严格执行党政领导接访日、信访包案、挂钩联系点等制度，创新信访陪访制，顺利终结1起信访案件。

（章 晨）

【服务民生举措有力】 坚持民生改善、和谐建设不动摇。投资逾500万元建成全省首家“六位一体”残疾人综合服务中心，服务人数突破700人。打造“梦溪大舞台”特色品牌，居民文体活动载体进一步夯实。积极开展慈善大病救助、慈善助学、民政临时救助等活动，全年累计发放各类救助金252.1万元，救助群众518人。开展结对帮扶工作。建立街道商会、辖区企业“1+1”结对帮扶困难家庭机制，指导完善街道慈善分会及各社区慈善工作站建设，制作慈善VCR，号召企业共同帮扶，形成慈善合力。全年城镇新增就业2733人，创业培训410人，创业带动就业1655人，扶持创业312人。

（章 晨）

【党的建设品牌亮化】 坚持品牌打造、特色引领不动摇。圆满完成第二批党的群众路线教育实践活动，着力解决“四风”问题，党员干部作风建设明显改进。认真做好中央、省委巡视组反馈意见整改工作，党群干群关系进一步密切。严格落实党风廉政建设“两个责任”，加强对社区“一把手”的监督和管理，基层党组织建设全面加强。丰富街道“八联”党建品牌内涵，7家社区完成特色品牌打造目标。建设“学习型党组织”。落实党员干部理论学习长效机制，获评省委组织部、宣传部联合表彰的2013—2014年“党员冬训工作首批示范街道”称号。深入开展“真·实”“三进三增”主题活动，发挥党代表工作室作用，切实做到为民务实清廉。围绕街道中心工作，深化信息报送和新闻报道工作，街道中心工作被市级媒体深度报道150篇以上，有力提升了正东路街道的美誉度和影响力。群团、统战、关工委、民族宗教等工作也取得长足的进步。

（章 晨）

【组织机构及领导人名录】

| | |
|---|---|
| 党工委书记 | 陈国兴（～2014-12） |
| | 陈 莹（2014-12～） |
| 副书记 | 陈 莹（～2014-12） |
| | 马伟民 |
| | 何 春（2014-12～） |
| 纪工委书记 | 易怀锁（～2014-12） |
| | 戎旭峰（2014-12～） |
| 党工委委员 | 吴伟良 |
| | 叶 晶 |
| | 赵晓云（2014-07～） |
| | 唐卫忠 |
| | 王 军（2014-12～） |
| 组织、宣传委员 | 叶 晶 |
| 人大工委主任 | 陈国兴（～2014-12） |
| 副主任 | 耿纪明（～2014-09） |
| | 易怀锁（2014-12～） |
| 办事处主任 | 陈 莹（～2014-12） |
| 副主任 | 吴伟良 |
| | 赵晓云（2014-12～） |
| | 唐卫忠 |
| | 陈 阳 |
| 政协联络委主任 | 马伟民 |
| 人武部部长 | 易怀锁（～2014-12） |
| | 王 军（2014-12～） |
| 党政办公室 | 徐 军 |
| 经济服务中心 | 孟 卿 |
| 社区服务中心 | 周卫荣 |
| 人力资源和社会保障服务中心 | 刘文生 |
| 公共环境卫生服务中心 | 谢 伟 |
| 物业服务中心 | 咸建琴 |
| 综治办 | 骆红霞 |
| 司法所 | 佟德武 |
| 财政所 | 陈 玲 |
| 计生办 | 刘 芸 |

（章 晨）

## 2014 年正东路街道社区基本情况

表 14

| 社　区 | 办公地址 | 电　话 | 书　记 | 主　任 |
|---|---|---|---|---|
| 京口路社区 | 京口路 88 号 | 84416979 | 孟家园 | 龚家强 |
| 京岘山社区 | 京岘山 38 号 3 幢南 | 85908677 | 段月娥 | 段月娥 |
| 酒海街社区 | 酒海街 5 号 | 85340990 | 卜美琴 | 华　君 |
| 江科大社区 | 梦溪路 6 号 | 84401294 | 高英春 | 高英春 |
| 贺家弄社区 | 贺家弄 150 号 | 85341970 | 高　琴 | 高　琴 |
| 焦顶山社区 | 学府路 80 号 | 88690073 | 许竹春 | 许竹春 |
| 宝塔山社区 | 学府路 56 号 | 89983732 | 刘　芸 | 陈德政 |

## 2014 年正东路街道骨干企业基本情况

表 15

| 企业名称 | 销售收入（万元） | 法人代表 |
|---|---|---|
| 镇江恒东大酒店有限公司 | 550 | 解建俊 |
| 镇江京口锦江之星旅馆有限责任公司 | 668 | 姜　燕 |
| 镇江科大船苑计算机网络工程有限公司 | 3277 | 薛　峰 |
| 镇江来伊份食品有限公司 | 4232 | 施　辉 |
| 镇江华诚电子进出口有限责任公司 | 1645 | 余　振 |
| 镇江观海楼酒店有限公司 | 3517 | 闻　渊 |
| 镇江市多禾商贸有限公司 | 3433 | 顾文华 |
| 镇江联盟计算机网络有限公司 | 4566 | 何　冲 |
| 镇江市四洋柴油机制造有限公司 | 4213 | 金乃民 |
| 镇江市船院空调有限公司 | 3883 | 朱建新 |
| 镇江市怡通数码科技有限公司 | 6574 | 马又荣 |
| 镇江市华达物资总公司 | 14759 | 宋勤华 |
| 镇江京口润京有限公司 | 19655 | 黄明端 |
| 镇江市东煌化工有限公司 | 12986 | 杜　尧 |

# 四牌楼街道

【**概况**】　四牌楼街道东接象山街道，西与润州区宝塔路街道隔京杭古运河相望。北临长江（金山湖景区）岸线，南接大市口街道，总面积约 3.45 平方千米，内有闻名遐迩的北固山、焦山风景区，滨江旅游专线和号称镇江“外滩”的长江路旅游风光带。下辖 10 个社区，其中 3000 户以上的大型社区 3 个。2000—3000 户的中型社区 4 个，2000 户以下的小型社区 3 个，2014 年年末人口计 22792 户、约 73953 万人，户籍属四牌楼派出所和九里街派出所。街道办事处驻东吴路 71 号，辖区内驻有民生银行镇江分行、中信银行镇江分行、港务集团有限公司、长江燃料有限公司、安利（中国）日用品有限公司等国家、省、市属企业 70 余家，私营企业百余家。

2014 年，街道以科学发展观为指导，全面贯彻落实党的十八届三中全会、四中全会精神以及省委十二届六次全会、市委六届七次全会和区七届六次全会精神。紧紧围绕“苏南一流，跻身十强，人民满意”的目标，以“创新实干，再创佳绩”为导向，重点实施“十大工程”，突出产业升级、党建创新、社会治理、服务民生等工作，探索社会治理与服务新模式，增强辖区群众的满意度和幸福感，努力实现街道经济社会快速协调发展新局面。共获得国家级荣誉4项。街道公共文化服务中心被评为“全国乡镇综合文化站评估定级一级文化站”；江滨新村第一社区被评为“全国和谐社区建设示范社区”“2014年全国综合减灾示范社区”；阳光世纪花园社区被评为“全国社区侨务工作示范单位”。共获得省级荣誉10项，市级荣誉26项。（宋萌瑶）

**【区域经济稳中求进】** 经济指标平稳增长。1—12月份街道完成公共财政预算收入1.6亿元，固定资产投资58.34亿元，占年计划的109.66%，增长11.91%；产业类固定资产投资23.9亿元，占年计划的197.52%；新兴产业投资3.97亿元，占年计划的113.43%；服务业投资44.47亿元；工业投资13.87亿元，占年计划的693.5%，增长27.8%；科技研发投资1000万元，占年计划的100%，增长23%；社会消费品零售总额21.8亿元，进出口总额2500万美元，占年计划的100%，增长55.3%；新增规模服务业企业、产业类实际利用外资50万美元。

扎实推进项目建设。1.大西路拓宽改造项目。2014年8月11日至2014年11月10日项目总拆迁签约户数425户，拆迁补偿款4.04亿元，总回迁户131户，137套住房。2014年12月28日建成通车。其中道路部分已经全部交付市干道办施工。2.北固湾商业综合体。该项目年度计划主体塔楼建成，部分楼栋建至14层。写字楼部分正在做负一层墙体钢筋板扎，独立商业部分主体封顶，外墙开始砌筑，塔楼部分主体结构完成，部分楼栋12层顶板搭设。年内主体塔楼建至12—14层。2015年计划实施主体装饰工程。3.红豆购物广场银座。该项目年度计划主体建至18楼。目前进展：IB地块，正在做主体十七楼部分，四层商铺已封顶，IC地块二次结构基本结束，主体验收完成，已经开始内外粉刷。八分饱酒店、维也纳酒店两家企业已经签约，入驻面积1万多平方米。预计年内主体建至18层，2015年竣工验收。4.如意江南商业街和水岸休闲街。该项目10月份正式开街，开街入住率达70%。目前进展：必胜客、艾堡迪健身、万方超市、悠澜咖啡等17家企业正式签约，入驻面积约12000多平方米。必胜客、思域美容美发、尚品社、艾堡迪健身、IT教育培训、刘一手已经正式营业，近期准备签约滨江凯悦商务酒店。2015年继续推进项目招商工作。5.滨江旅游购物中心。该项目年度计划土建基本结束。目前进展：桩基工程结束，已达正负零，部分地下室进行内部施工，准备进行主体验收。预计年内全部地下室封顶，2015年正式交付八佰伴装修。6.滨江科技金融商务中心。该项目年度计划开工建设，完成35%。由于该项目邻近新河街，市规划部门迟迟没有通过项目规划方案，上半年曾经有所调整。后经规委会重新论证，投资方已经根据规委会意见修改完毕，提交市规划局审核。项目规划通过审批后，将启动现场查勘、建筑设计等开工前期工作，2015年9月份开工建设。7.维也纳酒店。该酒店面积为6000平方米，约7层。10月29日已经签订协议，待项目主体建成后实施内部装修。8.滨江凯越商务酒店。该酒店由南京凯庭酒店管理有限公司投资，投资2.5亿元计划在如意江南商业街建设约6000平方米经济型酒店，进行商务条件谈判，年内正式签约，2016年上半年实施装修。9.新河街历史文化街区改造项目。该项目由市文旅集团实施，该项目方案正在论证，市文旅集团计划投资15亿元，正在与重庆同元集团进行商洽。计划2016年开工建设，启动征收工作。

生态建设扎实推进。全力推进“生态文明建设工程”实施，建立长效管理机制，切实加强虹桥港岸坡保洁；完成江二社区增绿工程方案编制，逐步实施阳光世纪花园开展“认绿补绿”活动，江山名洲、香江花城等小区实施垃圾分类管理。积极推动引进高新技术产业；大力推广低碳出行，对重点企业实行碳资产管理，开展环境综合整治，提高绿化种植面积。结合全国文明城市创建与城市长效管理联动考评新机制，夯实基础，不断深化、优化城市管理。（宋萌瑶）

**【社会事业协调发展】** 大力弘扬传统文化，引领精神文明建设。2014年3月，街道组织开展“孝为先”贤孝示范家庭评比等系列文明创建活动。开展以“百善孝为先”为主题的文艺演出、主题征文活动，10篇优秀征文，8月24日在《京江晚报》整版刊发。选出文明标兵户675户、贤孝家庭103户并进行表彰，营造崇德向善的浓厚社会氛围，弘扬中国传统贤孝文化。（宋萌瑶）

开展社区传统文化艺术节、体育节、网络文化节、文体嘉年华等活动，评选文明标兵户、文明家庭，在街道文化广场举办《“中国梦 我的梦”理论大众化文艺作品征集评选结果揭晓暨魅力出彩镇江人文艺巡演活动启动仪式》，吕国泰等代表街道参加荣获1个二等奖、1个三等奖、2个优胜奖。街道先后荣获“镇江市十佳文化站”铜牌、“全国乡镇综合文化站评估定级一级文化站”铜牌。（宋萌瑶）

创新社会事业新举措，提升服务综合水平。继续推动以创业带动就业，切实帮助创业者解决项目、场地、资金等问题。建立“就业110”应急服务机制，对就业困难人员制定“一人一案”援助措施；设立“就业银行”，实现岗位供求“面对面”。建立“社会救助窗口”，实现“一门受理，协同办理”社会大救助。全力培育扶持社会组织发展，打造孵化培育平台，提供公益创投、培训交流、宣传推介、党建指导等服务。（宋萌瑶）

建立社区网络e服务平台，打造“两网”新格局。通过前期的谈论研究、学习考察，研发社区“网格+网络”智能化管理平台。初步完成基础数据、三维地图等板块的内容设计和数据录入，并依托该平台，申报诚信社区和社会管理规范化两个项目。2014年3月，四牌楼街道成立全市首家基层公共文化服务中心。该中心囊括文化、体育、教育、负责图书馆、接待等工作。

着重亮化一批文化体育健身设施、培育一批文体品牌团队、开展一批群众性文体活动。成立以“网格+网络”为渠道公共便民服务中心。推动各类社会资源、公共服务资源、服务团队资源在社区网格层面有机整合，通过网格、网络、声讯了解群众需求，将贴心服务送到身边。成立公共信息服务中心。上半年全面推开社区网络二维码运用，精简设置“网上居委会”互动平台，改版提升门户网站信息发布平台，建立微信、微博、QQ群等开放平台，研发社区智能化管理服务平台。街道在“两网”初具成效基础上继续丰富内容、提升内涵，加强“网格+网络”的社会管理模式规范化建设。一是加强社区网格长、志愿者队伍建设，完成网格长、网格志愿者换届工作，完善“1+2+2+X”体系。二是推行网络版主、网络志愿者规范化建设，创新试点社区网络二维码运用，扩大网上居委会影响。三是实施“多彩网格”建设工程，拓展网格服务内涵，打造微博、微信、网上居委会“三维网络”立体式服务。四是调整街道、社区网站和网上居委会功能设置，进一步贴近群众需求，不断丰富网站内容。2014年6月，街道启动以“网络文化的盛宴，社区网民的节日”为主题的首届社区“网络文化节”。其间，邀请金山网“新媒体学院”培训3场；组建摄影采风团，开展“满眼风光四牌楼”美拍比赛，收集作品近千幅；开展“时间都去哪了”摄影比赛，收集作品300余幅，制作活动视频10余部。网络浏览数达10万余次，回复近千条；与金陵晚报、金山网联合开展“七彩夏日 文明e行”公益活动，带领辖区15户困难学生家庭畅游南京国际乐童节。（宋萌瑶）

区委书记裔玉乾调研街道工作

**【社会管理卓有成效】** 拓展服务特殊群体平台。成立“新市民之家”、“准妈妈俱乐部”，建立“智能网格养老院”，开展“邻里互助”退管志愿服务，加强老年人精神生活关爱。强化社会管理服务。提高“网格—社区—街道”三级矛盾纠纷调处质量和效率，促进司法惠民服务站、“绿丝带”律师工作室规范高效运作，畅通群众利益协调、权益保障法律渠道。扎实做好“六五”普法收官工作，加强法治文化建设，深化法制宣传教育，培育提高居民法律素养。（宋萌瑶）

**【党建工作求真务实】** 认真组织开展党的群众路线教育实践活动。按照区委的部署，围绕“为民务实清廉”，扎实完成“学习教育、听取意见，查摆问题、开展批评，整改落实、建章立制”三个环节工作任务，达到预期目标。一是抓好党员干部理论学习。发放了《论党的群众路线——重要论述摘编》《群众路线教育实践活动党员干部读本》《致加西亚的信》等学习材料。通过领导带头学、突出重点学、典型引领学，打牢思想基础。二是坚持干部受教育、群众得实惠。结合区“真·实”活动，街道开展“百千万”活动，组织百名党员干部深入基层社区联系100个网格，结对1000户群众，走访10000户家庭，为街道每位干部配备民情日记簿，向辖区居民发放1270张结对联系卡，到结对居民家中了解情况，深入矛盾集中、意见多的地方查找问题。了解企业的基本情况、服务需求，帮助其解决实际问题。街道和社区领导班子深入开展批评与自我批评，认真抓好问题整改。三是抓好舆论宣传。通过街道门户网、镇江京口网站、镇江日报等媒体宣传教育实践活动中的特色和亮点。20余篇群众路线教育实践活动相关报道被《镇江日报》《京江晚报》等媒体采用。中央督导组领导和省委主要领导考察江一社区，社区党委书记张凤霞参加人民网群众路线教育访谈活动。

加强社区党建工作。为切实加强对社区党员的教育、服务和管理，街道制定下发《加强社区党建的工作意见》，建立完善“社区党员月活动制度”、“社区党员走访慰问制度”、“三缘党小组管理考核制度”以及“深化提升社区党建文化品牌制度”。并在7月份集中开展“党建文化月”“五个一”活动（社区党组织书记“上一堂党课”、“走访慰问困难党员老党员送温暖”、党员志愿服务献爱心、社区青少年“红色教育”、召开组织生活会）。按照党建推动、文化搭台、居民参与、寓教于乐的工作思路，继续丰富“八大文化”的内涵。推进党建文化实践载体扩容，努力使八种党建文化内容更充实、服务群众路径更宽广。消除社区党建文化品牌空白点，三个未形成党建文化品牌的社区全部进行区级党建文化品牌的申报。促进办公用房达标，优化服务平台。通过资产调剂、置换方式帮助民主新村社区和道署街社区办公用房达标。扩大江二社区办公面积，建成江滨幸福邻里之家。完善江一社区服务中心功能。江一社区连续两届被评为"全国和谐社区建设示范社区"。

文明城市创建工作扎实推进。设置创建工作组织网络，细化分工明确职责到组到人。及时召开各类会议，布置好重点工作，对市、区督查交办的问题及时整改，整改通知书明确到人。重点整治薄弱环节不留"死角"。扎实开展"美化市容环境"专项行动，按照文明进万家活动要求，实施环境整治和物业提升工作，重点开展"忠信路"、"崇文路"专项整治，开展道路施工、统一店招店牌。江滨菜场脏乱差等老大难问题得到有效解决。激发干群创建热情。充分发挥"两网"作用，各社区召集网格长会议进行文明引导培训，设置专门"公共文明宣传栏"、宣传横幅、电子显示屏，加强对创建全国文明城市和社会主义核心价值观的宣传工作，实现核心价值观宣传全覆盖；结合创建工作应知应会制作发放2万份宣传年历、5000张停车提示卡。开展系列创建宣传活动，通过"道德讲堂"、"同创文明城 共筑中国梦"文艺会演、街头宣传咨询、文体嘉年华活动等形式提高文明城市创建的知晓率。

志愿服务助推文明城市创建。各社区全部建立学雷锋志愿服务站。以创建工作为主要内容，组织好在职党员进社区志愿工作。江一社区作为全省志愿服务制度化现场会参观点之一，精心做好现场准备，拍摄专题片，受到与会领导的充分肯定。

外宣舆情工作有声有色。提升对外宣传实效。街道新闻宣传工作在总体谋划、重点和深度宣传上取得新成绩。全街道被各家媒体录用稿件400余篇，其中镇江京口网站350篇，《镇江日报》等各类报刊、网站重点报道380余篇。完成《京口信息》17篇，《镇江信息》4篇，《江苏信息》1篇。加强网络建设。成立公共信息服务中心，配备舆情监控软件等设备，安排专人进行网络监测，及时处置网络舆情。共处置各类舆情20余件次，特别是对于大西路拆迁征收、城市管理中涉及的一些网络反映问题及时发现，迅速应对处置，有效引导社会舆论。加强与网络媒体合作，邀请金山网"新媒体学院"的老师开设"微讲堂"，组织网络培训3场，提高街道社区干部的网络业务操作水平。　（宋萌瑶）

**【组织机构及领导人名录】**

党工委书记　王永平（～2014–08）
　　王荣兵（2014–12～）
副书记　王荣兵（～2014–12）
　　张　萌
　　李海洪
纪工委书记　姚　斌
组织、宣传委员　史哲峰
人大工委主任　王永平（～2014–08）
副主任　陈文安
办事处主任　王荣兵（～2014–12）
副主任　李海洪
　　朱建军
　　王　立
政协联络委
主任　张　萌
党政办公室负责人　杨吉林
经济管理办公室负责人　潘益民
城市管理办公室负责人　杨卫东
社区管理办公室负责人　袁筱靖
（宋萌瑶）

## 2014年四牌楼街道社区基本情况

表16

| 社区 | 办公地址 | 联系电话 | 书记 | 主任 |
|---|---|---|---|---|
| 江一社区 | 江滨新村55幢 | 88987966 | 张凤霞 | 张凤霞 |
| 江二社区 | 江滨新村163幢—1 | 88987900 | 张春梅 | 张春梅 |
| 道署街社区 | 道署街2号 | 85022956 | 叶　娟 | 叶　娟 |
| 阳光世纪花园社区 | 阳光世纪花园梧桐苑会所 | 88801096 | 包万清 | 包万清 |
| 虹桥社区 | 虹桥街10号 | 85281336 | 刘春辉 | 刘春辉 |
| 荷花塘社区 | 新河街10号 | 85289959 | 嵇惠祥 | 嵇惠祥 |
| 民主新村社区 | 东吴新苑8—1号 | 88859982 | 陈　浩 | 陈　浩 |
| 江东社区 | 东吴路85号 | 88813179 | 刘崇顺 | 刘崇顺 |
| 香江花城社区 | 东吴路288号香江花城生活馆北侧 | 88827586 | 易苏川 | 易苏川 |
| 江山名洲社区 | 江山名洲望江园20号 | 88771078 | 殷　莺 | 殷　莺 |

## 2014年四牌楼街道骨干企业基本情况

表17

| 企业名称 | 销售收入（千元） | 法人代表 |
|---|---|---|
| 镇江港务集团有限公司 | 796659 | 吴宏平 |
| 镇江盈盛房地产开发有限公司 | 1139383 | 王　晞 |
| 镇江维科置业有限公司 | 462193 | 陈国荣 |
| 镇江文化广电产业集团有限公司 | 205576 | 张　兵 |
| 江苏省华茂贸易有限公司 | 199710 | 张家俊 |
| 镇江东源压缩天然气有限公司 | 185370 | 唐文雄 |
| 镇江市水业总公司 | 142266 | 陈恒宝 |
| 安利（中国）日用品有限公司镇江分公司 | 104570 | 黄圣文 |
| 镇江强凌酒店有限公司 | 71065 | 张元儿 |
| 江苏科海智能系统有限公司 | 25523 | 戴乐云 |

# 京口工业园区管委会

**【概况】** 京口工业园区管委会地处美丽富饶的长江三角洲中下游地区，西临南京，东接上海，位于沪宁经济走廊发达地区江苏省镇江市，是策应江苏省委、省政府沿江大开发战略成立省级工业园区，一期规划面积4平方千米，已基本建成一个“布局合理、设施配套、交通方便、机制健全、经济繁荣、环境优美”现代工业园区。2014年10月16日，京口区委、区政府批准同意《江苏镇江京口工业园区主要职责内设机构和人员编制规定》，明确江苏镇江京口工业园区党工委、管委会为镇江市委、市政府派出机构，委托京口区委、区政府管理，副处级建制。现有内设机构为：党政办公室，经济发展部，工程建设部，社会事业部，财务部。园区在全省省级开发区综合评价中跻身全省第一方阵。航空航天产业被列入江苏省特色产业集群。西山水利创省级规范化管理单位。园区下辖李华社区，上埕村和左湖村，总面积约9.1平方千米。李华社区居民总数1520人，共计11个村民小组，其中男770人、女750人，耕地总计48公顷，人均收入7000元。辖区范围内共有22家企业，大多是五金加工厂和电子插件厂，其中村级企业4家，村集体收入80万元。上埕村地处镇江市东郊，紧邻古运河，金港大道、沪宁铁路贯穿南北，境内铁路货场，D2、9路、20路、60路4条公交线路经过，初步形成铁、公、水交通网络，交通十分便捷。2014年全村现有面积3.68平方千米，辖3个自然村、8个村民小组，常住人口1450余人，耕地面积约38.67公顷。村级收入102万元，人均收入18600元，辖区内以物流、仓储为主，目前初步形成以铁、公、水物流产业。2014被省水利厅评为江苏省水美乡村。左湖村村民总人口1680人，其中男883人、女797人。村民小组数10个；耕地数量46.67公顷；人均收入18260元。年收入约100万元。

园区党工委下辖党总支3个，支部13个，其中非公有制企业党总支1个、支部7个。共有党员245人，其中正式党员239人、预备党员6人，本科及以上学历53人，占比21%，大专学历83人，占比34%，高中及以下109人，占比45%。平均年龄39.5岁。2014年李华社区“三联”党建，被评为区级先进党建品牌。鼎胜铝业股份有限公司、海龙核材科技有限公司分别创成“AAA”级非公有制企业党组织。（吴鹏飞）

**【社会经济发展】** 京口工业园区坚持以项目为主抓手，全力打造“先进制造业和现代物流业的主阵地，二、三产业融合发展的新战场，改革创新的新平台”。全年实现业务总收入369.58亿元，同比增长3.22%；公共财政预算收入8.68亿元，同比增长8.36%；实际到位外资9300万美元；服务外包业务收入1610万美元，同比增长4.41%；工业增加值74.92亿元，同比增长2.64%；已开发工业用地面积330公顷；每亩工业增加值151.36万元；税收收入11.25亿元；已开发面积380公顷；单位面积税收20.35万元，同比增长13.87%；高新技术产业产值145.85亿元，同比增长45.87%。（吴鹏飞）

**【产业建设】** 京口高性能铝材料产业园是镇江市重点建设的20个先进制造业“三集”园区之一。产业园区现有爱励铝业、鼎胜铝业、宝华半挂车等三家龙头型企业。全年新建了2千米的横山东路，完成3.4万平方米的地块拆迁，完成太阳能路灯改造工程。爱励铝业建立全球第四个、亚太地区第一个创新中心；9月15日，省委书记罗志军视察爱励铝业（镇江）有限公司。鼎胜铝业完成PS板基及钎焊箔的技改项目。爱励航空板通过波音、空客、庞巴迪、中国商飞等企业的客户认证。爱励铝业与上海宝钢就总投资7亿美元、一期投资3.5亿美元、注册资金2.5亿美元的汽车车身板项目签订合作框架协议。此外，积极推进海龙铝基碳化硼中子吸收板、航空航天中小企业基地的前期建设工作。通过省环保厅、科技厅和商务厅的联合验收，成功创建省级生态工业园区。（吴鹏飞）

**【招商引资】** 围绕产业“三集”发展，园区组建了专业化招商队伍，围绕航空航天、铝材料两大产业，全年引进总投资5亿美元项目1个，10亿元项目1个，亿元以上产业类项目5个。（吴鹏飞）

**【科技创新】** 园区全年申请专利380件（发明专利120件）；获得国家科技型中小企业创业投资引导基金企业2家；获得市工业支撑项目企业2家；获得省知识产权战略推进计划项目企业1家；获得省级贯标企业认定3家。引进中组部“千人计划”1人；获得镇江市第七批“331”人才计划4人。（吴鹏飞）

**【基础设施建设】**

**一、华诚新村一区二期安置房**

华诚新村一区二期工程位于华诚新村一区一期南侧，建筑规模为四幢高层，两幢多层及一幢商用楼，建筑面积约45000平方米。由镇江新通置业有限公司负责项目总承包业务，项目总投资约2亿元人民币，其中建安费用约8000万元人民币。该项目于2013年1月开工，2014年年底完成主体并开始附属工程的施工，现已全部竣工。

**二、金阳大道三期BT项目**

该项目为金阳大道二期向北端延伸至华诚新村安置房的道路，道路总长约280米，标准红线宽12米，行车道8米，两侧人行道各2米，其中有一座箱涵。由镇江市规划设计研究院负责设计工作，由镇江市腾龙建设项目管理有限公司负责监理工作，由扬州市市政工程有限公司承接施工工作，总投资造价约1000万元，自2014年12月开工，计划于2015年10月竣工。

**三、李华路拓宽改造工程**

该工程为京口区交通局牵头实施的农路改造工程，由镇江市规划设计研究院负责设计工作，由镇江市腾龙建设项目管理有限公司负责监理工作，由江苏华德工程建设有限公司承建总投资造价约45万元，自2014年9月开工，于2014年10月竣工。

**四、左湖村业务服务用房工程**

由于2013年区划调整，原象山街道所属左湖村划至工业园区管辖范围，根据“管理体制调整备忘录”的有关内容，原由象山街道负责建设的左湖村业务用房现由京口工业园区负责接手管理并继续工程建设。该项目位于金港大道南侧（镇江陶瓷城对面），建筑规模为一幢办公楼及一幢裙楼。由江苏中森建筑设计有限公司负责设计工作，由江苏振润建设监理咨询有限公司负责监理工作，由江苏恒通建设工程有限公司承接施工工作，总投资造价约2800万元，竣工日期2015年6月。

（吴鹏飞）

**【社会文化事业】** 园区96%的企业实现劳动合同备案和工资集体协商协议；组织各类职工技能培训和岗位培训100人次；2014年新建健身广场一个，占地约500平方米。辖区内已建成体育活动健身场地6处，占地面积约3000平方米。转移农村劳动力60余人；各类社保费用征缴约400万元。鼎胜铝业公司职工书屋被省总工会评为省级职工书屋。海龙核材公司职工之家被市总工会评为市先进职工之家。京口工业园被授予镇江市劳动关系和谐园区。上隍村被江苏省水利厅评为省级水美乡村。（吴鹏飞）

**【园区发展态势】** 园区将以苏南现代化示范区建设为统领，以产业“三集”发展为支撑，加快经济转型升级步伐，围绕爱励铝业、鼎胜铝业、宝华半挂车等现有企业，加快推进航空航天中小企业基地建设，打造特色鲜明的航空航天产业园区。积极推动园区企业上市步伐，力争海龙核材、恒伟物流明年成功上市。

（吴鹏飞）

**【组织机构及领导人名录】**

党工委书记 郎德虎
副书记、管委会主任 李莉珺
副书记、政协联络委主任 吴立宪
（～2014–12）
副书记、管委会副主任 张伟
许文兰
（2014–02～）
纪工委书记 许文兰
（～2014–12）

党工委委员、管委会副主任 吴新华
管委会副主任 戎旭峰
经济发展部部长 浦军
（～2014–12）
招商部部长 包文波
（2014–02～）
综合人事部部长 殷文海
规划建设部部长 张羽
社会事业部部长 吴鹏飞
财政所所长 张政先
西山水库管理所所长 仇长富
物管中心负责人 袁泉
城管执法中队中队长 张大荣

## 京口工业园区管委会社区基本情况

表18

| 社区名称 | 地　址 | 电话号码 | 社区党委(总支)书记 | 社区主任 |
|---|---|---|---|---|
| 李华社区 | 京口工业园华诚新村 | 83357156 | 王　敏 | 颜志献 |
| 左湖村 | 京口工业园左湖村 | 13952856373 | 徐庭国 | 顾炳权 |
| 上隍村 | 京口工业园上隍村 | 88890027 | 徐　猛 | 吕福祥 |

## 2014年辖区骨干企业基本情况

表19

| 序号 | 名　称 | 销售收入(万元) | 法人代表 |
|---|---|---|---|
| 1 | 镇江鼎胜铝业股份有限公司 | 628663 | 周贤海 |
| 2 | 爱励铝业 | 32358 | ROELOF IJSBRAND BAAN |
| 3 | 海龙核材科技(江苏)有限公司 | 4634 | 戴金华 |
| 4 | 镇江科捷锂电池有限公司 | 11001 | 王　辉 |
| 5 | 镇江金叶螺旋桨有限公司 | 1498 | 何峰林 |
| 6 | 镇江震东电光源有限公司 | 9606 | 胡建强 |
| 7 | 镇江立新电子通讯技术有限公司 | 1093 | 王建平 |
| 8 | 镇江亨通电器有限公司 | 495 | 章健康 |
| 9 | 镇江协力汽车零部件有限公司 | 1800 | 薛　磊 |
| 10 | 镇江晨光铜业有限公司 | 2039 | 吴昌帆 |
| 11 | 镇江恒伟物流有限公司 | 7764 | 于　江 |
| 12 | 江苏正恺电子科技有限公司 | 14941 | 徐　正 |
| 13 | 镇江市宝华半挂车配件有限公司 | 23529 | 童财宝 |
| 14 | 江苏中野交通工程有限公司 | 2312 | 孙　渊 |

## 新民洲临港产业园

**【概况】** 新民洲临港产业园位于长江北岸，是一座与镇江隔江相望的半岛型沙洲，南面靠江，东北西三面与扬州接壤，土地性质为国有，南北长5千米，东西宽4.5千米，区域面积22.5平方千米，地势平坦，地域广阔，滩涂面积大且原始地形、自然风貌保存良好。下辖一个新红旗社区。辖区现有总人口约2000人。新民洲原为长江北侧长期冲积形成的沙洲，原称“难民洲”，1949年后改现称。20世纪60年代，在“上山下乡”的号召下，1960年到1975年，陆续有4000多名来自镇江的知识青年和年轻工人来到新民洲，建立了江苏省国营共青团农场。靠着他们的辛勤劳作，把2000公顷芦苇地变成了肥沃良田，为今天的发展打下了良好的基础。后来由于历史和体制原因，农场曾先后隶属镇江市、扬州市、东辛集团、省农垦集团等，2002年1月正式划归镇江市京口区管理。2003年11月成立新民洲生态工业园区管委会，2006年6月更名为镇江新民洲港口产业园区管理委员会（筹）,2012年正式成立镇江新民洲临港产业园区管理委员会，为区政府直属事业机构，正科级建制，2014年10月更名为镇江新民洲临港产业园委员会，为区政府行政派出机构，挂江苏省京口现代农业产业园区管理委员会牌子。园区根据职责内设党政综合办公室、经济发展部（挂统计办公室和安全生产监督管理办公室）、规划建设部、农业水利部（挂农业园综合管理部）和财政所。

新民洲区位独特，交通便捷。毗邻京杭大运河与长江“十字口”交汇处；北连京沪高速、苏北沿江高等级公路（1.8千米）；东接沪陕（宁通）高速公路；西靠扬州开发区、润扬长江大桥（15千米）。离扬州市主城区18千米，距镇江市区37千米（直线距离3千米）。 （刘爱兰）

2014年园区有长江岸线10.5千米，其中深水岸线5.38千米。新民洲港作为镇江港第7港区，2009年3月获得交通运输部、江苏省人民政府联合批准。新民洲港公共码头一期工程已开港运营，二期工程已开工建设。 （刘爱兰）

2014年，园区紧紧围绕区委、区政府确定的发展总基调，牢固树立“以港兴园、项目立园、自主开发与合作开发相结合”的发展理念，强力推进“现代化港区、生态示范区、城乡统筹区”建设，大力开展“363”行动，园区经济社会实现了又好又快发展。2014年，荣获街道（园区）绩效管理考核一等奖，江苏京口现代农产业园在全市产业三集发展考核中位列前五名，镇江新民洲临港产业园区规划通过市审查。园区实现公共预算收入4423万元，全社会固定资产投资19.23亿元，产业类实际利用外资2400万美元，工业销售2.6亿元，人均纯收入约11000元。

（刘爱兰）

**【重大项目招引和推进情况】**

1. 港口产业板块。总投资6.2亿元，建成2个5万吨级公共码头泊位的新民洲港区一期2014年2月27日开港试运营，二期11月开工建设。港区路网规划调整到位，21.33公顷项目用地即将上市。中国林业集团确定增资新民洲港务35%股份，成为控股股东，并确定对新民洲港口增资事宜。总投资50亿元的中林产业城项目签署框架协议。成功引进中林木材仓储加工基地项目和新民洲仓储物流基地建设项目。

2. 生态健康和农业板块。总投资2000万元的新民洲生态健康产业园展示馆项目竣工并对外开放。总投资1.2亿元的东锦生态农业园项目开工建设。总投资1.2亿元的夏朵庄园项目签约。现代农业园“田柔子”“开心乐园”“梦溪园”等品牌农产品被评为市级名牌农产品，园区2014年总产值1.435亿元。

3. 总部版块。中国中小企业（京口）总部基地落户园区，4月29日启动以来，累计吸纳税源企业56家，新增税收500多万元。全年实际协税3350万元。 （刘爱兰）

**【基础设施配套和民生改善】**

1. 污水管网。经过与扬州环保部门多次协调，9月17日，新民洲临港产业园区污水处理接管协议正式签订，目前正在实施主管网对接工作，这一发展瓶颈问题将彻底解决。

2. 天然气。年初，与扬州中燃公司签订镇江新民洲区域供气项目意向性协议，6月27日已经正式向居民供气。管道正在向港口延伸。

3. 农业设施。完成千亩高标准农田建设、北泵站改扩建工程、农机库建设和保鲜冷库建设。

4. 自筹资金1100余万元，采用“先保后征”方式完成红旗村428名村民进保障工作，解决了村民后顾之忧。

5. 建成1300平方米现代化的社区服务中心，配备电脑30余台，建成绿色网吧，成立镇江市图书馆新民洲分馆和社区教育中心，丰富了群众生活。

6. 新添40余万元彩超等医疗设备。定期邀请市区医院医生到社区义诊外，还争取到区卫生局派遣一名全科医生全天坐班诊断，解决了就医难问题。 （刘爱兰）

**【扎实开展党的群众路线教育实践活动】** 按照中央和省市区委统一要求，成立以党工委书记为组长的园区党的群众路线教育实践活动领导小组及其办公室，精心组织，周密部署，2月24日召开动员大会，10月28日召开总结大会，整个活动历时9个月，扎实完成各个环节和各项规定动作，创新开展各项自选动作。共收到基层意见和建议三大类19条，查摆出突出问题14个，班子成员之间提出的批评意见139条，出台和完善各项制度7个，制定了整改措施44条。通过此次群教活动，园区党员领导干部思想认识明显提高，机关作风建设明显加强，“四风”突出问题和人民群众反映强烈的问题得到有效解决。（刘爱兰）

**【组织机构及领导人名录】**

党工委书记 许俊超

副 书 记 陈 峰

（～2014-12）

吴长安
杨统一
（2014-08 ～）
党工委委员 杨丽华
王兴国
朱文军
华茂盛

管委会主任 陈 峰
（～2014-12）
杨 帆
（2014-12 ～）
副 主 任 王兴国
朱文军
杨 帆

（～2014-12）
葛冬军
刘宏利
现代农业园管委会主任 杨丽华
政协联络委主任 吴长安
人武部部长 王兴国
（刘爱兰）

## 新民洲港口产业园社区基本情况

表 20

| 社区名称 | 地 址 | 电话号码 | 社区党委（总支）书记 | 社区主任 |
|---|---|---|---|---|
| 新红旗社区 | 新民洲港口产业园 | 82875295 | 窦可伟 | 程 忠 |

## 2014 年辖区骨干企业基本情况

表 21

| 序号 | 名 称 | 销售收入（万元） | 法人代表 |
|---|---|---|---|
| 1 | 江苏新民洲港务有限公司 | 1333 | 黄 成 |
| 2 | 江苏鼎盛重工有限公司 | 13881 | 王广德 |

## 京露茶场

**【概况】** 京露茶场位于镇江市东吴路76号，在职干部职工10人，退休人员156人，区直属国有企业，内设综合办公室和资产经营科2个职能科室。2014年较好地完成上级党委下达的各项任务，企业财务收支实现当年平衡，职工养老、医疗等五项保险实际缴费率均达100%，职工年收入有所提高，企业全年安全生产无事故。 （周 贞）

**【不断完善资产管理 努力提高资产经营效益】** 加大房屋租金的收缴。对租金每月定期公布，凡有特殊原因缓收等情况严格按照程序批准。从房屋招租、合同的签订、租金收取进行跟踪管理，督促到位，做好服务，基本做到房租费按时收缴，全年经营收入达到80余万元。

（周 贞）

**【加大土地款催收工作】** 市政府“青山绿水”工程古城公园征用京露茶场东吴路76号的茶园，2014年土地款尚未补偿到位。经场领导多次与区城投领导协商，现城投已向茶场分期支付土地款。 （周 贞）

**【关心职工生活 做好企业稳定工作】** 为切实维护老职工的切身利益，做好企业稳定工作，对改企前退休职工以及改制时符合提前退休的老职工给予事业工资补差，2014年的工资差额补发已足额发放到位。

对内退职工每月增发200元生活费，节日期间对下岗职工工会组织走访慰问，加大对困难职工的帮扶工作。对在位职工，做到每月按时发放工资，职工养老、医疗等五项保险金缴费率均达到100%，切实维护职工的利益，2014年企业真正实现全年零上访，保持企业的稳定。

（周 贞）

**【组织机构及领导人名录】**

党支部书记 庄福寿（～2014-06）
李云秋（2014-06～）

场　长 庄福寿（～2014-06）

副 场 长 陶 群（～2014-06）

支　委 卢 玲（～2014-06）

工会主席 李云秋

办公室主任 卢 玲（～2014-06）
李云秋（2014-07～）

◆ 资料链接 ◆

### 西津古渡

西津古渡位于江苏镇江云台山北麓的古栈道上，它的历史应追溯到五千年前。那时这儿是吴楚的长江古通道，与扬州邗江的古扬子津对渡。三国以来，西津渡成为防江控海的重要军港，素有吴楚要津、长江锁钥之称。隋唐以来，西津渡日益繁忙，每年过往的商船、兵船、漕船、民船数以百万计，古街终年商贾云集，店铺相连，酒肆茶楼，车水马龙，热闹非凡。古时李白、孟浩然、王安石、苏轼、米芾、陆游、马可波罗等，都曾在此候船或登岸，并留下了许多为后人传诵的诗篇。清末，随着铁路运输的兴起，西津渡口功能逐渐衰退，但是西津古渡街却被完整地保存下来了。走在古街上，依然能感受到当年的夺目光彩。临街两旁多为 鳞比栉次、高低错落的建筑，形成千年古渡百年老街的历史街区风貌。古街西头，清末发展起来的两层楼街依然如旧，其雕栏门窗一律漆成丹红色，保留着当年飞阁留丹的临江街肆。能仍清晰地看到沿街“民国元年春长安里”、“吉瑞里西·1914”、“德安里”等题额。古街全长有一千米，最显眼的是青石板路，一道凹下去的印槽清晰可见，那是千 百年来独轮车磨砺而辗出的深深辙印，默默地诉说着当年的繁华。

# 人物·荣誉

## 京口区党、政、军领导人名录

**郭　建**

京口区人大常委会主任。简介见《京口年鉴（2008）》第57页、简介见《京口年鉴（2013）》第48页。2014年1月调离京口区。

**黄万荣**

中共京口区委副书记、京口区政府区长、党组书记。简介见《京口年鉴（2013）》第48页。

**裔玉乾**

中共京口区委书记、京口区人大常委会主任。简介见《京口年鉴（2014）第85页》

**施正中**

中共京口区委常委、副书记。京口区委党校校长、行政学校校长。简介见《京口年鉴（2013）》第49页。

## 孙国平

京口区政协主席、党组书记。简介见《京口年鉴（2002）》第77页、《京口年鉴（2013）》第49页。

## 宋平生

中共京口区委党委、政法委书记。简介见《京口年鉴（2011）》第59页、《京口年鉴（2013）》第49页。

## 周奇恒

中共京口区委常委、区纪委书记。简介见《京口年鉴（2012）》第56页。

## 倪兆顺

京口区人大常委会党组书记、常务副主任。简介见《京口年鉴（2006）》53页、《京口年鉴（2013）》第49页。

## 郦锡梅

中共京口区委常委、组织部部长。简介见《京口年鉴（2012年）》第56页。

## 何广林

中共京口区委常委、宣传部部长。简介见《京口年鉴（2013）》第50页。

## 马国进

中共京口区委常委、区政府党组副书记、常务副区长。简介见《京口年鉴（2008）》第60页，《京口年鉴（2011年）》第55页、《京口年鉴（2013）》第49页。2014年7月调离京口区。

## 夏卫军

中共京口区委常委、区政府党组副书记、常务副区长。1970年7月出生，安徽长丰人，汉族，江苏理工大学生物与环境工程学院农产品加工工程专业硕士研究生文化，1992年7月加入中国共产党，1999年7月镇江市发展计划委科员、2001年9月镇江市发展计划委任副主任科员、综合处副处长、发展规划处处长、服务业处处长、副主任、党组成员。2014年7月任京口区常委、区政府党组副书记、常务副区长

## 陈卫东

中共京口区常委、人武部部长。简介见《京口年鉴（2013）》第50页。

**陈德福**

京口区政府副区长、党组成员。简介见《京口年鉴（2011）》第59页。

**解军英**

京口区人民政府副区长、党组成员。简介见《京口年鉴（2013）》第51页。

**徐　军**

京口区人大常委会副主任、党组副书记。简介见《京口年鉴（2004）》第73页。

**马云明**

京口区人民政府副区长、党组成员。简介见《京口年鉴（2014）》第87页。

**林黎明**

京口区人民政府副区长。兼京口区人口计生协会会长。简介见《京口年鉴（2013）》第51页。

**郑苏真**

京口区人大常委会副主任。简介见《京口年鉴（2008）》第59页。

**朱定明**

京口区政府副区长、党组成员。简介见《京口年鉴（2012）》第57页。

**李　牧**

京口区政府党组成员（援疆、副县级干部）。简介见《京口年鉴（2014）》第87页

**蒋嵩峰**

京口区政协副主席、党组副书记。简介见《京口年鉴（2002）》第78页、《京口年鉴（2013）》第52页。

## 杜承华

京口区人大常委会副主任、党组成员。1964年8月出生，江苏扬中人，汉族，中央党校函授学院经济管理专业大学文化，1994年12月加入中国共产党，1986年7月市罐头食品厂技术员。1990年4月京口区体改委工作。1994年11月京口区委办公室秘书、综合科副科长、科长。1997年3月任京口区委研究室副主任、办公室副主任。2001年10月任京口区谏壁镇党委副书记、镇长。2003年7月任京口区委组织部副部长，兼区委区级机关工委书记。2005年7月任京口区城管局局长、党组副书记、书记、党委书记、市行政执法分局局长。2014年1月任京口区人大常委会副主任、党组成员。

## 谢志荣

京口区政协副主席。简介见《京口年鉴（2002）》第82页。

## 姜厚荣

京口区政协副主席、党组成员、区委统战部部长。简介见《京口年鉴（2004）》第76页。

## 宋武平

京口区政协副主席、党组成员。简介见《京口年鉴（2012）》第57页、《京口年鉴（2013）》第52页。

## 朱裕根

京口区政协副主席。简介见《京口年鉴（2013）》第52页。

# 京口区2014年获国家、省、市表彰的先进人员表

## 2014年京口区获国家表彰的先进人员

表22

| 姓名 | 性别 | 工作单位 | 荣誉称号（全称） | 授予单位（部门） | 获得时间 |
| --- | --- | --- | --- | --- | --- |
| 张宝华 | 男 | 京口公安分局学府路派出所 | 全国五一劳动奖章 | 全国总工会 | 2014-05 |

## 2014年京口区获省表彰的先进人员

表23

| 姓名 | 性别 | 工作单位 | 荣誉称号（全称） | 授予单位（部门） | 获得时间 |
| --- | --- | --- | --- | --- | --- |
| 阮振华 | 男 | 人武部 | 全区后勤工作先进个人 | 省军区 | 2014-01 |
| 李学军 | 男 | 人武部 | 全区军事年鉴工作先进个人 | 省军区 | 2014-01 |
| 宋　薇 | 女 | 疾控中心 | 省疾病预防控制工作先进个人 | 省卫生厅 | 2014-05 |
| 周　波 | 男 | 健康路社区卫生服务中心 | 省“优秀基层医师” | 省医师学会、省医学会 | 2014-06 |
| 杨　凌 | 女 | 健康路社区卫生服务中心 | 省十大医德标兵 | 省委宣传部、省文明办、省卫计委 | 2014-07 |
| 丁梅红 | 女 | 市索普实验学校 | 省优秀教育工作者 | 省教育厅 | 2014-08 |
| 易苏川 | 男 | 四牌楼街道 | 省城市管理先进个人 | 省住房和城乡建设厅 | 2014-08 |
| 陈卫东 | 男 | 人武部 | 征兵工作先进个人 | 南京军区 | 2014-06 |
| 程根祥 | 男 | 京口公安分局大市口派出所 | 青奥安保工作二等功 | 省公安厅 | 2014-09 |
| 杨　凌 | 女 | 健康路社区卫生服务中心 | 省群众满意的社区医生 | 省社区卫生协会 | 2014-11 |
| 张和松 | 男 | 区统计局 | 省第三次全国经济普查先进个人 | 省第三次全国经济普查领导小组 | 2014-12 |
| 杭军花 | 女 | 区统计局 | 省第三次全国经济普查先进个人 | 省第三次全国经济普查领导小组 | 2014-12 |
| 林　亮 | 男 | 区统计局 | 省第三次全国经济普查先进个人 | 省第三次全国经济普查领导小组 | 2014-12 |
| 胡　涛 | 男 | 区统计局 | 省第三次全国经济普查先进个人 | 省第三次全国经济普查领导小组 | 2014-12 |
| 林　亮 | 男 | 区统计局 | 省第二批基层规范统计岗位标兵 | 省统计局 | 2014-12 |
| 杨　凌 | 女 | 健康路社区卫生服务中心 | 省百名医德之星 | 省委宣传部、省文明办、省卫计委 | 2014-12 |
| 钟程发 | 男 | 关工委 | 省离退休干部先进个人 | 省委组织部 | 2014-12 |
| 陈　飞 | 女 | 四牌楼街道 | 阳光少年网通讯联络工作 | 省关工委 | 2014-12 |

## 2014 年京口区获国家表彰的先进集体

表 24

| 单位名称 | 荣誉称号 | 授予单位 | 获得时间 |
|---|---|---|---|
| 四牌楼街道江一社区 | 全国和谐社区建设示范社区 | 民政部 | 2014–01 |
| 四牌楼街道阳光世纪花园社区 | 全国社区侨务工作示范单位 | 国务院侨务办公室 | 2014–07 |
| 四牌楼街道江一社区 | 2014 年全国综合减灾示范社区 | 民政部 | 2014–12 |

## 2014 年京口区获省表彰的先进集体

表 25

| 单位名称 | 荣誉称号 | 授予单位 | 获得时间 |
|---|---|---|---|
| 四牌楼街道江滨新村第一社区 | 省综合减灾示范社区 | 省减灾委员会 | 2014–01 |
| 大市口街道统计站 | 省统计规范化建设合格统计站 | 省统计局 | 2014–01 |
| 区关工委 | 省创建“五有五好”基层关工委优秀组织奖 | 省关工委 | 2014–02 |
| 四牌楼街道公共文化体育服务中心 | 全国乡镇综合文化站一级文化站 | 省文化厅 | 2014–03 |
| 大市口街道弥陀寺巷社区 | 省节水型社区 | 省水利厅<br>省发展和改革委员会 | 2014–04 |
| 区关工委 | 省中小学生“三爱”书签制作大赛优秀组织奖 | 关心下一代周报社 | 2014–07 |
| 大市口街道 | 省诗词之乡创建先进单位 | 省诗词协会 | 2014–08 |
| 四牌楼街道综治办 | 2011—2014 年度全省社会治安综合治理 | 中共江苏省委　省人民政府 | 2014–11 |
| 四牌楼街道人力资源和社会保障中心 | 全省劳动保障监察示范网格 | 省劳动监察总队 | 2014–12 |
| 四牌楼街道综合服务大厅 | 省巾帼文明岗 | 省妇女联合会 | 2014–12 |
| 区经济普查办公室 | 省第三次全国经济普查先进集体 | 省第三次全国经济普查领导小组 | 2014–12 |

# 2014年京口区入选“好人榜”名录

表26

| 姓名 | 性别 | 单位 | 入选好人榜 | 授予单位 |
|---|---|---|---|---|
| 杨　凌 | 女 | 健康路社区卫生服务中心 | 中国好人榜 | 中央文明办 |
| 徐光明 | 男 | 谏壁东街社区居委会 | 中国好人榜 | 中央文明办 |
| 尹傲兰 | 女 | 谏壁雩北村委会 | 中国好人榜 | 中央文明办 |
| 杨　凌 | 女 | 健康路社区卫生服务中心 | 江苏好人榜 | 江苏省文明办 |
| 徐光明 | 男 | 谏壁东街社区居委会 | 江苏好人榜 | 江苏省文明办 |
| 尹傲兰 | 女 | 谏壁雩北村委会 | 江苏好人榜 | 江苏省文明办 |
| 陈世虎 | 男 | 正东路贺家弄社区 | 江苏好人榜 | 江苏省文明办 |

# 2014年京口区获副高级以上专业技术资格人员情况表

表27

| 姓　名 | 性　别 | 工作单位 | 从事专业 | 资格名称 |
|---|---|---|---|---|
| 陈　嫣 | 女 | 江苏大学社区卫生服务站 | 卫生专业 | 副主任医师 |
| 巫梅芳 | 女 | 江苏大学社区卫生服务站 | 社区卫生 | 社区副主任护师 |
| 郑书俊 | 男 | 江苏大学社区卫生服务站 | 社区卫生 | 社区副主任医师 |
| 梁　薇 | 女 | 四牌楼社区卫生服务中心 | 社区卫生 | 社区副主任医师 |
| 马晓燕 | 女 | 四牌楼社区卫生服务中心 | 社区卫生 | 社区副主任医师 |
| 李甘霖 | 男 | 大市口社区卫生服务中心 | 社区卫生 | 社区副主任医师 |
| 王翠云 | 女 | 健康路社区卫生服务中心 | 社区卫生 | 社区副主任医师 |
| 马克花 | 女 | 谏壁社区卫生服务中心 | 社区卫生 | 社区副主任护师 |
| 钱俊华 | 男 | 谏壁社区卫生服务中心 | 社区卫生 | 社区副主任医师 |
| 吴朝萍 | 女 | 谏壁社区卫生服务中心 | 社区卫生 | 社区副主任医师 |
| 周　平 | 男 | 谏壁社区卫生服务中心 | 社区卫生 | 社区副主任医师 |
| 戴春琦 | 女 | 丹徒中学 | 语文 | 中小学高级教师 |
| 安慧琪 | 女 | 丹徒中学 | 语文 | 中小学高级教师 |
| 张　慧 | 女 | 索普实验学校 | 语文 | 中小学高级教师 |
| 凌正兵 | 男 | 第九中学 | 物理 | 中小学高级教师 |
| 宗　康 | 男 | 第十中学 | 物理 | 中小学高级教师 |
| 段光辉 | 男 | 第九中学 | 信息 | 中小学高级教师 |

续上表

| 姓 名 | 性 别 | 工作单位 | 从事专业 | 资格名称 |
|---|---|---|---|---|
| 张明宏 | 男 | 江滨实验小学 | 信息 | 中小学高级教师 |
| 鲁素美 | 女 | 第十中学 | 化学 | 中小学高级教师 |
| 苏文生 | 男 | 第九中学 | 政治 | 中小学高级教师 |
| 张 建 | 男 | 第十中学 | 政治 | 中小学高级教师 |
| 吴加珠 | 女 | 丹徒中学 | 政治 | 中小学高级教师 |
| 夏 伟 | 女 | 教研室 | 音乐 | 中小学高级教师 |
| 朱 瑾 | 女 | 第九中学 | 美术 | 中小学高级教师 |
| 吴虹燕 | 女 | 实验小学 | 小语 | 中小学高级教师 |
| 李祥娣 | 女 | 实验小学 | 小语 | 中小学高级教师 |
| 金 虹 | 女 | 实验小学 | 小语 | 中小学高级教师 |
| 高蓉蓉 | 女 | 江滨实验小学 | 小语 | 中小学高级教师 |
| 王 玉 | 女 | 江苏科技大学附属小学 | 小语 | 中小学高级教师 |
| 蒋 凯 | 女 | 香江花城小学 | 小语 | 中小学高级教师 |
| 窦步安 | 男 | 香江花城小学 | 小语 | 中小学高级教师 |
| 陈庆丽 | 女 | 江苏大学附属小学 | 小语 | 中小学高级教师 |
| 陈 辉 | 女 | 红旗小学 | 小思 | 中小学高级教师 |
| 丁梅红 | 女 | 镇江市索普实验学校 | 小学语文 | 高级教师 |
| 张凌云 | 女 | 实验幼儿园 | 幼教 | 幼儿园高级教师 |

# 文 件 题 录

## 中共京口区委2014年重要文件选录

表28

| 序号 | 文件名 | 文件号（镇京发） |
|---|---|---|
| 1 | 关于京口区机关公务用车制度改革的实施意见 | 2 |
| 2 | 关于成立党的群众路线教育实践活动领导小组的通知 | 4 |
| 3 | 关于进一步提升“两网”治理服务水平的实施意见 | 15 |
| 4 | 关于开展“文明进万家”活动的实施意见 | 16 |
| 5 | 关于创新开展“金凤凰”活动的实施意见 | 17 |
| 6 | 关于进一步加强和改进乡科级领导班子及其成员述法考评的实施意见 | 19 |
| 7 | 关于成立区委全面深化改革领导小组的通知 | 20 |
| 8 | 关于成立提升“两网”治理服务工作领导小组的通知 | 21 |
| 9 | 关于在全区企业中开展争当“转型升级先锋”的实施意见 | 41 |
| 10 | 关于在全区干部中开展争当“经济工作能手”活动的实施意见 | 42 |
| 11 | 关于开展争当“创新创业标兵”活动的实施意见 | 43 |
| 12 | 关于撤销调整象山街道左湖村上隍村和西山水库管理体制决定的通知 | 51 |

# 京口区人民政府 2014 年重要文件选录

表 29

| 序号 | 文件名 | 文件号（镇京政发） |
|---|---|---|
| 1 | 关于表彰 2013 年度京口区城市长效管理工作先进集体、个人和优秀社区的决定 | 7 |
| 2 | 关于表彰 2013 年度人民武装工作先进单位和先进个人的决定 | 10 |
| 3 | 关于企业上市工作的实施意见 | 40 |
| 4 | 关于表彰 2013 年度征兵工作先进单位的决定 | 52 |
| 5 | 关于调整京口区征兵工作领导小组成员的通知 | 53 |
| 6 | 关于公布区级行政省批事项目录清单的通知 | 131 |
| 7 | 关于公布镇江市京口区行政事业性收费项目目录清单的通知 | 132 |

# 文 件 选 录

## 中共京口区委 京口区人民政府 关于表彰2013年度“实绩论英雄实干兴京口” 先进单位和个人的决定

镇京发〔2014〕3号　　2014年2月7日

各街道党工委、办事处，各园区党工委、管委会，区委各部委办局，区各委办局（公司），供销社、茶场，区法院、检察院，区人武部，各群众团体：

2013年，在区委、区政府的领导下，全区上下认真学习贯彻中共中央十八大、十八届三中全会精神，深入落实镇江市委市政府决策部署，以“四大行动计划”为抓手，锐意进取、开拓创新，全面完成了各项目标任务。全区经济发展跃上新台阶、结构调整迈出新步伐、城乡建设展示新面貌、社会建设呈现新局面、党的建设得到新加强。为发扬成绩，激励先进，进一步激发全区领先发展、特色发展、优化发展的锐气和热情，经区委、区政府研究，决定对重点纳税企业、综合考核、“四大行动计划”、党的建设等先进单位和个人进行表彰。

希望受表彰的先进单位和个人珍惜荣誉，再接再厉，再创佳绩。全区上下要以受表彰的先进单位和个人为榜样，深入贯彻落实区委七届六次全会精神，进一步解放思想，深化改革，创新实干，全力推进“363”行动，努力为建设“苏南一流、跻身十强、人民满意”的新京口做出新的更大贡献。

附：2013年度“实绩论英雄实干兴京口”先进单位、先进个人名单

### 工业企业规模纳税先进单位

**一等奖**

江苏鸿泰钢铁有限公司
中储粮镇江基地

**二等奖**

镇江鼎胜铝业股份有限公司
普莱克斯（镇江）工业气体有限公司

**三等奖**

镇江强凌电子有限公司
镇江市松协电器有限公司
镇江中福马机械有限公司
爱励铝业（镇江）有限公司

### 工业企业单位面积纳税先进单位

**一等奖**

中储粮镇江基地

**二等奖**

镇江市松协电器有限公司
镇江中煤电子有限公司
镇江四洋柴油机械制造有限公司

**三等奖**

普莱克斯（镇江）工业气体有限公司
镇江蓝舶工程科技有限公司
江苏新龙伟业有限公司
镇江强凌电子有限公司
镇江鼎胜铝业股份有限公司
爱励铝业（镇江）有限公司

## 服务业企业规模纳税先进单位

**一等奖**

镇江市八佰伴商贸有限公司

**二等奖**

镇江华源集团

**三等奖**

北京国电龙源环保工程公司谏壁分公司

镇江百盛商城有限公司

镇江振农电力工程有限公司

江苏省交通工程集团有限公司

镇江市勘察测绘研究院

## 服务业企业单位面积纳税先进单位

**一等奖**

镇江市外服人力资源有限公司

**二等奖**

镇江市勘察测绘研究院

镇江振农电力工程有限公司

镇江东源压缩天然气有限公司

**三等奖**

镇江市融资担保有限公司

江苏中江能源有限公司

镇江华源集团

无锡肯德基有限公司镇江分公司

安利（中国）日用品有限公司镇江分公司

镇江宝帝投资有限公司

## 房地产企业规模纳税先进单位

**一等奖**

镇江盈盛房地产开发有限公司

中南镇江房地产公司

**二等奖**

镇江和融房地产开发有限公司

镇江维科置业有限公司

镇江市中建地产有限公司

**三等奖**

江苏恒润地产有限公司

镇江幸福基业房地产开发有限公司

江苏万丰置业有限公司

江苏富源房地产开发有限公司

镇江宜嘉房地产开发有限公司

## 综合考核一等奖单位

象山街道

四牌楼街道

区商务局

区招商服务中心

区财政局

区统计局

区发改和经信委

区人社局

区委办

区人大办

区政府办

区政协办

区信访局

**社会治理先进单位**

镇江市公安局京口分局
京口检察院
京口区信访局
谏壁街道办事处

**安全生产先进单位**

象山街道安全生产监督管理办公室
新民洲港口产业园区管委会安监站

**现代农业园区建设先进单位**

京口现代农业产业园
谏壁粮油加工特色产业园

**项目建设先进单位**

京口工业园区
健康路街道办事处
谏壁街道办事处

**“四招四引”先进单位**

四牌楼街道办事处
象山街道办事处
区城乡建设投资中心

**城乡建设先进单位**

谏壁街道办事处
大市口街道办事处
四牌楼街道办事处

**创业先进单位**

江苏名通信息科技有限公司
大祥百货贸易有限公司

**人才引进先进单位**

象山街道办事处
正东路街道办事处

**创新工作先进单位**

京口区科技局
镇江市国土资源局京口分局

**民生改善先进单位**

京口区教育局
京口区卫生和人口计生局
正东路街道办事处

**党的建设先进单位**

谏壁街道党工委
健康路街道桃花坞社区党委
镇江蓝舶工程科技有限公司党支部
京口区教育局党委

## 2013 年度“实绩论英雄实干兴京口”先进个人名单

**社会治理先进个人**

| | |
|---|---|
| 严　波 | 健康路街道党工委副书记 |
| 陆家新 | 京口区信访局副局长 |
| 王永平 | 四牌楼街道党工委书记 |
| 刘　昊 | 京口区政法委办公室主任 |
| 杨万华 | 公安京口分局治安大队教导员 |
| 王加林 | 大市口街道综治办副主任 |
| 袁爱红 | 京口区司法局法制宣传科科长 |

## 安全生产先进个人

秦前池　　健康路街道安全生产监督管理办公室主任
鲍　震　　四牌楼街道安全生产监督管理办公室主任
邓　炎　　正东路街道安全生产监督管理办公室科员
周　军　　大市口街道安全生产监督管理办公室主任

## 项目建设先进个人

陈国兴　　正东路街道党工委书记
王永平　　四牌楼街道党工委书记
程　鹏　　象山街道办事处主任
陈　峰　　新民洲港口产业园区管委会主任
潘子成　　京口区发改和经信委副主任
赵正军　　京口区财政局副局长

## “四招四引”先进个人

王　立　　四牌楼街道办事处副主任
梅　昆　　大禹山创意新社区招商服务部部长
顾　胤　　健康路街道办事处副主任
宋小燕　　京口区招商服务中心主任
陈　莹　　正东路街道办事处主任
郎德虎　　京口工业园区党工委书记

## 城乡建设先进个人

蒋伟文　　京口区政府办副主任
朱海平　　京口区住建局副局长
赵有保　　象山街道党工委副书记
张　群　　京口区拆迁管理办公室副主任
龚家强　　正东路街道项目管理办公室主任
　　　　　京口路社区党委副书记
聂　俊　　象山街道公共环境服务中心副主任

## 创业先进个人

戴金华　　海龙核材料科技（江苏）有限公司
伦　伟　　江苏亿伦信息科技有限公司
冯　军　　江苏易乐网络科技有限公司
贡延德　　谏壁甘露商城

## 人才引进先进个人

薛　莲　　京口区科技局局长
吴　成　　京口区高层次人才引进服务中心主任
徐兰芳　　京口区财政局副局长
张　伟　　京口工业园区党工委副书记、副主任

## 民生改善先进个人

庄　严　　京口区人社局就业中心副主任
朱玲娣　　四牌楼街道办事处计生办主任
汤　际　　健康路街道办事处副主任
张保忠　　京口区城管局副局长
　　　　　京口环卫所所长
赵荣华　　京口消防大队参谋
焦春桂　　镇江市国土资源局京口分局地矿科科长

## 党的建设先进个人

张元华　　大市口街道米山社区党总支书记
佘　斌　　正东路街道贺家弄社区党委副书记
杨　涛　　四牌楼街道阳光世纪花园社区党委副书记
盛　杰　　区委组织部副部长
朱丽雯　　区纪委党风廉政室副主任
李　军　　区委宣传部副部长

# 中共京口区委 京口区人民政府关于给杨国平等同志记三等功和给顾明华等同志嘉奖的决定

镇京发〔2014〕5号 2014年2月13日

各街道党工委、办事处，各园区党工委、管委会，区委各部委办局，区各委办局（公司），供销社、茶场，区法院、检察院，区人武部，各群众团体：

2013年，全区广大干部职工在区委、区政府的领导下，深入贯彻落实中共中央十八大和十八届三中全会精神，牢固树立和实践科学发展观，努力践行全心全意为人民服务的宗旨，团结拼搏，创新实干，涌现出一大批先进个人。为表彰先进，激励典型，区委、区政府决定，给予杨国平等13名同志记三等功、顾明华等497名同志嘉奖。

希望受到记功、嘉奖的同志珍惜荣誉，戒骄戒躁，再接再厉，为全力拓展京口发展新优势再立新功。希望全区广大职工干部以他们为榜样，立足本职工作，争创一流业绩，为完成建设“苏南一流、跻身十强、人民满意”的新京口的光荣使命而努力。

附件：2013年度记三等功人员、优秀人员名单

## 2013年度记三等功人员名单

| | | | | | |
|---|---|---|---|---|---|
| 杨国平 | 曾　强 | 杜承华 | 徐兰芳 | 王正辉 | 朱海平 |
| 史友兴 | 陆　燕 | 余跃明 | 凌志祥 | 周成干 | 朱俊华 |
| 张立仙 | | | | | |

## 2013年度嘉奖人员名单

| | | | | | |
|---|---|---|---|---|---|
| 顾明华 | 陈洪生 | 汪忠春 | 吴秋平 | 肖　波 | 王志斌 |
| 廖伟根 | 谢根龙 | 虞　军 | 赵反修 | 王永平 | 顾洪涛 |
| 陆炳西 | 戎国平 | 赵　飞 | 王　芳 | 刘　松 | 杨少华 |
| 杨　凯 | 盛　杰 | 梅永生 | 常加华 | 吴惠平 | 殷　明 |
| 华　怡 | 曹明军 | 陈　林 | 贾永平 | 蒋伟文 | 潘子成 |
| 金　林 | 李　烽 | 施　琴 | 周　震 | 张亚南 | 杨兆生 |
| 田壮民 | 岳传荣 | 杨　帆 | 高桂蓉 | 赵永明 | 陈　清 |
| 钟志敏 | 黄　培 | 许文兰 | 吴长安 | 纪嘉州 | 严　波 |
| 丁方品 | 易怀锁 | 王　立 | 范舒茜 | 王兴伟 | 崔　悦 |
| 邓仲清 | 李绍华 | 戚志栋 | 李　鲁 | 刘　昊 | 胡德林 |
| 李国成 | 刘　勉 | 徐　蓉 | 乔锁荣 | 吴建平 | 王晓宝 |
| 孙　文 | 韦　雷 | 周　伟 | 殷　强 | 吴　军 | 姚　勇 |
| 邓铭琛 | 夏　波 | 张　寅 | 杨　钰 | 王俊爽 | 沈家鸣 |
| 张晓燕 | 戴志刚 | 黄文超 | 成　伟 | 王幼林 | 杨　帆 |
| 李冬梅 | 邵伟华 | 葛　飞 | 王伟军 | 刘明军 | 金传华 |
| 金平霞 | 杨　俊 | 虞　杰 | 陈祖华 | 林　亮 | 赵　峰 |
| 展翠琴 | 赵志华 | 刘文生 | 徐莉莉 | 肖荣军 | 董泽建 |
| 缪静敏 | 陈　文 | 王　炳 | 陆晓琴 | 卢爱国 | 田　兵 |
| 张家辰 | 姚奇峰 | 郭月慧 | 闫学军 | 吴建萍 | 刘　萍 |
| 吴　芳 | 屠玉燕 | 华伟婷 | 张政先 | 朱旺琳 | 吕　慧 |
| 朱　煜 | 陈　震 | 陈珑境 | 周　玲 | 庄　严 | 张燕莉 |
| 徐　静 | 贾　斌 | 季云峰 | 胡金玲 | 杨　静 | 殷延厚 |
| 张明辉 | 薛　陆 | 庄晓军 | 戴薇娜 | 杨　凯 | 胡玉娟 |

| | | | | | |
|---|---|---|---|---|---|
| 姚　磊 | 张　琪 | 华　剑 | 宋　军 | 汤玉顺 | 马汉成 |
| 丁　薇 | 仇志刚 | 李　兰 | 袁在岭 | 张　璐 | 窦江梅 |
| 高　勇 | 戴秀凤 | 殷　萍 | 薛庆华 | 许荣华 | 刘永恒 |
| 肖　琴 | 曹佳彦 | 赵林虎 | 谈建华 | 戴兆林 | 王　勖 |
| 金　玉 | 孙爱莉 | 马志良 | 华声堂 | 陆　芹 | 尤金瑞 |
| 金　鑫 | 高　芬 | 董朝霞 | 夏亦民 | 杨　凌 | 李大众 |
| 姚欣梅 | 于　华 | 张晓玲 | 杨　玲 | 陈梅香 | 陶　莘 |
| 龚洪福 | 严晓茹 | 仇　薇 | 徐美玲 | 李守标 | 王红梅 |
| 王翎翎 | 吴　敏 | 李　刚 | 朱卫勤 | 鲁　红 | 夏成坚 |
| 江　斌 | 杨　政 | 倪　明 | 石玉龙 | 韦小琴 | 任红军 |
| 徐春生 | 王红燕 | 黎　俊 | 夏宏伟 | 蒋建英 | 吴朝萍 |
| 张　静 | 肖　的 | 杨美琴 | 李敬红 | 徐　钧 | 朱　虹 |
| 汤建军 | 朱庚刚 | 刘　璇 | 唐　军 | 董　尚 | 黄　洪 |
| 吴姝颖 | 李　飞 | 周　云 | 金妮娜 | 刘培培 | 刘珊珊 |
| 张中香 | 袁海燕 | 吴　燕 | 刘　蒂 | 黄夕英 | 丰荣梅 |
| 丁　曜 | 朱慧群 | 商丹青 | 梁　琦 | 陈　静 | 仲　秋 |
| 许月霞 | 鲍玉红 | 毕　静 | 崔旗兵 | 何　宁 | 凌　岚 |
| 林　璐 | 刘　甜 | 李　萌 | 戎丽华 | 韦　丽 | 王燕彬 |
| 肖　贝 | 许冬捷 | 杨　璐 | 杨蕴秋 | 周　敏 | 庄　玲 |
| 张国珍 | 张　洁 | 张　力 | 郑金坤 | 孙晓庆 | 刘爱华 |
| 朱建伟 | 袁海芸 | 解国华 | 吴美玲 | 居　利 | 沈雪莲 |
| 徐春香 | 马菊萍 | 杨　卉 | 盛　敏 | 李晴云 | 孙文敏 |
| 甘文燕 | 姚学玲 | 李双群 | 郭鹏涛 | 王美珍 | 魏军红 |
| 姚卡娃 | 陈　康 | 钱　俊 | 叶　琳 | 马惠君 | 柴惠珍 |
| 朱永新 | 毛　虹 | 田　英 | 蔡震霆 | 潘新华 | 葛　鸽 |
| 陶　岚 | 左腊娣 | 茅　薇 | 李　萍 | 潘一飞 | 费爱萍 |
| 王长松 | 陶欣慧 | 姜绪芹 | 韩　俊 | 王　燕 | 张俊妹 |
| 庄　静 | 江　枫 | 陈　杨 | 金　燕 | 胡　文 | 赵　超 |
| 蔡永琴 | 孟爱萍 | 张　静 | 朱　铭 | 周显国 | 张　馨 |
| 杜春香 | 丁福亮 | 朱亚飞 | 陈祥芳 | 张爱平 | 祝　俊 |
| 谭　清 | 黄　莺 | 窦春红 | 宋雪静 | 翁红梅 | 李　苑 |
| 夏宏昌 | 杨　婕 | 郭士霞 | 孙　青 | 袁　玲 | 杨莎莉 |
| 严晓青 | 王　洋 | 陈永珍 | 吴　静 | 张　蕾 | 张　琳 |
| 朱晓俊 | 许丹茜 | 冷　艳 | 华　宁 | 朱　妍 | 颜庆玉 |
| 陈素华 | 吴志辉 | 潘仪岚 | 卓成梅 | 冯先妹 | 沙婉恬 |
| 黄文泉 | 冷　艳 | 邱阿红 | 张美勤 | 龚艳萍 | 王顺平 |
| 黄　达 | 乔军云 | 乔雪梅 | 姚春英 | 王晓璀 | 贾小娟 |
| 周丽梅 | 郭　薇 | 汤　浩 | 尹乃祥 | 黎林林 | 成岗春 |
| 仇立琴 | 孟丽萍 | 刘　婷 | 王　云 | 陈丽平 | 朱　明 |
| 庄　艳 | 孙文刚 | 周月华 | 任洪娟 | 倪卫东 | 解　放 |
| 孟　娟 | 张建华 | 刘　佳 | 李芳芳 | 张　慧 | 高　璐 |
| 陈元龙 | 汪　婧 | 韩　琳 | 季卫江 | 黄　月 | 刘　晨 |
| 董月讲 | 姚洪明 | 黄廷国 | 凌　昱 | 黎　卫 | 张　琴 |
| 田旭东 | 王　柱 | 刘明学 | 刘永祥 | 怀　宇 | 郭晓迎 |
| 严志荣 | 丁息珍 | 潘永宁 | 仲建新 | 黄　英 | 左　欣 |
| 戴　莺 | 高亚飞 | 周桂君 | 魏　明 | 仲　慧 | 宋　超 |
| 吴　松 | 张　强 | 周　颖 | 卞剑尹 | 鲍侨锋 | 高　谏 |
| 李　芳 | 包拥君 | 王书琳 | 汤秀梅 | 陈晓佳 | 贾　陈 |
| 戴　婧 | 王锦敏 | 王佳蓉 | 郦　娜 | 孔　蓓 | 张乐扬 |
| 金　徽 | 王玲玲 | 何建琪 | 李　军 | 刘　莉 | 胡　蓉 |
| 朱晓云 | 郁　静 | 杨　洋 | 施维萍 | 高　蕾 | 徐砚婷 |
| 杨莉莉 | 张晨露 | 张士花 | 陆　庭 | 华俊妹 | 蒋　婷 |

| | | | | | |
|---|---|---|---|---|---|
| 邓成瑞 | 姜琴芳 | 赵毅敏 | 冒静权 | 田　金 | 许宝珠 |
| 于　霞 | 朱中其 | 陈红红 | 韦　建 | 姜　洁 | 徐　蓓 |
| 金晓秋 | 黄志龙 | 郑翠仙 | 王　俊 | 严　涵 | 李　阳 |
| 吴梅娣 | 尹贵忠 | 叶　林 | 陈　实 | 包文波 | 邬月婷 |
| 魏红霞 | 查　玫 | 夏　琰 | 邓　炎 | 刘崇顺 | 高凤华 |
| 谢益云 | 朱悦勤 | 冷　琴 | 沈　惠 | 甘文君 | 殷文海 |
| 梅　昆 | 王彩余 | 赵美玲 | 黎　明 | 刘同生 | 陈雨婷 |
| 李　艳 | 王　吉 | 王　琦 | | | |

# 中共京口区委　京口区人民政府关于表彰京口区创建省级双拥模范区有功单位和个人的决定

镇京发〔2014〕33号　2014年8月7日

各街道党工委、办事处，各园区党工委、管委会，区委各部委办局，区各委办局（公司），供销社、茶场，区法院、检察院，区人武部，各群众团体：

2010—2013年，全区各级各部门在区委、区政府的正确领导下，紧紧围绕“标准更高、特色更优、品牌更响”的双拥主题，积极开展第十届江苏省双拥模范区创建活动，并以镇江市第一名成绩再次被省委、省政府命名为“江苏省双拥模范区”。京口区双拥工作又实现了新跨越，又迈上了新台阶，根据镇江市双拥工作领导小组要求，为激励先进，进一步激发社会各界参与双拥工作的热情，经研究，决定对全区第十届省级双拥模范区创建有功单位和先进个人进行表彰。（名单附后）

希望受表彰的单位和个人再接再厉，争取更大的成绩。全区各级各部门要学习先进，赶超奋进，充分发挥自身优势，继续广泛、深入地开展双拥特色活动，为加强国防建设、巩固和扩大“省双拥模范区”创建成果做出新的更大贡献。

附：创建第十届省级双拥模范区有功单位和个人名单

## 一、创建第十届省双拥模范区有功单位（10家）

健康路街道办事处
正东路街道办事处
区财政局
区民政局
区人力资源和社会保障局
区双拥办
正东路街道京口路社区
象山街道宗泽路社区
镇江军分区政治部宣保科
京口区人武部政工科

## 二、创建第十届省双拥模范区嘉奖单位（10家）

大市口街道办事处
四牌楼街道办事处
象山街道办事处
谏壁街道办事处
区教育局
区卫生和人口计生局
健康路街道石马湾社区

船艇学院学员四队
73056 部队政治部部直
武警京口消防大队

### 三、创建第十届省双拥模范区先进个人（26 名）

| | | | | | |
|---|---|---|---|---|---|
| 顾明华 | 杨国平 | 廖伟根 | 谢根龙 | 陈 琳 | 韦志明 |
| 张亚南 | 宋 扬 | 陈 阳 | 刘 蓉 | 王 立 | 宜建美 |
| 黄彩萍 | 唐蕴珊 | 孟家园 | 袁春生 | 陈 实 | 包 峰 |
| 齐修成 | 黎 林 | 张纪风 | 仲 彬 | 胡红娣 | 朱湘威 |
| 杨俊杰 | 王晨蔚 | | | | |

# 书 名 题 录

## 2014 年京口区作者著作书目

表 30

| 书名 | 编著者 | 出版者 | 出版年月 | 字数(千字) |
|---|---|---|---|---|
| 京口年鉴(2014) | 史志档案办公室 | 方志出版社 | 2014-11 | 811 |
| 人生如书 | 刘利群 | 团结出版社 | 2014-04 | 135 |
| 镇江三山百景秀 | 熊兴邦、钟程发 | 苏州大学出版社 | 2014-04 | 100 |

## 2014 年京口区作者发表于国家级报刊的文章题录

表 31

| 标　题 | 作　者 | 发表报刊名称 | 发表日期(期次) |
|---|---|---|---|
| 及时救助强制治疗案件中的被害人 | 许　辉 | 方圆法治 | 2014-01 |
| 异地网络帮教附条件不起诉的未成年人 | 于　叶 | 方圆法治 | 2014-03 |
| 婚礼继续进行 | 王娟瑢 | 中国小说学会 | 2014-05-08 |
| 从天堂寄来的贺卡 | 王娟瑢 | 当代华文文学 | 2014-03-25 |
| 酒托女半月骗 50 余人 | 万　励、马　倩 | 法制日报 | 2014-02-14 |
| 吸毒人员逃避强戒现象亟须重视 | 彭　莉 | 法制日报 | 2014-07-26 |
| 揭秘拆迁拆违领域腐败利益链 | 韩　伟、马　倩 | 法制日报 | 2014-10-22 |
| 检察接访笔录 | 王俊爽 | 人民检察 | 2014-01 |
| 海外子公司行贿 母公司要担责 | 方红卫、马　倩 | 检察日报 | 2014-05-27 |
| 独立没收程序应适用刑事诉讼证明标准 | 戴有举、马　倩 | 检察日报 | 2014-06-16 |
| 帮助失足未成年人实现无痕回归 | 于　叶、马　倩 | 检察日报 | 2014-05-04 |
| 检察院里看廉政灯谜(图) | 凌志祥、马　倩 | 检察日报 | 2014-02-23 |
| 通过远程视频宣布不起诉决定(图) | 马　倩、于　叶 | 检察日报 | 2014-03-16 |
| 检察官商讨讯问策略(图) | 马　倩 | 检察日报 | 2014-07-10 |
| 以刑抵戒亟待强化监督 | 彭　莉 | 检察日报 | 2014-07-06 |
| 顺口溜里挖出的城管枉法人 | 韩　伟、马　倩 | 检察日报 | 2014-07-10 |
| 代表委员参加不捕听证会 | 陈莫杭、马　倩 | 检察日报 | 2014-07-14 |
| 出台办案质量终身负责制度 | 陈　东、杨　钰 | 检察日报 | 2014-07-21 |

续上表

| 标 题 | 作 者 | 发表报刊名称 | 发表日期（期次） |
|---|---|---|---|
| 江苏镇江京口检察获省级职工书屋 | 董 春、杨 钰 | 检察日报 | 2014-07-25 |
| 江苏镇江京口到地方海事局警示教育 | 王俊爽、马 倩 | 检察日报 | 2014-07-29 |
| 贝林：刑法构成要件创始人 | 马 倩 | 检察日报 | 2014-07-29 |
| 镇江京口：在群众的监督下办案 | 沈家鸣、马 倩 | 检察日报 | 2014-08-04 |
| 洛克：启蒙时代最具影响力的思想家 | 马 倩 | 检察日报 | 2014-08-12 |
| 开通官方微信 | 张金林、杨 钰 | 检察日报 | 2014-08-15 |
| 庭审预防制度 | 戴志刚、彭 莉 | 检察日报 | 2014-08-16 |
| 见义勇为追逐肇事者致人伤亡是否担责 | 袁 明、马 倩 | 检察日报 | 2014-10-17 |
| 人民监督员列席检委会 | 周文龙、杨 钰 | 检察日报 | 2014-10-20 |
| 江苏镇江：外聘108名质检员评查案件质量 | 杨 钰 | 检察日报 | 2014-11-24 |
| 跨国商业贿赂管辖权冲突的应对 | 马 倩 | 检察日报 | 2014-11-24 |

## 2014年京口区部分作者发表于省级报刊题录

表32

| 标 题 | 作 者 | 发表报刊名称 | 发表日期（期次） |
|---|---|---|---|
| 例谈大班角色游戏的推进策略 | 谢启兰 | 早期教育 | 2014-01 |
| 京口民事执行监督制度化 | 焦小芸 | 江苏法制报 | 2014-04-17 |
| 镇江京口检察院专人服务网络窗口 | 焦小芸 | 江苏法制报 | 2014-05-06 |
| 镇江市京口区检察院荣获省级职工书屋称号 | 董 春、杨 钰 | 江苏法制报 | 2014-01-13 |
| 廉政灯谜进检察 | 凌志祥、马 倩 | 江苏法制报 | 2014-02-17 |
| 京口推行办案质量终身负责制 | 陈 东 | 江苏法制报 | 2014-05-19 |
| 京口检察举行三角模式不捕听证会 | 陈莫杭、马 倩 | 江苏法制报 | 2014-07-29 |
| 镇江市京口区检察院荣获省级职工书屋称号（图） | 董 春、杨 钰 | 江苏法制报 | 2014-01-13 |
| 走访人大代表张中（图） | 杨 钰、王 旭 | 江苏法制报 | 2014-09-22 |
| 蒋敏参观雨露工作室（图） | 董 露、王 旭 | 江苏法制报 | 2014-11-05 |
| 三督查一公开切实转作风 | 董 春、杨 钰 | 江苏法制报 | 2014-01-20 |
| 独立没收程序的证明标准 | 戴有举、马 倩 | 江苏法制报 | 2014-03-10 |
| 如何理解“携带凶器抢夺”中的“凶器” | 徐 杰 | 江苏法制报 | 2014-04-04 |
| 工作日志看成长 | 杨 钰、马 倩 | 江苏法制报 | 2014-04-21 |
| 倾心帮教 助花朵无痕回归 | 于 叶、马 倩 | 江苏法制报 | 2014-05-26 |

续上表

| 标　题 | 作　者 | 发表报刊名称 | 发表日期（期次） |
| --- | --- | --- | --- |
| 镇江志愿者助花朵无痕回归 | 于　叶、马　倩 | 江苏法制报 | 2014-06-04 |
| 以刑抵戒亟须强化监督 | 彭　莉、杨　钰 | 江苏法制报 | 2014-07-14 |
| 检察机关在生态环境保护中的职能作用 | 方红卫 | 江苏法制报 | 2014-08-11 |
| 见义勇为追逐竞驶致人死亡构成何罪 | 袁　明、马　倩 | 江苏法制报 | 2014-09-01 |
| 镇江检察双十二模式提升透明度 | 京　检 | 江苏法制报 | 2014-10-10 |
| 京口第三方调解员提升公信 | 王　旭 | 江苏法制报 | 2014-10-23 |
| 京口办案责任终身制请来把关“质检员” | 杨　钰、周文龙 | 江苏法制报 | 2014-11-20 |
| 浅议档案计算机管理工作 | 陆　燕 | 江苏法制报 | 2014-11-04 |
| 镇江京口：出台办案质量终身责任制 | 陈　东、杨　钰 | 清风苑 | 2014-07-01 |
| 检方监督牵出玩枪群体 | 袁　明、马　倩 | 清风苑 | 2014-02-01 |
| 镇江检察试水公益保护（京口 碳素厂案） | 马　倩 | 清风苑 | 2014-02-01 |
| 检爱护苗——江苏检察未检巡礼 | 京　检 | 清风苑 | 2014-05-01 |
| 习作如此精彩 | 花　蕾 | 写作与阅读教学研究 | 2014-01 |
| 让阳光照亮未来 | 尤昌德 | 江苏教师 | 2014-01 |
| 以汇编《手册》促进学生英语实践能力 | 向　颖 | 江苏教师 | 2014-03 |
| 小学习作评改的探索 | 刘祺琦 | 江苏教师 | 2014-04 |
| 让数学活动走进儿童生活世界 | 王锦敏 | 江苏教师 | 2014-05 |
| 基于语篇教学英语课堂教学方法的优化 | 戴　婧 | 江苏教师 | 2014-06 |
| 追寻自由呼吸的语文课堂 | 花　蕾 | 教学实践小学生 | 2014-08 |
| 信息化环境下物理课堂创意性教学的模式探究 | 陆日成 | 江苏教师 | 2014-11 |
| 小议科学课程起始年段是否应该下移 | 尤昌德 | 小学时代 | 2014-12 |
| 低年级开设科学课的实施策略 | 尤昌德 | 吉林教育 | 2014-12 |
| 优化作业设计 打造高效美术课堂 | 陈　军 | 江苏教师 | 2014-12 |

## 2014年京口区作者发表于市级报刊的文章题录

表33

| 标　题 | 作　者 | 发表报刊名称 | 发表日期（期次） |
| --- | --- | --- | --- |
| 三督查一公开转变工作作风 | 杨　钰、凌志祥 | 镇江日报 | 2014-01-10 |
| 京口区检察院去年查办4件科级干部 | 京　检 | 镇江日报 | 2014-01-10 |
| 京口检察年度考核出新招 用镜头说话 | 马　倩、周　雯 | 镇江日报 | 2014-01-24 |
| QQ视频远程宣布不起诉 | 于　叶、马　倩 | 镇江日报 | 2014-02-07 |
| 为免儿子强制戒毒 托关系被骗两万 | 陈莫杭、马　倩 | 镇江日报 | 2014-02-08 |
| 京口检察群英谱 | 王俊爽 | 镇江日报 | 2014-02-10 |
| 上班第一天 检察院开启马上模式（图） | 凌志祥、杨　钰 | 镇江日报 | 2014-02-14 |
| 玩枪玩出了牢狱之灾 | 陈莫杭、马　倩 | 镇江日报 | 2014-03-07 |

续上表

| 标　题 | 作　者 | 发表报刊名称 | 发表日期（期次） |
|---|---|---|---|
| 京口检察公正执法获赞誉 | 沈家鸣、马　倩 | 镇江日报 | 2014-03-20 |
| 回家碰到民警上门 躲在床下被揪出 | 马　倩、杨　杭 | 镇江日报 | 2014-04-01 |
| 京口检察院234工作法帮扶未成年人 | 马　倩 | 镇江日报 | 2014-04-01 |
| 私人定制 未成年人心灵回归 | 于　叶、马　倩 | 镇江日报 | 2014-04-11 |
| 工作日志看成长 | 杨　钰、马　倩 | 镇江日报 | 2014-04-25 |
| 办案质量终身负责制 | 杨　钰 | 镇江日报 | 2014-05-09 |
| 警惕未成年人色情犯罪 | 马　倩 | 镇江日报 | 2014-05-16 |
| 房东起贼心 盗走房客电动车 | 马　倩 | 镇江日报 | 2014-05-20 |
| 盗财窃物当受责　劫钱伤人更不该 | 高光治、马　倩 | 镇江日报 | 2014-05-23 |
| 偷完车内物品歇会儿 被巡逻民警当场抓获 | 马　倩 | 镇江日报 | 2014-05-27 |
| 打工厨师故技重施 冒充军官骗钱偏色 | 陈莫杭、马　倩 | 镇江日报 | 2014-05-30 |
| 京口检察官 担重责办“铁案” | 杨　钰 | 镇江日报 | 2014-06-05 |
| 毒对象送她上被告席 | 刘丽萍、马　倩 | 镇江日报 | 2014-06-06 |
| 四个聪明人因诈骗获刑 | 彭　莉、马　倩 | 镇江日报 | 2014-06-27 |
| 京口检察召开听证会 | 陈莫杭、马　倩 | 镇江日报 | 2014-07-04 |
| 京口检察院审查逮捕“三角模式” | 陈莫杭、马　倩 | 镇江日报 | 2014-07-04 |
| 镇江海事局开展警示教育 | 戴志刚、王俊爽 | 镇江日报 | 2014-07-04 |
| 京口检察院举办举报宣传周 | 戴志刚、王俊爽 | 镇江日报 | 2014-07-04 |
| 吸毒人员以刑抵戒现象需引起重视 | 彭　莉、杨　钰 | 镇江日报 | 2014-07-11 |
| 华夏银行警示教育 | 王伟新、马　倩 | 镇江日报 | 2014-07-18 |
| 京口检察院开展教育活动 | 王伟新、马　倩 | 镇江日报 | 2014-07-18 |
| 超市里竟然住着一只猴 | 王　旭、刘丽萍 | 镇江日报 | 2014-08-08 |
| 社区参观雨露工作室 | 杨永兵 | 镇江日报 | 2014-08-22 |
| 关爱未成年人心理健康 | 马　倩 | 镇江日报 | 2014-08-22 |
| 出台庭审预防制度 | 戴志刚、彭　莉 | 镇江日报 | 2014-08-25 |
| “足不出户”也能掌握案件进展 | 沈家鸣、王　旭 | 镇江日报 | 2014-09-05 |
| 创建纪检监察通讯群 | 杨　钰、王　旭 | 镇江日报 | 2014-09-19 |
| “检察约谈”筑起“防腐城墙” | 戴志刚、王　旭 | 镇江日报 | 2014-09-19 |
| 依托三大平台 推进检务公开 | 杨　钰、王　旭 | 镇江日报 | 2014-09-26 |
| 雪中送炭情谊深 检察救助暖人心 | 王俊爽、陈菲菲 | 镇江日报 | 2014-09-26 |
| 检察信息宣传活动 | 王　旭 | 镇江日报 | 2014-10-17 |
| 米山社区发放宣传资料 | 王　旭 | 镇江日报 | 2014-10-17 |
| 京口推进司法体制改革 | 王　旭 | 镇江日报 | 2014-10-27 |
| 检察长出庭支持公诉成为京口检察工作风景线 | 朱悦宁、王　旭 | 镇江日报 | 2014-10-31 |
| 团省委副书记蒋敏调研未检 | 杨　钰 | 镇江日报 | 2014-10-31 |
| 镇江首例强制医疗案被害人获检方救助 | 王俊爽、马　倩 | 京江晚报 | 2014-01-02 |
| 京口检察院提起强制医疗申请 | 王俊爽、马　倩 | 京江晚报 | 2014-01-02 |
| 京口区院出台（效能化建设的意见） | 杨　钰、周　雯 | 京江晚报 | 2014-01-02 |

续上表

| 标　题 | 作　者 | 发表报刊名称 | 发表日期（期次） |
|---|---|---|---|
| 三大员会议在京口区检察院召开 | 杨　钰、沈家鸣 | 京江晚报 | 2014-01-09 |
| 人民监督员参观标准化建设成果展 | 杨　钰、沈家鸣 | 京江晚报 | 2014-01-09 |
| 网吧上网中一男子盗窃电动车 | 陈莫杭、马　倩 | 京江晚报 | 2014-01-16 |
| 远程视频宣布不起诉 | 马　倩 | 京江晚报 | 2014-01-23 |
| 京口检察院附条件不起诉未成年人 | 马　倩 | 京江晚报 | 2014-01-23 |
| 抢票 和小伙伴们一起回家 | 马　倩 | 京江晚报 | 2014-01-24 |
| 酒托女半月吸金 8 万余元 | 万　励、马　倩 | 京江晚报 | 2014-01-28 |
| 绷紧效能弦推进节约型机关建设 | 杨　钰、戴佳容 | 京江晚报 | 2014-02-13 |
| 交通肇事后的被害人救助 | 陈菲菲 | 京江晚报 | 2014-02-13 |
| 京口检察院发放慰问金 | 陈菲菲 | 京江晚报 | 2014-02-13 |
| 利用快递运毒 提完货后被查 | 彭　莉 | 京江晚报 | 2014-02-15 |
| 元宵节 检察院里的廉政灯谜 | 凌志祥、马　倩 | 京江晚报 | 2014-02-20 |
| 检察院里的元宵节 | 凌志祥、马　倩 | 京江晚报 | 2014-02-20 |
| 电线杆上找来的律师诈骗市民几千元 | 杨　钰、夏梅花 | 京江晚报 | 2014-02-23 |
| 点亮失足未成年人航路明灯 | 京　检 | 京江晚报 | 2014-02-26 |
| 新晋中层干部廉政谈话（图） | 凌志祥、宁　坤 | 京江晚报 | 2014-03-06 |
| 京口检察院中层干部参观预防职务犯罪基地 | 马　倩 | 京江晚报 | 2014-03-06 |
| 在群众的目光下办案 | 沈家鸣、闵新华 | 京江晚报 | 2014-03-13 |
| 京口检察以实绩提升工作效能 | 杨　钰、马　倩 | 京江晚报 | 2014-03-20 |
| 京口检察前往市中医院举办廉政讲座 | 戴志刚、马　倩 | 京江晚报 | 2014-03-27 |
| 京口检察举办预防职务犯罪讲座 | 王伟新、马　倩 | 京江晚报 | 2014-03-27 |
| 诉讼监督权 当事人送来锦旗 | 刘丽萍、马　倩 | 京江晚报 | 2014-03-27 |
| 当事人为公诉人点赞 | 马　倩、彭　莉 | 京江晚报 | 2014-03-27 |
| 地税五分局来院进行警示教育（图） | 史晓书、马　倩 | 京江晚报 | 2014-04-03 |
| 珍惜工作岗位，远离职务犯罪 | 马　倩 | 京江晚报 | 2014-04-03 |
| 党员志愿服务队和南徐法学社活动 | 杨　钰、马　倩 | 京江晚报 | 2014-04-03 |
| 参观镇江烈士陵园（图） | 朱悦宁、马　倩 | 京江晚报 | 2014-04-03 |
| 回家探亲被民警逮正着 实在是太想家 | 马　倩 | 京江晚报 | 2014-04-03 |
| 他 年收入近 20 万元 却被表弟拉去抢劫 | 袁　明、马　倩 | 京江晚报 | 2014-04-04 |
| 京口区检察院实现环保检察监督关口前移 | 林　龙、杨　钰 | 京江晚报 | 2014-05-08 |
| 首家驻环保局办公室 | 焦小芸、杨　钰 | 京江晚报 | 2014-05-08 |
| 京口区院群众路线教育实践活动 | 杨　钰 | 京江晚报 | 2014-05-08 |

续上表

| 标 题 | 作 者 | 发表报刊名称 | 发表日期（期次） |
|---|---|---|---|
| 省院领导调研群众路线教育实践活动（图） | 杨 钰 | 京江晚报 | 2014-05-08 |
| 这伙诈骗犯 专盯大学生 | 彭 莉、马 倩 | 京江晚报 | 2014-05-22 |
| 镇江市第一人民医院内监督服刑人员病情诊断 | 沈承智 | 京江晚报 | 2014-05-22 |
| 对暂予监外执行实行监督关口前移（图） | 马 倩 | 京江晚报 | 2014-05-22 |
| 一个追诉案挽救了一个家庭 | 刘丽萍、马 倩 | 京江晚报 | 2014-05-29 |
| 预防职务犯罪警钟长鸣 | 马 倩 | 京江晚报 | 2014-05-29 |
| 左湖社区警示教育（图） | 周 雯 | 京江晚报 | 2014-05-29 |
| 走进特教中心（图） | 杨 钰、董 露 | 京江晚报 | 2014-06-07 |
| 京口检察张寅先进事迹 | 周 雯 | 京江晚报 | 2014-06-26 |
| 京口检察走进社区开展道德讲堂（图） | 朱悦宁 | 京江晚报 | 2014-06-26 |
| 检察干警广场设点 与群众面对面交流 | 马 倩 | 京江晚报 | 2014-06-26 |
| 投身检察事业 永葆军人本色 | 马 倩、方依尧 | 京江晚报 | 2014-07-03 |
| 先进人物余跃明（图） | 马 倩 | 京江晚报 | 2014-07-03 |
| 京口区消防大队官兵接受警示教育 | 陈菲菲、马 倩 | 京江晚报 | 2014-07-17 |
| 为京口区公安开展预防职务犯罪活动 | 马 倩 | 京江晚报 | 2014-07-17 |
| 京口检察倾听民声反映民意 | 沈承智 | 京江晚报 | 2014-07-24 |
| 对社区矫正开展安全检查（图） | 吕 真 | 京江晚报 | 2014-07-24 |
| 三省吾身记日志 自查自纠提效能 | 王 旭、王维杰 | 京江晚报 | 2014-07-31 |
| 想赚快钱 同一地点抢劫两次 | 刘丽萍、王 旭 | 京江晚报 | 2014-08-16 |
| 儿子 QQ 被盗 母亲被骗 14 万 | 陈莫杭、王 旭 | 京江晚报 | 2014-08-24 |
| 一男子因爱生恨划伤情敌 | 刘丽萍、王 旭 | 京江晚报 | 2014-09-16 |
| 高校老师玩赌博机欠巨款私刻公章诈骗 | 王 旭、夏梅花 | 京江晚报 | 2014-09-17 |
| 只因没钱打的回家 男子抢劫如厕女子 | 袁 明、王 旭 | 京江晚报 | 2014-09-20 |
| 京口区检察院结对帮扶解困 | 周 雯、王 旭 | 京江晚报 | 2014-10-11 |
| 舍友没关门，他连偷两台电脑 | 王 旭、宋同鑫 | 京江晚报 | 2014-10-18 |
| 京口 1+N 模式化解信访矛盾 | 王俊爽、张仁传 | 京江晚报 | 2014-10-28 |
| 男子想发财撬拆汽车玻璃盗窃 | 刘丽萍、许 辉 | 京江晚报 | 2014-10-24 |
| 男子冒充销售员代收契税行骗 | 彭 莉、王 旭 | 京江晚报 | 2014-11-01 |
| 男子称可调整回迁房选房序号 | 王 旭、刘丽萍 | 京江晚报 | 2014-11-25 |

# 索 引

索引采用主题分析方法编制，按标引词第一字汉语拼音字母顺序排列，第一字相同按第二字排列，依次类推；同音字按笔划顺序排列，相同的按起笔笔形横、直、撇、点、折顺序排列。标引词后的阿拉伯数字表示内容所在页码，数字后的英文字母（a、b、c）表示左栏、中栏、右栏。彩色画页未编索引。

E



F



G

## K



## L

## S



## T

W



X

## Y



## Z

# 镇江新民洲临港产业园管委会

中国生物多样性保护与绿色发展基金会理事长视察新民洲

区委书记裔玉乾推进新民洲重大项目建设

镇江新民洲临港产业园位于江苏省镇江市长江北岸，是一座与镇江隔江相望的半岛型沙洲，南望镇江，北连扬州，行政区域面积22.5平方公里。产业园区东接宁通高速公路，西靠扬州开发区、润扬大桥，北连苏北沿江高等级公路。毗邻京杭大运河与长江“十字口”交汇处，是镇江与扬州之间的“桥头堡”。处于强有力的上海辐射圈和沪宁城镇聚合轴上，同时处于江苏省沿江发展带和沪宁发展轴线上，是具有无限生机的“苏南板块经济”的有机组成部分，地理位置十分优越。

近年来，在京口区委、区政府的正确领导下，园区围绕区委、区政府建设“苏南现代化建设示范区”的发展目标，牢固树立“以港兴园、项目立园、自主开发与合作开发相结合”的发展理念，强力推进“现代化港区、生态示范区、城乡统筹区”建设，实现了园区经济社会又好又快发展。

区长黄万荣在新民洲调研

农业专家赵亚夫现场指导京口现代农业园建设

扬州中燃镇江新民洲区域供气意向性协议签定

中国中小企业（京口）总部基地正式启动

镇江新民洲生态健康展示馆竣工并对外开放

# 京口区大禹山创

副省长史和平考察中国中小企业信息产业园

副市长蒋建明考察中国中小企业信息产业园

大禹山创意新社区成立于2012年，区域总面积约为2.5平方公里，园区部分占地面积2.3平方公里，经过3年的发展，已成为镇江市网络游戏研发及运营、电子商务、智慧城市应用、航空航天信息、软件服务外包等互联网产业发展最集中的园区之一。2014年，园区网络游戏产业产值超3亿元，纳税近4000万元，形成全省最大、全国前十的网页游戏研发、运营集群。积聚了百度推广镇江运营中心、腾讯游戏积分商城江苏区域中心、金山财之道等一批重点电商项目，成为全市唯一省级电子商务示范基地；围绕“大众创业、万众创新”，与江苏大学共同建设“校地合作创新创业园”，重点打造“中企信星”、“京口高创点子库”、“科航创新工厂”等三个众创空间，京口高创中心创成省级大学生创业示范园、省级文化科技产业园，孵化器品牌效应进一步凸显。园区正加快建设步伐，预计3年内将建成产业载体10万平方米，招引互联网企业100家，培扶10个互联网产业知名品牌。到2018年，园区互联网产业年产值将超50亿元。

江苏大学党委书记范明考察中国中小企业信息产业园

召开京口区校地联合发展工作现场会

百度镇江地区营销服务中心及腾讯游戏积分商城江苏运营总部办公楼

# 意新社区管委会

江苏名通信息科技有限公司

中小企业公共服务平台

镇江京口大学生创意创新创业基地

大学生创意创新创业基地简介

中国中小企业信息产业园

# 镇江市实验小学

校长 施勤

镇江市实验小学位于长江之滨的胜利路160号，学校占地2万多平方米。是一所功能齐全，设备先进的现代化小学。壮观实用的教学楼，秀美玲珑的绿化带，高速互联的校园网，充满文化气息的校园环境，立体折射出了学校深厚的文化底蕴。微机室、音乐室、美术室、劳技室、舞蹈房、图书阅览室、科学实验室、多媒体剧场等功能教室一应俱全。学校现有教学班38个，学生1539人，教职员工134人。

近年来，学校在“相亲相爱　如切如磋”的校训下，践行着“关爱教育”。学校以“伙伴教育” 为抓手，通过班级、学校、家庭、社会各方面共同努力，让学生感受互助的温暖，体验人文的关怀；通过关注发展，让学生体验成功；通过期望教育，让学生喷发激情、激发潜力、创造快乐。从而实现“智慧教育、幸福教师、快乐儿童”的美好愿景。

在各级领导的关心与支持下，在实验小学教职员工与家长的努力下，镇江市实验小学这所百年老校充满着朝气，焕发出青春的光彩。学校先后获得全国心理辅导特色学校、省模范学校、省科技特色学校、省巾帼文明岗、省少年儿童教育科研实验基地、省青少年奥林匹克俱乐部等一系列荣誉，学校不仅是省青少年管乐培训基地，还成为中央电视台少儿频道《快乐体验》栏目小记者站。

2014年，教师节前夕市委书记杨省世到学校慰问教师

省团委副书记蒋敏在实小调研

韩国青少年文化交流团访问实小

举办教工运动会

暑期培训——与《江苏教育》编辑部专家面对面

省市领导为养正学堂揭牌

梦溪杨帆教学节，王昕老师一展风采

养正学堂客座教授为学生做讲座

专家与教师面对面，进行心理健康辅导

学生参加京口区“文明进万家”
梦溪读书节“”活动

镇江市未成年人文明礼仪养成教育启
动仪式在实验小学举行

学生们正在进行火灾消防演练

学校体育节上运动员们跃跃欲试

# 镇江市中山路小学

市委书记夏锦文寄语全校师生

与澳大利亚维州 Berwood East Primary School 结为姐妹学校

镇江市中山路小学坐落于古运河畔，中山路旁。学校拥有两个校区，占地面积2.9万平米，建筑面积1.9万平米，学生各类活动场地面积1.4万平米。学校有50个教学班，2400多名学生，129名专任教师。学校一直坚持教育改革的实践研究，努力探索先进的教育模式。已形成面向全体、面向骨干、面向拔尖人才的特色教师文化；以行为习惯培养为重点，以学生习惯考级和七色花中队评比为抓手的特色德育文化；以多样性课程为基础，以过程性教学为支撑，以对话性课堂为载体的特色质量管理文化。学校以“打造精品，争创一流”为目标，形成了羽毛球、合唱、舞蹈、跆拳道、科普、机器人等特色校本课程。培养了象棋大师张国凤、乒乓球冠军秦志戬、羽毛球冠军朱峰、钢琴家蒋晴为代表的一大批优秀毕业生。获得省文明单位、省实验小学、省德育工作先进学校等诸多荣誉。1980年起成为对外开放学校，先后接待过来自日本、美国、英国等二十多个国家或地区的教育行政代表团的来访，和四所学校结为国际姐妹友好学校，成为镇江市的窗口学校，在全省同类学校中享有较高的声誉。被原江苏省副省长王珉誉为“教韵流芳的江南名校”。

五校联盟活动——教师成长的高位平台

蒲公英教育计划项目培训暨市“数字化学习”研讨活动

旅美青年钢琴家蒋晴（96届毕业生）回母校

镇江市教师培训品牌活动“名特教师汇聚中山”

校啦啦操队连续四年获全国比赛第一名

羽毛球比赛连续多届获得镇江市第一名

苏教版小学语文教材主编朱家珑题词“墨缘”赠予学校

承办“江苏省小学写字教学观摩研讨”活动

# 镇江市桃花坞小学

徜徉在墨韵长廊

镇江市桃花坞小学1983年建校，占地6163平方米，建筑面积7166平方米，绿化面积2458平方米，校园环境优美。学校有23个班级，教职员工68人，其中专任教师62人，市学科带头人1人，市区骨干教师20名。自1996年开启“书法”特色建设以来，桃花坞小学始终坚守在儿童的立场开展书法教育，将书法教育与儿童生活紧密结合，构建了墨韵校园、墨韵课堂、墨趣活动、墨香教师综合文化体系，以培养良好习惯、植养文化素养、传承民族经典，促进学生综合素养的发展。学校先后获得“中国书法特色学校”“全国艺术教育先进集体”“全国五好小公民建设示范校”“江苏省实验小学”“江苏省语言文字示范校”“江苏省诗教先进单位”等荣誉。

七彩社团彰显个性

“迈好人生第一步”入学仪式

省教育厅基础教育处处长马斌调研省数学课程基地建设工作

校长侯晓蕾给孩子们上市级数学展示课

# 镇江市香江花城小学

位于焦山脚下、长江之滨的镇江市香江花城小学创建于2005年9月，是镇江市第一所社区配套小学。建校以来，学校以构建“家天下”为主题的校园文化为核心，以“在‘摔摔打打’中成长，在‘精雕细琢’中成才”为办学理念，努力构建“一流的小区配套学校”。现有教学班20个，1001名学生，64名教职工，专任教师61人。其中镇江市骨干教师3人，京口区学科带头人4名，京口区骨干教师10名。近年来，该校坚持开门办学，着力发展特色教育，泥塑特色芳香四溢，射箭特色硕果累累，数学特色蓓蕾初绽，获得良好社会反响。在全体师生的共同努力下，近年来先后获得“全国艺术教育特色学校”“全国教育科研先进集体”“江苏省健康促进学校”“江苏省优秀少先队集体”“江苏省青少年工作红十字示范学校”“江苏省科普示范学校”“江苏省平安校园”“江苏省数学课程基地”“镇江市教育现代化先进学校”“镇江市教育现代化装备先进小学”“镇江市行为规范示范学校”“镇江市绿色学校”“镇江市体育传统项目学校”“镇江市红十字工作先进集体”“镇江市廉政文化示范点”“镇江市毒品预防教育示范学校”“镇江市防震减灾示范学校”“镇江市教科研基地”“镇江市民间美术教育基地”“镇江市少儿射箭基地”“镇江市A级食堂”等荣誉和称号。在镇江市首届教育教学成果评比中，该校“家.天下校园文化的实践研究”喜获综合类特等奖。

追当代数学家杨乐，做香小未来数学家

《小学生数学报》主编参与指导香小数学实践活动

第六届“花城之春”教学节

# 镇江市学府路小学

科莱恩HOPES项目相关人员到校考察

爱心企业助力“雏鹰展翅”

动手实验收获多

淘宝大街爱心义卖

校园快乐嘉年华

美丽新校园

# 镇江市京口区特殊教育中心

学校爱心手工坊正式启动，市、区领导到校检查指导

省特殊教育发展工程项目建设专家组到校检查指导学前区域改造

京口交警大队到校为学生讲解交通安全知识

学生轮滑队代表省赴成都参加全国第六届特奥会，获五金四银三铜的好成绩

爱生活爱劳动包饺子比赛

学生电声乐队参加世界残疾人日活动

正恺电子 ZK electron

# 江苏正恺电子科技有限公司

董事长　徐 正

开展“社会儿女”活动

江苏正恺电子科技有限公司位于风景秀丽的京口科技工业园区。公司始创于1995年，是专业设计、制造和销售射频同轴连接器、光伏连接器和接线盒的省级民营高新技术企业。公司占地面积26000平方米，生产区域15000平方米，注册资金人民币1000万元，固定资产11162万元。公司组织机构健全，员工380余人，其中科技研发人员40余人，拥有发明专利1项，已受理发明专利4项，获得授权实用新型专利13项，外观设计专利28项。公司产品先后通过了ISO 9001-2008、德国莱茵TUV、美国UL、ROHS等认证，建立了现代化信息化的管理制度和品质保证体系。公司拥有先进的生产和测试设备220余台，先进的自动化生产线以及包括晶体管特性图示仪、接线盒综合测试仪、安捷伦数据采集仪、温湿箱、惠普公司的HP8753D矢量网络分析仪、天瑞公司的X荧光光谱仪和SUMMITEK公司的三阶互调仪等先进的测试设备。

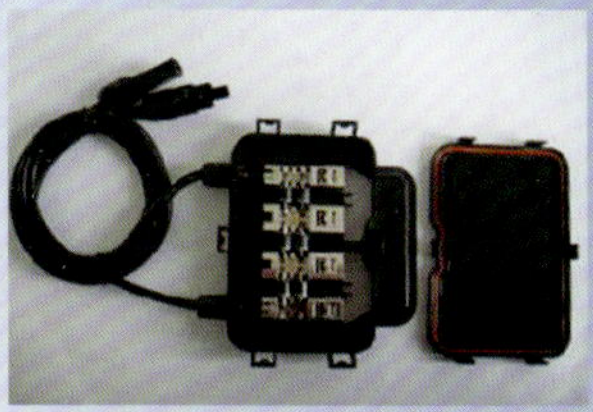

公司产品

公司外景

# 江苏北固产业投资有限公司

区委书记裔玉乾检查孟家湾安置房建设情况

区人大代表视察景阳山庄

江苏北固产业投资有限公司（简称北固公司）前身为镇江市京口城乡建设投资中心，成立于2002年7月。2013年10月进行公司化改革，全面实施企业化管理，注册资本10亿元。北固公司是京口区人民政府出资的控股全资公司，是区政府进行城市建设的投资主体，主要职能是以政府注入的土地为基础，通过市场化运作，筹集资金进行城市重点基础设施建设改造，实现“经营城市”的目的。

2014年，北固公司在区委、区政府的正确领导下，全体人员始终坚持“稳中奋进、改革创新”，稳步有序推进各项工作。一、资金融集成效明显。公司完成融资10.6亿元，短期平台过桥3亿元，争取土地出让金返还和市级补助2.5亿元，有效化解到期金融债务9.5亿元，累计投入孟家湾城中村改造2.6亿元，保障景阳山庄安置房按期建设。二、项目建设成果显著。全面完成京岘家园21万平方米安置房扫尾工程，完成1640户居民的回迁安置。有序推进景阳山庄17万平方米安置房建设，主体施工已封顶。按时推进戴家湾周边道路建设，完成与学府路道路对接。三、内部管理效果显现。通过全省公开招聘，配备了强有力的管理层。内部通过竞聘上岗的方式，选任了部门负责人。通过引进央企级差考核模式，将工作效能和工资奖金挂钩，统一了薪酬考评体系。制定完善公司全套管理制度，迈出了企业现代化管理步伐。通过一系列措施，北固公司正逐步向“现代化、市场化、产业化”的资产运营商转型！

北固公司举行预防职务犯罪培训

北固公司和中铁联合到茅山新四军纪念馆开展党员活动

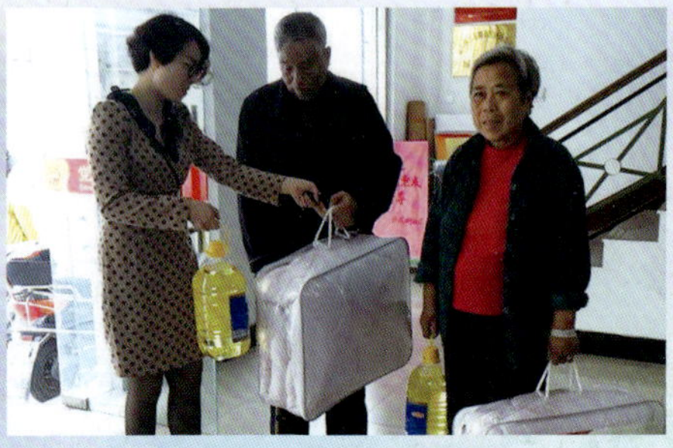

北固公司微心愿活动

京岘家园售楼处开业

京润华庭安置回迁小区

# 象山街道长岗社区

区委书记裔玉乾（右一）慰问社区贫困老人

街道党委书记陆炳西视察社区企业

党总支书记 姚宏祥

2014年，长岗社区党总支以“争创一流、服务大项目、跨越发展、构建和谐长岗”为主题，带领社区上下抢抓机遇，创新实干，创造特色，奋发作为，为加快建设新长岗而努力奋斗，取得了一定的成绩。社区党总支团结带领一班人坚持以服务社区居民和保证社区居民利益为出发点，按照建设幸福和谐新长岗的总体要求，为推动和谐长岗的全面发展，坚定理想信念，强化宗旨意识，践行“三严三实”，以优良作风带领长岗社区的群众跨越新发展。

区人大常委会副主任郑苏真走访群众

开展党员先进性教育活动

组织开展慈善捐款

江苏移动4G用户 2000万
步步领先
江苏移动2000万
4G用户信赖之选
4G+
和
多 终端多 机型超千款
广 覆盖广 信号遍全省
好 服务好 品质有保证
省 资费省 套餐低门槛
快 网速快 顺畅好体验
4G+
中国移动 China Mobile
www.10086.cn
热线 短信 10086

# 京口区关工委

京口区关工委每年都与区慈善总会开展“关爱朝阳”行动，为百名困难学生送去学习用品

京口区关工委与江苏大学关工委联合开展共建校外教育辅导站工作

近两年来，京口区关工委在区委、区政府的领导和市关工委的指导下，团结带领全区关工委系统紧紧围绕全区工作的总体要求，始终坚持服务青少年的正确方向，以丰富多彩的教育实践活动为载体，着力加强青少年思想道德建设，引导青少年树立和践行社会主义核心价值观，大力支持和帮助青少年成长成才，努力团结教育青少年听党话、跟党走，各项工作取得了新成绩：我区荣获江苏省关心下一代工作先进集体、全省创建“五有五好”基层关工委优秀组织奖、江苏省中、小学生“三爱”书签制作大赛优秀组织奖、镇江市“五老”网吧义务监督工作组织奖、镇江市未成人思想道德建设先进集体。在中国关工委成立25周年之际，区关工委又被中国关工委和中央精神文明建设指导委员会办公室授予全国关心下一代工作先进集体荣誉称号，并成功创建成镇江市文明单位。在完成省、市交办的重要任务中，实现了三个全覆盖，即京口区率先在全市实现了青少年电子阅览室建设的全覆盖，大学生村官参与校外教育辅导站工作全覆盖，“校站结合”（学校参与辅导站建设）工作的全覆盖，圆满完成任务，受到省、市关工委的充分肯定。

老干部刘文在对青少年开展爱国主义教育活动

关工委组织青少年开展“七彩的夏日”活动

京口区关工委组织百名外来务工人员子女看京口活动

# 京口区

街道领导在索普植树

全国人社系统领导视察象山街道人社中心

清洁家园美化环境集中行动

“创新争先谋发展实干实绩兴象山”动员大会

象山街道双拥文艺演出

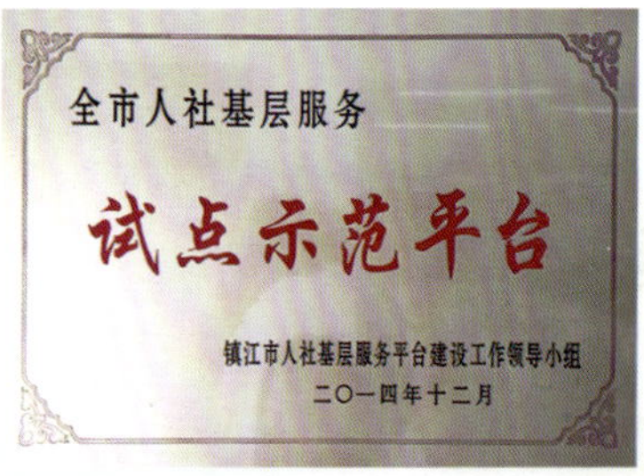